ONKEL TOMS HYTTE
eller
Livet blandt de elendige

Harriet Beecher Stowe

Forlaget Læsehesten

Harriet Beecher Stowe

Onkel Toms Hytte

© 2017 Benny Kloth-Jørgensen for oversættelsen

FORLAGET LÆSEHESTEN

ISBN 978-87-93381-08-7

1. udgave

Bogen er udgivet med støtte fra
STATENS KUNSTFOND

Enkelte bibelcitater er med tak taget fra den autoriserede Bibel oversættelse, © Det Danske Bibelselskab 1992.

Book Layout © 2014 BookDesignTemplates.com

Alle rettigheder forbeholdt. Enhver gengivelse af denne bog eller dele deraf, mekanisk, fotografisk, i dagblade, tidsskrifter, radio, TV og lignende er uden forlagets skriftlige samtykke forbudt ifølge gældende dansk lov om ophavsret. Undtaget herfra er korte uddrag til brug i anmeldelser.

Forord af tidligere premierminister Sir Winston Churchill

Det er næsten umuligt for os i dag at forstå, hvor uløseligt forbundet negerslaveriet var med økonomien og livsstilen i Sydstaterne i 1851, da denne bog blev udgivet for første gang. En enkelt kendsgerning viser tydeligt, hvorfor det amerikanske samfund ikke magtede at udrydde denne grusomme sygdom, der var blevet en indgroet del af samfundets funktioner. Kirkernes præster og medlemmer af de forskellige protestantiske menigheder havde mere end 660.000 slaver. Femtusinde metodist præster ejede 219.000 slaver, baptisterne ejede 125.000 og 1.400 anglikanere havde 88.000 og så videre. Af disse grunde blev slaveinstitutionen ikke alene forsvaret ud fra selviske grunde, men hver eneste prædikestol i landet argumenterede også for, at det var et system, som var bestemt af Skaberen og stadfæstet gennem Jesus Kristus og det hellige evangelium.

Slaveriets lange fangarme spredte sig gennem Nordens "frie" stater både af politiske årsager og i forretningsanliggender. Det må sandelig have set ud som en formidabel opgave i 1851 for en kvinde at udfordre livsstilen i en stærk, velhavende, stolt og modstræbende konføderation. En tilskuer til dette ville måske udbryde: "Gå væk! Vil du opløfte hele Olympen?" (citat fra Julius Cæsar af Shakespeare o.a.)

Men Mrs. Harriet Beecheer Stowe kendte ikke til frygt. Hendes bog var åbenlyst propagandistisk. Hun brugte alle metoder. På siderne bliver både teoretiske og religiøse argumenter kastet frem og tilbage af personerne, men der var specielt en metode, som hun virtuost brugte til at angribe ondet. Hun præsenterede sine læsere for en række simple, hjertegribende hændelser, der var en uadskillelig del af slaveriet: opløsningen af negerens hjem og familie, mandens og konens adskillelse, salget af den nyfødte fra moderens bryst; den hensynsløse auktion over slaver, da deres gode arbejdsgiver dør; afmagten hos den retskafne slaveejer; grusomhederne blandt de dårlige slaveejere; de hjerteløse slavehandlere; rædslerne på fjerntliggende plantager; piskeinstitutionerne, hvor fine damer sendte deres tjenestepiger hen til afstraffelse for mindre fejl; kvadronens og mulattens forværrede problem; den næsten hvide slavepige, der bliver solgt og videresolgt af begær; slavebørn født ind i denne verden med samme hudfarve som den dominerende race – alle disse træk af livet i et civiliseret, veluddannet, moderne, kristent samfund, der optog vældige frugtbare områder af Jorden, blev præsenteret på hendes sider efter alle kunstens regler og med indtrængende appel.

Hendes kamp bar frugt. I 1852 var der blevet solgt 150.000 eksemplarer af "Onkel Toms Hytte" i USA. I september samme år blev der leveret 10.000 eksemplarer af den dagligt til en enkelt gruppe af engelske boghandlere. I slutningen af 1852 var der blevet solgt flere end én million eksemplarer i England. Sandsynligvis ti gange så mange flere solgte eksemplarer som af enhver anden bog nogensinde, når vi ser bort fra Bibelen og bønnebogen. "Onkel Toms Hytte" gik Jorden rundt på alle sprog og blev læst med lidenskab og passion i alle lande. Den var et forvarsel om stormens rasen.

"Sig mig, amerikanske mænd og kvinder," siger Mrs. Harriet Beecher Stowe, "er dette noget, som skal bagatelliseres, undskyldes og forbigås i tavshed? Farmere i Massachusetts, New Hampshire, Vermont, Connecticut, der læser denne bog ved lyset fra kaminilden i vinteraftenerne – djærve, storsindede sømænd og skibsredere i Maine – er dette noget, I ønsker at understøtte og opmuntre? Brave og ædle mænd fra New York, farmere i det rige og frydefulde Ohio og I på de vidtstrakte prærier – svar mig, er dette noget, I ønsker at understøtte og opmuntre? Og I, Amerikas mødre, som ved jeres barns vugge har lært at elske og have medfølelse for hele menneskeheden gennem det hellige kærlighedsbånd, I har til jeres barn... Jeg bønfalder jer om at forbarme jer over de mødre, der konstant berøves deres børn på grund af den amerikanske slavehandel! Sig mig, amerikanske mødre, er det noget, man skal understøtte, vise forståelse for og forbigå i tavshed?

Vi lever i en tidsalder, hvor nationer skælver af krampetrækninger. (Hun skrev bogen under indtrykkene fra opstandene i 1848) En mægtig kraft vækker verden og får den til at ryste i sin grundvold som ved et jordskælv. Og er Amerika udenfor fare? Ethvert land, der har store og usonede uretfærdigheder på sin samvittighed, bærer i sig frøet til disse krampetrækninger.

For hvad er denne mægtige kraft, som går igennem alle nationer og alle tungemål og vækker hos dem disse suk og støn, som ikke kan ytres for alle menneskers frihed og lighed?

Åh, Kristi kirke, se dog tidens tegn! Er denne kraft ikke Hans ånd? Han, hvis rige skal komme, og hvis vilje skal ske på Jorden som i Himlen?

Hvem kan udholde den dag, han kommer? for den dag skal være som ilden i en smelteovn: og han viser sig parat til at vidne mod dem, der unddrager daglejeren hans løn, og dem, der afviser enken og den faderløse, og som krænker den fremmedes ret: og han skal straffe undertrykkeren.

... for lige så sikkert som en møllesten ikke kan flyde, men synker til bunds, lige så sikkert er det, at uretfærdighed og grusomhed vil nedkalde den almægtige Guds vrede over de skyldige!"

Hun lagde pennen fra sig, men i kølvandet på hendes hastigt flyvende ord omkring kloden hørtes trommernes ildevarslende lyd. Talløse bajonetter strittede og glimtede i den amerikanske union, og kanonerne holdt ikke op med at skyde, før mere end en million amerikanere havde betalt prisen. Men som John Bright (kvæker og engelsk politiker o.a.) sagde i en tale til de engelske arbejdere: "Efter røgen fra slagmarken var drevet væk, var den rædsomme ting, som havde kastet sin skygge over et helt kontinent, endelig forsvundet og væk for altid."

Oversætterens anmærkning

Denne bog er en temmelig præcis oversættelse af Uncle Tom's Cabin skrevet af Harriet Beecher-Stowe og udgivet for første gang i 1852. Præcision i oversættelsen har været vægtet fremfor et flydende og moderne sprog. Hvor det har været muligt at kombinere disse to ting på en harmonisk måde, er det blevet gjort. Harriet Beecher Stowe har bogen igennem brugt dialekter og på en ganske farverig måde gengivet bl.a. de sorte slavers sprog. En tilnærmelse til dette er konsekvent udeladt i oversættelsen, og et almindeligt dansk sprogbrug er blevet anvendt. Formålet med denne oversættelse har først og fremmest været at gengive Harriet Beecher-Stowes oprindelige fortælling om de sorte slavers fortvivlede situation i Amerika og ikke et forsøg på at gengive amerikanske dialekter og sprogbrug på det tidspunkt, hvor bogen blev skrevet. Ønsker den specielt interesserede læser at studere dette emne nærmere, vil jeg anbefale, at man kaster sig over den oprindelige udgave af bogen.

Her er et enkelt eksempel: *"Dem Lincons an't much count, no way!"* said Aunt Chloe, contemptuously; *"I mean, set along side our folks. They 's 'spectable folks enough in a kinder plain way; but, as to gettin' up anything in style, they don't begin to have a notion on 't. Set Mas'r Lincon, now, alongside Mas'r Shelby! Good Lor! and Missis Lincon, — can she kinder sweep it into a room like my missis, — so kinder splendid, yer know! O, go way! don't tell me nothin' of dem Lincons!"*

Oversættelsen lyder i al sin enkelhed: *"De der, Lincons, de er ikke noget særligt!"* sagde tante Chloe med foragt i stemmen. *"Jeg mener i sammenligning med vores herskab. De er respektable nok på deres måde, men når man taler om stil og klasse, så har de ikke det ringeste begreb om det. At sammenligne vores master Shelby med master Lincon! Det er hul i hovedet! Og missis Lincon, der ikke engang kan føre sig så fint i en salon som vores missis gør det på sin elegante måde, ikke sandt? Åh, hold op! Nej, tal ikke til mig om de der, Lincons!"*

Det engelske ord negro er oversat til neger og ordet nigger er bibeholdt. Dette er ikke for at nedgøre eller tale nedsættende om vores afro-amerikanere, men det var det sprogbrug, der var almindeligt, da bogen blev skrevet. Oversætterens afgørelse har været, at det ville udvande bogens budskab at omskrive disse ord til det mere politisk korrekte ordvalg, som bruges i dag, såsom sorte, farvede, afrikanere, afro-amerikanere eller personer af en mørk hudfarve.

Bogen findes i to udgaver: En studieudgave med bibelhenvisninger og detaljerede forklaringer samt en udgave uden bibelhenvisninger og med korte fodnoter.

INDHOLD

I dette kapitel præsenteres læseren for en menneskeven 1
Moderen 15
Ægtemanden og faderen 21
En aften i Onkel Toms hytte 29
Hvad en levende genstand føler ved at skifte ejer 45
Opdagelsen 57
En mors kamp 71
Elizas flugt 89
Hvor vi ser, at selv en senator er et menneske 111
Ejendelen føres væk 135
Hvor en handelsvare kommer med upassende udtalelser 149
En uheldig hændelse ved en lovlig handel 167
Kvækersamfundet 191
Evangeline 205
Om Toms nye herre og forskellige andre ting 219
Toms frue og hendes meninger 243
Den frie mands forsvar 269
Miss Ophelias erfaringer og meninger 293
Mere om Ophelias oplevelser og meninger 317
Topsy 345
Kentucky 367
"Græsset visner – blomsten falmer" 375
Henrique 385

Forvarsler 397
Den lille evangelist 407
Død 415
"Farvel til verden" 433
Genforening 445
De værgeløse 465
Slavemagasinet 477
Overfarten 491
Mørke steder 501
Cassy 513
Kvadronens historie 523
Minderne 537
Emmeline og Cassy 547
Frihed 557
Sejren 567
Krigslisten 583
Martyren 597
Den unge herre 607
En ægte spøgelseshistorie 617
Resultater 627
Befrieren 639
Afsluttende bemærkninger 645
BIOGRAFI 659

1. KAPITEL

I dette kapitel præsenteres læseren for en menneskeven

Sent om eftermiddagen en kølig dag i februar sad to *gentlemen* med et glas vin foran sig i en pænt møbleret dagligstue i byen P. i Kentucky. Der var ingen tjenestefolk i nærheden, og de to herrer sad med stolene tæt sammen og diskuterede tilsyneladende en alvorlig sag.

For nemheds skyld har vi hidtil sagt, at det var to gentlemen, men hvis man studerede den ene af herrerne nøjere, så faldt han strengt taget ikke ind under denne kategori. Han var en lille, firskåren mand med grove, ordinære træk og et brovtende væsen, som man finder det hos et menneske af simpel herkomst, der prøver at albue sig frem i verden. Han var pralende klædt i en spraglet vest og et blåt halstørklæde overdrysset med gule polkaprikker, der var knyttet i en overdreven stor sløjfe. På den måde kan man sige, at hans tøj passede fint til hans optræden. Hans store, grove hænder var overdådigt pyntede med guldringe, og i hans urkæde af solidt guld hang en række kulørte og imponerende guldsegl, som han med stor tilfredshed legede med i samtalens løb. Han talte frit og utvungent uden at være hæmmet af Murrays strikse grammatik[1], og nu og da indskød han forskellige profane udtryk, som vi med risiko for at være mindre præcise i vores gengivelse vil spare vores læsere for.

Hans bordfælle, mr. Shelby, lignede derimod en ægte gentleman, og hele husets indretning og husholdning viste med al tydelighed, at det var et elegant og rigt hjem. Og som vi allerede har nævnt, så var begge mænd fordybet i en alvorlig samtale.

"Det er sådan, jeg vil afslutte handlen," sagde mr. Shelby.

"Jeg kan ikke drive forretning på den måde. Det er helt umuligt, mr. Shelby," sagde den anden, idet han studerede indholdet af sit vinglas mod lyset.

"Haley, faktum er, at Tom er en ret usædvanlig fyr. Han er helt sikkert sine penge værd overalt. Han er stabil, hæderlig og dygtig, og han passer hele min gård som et urværk."

"De mener, at han er hæderlig som en neger," sagde Haley og skænkede sig et glas brandy.

"Nej, jeg mener, han er virkelig ærlig. Tom er en brav, stabil, fornuftig og gudfrygtig fyr. Han blev religiøs ved et vækkelsesmøde for fire år siden, og jeg tror, han *virkelig* fik fat i det. Jeg har stolet på ham lige siden og betroet ham alt, hvad jeg har af penge, ejendom og heste. Han har fået lov til at rejse rundt i hele landet, og jeg har aldrig grebet ham i at være uærlig."

"Der er ikke mange, som tror, der findes gudfrygtige niggere, Shelby," sagde Haley og slog ud med hånden, "men *jeg gør*". Jeg kan huske en fyr, som var med i en flok sorte, jeg bragte til Orleans. At høre den starut be' var li'som at være til et bønnemøde, og desuden var han stille og beskeden. Han indbragte mig også en rar sum penge, da jeg købte ham billigt af en fyr, som havde brug for nogle skillinger i en fart. Jeg tjente faktisk sekshundrede på ham. Ja, religion er bestemt en god ting for en nigger, hvis det er den ægte vare – ingen tvivl om det."

"Hør, Tom er den ægte vare, hvis nogen er det," sagde Shelby. "Sidste forår sendte jeg ham alene til Cincinnati i et ærinde, hvor han skulle komme tilbage med femhundrede dollars. 'Tom,' sagde jeg til ham, 'Jeg stoler på dig, fordi du er en kristen. Jeg ved, du ikke vil snyde mig.' Og Tom kom ganske rigtigt tilbage, som jeg vidste, han ville. Nogle lømler havde sagt til ham: 'Tom, hvorfor stikker du ikke af til Canada?' Senere fik jeg at vide, at han havde svaret: 'Min herre stoler på mig, så det vil jeg ikke'. Jeg vil nødigt af med Tom, siger jeg helt ærligt. De burde faktisk modtage ham som fuld betaling for hele gælden, og hvis De havde en samvittighed, ville De gøre det, Haley."

"Hør her, jeg har præcis den mængde samvittighed, som en mand i mit arbejde har råd til. Nok til at jeg kan sværge ved det," sagde den handelsrejsende spøgefuldt. "Jeg vil gerne hjælpe mine venner, men inden for rimelighedens grænser. At eftergive hele gælden er lidt for broget for mig – lidt for broget."

Den handelsrejsende sukkede tankefuldt og skænkede sig lidt mere brandy.

"Hvordan skal vi så handle?" spurgte mr. Shelby efter en pinlig pause.

"Har De ikke en knægt eller tøs, som kan gå med i købet?"

"Nej, ingen jeg kan undvære. Sandt at sige, så er det kun nogle tvingende omstændigheder, der får mig til at sælge overhovedet. Jeg skiller mig nødigt af med nogen af mine folk."

Netop i dette øjeblik gik døren op, og en lille kvadrondreng[2] på 4-5 år trådte ind i værelset. Der var noget smukt og vindende over hele hans fremtræden. Hans sorte hår, der var fint som uspundet silke, hang i skinnende lokker omkring hans runde ansigt med smilehuller, mens et par store, mørke øjne kiggede strålende og milde frem under nogle lange, kraftige øjenvipper, da han nysgerrigt så sig omkring i værelset. En figursyet rød- og gulternet bluse fremhævede yderligere hans særegne skønhed, og en sjov blanding af frejdighed og generthed i hans opførsel viste, at han ikke var uvant med at blive bemærket og forkælet af sin herre og mester.

"Halløj, Jim Crow!"[3] sagde mr. Shelby og kastede en klase rosiner hen mod ham. "Her, grib dem!"

Drengen hoppede højt op efter sit bytte, og hans herre lo hjerteligt.

"Kom herhen, Jim Crow," sagde han.

Drengen adlød, og hans herre klappede hans krøllede hoved og dikkede ham under hagen.

"Hør, Jim, vis nu denne herre, at du både kan danse og synge."

Drengen kastede sig ud i en af de vilde, groteske sange, der er så almindelige blandt de sorte. Han havde en ren, klar stemme og ledsagede sin sang med forskellige sjove fagter med hænderne, fødderne og hele kroppen – alt udført i perfekt takt til sangen.

"Bravo!" råbte Haley og kastede et stykke appelsin hen til ham.

"Gå nu som gamle onkel Cudjoe, når gigten plager ham," sagde mr. Shelby.

Drengens smidige lemmer antog omgående et deformeret og forvredent udseende. Ryggen var krum, og hans barnlige ansigt var fortrukket i sørgmodige rynker, da han humpede omkring i værelset med sin herres stok og spyttede til højre og venstre i sin imitation af en gammel mand.

Begge herrer slog en skraldlatter op.

"Vis os nu, hvordan ældste Robbins begynder en salme, Jim."

Drengen lavede et langt ansigt, og helt gravalvorligt anslog han tonen til en salme gennem næsen.

"Hurra! Bravo! Sikken en knøs!" sagde Haley. "Han er noget helt for sig selv, skal jeg love for. Hør her," sagde han og slog mr. Shelby på skulderen, "lad mig få den gut med, så passer regnskabet. Det må være den rigtige måde at gøre det på!"

I samme øjeblik gik døren stille op, og en ung kvadronkvinde på omkring 25 år trådte ind i værelset.

Når man så barnet og hende sammen, var det let at se, at hun var mor til barnet. Kvinden havde de samme store, mørke øjne med lange øjenvipper og de samme silkebløde, sorte lokker. Hendes brune hudfarve antog en kendelig rødmen på kinderne og en endnu dybere rød kulør, da hun lagde mærke til, at den fremmede mand betragtede hende med utilsløret beundring. Hendes kjole sad tæt og fremhævede hendes smukke former. Og hendes velformede hænder, ankler og fødder undslap heller ikke den handelsrejsendes vågne øje, der var vant til at bedømme værdien af sådanne kvindelige handelsvarer.

"Nå, Eliza?" sagde hendes ejer, da hun stoppede op og kiggede tøvende på ham.

"Undskyld mig, sir, jeg kiggede efter Harry," sagde hun, da drengen løb hen til hende og viste hende det bytte, han havde reddet sig og stukket til side i sin bluse.

"Ja, tag ham bare med," sagde mr. Shelby, hvorefter hun hurtigt trak sig tilbage med sit barn på armen.

"Ved Jupiter," sagde den handelsrejsende fuld af beundring til mr. Shelby, "det er vel nok en prægtig vare! De kan tjene en formue på den pige i Orleans til hver en tid. Jeg har set piger, som ikke var kønnere end hende, indbringe over tusinde dollars."

"Jeg har ikke tænkt mig at tjene en formue på hende," sagde mr. Shelby tørt. For at lede samtalen i en anden retning trak han en ny flaske vin op og spurgte sin gæst om, hvad han syntes om den.

"Udmærket, sir – førsteklasses!" sagde den handelsrejsende, så lagde han sin hånd fortroligt på Shelbys skulder og tilføjede: "Hvad mener De, skal vi ikke lave en handel? Hvor meget skal jeg byde for pigen? Hvad er Deres pris?"

"Mr. Haley, hun er ikke til salg," sagde Shelby. "Min kone vil ikke skille sig af med hende for hendes vægt i guld."

"Ja, ja! Kvinder siger altid den slags ting, fordi de ikke forstår sig på penge og forretninger. Bare vis dem hvor mange ure, fjer, nips og pynt, man kan købe for nogens vægt i guld, så skal de nok skifte mening. Det er *jeg* sikker på."

"Jeg siger Dem, Haley, det er ikke en ting, vi kan diskutere. Jeg siger nej, og jeg mener nej," sagde Shelby bestemt.

"Godt, men De giver mig i det mindste drengen," sagde den handelsrejsende. "De må indrømme, at jeg betaler temmelig godt for ham."

"Hvad i alverden vil De med ham?" spurgte Shelby.

"Jo, ser De, jeg har en ven, som gerne vil ind i denne branche. Han ønsker at opkøbe godt udseende drenge, han kan sælge på markedet. Han vil udelukkende have kvalitetsvarer, han kan sælge som opvartere og så videre til de rige, der kan betale for et godt udseende. Det er en pryd for flotte huse at have en køn dreng til at åbne døren, servere og varte op. De kan indbringe en rigtig god pris, og denne lille djævel er både sjov og musikalsk. Han er lige sagen!"

"Jeg vil helst ikke sælge ham," sagde mr. Shelby betænkeligt. "Sagen er, at jeg ikke har hjerte til at tage drengen væk fra sin mor."

"Jaså, det mener De? Nå, ja, det er helt naturligt. Jeg forstår Dem godt. Det kan være forbistret ubehageligt at have med kvinder at gøre! Jeg hader også deres jammer og skrigeri. De kan være *pokkers* ubehagelige. I mine forretninger prøver jeg sædvanligvis at undgå det, sir. Hør her, hvis De sender pigen væk i nogle dage eller en uges tid, så kan vi ordne det hele i stilhed – så vil det hele være overstået, når hun vender hjem igen. Deres kone kan så give hende et par øreringe, en ny kjole eller noget i den retning, og så falder hun nok til ro."

"Jeg er bange for, det ikke går."

"Jo, ved Gud! Disse skabninger er ikke som hvide mennesker, ser De. De tåler alt, hvis man bare tager dem på den rette måde. Folk siger," sagde Haley i et åbenhjertigt og fortroligt tonefald, "at den slags forretninger gør et menneske kold og hjerteløs, men det er ikke min erfaring. Sagen er, at jeg aldrig har gjort forretninger på den måde, andre gør. Jeg har set folk rive et barn ud af en kvindes arme for at sælge det, mens hun skreg som en vanvittig hele tiden. Det er en meget dårlig fremgangsmåde. Det ødelægger varen og kan gøre den helt uanvendelig. Jeg så engang en meget smuk pige i Orleans, der blev fuldstændig ødelagt af en sådan behandling. Fyren, der købte hende, ville ikke have hendes spædbarn, og hun var af den slags, der går helt amok, når deres blod kommer i kog. Jeg siger Dem, hun trykkede sit barn ind til sig og lavede en farlig ballade. Jeg gyser endnu, når jeg tænker på det. Og da de tog hendes barn fra hende og låste hende inde, blev hun skruptosset og døde efter en uge. Sikken et spild af tusind dollars, siger jeg, bare på grund af en forkert fremgangsmåde – det er lige, hvad det er. Det er altid bedst at lade hjertet råde, sir, det er *min* erfaring."

Den handelsrejsende lænede sig tilbage i stolen og lagde armene over kors med en selvtilfreds mine. Han anså åbenbart sig selv for at være en retfærdig mand og en slags William Wilberforce nummer to.[4]

Emnet syntes at optage Haley meget, for mens mr. Shelby tankefuldt skrællede en appelsin, fortsatte han uforknyt, som om sandheden krævede, at han sagde noget mere.

"Det ser ikke godt ud at rose sig selv, og jeg siger det udelukkende, fordi det er den skinbarlige sandhed. Jeg tror, at mange anser mig for at ha' bragt den fineste flok niggere her til landet. I det mindste har jeg fået det at vide mange gange. Jeg tror, at det er mindst hundrede gange, og alle sammen var i god stand, fede og lovende. Jeg er den mand i denne branche, der har mistet de færreste. Alt dette tilskriver jeg mine handelsmetoder og min medmenneskelighed, sir. Jeg siger ærligt, at det er hjørnestenen i *mine* forretningsmetoder."

Mr. Shelby vidste ikke rigtigt, hvad han skulle svare, så han nøjedes med at sige: "Nej virkelig!"

"Hør her, mange har leet af mine ideer og gjort nar af mig. De er ikke populære og ret ualmindelige, men jeg har holdt fast i dem, sir. Jeg har holdt fast i dem og tjent godt på mine niggere. Ja, sir, de har selv betalt for deres rejse hertil, så at sige," sagde den handelsrejsende og lo ad sin egen vittighed.

Den handelsrejsendes udredninger af sin egen menneskekærlighed virkede så særprægede og ejendommelige, at mr. Shelby ikke kunne lade være med at le sammen med ham. Måske du også smiler, min kære læser, men medmenneskelighed giver sig udtryk på mange forskellige måder i vore dage, og der er ingen grænser for de besynderlige ting, som såkaldte humanister vil sige eller gøre.

Mr. Shelbys latter opmuntrede Haley til at fortsætte.

"Underligt nok, så er det aldrig lykkedes for mig at banke dette ind i hovedet på folk. Der er for eksempel Tom Loker, min gamle partner i Natchez. Han var en klog og smart fyr, ham Tom, men en ren djævel over for niggerne. Men det var kun af princip, ser De, for han var både en gudfrygtig og varmhjertet fyr, men det var den *fremgangsmåde*, han brugte, sir. Jeg plejede at sige til Tom: 'Hør, Tom, hvad nytter det at slå dem i hovedet og mørbanke dem, hvis de flæber? Det er dumt og nytter ikke noget,' siger jeg. 'Lidt tårer skader ingen, og det er jo deres natur,' siger jeg. 'Og hvis naturen ikke kan få afløb på den ene måde, så får den det på en anden måde. Desuden, Tom,' siger jeg, 'så ødelægger du bare dine piger. De skranter og hænger med næbbet. Nogle af dem bliver endda tudegrimme. Det sker især med de lyse piger. Og det er et helvedes besvær at få styr på dem igen. Hør nu,' siger jeg til ham, 'hvorfor kan du ikke bare opmuntre dem og tale lidt venligt til dem? Du kan stole på, at en smule medmenneskelighed hen ad vejen lønner sig meget bedre end at skælde ud og bruge pisken,' siger jeg til ham. Men Tom ville ikke høre efter, og han ødelagde så mange af mine niggere, at jeg blev nødt til at afslutte vores samarbejde, selv om han var en flink fyr og en dygtig forretningsmand."

"Og De mener, at Deres måde at drive forretning på er bedre end Toms?" sagde mr. Shelby.

"Javist, sir, det kan jeg forsikre Dem om. Ser De, så vidt det er muligt, sørger jeg for at få pigerne af vejen, når jeg skal til de mere ubehagelige ting som at sælge deres unger og så videre. Ude af øje og ude af sind, som De nok ved. Og når det hele er overstået, og der ikke kan gøres noget ved det, så vænner de sig til tanken. Det er ikke som med hvide mennesker, der er opdraget sådan, at de forventer at beholde deres børn og kone og så videre. Niggere, som er opdraget rigtigt, har ikke den slags tanker, så det går meget lettere med dem."

"Så er jeg er bange for, at mine negre ikke er opdraget på den rigtige måde," sagde mr. Shelby.

"Sikkert ikke, I folk fra Kentucky forkæler jeres niggere. I mener det godt, men i sidste ende er det ikke at gøre dem en velgerning. Ser De, for en nigger, som bliver kastet omkring som en slave og bliver solgt til gud og hvermand, er det ikke en velgerning at give ham nogle ideer og forventninger og forkæle ham, da livets barske realiteter så vil ramme ham endnu hårdere. Jeg vil endda vove at påstå, at jeres hus-niggere vil blive temmelig nedtrykte på en plantage, hvor plantage-niggerne ville synge og danse af glæde. Enhver har naturligvis sin egen foretrukne metode, mr. Shelby, men jeg tror, at jeg behandler mine niggere på den mest fornuftige måde."

"Det er godt at være tilfreds," sagde mr. Shelby med et skuldertræk. Han kunne ikke undgå at føle sig en smule ubehageligt berørt.

"Nå," sagde Haley, efter de begge havde siddet lang tid i tavshed og knækket nødder, "hvad siger De til mit tilbud?"

"Jeg bliver nødt til at tænke over det og tale med min hustru," sagde mr. Shelby. "Hvis De imidlertid ønsker at få sagen afgjort på den fredelige måde, som De nævner, så er det bedst, hvis De undlader at omtale Deres ærinde her omkring. Mine drenge vil hurtigt høre om det, og så vil det blive meget besværligt at rejse bort med nogle af mine folk, hvis de først finder ud af det. Det kan jeg love Dem for."

"Åh, ja, helt sikkert, jeg holder tand for tunge, selvfølgelig! Men jeg må lige sige, at jeg har pokkers travlt, og jeg er nødt til at vide så hurtigt som muligt, hvad jeg kan regne med," sagde Haley og tog sin frakke på.

"Kom tilbage i aften mellem seks og syv, så skal De få mit svar," sagde mr. Shelby. Den handelsrejsende bukkede høfligt og forlod derefter huset.

"Hvis jeg havde kunnet, ville jeg helst have sparket den fyr ned ad trapperne," sagde mr. Shelby til sig selv, da døren lukkede sig efter den fremmede. "Sikken en uforskammet og overlegen slyngel, men han ved, at han har fat i den lange ende. Hvis nogen havde foreslået mig, at jeg skulle sælge Tom til en af de lumpne handelsmænd fra Syden, ville jeg have svaret: 'Er din egen tjener måske en hund, siden du kunne finde på det?' Men nu vil det ske, så vidt jeg kan se. Og det samme med Elizas barn! Jeg ved, at der bliver et farligt postyr med min kone om det og for den sags skyld også med Tom. Sådan er det, når man ikke kan betale sin gæld – ak, ja! Fyren har set sin fordel, og han vil vide at benytte sig af det."

Den mest humane form for slaveri sker måske i Kentucky. Landbruget i denne stat foregår i et roligt tempo, der er jævnt fordelt over hele året uden de spidsbelastninger med hastværk og travlhed, som finder sted i landbrug længere sydpå. Derfor er negerens arbejde i Kentucky ikke så fysisk krævende og anstrengende, og hans herre, som har stillet sig tilfreds med en jævn og gradvis indtjening, føler sig ikke fristet til at gribe til den hjerteløshed, som altid griber svage sjæle, når der er udsigt til en hurtig og let gevinst, der kun vil gå ud over de hjælpeløse og forsvarsløse.

Når man besøger nogle af ejendommene i Kentucky og ser den venlige overbærenhed hos nogle slaveejere og deres slavers trofaste hengivenhed, kunne man fristes til at tro på den ofte gentagne romantiske myte, om at slaveriet er en god patriarkalsk indretning og så videre. Men hen over hele det smukke sceneri svæver en uheldsvanger skygge – *lovens* mørke skygge. Så længe loven betragter alle disse menneskelige væsener med bankende hjerter og menneskelige følelser som *ejendele*, der tilhører en ejermand – og lige så længe at selv den venligste ejermand kan komme ud for uheld, ulykker, uforstand eller endda død, som kan tvinge hans slave til at ombytte sin beskyttede og begunstigede tilværelse med en tilværelse fyldt med håbløshed, elendighed og lidelse – lige så længe vil det være umuligt at få noget smukt eller ønskværdigt ud af selv den bedst administrerede slaveordning.

Mr. Shelby var et rimeligt gennemsnitsmenneske. Han var godhjertet og venlig og tilbøjelig til mild overbærenhed over for folk omkring ham. Han havde heller ikke sparet på noget, som kunne forbedre det fysiske velbefindende blandt negerne på hans ejendom. Imidlertid havde han ubetænksomt kastet sig ud i tvivlsomme forretninger, der havde bragt ham i dyb gæld. Mange af hans gældsbeviser var kommet i hænderne på Haley, og heri ligger forklaringen på den samtale, vi lige har overværet.

Der var også sket det, at da Eliza forlod værelset før, havde hun overhørt nok af mændenes samtale til at vide, at den handelsrejsende havde givet mr. Shelby et tilbud vedrørende en eller anden.

Hendes nysgerrighed var blevet vakt, og hun ville allerhelst have lyttet ved døren udenfor, men hendes frue kaldte på hende i samme øjeblik, så hun var nødt til at skynde sig væk.

Hun var næsten sikker på, at den handelsrejsende havde givet mr. Shelby et bud på hendes dreng – men hun kunne selvfølgelig have taget fejl. Hendes hjerte bankede højt af skræk, og ubevidst klemte hun sin lille dreng så hårdt ind til sig, at han forbavset kiggede op på hende.

"Eliza, hvad er der dog i vejen med dig i dag?" spurgte mrs. Shelby, da Eliza havde væltet vaskefadet, skubbet sybordet omkuld og til sidst i distraktion rakt mrs. Shelby en lang natkjole i stedet for den silkekjole, hun havde bedt Eliza om at hente i klædeskabet.

Eliza fór sammen. "Åh, missis!" sagde hun og kiggede op på mrs. Shelby med tårer i øjnene. Så satte hun sig ned på en stol og græd hjerteskærende.

"Men Eliza dog, hvad går der dog af dig?"

"Åh, missis, missis," hulkede Eliza, "der har været en handelsrejsende i dagligstuen, som har talt med herren! Jeg har selv hørt ham."

"Nå, og hvad så dit fjollede pigebarn?"

"Åh, missis, *tror De*, at mr. Shelby vil sælge min Harry?" jamrede den stakkels pige og græd endnu højere.

"Sælge Harry? Nej, dit tossede pigebarn! Du ved lige så godt som mig, at din herre aldrig handler med disse herrer fra Syden, og at han aldrig vil sælge nogle af sine tjenere, så længe de opfører sig ordentligt. Hvorfor i alverden tror du dog, at nogen skulle ønske at købe din Harry? Tror du, at hele verden er lige så forgabt i ham, som du er, din dumme gås? Kom nu her, tør dine øjne og hjælp mig med at hægte min kjole. Og lav så en smuk fletning i nakken, som jeg lærte dig forleden dag, og hold op med at lytte ved dørene."

"Jamen, missis, *De* ville vel aldrig tillade at... at..."

"Sludder og vrøvl, barn! Det kan du være helt sikker på, at jeg ikke ville. Hvordan kan du overhovedet spørge om det? Det ville jo være ligesom at sælge et af mine egne børn. Men ærlig talt, så er du alt for stolt af den lille fyr. Bare en fremmed stikker næsen inden for døren, tror du straks, at han er kommet for at købe ham."

Overbevist af sin frues beroligende ord fortsatte Eliza flittigt og fermt med sine pligter, og snart kunne hun le ad sin frygt.

Mrs. Shelby var en intelligent kvinde med en høj moral. Hun var medfødt ædelmodig og generøs, som man så ofte ser det hos kvinder i Kentucky, og desuden var hun strengt moralsk med en religiøs finfølelse og sunde principper, der blev gennemført med stor energi og dygtighed. Hendes mand, som ikke bekendte sig til nogen speciel religiøs trosretning, agtede og respekterede ikke desto mindre sin kones faste holdning, og han havde en smule ærefrygt for hendes meninger. Og sikkert var det, at han gav hende frie hænder i alle hendes bestræbelser på at forbedre sine tjenestefolks forhold og oplysning, selv om han aldrig selv tog nogen aktiv del i det. Så selv om han i realiteten ikke troede på doktrinen om resultatet af helgeners velgørenhedsarbejde, så virkede det, som om han på en eller anden måde havde bildt sig selv ind, at hans kone besad nok fromhed og menneskekærlighed til dem begge. Han nærede endda et vagt håb om at komme i Himlen på grund af sin kones overmål af dyder, han ikke selv kunne rose sig af.

Det, som tyngede ham mest efter hans samtale med den handelsrejsende, var at han nu var nødt til at fortælle sin kone om den påtænkte handel samt tanken om de vanskeligheder og indvendinger, som han forudså, han kunne forvente.

Mrs. Shelby, der var fuldstændig uvidende om sin mands økonomiske vanskeligheder og kun kendte til hans i almindelighed venlige sindelag, havde været helt oprigtig, da hun afviste Elizas mistanke som helt ubegrundet. Derfor ofrede hun ikke denne sag flere tanker og glemte den fuldstændigt, da hun fik travlt med forberedelserne til et besøg samme aften.

---

[1] **Engelsk grammatik** (1795), af Lindley Murray (1745-1826), den tids mest autoritative amerikanske grammatiker.

[2] **Kvadron:** Person af blandet race med tre fjerdedele hvidt blod og en fjerdedel afrikansk blod. Især om et barn af en hvid og en mulat. (Stowe bruger udtrykket mulat gennem hele sin fortælling for at referere til personer af blandet race, og udtrykket kvadron for at referere til afrikansk-amerikanske personer med meget lys hud, selv hvor man ikke kender denne persons oprindelige afstamning.)

[3] **Jim Crow:** Navn brugt om en sort person. Udtrykket, der nu betragtes som nedsættende, blev gjort populært gennem en sang og dans, som hed "Jump Jim Crow", skrevet af en sort minstrel (hvid person med sortsværtet ansigt) ved navn Thomas Rice i 1832. Senere blev raceadskillelseslovene kendt som "Jim Crow love".

[4] **Wilberforce, William** (24. augtust 1759 – 29. juli 1833) var en engelsk politiker, der agiterede ivrigt for afskaffelse af handlen med slaver. Gennem hans og Clarksons energiske indsats lykkedes det at gennemføre en lov, der gjorde en ende på den britiske handel med slaver den 8. januar 1808.

2. KAPITEL

Moderen

Lige fra hun var en lille pige, var Eliza vokset op hos sin frue, der havde behandlet hende som en forkælet yndling.

Personer, der rejser meget i Syden, kan ikke undgå at bemærke den specielle forfinelse og mildhed i stemme og manerer, som i mange tilfælde synes at være en særlig egenskab hos kvadron- og mulatkvinder. Disse naturlige fortrin hos kvadronerne er ofte parret med en blændende skønhed og i næsten alle tilfælde med et indtagende og behageligt væsen. Eliza, som vi har beskrevet hende, er ikke et produkt af vores fantasi, men er beskrevet, som vi husker hende, da vi så hende for flere år siden i Kentucky. I sin frues trygge og beskyttende varetægt var Eliza modnet uden de fristelser, som kan gøre skønhed til en ulykkelig byrde for en slave. Hun var blevet giftet væk til en begavet og dygtig ung mulat ved navn George Harris, som var slave på en naboejendom.

Denne unge mand var blevet udlejet af sin herre til at arbejde i en sækkefabrik, hvor hans dygtighed og opfindsomhed gjorde ham til førstemand på stedet. Han havde opfundet en maskine, der kunne rense hampen. Og når man tænker på opfinderens uddannelse og omstændigheder, må man sige, at han var et lige så stort mekanisk geni som opfinderen af Whitneys bomulds-rensemaskine.[5]

Han var en smuk ung mand med pæne manerer og meget afholdt på fabrikken. Ikke desto mindre var denne unge mand ikke et menneske ifølge lovens bogstav, men en ting. Derfor var alle hans fortrinlige egenskaber underlagt hans herres vilje – en grov, småling og tyrannisk slaveejer. Da denne mand hørte rygter om Georges opfindelse, red han hen til fabrikken for at se, hvad hans intelligente menneskelige ejendom havde bedrevet. Her blev han modtaget med stor begejstring af fabrikkens ejer, som gratulerede ham, fordi han ejede en så værdifuld slave.

Han blev vist rundt på fabrikken og fik forevist maskineriet af George, der var i et højt humør. Hans ryg var rank, og han så smuk og mandig ud, da han begejstret fortalte om sin opfindelse. Hans herre fik hurtigt en følelse af underlegenhed over for sin slave. Hvad lignede det, at hans slave skulle rejse landet rundt og opfinde maskiner og hævde sig mellem gentlemen? Han skulle snart få sat ham på plads. Han ville hente sin ejendom hjem igen og sætte ham til at luge ukrudt og grave grøfter og "så skulle vi snart få at se, om han ville spankulere lige så stolt omkring." Derfor krævede han til alles overraskelse pludseligt at få hele Georges løn udbetalt og meddelte samtidigt, at han ville tage sin ejendom med sig hjem.

"Men, mr. Harris," protesterede fabrikanten, "kommer det ikke temmelig pludseligt?"

"Hvad så, hvis det gør? Er det måske ikke *min* mand?"

"Vi er villige til at betale en højere leje for ham, sir."

"Det ændrer ikke sagen, sir. Jeg har ikke brug for at leje nogle af mine folk ud, hvis jeg ikke har lyst til det."

"Men, sir, han virker særlig velegnet til dette arbejde."

"Ja, det kan meget vel være. Han har aldrig virket særlig egnet til noget, som jeg har sat ham til, er jeg sikker på."

"Men tænk dog på, at han har opfundet denne maskine," indskød en af arbejdsmændene temmelig ubetænksomt.

"Åh, ja, en maskine, der kan spare én for noget arbejde, ikke sandt? Han ville helt sikkert opfinde sådan noget. Det kan en nigger helt sikkert finde ud af til hver en tid. De er selv arbejdsbesparende maskiner, hver eneste af dem. Nej, han skal sættes i arbejde!"

George stod som naglet til stedet, da han hørte sin skæbne blive udtalt af en magt, som han vidste, var uovervindelig. Han stod med korslagte arme og sammenknebne læber, mens et kaos af forbitrede følelser brændte i hans bryst og sendte strømme af ild ud i hans årer. Han trak vejret tungt og hans store, mørke øjne flammede som glødende kul. I sit blinde raseri ville han måske have sagt nogle uoverlagte og farlige ord, hvis ikke den venlige fabrikant havde lagt sin hånd på hans arm og hvisket: "Lad det fare, George. Gå bare med ham for nu. Vi vil prøve at hjælpe dig senere."

Tyrannen lagde mærke til fabrikantens hvisken og gættede, hvad den betød, skønt han ikke kunne høre selve ordene, men det styrkede ham kun i hans forsæt om at benytte sig af den magt, han havde over sit offer.

Han tog George med hjem og satte ham straks til det værste slavearbejde på gården. Det var lykkedes for George at undertrykke ethvert respektløst ord, men hans flammende øjne og de alvorlige, bekymrede rynker i hans pande var en del af hans naturlige sprog, som ikke kunne undertrykkes. De var alle sammen tydelige tegn på, at et menneske ikke kan blive til en ting.

Det var i den lykkelige tid, da George var ansat ved fabrikken, at han havde mødt og giftet sig med Eliza. Fordi han var en meget betroet og påskønnet medarbejder, havde han i den periode haft stor frihed til at komme og gå, som han ville. Giftermålet var i høj grad blevet billiget af mrs. Shelby, der som andre kvinder gerne legede Kirsten Giftekniv. Hun var kun glad for at kunne forene sin smukke yndling med en person fra hendes egen samfundsklasse, der i alle henseender virkede som et passende parti. De unge mennesker blev gift i mrs. Shelbys fine stue, og husfruen pyntede selv brudens smukke hår med orangeblomster og et brudeslør, der næppe kunne have smykket et yndigere hoved. Der manglede heller ikke hvide handsker, kage og vin eller beundrende gæster til at lovprise brudens skønhed og hendes frues gavmildhed og tolerance. I de næste par år så Eliza sin ægtemand regelmæssigt, og intet forstyrrede deres lykke bortset fra tabet af to spædbørn, som Eliza havde fattet stor kærlighed til. Tabet af disse to børn sørgede hun så heftigt over, at hendes frue blidt påtalte det og derefter med moderlig omsorg prøvede at styre hendes naturlige lidenskabelige følelser og holde dem inden for fornuftens og religionens grænser.

Efter lille Harry blev født, var hun imidlertid gradvist blevet mere rolig og stabil. Hendes blødende hjerte og dårlige nerver blev helet med dette nye liv, og Eliza blev igen en lykkelig kvinde, lige indtil hendes mand brutalt blev revet væk fra sin venlige arbejdsgiver og styret med jernhånd af sin lovlige ejer.

Som han havde lovet, besøgte Georges tidligere arbejdsgiver mr. Harris et par uger efter, at George var blevet fjernet fra fabrikken. Han håbede, at slaveejerens vrede nu var drevet over og prøvede på enhver mulig måde at overtale ham til at lade George vende tilbage til hans tidligere beskæftigelse.

"De behøver ikke besvære Dem med at sige mere," sagde mr. Harris stædigt. "Jeg passer mine egne sager, sir."

"Jeg har heller ikke tænkt mig at blande mig i dem, sir. Jeg tænkte bare, at det ville være i Deres egen interesse at lade Deres mand arbejde for os på de foreslåede betingelser."

"Åh, jeg forstår meget godt, hvor De vil hen. Jeg så med mine egne øjne, hvordan De blinkede og hviskede, da jeg hentede ham i fabrikken. Men sådan leger vi ikke. Det er et frit land, sir. Manden *tilhører mig*, og jeg gør med ham, hvad der passer mig – og dermed punktum!"

Dermed brast Georges sidste håb. Alt, hvad der lå foran ham nu, var et liv i slid og slæb, der ville blive mere forbitret for hver eneste pinefuld plage og nedværdigende behandling, som en tyrannisk hjerne kunne udtænke.

En ægte humanist har engang sagt: "Den værste måde at behandle et menneske på er at hænge det."

Nej, der findes en anden måde at behandle et menneske på, som er VÆRRE!

---

[5] **Whitneys bomulds-rensemaskine:** En sådan maskine blev rent faktisk opfundet af en ung, farvet mand i Kentucky. [Mrs. Stowes bemærkning.]

Eli Whitney: (8. december 1765 – 8. januar 1825), amerikansk opfinder, kendt for opfindelsen af en maskine til egrenering af bomuld (fjernelse af urenheder og adskillelse af fibrene fra plantedelene).

3. KAPITEL

Ægtemanden og faderen

Mrs. Shelby var taget på besøg, og Eliza stod på verandaen og kiggede temmelig trist efter den bortkørende vogn, da hun mærkede en hånd på sin skulder. Hun vendte sig om, og hendes ansigt lyste op i et stort smil.

"George, er det dig? Du gjorde mig helt bange! Jeg er så glad for at se dig! Missis er taget væk for resten af eftermiddagen, så vi kan gå ind på mit lille værelse og være sammen uden at blive forstyrret."

Med disse ord trak Eliza ham ind i en pæn, lille lejlighed, der vendte ud til verandaen. Her, hvor hun let kunne høre sin frue kalde, sad hun ofte og syede.

"Du gør mig så glad! Hvorfor er du så alvorlig? Se Harry, er han ikke vokset?" Drengen stod sky og kiggede på sin fader gennem sine krøller, mens han holdt sig tæt til sin moders skørter. "Er han ikke smuk?" sagde Eliza, idet hun strøg hans krøller til side og kyssede ham.

"Jeg ønsker, han aldrig var blevet født!" sagde George bittert. "Jeg ville også ønske, at jeg selv aldrig var blevet født!"

Forundret og forfærdet satte Eliza sig ned, lagde hovedet på hans skulder og brast i gråd.

"Så, så, Eliza, det var ikke pænt af mig at få dig til at føle sådan, stakkels pige!" sagde han ømt. "Jeg kan ikke være det bekendt. Men jeg ønsker, at du aldrig havde mødt mig, så ville du have været lykkelig!"

"George! George! Hvordan kan du sige det? Hvilken forfærdelig ting er der sket eller vil der ske? Vi har været meget lykkelige sammen indtil for nylig."

"Det har vi, kæreste," sagde George. Han tog drengen på skødet, stirrede alvorligt ind i hans strålende, mørke øjne og strøg hånden gennem hans lange krøller.

"Han ligner dig, Eliza, og du er den smukkeste kvinde, jeg nogensinde har set, og den eneste for mig, men åh, jeg ønsker, at vi aldrig havde mødt hinanden!"

"Åh, George, hvordan kan du sige det?"

"Ja, Eliza, det er elendighed alt sammen! Mit liv er bittert som malurt. Livet er brændt ud af mig. Jeg er kun et usselt, elendigt og ynkeligt mulddyr. Jeg vil kun trække dig ned med mig i elendigheden. Hvad nytter det, at vi prøver at lære noget, stræber efter noget, prøver at være noget? Hvad er formålet med at leve? Jeg ville ønske, jeg var død!"

"Men kære, George, det var dog noget forfærdeligt at sige! Jeg ved nok, at du er ked af, at du mistede din plads på fabrikken, og at du har en streng herre, men jeg beder dig om at være tålmodig, og måske vil noget..."

"Være tålmodig!" afbrød han hende, "har jeg måske ikke været tålmodig? Sagde jeg et eneste ord, da han uden nogen som helst grund kom og tog mig bort fra det sted, hvor alle var venlige imod mig? Jeg har ærligt og redeligt givet ham hver eneste cent, jeg har tjent – og de sagde alle sammen, at jeg var en god arbejder."

"Ja, det *er* forfærdeligt," sagde Eliza, "men når alt kommer til alt, så er han dog din herre, ikke sandt?"

"Min herre! Hvem har gjort ham til det? Det er det, jeg spekulerer på. Hvilken ret har han til mig? Jeg er et menneske ligesom ham. Jeg er endda dygtigere end ham. Jeg forstår mig bedre på forretninger end ham, jeg er en bedre leder end ham, jeg kan også læse og skrive bedre end ham, og jeg har lært mig selv det hele uden hans hjælp. Jeg har lært det hele på trods af ham. Hvilken ret har han så til at gøre mig til et usselt arbejdsdyr? Hvilken ret har han til at tage mig væk fra de ting, jeg kan gøre – og endda gøre bedre end ham – og sætte mig til et arbejde, som ethvert mulddyr kan gøre bedre? Det er det, han gør! Han siger, han vil kue mig og ydmyge mig, og han sætter mig til det hårdeste, mest beskidte og elendigste arbejde med vilje!"

"Åh, George! George! Du skræmmer mig! Jeg har aldrig før hørt dig tale sådan. Jeg er bange for, at du måske vil gøre noget skrækkeligt. Jeg kan godt forstå, hvordan du føler dig, men, åh, du er nødt til at være forsigtigt. Bare for min skyld – og for Harrys skyld!"

"Jeg har været forsigtig, og jeg har været tålmodig, men det er bare blevet værre og værre. Det er mere, end et menneske kan bære. Han fornærmer og piner mig ved hver en lejlighed. Jeg troede, jeg kunne nøjes med at gøre mit arbejde godt og holde min mund, så ville jeg få en smule tid til at læse og dygtiggøre mig i min fritid, men jo bedre jeg er til at gøre tingene, des mere arbejde giver han mig. Han siger, at selv om jeg ikke siger noget, så kan han se djævelen i mig, og han vil uddrive den. Men jeg er helt sikker på, at en af disse dage, så vil djævelen i mig komme ud på en måde, han ikke vil synes om!"

"Åh, du godeste! Hvad skal vi gøre?" sukkede Eliza.

"Det er ikke længere siden end i går," sagde George. "hvor jeg havde travlt med at læsse sten på en vogn, og den unge master Tom stod lige ved siden af hesten og smældede med pisken, så dyret blev opskræmt. Jeg bad ham om at holde op på en venlig måde, men han blev bare ved. Jeg bad ham igen om at holde op, men så vendte han sig om og begyndte at slå mig. Jeg greb fat i hans hånd, og så skreg han op og sparkede mig og løb hen til sin far og sagde, at jeg havde slået ham. Hans far blev rasende og sagde, at han nok skulle lære mig, hvem der var min herre og mester. Han bandt mig til et træ, skar nogle små grene af til den unge master og sagde, han skulle piske mig, til han blev træt i armen – og det gjorde han så! Det skal jeg nok huske ham på ved lejlighed!" George fik et beslutsomt udtryk i ansigtet, og hans øjne skød lyn på en måde, der fik hans unge kone til at skælve. "Jeg spørger bare, hvem har gjort denne mand til min herre?"

"Ja," sagde Eliza trist, "jeg har altid ment, at jeg skulle adlyde min herre eller frue, ellers var jeg ikke en god kristen."

"Der er en smule fornuft i det i dit tilfælde. De har taget sig af dig lige fra barnsben, givet dig mad og tøj, forkælet dig og undervist dig, så du har fået en god opdragelse. Derfor kan man måske sige, at de har en slags krav på dig. Men jeg er blevet sparket, slået og forbandet og i bedste fald overladt til mig selv. Jeg skylder ingen noget! Jeg har betalt for mig selv mange hundrede gange. Jeg *vil ikke* finde mig i det mere. Nej, jeg *vil ikke!*" sagde George og knyttede hånden med et rasende blik.

Eliza skælvede og tav. Hun havde aldrig før set sin mand så ophidset, og hendes opfattelse af rigtigt og forkert syntes at bøje sig som et siv for hans følelsers stormvejr.

"Kan du huske den stakkels lille Carlo, som du gav mig?" tilføjede George. "Den lille hund var næsten min eneste glæde. Den sov med mig om natten og fulgte mig overalt om dagen. Den kiggede på mig, som om den forstod, hvordan jeg havde det. Da jeg forleden dag fodrede ham med nogle madrester, jeg havde samlet op ved køkkendøren, kom Massa forbi og sagde, at jeg fodrede hunden på hans bekostning, og at han ikke havde råd til, at alle hans niggere holdt hund. Derefter beordrede han mig til at binde en sten om halsen på Carlo og drukne ham i dammen."

"Åh, George, det gjorde du vel ikke!"

"Nej, det gjorde jeg ikke, men det gjorde han! Massa og Tom overdængede det stakkels, druknende dyr med sten. Stakkels hund! Han kiggede så bedrøvet på mig, som om han undrede sig over, hvorfor jeg ikke reddede ham. Jeg blev også pisket, fordi jeg ikke ville adlyde Massa. Det gør mig ikke noget. Massa skal snart finde ud af, at jeg ikke lader mig tæmme med en pisk. Min tid kommer også, når han mindst venter det."

"Jamen, hvad vil du gøre? Åh, George, du må ikke gøre noget ondt. Hvis bare du stoler på Gud og prøver at gøre det rigtige, så vil han hjælpe dig."

"Jeg er ikke en kristen person som dig Eliza; mit hjerte er fuldt af bitterhed. Jeg sætter ikke min lid til Gud. Hvorfor tillader han, at sådanne ting sker?"

"Åh, George, vi må have tillid til ham. Missis siger, at når alt går galt for os, så skal vi stole på, at Gud vil vende alt til det bedste."

"Det er let nok at sige for folk, der sidder i fine sofaer og kører i fine vogne, men anbring dem i mit sted, så vil det nok være sværere for dem. Jeg ønsker kun at være et godt menneske, men mit hjerte er optændt af en flammende ild, som ikke vil dø ud. I mit sted ville du føle som jeg, og når jeg fortæller dig det hele, tænker du nok anderledes. Du har ikke hørt alt endnu."

"Er der mere endnu?"

"Ja, Massa har i den sidste tid sagt, at han var godt tosset, da han lod mig gifte væk fra gården. Han siger, at han hader mr. Shelby og hele hans slæng, fordi de er hovmodige og tror, de er finere end ham. Han siger også, at jeg har fået stolte griller i hovedet på grund af dig, og at han ikke vil lade mig besøge dig mere, men at jeg i stedet skal tage mig en ny kone og starte en familie på hans gård. I begyndelsen brokkede han sig kun og bandede over det, men i går sagde han, at jeg skulle tage Mina til min kone og flytte ind i en hytte med hende, ellers ville han sælge mig ned ad floden[6] til en plantage sydpå."

"Men du er jo blevet gift med *mig* af præsten på samme måde som en hvid mand!" protesterede Eliza.

"Ved du ikke, at en slave ikke kan blive gift? Det er der ingen lov for her i landet. Jeg kan ikke beholde dig som min kone, hvis han vil skille os ad. Det er derfor, jeg ønsker, jeg aldrig havde mødt dig. Det er grunden til, at jeg ønsker, jeg aldrig var blevet født – det ville have været det bedste for os begge, og det ville have været det bedste for vores stakkels barn, hvis han aldrig var blevet født. Alt, hvad jeg har været udsat for, kan også ske for ham engang."

"Åh, men min herre er så rar!"

"Ja, men hvem ved? Han kan jo dø, og så bliver vores søn solgt til nogen, vi ikke kender. Hvilken glæde er det så, at han er køn, klog og opvakt? Jeg siger dig, Eliza, at du vil føle det, som om et sværd bliver stukket igennem din sjæl for hver god og rar ting, du opdager hos dit barn. Det vil gøre ham alt for værdifuld til, at du får lov til at beholde ham."

Hans ord gjorde Eliza tung om hjertet og fik hende til at tænke på slavehandleren. Hun blev pludselig bleg og gispede efter vejret, som om nogen havde tildelt hende et hårdt slag. Nervøst kiggede hun ud på verandaen, hvor drengen – træt af at lytte til de voksnes alvorlige snak – triumferende red frem og tilbage på mr. Shelbys spadserestok. Hun var lige ved at fortælle George om sin egen frygt, men stoppede sig selv.

"Nej, nej, han har nok at tænke på, den stakkels fyr!" tænkte hun. "Nej, jeg vil ikke fortælle ham om min egen frygt. Måske er det ikke engang sandt. Missis ville aldrig lyve for mig."

"Så, Eliza, min pige," sagde han sørgmodigt, "hold modet oppe og farvel for nu, for jeg rejser bort."

"Farvel? Hvor rejser du hen, George?"

"Jeg rejser til Canada," sagde han og rettede sig op, "og når jeg er der, så vil jeg købe dig fri. Det er det eneste håb, vi har. Du har en venlig herre, der ikke vil afslå at sælge dig. Jeg vil købe både dig og drengen fri. Gud hjælpe mig, det lover jeg dig!"

"Åh, hvor forfærdeligt! Men hvad hvis du bliver fanget?"

"Jeg lader mig ikke fange, Eliza. Jeg vil hellere *dø*! Jeg vil være fri, eller jeg vil dø!"

"Du vil vel ikke dræbe dig selv?"

"Nej, det bliver ikke nødvendigt. De slår mig hurtigt nok ihjel. Jeg kommer ikke ned ad floden i live!"

"Åh George, vær forsigtig for min skyld! Gør ikke noget syndigt. Gør ingen skade på dig selv eller andre! Du er alt for fristet, alt for meget. Rejs bort, hvis du virkelig er nødt til det, men rejs forsigtigt og klogt. Bed til, at Gud vil hjælpe dig."

"Hør nu min plan, Eliza. Massa fik den idé at sende mig her forbi med en besked til mr. Symmes, der bor et par kilometer væk. Jeg tror, han regner med, at jeg ville komme her for at fortælle dig, hvad der er sket. Det ville glæde ham, hvis han kunne irritere 'Shelby-slænget', som han kalder dem. Jeg kommer nedtrykt tilbage til ham, som om det hele er forbi. Alt er allerede arrangeret, og der er nogle, der vil hjælpe mig. Om nogle uger vil jeg være blandt de savnede. Bed for mig, Eliza, måske vil den gode Gud lytte til *dig*."

"Åh George, bed selv til ham og stol på ham. Så kommer du ikke til at gøre noget, du vil fortryde."

"Nuvel, så *farvel*," sagde George, idet han greb hendes hånd og så hende ind i øjnene. Uden at bevæge sig stod de tavse en stund. De sagde nogle flere ord til afsked og fældede nogle bitre afskedstårer. Det var en gribende afsked, fordi håbet om et gensyn var mindre end svagt. Derefter skiltes mand og kone.

[6] **Ned ad floden:** Udtrykket at blive "solgt ned ad floden" betød, at den ulykkelige slave ville blive sejlet ned ad Mississippi eller Ohio floden og solgt på slavemarkedet i Natchez eller Louisville til hårdt arbejde i bomuldsmarkerne i f.eks Alabama eller Mississippi, der var nogle af de største aftagere. Man anslår, at omkring en million slaver blev solgt til Syden på denne måde fra 1790-1860, indtil Syden selv blev selvforsynende med slaver født i fangenskab.

4. KAPITEL

En aften i Onkel Toms hytte

Onkel Toms hytte var en lille bjælkehytte, der lå nær ved "hovedhuset", som negrene *par excellence*[7] betegner deres herres bolig. Foran hytten lå en pæn lille have, hvor jordbær, hindbær og forskellige andre frugter groede frodigt hver eneste sommer under omhyggelig pasning. Hele hyttens forside var dækket af en stor begonia med skarlagensrøde blomster og en amerikansk mangeblomstret rose, som var flettet så tæt sammen, at de næsten fuldstændigt skjulte de rå tømmerstokke. Her havde også forskellige farvestrålende sommerblomster som morgenfruer, petunier og vidunderblomster fundet sig en venlig krog, hvor de til tante Cloes store fryd og stolthed kunne udfolde sig i al deres pragt.

Lad os træde indenfor hos Onkel Tom. Aftensmåltidet hos herskabet er overstået, og tante Chloe, som havde overvåget tilberedningen af måltidet som chefkok, har nu forladt huset og overladt selve oprydningen og opvasken til to andre tjenende ånder. Hun befinder sig nu i sit eget hyggelige domæne, hvor hun er i gang med at lave aftensmad til "sin gamle". Derfor vil du uden tvivl se hende stå ved ildstedet, hvor hun påpasseligt våger over nogle sydende ingredienser i en stegegryde og regelmæssigt løfter låget på en stor jerngryde, hvorfra en liflig duft giver et vink om "noget lækkert". Hendes ansigt er rundt, sort og skinnende. Ansigtet er faktisk så skinnende, at man skulle tro, at hun havde penslet det med æggehvider, ligesom hun plejer at gøre det med sit ristede te-brød. Hele hendes runde ansigt stråler af godmodig selvtilfredshed under hendes stivede, kulørte turban. Hun udstråler også en bevidsthed om sit eget værd som egnens bedste kok. Det blev tante Chloe nemlig almindeligvis anset for at være.

Hun er helt sikkert kok af både sjæl og sind. Hver eneste kylling, kalkun eller and på gårdspladsen får et alvorligt udtryk i øjnene, når hun nærmer sig, og de begynder omgående at tænke på livets forgængelighed. Og sikkert er det, at hendes tanker så ofte drejede sig om, hvordan man skulle plukke, farsere og stege, at det vakte rædsel hos ethvert levende fjerkræ. Hendes hoe-cake,[8] majsbrød, muffins og andre specialiteter udgjorde et ægte mysterium for alle mindre øvede kokke. Og når hun udtalte sig om en eller anden konkurrents mislykkede forsøg på at kappes med hende i den ædle kogekunst, kunne man se hele hendes krop ryste af latter og professionel stolthed.

Gæster til herren og fruen, som gav anledning til anretning af fornemme middage og forretter, vakte hendes sjæl til fornyet liv. Det bedste, hun vidste, var synet af en bunke kufferter på verandaen, for det var et varsel om nye anstrengelser og nye triumfer.

Men lige her og nu stod tante Chloe bøjet over jerngryden, og vi vil lade hende fortsætte med denne hyggelige beskæftigelse, indtil vi er færdige med vores beskrivelse af hytten.

I hyttens ene hjørne står en seng, pænt dækket til med et snehvidt lagen, og ved siden af sengen ligger et ret stort tæppe. På dette tæppe plejede tante Chloe at tage plads, som om hun var en kvinde, der tilhørte de finere kredse. Selve tæppet, sengen og hele dette hjørne af hytten blev behandlet særlig nænsomt og var så vidt muligt afskærmet fra småbørns indtrængen og krænkelse. Faktisk udgjorde dette hjørne husets *fine stue.* I det andet hjørne stod en seng af et langt mere beskedent udseende, der øjensynligt var beregnet til at *bruges.* Væggen over ildstedet var prydet med nogle håndkolorerede, bibelske litografier og et portræt af general Washington,[9] som var tegnet og farvelagt på en måde, der helt sikkert ville have forbløffet denne helt, hvis han nogensinde skulle få det at se.

På en rå træbænk i hjørnet sad et par uldhårede drenge med strålende, sorte øjne og runde, blanke kinder. De havde travlt med at overvåge en babys første spæde forsøg på at gå. Og som det så ofte er tilfældet, består det i at rejse sig op, balancere et øjeblik og derefter falde på halen. Hver eneste af barnets mislykkede forsøg blev mødt med stor begejstring, som om det var noget helt specielt.

Foran ildstedet stod et temmelig vakkelvornt bord dækket med et stykke stof samt kopper og tallerkner prydet med et farvestrålende mønster. Alt sammen tydede på et forestående måltid. Onkel Tom, mr. Shelbys bedste medhjælper, sad ved bordet, og eftersom han er helten i vores historie, må vi hellere beskrive ham grundigt som et Daguerreotypi[10] for vores læsere. Han var en stor, stærk mand med brede skuldre og en kraftig brystkasse. Sort som natten og med et ansigt, hvis ægte afrikanske træk udtrykte alvor og sund fornuft, foruden venlighed og velvilje. Han udstrålede værdighed og en stærk selvagtelse, parret med en ydmyg og tillidsfuld troskyldighed.

Lige nu var han travlt beskæftiget med en skifertavle, hvor han omhyggeligt og langsomt printede nogle bogstaver under skarp overvågning af den unge master George – en klog og opvakt ung knøs på tretten år – som syntes at være fuldt bevidst om sit betroede hverv som lærer.

"Nej, ikke sådan, onkel Tom – ikke på den måde," sagde han skarpt, da onkel Tom møjsommeligt vendte halen på slutstregen i et *g* den gale vej, "så bliver det til et *q*, kan du ikke se det?"

"Jøsses, er det rigtigt?" sagde onkel Tom og kiggede beundrende på sin unge lærer, da denne hurtigt kradsede en enorm mængde *q'er* og *g'er* ned som eksempler for sin elev. Onkel Tom samlede griflen op igen med sine store, kluntede fingre og fortsatte tålmodigt med sine skriveøvelser.

"Så let hvide folk kan gøre disse ting!" sagde tante Chloe beundrende om den unge master George, mens hun smurte en pande med et stykke bacon. "Tænk, at han allerede kan skrive og læse! Og så kommer han her om aftenen og underviser os. Det er virkelig spændende!"

"Men tante Chloe, jeg blevet godt sulten," sagde George, "er kagen i gryden ikke snart klar?"

"Den er næsten færdig, master George," sagde tante Chloe, idet hun løftede låget og kiggede. Den bliver smuk brun, en flot brun farve. Åh, lad mig gøre den færdig. For nogle dage siden sagde missis, at jeg skulle *lære* Sally at lave en kage. 'Åh, missis, hold op,' sagde jeg. Det sårer virkelig mine følelser at se god mad blive spildt på den måde! Kagen hævede sig kun i den ene side og var helt uden facon. Den lignede min sko, åh, hold op!"

Og med dette udtryk for foragt for Sallys mangel på erfaring, løftede tante Chloe låget af gryden og afslørede en perfekt bagt pundkage,[11] som enhver konditor i byen ville have været stolt af. Da denne øjensynlig vigtigste del af måltidet var vel overstået, fik tante Chloe nu travlt med resten af aftensmaden.

"Hej, Mose og Pete, af vejen med jer, I niggere! Flyt dig Polly, min skat, så skal du få noget godt af mammy om lidt. Hør, massa George, læg nu bøgerne væk og sæt dig ned ved siden af min gamle mand, så skal jeg tage pølserne op og få lagt det første hold pandekager på jeres tallerkner i løbet af nul komma fem."

"De ville have, at jeg skulle komme hjem og spise til aften," sagde George, "men jeg vidste alt for godt, hvor der vankede noget bedre, tante Chloe."

"Nå, så det gjorde du, min skat," sagde tante Chloe og dyngede et læs rygende varme majspandekager op på hans tallerken. "Du vidste, at din gamle tante ville gemme det bedste til dig. Det var lige, hvad man kunne vente sig!" Hun gav ham et prik med fingeren, som var spøgefuldt ment, og vendte hurtigt tilbage til sin stegepande.

"Og nu til kagen," sagde master George, da han var blevet mæt af pandekagerne. Begejstret svingede han en stor kniv over den føromtalte kage.

"Hvad tænker du dog på, master George!" sagde tante Chloe forfærdet og greb ham i armen, "du vil vel ikke skære i kagen med den slagtekniv! Den falder jo helt sammen, så den smukke hævning forsvinder. Her, tag denne tynde, gamle kniv, som jeg holder skarp til det formål. Kan du se, den skærer gennem kagen let som en fjer! Spis bare løs, man kan ikke finde noget, som slår den."

"Tom Lincon siger," sagde George med munden fuld af kage, "at deres Jinny er en bedre kok end dig."

"De der Lincons, de er ikke noget særligt!" sagde tante Chloe med foragt i stemmen. "Jeg mener i sammenligning med *vores* herskab. De er respektable nok på deres måde, men når man taler om stil og klasse, så har de ikke det ringeste begreb om det. At sammenligne vores master Shelby med master Lincon! Det er hul i hovedet! Og missis Lincon, der ikke engang kan føre sig så fint i en salon som vores missis gør det på sin elegante måde, ikke sandt? Åh, hold op! Nej, tal ikke til mig om de der Lincons!" sagde tante Chloe og slog med nakken, som om hun ville sige, at hun kendte til den fine verden, hvis nogen gjorde det.

"Men," sagde George, "jeg har hørt dig sige, at Jinny var en temmelig god kok."

"Ja, det har jeg måske sagt," sagde tante Chloe, "Jinny er god nok til almindelig, jævn madlavning. Hun kan lave et temmelig godt majsbrød og tilberede sine kartofler *godt*, men hendes majskager er ikke noget specielt. De er ikke dårlige, men heller ikke noget særligt. Men helt ærligt, når vi kommer til den finere madlavning, hvad *kan* hun så? Hun kan lave tærter, men hvordan er skorpen? Kan hun røre en god smørdej, der smelter i munden på dig? Jeg tog over til hende, da miss Mary skulle giftes, og Jinny viste mig bryllupstærterne. Jinny og jeg er de bedste venner, så jeg sagde ikke et ord. Men det siger jeg dig, master George, at jeg ville ikke have lukket et øje i en hel uge, hvis jeg havde bagt sådanne tærter. Nej, de var under al kritik."

"Jeg går ud fra, at Jinny var tilfreds med dem," sagde George.

"Javist, det var hun! Der stod hun og viste mig dem, enfoldig som et barn. Jinny har *ikke begreb* om det. Hele familien er nul og niks. Hvordan skulle hun vide det? Det er ikke hendes fejl. Åh master George, du er slet ikke klar over, hvilken fordel det er at høre til denne familie og vokse op i den!" sukkede tante Chloe og himlede følelsesladet med øjnene.

"Det gør jeg helt sikkert, tante Chloe, jeg forstår skam at sætte pris på mine tærte- og dessertfordele," sagde George. "Bare spørg Tom Lincon. Jeg praler altid over for ham, når jeg ser ham."

Tante Chloe lænede sig tilbage i stolen og brød ud i en hjertelig latter over den unge mands vittige ord. Hun lo så voldsomt, at tårerne trillede ned ad hendes sorte, glinsende ansigt, mens hun spøgefuldt puffede og skubbede til master George og bad ham om at holde op. Hun sagde, at han ville tage livet af hende en dag med sine vittige bemærkninger og ind imellem hendes forudsigelser om sin egen død, fik hun det ene voldsomme latteranfald efter det andet, så George til sidst selv begyndte at tro på, at han både var en farlig og sjov person, der burde udvise mere forsigtighed, når han ville være morsom.

"Så Tom fik ren besked? Åh, min gud! Hvad de unge herrer ikke finder på! Du pralede over for Tom? Åh, min gud! Master George, du kunne få en skarnbasse til at le!"

"Ja," sagde George, "jeg sagde til ham, 'Tom du burde smage nogle af tante Chloes tærter, de er helt prima', sagde jeg."

"Det er synd for Tom, at han ikke kan," sagde Chloe, som var blevet dybt berørt af Toms beklagelige skæbne. "Du burde invitere Tom herhen en dag, master George," fortsatte hun. "Det ville være pænt af dig. Ser du, master George, du burde ikke føle dig bedre end andre på grund af dine fordele, for alle vores fordele bliver givet til os. Det må vi altid huske på," sagde tante Chloe og så meget alvorlig ud.

"Jamen, så vil jeg invitere Tom herhen en dag i næste uge," sagde George, "så må du gøre dit bedste, tante Chloe, så skal han nok gøre store øjne. Vi skal proppe ham med mad, så han ikke kan få noget ned i de næste fjorten dage."

"Ih ja, helt sikkert," sagde tante Chloe henrykt. "Åh, gud, at tænke sig nogle af de middage, vi har haft! Kan du huske den fantastiske kyllingepostej, som jeg lavede til middagen med general Knox? Mig og fruen var lige ved at komme op og skændes over smørdejen. Jeg ved ikke, hvad der går af fruerne nogle gange, når de føler et stort ansvar tynge deres skuldre, som man nu siger. Så bliver de meget *alvorlige* og nervøse og blander sig konstant. Missis ønskede, at jeg skulle gøre tingene på den ene og den anden måde, og til sidst blev jeg lidt sarkastisk og sagde: 'Hør nu, missis, tag et kig på Deres smukke, hvide hænder med de lange, smalle fingre, der alle stråler af ringe ligesom mine hvide liljer, når duggen er faldet på dem, og tag så et kig på mine store, sorte, stumpede fingre. Tror De så ikke, at det er Guds mening, at det er *mig*, der skal lave smørdejen, og det er Dem, der skal være i den fine salon?' Ja, så næsvis var jeg, master George."

"Hvad sagde min mor til det?" spurgte George.

"Sagde? Ja, hun lo med sine store, smukke øjne og sagde: 'Ja tante Chloe, jeg tror, du har ret' sagde hun og gik ud af køkkenet. Hun burde have givet mig en på hovedet for at være så fræk, men det er nu engang sådan, at jeg ikke kan fordrage at have nogen til at bestemme over mig i køkkenet."

"Ja, men du klarede det helt fint med den middag, det kan jeg huske, at alle sagde," sagde George.

"Ja, ikke sandt? Jeg stod jo også selv bag døren til spisestuen hele dagen, hvor jeg så generalen række sin tallerken frem tre gange for at få mere postej og hørte ham sige: 'De må have en usædvanlig dygtig kok, mrs. Shelby.' Åh, gud, jeg var lige ved at revne af stolthed. Den general ved sandelig, hvad han taler om," sagde tante Chloe med en vigtig mine. "En meget fin mand, den general! Han stammer fra en af de *bedste* familier i gamle Virginia! Han forstår sig på madlavning lige så godt som mig. Ser du, hver postej har sit eget *særpræg*, master George, men det er ikke alle, der lægger mærke til det eller ved, hvad det er. Men generalen, han ved det. Det forstod jeg på hans bemærkning. Han ved, hvad en postejs særpræg er!"

Master George var nu nået til det ganske usædvanlige tidspunkt for en altid sulten, ung mand, at han absolut ikke kunne få en bid mere ned, og han fik derfor tid til at iagttage den lille flok uldhoveder med tindrende øjne og sultne blikke, som fulgte med i det hele fra det modsatte hjørne.

"Værsgo' Mose og Pete," sagde han og brækkede nogle store stykker af, som han kastede til dem. "I vil vel også gerne have noget, ikke sandt? Hør, tante Chloe, bag nogle flere pandekager til dem."

George og Tom flyttede hen til ildstedet og satte sig mageligt til rette, mens tante Chloe efter at have bagt en god stabel pandekager tog den lille baby på skødet. Skiftevis fodrede hun babyen og sig selv, samtidig med hun delte pandekager ud til Mose og Pete, som åbenbart foretrak at spise, mens de rullede omkring på gulvet under bordet, kildede hinanden og ind imellem trak babyen i tæerne.

"Åh, hold nu op, drenge!" sagde deres mor og sparkede nu og da til dem, når deres leg blev alt for voldsom og støjende. "Kan I ikke opføre jer ordentligt, når hvide mennesker kommer på besøg? Hold nu op med det, siger jeg! Ellers skal I få en ordentlig omgang, når master George er gået!"

Det var ikke let at vide hvilken frygtelig trussel, der skjulte sig bag disse ord, men sikkert var det, at den skjulte trussel ikke syntes at gøre et særlig stort indtryk på de unge mennesker.

"Tag det roligt!" sagde onkel Tom, "de er bare så legesyge hele tiden, at de ikke kan opføre sig ordentligt."

Drengene dukkede nu frem under bordet, og med hænder og ansigt godt smurt ind i melasse[12] begyndte de ivrigt at kysse den lille baby.

"Så, forsvind nu med jer!" udbrød deres mor og skubbede deres hoveder væk. "I bliver klistret helt sammen og kommer aldrig løs igen, hvis I bliver ved med det. Gå ned til bækken og vask jer!" sagde hun og ledsagede sin formaning med et hårdt klask, der dog kun fik børnene til at le endnu højere, mens de hovedkulds tumlede ud af døren med begejstrede hyl.

"Det var dog nogle rædsomme unger," sagde tante Chloe overbærende og hev et gammelt håndklæde frem, der blev gemt til sådanne nødsituationer. Hun fugtede det med vand fra en revnet tekande og vaskede melassen af pigens ansigt og hænder. Da hun havde gnedet hende, indtil hun skinnede, satte hun pigen ned på Toms skød og gik i gang med at rydde op efter måltidet. Pigen brugte pausen på Toms skød til at hive ham i næsen, kradse ham i ansigtet og begrave sine små, tykke hænder i hans krøllede hår. Den sidste ting syntes i særdeleshed at volde hende stor glæde.

"Er hun ikke en prægtig unge?" sagde Tom, idet han holdt babyen ud fra sig for rigtigt at betragte hende fra top til tå. Så rejste han sig op, satte hende op på sine brede skuldre og gav sig til at hoppe og danse med hende, mens master Georg slog smæld med sit lommetørklæde foran hende. Mose og Pete, som i mellemtiden var kommet tilbage, brølede som bjørne, indtil tante Chloe erklærede, at de var tæt på at "rive hovedet af hende" med al deres larm. Men da denne kirurgiske operation ifølge hende selv fandt sted dagligt i hytten, lagde hendes bemærkning ikke den mindste dæmper på morskaben, før alle havde brølet, sprunget omkring og danset sig selv trætte.

"Nu håber jeg, I er færdige," sagde tante Chloe, idet hun trak en simpel kasseseng ud fra under en seng. "Læg jer nu i den, Mose og Pete, for nu skal vi til at have et bønnemøde."

"Men mor, vi er ikke trætte. Vi vil være med til mødet – de er så spændende. Vi holder meget af dem."

"Hør tante Chloe, skub den tilbage igen og lad dem være med," sagde master George bestemt og skubbede til den grove trækasse.

Tante Chloe, der på denne måde reddede ansigt, virkede yderst tilfreds med at skubbe kassesengen tilbage under sengen og sagde: "Ja, måske kan de få noget godt ud af det."

Hele familien holdt nu rådslagning om, hvordan man skulle gribe mødet an.

"Hvad skal vi gøre angående stole? *Jeg* har i hvert fald ingen anelse," sagde tante Chloe. Men da mødet havde været afholdt hos onkel Tom hver uge i en årrække uden flere stole, syntes der at være et håb om, at en udvej kunne findes.

"Gamle onkel Peter savede to ben af den ældste stol i sidste uge," sagde Mose.

"Åh, sludder og vrøvl! Jeg er sikker på, at det var dig, der hev dem af – det kunne ligne dig!" sagde tante Chloe.

"Den kan godt stå, hvis bare man stiller den op ad væggen!" sagde Mose.

"Men så må onkel Peter ikke sidde i den, fordi han rokker frem og tilbage, når han begynder at synge. Han rokkede næsten tværs over gulvet forleden aften." sagde Pete.

"Min Gud! Han sætter sig sikkert i den," sagde Mose, "og så vil han begynde: 'Kom hellige og syndere, hør mig fortælle om Immanuels vidundere[13]...' og så vælter stolen under ham." Mose gengav livagtigt den gamles nasale røst og faldt så omkuld på gulvet for at vise den hypotetiske katastrofe.

"Hør nu, opfør dig ordentligt!" sagde tante Chloe. "Skammer du dig ikke?"

Men da master George lo lige så højt som synderen og erklærede, at Mose var en rigtig *spøgefugl*, faldt den moderlige formaning helt til jorden.

"Hør her, kære Tom," sagde tante Chloe, "så bliver du nødt til at rulle tønderne ind."

"Mors tønder er ligesom de enker, som master George læste om i den gode bog – de svigter aldrig," hviskede Mose til Pete.

"Jeg er sikker på, at en af dem gik i stykker i sidste uge," sagde Pete, "så alle faldt på gulvet midt i salmesangen. Den svigtede i al fald, ikke sandt?"

Mens Mose og Pete sad og hviskede sammen, var der blevet rullet to tomme tønder ind i hytten, som blev sikret med sten på begge sider, så de ikke kunne trille. Så blev der lagt brædder hen over dem, baljer og spande blev vendt om, nogle leddeløse stole blev stillet frem, og så var forberedelserne til ende.

"Master George læser så kønt, mon ikke han vil blive og læse for os?" sagde tante Chloe. "Det ville gøre vores møde meget bedre."

George sagde straks ja, for en dreng er altid parat, når det gælder om at vise sig.

Stuen blev snart fyldt med en broget skare. Der var lige fra en gammel, gråhåret patriark på firs og til unge piger og drenge på femten. Man sludrede først om uskyldige emner, såsom hvorfra gamle tante Sally havde fået sit nye røde hovedtørklæde, og at "Missis havde tænkt sig at give Lizzy sin prikkede musselinkjole[14], når hun fik syet en ny kjole", og at massa Shelby tænkte på at købe et nyt, rødbrunt føl, som skulle gøre stedet endnu herligere. Nogle af deltagerne hørte til familier i nærheden, som havde fået tilladelse til at deltage, og disse mennesker kunne bidrage med alle mulige nyheder om, hvad der foregik i huset og på stedet. Disse nyheder cirkulerede lige så frit som sladder i de fornemme cirkler.

Efter et stykke tid begyndte man at synge til alle de tilstedeværendes store fryd. Ikke engang de nasale bilyde formåede at forstyrre indtrykket af de naturligt smukke stemmer, der lød både stærke og åndfulde. Sangene var ofte de velkendte, almindelige hymner, der blev sunget i egnens kirker. Andre af sangene, som var af en vildere og mere ubestemmelig karakter, havde man lært på friluftsmøder.

Omkvædet på en af disse sange, som blev sunget energisk og med stor indlevelse, lød sådan:

"Die on the field of battle,
Die on the field of battle,
Glory in my soul."

I en anden særlig afholdt sang gentog man ofte de følgende ord:

"O, I'm going to glory,—won't you come along with me?
Don't you see the angels beck'ning, and a calling me away?
Don't you see the golden city and the everlasting day?"

Der var andre sange, som konstant omtalte "Jordans bredder", "Kanaans marker" og det "Ny Jerusalem".[15] Fordi negre er både lidenskabelige og fantasifulde mennesker, bliver de stærkt påvirket af salmer og udtryk, der er livlige og malende.

Og mens de sang, både lo og græd de, mens andre klappede i hænderne eller glædestrålende trykkede hinanden i hænderne, som om de lykkeligt og velbeholdent havde krydset floden.

Derpå fulgte forskellige opbyggelige taler samt personlige oplevelser – alt sammen blandet med sang. En gammel, gråhåret kvinde – alt for gammel til at arbejde mere, men skattet som en slags levn fra fortiden – rejste sig op, mens hun støttede sig til en stav og sagde: "Kære børn, jeg er virkelig glad over at høre og se jer alle endnu en gang, da jeg ikke ved, hvornår jeg bliver kaldt bort til glans og herlighed, men jeg er klar, når det sker. Jeg føler det, som om jeg har knyttet min lille bylt og har kysen på, så jeg nu bare venter på vognen, der skal bringe mig hjem. Nogle nætter synes jeg næsten, at jeg kan høre hjulene, og så kigger jeg efter den. I skal også holde jer klar børn, for jeg siger jer," sagde hun og bankede hårdt med sin stav i gulvet, "at den *glans og herlighed* er en vældig ting! Det er en vældig ting, børn, som I ikke ved noget om – den er *vidunderlig*."

Og så satte den gamle dame sig ned helt overvældet og med tårerne strømmende ud af øjnene, mens hele forsamlingen istemte:

"O Canaan, bright Canaan
I'm bound for the land of Canaan."

Så læste massa George på opfordring de sidste kapitler af Johannes' Åbenbaring, hyppigt afbrudt af udråb som "Ja, *min tro!*", "Hør på det!", "Bare tænk på dette!" og "Vil al dette ske?"

George, som var en opvakt dreng og veluddannet i religiøse spørgsmål af sin mor, fandt sig snart som genstand for den almindelige beundring, og med en beundringsværdig alvor og kraft kom han nu og da med sine egne fortolkninger, som vandt de unges beundring og de gamles velsignelser. Man var enstemmigt enige om, at selv "en præst ikke kunne have fortolket det bedre end George. Det var rent ud sagt forbløffende!"

Hvad angår religiøse spørgsmål var Onkel Tom en slags patriark i nabolaget. Fordi han havde en naturlig og stærk *moralsk* karakter foruden en større bredde og dybde i sin tankegang end sine fæller, så man op til ham med stor agtelse og respekt. Han var som en slags præst iblandt dem, og selv mere oplyste mennesker ville have haft gavn af hans jævne, varme og oprigtige formaninger. Men det var især i sin bøn, at han virkelig udmærkede sig. Intet kunne overgå hans bøn, der i sin rørende enkelhed og barnlige alvor strømmede fra hans læber beriget med den hellige skrift. Hele hans personlighed syntes ligefrem at være gennemsyret af den. Som en from, gammel neger udtrykte det, så "bad han direkte opad". Hans bønner havde altid så stærk en virkning på tilhørernes fromme følelser, at man ofte kunne frygte, at hans bønner ville gå tabt i det væld af reaktioner, som brød ud blandt tilhørerne.

Mens dette fandt sted i onkel Toms hytte, skete der noget helt andet i hans herres hus.

Den handelsrejsende og mr. Shelby sad sammen i den tidligere omtalte spisestue ved et bord, der var dækket med papirer og skrivesager.

Mr. Shelby havde travlt med at tælle nogle bundter pengesedler, som han efter at have talt dem skubbede over til den handlende, der ligeledes talte dem.

"Det stemmer," sagde den handlende. "Så mangler vi bare at skrive disse under."

Mr. Shelby greb ud efter købekontrakterne og skrev dem hurtigt under, som om det var et ubehageligt hverv, han hurtigt ville have overstået. Derefter skubbede han dem over til Haley ved siden af pengesedlerne. Fra en godt slidt rejsetaske tog Haley et dokument frem, som han efter at have kigget det flygtigt igennem, rakte videre til mr. Shelby, der modtog det med slet skjult iver.

"Nå, så er det *gjort!*" sagde den handlende og rejste sig op.

"Ja, så er det *gjort!*" sagde mr. Shelby tankefuldt. Så trak han vejret dybt og gentog: *"Så er det gjort!"*

"De virker ikke særlig tilfreds med det, synes jeg," sagde den handlende.

"Haley," sagde mr. Shelby, "jeg håber, at De husker, De gav mig Deres æresord på, at De ikke ville sælge Tom, uden at De vidste hvilke slags hænder, han havnede i."

"Men mr. Shelby, De har jo selv lige gjort det," sagde den handlende.

"Omstændighederne *tvang* mig, som De ved," sagde Shelby med foragt i stemmen.

"Ja, men ser De, omstændighederne kunne måske også tvinge *mig*," sagde den handlende. "Uanset hvad, så vil jeg gøre mit bedste for at skaffe Tom en god plads. Med hensyn til mig selv, så behøver De ikke frygte for, at jeg vil behandle ham dårligt. Hvis jeg har noget at takke Vorherre for, så er det, at jeg ikke er grusom på nogen måde."

Efter tidligere at have hørt den handelsrejsendes fremstilling af sin egen menneskekærlighed, følte mr. Shelby sig ikke særlig beroliget ved hans erklæring, men da det var den bedste forsikring, han kunne få, tog han i stilhed afsked med den handlende og trøstede sig med en cigar i al ensomhed.

---

[7] **Par excellence:** (fransk) par: på grund af + excellence: fortrinlighed, fortræffelighed, ypperlighed.

⁸ **Hoe-cake:** En variation af majsbrød. De minder om pandekager i udseende, men er ikke pandekager. De fremstilles af majsmel, vand og salt og steges i fedt.

⁹ **Washington:** George Washington (1732 – 1799) var amerikansk plantageejer, general og USA's første præsident fra 1789-1797. Han var øverstkommanderende general i den amerikanske hær under Uafhængigskrigen 1775-83, hvor de amerikanske stater løsrev sig fra Storbritannien og oprettede USA som en føderal republik.

¹⁰ **Daguerreotypi:** En tidlig form for fotografi opfundet i 1837 af fransk–manden Louis Daguerre. Som film brugtes en forsølvet kobberplade. Et daguerreotypi er egentlig et negativ, men ved betragtning i en bestemt synsvinkel ses det som et positivt, spejlvendt billede. Det kan kun mangfoldiggøres ved affotografering.

¹¹ **Pundkage:** En pund-til-pund kage består af lige dele fedtstof, sukker og mel (1 pund smør, 1 pund sukker, 1 pund mel), tilsat et vist antal æg etc.

¹² **Melasse:** Den brune tyktflydende substans, som bliver tilbage efter man har udvundet sukker fra sukkerroer eller sukkerrør. Melasse indeholder ca. 60 % sukker.

¹³ **Immanuels vidundere:** Ordet Immanuel optræder 3 gange i Bibelen. Immanuel betyder "Gud med os" og er et navn for Jesus.

¹⁴ **Musselinkjole:** Kjole fremstillet af musselin: et fint bomuldstekstil, tyndt vævet og halvt gennemsigtigt, hvidt eller farvet. Vævet musselin anvendes bl.a. til bløde bluser og kjoler.

¹⁵ **Jordans bredder, Kanaans marker og Ny Jerusalem:** I de religøse hymner, som de sorte sang, blev Jordans bredder, Kanaans marker og det ny Jerusalem synonymt med begrebet om frihed for de sorte slaver.

5. KAPITEL

Hvad en levende genstand føler ved at skifte ejer

Mr. og mrs. Shelby havde trukket sig tilbage til deres soveværelse for natten. Mr. Shelby sad henslængt i en stor, bekvem lænestol og studerede nogle breve, som var ankommet med eftermiddagsposten. Mrs. Shelby stod foran spejlet og børstede sit hår glat for de kunstfærdige fletninger og krøller, som Eliza havde arrangeret hendes hår i tidligere på dagen. Hun havde nemlig sendt Eliza i seng, da hun ved hjemkomsten havde bemærket hendes blege kinder og forgrædte øjne. Naturligt nok fik denne beskæftigelse hende til at tænke på den samtale, hun havde haft med Eliza om morgenen.

Hun vendte sig derfor om mod sin mand og spurgte henkastet: "Arthur, hvad var det for en simpel person, du trak med ind til middagsbordet i dag?"

"Han hedder Haley," sagde Shelby og bevægede sig uroligt i stolen, men uden at tage øjnene væk fra sine breve.

"Haley! Og hvem er han, og hvilke forretninger har han her, må jeg spørge?"

"Nå, han er bare en mand, jeg gjorde nogle forretninger med, sidste gang jeg var i Natchez," sagde mr. Shelby.

"Og det fik ham til at føle sig hjemme her og invitere sig selv til middag?

"Nej, faktisk så inviterede jeg ham. Jeg havde et regnskab at gøre op med ham," sagde Shelby.

"Handler han med negre?" spurgte mrs. Shelby, da hun havde bemærket en vis forlegenhed hos sin mand.

"Men kæreste, hvad får dig dog til at tro det?" sagde Shelby og kiggede op.

"Åh, kun det, at Eliza kom herind efter middagen. Hun var meget oprørt, græd og var bekymret. Hun sagde, at du talte med en handelsmand, og at han havde tilbudt at købe hendes dreng – hun er en fjollet, lille gås!"

"Nå, sagde hun det?" sagde mr. Shelby og rettede nu tilsyneladende hele sin opmærksomhed mod sin avis, som han så ud til at være ret optaget af – uden at han dog lagde mærke til, at den vendte på hovedet.

"Det kommer jo frem før eller senere," sagde han til sig selv. "Jeg kan ligeså godt få det overstået."

"Jeg sagde selvfølgelig til Eliza," sagde mrs. Shelby, mens hun fortsatte med at børste håret, "at hun var en dum gås, når hun bekymrer sig om sådan noget, og at du aldrig ville have noget at gøre med den slags personer. Jeg er jo klar over, at du aldrig kunne drømme om at sælge nogle af vores folk – i hvert fald ikke til sådan en fyr."

"Hør, Emily," sagde hendes mand, "det har jeg også altid ment og sagt, men situationen kræver, at jeg bliver nødt til at sælge nogle af mine arbejdere, så jeg kan klare den.

"Til det umenneske? Umuligt! Mr. Shelby, det kan du ikke mene?"

"Jo, det er jeg bange for," sagde mr. Shelby. "Jeg har aftalt at sælge Tom."

"Hvad siger du? Vores Tom – det gode, trofaste menneske, som har været din trofaste tjener lige fra barnsben! Åh, mr. Shelby, du har endda lovet ham hans frihed – du og jeg har lovet ham det hundredvis af gange. Nu kan jeg tro hvad som helst – jeg kan *endda* tro, at du vil sælge den lille Harry – stakkels Elizas eneste barn!" sagde mrs. Shelby med en blanding af sorg og vrede.

"Siden du absolut vil vide det hele, så hænger det sådan sammen. Jeg er gået med til at sælge både Tom og Harry, og jeg ved ikke, hvorfor jeg skal hænges ud som et uhyre for at gøre noget, som alle andre gør hver eneste dag."

"Men hvorfor lige de to?" sagde mrs. Shelby. "Hvorfor overhovedet sælge dem, hvis du absolut er nødt til det?"

"Fordi det var dem, jeg kunne få mest for – det er grunden. Hvis du vil, kan jeg også vælge en anden. Fyren gav mig et godt tilbud på Eliza, hvis det passer dig bedre," sagde mr. Shelby.

"Den modbydelige sjover!" sagde mrs. Shelby heftigt.

"Hør her, jeg ville slet ikke høre tale om det – af hensyn til dine følelser. Det kom slet ikke på tale, så det tjener mig vel til ære?"

"Kæreste," sagde mrs. Shelby og tog sig sammen, "tilgiv mig for at dømme alt for hurtigt. Jeg blev bare overrasket, fordi jeg var helt uforberedt, men tillad mig dog at gå i forbøn for disse to stakkels skabninger. Tom er en ædel og trofast fyr, selv om han er sort. Jeg er sikker på, mr. Shelby, at hvis det kom til stykket, så ville han give sit liv for dig."

"Det tvivler jeg ikke på. Jeg ved det godt, men hvad hjælper det mig nu? Jeg ser ingen anden udvej."

"Kan vi ikke spare på noget? Jeg er villig til at bære min del af byrden. Åh, mr. Shelby, jeg har prøvet – prøvet trofast som en ægte, kristen kvinde at gøre min pligt overfor disse stakkels, uvidende skabninger. Jeg har sørget for dem, undervist dem, passet på dem og i årevis fulgt med i alle deres sorger og glæder. Hvordan kan jeg nogensinde gøre mig fortjent til deres respekt igen, hvis vi for ussel vindings skyld sælger en så trofast, udmærket og tillidsfuld person som den gamle Tom og på én gang rykker ham bort fra alt, hvad vi har lært ham at elske og skønne på? Jeg har lært dem alt om pligterne i en familie, mellem forældre og børn og mellem mand og kone. Hvordan skal jeg nu få mig selv til åbent at indrømme, at vi selv er villige til at tilsidesætte ethvert bånd, enhver pligt og ethvert forhold – uanset hvor helligt – når det drejer sig om penge? Jeg har talt med Eliza om hendes dreng og hendes pligt over for ham som en kristen mor. Jeg har sagt, at hun skal passe på ham, bede for ham og opdrage ham på kristen vis. Hvad skal jeg nu sige, hvis du river ham væk fra hende og sælger både hans sjæl og legeme til en moralsk fordærvet mand bare for at tjene en smule penge. Jeg har fortalt hende, at en enkelt sjæl er mere værd end alverdens penge. Hvad skal hun nu tro, når hun ser mig gøre det modsatte og sælger hendes barn? Og måske oven i købet overlader ham til en skæbne, der vil ødelægge hans krop og sjæl!"

"Det gør mig ondt, at du ser sådan på det – det gør det virkeligt," sagde mr. Shelby. Jeg respekterer virkelig dine følelser, selv om jeg ikke kan påstå, at jeg fuldt ud deler dem, men jeg forsikrer dig højtideligt om, at det ikke nytter at tale mere om det – der er ingen anden udvej. Jeg havde ikke tænkt mig at fortælle dig dette, Emily, men rent ud sagt, så stod valget mellem at sælge disse to eller sælge det hele. Jeg måtte enten skille mig af med dem eller *det hele*. Haley havde fået fingrene i et pantebrev, og han truede med at ruinere mig, hvis jeg ikke indløste det omgående. Selv om jeg skrabede alle de penge sammen, som jeg kunne ved at låne og næsten tigge, så var det nødvendigt for mig at sælge disse to for at få samlet penge nok sammen til at indfri gælden. Haley var blevet så glad for drengen, at han gik med til at afslutte handlen på denne måde og ingen andre måder. Jeg var i hans vold, så jeg var *nødt* til at gøre det. Hvis du tager det så tungt, at jeg har solgt Tom og Harry, ville det så have været bedre, hvis *det hele* var blevet solgt?"

Mrs. Shelby var lamslået. Til sidst vendte hun sig om mod toiletbordet, skjulte ansigtet i sine hænder og sukkede dybt.

"Dette er Guds forbandelse over slaveriet! En grusom og forbandet ting! En forbandelse for både herren og slaven! Jeg var et fjols, da jeg troede, at jeg kunne få noget godt ud af et sådant onde. Det er en synd at holde en slave under de love, vi har. Det har jeg følt, lige siden jeg var en lille pige. Efter jeg blev medlem af kirken, følte jeg det endnu mere, men jeg troede, at jeg kunne forbedre det og gøre det mere udholdeligt. Jeg troede, at man med venlighed, omsorg og uddannelse kunne gøre vores slavers forhold bedre, end hvis de havde deres frihed. Sikken et fjols, jeg har været!"

"Men, Emily, du er jo godt på vej til at blive en ægte abolitionist[16]."

"Abolitionist, siger du! Men hvis de vidste alt, hvad jeg ved om slaveri, så ville de *virkelig* have noget at fortælle! Vi har ikke brug for dem til at fortælle os noget. Du ved, at jeg altid har syntes, at slaveri var forkert. Jeg har aldrig ønsket at eje slaver."

"Mange kloge og fromme mænd er uenige med dig i det," sagde mr. Shelby. "Du husker sikkert mr. B's prædiken i søndags?"

"Jeg ønsker ikke at høre på sådanne prædikener, og jeg vil aldrig se mr. B mere i vores kirke. Præster kan måske ikke stoppe al verdens ondskab og måske ikke engang ændre den mere, end vi kan, men at de ligefrem forsvarer den, det strider mod min sunde fornuft! Jeg tror heller ikke, at du brød dig særligt meget om den prædiken."

"Nej," sagde Shelby, "jeg må sige, at nogle præster af og til går længere i disse spørgsmål, end vi stakkels syndere ville vove at gå. Vi ganske almindelige mennesker må ofte lukke øjnene og vænne os til visse ting, som burde være anderledes. Men vi bryder os ikke om, hvad kvinder og præster vil pådutte os om anstændighed og moral, det er sandt. Men nu, min kære

Emily, håber jeg, at du kan indse alvoren i det hele, og at jeg har gjort det bedste, jeg kunne under disse omstændigheder."

"Åh, javist!" sagde mrs. Shelby og pillede nervøst ved sit guldur. "Jeg ejer ingen kostbare smykker," sagde hun tankefuldt, "men måske dette guldur kan bruges? Det var dyrt nok, da det blev købt. Hvis jeg i det mindste kunne redde Elizas barn, så ville jeg ofre alt."

"Det gør mig ondt, meget ondt, Emily," sagde mr. Shelby, "at denne ting ligger dig så meget på hjerte, men der er ikke noget at gøre. Sagen er, Emily, at handlen allerede er afgjort. Købekontrakten er underskrevet og i Haleys hænder, og vi skal være taknemmelige for, at det ikke er værre. Fyren var i stand til at ruinere os fuldstændigt, men nu er han snart borte. Hvis du kendte den mand ligeså godt som jeg, så ville du vide, at vi med nød og næppe klarede frisag."

"Er han da så hård?"

"Måske ikke ligefrem hård som granit, men mere stiv som læder. En mand, der ikke kan tænke på andet end handel og profit. Kontant, iskold og beregnende og nådesløs som døden og graven. Han ville sælge sin egen mor for en god fortjeneste – uden dog at ønske hende noget ondt."

"Og dette umenneske ejer nu vores gode, trofaste Tom og Elizas barn!"

"Kære Emily, du kan være overbevist om, at det også er noget, der påvirker mig meget. Jeg bryder mig ikke om at tænke på det. Haley vil have det overstået i en fart, så han henter sin ejendom allerede i morgen. Jeg lader min hest sadle op i morgen tidligt, og så rider jeg en tur. Jeg kan ikke se Tom i øjnene, sådan er det. Du må også hellere tage Eliza med på en køretur. Så kan det hele blive overstået, mens hun er væk."

"Nej, nej," sagde mrs. Shelby. Jeg vil overhovedet ikke deltage på nogen måde eller hjælpe til med den grusomme handling. Jeg vil tage hen og besøge den stakkels, gamle Tom, og Gud hjælpe ham i hans nød! De skal i det mindste se, at deres frue har medlidenhed med dem og føler for dem. Med hensyn til Eliza, så tør jeg slet ikke tænke på det. Herren tilgive os! Hvad har vi gjort for at fremkalde denne ulykkelige situation?"

Lidet anede mr. og mrs. Shelby, at de havde en opmærksom tilhører til deres samtale.

Ved siden af deres soveværelse var der et stort garderobeskab, der havde en dør ud mod korridoren. Da mrs. Shelby havde sendt Eliza væk for natten, var hun i sin uro og ophidselse kommet i tanke om dette garderobeskab. Hun havde så skjult sig i skabet, og med det ene øre presset tæt op mod dørsprækken havde hun hørt hvert eneste ord, der var blevet sagt.

Da samtalen døde hen, rejste hun sig forsigtigt og listede lydløst væk. Bleg og skælvende med sammenpressede læber og et beslutsomt udtryk i ansigtet, lignede hun slet ikke mere det blide og forsagte væsen, hun plejede at være. Uden en lyd bevægede hun sig forsigtigt gennem gangen, stoppede op et øjeblik ud for sin frues dør og hævede sine hænder mod Himlen i en tavs bøn, derpå vendte hun sig om og gled stille ind på sit eget værelse. Det var et roligt, pænt værelse, der lå på samme etage som hendes frues værelse. I værelset var der et hyggeligt, solrigt vindue, hvor hun ofte sad og syede, mens hun sang. Der var også en lille boghylde med bøger og forskellige fine småting, som hun blandt andet havde fået som julegaver. I en kommode og et skab havde hun sin enkle garderobe. Det var kort sagt hendes hjem, og indtil nu havde det været et lykkeligt hjem for hende. Og på hendes seng lå en lille, sovende dreng med sine lange lokker, der indrammede hans uskyldige barneansigt. Hans rosenrøde mund stod halvt åben, og nogle tykke, små hænder stak frem fra sengetæppet, og et smil bredte sig som sollys over hans ansigt.

"Stakkels dreng! Stakkels lille fyr!" sagde Eliza. "De har solgt dig, men din mor vil redde dig!"

Hun fældede ikke en eneste tåre på hans pude, for i sådanne fortvivlede situationer har hjertet ingen tårer at give – kun rødt hjerteblod, der bløder i tavshed. Eliza tog et stykke papir og en blyant og skrev hurtigt.

"Åh, kære frue, tro ikke, at jeg er utaknemmelig – tænk ikke ondt om mig på nogen måde. Jeg hørte alt, hvad De og herren talte om i aftes, og jeg vil prøve at frelse min dreng. De må ikke være vred på mig. Gud velsigne og belønne Dem for al Deres venlighed!"

Efter hurtigt at have foldet papiret og skrevet modtager på, gik hun hen til kommoden og pakkede en lille bylt med tøj til drengen, som hun bandt fast rundt om livet med et tørklæde. Og med den kærlige omtanke, som en mor er besjælet med selv i farens stund, glemte hun ikke at lægge noget af hans yndlingslegetøj ned i bylten. Selv en farvestrålende papegøje, som skulle bruges til at opmuntre ham, når hun vækkede ham, huskede hun også. Det var ikke let for hende at få liv i ham, men efter nogle forsøg satte han sig op og legede med sin fugl, mens hans mor tog kyse og sjal på.

"Hvor skal vi hen, mor?" spurgte han, da hun nærmede sig sengen med hans lille frakke og hue.

Hans mor gik helt hen til ham og kiggede ham så alvorligt i øjnene, at det snart gik op for ham, at der var noget usædvanligt på færde.

"Shh, stille, Harry," hviskede hun. "Du må ikke tale så højt, ellers kan de høre os. Der kommer en slem mand for at tage lille Harry væk fra sin mor og bære ham langt væk i mørket. Men det får han ikke lov til af mor – hun vil klæde sin lille dreng på og løbe bort med ham, så den væmmelige mand ikke kan få fat i ham."

Med disse ord klædte hun drengen på, og mens hun tog ham i sine arme, hviskede hun til ham, at han skulle være musestille. Så åbnede hun den dør i værelset, som førte ud til den ydre veranda og gled stille ud.

Det var en stjerneklar nat med gnistrende frost, og moren svøbte sjalet tæt om sin søn, mens han helt stille og frygtsomt slog armene omkring hendes hals.

Gamle Bruno, en stor newfoundlænder, der sov under verandaen, rejste sig med en dæmpet knurren, da hun nærmede sig. Hun kaldte stille på den, og hunden, som var hendes gamle kæledyr og legekammerat, logrede med halen og gjorde sig klar til at gå med hende, selv om den sikkert undrede sig over, hvad meningen mon skulle være med sådan en sen aftentur. Hunden fulgte efter Eliza, men den virkede dog ikke helt overbevist om det kloge ved denne aftentur, fordi den stoppede ofte op og kiggede skiftevis på huset og Eliza. Det endte dog hver gang med, at den efter en kort betænkningstid luntede efter hende. Et par minutters vandring førte dem hen til onkel Toms hytte, hvor Eliza stoppede op og bankede let på vinduesruden.

Bønnemødet hos onkel Tom var trukket ud på grund af salmesangen, og eftersom onkel Tom yderligere havde kastet sig ud i nogle langtrukne solosange bagefter, var resultatet blevet, at Tom og hans trofaste hustru endnu ikke var gået til ro, selvom klokken var blevet næsten et om natten.

"Gud i Himlen, hvad er det?" udbrød tante Chloe, idet hun sprang op og trak gardinet til side. "Bevar mig vel, er det ikke tante Lizzy! Skynd dig at få tøj på, Tom. Hun har også gamle Bruno med, som lunter omkring. Hvad i alverden sker der? Jeg må hellere lukke op."

Som sagt så gjort. Døren fløj op og et tællelys, som Tom havde tændt, lyste på en flygtnings plagede ansigt og nogle mørke, vilde øjne.

"Gudfaderbevares, jeg bliver helt bange af at kigge på dig, Lizzy! Er du blevet syg eller sådan noget?"

"Jeg løber bort med mit barn, onkel Tom og tante Chloe. Herren har solgt ham!"

"Solgt ham?" sagde de begge med én mund, mens de forfærdet løftede hænderne.

"Ja, solgt ham!" sagde Eliza bestemt. "Jeg sneg mig ind i skabet ved siden af fruens værelse i nat, og jeg hørte herren fortælle fruen, at han havde solgt min Harry og dig onkel Tom til en handelsrejsende, og jeg hørte også, at han ville ride sig en tur ved daggry, før manden kommer og henter sin ejendom i dag."

Mens hun talte, havde Tom stået med løftede hænder og opspilede øjne, som om det hele var en ond drøm. Men langsomt og gradvist, efterhånden som hendes ord trængte ind til ham, sank han sammen for til sidst at falde ned på sin gamle stol, hvor han lod hovedet synke ned på brystet.

"Gode Gud forbarm dig over os!" udbrød tante Chloe. "Åh, kan det virkelig være sandt! Hvad har han dog gjort, siden herren vil *sælge* ham?"

"Han har ikke gjort noget, det er ikke derfor. Herren ønsker ikke at sælge ham, og fruen er altid så god. Jeg hørte hende gå i forbøn for os, men han sagde, at det ikke nyttede noget. Han skyldte manden penge, og herren var i hans vold. Og hvis han ikke betalte hele sin gæld omgående, så ville han blive nødt til at sælge ejendommen og os alle og drage bort. Ja, jeg hørte ham sige, at han kun havde valgt mellem at sælge onkel Tom og Harry eller sælge det hele. Herren sagde, at det gjorde ham ondt, mens fruen – åh, I skulle have hørt hende! Hvis hun ikke er en sand kristen og en engel, så er der ingen, der er det. Det er forkert af mig at forlade hende på denne måde, men jeg kan ikke andet. Hun har selv sagt, at en enkelt sjæl er mere værd end hele verden, og hvis jeg lader manden bortføre min dreng og hans sjæl, hvad ville der så ske med den? Det må være det rigtige at gøre, men hvis det er forkert, må Gud tilgive mig, for jeg kan ikke andet!"

"Hør, gamle Tom!" sagde tante Chloe, "hvorfor tager du ikke også af sted? Vil du måske vente på at blive sendt sydpå ned ad floden, hvor de plager niggere med hårdt arbejde og sulter dem ihjel? Jeg vil til hver en tid foretrække at dø fremfor at komme til et sådant sted! Der er tid endnu – tag af sted sammen med Lizzy, du har jo et pas, så du kan komme og gå, som du vil. Kom, skynd dig nu, så pakker jeg dine ting sammen!"

Tom hævede langsomt hovedet og så sig bedrøvet, men roligt omkring. Så sagde han: "Nej, jeg tager ikke af sted. Lad Eliza rejse, det er hendes ret! Jeg vil ikke være den, som nægter hende det. Det ville være *unaturligt*, hvis hun blev tilbage. Men du hørte jo selv, hvad hun sagde om herrens valg. Hvis det er meningen, at jeg skal sælges for at redde resten af folkene og stedet her, så lad mig blive solgt. Jeg kan vel klare det lige så godt som enhver anden," tilføjede han, idet noget, der lignede en hulken eller et dybt suk, fik hans brede bryst til at skælve som i krampe. "Herren har altid vidst, hvor han havde mig, og sådan vil det blive ved med at være. Jeg har aldrig svigtet hans tillid eller benyttet mit pas på en forkert måde, og det vil jeg heller aldrig gøre. Det er bedre, at det kun er mig, der rejser, end at det hele ødelægges og alt skal sælges. Det er ikke herrens skyld, Chloe, han vil sørge for dig og de stakkels…"

Han vendte sig brat om mod den grove seng med alle de små uldhoveder og brød helt sammen. Han lænede sig over ryglænet på stolen og skjulte ansigtet med sine store hænder. Hans dybe, hæse og tydelige hulken fik stolen til at ryste, alt imens store tårer banede sig vej mellem hans fingre og ramte gulvet. Netop den slags tårer, min herre, som du udgyder i den kiste, hvor din førstefødte søn ligger. Netop den slags tårer, kvinde, som du græd, da du hørte det sidste suk fra dit døende, lille barn. Fordi, min herre, han var et menneske ligesom du. Og når alt kommer til alt, så er du, kvinde, som er klædt i silke og bærer dyre smykker, også kun et menneske, og i livets store prøvelser og store sorger føler vi alle den samme sorg.

"Og hør her," sagde Eliza, da hun stod i døren. "Jeg så min ægtemand i eftermiddags uden at vide, hvad der skulle ske. De har drevet ham til det yderste, og han fortalte mig i dag, at han ville løbe bort. Prøv om I kan give ham en besked fra mig. Fortæl ham, at jeg tog af sted, og hvorfor jeg tog af sted. Fortæl ham også, at jeg vil prøve at finde vej til Canada. Hils ham fra mig og sig, at hvis jeg aldrig mere får ham at se igen..." Eliza vendte sig bort og stod med ryggen til dem et øjeblik, så fortsatte hun med grødet stemme, "...så skal han være så godt et menneske, som han kan, så vi igen kan mødes i Guds rige."

"Kald nu Bruno til jer," sagde hun, "og luk døren, så det stakkels dyr ikke slipper ud! Han må ikke følge efter mig!"

Efter nogle få ord til afsked, nogle tårer og velsignelser listede Eliza væk i natten, mens hun holdt sit forundrede og ængstelige barn i armene.

---

[16] **Abolitionist:** En person, som er tilhænger af afskaffelse af love og praksisser, han finder skadelige eller urimelige som f.eks. slaveriet.

6 KAPITEL

Opdagelsen

Efter deres lange samtale den foregående nat havde mr. og mrs. Shelby haft svært ved at falde i søvn, så derfor havde de sovet noget længere om morgenen end sædvanligt.

"Jeg kan ikke forstå, hvor Eliza bliver af," sagde mrs. Shelby efter at have ringet forgæves med klokken adskillige gange.

Mr. Shelby stod netop og sleb sin ragekniv foran påklædningsspejlet, da døren gik op, og en farvet dreng trådte ind med hans varme barbervand.

"Andy," sagde fruen, "gå hen til Eliza og fortæl hende, at jeg har ringet efter hende tre gange. Stakkels barn!" tilføjede hun og sukkede.

Andy vendte hurtigt tilbage med store forbavsede øjne.

"Jøsses, missis! Alle Lizzys kommodeskuffer er trukket ud, og hendes ting er spredt over det hele. Jeg tror, hun er stukket af!"

Sandheden slog ned i mr. Shelby og hans kone som et lyn. "Så har hun fattet mistanke og er flygtet!" sagde mr. Shelby.

"Det tror jeg også," sagde mrs. Shelby. "Herren være lovet!"

"Det var dog noget tåbelig snak, kone! Det bliver en køn historie for mig, hvis det er sandt. Haley så, at jeg tøvede med at sælge barnet, og han vil tro, at det er noget, jeg har fundet på for at slippe af med ham. Det gælder min ære!" sagde mr. Shelby og forlod hurtigt værelset.

Der blev nu et stort ståhej med løben og råben og døre, der blev smækket op og i, og ansigter i alle mulige kulører, der dukkede op her og der – alt sammen i omtrent et kvarter. Men den eneste person, der kunne have kastet lys over sagen, var helt tavs. Det var chefkokken, tante Chloe. Helt stille og med en mørk skygge over det ellers så glade ansigt, fortsatte hun sit arbejde med at lave morgenkiks, som om hun hverken hørte eller så noget til al postyret omkring hende.

Efter kort tids forløb havde omkring et dusin små djævleunger samlet sig på verandaens rækværk, hvor de sad som en flok skræppende krager og højlydt diskuterede hvem af dem, der skulle være den første til at underrette den fremmede herre om hans sorte uheld.

"Han bliver stiktosset, er jeg sikker på," sagde Andy.

"Han vil *sikkert* bande og svovle!" sagde lille, sorte Jake.

"Ja, for bande det *kan* han," sagde uldhovedet Mandy. "Jeg hørte ham i går ved middagen. Jeg hørte det hele, for jeg gemte mig i skabet, hvor missis har sine store krukker, og jeg hørte hvert eneste ord." Og Mandy, der var lige så klog som en sort kat, når det gjaldt ords betydning, stak nu næsen i sky og vigtede sig af sin overlegne viden uden dog at fortælle, at hun rent faktisk var faldet i søvn mellem krukkerne og ikke havde hørt noget.

Da Haley omsider viste sig iført ridestøvler og sporer, blev han hilst med de dårlige nyheder fra alle sider. Og de små djævleunger på verandaen blev ikke skuffede i deres håb om at høre ham bande. Til deres store henrykkelse bandede og svovlede han med stor iver og veltalenhed, mens han slog ud med sin ridepisk, så børnene måtte springe hid og did for at undgå pisken og komme udenfor hans rækkevidde. Til sidst tumlede de omkuld i en mægtig, fnisende bunke på det visne græs under verandaen, hvor de sparkede med benene og lo højt af hjertens lyst.

"Hvis jeg bare kunne få fingrene i de små djævle!" mumlede Haley mellem tænderne.

"Men det kan du ikke!" sagde Andy triumferende og skar en hel række ubeskrivelige grimasser bag slavehandlerens ryg, da han var godt udenfor hørevidde.

"Hør her, Shelby, jeg må sige, at det er en højst usædvanlig historie!" sagde Haley, da han stormede ind i dagligstuen. "Det ser ud til, at tøsen er stukket af med sin lille unge."

"Mr. Haley, mrs. Shelby er til stede," sagde mr. Shelby.

"Jeg undskylder mange gange, frue," sagde Haley og bukkede let, "men jeg siger igen, at det er mærkværdige nyheder, jeg får fortalt. Er det virkelig sandt, sir?"

"Sir," sagde mr. Shelby, "hvis De ønsker at tale med mig, så må De opføre Dem som en gentleman. Andy, tag imod mr. Haleys hat og ridepisk. Vær så venlig at sætte Dem ned, sir. Ja, mr. Haley, jeg må beklageligvis sige, at den unge kvinde, som enten har overhørt vores samtale eller fået den refereret, er blevet opskræmt og stukket af med sit barn i nattens løb."

"Jeg må indrømme, at jeg forventede ærligt spil i denne sag," sagde Haley.

"Hør, min herre," sagde mr. Shelby skarpt og vendte sig rask om imod ham, "hvordan skal jeg forstå den bemærkning? Hvis nogen drager min hæderlighed i tvivl, har jeg kun et svar at give."

Slavehandleren krympede sig lidt og sagde lavmælt: "Det er pokkers hårdt for en fyr, som har lavet en ærlig handel, at blive taget ved næsen på denne måde."

"Mr. Haley," sagde mr. Shelby, "hvis jeg ikke mente, at De havde en reel grund til Deres skuffelse, så ville jeg ikke have tålt den uformelle og uforskammede måde, hvormed De trampede ind i min dagligstue her til morgen. Og jeg vil desuden sige Dem, siden De giver mig anledning til det, at jeg ikke vil tolerere, at der bliver kastet nogen form for mistanke på mig, at jeg på nogen måde skulle være delagtig i nogen form for uhæderlighed i denne sag. Men derudover føler jeg mig forpligtiget til at bistå Dem på enhver måde med hensyn til brugen af heste, hjælpere og så videre, så De kan få Deres ejendom tilbage. Kort sagt, Haley," sagde mr. Shelby, idet han ændrede sit tonefald fra kølig værdighed til hans normale ligefremme tonefald, "det bedste, De kan gøre, er at holde humøret oppe og spise noget morgenmad, så kan vi se, hvad der kan gøres."

Mrs. Shelby rejste sig nu op og sagde, at hun havde ting at gøre, der hindrede hende i at være til stede ved morgenbordet, og efter at have givet en ret stor mulatkvinde besked på at skænke kaffe til herren ved serveringsbordet forlod hun stuen.

"Husfruen lader ikke til at have høje tanker om Deres ydmyge tjener," sagde Haley i et mislykket forsøg på at anslå en familiær tone.

"Jeg er ikke vant til at høre min hustru blive omtalt på sådan en måde," sagde mr. Shelby tørt.

"Undskyld mig, det var naturligvis bare en spøgefuld bemærkning," sagde Haley og lo kunstigt.

"En spøgefuld bemærkning kan være mere eller mindre heldig," svarede Shelby.

"Fri og frank som selve djævelen nu hvor jeg har underskrevet papirerne. Fanden tage ham!" mumlede Haley for sig selv. "Han er blevet stor i slaget siden i går."

Selv ikke en statsministers fald kunne have vakt mere røre blandt slaverne end nyheden om Toms skæbne. Det var det almindelige samtaleemne, og det blev diskuteret så ivrigt, at alt arbejde var gået i stå i både huset og på marken. Og Elizas flugt, som var en uhørt ting på stedet, bidrog yderligere til den almindelige, ophidsede stemning.

Sorte Sam, der blev kaldt sådan, fordi han var omtrent tre gange sortere end enhver anden af Afrikas sønner på stedet, overvejede dybsindigt sagen fra alle dens synsvinkler, og dette med en skarpsindighed rettet mod hans eget, personlige velbefindende, der ville have gjort enhver hvid, patriot ære i Washington.

"En vind, der ikke gavner nogen, er en dårlig vind – det står fast," sagde Sam alvorligt og hev op i bukserne, hvorefter han behændigt erstattede en manglende seleknap med et langt søm. En genial løsning, han virkede særdeles tilfreds med.

"Ja, en vind, der ikke gavner nogen, er en dårlig vind," gentog han. "Men når nu Tom er væk, bliver der vel plads til en anden nigger på toppen – og hvorfor ikke denne nigger? Det er da en idé. Tom fik lov til at ride landet rundt med blanke støvler, pas i lommen og fint klædt som Paul Cuffee,[17] men uden at være noget særligt. Så hvorfor ikke Sam? Det ville jeg gerne vide."

"Halløj Sam – åh, Sam! Herren siger, at du skal hente Bill og Jerry," sagde Andy og afbrød dermed Sams enetale med sig selv.

"Jøsses! Hvad er der dog på færde, knægt?"

"Du ved måske slet ikke, at Lizzy er forduftet med sin dreng?"

"Tror du måske, at jeg er født i går?" sagde Sam med foragt i stemmen. "Jeg vidste det længe før, end du vidste det. Denne her nigger er slet ikke så dum!"

"Nå, men altså, herren vil have Bill og Jerry sadlet op, og du og jeg skal ride med master Haley for at lede efter hende.

"Nå, nu er tidspunktet kommet!" sagde Sam. "Det er Sam, man kalder på denne gang. Han er den rigtige nigger. Det bliver mig, der fanger hende. Herren skal få at se, hvad Sam kan gøre!"

"Åh! Sam," sagde Andy, "du må nok hellere tænke dig om to gange, for fruen ønsker ikke, at hun bliver fanget, ellers får du med hende at bestille."

"Jøsses!" sagde Sam med opspilede øjne. "Hvor ved du det fra?"

"Det hørte jeg selv hende sige denne velsignede morgen, da jeg kom med barbervandet til herren. Fruen sendte mig af sted for at se efter, hvorfor Lizzy ikke var kommet for at klæde hende på, og da jeg fortalte hende, at Lizzy var stukket af, rejste hun sig op og sagde, 'Herren være lovet', og master Shelby blev gal i hovedet og sagde til hende, 'Det var dog noget tåbelig snak, kone'. Men herregud, hun skal nok snart få bragt ham til fornuft! Jeg ved godt, hvordan det vil gå – det er klogest at holde sig på fruens side af hegnet, skal jeg sige dig."

Da sorte Sam hørte dette, kløede han sig i sit uldne hoved, der ganske vist ikke indeholdt en stor portion viden, men til gengæld havde han et sikkert instinkt for "at vide, hvorfra vinden blæser". Det er et ret nyttigt instinkt, som især er efterspurgt blandt politikere af alle farver og fra alle lande. Han sank derpå hen i dybe tanker og halede op i bukserne endnu en gang. Det var hans sædvanlige måde at få styr på sine tanker, når han var forvirret.

"Der findes ikke noget, der er sikkert i *denne verden*," sagde han til sidst.

Sam talte nu som en filosof og betonede kraftigt "denne verden" – som om han havde stor erfaring med forskellige slags verdener og derfor var kommet velovervejet til sine slutninger.

"Jeg var sikker på, at fruen ville sætte himmel og jord i bevægelse for at få fat i Lizzy," sagde Sam tankefuldt.

"Det vil hun også," sagde Andy, "men hvis du er i stand til at se igennem en stige, din sorte nigger, så kan du vel også se, at fruen ikke ønsker, at master Haley skal få fingre i Lizzys dreng. Det er sagen i en nøddeskal."

"Jøsses!" sagde Sam med al den saft og kraft som en ægte neger kan lægge i ordet.

"Og jeg kan sige dig en ting til," sagde Andy, "du må hellere hente de heste i en fart, for jeg hørte fruen spørge efter dig. Du har allerede fjollet rundt længe nok."

Sam tog sig nu alvorligt sammen, og efter et stykke tid nærmede han sig huset med Bill og Jerry i fuld galop, hvorefter han behændigt sprang ned fra sadlen, før hestene nåede at stoppe, og førte derpå begge heste frem til bommen som en tornado. Haleys hest, der var en sky, ung plag, sparkede bagud, dansede og trak hårdt i grimen.

"Ho ho! Er du sky, hva'" sagde Sam med et ondskabsfuldt glimt i øjet. "Det skal jeg nok få kureret!"

I nærheden stod der et stort bøgetræ, der kastede skygge over verandaen, og træets skarpe, trekantede bognødder lå strøet ud over jorden. Med en af disse nødder mellem fingrene nærmede han sig hesten, som han strøg og klappede, øjensynligt i et forsøg på at berolige den. Mens han lod, som om han rettede på sadlen, skubbede han diskret den lille skarpe nød ind under den, således at den mindste vægt på sadlen ville gøre det nervøse dyr endnu mere uroligt, men uden at efterlade det mindste spor.

"Se, så!" sagde han og lo tilfreds, mens han rullede med øjnene. "Det skal nok ordne dem!"

I dette øjeblik trådte mrs. Shelby ud på balkonen og kaldte på ham. Sam nærmede sig med den faste beslutning at indynde sig hos hende, som var han en kandidat til en ledig stilling hos St. James'[18] eller Washington.

"Hvorfor har du været så længe om det, Sam? Jeg sagde netop til Andy, at du skulle skynde dig."

"Gud velsigne dem, frue!" sagde Sam, "men hestene var ikke sådan at fange på en studs, de var helt ude på den sydlige græsgang, og Gud ved hvor!"

"Sam, hvor tit har jeg ikke sagt dig, at du ikke må sige 'Gud velsigne dig' og 'Gud ved hvor' og sådanne ting? Det er en synd."

"Åh, Gud velsigne min sjæl! Jeg skal nok huske det, missis! Jeg vil aldrig sige den slags mere."

"Men, Sam, nu sagde du det jo netop *igen*."

"Gjorde jeg? Åh, Gud! Det var ikke min mening at sige det."

"Du må passe *bedre på*, Sam."

"Lad mig lige få vejret, missis, så starter jeg forfra. Jeg skal nok være forsigtig."

"Hør, Sam, du skal ride med mr. Haley for at vise ham vejen og hjælpe ham. Men pas godt på hestene Sam, du ved, at Jerry haltede lidt i sidste uge. *Lad være med at ride for hurtigt på dem.*"

Mrs. Shelby sagde de sidste ord med dæmpet stemme, men på en meget indtrængende måde.

"Det skal jeg nok klare!" sagde han og rullede med øjnene for at vise, at han havde forstået meningen. "Det ved Gud! Jøsses! Det mente jeg ikke!" sagde han og hev pludseligt efter vejret med et komisk udtryk af ængstelse, som fik hans frue til at le trods alt. "Ja, missis, jeg skal nok passe på hestene!"

"Hør, Andy," sagde Sam, da han vendte tilbage til sin plads under bøgetræerne, "det skulle ikke undre mig det mindste, hvis den gentlemans kreatur ville begynde at spjætte lidt omkring, når han satte sig op. Ser du Andy, kreaturer *gør den slags ting* ind imellem," sagde han og prikkede Andy i siden på en meget sigende måde.

"Fornemt!" sagde Andy med en mine af omgående forståelse.

"Ser du Andy, missis ønsker at vinde tid, det er soleklart for selv den mest tungnemme. Jeg hjælper hende bare en smule. Hør nu, hvis du nu slipper alle dine heste løs og lader dem løbe løst omkring på pladsen her og ned til skoven der, så vil jeg vædde på, at massa bliver ret forsinket.

Andy grinede smørret.

"Ser du Andy," sagde Sam, "hvis der skulle ske noget, så master Haleys hest *begyndte* at opføre sig mærkeligt og gøre kunster, så ville du og jeg blive nødt til at stige af vores heste for at hjælpe ham, og *vi skal helt sikkert hjælpe ham*, åh ja!" Både Sam og Andy lagde hovederne tilbage og brød ud i en lav, skraldende latter, mens de knipsede med fingrene og svingede rundt på hælene af bar henrykkelse.

I dette øjeblik dukkede Haley op på verandaen. Han var blevet lidt mildere stemt efter at have indtaget adskillige kopper fortrinlig kaffe, og nu kom han smilende og snakkende ud efter nogenlunde at have genvundet sit gode humør. Sam og Andy, som var ved at lede efter nogle palmeblade, de plejede at bruge til hatte, skyndte sig hen til hestebommen for at være klar til at "hjælpe massa".

Sams hat af palmeblade var omhyggeligt blevet befriet for alt, hvad der kunne minde om en hatteskygge, og overalt strittede de løse fibre fra palmebladet ud, så hatten fik et uregerligt udseende af frihed og trods ligesom hos en Fijihøvding. Andys palmehat manglede også hele hatteskyggen, og med et tilfreds ansigtsudtryk trykkede han den godt fast på hovedet, som om han ville sige: "Er der måske nogen som vil påstå, at jeg ikke har en hat."

"Nå, drenge," sagde Haley, "kom nu i gang, der er ingen tid at spilde."

"Nej, ikke en smule, massa!" sagde Sam, idet han gav Haley tømmen i hånden og holdt stigbøjlen for ham, mens Andy løste de to andre heste.

I samme øjeblik som Haley ramte sadlen, sprang den fyrige hest højt op i luften og slyngede sin rytter sprællende flere meter væk i det bløde, tørre græstørv. Sam kom med nogle febrilske udbrud og prøvede fortvivlet at gribe fat i tøjlerne, men da han under sit forsøg ramte den i øjnene med sine strittende palmefibre, lykkedes det kun for ham at gøre hesten endnu mere vild og nervøs. Den væltede ham derefter omkuld, prustede et par gange foragteligt og med nogle kraftige spark med bagbenene galoperede den nedad græsplænen fulgt af Bill og Jerry, som Andy ifølge deres aftale havde husket at slippe løs og skyndede på med stærke tilråb. Nu fulgte en forvirret scene. Sam og Andy sprang rundt og råbte – hunde gøede overalt – og Mike, Mandy, Fanny og alle de andre småunger på stedet, både drenge og piger, sprang omkring, klappede i hænderne, hylede og skreg med overdreven tjenstvillighed og en utrættelig iver.

Haleys hvide hest var en meget rap og fyrig hest, der syntes at gå op i legen med liv og lyst, eftersom den nu havde frit løb på en næsten kilometer lang græsmark, der var omgivet af vidtstrakte skovområder. Den lod til at finde stor fornøjelse i at se, hvor nær den kunne tillade sine forfølgere at nærme sig, for så, når de kun var en håndsbred væk, pludseligt at styrte af sted med et fnys som det drillesyge bæst, den var, og derefter forsvinde ind mellem træerne i skoven. Det kunne heller ikke falde Sam ind at få indfanget nogen af hestene, før han selv fandt tidspunktet belejligt – og alle de kraftanstrengelser han gjorde i den anledning var i sandhed beundringsværdige. Ligesom Richard Løvehjertes[19] sværd, der altid lynede i forreste række, hvor slaget gik hedest til, kunne man se Sams palmeblad veje overalt, hvor chancen var mindst for at fange en hest. Der ville han løbe hen i fuld fart, mens han råbte: "Kom nu! Fang ham! Fang ham!" og det på en måde, der omgående ville skabe vild forvirring.

Haley løb frem og tilbage, bandende og svovlende, mens han rasende stampede i jorden. Mr. Shelby prøvede forgæves at lede jagten fra balkonen, mens mrs. Shelby betragtede optrinnet fra sit vindue og skiftevis lo og undrede sig, selv om hun havde en anelse om, hvad der lå til grund for hele denne forvirring.

Til sidst, da klokken var hen ad tolv, dukkede Sam triumferende op ridende på Jerry og med Haleys hest ved siden. Den hvide hest dampede af sved, mens dens flammende øjne og udspilede næsebor vidnede om, at dens frihedstrang var usvækket.

"Jeg har fanget ham!" råbte han triumferende. "Hvis det ikke havde været for mig, så kunne de være løbet væk alle sammen, men jeg fangede ham!"

"Dig!" brummede Haley meget utilfreds. "Hvis det ikke havde været for dig, så ville det her aldrig være sket."

"Gud fri mig vel, massa," sagde Sam forurettet, "og mig, som har løbet og jaget til sveden løb af mig!"

"Ja, ja!" sagde Haley, "du har forsinket mig i næsten tre timer med dit forbandede pjat. Lad os nu komme af sted uden mere fjolleri."

"Men, massa," protesterede Sam, "vil De da tage livet af både os og hestene? Nu er vi næsten alle døde af udmattelse, og hestene damper af sved. Nej, massa kan ikke tænke på at ride før efter middagen. Massas hest skal gnides tør, bare se hvor våd den er, og Jerry halter igen. Jeg tror ikke, at missis vil lade os tage af sted på den måde. Gud velsigne Dem, massa, vi skal nok få indhentet dem, selv om vi venter. Lizzy har aldrig været særlig god til at gå."

Mrs. Shelby, som med stor fornøjelse havde overhørt deres samtale fra verandaen, bestemte sig nu for at spille sin del. Hun trådte frem, beklagede mr. Haleys uheld og bad ham indtrængende om at udsætte afrejsen til efter middagen, der straks ville blive bragt på bordet.

Haley, som endnu var i syv sind, men som ikke kunne se nogen anden løsning, fortsatte derefter ind i salonen, mens Sam kiggede sigende efter ham og rullede med øjnene. Så trak han sindigt hestene om i staldgården.

"Så du ham, Andy? *Så du ham virkelig?*" sagde Sam, da de var kommet godt i ly af stalden, og han havde bundet hesten til en stolpe. "Min Gud, det var lige så godt som en fest at se ham danse og sparke og bande ad os. Hørte jeg ham måske ikke selv? Band og sværg lige så meget du vil, gamle mand, sagde jeg til mig selv. Vil du have din hest nu, eller vil du vente, til jeg fanger den, sagde jeg. Åh, Gud, jeg kan se ham for mig." Og Sam og Andy lænede sig op af staldvæggen og lo af hjertens lyst.

"Du skulle have set, hvor rasende han var, da jeg kom med hans hest. Min Gud, han ville have slået mig ihjel på stedet, hvis han havde turdet. Og der stod jeg helt uskyldig og from som et lam."

"Gudbevares, jeg så dig," sagde Andy, "du er vist en rigtig lurifaks, Sam."

"Ja, det er jeg nok," sagde Sam, "så du også missis oppe i vinduet? Jeg så hende le."

"Nej, jeg havde travlt med at løbe, så jeg så ikke noget," sagde Andy.

"Ser du Andy," sagde Sam, mens han i ro og mag gned Haleys pony tør, "jeg har anlagt mig en vane, som man kan kalde for *observation*. Det er en meget vigtig vane, Andy. Og jeg vil råde dig til at øve dig på denne vane, mens du er ung. Løft lige det bagben op, Andy. Ser du Andy, det er *observation*, der gør hele forskellen på niggere. Var det måske ikke mig, som med det samme så, hvilken vej vinden blæste her til morgen? Så jeg måske ikke, hvad missis ønskede, selv om hun aldrig sagde et ord? Det er observation, Andy. Jeg antager, at det er noget, man vil kalde en evne. Folk har forskellige evner, men hvis man øver dem, så kan man komme en lang vej."

"Jeg tror nu nok, at hvis jeg ikke havde hjulpet dig med din observation her til morgen, så ville du vist ikke have klaret dig så godt," sagde Andy.

"Andy," sagde Sam, "du er uden tvivl et meget lovende barn. Jeg sætter stor pris på dig, Andy, og jeg skammer mig ikke over at tage imod et godt råd fra dig. Vi bør ikke overse nogen, Andy, for selv den klogeste af os kan tage fejl nu og da. Lad os nu gå op til huset. Jeg vil vædde på, at missis har sat noget lækkert frem til os denne gang."

---

[17] **Paul Cuffee:** (17. januar 1759 – 7. september 1817) var en kvæker forretningsmand, søkaptajn, abolitionist og en af de mest velhavende sorte amerikanere på dette tidspunkt.

[18] **St. James:** St. James' Palace er et af Storbritanniens ældste paladser. Det er den britiske monarks officielle residens i London.

[19] **Richard Løvehjerte:** Richard 1. af England (8. september 1157 - 6. april 1199). Han var konge af England fra 1189 til 1199 og deltog i det 3. korstog til Det hellige land. Han fik tilnavnet Løvehjerte på grund af sit store mod under sine krigstogter.

7. KAPITEL

En mors kamp

Det er umuligt at forestille sig et mere ensomt og forladt menneske end Eliza, da hun forlod onkel Toms hytte.
Hendes mands lidelser og farlige situation, samt den fare, der truede hendes eget barn, blev blandet sammen med hendes egen forvirrede og skræmmende fornemmelse af den risiko, hun løb ved at forlade det eneste hjem, hun nogensinde havde kendt, samt den beskyttende ven hun altid havde agtet og elsket. Foruden det var der afskeden med alle de ting, hun havde lært at sætte pris på – hjemmet, hvor hun var vokset op, træerne hun havde leget under som barn og de grønne lunde, hvor hun i lykkeligere tider havde taget en aftentur med sin unge ægtemand. Det virkede, som om nattens frostklare stjernelys talte bebrejdende ned til hende og spurgte hende, om hun virkelig kunne tage afsked med alt dette?

Men stærkere end alt dette var moderkærligheden, der nu nærmest grænsede til vanvid på grund af den frygtelige fare, der truede hendes dreng. Drengen var stor nok til at gå ved siden af hende, og under normale forhold ville hun være gået med ham i hånden. Men lige her og nu fik den blotte tanke om at give slip på ham bare et øjeblik hende til at gyse, og i stedet trykkede hun ham krampagtigt ind til sit bryst, mens hun ilede af sted.

Lyden af den frosne jord, der knirkede under hendes fødder, fik hende til at ryste, og hvert eneste skælvende blad og flagrende skygge gav hende hjertebanken, så hun skyndte sig videre. Hun undrede sig over de ekstra kræfter, hun pludseligt havde fået, for drengen føltes let som en fjer, og i stedet for at blive overvældet af frygt blev de overnaturlige kræfter, som bar hende fremad, snarere forstærket. Fra hendes blege læber lød igen og igen den samme bøn til hendes ven i Himlen: "Herre, hjælp! Herre, red mig!"

Hvis det var *din* Harry, moder, eller din Willie, som i morgen tidlig ville blive revet fra dig af en ubarmhjertig slavehandler – og hvis du havde set den mand, og hørt at købekontrakten allerede var underskrevet og afleveret, og du kun havde fra midnat til morgengry til at komme væk, hvor hurtigt kunne *du* så gå? Hvor mange kilometer kunne du tilbagelægge på disse få korte timer med dit elskede barn ved brystet – det lille sovende hoved på din skulder – de små, bløde arme tillidsfuldt omkring din hals?

For barnet sov trygt. I begyndelsen holdt uroen og ængstelsen ham vågen, men hans mor undertrykte hurtigt ethvert åndedrag og enhver lyd, og hun forsikrede ham om, at hvis han bare var helt stille, så var han i sikkerhed. Til sidst klyngede han sig stille til hendes hals, og lige inden han var ved at falde i søvn, spurgte han stille: "Mor, jeg behøver ikke holde mig vågen mere, vel?"

"Nej, kæreste, sov bare, hvis du vil."

"Men mor, hvis jeg falder i søvn, så kommer han ikke og tager mig, vel?"

"Gud hjælpe mig, nej!" sagde hans mor endnu mere bleg, men med et bestemt glimt i sine store, mørke øjne.

"Du er *helt sikker*, ikke sandt mor?"

"Ja, jeg er *helt sikker!*" sagde hans mor med en overbevisning, der overraskede hende selv, for den syntes at komme fra en åndelig kraft i hendes indre, der ikke var en del af hende. Drengen lod sit lille, trætte hoved hvile på hendes skulder og faldt snart i søvn. Hans varme arme og rolige åndedræt på hendes nakke syntes at give hende endnu mere ildhu og styrke. Hun følte ligefrem, at hver eneste blid berøring og bevægelse fra det sovende, tillidsfulde barn tilførte hende ny styrke som en strøm af elektrisk kraft. Sindet har en enestående magt over kroppen, så nerverne og kroppen hos den svage i nogen tid får ekstra styrke, og senerne bliver som stål.

Godsets grænser, parken og skoven forsvandt næsten umærkeligt bag hende, mens hun fortsatte sin vandring og forlod det ene velkendte sted efter det andet uden at sagtne farten eller stoppe op, indtil det røde dagslys fandt hende på den åbne landevej, langt borte fra alle kendte steder.

Men hun var ikke ukendt med landevejen. Hun havde ofte kørt denne vej sammen med sin frue, når hun skulle besøge bekendte, der levede i den lille landsby T., som lå i nærheden af Ohio floden. Hendes enkle plan var at gå derhen og krydse Ohio floden. Ud over dette vidste hun ikke, hvad hun så skulle gøre, andet end at sætte sin lid til Gud.

Der begyndte nu at komme heste og vogne på landevejen, og trods sin ophidsede tilstand indså hun snart, at hendes hovedkulds flugt og forvirrede opførsel kunne vække opmærksomhed og mistanke. Med en pludselig inspiration satte hun derfor drengen ned på jorden, bragte sit tøj i orden, og gik så hurtigt hun kunne og uden, at det ville virke mistænkeligt. I sin lille bylt havde hun et lille forråd af kager og æbler, som hun nu brugte til at få drengen til at gå hurtigere. Ved at trille et æble hen ad vejen foran dem, fik hun drengen til at løbe så hurtigt, han kunne efter det, og ved at benytte sig af dette lille kneb, kom de hurtigt et godt stykke vej videre.

Efter et stykke tid kom de til en skovtykning med en rislende, klar bæk. Da drengen klagede over, at han var både sulten og tørstig, klatrede de over et gærde sammen og satte sig ned bag en stor sten, der skjulte dem for nysgerrige blikke fra vejen. Da hun åbnede sin lille bylt og gav ham noget at spise, undrede han sig over, at hans mor ikke ville spise noget. Fuld af omsorg lagde han derfor sine arme omkring hendes hals og prøvede at stoppe noget af sin kage i munden på hende, men Eliza følte det, som om hendes hals snørede sig sammen, så hun var ved at blive kvalt.

"Nej, nej, min skat! Mor kan ikke spise, før du er i sikkerhed! Vi må fortsætte, indtil vi når frem til floden." Så skyndte de sig igen ud på vejen, hvor hun tvang sig selv til at gå videre i et jævnt og roligt tempo.

Hun var kommet mange kilometer forbi de egne, hvor man kendte hende af udseende. Og hvis hun alligevel skulle møde nogen, der kendte hende, så ville de næppe tro, at hun var en flygtning, da hendes familie var kendt for at være venlig og rar ved deres slaver. Og da hendes og drengens hudfarve var så lys, at kun et nøje eftersyn ville afsløre, at de var af farvet afstamning, var det meget lettere for hende at komme ubemærket frem.

Med disse tanker i baghovedet standsede hun ved middagstid ved en lille gård for at hvile sig og købe noget mad til barnet og sig selv. Og samtidig med at den værste fare aftog med afstanden, forsvandt også det stærke pres på hendes nervesystem, og hun begyndte at føle sig både træt og sulten.

Den både rare og snakkesalige bondekone på gården syntes kun at være glad for at have nogen at sludre med, og hun godtog uden videre Elizas forklaring, om at hun "var gået et lille stykke vej for at tilbringe en uge sammen med nogle venner" – noget, som Eliza inderst inde håbede ville vise sig at gå i opfyldelse.

Omkring en time før solnedgang nåede hun frem til byen T. ved Ohio floden. Hun var både træt og havde ømme fødder, men var endnu ved godt mod. Hun studerede først og fremmest floden, der ligesom Jordan skilte hende fra hendes Kanaan, hvor friheden ventede hende.

Fordi det var tidligt om foråret, var floden fyldt med vand, der brusede vildt af sted. I det urolige vand kunne man også se store, tunge isflager, der vippede op og ned. På Kentucky-siden af floden bugtede flodbredden sig så langt ud i vandet, at isen her havde samlet sig som en kompakt ismasse, mens det smalle stykke åbne vand, som førte rundt om bugtningen, efterhånden også var blevet fyldt af ophobede isstykker, der nu dannede en solid barriere, som stoppede isen i at bevæge sig fremad. Disse ismasser var blevet til en kæmpestor, vuggende masse af is, der næsten dækkede floden helt over til Kentucky-siden.

Eliza stod betænkeligt og iagttog de solide ismasser, der uden tvivl gjorde det umuligt at opretholde den almindelige færgeforbindelse. For at forhøre sig nærmere gik hun derfor ind i en lille kro ved bredden.

Værtinden, som stod ved ildstedet og havde travlt med at tilberede aftensmaden, stoppede op et øjeblik med en gaffel i hånden, da Eliza tiltrak sig hendes opmærksomhed på en stille og bedrøvet måde.

"Hvad kan jeg gøre for Dem?" spurgte kvinden.

"Er der en færge eller båd, som sejler folk over til B. nu?" spurgte Eliza.

"Nej, slet ikke!" sagde kvinden. "Der er ingen både, der sejler nu."

Eliza virkede så fortvivlet og skuffet over svaret, at kvinden ikke kunne lade være med at spørge: "De har måske hårdt brug for at komme over? Er der nogen, som er syg? De virker så ængstelig?"

"Jeg har et barn, der svæver i stor fare," sagde Eliza. "Jeg fandt først ud af det i aftes, så jeg har gået langt i dag i håbet om at kunne komme med færgen."

"Ja, det er meget uheldigt," sagde kvinden, hvis moderfølelse var blevet vækket. "Jeg føler virkelig med Dem. Solomon!" kaldte kvinden ud af vinduet i retning af en lille bagbygning. En mand med et læderforklæde og et par meget beskidte hænder dukkede frem i døren.

"Hør Sol," sagde kvinden, "skal ham manden fragte tønderne over i aften?"

"Han sagde, at han ville prøve, hvis det var muligt," sagde manden.

"Der er en mand lidt længere nede ad floden, som skal over med nogle varer her til aften, hvis han tør prøve. Han kommer her og spiser i aften, så De kan sætte Dem her og vente. Det er vel nok en sød lille dreng," sagde kvinden og tilbød Harry en kage.

Men Harry, der var segnefærdig af træthed, gav sig omgående til at græde.

"Stakkels lille fyr! Han er slet ikke vant til at gå så langt, og jeg har skyndet sådan på ham," sagde Eliza.

"Så må De hellere tage ham herind," sagde kvinden og åbnede døren til et lille sovekammer, hvor der stod en magelig seng. Eliza lagde den trætte dreng på sengen og holdt ham i hånden, indtil han faldt i en dyb søvn. Selv kunne hun ikke hvile. Tanken om hun blev forfulgt brændte som en ild i hele hendes krop og pressede hende videre. Længselsfuldt stirrede hun på det mørke, hvirvlende vand, som skilte hende fra friheden.

På dette sted i bogen tager vi afsked med Eliza et øjeblik for i stedet at rette blikket mod hendes forfølgere.

Selv om mrs. Shelby havde lovet, at middagen ville komme hurtigt på bordet, så viste det sig snart, som det så ofte gør, hvor let det er at gøre regning uden vært. Så selv om ordren blev givet i Haleys påhør og viderebragt til tante Chloe af mindst et halvt dusin unge budbringere, så blev den kun modtaget af den agtværdige dame med hånlige snøft og skuldertrækninger. Tante Chloe var ikke en dame, der lod sig skynde på, og på en usædvanlig langsommelig og omstændig måde fortsatte hun med sine forberedelser til måltidet.

Af en eller anden uforklarlig grund syntes alle tjenerne at være af den opfattelse, at deres frue ikke ville være specielt utilfreds med forsinkelser, og det var ret ejendommeligt hvor mange uheld, der skete og trak middagen i langdrag. En usædvanlig kluntet person kom til at vælte sovsen, så kokkepigen blev nødt til at lave en helt ny med passende alvor og omhu, mens tante Chloe holdt øje med det hele og rørte i gryderne med stædig ro. Og hver gang hun blev bedt om at skynde sig, svarede hun kort for hovedet, at hun "ikke skulle have halvfærdig sovs på bordet for at hjælpe med til at fange nogen." En af tjenerne snublede med vandet, og man blev nødt til at hente mere ved kilden, mens en anden tabte smørret. Og fra tid til anden blev der fnisende bragt nyheder ud i køkkenet, om at mr. Haley "efterhånden var så urolig, at han ikke kunne sidde stille på sin stol, men gik utålmodigt frem og tilbage mellem vinduerne og ud på verandaen."

"Det har han godt af!" sagde tante Chloe arrigt. "Han skal nok blive endnu mere nervøs en dag, hvis han ikke forbedrer sig. Når *hans egen* herre kalder ham til sig, så skal vi få at se, hvordan han så opfører sig!"

"Han ryger uden tvivl lige i Helvede," sagde lille Jake.

"Det har han ærligt fortjent!" sagde tante Chloe med en bister mine. "Han har knust mange, mange hjerter. Det vil jeg sige jer," sagde hun og stoppede op med en gaffel højt hævet over hovedet, "det er ligesom, når massa George læser i åbenbaringerne – om sjælene, der kalder på Herren under alteret og råber om hævn! Og Herren vil høre dem, når hans tid kommer!"

Fordi tante Chloe var meget respekteret i køkkenet, lyttede man til hende med åben mund. Og nu hvor maden var godt og vel færdig og båret ind, havde hele køkkenpersonalet tid til at sladre med hende og lytte til, hvad hun havde at sige.

"Sådan nogle som ham skal brænde for evigt, ikke sandt?" spurgte Andy.

"Det kunne jeg godt tænke mig at se," sagde lille Jake.

"Børn!" lød en stemme, der fik dem alle til at fare sammen. Det var onkel Tom, der stod i døren og havde lyttet til deres samtale.

"Børn!" sagde han, "I ved vist ikke, hvad I snakker om. For evigt er et *frygteligt* ord, børn, og det burde I ikke ønske for noget menneskeligt væsen."

"Vi ønsker det også kun for disse sjæle-jægere," sagde Andy. "Man kan ikke andet end at ønske ondt for dem, fordi de er så stygge."

"Kræver naturen ikke selv hævn over dem?" sagde tante Chloe. "River de ikke det diende spædbarn væk fra moderens bryst og sælger det? Og de små, grædende børn, der klamrer sig til deres mor – river de ikke dem væk og sælger dem? Skiller de måske ikke ægtepar fra hinanden," sagde tante Chloe og begyndte at græde, "selv om det er det samme som at berøve dem livet. Føler de noget som helst ved det? Drikker og ryger de ikke, som om det ikke betyder noget? Hvis ikke Djævelen tager dem, hvem skulle han så tage?" Og tante Chloe skjulte ansigtet i sit ternede forklæde og begyndte at græde for alvor.

"Bed for dem, der mishandler jer, siger den gode bog," sagde Tom.

"Bed for dem!" udbrød tante Chloe. "Gode Gud, det er alt for meget forlangt! Jeg kan ikke bede for dem."

"Sådan er naturen, Chloe, og naturen er stærk, men Herrens nåde er endnu stærkere. Du burde i stedet tænke på det stakkels menneskes sjæl. Hvilken forfatning tror du, den er i, når den kan gøre sådanne ting? Du burde takke Gud, for at du ikke er som han, Chloe. Jeg ville hellere blive solgt ti tusinde gange end skulle stå til ansvar for alt det, som det stakkels menneske skal stå til ansvar for."

"Det ville jeg helt sikkert også," sagde Jake. "Vi *burde kunne* forstå det, ikke sandt Andy?"

Andy trak på skuldrene og fløjtede enigt.

"Jeg er glad for, at massa ikke tog af sted i morges uden at se mig, som han havde tænkt sig at gøre," sagde Tom. "Det ville have gjort mig endnu mere ondt, end at han solgte mig. Det ville måske have været det nemmeste for ham, men det ville have ramt mig meget hårdt, da jeg har kendt ham, siden han var ganske lille. Men nu har jeg set massa, og jeg begynder at føle mig afklaret med Vorherres vilje. Massa kunne ikke gøre andet. Han gjorde det rigtige, men jeg er bange for, at det hele vil falde fra hinanden, når jeg er væk. Massa kan ikke have sine øjne og ører overalt, som jeg har haft det for at holde styr på det hele. Drengene mener det godt, men de er så forfærdelig skødesløse. Det bekymrer mig."

Klokken ringede og kaldte Tom ind i dagligstuen.

"Tom," sagde hans herre venligt, "jeg vil gerne have, at du skal vide, at jeg har forpligtiget mig til at betale denne gentleman tusinde dollars, hvis du ikke er til stede her, når han kommer for at hente dig. Han tager bort i dag for at tage sig af andre forretninger, så du har resten af dagen til dig selv. Gør lige som du har lyst til."

"Mange tak, master," sagde Tom.

"Og lav nu ikke nogle af de her niggertricks med din herre," sagde handelsmanden, "for så tager jeg hver eneste cent, han ejer og har, hvis du ikke er her. Jeg vil råde ham til ikke at stole på nogen af jer – I er alle sammen glatte som ål!"

"Massa," sagde Tom til mr. Shelby og stod rank som et lys, "jeg var kun otte år gammel, da den gamle missis lagde Dem i mine arme, og dengang var De kun et år gammel. 'Her har du *din* unge master, pas godt på ham,' sagde hun. Og nu spørger jeg Dem, massa: 'Har jeg nogensinde brudt mit ord til Dem eller handlet imod Deres ønsker – især efter jeg blev kristen?'"

Mr. Shelby blev dybt rørt og fik tårer i øjnene.

"Min gode dreng," sagde han, "Vorherre skal vide, at du taler sandhed, og hvis jeg på nogen måde havde kunnet undgå det, ville jeg ikke have solgt dig for noget i verden."

"Og lige så sikkert som jeg er en kristen kvinde," sagde mrs. Shelby, "vil jeg købe dig tilbage, så snart jeg på nogen måde kan skaffe midlerne." Hun vendte sig mod Haley: "Sir, læg godt mærke til hvem De sælger ham til og fortæl mig det."

"Herregud, hvad det angår," sagde den handelsrejsende, "så kan jeg bringe ham tilbage om et årstid i en ikke meget ringere tilstand og sælge ham tilbage."

"Så vil jeg handle med Dem og gøre det til en fordelagtig handel for Dem," sagde mrs. Shelby.

"Det gør mig det samme, om jeg sælger ham heroppe eller dernede, bare jeg gør en god forretning," sagde den handlende. "Jeg ønsker bare et levebrød, ser De, ma'am, det er det, vi alle ønsker, tænker jeg."

Både mr. og mrs. Shelby følte sig stødte og ydmygede over den handelsrejsendes frækhed og familiære tone, men begge følte, at de var nødt til at lægge bånd på deres følelser. Og desto mere følelseskoldt og moralsk fordærvet den handelsrejsende optrådte, desto mere gruede mrs. Shelby for, at det skulle lykkes for ham at fange Eliza og hendes barn, og desto mere opsat blev hun på at bruge ethvert kvindeligt kneb for at holde ham tilbage og forsinke ham. Hun smilte derfor imødekommende, nikkede enigt, talte fortroligt og gjorde alt, hvad hun kunne for at få ham til at glemme tiden.

Klokken to dukkede Sam og Andy op med hestene, der virkede forfriskede og oplivede efter morgenens vilde galopløb.

Sam var som et nyt menneske efter middagen og viste tjenstvillighed og nidkærhed ud over det sædvanlige. Da Haley nærmede sig, pralede han i blomstrende vendinger til Andy om den forestående og åbenlyse succes, han ventede sig af foretagendet, nu hvor han "skulle tage sig af sagerne."

"Din herre har vel ingen hunde," sagde Haley eftertænksomt, da han gjorde sig klar til at stige på hesten.

"Jo, masser," sagde Sam triumferende. "Der er Bruno – han er en skrålhals! Og desuden holder enhver af os niggere en hundehvalp af en eller anden race."

"Puha!" sagde Haley, og så sagde han også noget nedsættende, der var møntet på hundene, hvorpå Sam mumlede: "Jeg kan ikke se noget formål med at forbande dem, slet ikke."

"Men din herre holder vel ikke den slags hunde, (jeg ved temmelig godt, at det gør han ikke), der kan opspore niggere?"

Sam vidste præcist, hvad han mente, men med en påtaget ærlig og enfoldig mine sagde han: "Alle vores hunde har meget fine næser. Jeg tror nok, at de er den slags, selv om de ikke har nogen øvelse i det. De er *gode* hunde til næsten alt, når man først får dem startet. Kom her, Bruno!" råbte han og fløjtede på den kluntede newfoundlænder, der straks kom tumlende hen til dem.

"Gå pokker i vold!" sagde Haley og satte sig op. "Kom, sæt dig nu op."

Sam adlød og kravlede op på hesten, samtidig med han behændigt kildede Andy i siden, så Andy brød ud i en skoggerlatter, der gjorde Haley så irriteret, at han slog ud efter ham med ridepisken.

"Jeg er forbavset over dig, Andy," sagde Sam gravalvorlig. "Dette her er en alvorlig sag, Andy. Det er ikke en leg. Det er ikke en måde at hjælpe massa på."

"Jeg vil tage den lige vej til floden," sagde Haley bestemt, da de nåede til grænsen for ejendommen. "Der løber de alle sammen hen – de prøver at nå den underjordiske jernbane."[20]

"Javist," sagde Sam, "det er helt sikkert, at massa Haley ved, hvad han taler om. Men der er to veje til floden, markvejen og bomvejen. Hvilken vej vil massa vælge?

Andy kiggede uskyldigt op på Sam, som om han var overrasket over at høre om dette nye, geografiske faktum, men han tøvede ikke med at bekræfte, hvad Sam havde sagt og gentog det energisk.

"Jeg hælder mest til at tro, at Lizzy har taget markvejen, fordi det er den mindst befærdede," sagde Sam.

Fordi Haley var en snedig, gammel rad og mistænksom af naturen, blev han temmelig forvirret over Sams bemærkning, da han havde ventet, at Sam ville forsøge at vildlede ham.

"I er sikkert fulde af løgn, begge to!" sagde han spekulativt, mens han overvejede sagen et øjeblik.

Haleys eftertænksomme, nølende tonefald syntes at more Andy så kongeligt, at han trak sig lidt bagud og rystede så voldsomt af indestængt latter, at han var lige ved at falde af hesten, mens Sams ansigt derimod var stivnet i en maske af dyster alvor.

"Ja, massa kan jo gøre, som han vil," sagde Sam. "Han kan tage den direkte vej, hvis massa tror, at det er det bedste. Det er os det samme. Nu hvor jeg tænker nærmere over det, så tror jeg faktisk også, at den direkte vej er den bedste. *Helt afgjort!*"

"Hun har naturligvis taget den mindst befærdede vej," tænkte Haley højt uden at tage sig af Sams kommentar.

"Det er ikke godt at vide," sagde Sam. "Piger gør de mærkeligste ting. De gør aldrig det, man tror, de vil gøre. Ofte gør de det modsatte. Deres natur er at være modsat. Så hvis man tror, at de er gået i én retning, så er det sikkert, at man helst skal gå i den anden retning, hvis man vil være sikker på at finde dem. Hør, min personlige mening er, at Lizzy har taget landevejen, så jeg tror, vi hellere må tage den direkte vej."

Men Sams dybsindige syn på kvindekønnet syntes ikke at overbevise Haley om at tage den lige og direkte vej. I stedet afgjorde han, at de skulle tage markvejen, og så spurgte han Sam om, hvordan de kom hen til den.

"Den ligger et lille stykke længere fremme," sagde Sam og blinkede i al hemmelighed til Andy med det ene øje. Så tilføjede han alvorligt: "Men nu hvor jeg har tænkt nærmere over sagen, så er jeg helt sikker på, at vi ikke bør tage markvejen. Jeg har aldrig før taget denne vej, den er ret øde, og vi kan let fare vild. Guderne må vide, hvor vi havner."

"Ikke desto mindre," sagde Haley, "så er det den vej, vi tager."

"Nu hvor jeg rigtigt tænker efter, så mener jeg også, at jeg har hørt, at vejen er helt afspærret nede ved åen og sådan, ikke sandt, Andy?"

Men Andy var ikke helt sikker i sin sag. Han havde kun hørt, hvad andre sagde om vejen. Han havde ikke selv været den vej. Kort sagt, så holdt han sig strengt neutral til spørgsmålet.

Haley, der var vant til at veje større og mindre løgne op imod hinanden for at finde frem til sandheden, syntes nu, at alt talte til fordel for markvejen. Han ræsonnerede, at Sams første bemærkning om markvejen var undsluppet ham ufrivilligt, og at Sams senere fortvivlede forsøg på at råde ham fra at tage markvejen var en løgn, som Sam havde grebet til for at hjælpe Eliza med at slippe væk.

Da Sam pegede på vejen, drejede Haley derfor rask ind på den efterfulgt af Sam og Andy.

Markvejen var en ret gammel vej, der før havde været en gennemfartsvej til floden, men da den ny bomvej blev åbnet for mange år siden, var den blevet nedlagt. Man kunne ride på den i den første times tid, men derefter blev den gennemskåret af forskellige landejendomme og hegn. Det var Sam udmærket klar over – vejen havde faktisk været lukket så længe, at Andy aldrig havde hørt om den. Han red derfor pligtskyldigt og lydigt af sted, mens han af og til sukkede og brokkede sig højlydt over, at vejen var "skrækkelig dårlig og alt for hård ved Jerrys ben."

"Jeg vil bare advare jer," sagde Haley, "jeg kender jer, og I prøver bare at få mig væk fra denne vej med al jeres brokkeri, så bare klap i!"

"Massa går den vej, han selv vil!" sagde Sam med en bedrøvet mine, mens han samtidig blinkede sigende til Andy, der havde meget svært ved at lægge bånd på sin munterhed.

Sam var i højt humør og foregav at holde skarpt udkig. Det ene øjeblik udbrød han, at han havde set "en piges bindehat" på toppen af en fjern bakke, og i det næste øjeblik råbte han til Andy, "om det ikke var Lizzy, der gik nede i dalen" – og hver gang sørgede han for at komme med disse udråb, når vejen var mest ujævn og ufremkommelig, så den mindste forøgelse af farten ville være mest generende. På denne måde lykkedes det for ham at holde Haley i en tilstand af konstant ophidselse.

Efter omkring en times ridt på denne måde, landede selskabet temmelig hovedkulds og tumultagtigt på gårdspladsen på en større landejendom. Der var dog ikke en levende sjæl at se, da alle mand var ude og arbejde i marken. Nu blev det ret tydeligt for dem, at deres rejse endte lige her, da vejen fremad var fuldstændigt spærret af en stor lade, der stod midt på vejen.

"Var det ikke det, jeg fortalte massa?" sagde Sam med en uskyldig mine. "Hvordan kan fremmede herrer forvente at vide mere om et område end dem, der er født og opvokset her?"

"Din slyngel!" sagde Haley. "Du var udmærket klar over alt dette."

"Sagde jeg måske ikke, at jeg *vidste det,* men De ville ikke tro mig. Jeg fortalte massa, at vejen var lukket og indhegnet, og jeg ikke troede, at vi kunne komme igennem – det hørte Andy også."

Det var alt for sandt til at kunne modsiges, så den uheldige Haley måtte bide sin vrede i sig og tage det så godt, han kunne. Derpå gjorde de alle tre omkring og red tilbage mod landevejen.

Som følge af alle disse forskellige forsinkelser nåede de tre mænd først frem til Elizas skjulested i landsbykroen omkring tre kvarter efter, at hun havde lagt sit barn til at sove. Eliza stod netop ved vinduet og kiggede i en anden retning, da Sams skarpe øjne fangede et glimt af hende. Haley og Andy var et par meter bag ham. I dette kritiske øjeblik lod Sam som om, at hans hat blæste væk, og han kom med et højt udråb, som forskrækkede Eliza, så hun omgående trak sig tilbage. Rytterne red nu forbi vinduet og hen til hoveddøren.

I det øjeblik syntes tiden at stå stille for Eliza. Hendes værelse havde en dør, der vendte ud mod floden, og med sit barn i armene sprang hun ud af døren. Slavehandleren fik et tydeligt glimt af hende, da hun løb ned mod flodbredden, og uden at betænke sig kastede han sig op på hesten, mens han råbte højt på Sam og Andy. Han var som en blodhund, der har vejret et rådyr. I dette fortvivlede øjeblik syntes hendes fødder næppe at røre jorden, og kort efter stod hun ved vandkanten. Hendes forfølgere var lige bag hende, og med den styrke, som kun Gud giver til de mest desperate, tog hun et vildt og flyvende spring hen over den plumrede strøm ved bredden og landede på en stor isflage på den anden side af strømmen. Det var et desperat spring, som kun en fortvivlet eller afsindig person kunne klare.

Både Haley, Sam og Andy skreg advarende op og løftede forfærdet deres hænder, da hun sprang.

Den store, grønne isflage, hun var landet på, gyngede og knagede under hendes vægt, men hun stoppede ikke et øjeblik. Med vilde skrig og fortvivlelsens styrke sprang hun fra isflage til isflage. Hun snublede, rejste sig, sprang, gled og sprang igen! Hun tabte skoene, strømperne blev revet i stykker, og hun satte blodige fodspor hele vejen, men hun så intet og følte intet, før hun utydeligt som i en drøm nåede over til Ohio-siden af floden, og en mand hjalp hende op på bredden.

"Du er sandelig en modig pige, hvem du så end er!" sagde manden med en ed.

Eliza genkendte stemmen og ansigtet på en mand, der havde ejet en gård ikke langt fra hendes gamle hjem.

"Åh, mr. Symmes! Red mig, hjælp mig, skjul mig!" sagde Eliza.

"Men dog, hvem er det?" sagde manden. "Er det ikke Shelbys pige?"

"Mit barn! Denne dreng her! Min herre har solgt ham, og der står hans nye master," sagde hun og pegede mod Kentucky-siden af floden. "Åh, mr. Symmes, De har selv en lille dreng!"

"Ja, det har jeg," sagde manden, da han hårdt, men venligt trak hende og drengen op ad den stejle skrænt. "Du er en rigtig modig pige, og jeg har altid syntes godt om folk med ben i næsen."

Da han havde fået Eliza og drengen i sikkerhed på toppen af skrænten, stoppede han op.

"Jeg ville hjertens gerne gøre noget for dig," sagde han, "men jeg har ingen steder, jeg kan tage dig hen. Det bedste, jeg kan gøre for dig, er at råde dig til at gå *derhen*," sagde han og pegede på et stort, hvidt hus, der stod lidt afsides og væk fra byens hovedgade. "Hvis du går derhen, vil du møde nogle venlige mennesker. De vil ikke afslå at hjælpe dig. De gør alle den slags ting."

"Gud velsigne Dem!" sagde Eliza alvorligt.

"Ingen årsag, ingen årsag overhovedet," sagde manden. "Jeg har ikke gjort noget særligt."

"Åh, men det har De helt sikkert, sir. De fortæller det ikke til nogen, vel?"

"Er du da tosset, pigebarn! Hvad tager du mig for? Selvfølgelig ikke," sagde manden. "Kom nu afsted som den fornuftige pige, du er. Du har ærligt fortjent din frihed, og du skal have den, hvis jeg kan gøre noget til det."

Eliza tog drengen i sine arme og gik bort med faste og hurtige skridt. Manden blev stående og kiggede efter hende.

"Shelby vil måske ikke synes, at det er den mest nabovenlige ting i verden, men hvad skal man gøre i sådan en situation? Hvis han fanger en af mine piger i den samme situation, så er han velkommen til at gøre gengæld. På en eller anden måde har jeg aldrig brudt mig om at se et væsen flygte med blodhundene i hælene, gispende og kæmpende for sit liv, og så bare vende hovedet den anden vej. Og desuden kan jeg heller ikke se, hvorfor jeg skal jage og fange for andre mennesker."

Således talte denne fattige hedning fra Kentucky, som ikke var blevet belært om sine pligter ifølge konstitutionen, og som derfor var blevet forledt til at handle på en slags kristen vis, noget som han næppe ville have gjort, hvis han havde været mere velstående og bedre oplyst.

Haley havde stået som en forbløffet tilskuer til hele dramaet, lige indtil Eliza var forsvundet op ad flodbredden på den modsatte side. Så vendte han sig om mod Sam og Andy med et blankt, spørgende blik.

"Det var en virkelig slem streg i regningen," sagde Sam.

"Jeg tror, at den tøs er besat af syv djævle!" sagde Haley. "Hun hoppede og sprang som en vildkat!"

"Ja," sagde Sam og kløede sig eftertænksomt i hovedet, "jeg håber ikke, at massa vil have os til at prøve det samme. Jeg tror ikke, jeg er hurtig nok til bens til at gøre hende det kunststykke efter!" sagde han og klukkede af undertrykt latter.

"*Du ler jo!*" snerrede handelsmanden.

"Gud velsigne Dem, massa, jeg kunne ikke gøre for det," sagde Sam og overgav sig fuldstændigt til sin indestængte latter. "Det så så morsomt ud, da hun hoppede og sprang, mens isflagerne knagede under hende. Bare det at høre hende – klask, bang, plask! Og så et hop! Hu-hej, hvor det gik!" Sam og Andy lo, så tårerne trillede dem ned ad kinderne.

"Jeg skal give jer noget at le ad, I løjsere!" sagde handelsmanden og slog ud efter dem med sin ridepisk.

Både Sam og Andy dukkede sig og løb højt råbende op ad skrænten, hvor de skyndte sig til hest, inden Haley kunne få fat på dem.

"Farvel og tak, massa!" råbte Sam alvorligt. "Jeg tror bestemt, at fruen er meget bekymret for Jerry. Massa Haley har ikke brug for os mere, og fruen vil helt sikkert ikke bryde sig om, at vi red dyrene hen over Lizzis bro i aften." Sam puffede drillende Andy i ribbenene, og så red han af sted i fuld fart efterfulgt af Andy, mens lyden af deres latter fortonede sig i det fjerne.

---

[20] **Underjordiske jernbane:** Den underjordiske jernbane var hverken under jorden eller en jernbane. Den fik sit navn på grund af sine aktiviteter, der skulle udføres hemmeligt i ly af mørket eller i det skjulte, og fordi de involverede parter brugte jernbaneudtryk til at beskrive de enkelte dele i systemet. Netværket af ruter strakte sig gennem 14 Nordstater og til sikkerheden I "det forjættede land" Canada – der lå udenfor slavejægernes rækkevidde. Harriet Stowe fik et førstehånds kendskab til de flygtende slavers lidelser gennem sine kontakter til den Underjordiske jernbane i Cincinnati, Ohio.

8. KAPITEL

Elizas flugt

Eliza foretog sin fortvivlede flugt over floden, netop som mørket var ved at falde på. Den grå aftentåge, der langsomt steg op fra floden, skjulte hende, da hun forsvandt oppe på bredden, og den svulmende strøm og de flydende ismasser dannede en uoverstigelig barriere mellem hende og hendes forfølgere. Haley vendte derfor langsomt og misfornøjet tilbage til den lille kro for at spekulere over, hvad han nu skulle gøre. Kvinden, som åbnede døren, viste ham ind i en lille stue med et laset gulvtæppe, hvorpå der stod et bord dækket med en sort og skinnende, olieret dug og forskellige højryggede stole. På en hylde over en kamin, der udsendte en svag røg, stod nogle gipsfigurer malet i stærke farver. Ved siden af skorstenen var der placeret en temmelig umagelig, lang træbænk, som Haley satte sig ned på for at grunde over sine fejlslagne forhåbninger og lykken i al almindelighed.

"Hvad ville jeg dog også med den lille møgunge," sagde Haley til sig selv. "Jeg har gjort mig selv forfærdeligt til grin," fortsatte han og prøvede at få sit raseri under kontrol ved at udstøde en række forbandelser over sig selv, som vi af hensyn til læseren vil udelade, selv om der er al mulig grund til at tro, at de var yderst velbegrundede.

Han blev dog snart afbrudt i sit forehavende af en høj og disharmonisk stemme fra en mand, der tilsyneladende steg af sin hest udenfor. Han rejste sig og skyndte sig hen til vinduet.

"Hillemænd! Det må være forsynet selv, som har sendt ham," sagde Haley. "Jeg tror minsæl, det er Tom Loker."

Haley løb ind i krostuen. Ved skænken i et hjørne af krostuen stod en muskuløs, bredskuldret mand seks fod høj og svært bygget. Han var klædt i en frakke af bøffelskind, der var syet med hårene udad, så den gav ham et loddent og dyrisk udseende, der passede godt til hele hans fremtoning. Hele hans udseende og ansigtstræk viste, at her var en mand, der ikke gik af vejen for grov vold og brutalitet. Hvis læseren kan forestille sig en bulldog, der går omkring med hat og frakke ligesom et menneske, så har man en ganske god idé om mandens væsen og hans skræmmende fysik. Han havde en rejsekammerat, der på mange måder var hans fuldstændige modsætning. Hans rejsekammerat var lille og slank med smidige og katteagtige bevægelser. Hans sorte, stikkende øjne havde et stirrende, rotteagtigt blik, der passede fint til resten af hans skarpskårne ansigt og spidse næse, der stak langt frem, som om den var ivrig efter at trænge til bunds i enhver sag. Hans glatte, sorte hår strittede også ivrigt fremad, mens alle hans bevægelser og handlinger røbede iskold beregning og forsigtig årvågenhed. Den store af mændene fyldte et ølglas halvt op med brændevin og tømte det uden et ord. Hans lille ledsager derimod lagde først hovedet til den ene side og så til den anden, mens han kræsent betragtede udvalget af de forskellige flasker, indtil han til sidst med en tynd og skælvende stemme, der røbede en vis betænkelighed, besluttede sig for et glas whisky med mynte. Da glasset var fyldt, tog han det op og betragtede det med en selvtilfreds mine, som om han havde truffet det helt rigtige valg, hvorefter han gav sig til at drikke indholdet i små, afmålte slurke.

"Halløj Tom, det kalder jeg et lykketræf. Hvordan går det med dig?" sagde Haley, idet han nærmede sig og rakte hånden frem.

"Det var som syv satan!" sagde Tom høfligt. "Hvad bringer dig på disse egne, Haley?"

Den rotteagtige person, som hed Marks, holdt omgående op med at nippe til sin whisky og stak i stedet hovedet frem for at stirre indgående på dette nye bekendtskab – ligesom en kat, der betragter et blad, der bevæger sig i vinden eller en anden ting, den kan jage efter.

"Hør Tom, der var jeg vel nok heldig. Jeg er havnet i en fandens kattepine. Du bliver nødt til at hjælpe mig."

"Åh, ja, det kan jeg tænke mig!" gryntede den anden selvtilfreds. "Ja, man kan være temmelig sikker på, at når *nogen* er glad for at se én, så er det fordi, de har brug for én. Hvad har du nu rodet dig ind i?"

"Er det en ven af dig?" spurgte Haley og kiggede mistænksomt på Marks. "Måske en kompagnon?"

"Ja, det er. Det er Marks. Det er den fyr, jeg var sammen med i Natchez."

"Glæder mig at gøre Deres bekendtskab," sagde Marks og stak en lang, tynd hånd frem, der mindede om en fugleklo. "Mr. Haley, formoder jeg?"

"Netop, sir," sagde Haley. "Og nu, gentlemen, da vi har været så heldige at møde hinanden her, tror jeg, at jeg vil spendere en omgang. Hør her, gamle fyr," sagde han til manden i baren, "bring os varmt vand, sukker og cigarer og masser af den *ægte vare*, så vi rigtigt kan slå os løs."

Tællelysene blev tændt, der kom blus på kaminen, og vores tre noble herrer slog sig ned ved et bord, der var rigeligt forsynet med alle de førnævnte ingredienser til et hyggeligt samvær.

Haley begyndte nu på en rørende beretning om sine specifikke problemer. Loker sagde ikke en lyd, men lyttede til ham med barsk og gnaven opmærksomhed, mens Marks, som ivrigt fumlede med at blande sig et krus punch[21] efter sin helt egen specielle smag nu og da kiggede op fra sin beskæftigelse, stak sin næsten skarpe næse og hage helt op i Haleys ansigt og gik op i hans beretning med liv og sjæl. Især så han ud til at more sig meget over slutningen, fordi hele overkroppen rystede i stilhed, og han kneb sine tynde læber sammen i tydelig undertrykt morskab.

"Så, de narrede dig virkelig grundigt, hva'?" sagde han og lo skadefro. "Ha, ha, hi, hi! Virkelig flot gjort."

"Der er altid en masse vrøvl med de unge i disse forretninger," sagde Haley trist.

"Hvis bare man kunne få fat i en type kvinder, der ikke brød sig om deres unger," sagde Marks, "så ville det efter min mening være et stort fremskridt." – han ledsagede sin egen vittighed med en stille fnisen.

"Netop," sagde Haley, "jeg har heller aldrig forstået det. De unger er kun til besvær for dem. Man skulle jo tro, at de ville være lykkelige for at slippe af med dem, men det modsatte er tilfældet. Jo mere uduelig og besværlig sådan en unge er, des mere hænger de ved dem."

"Ja, mr. Haley," sagde Marks, "ræk mig lige det varme vand. Ja sir, De siger lige netop det, som jeg og mange af os er op imod. Hør, jeg købte en pige engang, da jeg var i branchen – en pæn, lovende tøs var hun også og med godt omløb i hovedet – og hun havde denne her unge, der var både svag og sygelig og svajrygget eller noget i den retning. Så jeg gav hendes unge væk til en mand, der var villig til at tage en chance med ungen, da han fik den gratis. Jeg havde aldrig forestillet mig, ser I, at pigen ville tage sig noget særligt af det. Men gudfaderbevares, I skulle have set, hvordan hun tog på vej. Det virkede næsten, som om hun værdsatte ungen endnu mere, fordi den *var* så sygelig og kun til besvær. Hun mente det virkelig, det var ikke et skuespil. Hun græd i stride strømme og sprang omkring som en vanvittig og teede sig, som om hun havde mistet den sidste ven i verden. Det er virkelig mærkeligt at tænke på. Milde himmel, der er virkelig ingen ende på kvindfolks nykker."

"Vel, sådan skete det også for mig," sagde Haley. "Sidste sommer nede ved Red River, handlede jeg mig til en pige med et barn, der virkede ganske lovende. Hans øjne var lige så klare som dine, men da jeg studerede dem nærmere, opdagede jeg, at han var helt blind. Ja, faktum var, at han var stærblind. Ja, så jeg tænkte, at der ikke var noget forgjort i at sælge ham videre uden at sige noget, så jeg lavede en byttehandel med en tønde whisky. Men da jeg kom for at hente ham hos pigen, kastede hun sig over mig som en vild tiger. Det var før auktionen startede, så hun havde endnu ikke fået lænker på. Smidig som en kat springer hun op på en bomuldsballe, river en kniv fra en af mine mænd og fægter med den, så folk springer til alle sider. Men da hun ser, at hun ikke kan slippe væk, drejer hun omkring og tager et hovedspring ned i floden med unge og det hele – hun sank som en sten og dukkede aldrig op igen."

"Bah!" sagde Tom Loker, der havde lyttet til deres historier med synligt mishag. "I er nogle slapsvanse, begge to! Mine piger laver aldrig den slags problemer, siger jeg bare!"

"Virkelig! Men hvordan undgår du det?" spurgte Marks rask.

"Det er meget let. Når jeg køber en tøs, der har en unge, som skal sælges, så går jeg hen til hende og stikker min knytnæve helt op i fjæset på hende og siger: 'Hør her, hvis du siger et eneste ord, så slår jeg tænderne ned i halsen på dig. Jeg vil ikke høre et eneste ord fra dig – ikke en eneste stavelse.' Og så siger jeg til dem: 'Den unge er min og ikke din. Du holder bare fingrene væk. Jeg vil sælge ungen, når jeg får en chance til det. Hvis du laver det mindste vrøvl, så skal jeg få dig til at ønske, at du aldrig var blevet født.' Så er de klar over, at det er alvor, når jeg henter ungen. Jeg gør dem stumme som fisk, og hvis en af dem begynder at bræge op, så..." Mr. Loker slog næven hårdt i bordet for at demonstrere, hvad der så ville ske.

"Det kan man da kalde at *lægge vægt* bag ordene," sagde Marks og puffede fnisende Haley i siden. "Tom er noget helt for sig selv. Ha, ha, hi, hi! Jeg tror minsandten, at du forstår at banke noget *forstand* ind i disse niggerhoveder, som er fyldt med uld. De kan ikke være i tvivl om, hvad du mener, Tom. Og hvis du ikke er Djævelen selv, så er du i hvert fald i familie med ham. Det må man lade dig!"

Tom modtog komplimenten med klædelig beskedenhed og antog et så venligt udtryk, som hans hundeagtige natur tillod ham, som John Bunyan[22] ville have sagt det.

Haley, som havde taget rigeligt til sig af aftenens våde varer, følte efterhånden, at hans moralske standard var blevet hævet til et nyt niveau – et fænomen, der ikke er usædvanligt blandt eftertænksomme og seriøse gentlemen i lignende omstændigheder.

"Hør nu, Tom," sagde han, "du er virkelig alt for hård, som jeg altid har sagt. Du og jeg plejede at diskutere disse ting nede i Natchez, og jeg plejede at bevise over for dig, at vi tjente lige så meget og stod os bedre med denne verden ved at behandle dem godt. Desuden har vi også en bedre chance for at komme i Himmeriget til sidst, når den tid kommer, og der ikke er noget andet valg, ser du."

"Puha!" sagde Tom, "Det har jeg *hørt* til bevidstløshed. Hold op med al dit vrøvl, du gør mig bare syg. Min mave er allerede en smule oprørt," sagde han og skyllede et halvt glas ren brandy ned.

Haley lænede sig selvtilfreds tilbage på stolen og sagde med store fagter: "Hør her, jeg vil bare sige, at jeg altid har forsøgt at drive min forretning *for pengenes skyld* som ethvert andet menneske, men forretning og penge er ikke alt, fordi vi har alle en sjæl. Nu er jeg ligeglad med hvem, der hører mig sige det – men jeg tænker meget på det – og så kan jeg lige så godt komme frem med det. Jeg tror på religionen, og en af disse dage hvor jeg har fået orden på mine sager og mit på det tørre, vil jeg pleje min sjæl og den slags. Hvorfor skal man så opføre sig værre end højst nødvendigt? Det virker meget uklogt."

"Pleje din sjæl!" gentog Tom hånligt. "Man skal vist have en meget stærk kikkert, hvis man skal finde en sjæl hos dig – du kan godt spare dig det besvær. Selv hvis den onde selv lod dig gå igennem sin fineste sigte, ville han ikke være i stand til at finde din sjæl."

"Hvorfor skal du altid være så uvenlig?" sagde Haley. "Hvorfor kan du ikke være en smule venlig, når man taler venligt til dig for dit eget bedste?"

"Klap nu i med din dumme snak," sagde Tom irriteret. "Jeg kan tåle næsten al din snak, men dit religiøse sludder hænger mig langt ud af halsen. Hvad er forskellen egentlig på dig og mig? At du siger, at du har lidt flere følelser og er mere barmhjertig – men det er slet ikke tilfældet, det er helt igennem rendyrket ondskab. Du ønsker kun at snyde Djævlen for at redde dit eget skind. Tror du ikke, at jeg kan se lige igennem dig? Og det at 'blive religiøs' som du kalder det, er kun en måde at snyde på, når det kommer til stykket – at opbygge en stor regning hos Djævlen hele livet og så snige sig væk, når den skal betales! Vrøvl og sludder med dig!"

"Nej, hør nu mine herrer, lad os nu tale forretninger," sagde Marks. "Der er mange måder at se tingene på. Mr. Haley er uden tvivl en meget venlig mand, og han har sin samvittighed, og du Tom har dine egne metoder, som uden tvivl også er nogle gode metoder. Men det tjener ikke noget formål at skændes. Lad os nu gå over til forretninger. Hør, mr. Haley, hvad drejer det sig om? Ønsker de, at vi skal fange Deres pige?"

"Pigen er ikke min, hun tilhører Shelby. Det er kun drengen. Jeg opførte mig som et fjols, da jeg købte den abekat!"

"Du opfører dig altid som et fjols!" sagde Tom barsk.

"Hør nu, Loker, lad os nu blive fri for dine sure opstød," sagde Marks og fugtede sine læber. "Kan du ikke se, at Haley tilbyder os en fin forretning. Bare tag det roligt, jeg er specialist i den slags forretninger. Den der pige, mr. Haley, hvordan er hun? Hvad er der med hende?

"Jo, hun er hvid og med et godt udseende, samt godt opdraget. Jeg ville have givet Shelby ottehundrede eller tusinde for hende og alligevel have tjent en smuk sum på hende."

"Hvid, smuk og godt opdraget!" sagde Marks og plirrede ivrigt med øjnene. Hans spidse næse lugtede en god forretning. "Hør nu her, Loker, det begynder godt. Vi kan gøre en rigtig god forretning her. Vi fanger drengen, som selvfølgelig går til mr. Haley, og så tager vi tøsen med til Orleans og tjener en god sum penge på hende. Er det ikke bare smukt?"

Tom, der havde siddet og lyttet til Marks og Haleys samtale med åben mund, klappede nu pludselig sine kraftige kæber hårdt sammen ligesom en bulldog, der har sat tænderne i et saftigt stykke kød, og gik i gang med at fordøje Marks idé i ro og mag.

"Ser De," sagde Marks til Haley, mens han rørte i sin punch, "ser De, overalt langs med floden har vi dommere, som er meget villige til at gøre forskellige småjobs. Tom gør alt det grove arbejde med slagsmål og den slags, mens jeg kommer fint klædt med blanke støvler og alt andet første klasses, når der skal aflægges ed. De burde næsten se," sagde Marks med et anstrøg af professionel stolthed, "hvordan jeg kan spille min rolle helt perfekt. Den ene dag er jeg mr. Twickem fra New Orleans, og næste dag er jeg lige ankommet fra min plantage ved Pearl River, hvor jeg har syvhundrede niggere i arbejde. En anden dag er jeg en fjern slægtning til Henry Clay eller en gammel stabejs fra Kentuck. Der er brug for forskellige evner. Tom har et stort talent for at slås og bruge næverne, men han kan ikke lyve. Ser De, det falder ham ikke naturligt, men guderne skal vide, at min ligemand ikke findes, når det drejer sig om at sværge på alt muligt og komme med udredninger og forsikringer på mit glatte ansigt. Jeg ville gerne se den person, der kan gøre det lige så godt som mig. Jeg tror virkelig, at jeg kunne åle mig igennem, selv hvis dommerne var mere nøjeregnende, end de er. Faktisk ønsker jeg nogle gange, at de ville være lidt mere nøjeregnende, det ville være meget mere interessant, hvis de var – meget sjovere, ser De."

Tom Loker, der som tidligere forklaret var lidt langsom i opfattelsen, afbrød her Marks ved at slå sin tunge næve i bordet, så glassene klirrede og udbrød: *"Jeg er med!"*

"Gudfaderbevares Tom, slå nu ikke alle glassene i stykker!" sagde Marks. "Gem dine kræfter til der er brug for dem."

"Men gentlemen, skal jeg ikke have en del af udbyttet?" spurgte Haley.

"Er det ikke nok, at vi fanger drengen til dig?" sagde Loker. "Hvad mere vil du have?"

"Hør, hvis jeg nu giver jer jobbet, så er det vel noget værd. Skal vi sige ti procent af fortjenesten og alle udgifter betalt," sagde Haley.

"Næh, du kan tro nej," sagde Loker med en styg ed og slog igen i bordet med sin næve. "Tror du ikke, jeg kender *dig*, Dan Healey? Du skal ikke tro, at du kan tage mig ved næsen! Skulle Marks og jeg måske bare fange negre for at gøre folk som dig glade og tilfredse og så ikke selv få noget ud af det – ikke tale om! Vi tager pigen helt for os selv, og hvis du ikke holder din mund, så tager vi begge to – hvem skulle forhindre os i det? Har du måske ikke vist os byttet? Vi har lige så meget ret til at jage det som du. Hvis du eller Shelby ønsker at komme efter os, så led efter os der hvor græsset er grønnest. Hvis I finder dem eller os, så er I velkomne."

"Ja, så siger vi det," sagde Haley lidt uroligt. "I fanger bare drengen til mig – du har altid handlet *fair* med mig, Tom, og holdt dit ord."

"Ja, det ved du," sagde Tom. "Jeg giver mig ikke ud for noget, jeg ikke er, og jeg vil ikke lyve i mit regnskab med Djævelen ligesom du. Men det jeg har lovet, det holder jeg – og det *ved* du, Dan Haley."

"Ja, ja, det var jo netop det, jeg sagde, Tom," sagde Haley. "Bare lov mig, at du har drengen til mig om en uge på et sted, som du selv bestemmer. Det er alt, hvad jeg forlanger."

"Men det er ikke alt, hvad jeg forlanger," sagde Tom. "Jeg har ikke for ingenting gjort forretninger med dig før i Natchez, og jeg har lært at holde godt fast på en glat ål, når jeg har fanget den. Du bliver nødt til at hoste op med halvtreds dollars lige på stedet, ellers sker der ikke en pind. Jeg kender dig alt for godt."

"Hvorfor, når du har et job på hånden, som vil give dig en gevinst på omkring et tusinde eller sekshundrede. Jeg synes, du er urimelig, Tom," sagde Haley.

"Som om vi ikke har alt det arbejde, vi kan overkomme de næste fem uger. Hvis vi nu slipper alt det og går på klapjagt efter din unge og så ikke fanger pigen. Piger kan være et *helvede* at fange. Hvad så? Ville du så betale os en eneste cent for al vores besvær? Nej, det tror jeg ikke. Så bare spyt ud med de halvtreds. Hvis alt går godt, og forretningen lønner sig, så får du dem tilbage igen. Hvis det går skidt, så er det betalingen for al vores møje og besvær. Det er *fair*, ikke sandt Marks?"

"Jovist, jovist," sagde Marks i et forsonende tonefald. "Det er bare en slags forskud, ser De. Hi, hi, hi! Ligesom hos advokater, ikke sandt? Vi skal bare holde humøret oppe og ikke tage det hele så højtideligt. Tom skal nok levere drengen til Dem på et nærmere aftalt sted, ikke sandt Tom?"

"Hvis jeg får fat i ungen, så bringer jeg ham til Cincinnati og afleverer ham hos bedstemor Belcher ved landgangsbroen," sagde Loker.

Marks tog nu en fedtet lommebog frem og trak et stort stykke papir frem. Han fæstnede sine skarpe, sorte øjne på det og læste højt for sig selv: "Barnes – Shelby County – dreng, Jim, trehundrede dollars for ham, død eller levende. Edwards – Dick og Lucy – mand og kone, seks hundrede dollars. En pige, Polly og to børn – sekshundrede for hende eller hendes hoved."

"Jeg kigger bare på vores forretninger for at se, om vi kan passe dette job ind, Loker," sagde han efter et stykke tid. "Vi må sætte Adams og Springer til at opspore disse her. De har været bestilt i et stykke tid."

"De forlanger alt for meget," sagde Tom.

"Jeg skal nok tage mig af det. De er nye i faget, så de kan ikke forvente så meget," sagde Marks og fortsatte med at læse. "De tre her er ret lette sager, det eneste, de skal gøre, er at skyde dem eller sværge på, at de er blevet skudt. Det kan de selvfølgelig ikke tage alverden for. De andre sager," sagde han og foldede papiret sammen, "kan godt tåle at vente. Lad os nu drøfte nogle enkeltheder. Så, mr. Haley, De så denne her pige, da hun gik i land?"

"Lige så tydeligt, som jeg ser Dem nu."

"Og De så en mand hjælpe hende op på bredden?" sagde Loker.

"Ja, vist gjorde jeg det."

"Sandsynligvis er hun taget ind et eller andet sted," sagde Marks. "Spørgsmålet er bare hvor. Hvad siger du, Tom?"

"Vi må helt sikkert over floden i aften," sagde Tom.

"Jamen, der sejler ingen både over," sagde Marks, "og isen driver rask. Er det ikke farligt, Tom?"

"Måske, men vi bliver nødt til at komme over," sagde Tom bestemt.

"Du godeste gud," sagde Marks nervøst og gik over til vinduet. "Det er bare det, at det er mørkt som i en kulkælder, og Tom..."

"Sig det bare, som det er, at du er bange, Marks. Men det er der ikke noget at gøre ved, vi er nødt til at komme over. Hvis du venter en dag eller to, så er pigen allerede blevet bragt med den underjordiske jernbane op til Sandusky eller sådan noget lignende, før du får begyndt."

"Nej, nej, jeg er ikke den mindste smule bange," sagde Marks. "Det er bare..."

"Bare hvad?" spurgte Tom.

"Ja, det er bare det med båden. Du sagde, at der ikke er nogen båd."

"Jeg hørte konen her sige, at der kommer en mand her til aften, der vil krydse floden. Koste hvad det vil, så tager vi med ham," sagde Tom.

"Jeg går ud fra, at I har nogle gode sporhunde," sagde Haley.

"Førsteklasses," sagde Marks, "men til hvilken nytte? Du har vel ikke noget, de kan få færten af?"

"Jo, det har jeg faktisk," sagde Haley triumferende. "Her er hendes sjal, som hun glemte på sengen i sit hastværk. Hun efterlod også sin kyse."

"Det var et held," sagde Loker. "Giv dem til mig."

"Der er selvfølgelig en fare for, at hundene kunne komme til at skade pigen, hvis de overrumpler hende," sagde Haley.

"Ja, der er en risiko," sagde Marks. "Vores hunde rev en fyr halvt i stykker nede i Mobile, før vi fik trukket dem væk fra ham."

"Men det duer jo ikke for en, der skal sælges på grund af sit udseende," sagde Haley.

"Nej, det kan jeg godt se," sagde Marks. "Det nytter desuden heller ikke, hvis hun er taget ind et sted. Hundene er ikke gode i de stater, hvor flygtninge bliver hjulpet videre, så kan de ikke få færten af dem. De er kun gode i plantagerne, hvor niggerne selv løber og ingen hjælper dem."

"Hør," sagde Loker, som lige var kommet tilbage fra baren, hvor han havde stillet nogle spørgsmål, "de siger, at manden med båden er kommet, så Marks..."

Marks kastede et bedrøvet blik på de behagelige omgivelser, han skulle forlade og rejste sig nølende fra sin plads. Efter at have udvekslet nogle få ord mere om deres aftale rakte Haley modstræbende halvtreds dollars til Tom, og derefter skiltes de tre ærværdige gentlemen for natten.

Hvis nogle af vores dannede og kristne læsere finder noget at indvende mod det selskab, som dette kapitel introducerer dem for, så må vi bede dem om at overvinde deres fordomme i tide. Vi bliver nødt til at minde dem om, at selve slavejæger-branchen nu er godt på vej til at blive en lovlig og særdeles værdig og patriotisk profession. Hvis hele det vidtstrakte område mellem Mississippi og Stillehavet bliver én eneste stor markedsplads, hvor kroppe og sjæle kan købes og sælges, og ejendomsretten over mennesker tiltager i vort nittende århundrede, så vil slavehandleren og slavejægeren snart være at finde i vores fineste kredse. (forfatteren hentyder til de vedtagne Fugetive Slave Acts).[23]

Mens dette foregik i kroen, var Sam og Andy på vej hjemad i godt humør.

Navnlig Sam var i et særdeles højt humør og gav udtryk for sin glæde med mange slags overnaturlige hyl og råb og vendinger af kroppen. Nu og da kunne han finde på at sætte sig baglæns på hesten med ansigtet vendt mod hestens hale for så i næste øjeblik med et højt råb at vende omkring og sætte sig rigtigt i sadlen igen. Og alt imens han satte et alvorligt ansigt op, ville han bebrejde Andy for at klovne omkring og le muntert. I næste øjeblik kunne han så finde på at slå sig i siden med armene og bryde ud i en skoggerlatter, der gav genlyd i skoven, de red igennem. På trods af alle hans særprægede udfoldelser, lykkedes det for ham at ride hestene i fuld fart, indtil deres hovslag mellem klokken ti og elleve om aftenen kunne høres på gruset ved balkonen, hvor mrs. Shelby straks ilede ud.

"Er det dig, Sam? Hvor er de?"

"Massa Haley hviler sig i kroen, han er forfærdelig træt, missis."

"Og Eliza, Sam?"

"Ja, hun er sluppet over Jordan. Man kan godt sige, at hun er i Kanaans land."

"Hvad *mener* du, Sam?" spurgte mrs. Shelby åndeløst og næsten besvimelsen nær, over hvad disse ord muligvis kunne betyde."

"Vel, missis, Herren beskytter sine. Lizzy er gået over floden til Ohio lige så bemærkelsesværdigt, som hvis Herren selv havde bragt hende over i en flammende vogn med to heste."

Sams gudfrygtige talemåder var altid ekstra lidenskabelige, når han talte med sin frue, og han udnyttede til fulde Bibelens skikkelser og dens billedsprog.

"Kom herop, Sam," sagde mr. Shelby, som havde fulgt med fra verandaen, "og fortæl din frue, hvad hun ønsker at vide. Kom her, Emily," sagde han og lagde armen omkring hende, "du er blevet helt kold og ryster over det hele. Du er alt for følsom."

"For følsom! Er jeg måske ikke en kvinde – og mor? Har vi ikke et ansvar for denne stakkels pige overfor Gud? Åh, min Gud! Lad ikke denne synd komme os til last."

"Hvilken synd, Emily? Du ved jo godt, at vi kun har gjort det, vi var tvunget til."

"Jeg har alligevel en forfærdelig følelse af skyld over det," sagde mrs. Shelby. "Jeg kan ikke frigøre mig for denne følelse."

"Hør, Andy, tag dig nu sammen, din nigger!" råbte Sam under verandaen. "Bring nu de heste hen i stalden. Hørte du ikke, at massa kaldte på mig?" Kort efter dukkede Sam op ved stuedøren med et palmeblad i hånden.

"Hør, Sam, fortæl os nu klart og tydeligt, hvordan sagerne står," sagde mr. Shelby. "Sig os hvor Eliza er, hvis du ved det."

"Vel, massa, jeg så hende med mine egne øjne krydse floden på isflagerne. Hun kom over på en meget forunderlig måde. Det var intet mindre end et mirakel, og jeg så en mand hjælpe hende op på Ohio-siden, og så forsvandt hun i tusmørket."

"Sam, jeg synes, dette mirakel lyder meget mystisk og overdrevet. At krydse en flod på drivende isflager er ikke så let," sagde mr. Shelby.

"Ikke så let! Ingen kunne have klaret det uden Herrens hjælp," sagde Sam. "Men massa, det skete på denne måde. Massa Haley og mig og Andy kom til den lille kro ved floden, og jeg rider lidt i forvejen – (jeg var nemlig så ivrig efter at få fat i Lizzi, at jeg ikke kunne lægge bånd på mig selv) – og da jeg kommer frem til kroen, ser jeg hende tydeligt i vinduet, mens de andre stadig er bag mig og intet ser. Min hat flyver af hovedet, og jeg udstøder et råb, der kan vække de døde. Det hører Lizzy naturligvis, og hun trækker sig hurtigt tilbage fra vinduet, da massa Haley rider forbi døren. Derefter løber hun ud af bagdøren og ned til flodbredden. Massa Haley får øje på hende og råber op, og så løber han og mig og Andy efter hende. Da hun kommer ned til floden, løber der en stærk strøm omkring ti fod bred ud fra flodbredden, og på den anden side af strømmen gynger isen op og ned som en stor ø. Vi er lige i hælene på hende, og jeg tænker minsæl, at han vil få fat i hende, da hun pludselig udstøder et skrig, der får blodet til at isne i mine årer, og springer hen over strømmen og lander på isen på den anden side. Derefter springer hun igen med skrig og skrål hen over isen, der knager og brager. Den siger knæk! bang! brag! Bump! og hun hopper og springer som en ren buk! Min gud, det var ikke nogle almindelige spring, den pige gjorde. Det er sandt og vist."

Mrs. Shelby sad helt stille og bleg af sindsbevægelse, mens Sam fortalte.

"Gud være lovet! Så er hun ikke død!" udbrød hun. "Men hvor er det stakkels barn nu?"

"Vorherre vil vide at beskytte hende," sagde Sam og rullede fromt med øjnene. "Som jeg har sagt, så skyldes det uden tvivl forsynet, som missis altid har lært os at tro på. Vi er alle instrumenter for Guds guddommelige vilje. Og hvis jeg ikke havde været med i dag, så var Lizzy blevet fanget mindst et dusin gange. Var det ikke mig, som skræmte hestene her til morgen og jagede efter dem lige indtil middag? Og narrede jeg måske ikke massa Haley næsten fem mil væk fra den rette vej her til aften? Ellers ville han have fanget Lizzy lige så let, som en hund fanger en vaskebjørn. Det skyldes alt sammen forsynet."

"Det er den slags forsyn, som du hellere må være ret forsigtig med, master Sam. Jeg tillader ikke den slags opførsel mod gentlemen på mit sted," sagde mr. Shelby så strengt, som han kunne under de nuværende omstændigheder.

At spille vred på en neger er lige så nytteløst som at spille vred på et barn; de gennemskuer hurtigt, at det hele bare er et skuespil, selv om man gør alt for at overbevise dem. Derfor følte Sam sig på ingen måde nedslået over denne irettesættelse, selv om han antog en bedrøvet, alvorlig mine og hang med mundvigene som en angrende synder.

"Massa har helt ret. Det er helt rigtigt. Det var meget grimt af mig, ingen tvivl om det. Massa og missis ville selvfølgelig ikke opmuntre til sådanne narrestreger. Det er jeg helt klar over. Men en stakkels nigger som mig bliver nogle gange fristet til at opføre sig grimt, når fyre som massa Haley laver sådanne problemer. Han er slet ingen gentleman. Det står tydeligt for enhver, der er blevet opdraget som mig."

"Godt Sam," sagde mrs. Shelby, "jeg kan nu se, at du har indset, hvor forkert du har båret dig ad. Gå ned til tante Chloe og sig til hende, at hun skal give dig en skive af den kolde skinke, der var til overs fra middagen i dag. Du og Andy må være sultne."

"Missis er alt for god ved os," sagde Sam, bukkede hurtigt og forsvandt.

Ud fra bogens tidligere antydninger har den opmærksomme læser sikkert opdaget, at master Sam havde et medfødt og helt særligt talent, der uden tvivl kunne gøre ham til en kendt skikkelse i det politiske liv – et talent, der gjorde det muligt for ham at udnytte enhver situation til at opnå lovprisninger og dermed ære for sin egen person. Så efter at have udvist en – efter hans mening – tilfredsstillende mængde fromhed og ydmyghed overfor mr. og mrs. Shelby, smækkede han palmebladet på hovedet med en kæk, nonchalant mine og begav sig ned til tante Chloes enemærker i den hensigt at vise sig over for køkkenpersonalet.

"Jeg skal snakke ørerne af disse niggere," sagde Sam til sig selv, "nu hvor jeg har chancen. Herregud, jeg skal smøre så tykt på, at øjnene står dem ud af hovedet!"

Det skal nævnes, at en af Sams største fornøjelser havde været at rejse med sin herre til alle mulige politiske møder, hvor han hængende på et stakit eller siddende højt oppe i et træ lyttede til talerne med tilsyneladende stor iver. Efter han så var steget ned til sine farvede brødre, der var samlet i det samme ærinde, ville han more og fornøje dem med komiske parodier og imitationer, der alle blev leveret med uforstyrret og højtidelig alvor. Og selv om tilhørerne rundt om ham sædvanligvis havde den samme hudfarve som han selv, så skete det ikke så sjældent, at der også stod en stor kreds af tilhørere udenom af en anden og lysere hudfarve, der også lo højt og klappede af Sam til hans store tilfredshed. Faktisk anså Sam talerstolen for at være hans rette plads, og han lod aldrig en lejlighed gå til spilde for at udnytte sine evner.

Nu var det sådan, at der i mange år havde eksisteret en slags kronisk fejde eller måske snarere en vis kølighed mellem Sam og tante Chloe. Men da Sam havde planlagt at skaffe sig noget fra forrådsafdelingen som et nødvendigt grundlag for sin videre planlægning, besluttede han sig for at optræde yderst forsonligt ved denne lejlighed. Han var ikke i tvivl om, at fruens ordrer utvivlsomt ville blive fulgt til punkt og prikke, men han tænkte, at hvis han også fik ånden med, så ville han vinde endnu mere. Han dukkede derfor spagfærdigt op hos tante Chloe med et rørende, resigneret udtryk, som en, der har udstået ubeskrivelige strabadser for at hjælpe et stakkels, forfulgt medmenneske. Et indtryk, der yderligere blev forstærket af den kendsgerning, at fruen havde sendt ham ned til tante Chloe, så han kunne genvinde sin styrke ved hjælp af fast og flydende føde. Og på denne måde anerkendte Sam tante Chloes overherredømme over køkkenafdelingen og alt, hvad der hørte under den.

Tingene gik, som han havde forventet. Som en dreven politiker i en valgkampagne, der appellerede til en stakkels, enfoldig forsamling, fik Sam hurtigt vundet tante Chloe over på sin side ved hjælp af sin glatte tunge og honningsøde ord. Som i lignelsen om den fortabte søn blev han overvældet af moderlig gavmildhed, og snart befandt han sig placeret foran en stor stegepande fyldt med en slags *olla podrida*[24] eller sammenkogt ret af alle de retter, som havde været serveret ved middagsbordet de sidste to-tre dage. Saftige, velsmagende stykker skinke, gyldne stykker majskage, tærtestykker i alle geometriske former, kyllingevinger, kråser og lårben – alt sammen blandet godt sammen i et betagende skue. Foran dette kongerige af mad præsiderede Sam med sit palmeblad festligt på skrå og betragtede med en overlegen mine Andy, der sad på hans højre side.

Køkkenet blev snart fyldt med alle hans fæller, der havde forsamlet sig fra deres forskellige hytter for at høre slutningen på dagens begivenheder. Dette var Sams store øjeblik. Dagens begivenheder blev genfortalt med al den pynt og udsmykning, der ansås for nødvendig for at forstærke deres virkning. For Sam var ingen dilettant, og han ville aldrig tillade en historie at miste noget af sin glans, når den gik gennem hans hænder. Latterbrøl efter latterbrøl ledsagede hans fortælling og blev gentaget af de mindre børn, der lå spredt ud over hele gulvet eller klemte sig sammen i krogene. Men selv i dette hav af støj og latter opretholdt Sam en urokkelig alvor, som kun nu og da blev afbrudt af et par rullende øjne eller skæmtsomme blikke til forsamlingen, der på ingen måde ødelagde hans pompøse og ophøjede talestrøm.

"Ser I nu, mine medborgere," sagde Sam, idet han energisk greb endnu et kalkunlår, "I ser nu, hvad undertegnede her gør for at beskytte jer alle – ja, hver og en af jer. For den, som prøver at fange en af vores folk, prøver på sin vis at fange os alle. Princippet er det samme – det står klart. Men enhver af disse slavedrivere, som kommer luskende efter nogen af vores folk, han vil få med *mig* at bestille – det er *mig*, som vil stå i vejen for ham. Det er mig, I kan vende jer til, mine brødre. Jeg vil kæmpe for jeres rettigheder og forsvare dem til sidste blodsdråbe!"

"Men Sam, her til morgen fortalte du mig, at du ville hjælpe massa med at fange Lizzy. Det kan jeg ikke rigtigt få til at passe," sagde Andy.

"Jeg vil bare fortælle dig, Andy," sagde Sam meget overlegent, "at du skal lade være med at udtale dig om noget, du ikke har forstand på. Velmenende drenge som dig, Andy, kan ikke forventes at være i stand til at gennemskue de indviklede principper bag en større plan."

Andy lignede en slagen mand. Det var især det svære ord 'gennemskue', som især de yngre medlemmer af forsamlingen betragtede som værende det afgørende argument i sagen.

"Det var min *samvittighed*, der talte, Andy," fortsatte Sam. "Da jeg tænkte på at sætte efter Lizzy, troede jeg virkelig, at det var det, massa ønskede. Men da jeg fandt ud af, at missis ønskede det modsatte, talte hun *endnu stærkere* til min samvittighed – for man vinder altid mest ved at holde sig til missis side – så du kan se, at jeg har stået fast på begge sider og holdt mig til min samvittighed, samtidig med jeg holdt mig til mine principper. *Ja, principper,*" sagde Sam og rakte entusiastisk ud efter et stykke kylling, "hvad er principper i virkeligheden værd, hvis man ikke står fast på dem? Her, Andy, du kan ta' dette kyllingeben, der er lidt kød på det endnu."

Sams tilhørere lyttede til hans vise ord med åben mund, så han følte, han måtte fortsætte.

"Det drejer sig om standhaftighed, mine niggervenner," sagde Sam med en mine af at tage fat på et meget svært tilgængeligt emne, "dette med at være standhaftig over for noget er der ikke mange, som kan se klart. Hvis en person holder fast ved én ting den ene dag og en anden ting den næste, så siger folk – og det er helt naturligt, at de siger det – at han ikke er standhaftig. Ræk mig lige det stykke majskage, Andy. Men lad os undersøge det nærmere. Jeg håber, at de tilstedeværende herrer og damer af det smukke køn vil undskylde, at jeg bruger et eksempel fra hverdagen. Jeg står for eksempel og vil op til toppen af en høstak, så jeg sætter min stige op til den ene side af høstakken. Det går ikke, så jeg holder op med at prøve og sætter min stige op til den anden side. Kan man så sige om mig, at jeg ikke er standhaftig? Kan I ikke se, at jeg er standhaftig i at nå op til toppen af høstakken med stigen på den ene eller anden side?"

"Guderne skal vide, at det er vist også det eneste, du nogensinde har været standhaftig i," mumlede tante Chloe, som efterhånden var blevet temmelig irritabel. Aftenens glæde var for hende blevet som at gnide salt i såret – for at bruge et af Salomons ordsprog.

Sam, som nu var mæt af både mad og ære, rejste sig nu for en sidste bemærkning: "Kære medborgere og damer af det andet køn i al almindelighed. Jeg har principper, og jeg er stolt af dem. De er nødvendige for disse tider, vi lever i, og for tiderne, der kommer. Jeg har principper, og jeg holder fast ved dem. Det ville ikke genere mig at blive brændt levende for mine principper. Jeg ville gå direkte hen til bålet, og jeg ville sige: 'Her kommer jeg for at udgyde mit sidste blod for mine principper, for mit land og for hele samfundets ve og vel.'"

"Godt," sagde tante Chloe, "jeg håber, at et af dine principper er at gå i seng snart og ikke holde alle oppe hele natten. Og alle de unger, som ikke vil have et par på hovedet, må hellere se at komme af sted i en vældig fart."

"Alle I niggere," sagde Sam og viftede nådigt med sit palmeblad, "jeg giver jer min velsignelse. Gå nu i seng og vær søde drenge og piger."

Og med denne gribende velsignelse spredtes forsamlingen.

---

[21] **Punch:** En blanding af spiritus, frugtsaft eller vand og sukker. Serveres ofte opvarmet.

[22] **John Bunyan:** (28. november 1628 - 31. august 1688) En engelsk præst og forfatter, som skrev *The Pilgrim's Progress* (En Pilgrims Vandring) i 1678.

[23] **Fugitive Slave Acts:** En række føderale love, der gjorde det lovligt at fange og returnere bortløbne slaver, samtidig med at de gjorde det ulovligt at hjælpe slaverne med at flygte.

[24] **Olla podrida:** Oprindeligt en spansk gryderet med f.eks. svinekød, bønner og forskellige slags grøntsager eller som brugt her *"en sammenkogt ret af alle de retter, som havde været serveret ved middagsbordet de sidste to-tre dage"*.

9. KAPITEL

Hvor vi ser, at selv en senator er et menneske

I en hyggelig dagligstue oplyste en livlig kaminild måtten foran kaminen og stuetæppet og fik tekopperne og den blankpudsede tekande til at skinne muntert. I stuen var senator Bird i fuld gang med at tage støvlerne af for at stikke fødderne i et par nye, smukke tøfler, som hans kone havde syet til ham, mens han havde været i Washington. Mrs. Byrd, som strålede af glæde, overvågede omhyggeligt borddækningen, mens hun hvert andet øjeblik uddelte formaninger til nogle overordentligt legesyge børn, der overstadigt kastede sig ud i alle den slags mulige og umulige krumspring og utyskestreger, som har forbløffet mødre siden syndfloden.

"Tom, hiv ikke i dørhåndtaget – du er jo en stor dreng! Mary! Mary! Træk ikke katten i halen – tænk på den stakkels kat! Jim, du må ikke klatre op på bordet – nej, nej! – Det er vel nok en dejlig overraskelse at se dig her i aften, kæreste!" sagde hun til sidst, da hun fik et lille pusterum til at sige noget til sin ægtemand.

"Ja, jeg tænkte, at jeg ville tage en pause, tilbringe natten her og nyde hjemmelivets glæder. Jeg er dødtræt og har hovedpine!"

Mrs. Bird kastede et blik på kamferflasken[25], der stod i det halvåbne skab. Tilsyneladende overvejede hun at hente den, men hendes mand standsede hende.

"Nej, nej, Mary, ikke noget med at doktorere! Jeg har kun brug for en kop god, varm te og lidt hyggeligt hjemmeliv. Al dette lovgivningsarbejde er en trættende affære!" sagde han smilende, som om han fandt fornøjelse i at ofre sig for sit land.

"Jamen, hvad har de lavet i senatet?" sagde hans kone efter dækningen af tebordet var blevet mindre hektisk.

Nu var det en ret usædvanlig ting, at den blide, lille mrs. Bird brød sit hoved med, hvad der foregik i parlamentet, da hun meget klogt tænkte, at hun havde nok at gøre med sit eget. Mr. Bird spærrede derfor overrasket øjnene op og svarede: "Ikke noget særlig vigtigt."

"Men er det ikke sandt, at de har vedtaget en lov, som forbyder folk at give mad og drikke til de stakkels farvede mennesker, der flygter?[26] Jeg har hørt tale om en sådan lov, men jeg kunne ikke få mig selv til at tro, at en kristen lovforsamling ville vedtage den!"

"Hør, Mary, du er vist lige pludseligt blevet en politiker."

"Sikke noget pjat! Normalt giver jeg ikke en døjt for al jeres politik, men jeg synes, at det er helt igennem grusomt og ukristeligt. Jeg håber sandelig ikke, at de vedtager en sådan lov, min kære."

"Der er blevet vedtaget en lov, der forbyder folk at hjælpe de slaver, som er flygtet fra Kentucky, min kære. Hensynsløse abolitionister har hjulpet så mange slaver med at flygte, at vores brødre i Kentucky er blevet ret ophidsede, og det virkede både nødvendigt samt kristent og venligt at gøre noget i vores stat for at dæmpe gemytterne."

"Og hvad siger loven så? Den forbyder os vel ikke at huse disse stakkels mennesker natten over og give dem en smule at spise og noget gammelt tøj, inden vi sender dem videre til deres skæbne?"

"Jovist, min kære. Det ville være det samme som at være medskyldig i at begå en forbrydelse."

Mrs. Bird var en forsagt, lille kvinde omkring en meter og tyve høj, med milde, blå øjne, en ferskenfarvet teint og verdens blideste og sødeste stemme. Med hensyn til hendes mod, så var det et kendt faktum, at en almindelig kalkunhane med sin kaglen kunne få hende til at flygte, og at en ikke særlig stor skødehund kunne skræmme hende bare ved at vise tænder. Hendes mand og børn var hele hendes verden, og i denne verden herskede hun mere gennem bønner og overtalelse end ved at byde og befale. Der var faktisk kun en eneste ting, der kunne ophidse hende, og denne ting virkede særdeles provokerende på hendes sædvanligt blide og medfølende væsen – alle former for grusomhed vækkede nogle ualmindeligt stærke følelser hos hende, som grundet hendes i almindelighed blide natur virkede endnu mere alarmerende og uforklarlige. Almindeligvis var hun den mest eftergivende og medgørlige af alle mødre, men hendes drenge huskede endnu med stor respekt den kontante afstraffelse, hun engang udsatte dem for, da hun fandt dem i selskab med nogle af kvarterets værste drenge, hvor de kastede med sten på en forsvarsløs killing.

"Jo, dengang blev jeg for alvor forskrækket," plejede master Bill at fortælle. Mor kom efter mig med et vanvittigt blik i øjnene, og så fik jeg med pisken og blev smidt i seng uden aftensmad. Det hele skete så hurtigt, at det var overstået, før jeg nåede at tænke nærmere over, hvorfor det skete. Bagefter hørte jeg hende græde udenfor min dør, og det fik mig til at føle mig endnu værre. Det er sikkert og vist, at vi drenge aldrig kastede med sten på en killing igen."

Som en reaktion på senator Birds svar, rejste mrs. Bird sig i sin fulde højde med et par klædeligt, blussende kinder og mar-

cherede hen til sin mand og sagde i et meget bestemt tonefald:
"Hør John, mener du virkelig, at en sådan lov er retfærdig og kristen?"

"Du skyder mig vel ikke, Mary, hvis jeg svarer ja!"

"Det ville jeg aldrig have troet om dig, John. Du stemte vel ikke for den lov?"

"Det gjorde jeg netop, min smukke politiker."

"Du burde skamme dig, John! Stakkels, hjemløse, skabninger! Det er en skændig, ond, afskyelig lov, og jeg vil være den første til at overtræde den, når jeg får en chance. Og jeg håber *virkelig*, at jeg får en chance! Det står virkelig slemt til, hvis en kvinde ikke kan give et måltid varm mad og en seng til et stakkels, sultende menneske, bare fordi de er slaver og har været misbrugt og undertrykt hele deres liv. Stakkels, stakkels mennesker!"

"Men Mary, hør på mig. Der er intet galt med al din medfølelse, min kære, og pudsigt nok så elsker jeg dig for din medfølelse, men hør her, kæreste, vi må ikke lade vores følelser løbe af med os, så det påvirker vores dømmekraft. Denne sag er ikke et spørgsmål om personlige følelser, der er mange almene interesser involveret, og det har gjort en masse mennesker ophidsede, så vi bliver nødt til at tilsidesætte vores personlige følelser."

"Hør her, John, jeg ved ikke noget om politik, men jeg kan læse min Bibel, og der står der højt og tydeligt, at man skal give den sultne mad, give klæder til den nøgne og trøste den ensomme, og det er den Bibel, jeg agter at følge."

"Men i de tilfælde, hvor en sådan gerning vil være en ulykke for samfundet..."

"At adlyde Guds bud kan aldrig være en ulykke for samfundet. Det er jeg helt sikker på. Det sikreste er at gøre, *hvad Vorherre byder os* at gøre."

"Hør nu på mig, Mary, jeg kan give dig en meget god grund til..."

"Sludder og vrøvl, John! Du kan tale fra nu af og til dommedag, men du får mig aldrig overbevist. Jeg vil bare spørge dig, John, ville *du* virkelig afvise at hjælpe en stakkels, frysende og sultende person, bare fordi han eller hun var på flugt? *Ville* du virkelig gøre det?"

Retfærdigvis skal det siges, at vores senator fra naturens side var så uheldig at have et særdeles menneskekærligt og medfølende hjerte, så at afvise nogen, der havde brug for hjælp, havde aldrig været hans stærke side. Og hvad der gjorde det endnu vanskeligere for ham at slippe ud af sin knibe, var at hans hustru kendte alt til hans svaghed, så naturligvis rettede hun sit angreb mod det punkt, han fandt sværest at forsvare. For at vinde tid greb han derfor til sine sædvanlige fremgangsmåder i sådanne tilfælde. Han rømmede sig, hostede et par gange og tog sit lommetørklæde frem for at pudse sine briller. Mrs. Bird, som nu så, at vejen lå åben for hende til at indtage fjendens territorium, var ubarmhjertig nok til at drage fordel af det.

"Det ville jeg virkelig gerne se dig gøre, John. Det ville jeg virkelig! For eksempel smide en kvinde ud i en hylende snestorm eller måske kaste hende i fængsel, ville du virkelig det? Det ville være en rigtig heltedåd, ikke sandt?"

"Det ville selvfølgelig være en meget tung pligt," sagde mr. Bird spagt.

"Pligt, John! Brug ikke det ord over for mig! Du ved meget godt, at det ikke er en pligt. Det kan ikke være en pligt! Hvis folk ikke vil have, at deres slaver løber væk, så skal de behandle dem ordentligt. Det er min mening. Hvis jeg havde slaver, som jeg, Gud forbyde, forhåbentlig aldrig får, så ville jeg ikke være bange for, at de løb væk fra mig eller dig, John. Du kan være sikker på, at folk ikke løber væk, hvis de har det godt, og hvis de endelig løber bort, de stakkels mennesker, så lider de tilstrækkeligt af kulde, sult og angst. Man behøver ikke gøre deres lidelser værre ved at vende sig imod dem. Uanset hvad loven siger eller ikke siger, så ville jeg aldrig nægte nogen min hjælp, det er Gud mit vidne på!"

"Mary! Mary! Min kære, lad os nu tale fornuftigt om dette."

"Jeg hader at tale om fornuft, John – specielt når det gælder ting som disse. Alle I politikere har en særlig måde at vende op og ned på en klar og tydelig ting, og når det kommer til stykket, så tror du jo heller ikke selv på det. Jeg kender *dig* alt for godt, John. Du tror heller ikke selv på, at den lov er rigtig og retfærdig. Du ville selv være den første til at hjælpe et medmenneske i nød.

I dette kritiske øjeblik i samtalen stak gamle Cudjoe, deres sorte altmuligmand, hovedet ind ad døren og sagde: "Vil fruen komme ud i køkkenet?" Vores senator åndede lettet op og kiggede efter sin lille hustru med en pudsig blanding af morskab og ærgrelse. Så satte han sig hen i lænestolen og begyndte at læse sine aviser.

Der gik kun et kort øjeblik, så hørte han sin kone kalde på ham i en alvorlig tone: "John! John! Kom lige her et øjeblik, kæreste."

Senatoren lagde avisen fra sig og gik ud i køkkenet, hvor han blev temmelig forbløffet over det syn, der mødte ham. En slank, ung kvinde lå som død udstrakt på to stole. Hendes tøj var stivfrossent og revet i stykker, og hun havde mistet en sko og strømpen på den venstre fod, der var forreven og blødte stærkt. Hendes ansigt viste, at hun tilhørte den foragtede race, men samtidig udtrykte det også en sørgmodig, rørende skønhed, mens dets hårde, kolde, stivnede og dødelige udseende fik ham til at gyse indvendigt. Han stod helt tavs og åndede tungt. Hans hustru og deres eneste farvede tjenestepige, gamle tante Dinah, havde travlt med at kalde kvinden tilbage til livet, mens gamle Cudjoe havde taget hendes dreng på knæet, hvor han havde travlt med at tage sko og strømper af ham og gnide hans små, kolde fødder varme.

"Hun er sandelig et trist syn!" sagde gamle Dinah medlidende. "Det må have været varmen, som fik hende til at besvime. Hun var rimelig frisk, da hun kom ind og spurgte, om hun kunne sidde lidt her og få varmen. Jeg spurgte hende så, hvor hun kom fra, og så besvimede hun lige på stedet. Man kan se på hendes hænder, at hun aldrig har lavet noget hårdt arbejde."

"Stakkels pige!" sagde mrs. Bird medfølende, da kvinden langsomt åbnede sine store, mørke øjne og kiggede fraværende på hende. Pludseligt gik et lidende udtryk over hendes ansigt, og hun sprang op med et skrig: "Åh, min Harry! Har de taget ham?"

Da drengen hørte hende, sprang han ned fra Cudjoes knæ og løb hen til hende med udstrakte arme.

"Åh, han er her! Gud ske tak og lov!" udbrød hun lettet.

"Åh, ma'am!" sagde hun fortvivlet til mrs. Bird, "Vær venlig og beskyt os! Lad dem ikke få fat i min lille dreng!"

"Ingen skal få lov til at gøre dig noget her, din stakkels kvinde," sagde mrs. Bird opmuntrende. "Du og din dreng er i sikkerhed her, så vær ikke bange."

"Gud velsigne Dem!" sagde kvinden og skjulte grædende sit ansigt i hænderne, mens den lille dreng prøvede at kravle op på skødet af sin mor for at trøste hende.

Ingen vidste bedre, hvordan man skulle trøste og berolige end mrs. Bird, så efter et stykke tid var den stakkels kvinde blevet meget mere rolig. Der blev redt op til hende på en slagbænk i køkkenet nær ved ilden, og efter et kort stykke tid faldt hun i en dyb søvn sammen med sin dreng, der ikke var mindre udkørt. Han lå trygt sovende i hendes arme, for hans mor havde nervøst og ængsteligt afvist selv de mest velmenende forsøg på at flytte ham til et andet sted. Selv i sin dybeste søvn holdt hun ham i et så fast greb, at det ville være umuligt for nogen at lokke hendes kostbare skat fra hende.

Mr. og mrs. Bird var gået tilbage til dagligstuen, hvor ingen af dem – hvor mærkeligt det end lyder – kom med hentydninger til deres tidligere diskussion. Mrs. Bird havde travlt med strikketøjet, mens mr. Bird lod, som om han var fordybet i sin avis.

"Jeg kan ikke lade være med at tænke på hvem og hvad, hun er!" sagde mr. Bird til sidst og lagde avisen fra sig.

"Når hun vågner op igen og har hvilet sig, så kan vi spørge hende," sagde mrs. Bird.

"Hør her, Mary!" sagde mr. Bird efter at have grublet i stilhed over sin avis.

"Ja, kæreste!"

"Hun kunne måske passe en af dine kjoler, hvis den blev lagt lidt ned og sådan. Hun ser ud til at være en del højere end dig."

Et tydeligt smil viste sig på mrs. Birds ansigt, da hun svarede: "Ja, lad os nu se."

Efter en kort pause lød det igen fra mr. Bird: "Hør, Mary!"

"Ja, hvad nu?"

"Du husker nok den gamle bombasin-kappe[27], som du plejer at lægge over mig, når jeg tager en eftermiddagslur. Den kan du give til hende. Hun har brug for noget varmt tøj."

I samme nu kom Dinah ind i stuen for at fortælle, at kvinden var vågnet og ønskede at se missis.

Mr. og mrs. Bird gik ind i køkkenet fulgt af de to ældste drenge. Det mindste barn var allerede blevet lagt i seng på dette tidspunkt.

Kvinden sad nu op på bænken i nærheden af ilden. Hun stirrede ind i flammerne med et roligt, sønderknust udtryk, der var milevidt fra hendes tidligere ophidsede tilstand.

"Du ville gerne se mig?" sagde mrs. Bird blidt. "Jeg håber, at du har det bedre nu, stakkels pige!"

Kvinden svarede med et langtrukkent, dybfølt suk og kiggede så op på mrs. Bird med et så hjælpeløst og bønfaldende udtryk i sine mørke øjne, at mrs. Bird fik tårer i øjnene.

"Du behøver ikke at frygte noget. Vi er dine venner, stakkels kvinde! Fortæl mig nu, hvor du kommer fra, og hvad du ønsker," sagde hun.

"Jeg kommer fra Kentucky," sagde kvinden.

"Hvornår?" sagde mr. Bird og overtog afhøringen.

"Her til aften."

"Hvordan kom du over floden?"

"Jeg løb hen over isen."

"Løb du hen over isen!" udbrød de tilstedeværende med én mund.

"Ja," sagde kvinden sagte, "Gud hjælpe mig, ja, det gjorde jeg. Jeg løb hen over isen, for mine forfølgere var lige bag mig. Der var ikke andet at gøre!"

"Jamen, missis," sagde Cudjoe, "isen er i opbrud, og isflagerne bevæger sig uroligt frem og tilbage i vandet!"

"Det ved jeg!" sagde hun fortvivlet. "Men jeg gjorde det. Jeg troede ikke, jeg kunne. Jeg troede ikke, jeg ville slippe over, men det rørte mig ikke! Jeg var bange for at dø, hvis jeg ikke gjorde det. Vorherre hjalp mig. Ingen ved, hvor meget Vorherre kan hjælpe, før man prøver det," sagde kvinden med lynende øjne.

"Var du en slave?" spurgte mr. Bird.

"Ja sir, jeg tilhører en mand i Kentucky."

"Var han hård mod dig?"

"Nej sir, han var en god master."

"Var din frue streng mod dig?"

"Nej sir – nej! Min frue var altid god mod mig."

"Hvad fik dig så til at forlade et godt hjem og løbe bort og kaste dig ud i sådanne farer?"

Kvinden så op på mrs. Bird med et skarpt, undersøgende blik. Det undgik ikke hendes opmærksomhed, at mrs. Bird var klædt i en sort sørgedragt.

"Frue," sagde hun pludseligt, "har De nogensinde mistet et barn?"

Spørgsmålet kom uventet og pirkede i et frisk sår, for det var kun en måned siden, at familien havde lagt et kært barn i graven.

Mr. Bird vendte sig bort og gik hen til vinduet, og mrs. Bird brast i gråd. Hun fattede sig dog hurtigt og sagde med grådkvalt stemme: "Hvorfor spørger du om det? Det er rigtigt, at jeg lige har mistet et lille barn."

"Så kan De sikkert også forstå mig. Jeg har selv mistet to – den ene efter den anden, og de ligger begravet på det sted, jeg stak af fra. Drengen her er den eneste, jeg har tilbage. Han var altid sammen med mig, også når jeg sov, for han var mit et og alt. Han var min trøst og stolthed, dag og nat. De ville tage ham væk fra mig – for at *sælge* ham – sælge ham sydpå ned ad floden, frue – og lade ham rejse helt alene – en lille dreng, der aldrig har været væk fra sin mor et øjeblik! Det var mere, end jeg kunne klare, frue. Jeg vidste, at hvis jeg lod det ske, så ville jeg aldrig være i stand til se mig selv i øjnene igen. Og da jeg vidste, at papirerne var underskrevet, og han var solgt, tog jeg ham og stak af i natten. Jeg blev forfulgt af den mand, som købte ham, og nogle af min herres mænd. Jeg kunne høre, at de var lige bag mig, så jeg sprang ud på isen. Jeg ved ikke, hvordan det lykkedes for mig at komme over på den anden side. Det eneste, jeg kan huske, er den mand, der hjalp mig op på bredden."

Kvinden hverken hulkede eller græd. Hun havde grædt sig tør for tårer. Ingen af dem, der stod omkring hende, var uberørt af hendes sorg. Hver eneste af dem viste deres dybfølte sympati på deres egen måde.

Mrs. Birds to små drenge rodede først i deres lommer efter det lommetørklæde, som enhver mor ved burde være der, men aldrig er der, og kastede sig så utrøsteligt ned i mrs. Byrds skød, hvor de hulkede til den store guldmedalje og tørrede øjne og næser af i hendes kjole. Mrs. Bird selv gemte ansigtet i et lommetørklæde, mens gamle Dinah med tårerne strømmende ned ad hendes sorte, ærlige ansigt udbrød: "Herre Gud, hav barmhjertighed med os!" med hele gløden fra et bønnemøde. Gamle Cudjoe gned ivrigt sine øjne med ærmerne, lavede nogle højst ejendommelige grimasser og gentog så det samme udråb af hele sit gamle hjerte. Vores senator var en statsmand, og man kunne selvfølgelig ikke forvente, at han græd som andre dødelige. I stedet vendte han ryggen til de andre, kiggede ud af vinduet, rømmede sig energisk, som om han havde fået noget galt i halsen, og virkede i det hele taget ret optaget af at pudse sine briller, mens han nu og da pudsede næse på en måde, der ville have vækket mistanke hos de andre, hvis de på det tidspunkt havde været i stand til kritisk observation.

Han vendte sig pludseligt om mod kvinden og sank en stor klump i halsen: "Hvordan kan du sige, at du havde en venlig herre?"

"Fordi han *var* en venlig herre. Det vil jeg i hvert fald sige om ham. Og min frue var også rar og venlig, men de var kommet i problemer. De skyldte penge væk, og på en eller anden måde, som jeg ikke kender til, var de kommet i lommen på en mand, så de var tvunget til at gøre, som han ønskede. Jeg lyttede, og hørte min master fortælle det til min frue. Hun tryglede og bad for mig, men han fortalte hende, at der ikke var noget at gøre, og at papirerne allerede var underskrevet. Så tog jeg min dreng og forlod mit hjem for at slippe væk. Jeg vidste, at jeg ikke ville være i stand til at overleve, hvis de tog drengen fra mig. Han er alt, hvad jeg har."

"Har du ikke en ægtemand?"

"Jo, men han tilhører en anden mand. Hans herre er virkelig hård ved ham, og han vil næsten aldrig lade ham besøge mig. I den seneste tid er han blevet værre, og nu truer han med at sælge min mand og sende ham sydpå, så jeg aldrig får *ham* at se igen!"

Den stilfærdige måde kvinden sagde dette på, kunne let have fået en overfladisk tilhører til at tro, at hun var ude af stand til at vise følelser, men dybt begravet i hendes store, mørke øjne lå en afgrundsdyb smerte, der viste hendes sande følelser.

"Hvor vil du tage hen, min stakkels pige?" spurgte mrs. Bird.

"Til Canada, hvis bare jeg vidste, hvordan jeg kom derhen. Ligger Canada meget langt væk?" spurgte hun og kiggede tillidsfuldt op på mrs. Bird.

"Stakkels barn!" udbrød mrs. Bird uvilkårligt.

"Det ligger meget, meget langt væk, ikke sandt?" spurgte kvinden alvorligt.

"Meget længere væk, end du kan forestille dig, stakkels barn!" sagde mrs. Bird, "men vi vil prøve at finde en måde, vi kan hjælpe dig på. Hør, Dinah, red en seng op til hende i dit værelse nær ved køkkenet, så må vi se, hvad vi kan gøre for hende i morgen. Sæt imens din lid til Gud, stakkels kvinde, og frygt ikke. Vorherre vil beskytte dig."

Mrs. Bird og hendes mand vendte tilbage til stuen. Hun satte sig ned i sin lille gyngestol foran kaminilden og rokkede tankefuldt frem og tilbage. Mr. Bird traskede frem og tilbage i værelset, mens han mumlede for sig selv: "Sikken en forbistret, kedelig historie!"

Til sidst stoppede han op foran sin kone og sagde: "Min kære hustru, hun må bort herfra allerede i nat. Den slyngel, hun taler om, vil være på sporet af hende allerede i morgen tidlig. Hvis det kun var kvinden, kunne hun holde sig skjult, indtil det hele var forbi, men ham den lille trold, ham kan man ikke holde rolig, om man så tog hele militæret til hjælp, er jeg sikker på. Han ville røbe os ved at stikke hovedet ud af vinduet eller sådan noget. Det ville være en køn suppedas, hvis jeg blev overrasket med dem begge her, og så netop nu! Nej, de bliver nødt til at tage af sted i aften."

"I aften! Men hvordan, og hvor skal de tage hen?"

"Jo, jeg har en temmelig god idé om hvorhen," sagde senatoren og begyndte at tage sine støvler på med en spekulativ mine. Da han havde fået den ene støvle halvt på, stoppede han op, tog med begge hænder om knæet og faldt i staver.

"Det er en forbistret, akavet, kedelig historie," sagde han til sidst og begyndte igen at trække støvlen på, "og det mener jeg!" Efter den ene støvle var kommet på, sad senatoren med den anden i hånden og studerede indgående mønstret i tæppet. "Men det må gøres, der er ingen anden udvej – pokkers også!" Så trak han den anden støvle på og kiggede nervøst ud af vinduet.

Nu var den lille mrs. Bird en meget taktfuld kvinde. Hun var en kvinde, som aldrig nogensinde havde sagt: "Var det ikke det, jeg sagde!" og i den nuværende situation afholdt hun sig klogeligt fra at blande sig i sin mands tanker, selvom hun var ret godt klar over hvilken retning, de havde taget. Som en lydig undersåt sad hun helt stille og rolig i sin stol og ventede på at høre, hvad hendes herre og mesters hensigt var, når han var parat til at udtale den.

"Ser du," sagde han, "min gamle klient, Van Trompe, er for nyligt kommet til Ohio fra Kentucky, efter han havde sat alle sine slaver fri. Han har købt sig et sted omkring elleve kilometer oppe ad bækken og langt ude i skoven, hvor der ikke kommer nogen, medmindre de har et ærinde der. Det er ikke et sted, man finder så let. Det burde være sikkert nok, men det pokkers er, at det kun er *mig*, som kan køre en vogn derop i nat."

"Hvorfor det? Cudjoe er en udmærket kusk."

"Ja, bestemt, men der er en hage ved det. Man skal krydse bækken to gange, og den anden overgang er temmelig farlig, medmindre man kender den lige så godt som jeg. Jeg har krydset den hundreder af gange til hest, så jeg ved præcist, hvordan det skal gøres. Som du kan se, så er der ingen anden udvej. Cudjoe må spænde hestene for så stille som muligt omkring klokken tolv, og så overtager jeg kvinden og drengen. For så at dække over mit virkelige ærinde bliver han nødt til at køre mig til den næste kro, hvor diligencen kører til Columbus omkring klokken tre eller fire i morgen tidlig. Så vil det se ud, som om jeg tog vognen udelukkende af den grund. Så jeg kan komme i gang med mit arbejde tidligt om morgenen. Jeg kommer nok til at føle mig temmelig flov efter denne hændelse, men det er der ikke noget at gøre ved!"

"I dette tilfælde er dit hjerte fornuftigere end dit hoved, John," sagde hans kone og lagde sin lille, hvide hånd på hans. "Ville det nogensinde have været muligt for mig at elske dig, hvis jeg ikke havde kendt dig bedre end dig selv?" Mens hans lille kone sagde dette med tårer i øjnene, tænkte senatoren, at han måtte være en virkelig kløgtig fyr, hvis en så yndig skabning beundrede ham så højt. Hvad kunne han nu gøre andet end roligt at gå ud og sørge for vognen?

Da han nåede hen til døren, stoppede han op et øjeblik, vendte sig om mod sin kone og sagde så tøvende: "Mary, jeg ved, hvordan du har det med dette, men der er en hel skuffe fyldt med ting fra... fra stakkels lille Henry." Da han havde sagt dette, vendte han sig hurtigt om igen, gik ud af døren og lukkede den stille efter sig.

Mrs. Bird lukkede døren op til barneværelset, der lå ved siden af hendes eget værelse, tog et tændt lys og stillede det på et chatol i værelset. Fra et lille, hemmeligt rum tog hun en nøgle og stak den tankefuldt i låsen på en skuffe. Hun stoppede op og stod sådan et øjeblik, mens hendes to drenge, der havde fulgt i hælene på hende, nysgerrigt stod og betragtede hende med spørgende blikke. Du moder, som læser dette, har der aldrig været en skuffe eller et skab i dit hus, som du har åbnet med en følelse af at have genåbnet en lille grav? Åh! Du er en lykkelig mor, hvis du aldrig har oplevet det.

Mrs. Bird åbnede langsomt skuffen. Skuffen var fyldt med små frakker af forskellig facon og mønstre, små forklæder, rækker af strømper, ja, selv et par små slidte sko med huller på tæerne, der tittede frem fra det papir, de var pakket ind i. Der var også en legetøjshest med vogn, en snurretop og en bold – alt sammen minder, der var samlet under mange bitre tårer og hjertesorg! Mrs. Bird satte sig ned ved siden af skuffen, lænede sig hen over den og græd hjerteskærende, mens tårerne løb mellem hendes fingre og dryppede ned i skuffen. Så tog hun sig pludseligt sammen, løftede hovedet og begyndte i en slags nervøst hastværk at udvælge de mest enkle og solide ting og samle dem i et bundt.

"Mama," sagde den ene af drengene og rørte blidt ved hendes arm, "giver du *alle* de ting væk?"

"Mine kære drenge," sagde hun blidt og alvorligt, "hvis vores kære, elskede lille Henry så ned på os fra Himlen i dette øjeblik, ville han glæde sig over, hvad vi gør. Jeg kunne aldrig få over mit hjerte at give disse ting væk til en almindelig person eller en lykkelig person, men jeg giver dem væk til en mor, som er endnu mere plaget af hjertesorger end jeg, og jeg håber, at Gud vil lægge sine velsignelser til!"

Der findes i denne verden nogle velsignede mennesker, hvis sorger kan forvandles til glæde for dem, hvis jordiske håb er lagt i graven under mange tårer. Ud fra disse mennesker vokser helende blomster og balsam til de ulykkelige og fortvivlede. Et af disse velsignede mennesker var den lille, skrøbelige kvinde, som sad der ved lampen og græd stille, mens hun pakkede minderne væk om sit eget mistede barn for at give dem bort til den udstødte flygtning.

Efter et stykke tid åbnede mrs. Bird sin garderobe og tog et par hverdagskjoler ud, så satte hun sig ned ved sit sybord og med nål, saks og fingerbøl, gav hun sig i lag med at lægge kjolerne ned, som hendes mand havde foreslået hende. Dette arbejde fortsatte hun flittigt med, indtil det gamle ur i krogen slog tolv, og hun hørte lyden af skramlende vognhjul udenfor.

"Mary," sagde hendes mand, da han kom ind med overfrakken i hånden, "du bliver nødt til at vække hende, vi må af sted nu."

Mrs. Bird lagde hurtigt de forskellige ting, hun havde samlet, i en lille kuffert. Derefter låste hun den og bad sin mand om at lægge den ud i vognen, hvorefter hun vækkede kvinden. Kort efter viste Eliza sig i døren med sit barn i armene. Hun var klædt i en kåbe, bindehat og et sjal, der havde tilhørt hendes velgører. Mrs. Bird skyndede på hende og fulgte hende ud til vognen. Da Eliza havde taget plads i vognen, rakte hun hånden ud – en hånd, der var lige så blød og smuk som den, der nu greb hendes. Hun kiggede alvorligt på mrs. Bird med sine store, mørke øjne og prøvede at sige noget. Hendes læber bevægede sig et par gange, men der kom ingen lyd over dem. Så pegede hun op mod himlen med et uforglemmeligt blik, faldt tilbage i sædet og skjulte ansigtet i sine hænder. Vogndøren blev lukket, og så rullede vognen bort i mørket.

Vores patriotiske senator – som ugen før havde opmuntret lovgiverne i sin stat til at skærpe restriktionerne over for flygtende slaver, deres medskyldige og dem, der skjulte dem – befandt sig nu i en meget speciel situation.

Vores gode senator var ikke blevet overgået i sin hjemstat af sine brødre i Washington, der havde vundet sig et uforgængeligt ry ved deres veltalenhed. Hvor ophøjet og ædel havde han ikke set ud, som han sad der med hænderne i lommen og hånede de sentimentale fjolser, som syntes, at nogle få elendige flygtninge var vigtigere end selve statens interesser!

Som en løve kæmpede han for sagen og fik ikke alene overbevist sig selv, men også alle andre, som hørte på ham. Men i virkeligheden havde han aldrig mødt en flygtning. En flygtning var for ham kun et begreb, et ord på et stykke papir eller allerhøjst et avisbillede af en mand med en stok og vadsæk med teksten "Løbet væk fra sin ejer". Det overvældende indtryk af ægte lidelse – et medmenneskes bønfaldende blik eller synet af en svag og skælvende hånd, der beder om hjælp – havde han aldrig oplevet. Han havde aldrig tænkt på, at en flygtning kunne være en ulykkelig mor eller et forsvarsløst barn – som det barn, der lige nu bar hans egen afdøde drengs yndlingskasket. Og fordi vores senator hverken var af sten eller stål, men et menneske med hjertet på rette sted, så var han nu blevet et dårligt eksempel på sin egen patriotisme. Og kære brødre i Sydstaterne, I skal ikke hovere over ham, for vi har på fornemmelsen, at mange af jer ikke ville opføre jer meget anderledes under lignende omstændigheder. Vi har grund til at tro, at der både i Kentucky og Mississippi findes ædle og generøse mennesker, som aldrig ville sidde en bøn om hjælp overhørig. Åh, gode bror i Sydstaterne, er det rigtigt af dig at forvente tjenester fra os, som du ikke selv med dit ærlige og ædle hjerte ville tillade dig at give, hvis du var i vores sted?

Enten det er sandt eller ej, at vores gode senator var en politisk synder, så var han godt på vej til at sone sin synd gennem nattens bodsøvelser. Vejret havde i flere dage været meget regnfuldt, og den gode, frugtbare jord i Ohio har, som alle ved, en enestående tendens til at blive til mudder – og vejen, de skulle følge, var en Ohio jernbanevej fra den gode, gamle tid.

"Sig mig, hvilken slags vej kan det vel være?" spørger en rejsende fra øst, som kun kan forbinde ordet jernbane med behagelig rejse samt jævn og hurtig fart.

Kære uskyldige ven fra øst, vid da, at i de uoplyste vestlige egne af landet, hvor mudderet næsten er bundløst, anlægges vejene ved hjælp af runde, grove træstammer, der ligger på tværs side om side. Når disse træstammer i deres nøgne tilstand er blevet dækket med jord, tørv og alt andet, som er ved hånden, så kalder de indfødte den begejstret for en vej, som de straks prøver at ride på. Efterhånden, som tiden går, vasker regnen det øverste lag af jord og græstørv af, og træstammerne glider rundt hulter til bulter, op, ned og på kryds og tværs – samt iblandet diverse fordybninger og hjulspor fyldt med sort mudder.

Det var netop på sådan en vej, at vores senator kæmpede sig af sted, opfyldt af lige så mange moralske betragtninger, som kunne forventes under sådanne omstændigheder. Vognen kørte fremad nogenlunde på følgende måde: bump! bump! bump! plask! Ned i mudderet. Både senatoren, kvinden og barnet skifter stilling så pludseligt, at de bliver kastet mod vinduerne i den modsatte side. Vognen kører fast, og de kan høre Cudjoe herse med hestene udenfor. Efter adskillige forgæves forsøg med at trække og hive – og netop som senatoren mister tålmodigheden – kommer vognen pludseligt løs med et ryk. De to forhjul falder ned i et nyt hul, og senatoren, kvinden og barnet tumler rundt mellem hinanden og havner på forsædet. Senatorens hat bliver trykket voldsomt ned over hans øjne og næse, så han helt mister pusten. Drengen græder, og Cudjoe udenfor opmuntrer med høje råb hestene, der sparker, hiver og trækker alt, hvad de kan under gentagne piskesmæld. Endnu engang kommer vognen løs med et nyt ryk, baghjulene rammer et hul, senatoren, kvinden og barnet flyver tilbage på bagsædet, hvor hans albue støder ind i hendes hat, og begge hendes fødder ender i senatorens hat, der er faldet af ved stødet. Nogle øjeblikke senere er vognen ude af sølet, og hestene stopper forpustet op. Senatoren finder sin hat, kvinden retter på sin bindehat og tysser på barnet, og de forbereder sig på deres næste oplevelse.

Det næste stykke tid bliver de konstante bump! bump! bump! for afvekslingens skyld blandet med pludselige ryk til siden og diverse rystelser, men de er ikke værre, end de rejsende begynder at lykønske sig med, at det trods alt ikke er så slemt. Så pludselig med et ordentligt stød, der smider dem op i luften og ned i sæderne igen, stopper vognen op. Og efter en masse spektakel og uro udenfor viser Cudjoe sig til sidst ved vogndøren.

"Undskyld sir, vi er havnet i et virkeligt dybt hul. Jeg ved ikke, hvordan jeg skal få os fri igen. Jeg tror, vi bliver nødt til at få fat i nogle brædder."

Senatoren så bekymret ud, men stak forsigtigt fødderne ud af vognen og følte efter et solidt fodfæste på den smattede jord. Men pludselig forsvandt hans ene fod fuldstændigt i et stort hul, og da han prøvede at hive den op igen, mistede han balancen og faldt pladask forover i mudderet. Cudjoe ilede ham straks til hjælp og fik hevet ham på benene igen, men i en temmelig medtaget tilstand.

Af hensyn til vores læseres almene velbefindende stopper vi beretningen her. Rejsende fra Vesten, der har fordrevet midnatstimen med det interessante tidsfordriv at rive et plankeværk ned for at lirke deres vogn ud af mudderhuller, vil sikkert have en respektfuld og vemodig sympati med vores uheldige helt. Vi anmoder dem om at knibe en stille tåre og gå videre.

Det var langt ud på natten, da vognen tilsølet og dryppende af mudder dukkede op fra bækken og standsede foran hoveddøren til en stor gård.

Beboerne sov tungt, så det krævede en ikke ubetydelig indsats at få dem på benene, men til sidst viste den ærværdige ejer sig og lukkede op. Han var en høj, stor og bjørnelignede fyr, fulde 185 cm høj i strømpesokker og klædt i en storternet, rød flannelskjorte. En stor *manke* af sammenfiltret sandfarvet hår og skægstubbe, der var flere dage gamle, gav den ærværdige mand et udseende, der mildest talt ikke var videre flatterende. Der stod han nu i døren i strømpesokker med et tællelys i hånden og stirrede på vores rejsende med et trist og forvirret udtryk, der næsten virkede komisk. Det var ikke nogen let opgave for vores senator at få ham til at forstå sagens sammenhæng, og mens senatoren gør sit bedste i den retning, vil vi benytte lejligheden til at introducere ham for vores læsere.

Den gamle, ærlige, John Van Trompe havde engang været en betydelig jordejer og slaveejer i staten Kentucky. Af ydre mindede han om en stor bjørn, men fra naturens side var han velsignet med et stort, ærligt og retfærdigt hjerte, der i størrelse passede fint til hans store skikkelse. Denne menneskekærlige mand havde i flere år været vidne til et slavesystem, der var skadeligt for både undertrykkerne og de undertrykte. Selv om han i lang tid undertrykte sine følelser, så løb hans store, gode hjerte til sidst af med ham en dag. Han tog sin tegnebog og rejste til Ohio, hvor han købte flere tønder god og frugtbar landbrugsjord. Derefter satte han alle sine slaver fri – mænd, kvinder og børn – og sendte dem af sted, så de kunne slå sig ned på jorden. Så vendte ærlige John sit blik op mod bækken og slog sig ned på en hyggelig, gammel gård for med god samvittighed at tænke over tilværelsen.

"Er De mand for at huse og beskytte en stakkels kvinde og et barn fra slavejægerne?" spurgte senatoren uden omsvøb.

"Det mener jeg nok, jeg er," sagde ærlige John med fast stemme.

"Jeg tænkte det nok," sagde senatoren.

"Hvis der skulle komme nogen," sagde den gode mand og strakte sin høje, muskuløse krop, "så er jeg klar til at tage imod dem. Og jeg har også syv sønner, seks fod høje, og de vil også stå klar til at tage venligt imod dem, uanset hvornår de dukker op. Det gør ingen forskel for os." John løb fingrene igennem sin tætte hårmanke og brød ud i en hjertelig latter.

Træt og modløs slæbte Eliza sig hen til døren med det sovende barn i sine arme. Den sværlemmede mand lyste på hendes ansigt og udstødte en medlidende lyd. Så åbnede han døren til et lille soveværelse, der stødte op til det store køkken, de stod i lige nu, og gav tegn til at hun skulle gå ind. Han tog et tællelys, tændte det og satte det på bordet. Så vendte han sig om mod Eliza.

"Hør her, min tøs, der er ikke det mindste at være bange for, uanset hvem der skulle dukke op her. Jeg er forberedt på alt," sagde han og pegede på et par solide geværer, der hang over kaminen, "og desuden ved de fleste heromkring, at det ikke er en god idé at prøve på at trække nogen ud af mit hus mod min vilje. Så læg du dig bare til at sove lige så sødt, som hvis det var din mor, der rokkede dig i søvn," sagde han og lukkede døren."

"Det er en usædvanlig smuk pige," sagde han til senatoren. "Ak, ja, men de smukkeste har ofte størst årsag til at flygte, hvis de har nogle af den slags følelser, som anstændige kvinder bør have. Det ved jeg alt om."

Nu fortalte senatoren ham Elizas historie i få ord.

"Åh nej, virkelig? Hænger det sådan sammen?" sagde den gode mand medlidende. "Fy føj! Det er jo hendes natur, stakkels kvindemenneske! Jaget som et dyr, bare fordi hun har en naturlig moderfølelse. Hun har kun gjort, hvad enhver god mor ville gøre. Jeg siger helt ærligt, at det er sådanne ting, der kan få mig til at bande stygt," sagde ærlige John og tørrede øjnene med bagsiden af en stor, fregnet og solbrændt hånd. "Jeg skal sige Dem noget. Der var mange år, hvor jeg ikke gik i kirke, fordi præsterne på vores kanter plejede at prædike, at Bibelen gik ind for slavehandel, og jeg kunne ikke hamle op med dem med al deres græske og hebraiske, så jeg gav en god dag i dem og deres Bibel. Jeg gik ikke tilbage til kirken, før jeg fandt en præst, der kunne måle sig med dem i græsk og alt det, og han sagde lige det modsatte af, hvad de andre havde sagt. Det var lige noget, jeg kunne bruge, så jeg gik tilbage til kirken – og det er et faktum."

På dette tidspunkt i samtalen trak John en flaske sprudlende cider op og bød sin gæst et glas.

"De må hellere blive her til i morgen tidlig," sagde han gæstfrit. "Jeg sender bud efter min hustru, så står der snart en seng klar."

"Mange tak, min gode ven," sagde senatoren. "Men jeg bliver nødt til at tage af sted. Jeg skal nå den tidlige diligence til Columbus."

"Nå, hvis det ikke kan være anderledes, så vil jeg følge Dem et stykke på vej og vise Dem en genvej, der er bedre end den vej, De fulgte herop. Den vej er temmelig elendig."

John greb en lygte og med den i hånden, viste han senatorens vogn hen til en vej, der førte ned i en hulning bag hans hus. Da de skiltes, stak senatoren en ti-dollar seddel i hånden på ham.

"Det er for hende," sagde han kort.

"Jaså," sagde John lige så kort.

De trykkede hinandens hænder og skiltes.

²⁵ **Kamfer:** En kemisk sammensætning med karakteristisk aromatisk, gennemtrængende lugt og med let bitter og kølende smag. Kamfer forekommer i stor mængde i kamfertræet. Kamfer blev tidligere brugt som stimulerende lægemiddel i blandt andet kamferdråber.

²⁶ **Men er det ikke sandt, at de har vedtaget en lov, som forbyder folk at give mad og drikke til de stakkels farvede mennesker, der flygter?** – Mary Bird taler her om Fugitive Slave Acts. En række føderale love, der lovliggjorde at fange og returnere bortløbne slaver i USA.

²⁷ **Bombasin:** Tekstil, oprindelig vævet af silke, senere også af forskellige andre materialer bl.a. kamelhår, silke blandet med uld, bomuld blandet med uld eller ren bomuld.

10. KAPITEL

Ejendelen føres væk

Februarmorgenen skinnede grå og våd ind ad vinduet i onkel Toms hytte. Her fandt den kun nedslåede ansigter, der vidnede om hjerter fyldt med sorg. Det lille bord stod foran ildstedet dækket med et strygestykke. Et par grove, men rene og nystrøgne skjorter hang på en stoleryg foran ilden, og tante Chloe var i gang med en ny skjorte foran sig på bordet. Omhyggeligt gned og strøg hun hver en fold og hver en søm med pinlig nøjagtighed, mens hun nu og da førte hånden op til ansigtet for at tørre de tårer væk, der banede sig vej ned ad hendes kinder.

Tom sad ved siden af hende med det nye testamente opslået på sit knæ og støttede hovedet i hånden. Ingen af dem sagde noget. Det var endnu tidligt, og børnene sov sammen i deres lille, grove kasseseng.

Tom, som var en blid og kærlig familiefar – et ejendommeligt træk ved hans ulykkelige race, der voldte dem mange sorger – rejste sig og gik tavs hen for at se på sine børn.

"Det er sidste gang," sagde han.

Tante Chloe svarede ikke, men strøg uafbrudt hen over den grove skjorte, der allerede var så glat, som den kunne blive. Til sidst satte hun strygejernet fra sig med en fortvivlet bevægelse, derefter satte hun sig ned ved bordet og brast i gråd.

"Jeg antager, at vi må være tålmodige, men gode Gud hvordan kan jeg det? Hvis jeg bare vidste, hvor de tager dig hen, eller hvordan de vil behandle dig! Misses siger, at de vil forsøge at købe dig tilbage om et år eller to, men herregud, ingen kommer tilbage igen, når de først er rejst sydpå! De tager livet af dem! Jeg har hørt, hvordan de slider dem helt op på de der plantager."

"De har den samme Gud dernede, Chloe, som vi har her."

"Ja, du har sikkert ret," sagde tante Chloe, men Herren tillader nogle gange, at der sker de forfærdeligste ting. Jeg kan ikke se, det er nogen trøst."

"Jeg er i Guds hænder," sagde Tom, "det kan ikke blive værre, end han vil – og det er *en* ting, jeg kan takke ham for. At det er *mig*, der er blevet solgt og skal rejse, og ikke dig eller børnene. Her er I i sikkerhed. Det, som kommer til at ske, vil kun gå ud over mig, og Herren vil hjælpe mig. Det ved jeg, han vil."

Åh, du tapre menneskehjerte, som skjuler din egen sorg for at berolige dine kære! Tom talte med halvkvalt røst og sammensnøret hals, men han talte tappert og modigt.

"Lad os tænke på de ting, vi har at være taknemmelige for!" tilføjede han med skælvende stemme, som om han virkelig havde brug for at tænke hårdt på dem.

"Taknemmelige for!" sagde tante Chloe. "Jeg kan ikke se noget, vi skal være taknemmelige for. Man kan ikke være taknemmelig for noget, der er uretfærdigt. Massa burde aldrig have ladet det komme så vidt, at du *skulle* sælges for at betale for hans gæld. Du har mange gange optjent den sum penge, som han nu får for dig. Han skyldte dig din frihed, og den burde han have givet til dig for mange år siden. Måske er han kommet i vanskeligheder, men jeg mener, at det er forkert. Intet kan få mig på andre tanker. Du har altid været en trofast arbejder for ham – altid taget dig af hans sager før dine egne og sat ham før din egen kone og børn! Dem, som sælger hjertets kærlighed og hjerteblod bare for at slippe ud af en knibe, dem skal Gud nok tage sig af!"

"Hør nu, Chloe, hvis du elsker mig, så ville du ikke sige sådan noget, når det måske er sidste gang, vi er sammen! Jeg vil sige dig, Chloe, det gør mig ondt, når nogen snakker dårligt om vores master. Han blev jo lagt i mine arme, da han var ganske spæd, så det er naturligt, at jeg holder meget af ham. Selvfølgelig kan jeg ikke forvente, at han skulle holde lige så meget af sin stakkels Tom. Massa og hans lige er jo vant til, at alle står til deres tjeneste, så det er ganske naturligt, at de ikke tænker så meget over det. Det kan man ikke forvente af dem. Hvis jeg sammenligner ham med de andre herrer, jeg har haft, så har jeg haft det bedst her hos ham. Han ville heller aldrig have ladet det komme så vidt, hvis han havde kunnet forudse dette. Det er jeg helt sikker på."

"Vel, uanset hvad du siger, så er der et eller andet *galt* ved det," sagde tante Chloe, som havde en udtalt sans for retfærdighed. "Jeg kan ikke helt sætte min finger på det, men der er noget galt, det er jeg *sikker* på."

"Ret dine øjne mod Herren over det hele, som ikke lader en spurv falde til jorden mod sin vilje."

"Det trøster mig ikke lige nu, men det burde det måske," sagde tante Chloe. "Men det tjener ikke noget formål at tale mere om det. Jeg vil tilberede majskagen og give dig et solidt morgenmåltid, man ved aldrig, hvornår du får noget at spise igen."

For virkelig at forstå hvor forfærdeligt det var for en neger at blive solgt til plantagerne sydpå, må man huske på, at denne race har naturlige og stærke følelser. De har et stærkt og varigt tilhørsforhold til et sted. Af naturen er de ikke særlig vovemodige eller foretagsomme, men de elsker deres hjem og er meget kærlige. Læg til dette frygten for en rejse ud i det ukendte og yderligere, at negeren lige siden barnsben har fået at vide, at den største straf for en neger er at blive solgt til bomuldsplantagerne sydpå. Alene truslen om at blive sendt ned ad floden sydpå virker mere skræmmende på ham end en trussel om pisk eller endda tortur. Vi har selv hørt dem give udtryk for denne skræmmende følelse og set, hvordan de i deres ledige stunder sidder med rædsel i stemmen og fortæller skræmmende historier om, hvordan det land er, som ligger neden for floden: *"Det ubekendte land, som ingen vandrer er vendt tilbage fra."*

En missionær blandt flygtningene i Canada har fortalt os, at mange af dem, som var flygtet, erkendte at være flygtet fra relativt venlige herrer, og at de i næsten alle tilfælde følte sig presset til at begive sig ud på en farlig flugt, fordi de var desperate af angst for at blive solgt til plantagerne sydpå – en trussel, der konstant hang over hovedet på dem selv, deres ægtefælle eller børn. Dette sætter mod i afrikaneren, der ellers af naturen er et tålmodigt, frygtsomt og ikke særlig initiativrigt væsen, og det gør ham i stand til at udholde sult, kulde, smerte, farerne i ødemarken og de frygtelige straffe, der venter ham, hvis han skulle blive fanget.

Det enkle morgenmåltid stod snart dampende på bordet, for mrs. Shelby havde givet tante Chloe fri for sine pligter i hovedhuset denne morgen. Det stakkels menneske havde brugt al sin energi på dette afskedsmåltid. Den bedste kylling var blevet slagtet og stegt, majskagen var blevet tilberedt med yderste omhu, så den var præcist efter hendes mands smag, og nogle mystiske krukker var kommet ned fra kaminhylden – henkogte og syltede lækkerier, som kun kom frem ved særlige lejligheder.

"Gud i himlen, Pete," sagde Mose begejstret, "sikken en himmerigsmundfuld!" og snuppede et stykke kylling.

"Sådan en skarnsunge at kaste sig over det sidste måltid, din stakkels far vil få herhjemme," sagde tante Chloe og gav ham et par på hovedet.

"Åh, Chloe!" sagde Tom blidt.

"Jeg kan ikke gøre for det," sagde tante Chloe og skjulte ansigtet i forklædet. "Jeg er så meget ude af mig selv, at jeg ikke kan styre mig."

Drengene stod helt tavst og betragtede deres forældre, mens den mindste greb fat i hendes kjole og stak i et bydende, utålmodigt vræl.

"Så, så!" sagde tante Chloe, tørrede øjnene og tog barnet op. "Nu er det færdigt, så spis noget. Det er min bedste kylling. Og I drenge, I skal også have noget, I stakler! Jeres mammy har været vred på jer."

Det lod de sig ikke sige to gange. De faldt over maden med en glubende sult, og det var meget heldigt, for hverken Tom eller tante Chloe havde nogen særlig appetit.

"Nå," sagde tante Chloe, da hun ryddede morgenmåltidet væk, "nu må jeg hellere pakke dit tøj sammen, selv om han sikkert vil tage det alt sammen fra dig. Jeg ved nok, hvordan de er – nærige som bare pokker, er de! Dit uldne undertøj mod gigt ligger i dette hjørne, så pas godt på det, for du får sikkert ikke noget andet. Her ligger dine gamle skjorter og her er de nye. Disse strømper stoppede jeg i nat, og garnnøglet har jeg lagt med, så du har noget at reparere dem med. Åh, herregud, hvem skal nu stoppe for dig?" sukkede tante Chloe og lagde grædende sit hoved på kufferten helt overvældet af sorg. "Når jeg tænker på, at der ikke vil være en eneste til at tage sig af dig, hverken når du er syg eller rask! Det er mere, end jeg kan klare!"

Efter at have ryddet alt hvad der var af spiseligt på morgenbordet, begyndte drengene nu at se alvoren i situationen. Ved synet af deres grædende mor og deres fars triste udseende, begyndte de at klynke ulykkeligt og gnide øjnene. Onkel Tom havde taget den mindste på knæet, hvor hun fik lov til at more sig med at kradse ham i ansigtet og hive ham i håret. Under denne leg brød hun nu og da ud i frydefulde skrig, som øjensynligt var fremkaldt af hendes egne personlige betragtninger over tilværelsen.

"Ja, le du bare mens du kan, stakkels barn!" sagde tante Chloe. "Din tur kommer også! Du vil også engang opleve, at din mand bliver solgt, eller måske bliver du selv solgt og mine drenge også, så snart de duer til noget. Det nytter ikke noget for en nigger at eje noget."

Nu råbte den ene af drengene: "Missis kommer!"

"Hun kan ikke hjælpe os, så hvad kommer hun her for?" sagde tante Chloe.

Mrs. Shelby trådte indenfor. Tante Chloe satte en stol frem til hende, men på en meget demonstrativ måde for at vise sin misfornøjelse. Mrs. Shelby lod dog ikke til at tage sig noget af det. Hun så bleg ud og virkede urolig.

"Tom," begyndte hun, "jeg er kommet for..." Hun stoppede pludseligt op og kiggede på de tavse, alvorlige ansigter foran sig. Så satte hun sig ned på stolen, skjulte ansigtet i sit lommetørklæde og begyndte at græde.

"Gode Gud, nej, missis, det må De ikke!" sagde tante Chloe og brød selv ud i gråd. Og kort efter sad de alle og græd i kor. Og strømmen af tårer, som både høj og lav udgød, smeltede alle de undertryktes hjertekvaler og vrede væk. Og I, som trøster de ulykkelige, er I klar over, at en eneste ærlig tåre fra et medlidende og deltagende hjerte er langt mere værd end alverdens rigdom givet med et udeltagende sind og bortvendt ansigt?

"Min kære ven," sagde mrs. Shelby, "jeg kan ikke give dig noget, som kan være dig til nytte. Hvis jeg giver dig penge, vil man bare tage dem fra dig. Men jeg lover højtideligt og med Gud som vidne, at jeg vil holde mig underrettet om, hvor du er og bringe dig tilbage hertil lige så snart, jeg har pengene til det. Indtil da må du stole på Gud."

Nu råbte drengene, at massa Haley var på vej, og kort efter blev døren uden videre sparket op. Haley var i et skrækkeligt humør efter den foregående aftens besværlige ridetur. Hans fiasko med at fange sit jagtbytte, havde heller ikke gjort humøret bedre.

"Kom her!" sagde han. "Er du klar nigger? Til tjeneste, ma'am!" sagde han og tog hatten af, da han fik øje på mrs. Shelby.

Tante Chloe lukkede æsken og bandt en snor om den, så rejste hun sig op og sendte slavehandleren et hadefuldt blik. Hendes tårer var pludseligt blevet forvandlet til flammende gnister.

Tom rejste sig sagtmodigt for at følge sin nye herre og løftede den tunge æske op på skulderen. Hans kone tog den lille i armene for at følge ham ud til den åbne vogn, og børnene, som endnu græd, fulgte bagefter.

Mrs. Shelby gik hen til slavehandleren og talte alvorligt med ham i et stykke tid. Mens de talte sammen, fortsatte hele familien hen til vognen, der stod klar ved døren. En gruppe af gamle og unge arbejdere på gården havde samlet sig for at sige farvel til deres gamle kammerat. Alle på stedet havde set op til ham, både på grund af hans betroede stilling og som lærer i kristendommen. Man viste ham oprigtig sympati og mange græd, især blandt kvinderne.

"Men Chloe, du tager det meget bedre, end vi gør!" sagde en af de kvinder, der havde grædt som pisket, og som nu bemærkede tante Chloes dystre ro.

"Jeg har grædt de tårer, der *skal* grædes!" sagde hun og kiggede ondt på slavehandleren, der nærmede sig. "Jeg har ikke lyst til at græde foran den gamle slyngel!"

"Sæt dig op!" kommanderede Haley til Tom, idet han trængte sig gennem mængden, der stirrede efter ham med mørke miner.

Tom satte sig op, og Haley trak et par solide lænker frem under sædet og lænkede Toms ankler til vognen.

Der lød en indigneret mumlen fra tilskuerne, og mrs. Shelby sagde fra verandaen: "Mr. Haley, jeg forsikrer Dem for, at den forholdsregel er ganske unødvendig."

"Jeg er ikke så sikker, ma'am. Jeg har allerede mistet femhundrede dollars på dette sted, og jeg har ikke råd til at tage flere chancer."

"Hvad andet kan man forvente sig af den fyr?" sagde tante Chloe harmdirrende, mens begge drengene, der nu begyndte at forstå deres fars skæbne, jamrede højlydt og klyngede sig grædende til hendes kjole.

"Det er trist, at massa George ikke kunne være her i dag," sagde Tom.

George var taget af sted for at tilbringe nogle dage hos en kammerat på en naboejendom. Og fordi han var taget af sted tidligt om morgenen, før de dårlige nyheder om Tom var blevet almindelig kendt, havde han ingen anelse om, hvad der var sket.

"Hils massa George fra mig," sagde Tom alvorligt.

"Haley slog et slag med pisken, og Tom kastede et sidste trist blik på sit hjem, inden det forsvandt i en støvsky.

Mr. Shelby var heller ikke hjemme. Han havde solgt Tom af tvingende nødvendighed for at slippe ud af kløerne på den mand, han frygtede – og da salget var gået i orden, havde han omgående følt sig lettet, men hans kones bebrejdelser havde sparket til hans slumrende samvittighed, og Toms opofrende holdning havde yderligere forstærket hans ubehag. Han havde forgæves forsøgt at overbevise sig selv om, at han havde været i sin *fulde ret* til at gøre, hvad han havde gjort – at alle gjorde det – og at mange endda gjorde det uden at være tvunget til det – men uanset, hvor meget han prøvede at bortforklare det, så følte han sig lige ulykkeligt tilpas. For at slippe for at overvære fuldbyrdelsen af aftalen var han derfor taget af sted på en kort forretningstur på landet i håbet om, at det hele ville være overstået, når han vendte tilbage igen.

Mens Tom og Haley raslede af sted på den støvede vej, kørte de forbi det ene velkendte sted efter det andet, indtil de nåede udenfor ejendommens grænser og befandt sig på den åbne landevej. Efter omkring to kilometers kørsel stoppede Haley op ved en smedje og steg ud af vognen med et par fodjern, som han ville have smeden til at kigge på.

"Disse fodjern er lidt for små til den kraftige fyr derude," sagde Haley og pegede på Tom.

"Hvad ser jeg? Er det ikke Shelbys Tom? Han har vel ikke solgt ham?" sagde smeden overrasket.

"Jo, det har han," sagde Haley.

"Nej, er det muligt?" sagde smeden. "Hvem skulle have troet det! De behøver ikke at lænke ham på den måde. Han er det mest trofaste, gode menneske, som..."

"Ja, ja," sagde Haley, "men det er netop de gode fyre, der har mest lyst til at stikke af. De dumme, der er ligeglade med, hvor de havner, og de uduelige fyldebøtter, der er ligeglade med alt omkring dem, de bliver, hvor de er. De synes næsten at være glade for at blive flyttet omkring. Men disse fyre som Tom her, de hader det som pesten – dem bliver man nødt til at give fodjern på. Hvis de har benene fri, vil de bruge dem – det er sikkert og vist.

"Nuvel," sagde smeden og ledte efter det rigtige værktøj, "men de plantager sydpå er vel heller ikke et sted, en neger fra Kentucky ønsker at tage hen. De dør temmelig hurtigt dernede, ikke sandt?"

"Åh, ja, de ryger temmelig hurtigt, om det nu skyldes klimaet eller noget andet. De dør, så der er godt gang i forretningen," sagde Haley.

"Ja, man kan nu ikke lade være med at tænke, at det er en skam, at en pæn, stille og flink fyr som Tom skal arbejde sig til døde på en af disse sukkerplantager."

"Nå, han skal nok klare sig. Jeg har lovet at tage mig godt af ham. Jeg vil skaffe ham en plads som hustjener i en god, gammel familie. Hvis han kan klare feberen og klimaet, får han det så godt, som nogen nigger kan forlange det."

"Han efterlader vel sin kone og børn her, ikke sandt?"

"Ja, men han får sig en ny der. Der er kvinder nok overalt," sagde Haley.

Mens denne konversation fandt sted, sad Tom sørgmodigt udenfor smedjen. Pludselig hørte han hurtige hovslag bag sig, og før han kom sig af sin overraskelse, sprang den unge master George op i vognen, slog armene omkring halsen på ham og græd og skældte voldsomt ud på én gang.

"Det er ondt, virkelig ondt! De kan sige, hvad de vil – alle sammen! Det er usselt og skammeligt! Hvis jeg var voksen, ville de ikke have *vovet* at gøre det," udbrød George med gråd i halsen.

"Åh, massa George, hvor det glæder mig!" sagde Tom. "Jeg kunne ikke holde ud at skulle rejse bort uden at sige farvel til Dem! Hvor er jeg glad for, at De kom!" Tom flyttede på fødderne, og George fik øje på fodlænkerne.

"Det er skammeligt!" udbrød han og knyttede hænderne. "Jeg skal slå ham til plukfisk, den gamle slyngel – det er sikkert og vist!"

"Nej, det skal De ikke gøre, master George, og De må ikke tale så højt. Det gavner mig ikke, hvis De gør ham vred."

"Nå, for din skyld, skal jeg nok lade ham være, men er det ikke skammeligt at tænke på?" De sendte ikke bud efter mig eller gav mig besked. Hvis det ikke havde været for Tom Lincon, ville jeg ikke have hørt om det. Men jeg gav dem ren besked alle sammen derhjemme!"

"Det var forkert, er jeg bange for, massa George."

"Jeg blev nødt til det! Det er skammeligt, siger jeg! Hør her, onkel Tom," sagde han og fortsatte i et lavmælt tonefald, mens han vendte ryggen til smedjen. *"Jeg har taget min dollar med!"*

"Åh, jeg ville ikke drømme om at tage imod den, massa George, slet ikke!" sagde Tom dybt rørt.

"Men du *skal* tage den!" sagde George. "Hør her, jeg fortalte tante Chloe, at jeg ville give den til dig, og hun rådede mig til at lave et hul i mønten og sætte en snor igennem, så du kan hænge den om halsen og skjule den. Ellers tager den ondskabsfulde slubbert den bare fra dig. Jeg siger dig, Tom, at jeg kunne tænke mig at give ham en ordentlig omgang! Så ville jeg have det godt."

"Nej, gør det ikke, massa George, det ville ikke være godt for *mig*."

"Nå, for din skyld lader jeg være," sagde George og bandt sin dollar rundt om halsen på Tom. "Sådan, knap nu frakken op i halsen, så man ikke kan se den. Og hver gang du kigger på den, så tænk på, at jeg vil komme og hente dig hjem. Tante Chloe og jeg har talt om det. Jeg sagde, at hun ikke skulle være urolig. Jeg skal nok sørge for det, om jeg så skal pine livet af min far, hvis han ikke går ind på det."

"Åh, massa George, De må ikke tale sådan om Deres far!"

"Jøsses, onkel Tom, jeg mener ikke noget ondt med det."

"Og nu, massa George," sagde Tom, "må De love at være en god dreng. Husk på hvor mange, der holder af Dem. Og hold Dem altid til Deres mor og vær god ved hende. Gør ikke tossede ting, som andre drenge, der føler sig for store til at tænke på deres mor. Jeg skal sige Dem, massa George, Herren giver os mange ting gentagne gange, men han giver os ikke en mor mere end én gang. De vil aldrig se en kvinde som hende, massa George, selv hvis De lever i hundrede år. Så hold Dem til hende, bliv voksen og vær en støtte for hende. De lover at være en god dreng, ikke sandt?"

"Ja, det lover jeg, onkel Tom," sagde George alvorligt.

"Og pas på, hvad De siger, massa George. Unge mænd i Deres alder kan være meget egenrådige nogle gange – sådan er deres natur. Men en virkelig gentleman – sådan en, som jeg håber, De bliver – taler aldrig respektløst til sine forældre. De tager mig det ikke ilde op, vel massa George?"

"Bestemt ikke, onkel Tom, du har altid rådet mig godt."

"Ja, jeg er ældre, som De ved," sagde Tom og strøg med sin grove, stærke hånd hen over drengens fine, krøllede hår og talte til ham med en blid stemme, "og jeg kan se alt det, som bare ligger og venter. Åh, massa George, De har både uddannelse og privilegier, og De kan læse og skrive. De vil vokse op til at blive en stor, klog og god mand, som Deres mor og far og alle på ejendommen vil være stolte af! Vær en god master, som Deres far, og vær en god kristen, som Deres mor. Glem ikke Skaberen i Deres ungdom, massa George."

"Ja, jeg skal nok være *virkelig god*, onkel Tom, det lover jeg dig," sagde George. "Jeg skal nok blive *førsteklasses*. Tab ikke modet, jeg skal nok få dig hjem igen. Jeg sagde også til tante Chloe i morges, at når jeg bliver stor, så vil jeg bygge en ny hytte til dig med en stue og et tæppe på gulvet. Åh, det skal nok blive godt alt sammen igen!"

Nu kom Haley med fodlænkerne i hånden.

"Hør her, mister," sagde George med en vigtig mine, "jeg skal nok fortælle min far og mor, hvordan De behandler onkel Tom!"

"Gerne for min skyld," sagde slavehandleren.

"Man skulle tro, at De ville skamme Dem over at bruge Deres liv på at købe mænd og kvinder og lænke dem som kvæg! Jeg ville føle mig som et usselt menneske, hvis det var min levevej!" sagde George.

"Så længe fine folk ønsker at købe mænd og kvinder, så er jeg vel lige så god som dem," sagde Haley. "Det er ikke værre at sælge end at købe!"

"Når jeg bliver stor, vil jeg ikke gøre nogen af delene," sagde George. "I dag skammer jeg mig over at være fra Kentucky. Før var jeg stolt over det!" George sad rank på sin hest og så sig omkring med en stolt mine, som om han forventede, at hele staten skulle være imponeret over hans udtalelse.

"Farvel, onkel Tom, prøv at holde humøret oppe," sagde George.

"Farvel, massa George," sagde Tom med et kærligt og beundrende blik. "Må den almægtige og gode Gud velsigne Dem! Åh! Kentucky har ikke mange som dig!" sagde Tom oprigtigt, mens Georges' oprigtige drengeansigt langsomt forsvandt. Selv da George var helt ude af syne, blev Tom ved med at kigge efter ham, indtil lyden af hovslag døde bort – det var hans sidste minde om sit gamle hjem. Men over hans hjerte var der en varm plet, lige dér hvor nogle unge hænder havde anbragt den dyrebare sølvdollar. Tom lagde hånden på den og trykkede den ind til hjertet.

"Hør her, Tom," sagde Haley, da han steg op i vognen og smed fodjernene på gulvet, "jeg vil fortælle dig, at jeg altid behandler mine niggere pænt. Hvis du opfører dig godt, så behandler jeg dig godt – jeg er aldrig hård ved mine niggere. Jeg vil gerne gøre det bedste, jeg kan for dem. Og det bedste, du kan gøre, er at forholde dig stille og rolig uden at lave nogle kunster, fordi jeg kender alle negernes kneb, så det nytter alligevel ikke noget. Hvis mine niggere holder sig i ro og ikke prøver på at løbe væk, så har de det godt hos mig, men hvis de ikke har det godt, så er det deres egen fejl og ikke min."

Tom forsikrede højtideligt Haley om, at han ikke havde nogen hensigter om at stikke af. Rent faktisk virkede Haleys advarsler ret overflødige, når man tænker på, at Tom havde et par solide jernlænker om benene. Men mr. Haley havde fået den vane at indlede bekendtskabet med sine handelsvarer med små formaninger af denne slags. Hensigten var at opmuntre og opbygge tillid, så han dermed undgik fremtidige, ubehagelige optrin.

Og her tager vi foreløbigt afsked med Tom for at følge de andre personer i vores historie.

11. KAPITEL

Hvor en handelsvare kommer med upassende udtalelser

Sent om eftermiddagen ankom en rejsende til en lille landsbykro i byen N. i Kentucky. I krostuen fandt han et blandet selskab, som det dårlige vejr havde drevet inden døre. Sceneriet i krostuen var det samme som ved alle den slags sammenkomster. Høje, ranglede kentuckyfolk i jagttøj, der traskede rundt i det meste af territoriet på den magelige og afslappede måde, som er kendetegnende for denne specielle race – geværer stillet hen i hjørnerne, krudtpunge, jagttasker, jagthunde og negerbørn var en del af det karakteristiske billede. På hver side af ildstedet sad en langbenet herre tilbagelænet på en stol med hat på hovedet og med hælene fra et par mudrede støvler solidt placeret på kaminhylden – en stilling, som vore læsere bør vide, er særdeles anbefalelsesværdig til den form for tankevirksomhed, der hersker i Vestens kroer, hvorfor de rejsende udviser en særlig forkærlighed for denne særprægede måde til at forøge deres intelligens.

Værten, som stod bag skænken, var som de fleste af sine landsmænd en høj, ranglet, godmodig mand med en kraftig hårmanke, der stak ud under hans høje hat.

Faktisk bar alle de tilstedeværende i krostuen menneskets karakteristiske magtsymbol på hovedet, enten det nu var i form af en filthat, et palmeblad, et fedtet bæverskind eller en fin, ny silkehat – alt sammen et udtryk for sand republikansk uafhængighed. Måden ejermanden bar sin hat på viste tydeligt hans karakter. Nogle bar deres hat kækt på sned – det var de glade, lystige fyre, som tager livet let; andre havde trukket hatten ned i øjnene – det var de mere barske typer, grundige mennesker, som havde et *stærkt* ønske om at bære hat og på deres egen måde; og så var der de mennesker, som havde skubbet hatten om bag i nakken – vågne mænd, der vil have et frit udsyn; og endelig var der de mere skødesløse typer, der var ligeglade med, hvordan hatten sad. Hos dem sad den helt tilfældigt. Alle de forskellige hatte var faktisk et helt studium i sig selv.

Adskillige negre iført vide, løse bukser og ret underforsynede med skjorter vimsede omkring hid og did uden dog at udrette meget andet end at vise deres gode vilje ved at vælte alt på deres vej i et forsøg på at gøre det bekvemt for deres herre og hans gæster. Hertil kom en munter ild, der knitrede i den store skorsten, mens yderdøren og alle vinduerne stod på vid gab, så bomuldsgardinerne flagrede lystigt i en stiv brise af rå, fugtig luft. Alt dette giver et meget godt billede af hyggen i en typisk Kentucky kro.

Vore dages mand fra Kentucky er et godt eksempel på læren om nedarvede instinkter og særpræg. Hans forfædre var vældige jægere – mænd, der boede i skovene og sov under den åbne himmel med stjernerne som eneste belysning. Hans efterkommere synes den dag i dag at opfatte deres bolig som en lejrplads. De bærer altid hat indendørs, vælter sig omkring og smider deres støvlehæle op på stole eller kaminhylder på samme måde, som når hans forfædre lå på græsset og lagde deres støvlehæle op på træstubbe eller væltede træer. De lader også døre og vinduer stå pivåbne både sommer og vinter, så de kan få luft nok ned i deres store lunger – nonchalant og gemytligt kalder de alle for "fremmede", og er i det hele taget de mest ligefremme, utvungne og godmodige skabninger på to ben.

Sådan så den forsamling af frie og utvungne ud, som vores rejsende trådte ind i. Han var en lille, svær mand, velklædt og med et godmodigt, rundt ansigt, men ret pertentlig og pernitten i sin optræden. Han var meget omhyggelig med sin vadsæk og sin paraply, som han hårdnakket insisterede på selv at bære ind på trods af forskellige tjeneres forsøg på at hjælpe ham af med den. Han kiggede sig omkring i krostuen med et ængsteligt blik, trak sig tilbage til den varmeste krog med sine ejendele, lagde dem under stolen og satte sig ned og mønstrede med en vis ængstelse den hædersmand, hvis fødder prydede kaminhylden, og som sendte en spytklat fra højre til venstre så uforfærdet og energisk, at det måtte vække en vis uro hos en person med svage nerver og finere vaner.

"Halløj, fremmede, hvordan står det til?" spurgte den føromtalte hædersmand og sendte en velkomstsalve af tobakssovs i retning af den nyankomne.

"Fint nok, tror jeg," svarede den nyankomne, idet han nervøst dukkede sig for den truende æresbevisning.

"Noget nyt?" spurgte den første og fiskede en stribe skråtobak og en stor jagtkniv op af lommen.

"Ikke mig bekendt," svarede manden.

"En skrå?" sagde den første og rakte den nyankomne en klump tobak med en vennesæl mine.

"Nej tak, jeg tåler det ikke så godt," sagde den lille mand afværgende.

"Nå, ikke?" sagde den anden uinteresseret og stoppede i stedet godbidden i sin egen mund, så han kunne vedligeholde fabrikationen af tobakssovs for almenvellets skyld.

Men hver gang den skråtyggende spyttede en saftig stråle tobakssovs i retning af den gamle gentleman, fór han sammen. Da manden bemærkede dette, ændrede han retningen på sit artilleri og koncentrerede sig i stedet om at beskyde ildrageren med en træfsikkerhed, som ville have gjort enhver kanonér misundelig.

"Hvad er det?" spurgte den gamle gentleman, der så nogle af selskabet stimle sammen om en plakat.

"En efterlysning af en nigger!" svarede en af de tilstedeværende kort.

Mr. Wilson – for det hed den gamle gentleman – rejste sig op og efter omhyggeligt at have rettet på sin vadsæk og paraply, tog han et par lorgnetter frem og anbragte dem med stor omhu på næsen, hvorefter han gav sig til at læse det følgende:

"En mulatdreng ved navn George er løbet bort fra undertegnede. George er omkring 180 cm høj, meget lyshudet og med brunt krøllet hår. Han er ret intelligent, har let ved at udtrykke sig, kan læse og skrive og vil sandsynligvis prøve at udgive sig for en hvid mand. Han har store ar på ryggen og skuldrene, og han er blevet brændemærket med bogstavet H i sin højre hånd.

Jeg vil betale firehundrede dollars til den, der afleverer ham i live eller den samme sum for et tilfredsstillende bevis på, at han er blevet dræbt."

Den gamle gentleman læste efterlysningen omhyggeligt igennem med lavmælt stemme, som om han indprentede sig hvert et ord.

Den langlemmede veteran, som havde gjort ildrageren til skydeskive, tog nu fødderne ned fra kaminhylden, rettede sig op i sin fulde længde, gik hen til plakaten og imponerende træfsikkert anbragte han en solid klat tobakssaft på den.

"Det er min mening om det!" sagde han kort og satte sig ned igen.

"Hør, fremmede, hvad skal det nu til?" spurgte værten.

"Jeg ville behandle forfatteren til dette stykke papir på samme måde, hvis han var her," sagde den langlemmede og genoptog ganske roligt sin gamle beskæftigelse med at skære skråtobak. "Hvis man ejer en sådan dreng og behandler ham så dårligt, så har man også *fortjent* at miste ham. En sådan plakat er en skændsel for Kentucky, det er min mening om den sag, hvis nogen skulle spørge."

"Nå, ja, det er sandt nok," sagde værten og lavede et notat i sin bog.

"Jeg har en flok drenge, sir," sagde den langlemmede mand, idet han genoptog sine angreb på ildrageren, "og jeg siger bare til dem – 'Drenge, siger jeg – *stik af* nu, gem jer, gør lige, hvad I har lyst til! Jeg vil aldrig sætte efter jer!' Det er sådan, jeg beholder dem. Hvis man lader dem vide, at de altid er fri til at løbe væk, så har de ikke mere lyst til det. Desuden har jeg også skrevet frihedsbreve på dem alle sammen, hvis jeg skulle stikke næsen i vejret en dag. Det ved alle mine drenge, og jeg kan fortælle dig, fremmede, at der ikke findes en fyr i hele området, som har mere glæde af sine niggere end jeg. Mine drenge er mange gange taget til Cincinnati med ungheste til en værdi af femhundrede dollars, og de er kommet tilbage med pengene hver eneste gang. Jeg behandler dem jo fornuftigt. Hvis man behandler dem som hunde, så arbejder de og opfører sig også som hunde. Hvis man behandler dem som mennesker og mænd, så arbejder de også som mænd." Og den hæderlige hestehandler understregede sit moralske synspunkt ved at affyre et sandt *festfyrværkeri* af tobakssovs mod ildstedet.

"Det tror jeg, De har helt ret i," sagde mr. Wilson. "Den dreng, som er nævnt her, er en dygtig fyr – det er der ikke to meninger om. Han har arbejdet for mig i min sækkefabrik i omkring seks år, og han var en af mine bedste medarbejdere, sir. Han var desuden også en meget opfindsom fyr. Han opfandt en maskine, der kunne rense hamp – en virkelig værdifuld opfindelse, som nu bliver brugt i mange andre fabrikker. Hans herre har taget patent på den."

"Jeg vil garantere for," sagde hestehandleren, "at han tjener penge på patentet, og som tak har han så brændemærket drengen i hans højre hånd. Hvis jeg fik en chance, så ville jeg sætte mit mærke på ham, og det ville han helt sikkert komme til at bære et *stykke* tid."

"Disse kloge drenge er altid trodsige og frække," sagde en temmelig råt udseende fyr i den modsatte ende af lokalet. "Det er derfor, de bliver behandlet på den måde og mærket. Hvis bare de opførte sig ordentligt, ville der ikke ske dem noget."

"Det vil sige, at Vorherre gjorde dem til mennesker, og nu skal der bruges hårde metoder for at gøre dem til bæster," sagde hestehandleren tørt.

"Smarte niggere er ikke til gavn for deres herrer," gentog den rå, simple mandsperson, som var alt for indskrænket til at forstå sin modstanders svidende ironi. "Hvilken gavn har man af talenter og den slags ting, hvis man ikke kan få nytte af det? De bruger det bare til at løbe om hjørner med en. Jeg havde engang sådanne to fyre, og jeg solgte dem ned ad floden. Jeg vidste, at jeg alligevel ville miste dem før eller senere."

"Det ville være lettere, hvis De bad Vorherre om at fremstille nogle negre uden en sjæl," sagde hestehandleren.

Her blev samtalen afbrudt, ved at et lille enspænderkøretøj kørte op foran kroen. En velklædt gentleman sad i den elegant udseende vogn, der blev kørt af en farvet tjener.

Hele selskabet mønstrede den nyankomne med samme nysgerrige interesse, som en flok dagdrivere ville mønstre en nyankommen en regnvejrsdag. Den nyankomne var meget høj med en mørk, spansk teint, smukke udtryksfulde, sorte øjne og tæt krøllet hår, som var skinnende sort. Hans velformede ørnenæse, tynde læber og smukt formede figur gav hele forsamlingen det indtryk, at der var noget usædvanligt over ham. Han trådte ugenert ind, anviste med et nik til sin tjener, hvor han skulle anbringe bagagen, bukkede høfligt for selskabet og gik med sin hat i hånden hen til disken, hvor han opgav sit navn som Henry Butter fra Oaklands i Shelby County. Derpå vendte han sig om med en ligegyldig mine, slentrede hen til plakaten og læste den.

"Jim," sagde han til sin tjener, "mødte vi ikke sådan en fyr oppe ved Bemans?"

"Jo, massa," sagde Jim, "men jeg er ikke sikker på det med hånden."

"Nej, det kiggede jeg naturligvis ikke efter," sagde den fremmede med et kedsommeligt gab. Så gik han tilbage til værten og bad ham om at sørge for et privat værelse, da han havde noget vigtigt skrivearbejde.

Værten var lutter underdanighed, og kort efter løb en flok mandlige og kvindelige – yngre og ældre, små og store – negre forvirret omkring som en flok høns, støjende og larmende, snublende over hinanden og trædende hinanden over tæerne, alt sammen af bare iver for at bringe herrens værelse i stand, mens han afslappet satte sig på en stol i midten af rummet og påbegyndte en samtale med manden ved siden af ham.

Fabrikanten, mr. Wilson, havde fra det øjeblik, den fremmede trådte ind, betragtet ham med en nysgerrighed, der var blandet med uro og forvirring. Han havde en stærk fornemmelse af at have mødt manden et eller andet sted før, men han kunne ikke komme i tanker om hvor. Mr. Wilsons øjne blev konstant draget mod den fremmede, når manden talte, bevægede sig eller lo, men han måtte hurtigt slå øjnene ned, når den fremmedes skarpe, mørke øjne mødte hans blik med ubekymret ro. Til sidst slog en tanke pludseligt ned i ham, og han stirrede på den fremmede med en så tydelig mine af forbløffelse og forfærdelse, at den fremmede rejste sig og gik hen til ham.

"Er det ikke mr. Wilson?" sagde han genkendende og rakte hånden frem. "De må meget undskylde, jeg ikke genkendte

Dem før. Jeg ser, at De genkender mig – mr. Butter fra Oaklands, Shelby County."

"Ja... ja... sir," sagde mr. Wilson lettere forvirret, som om han drømte.

I samme øjeblik kom en negerdreng ind og meddelte, at massas rum stod klart.

"Jim, sørg for bagagen," sagde mr. Butter skødesløst og vendte sig mod mr. Wilson. "Jeg vil gerne benytte lejligheden til at snakke lidt forretninger med Dem i mit værelse, hvis De har tid."

Som en søvngænger fulgte mr. Wilson efter ham til et stort værelse i husets øverste etage, hvor der lige var tændt op i kaminen, og adskillige tjenere løb omkring for at få det sidste i orden.

Da tjenerne havde gjort sig færdige og var gået, låste den unge mand døren og stak nøglen i lommen. Derefter vendte han sig om mod mr. Wilson, foldede hænderne over brystet og kiggede ham direkte i øjnene.

"George!" sagde mr. Wilson.

"Ja, George," sagde den unge mand.

"Det er ikke til at tro!"

"Jeg er også ganske godt forklædt, synes jeg," sagde den unge mand med et smil. "En smule valnøddebark har gjort min hud smuk lysebrun, og jeg har farvet mit hår sort, så jeg slet ikke passer til beskrivelsen på efterlysningen, som De kan se."

"Åh, George! Det er et farligt spil, du spiller. Det ville jeg aldrig have rådet dig til."

"Jeg kan vel selv tage ansvar for det," sagde George med et stolt smil.

Som en sidebemærkning kan det fortælles, at Georges far var en hvid mand. Hans mor var en af de uheldige negre, der på grund af sin skønhed var blevet slave for at føje sin ejers lidenskaber, og hun var blevet mor til børn, som aldrig ville komme til at lære deres far at kende. Fra en af de stolteste slægter i Kentucky havde George arvet sine fornemme europæiske træk og en stolt, ukuelig ånd. Fra sin mor havde han kun arvet en lys mulatfarve, men den blev opvejet i rigt mål af et par strålende, mørke øjne. En ubetydelig ændring af hudfarven og hårfarven havde forvandlet ham til en spansk udseende gentleman, og da hans elegante bevægelser og fine manerer altid var faldet ham naturlige, havde han ingen problemer med at spille den rolle, som han havde antaget – en sand gentleman, der rejste med sin tjener.

Mr. Wilson, der af naturen var yderst godhjertet, men også ret nervøs og forsigtig, vandrede op og ned ad gulvet og var, som John Bunyan skrev "meget forvirret i sit sind". Han var splittet mellem sit ønske om at hjælpe George og en temmelig uklar idé om at opretholde lov og orden, så mens han traskede frem og tilbage, udtalte han følgende: "Godt, George, du har altså besluttet dig for at løbe væk – forlade din retmæssige herre, George – (det undrer mig ikke) – men samtidig må jeg sige, at jeg er bedrøvet George – ja, rigtig bedrøvet – jeg tror, at jeg må sige dig dette, George – det er faktisk min pligt at fortælle dig det."

"Hvorfor er De bedrøvet, sir?" sagde George roligt.

"Jamen, jeg ser jo, hvordan du sætter dig op mod dit lands love."

"*Mit land!*" udbrød George bittert og med eftertryk. "Jeg har ikke noget land, der er kun graven tilbage for mig – og jeg ville ønske, at jeg allerede lå i den!"

"Nej, nej, George, det må du ikke sige. Det er syndig tale og imod Skriften. George, du har en streng herre – det er han faktisk – ja, han opfører sig forkasteligt – jeg vil ikke tage ham i forsvar. Men du ved jo, hvordan englen befalede Hagar at vende tilbage til sin herskerinde og underkaste sig hendes tugt, og hvordan apostlen Paulus sendte Onesimos tilbage til sin herre."

"Brug ikke Bibelens ord over for mig på den måde, mr. Wilson," sagde George med lynende øjne. "Min hustru er et kristent menneske, og jeg håber også at blive det, hvis jeg kommer et sted hen, hvor det er muligt for mig, men at bruge Bibelens ord over for et menneske i mine ulykkelige omstændigheder kan få enhver til at give helt op. Jeg appellerer til den almægtige Gud, og jeg er villig til at tage sagen til ham og spørge ham, om det er forkert af mig at søge min frihed."

"Det er ganske naturligt, at du føler det på den måde, George," sagde den godhjertede mand og pudsede næsen. "Ja, det er helt naturligt, men jeg må ikke opmuntre disse følelser hos dig. Det er min pligt at lade være. Ja, min dreng, jeg er bedrøvet for din skyld. Det er en meget, meget sørgelig sag, men apostlen siger: 'Enhver skal blive i det kald, som han blev kaldet i.' Vi må alle underkaste os Forsynets tilskikkelser, forstår du?"

"George stod med oprejst hoved, armene korslagte over sit brede bryst og med et bittert smil om munden."

"Mr. Wilson, hvis indianerne kom og bortførte Dem fra Deres kone og børn, for at De skulle trælle for indianerne hele livet med at høste majs, ville De også tænke, at det var Deres pligt at blive i det kald, som De var blevet kaldet i? Jeg tror snarere, at De ville tænke, at den første vildhest, De stødte på, var en af Forsynets tilskikkelser, ikke sandt?"

Den gamle herre spærrede øjnene op ved dette eksempel, men da han ikke var særlig stærk i logisk tænkning og ikke kunne finde på nogle logiske indvendinger, valgte han fornuftigt nok at tie. I stedet fortsatte han med sin generelle formaningstale, mens han strøg hen over sin paraply og omhyggeligt rettede alle folder ud i den.

"Du ved jo nok, George, at jeg altid har stået ved din side, og alt, hvad jeg har sagt, har jeg kun sagt for at hjælpe dig. Jeg synes, du løber en frygtelig risiko her. Du kan ikke gøre dig håb om at gennemføre det. Hvis du bliver fanget, bliver det endnu værre end før. Du vil blive mishandlet, næsten slået halvt ihjel og solgt ned ad floden."

"Jeg er klar over alt dette, mr. Wilson," sagde George. "Jeg ved, jeg *løber* en risiko, men..." Her knappede George sin frakke op og viste to pistoler og en Bowie-kniv[28]. "Se her," sagde han, "jeg er klar til kamp! Jeg tager *aldrig* til Sydstaterne. Nej, hvis det skulle komme dertil, så vil jeg gøre mig fortjent til seks fod fri jord. Det bliver det første og sidste jord, jeg kommer til at eje i Kentucky!"

"Men George, det var dog en grusom indstilling. Det er alt for desperat. Jeg er meget bekymret over, at du vil bryde dit lands love!"

"De snakker om mit land igen! Mr. Wilson, *De* har et land, men hvilket land har *jeg* eller andre som mig, der er født af mødre, som er slaver? Hvilke love har vi? Vi skriver ikke lovene – vi har aldrig erklæret os enige i dem – vi har intet at gøre med dem. Det eneste, lovene gør, er at holde os nede og knuse os. Har jeg måske ikke selv hørt jeres fjerde-juli taler? Får vi måske ikke at vide hvert eneste år, at 'regeringers retfærdige magt hviler på de styredes samtykke'? Har man så ikke lov til at *tænke* selv, når man hører sådanne ting? Må man så ikke lægge to og to sammen for at se, hvad resultatet bliver?"

Mr. Wilsons sind kunne bedst sammenlignes med en balle bomuld – det var dunblødt og meget behageligt, men sørgeligt forvirret. Af hele sit hjerte følte han en dyb medlidenhed med George, og han havde en vag og tåget forestilling om de følelser, der oprørte George, men alligevel følte han, at det var hans *pligt* at tale George til fornuft.

"George, det er slemt. Jeg siger til dig som en ven, at du hellere må opgive disse farlige ideer. De er meget farlige, George – meget farlige for drenge i din situation," sagde mr. Wilson og satte sig ved et bord, hvor han nervøst begyndte at tygge på håndtaget af sin paraply.

"Hør nu her, mr. Wilson," sagde George og satte sig ned overfor mr. Wilson. "Se nu på mig. Når jeg sidder her overfor Dem, er jeg så ikke lige så meget et menneske, som De? Se på mit ansigt, se på mine hænder og se på min krop." George rejste sig stolt op. "Er jeg ikke så *god* en mand som nogen? Nu skal De høre, mr. Wilson. Jeg havde en far – en Kentucky gentleman, som ikke brød sig noget særligt om mig. For ham var jeg ikke mere værd end de hunde og heste, der blev solgt for at dække hans gæld, da han døde. Jeg så min egen mor og hendes syv børn blive solgt ved sheriffens auktion. Hendes børn blev solgt til forskellige herrer, et for et, foran øjnene på hende. Jeg var den yngste og sidste, der blev solgt, og hun faldt på knæ foran min gamle herre og tiggede ham om at købe både hende og mig sammen, så hun i det mindste kunne have det sidste af sine børn hos sig, men han sparkede hende bare væk med sine tunge støvler. Jeg så ham gøre det, og det sidste, jeg hørte, var hendes gråd og jammer, da jeg blev bundet fast til hestens hals og ført bort."

"Hvad skete der så?"

"Min herre lavede en handel med en af mændene og købte min ældste søster. Hun var en from og god pige – medlem af Baptistkirken og lige så køn som min stakkels mor havde været. Hun var godt opdraget og havde gode manerer. I begyndelsen var jeg glad for, at han havde købt hende, så jeg ikke skulle være alene, men havde en god ven ved min side. Men jeg skulle snart komme på bedre tanker. Når jeg stod udenfor døren og hørte hende blive pisket, var det som hvert eneste slag skar sig dybt ind i min sjæl, fordi jeg ikke kunne gøre noget for at hjælpe hende. Og hun blev pisket, sir, fordi hun ønskede at leve et anstændigt og kristent liv. Sådan et liv, som jeres love ikke tillader en slavepige at leve. Sidste gang jeg så hende, var hun lænket sammen med andre slaver, der skulle sælges på markedet i Orleans, bare fordi hun ikke ville leve et usømmeligt liv.

Det var det sidste, jeg så til hende. Jeg voksede op i mange lange år uden en far, mor eller søster. Der var ikke en levende sjæl, der brød sig om mig. Jeg var ikke mere værd end en hund. Det var et liv med sult, skældud og pisk. Jeg har prøvet at være så sulten, at jeg var glad for at få fat i de ben, som man kastede til hundene. Og da jeg som lille lå vågen om natten og græd, var det ikke på grund af sult eller de pisk, jeg fik. Nej, sir, jeg græd, fordi jeg savnede *min mor* og *mine søstre* – jeg havde ikke en eneste ven på Jorden, der elskede mig. Jeg oplevede aldrig tryghed eller glæde. Ingen talte nogensinde et venligt ord til mig, før jeg kom til Deres fabrik mr. Wilson. De behandlede mig godt og opmuntrede mig til at lære noget, til at læse og skrive, og Gud skal vide, at jeg er taknemmelig for det. Så traf jeg min kone. De har selv set hende og ved, hvor smuk hun er. Da jeg opdagede, at hun elskede mig, og jeg giftede mig med hende, kunne jeg knapt tro på min egen lykke. Jeg var så glad og lykkelig, for hun er lige så god, som hun er smuk. Men hvad skete der så? Så kom min herre og tog mig væk fra mit arbejde, mine venner og alle, jeg holdt af, og maste mig ned i skidtet! Og hvorfor? Fordi, som han sagde, at jeg havde glemt, hvem jeg var. For at lære mig, at jeg kun er en nigger! Og til sidst trådte han mellem mig og min kone og forlangte, at jeg skulle forlade hende og leve med en anden kvinde. Og alt dette giver jeres love ham ret til at gøre på trods af både Gud og mennesker. Mr. Wilson, se dog på det! Jeres love tillader enhver hvid mand i Kentucky at gøre disse ting, som har knust hjertet hos min mor og søster og hos min kone og mig selv, og ingen kan forhindre ham i det. Og det kalder De *mit* lands love? Sir, jeg har intet land og heller ingen far. Men nu vil jeg få et land. Jeg ønsker intet fra *Deres* land bortset fra at få lov til at være i fred og lov til at forlade det fredeligt, og når jeg kommer til Canada, hvor lovene anerkender mig og beskytter mig, så bliver det mit land, og i det land vil jeg overholde lovene. Men hvis noget menneske prøver at stoppe mig, vil jeg råde ham til at passe på, for jeg er et desperat menneske. Jeg vil slås for min frihed til sidste blodsdråbe. I siger, at jeres fædre gjorde det samme, og hvis det var rigtigt for dem, så er det også rigtigt for mig!"

Denne tale – leveret delvist siddende ved bordet overfor mr. Wilson og delvist, mens George gik op og ned ad gulvet i værelset under en strøm af tårer, flammende øjne og fortvivlede armbevægelser – blev så overvældende for den godmodige, gamle mand, den var henvendt til, at han til sidst måtte hive et stort, gult silkelommetørklæde frem, som han flittigt tørrede sit ansigt med.

"Gid pokker havde dem alle sammen!" udbrød han pludseligt. "Har jeg ikke altid sagt det – de forbandede, elendige skurke! Jeg håber ikke, jeg kom til at bande. Godt, George, drag af sted, men vær forsigtig, min dreng. Skyd ikke nogen medmindre – nej, lad hellere helt være med at skyde – *undgå* i det mindste at ramme nogen. Hvor er din kone, George?" tilføjede han, idet han rejste sig uroligt og begyndte at traske omkring i værelset.

"Hun er stukket af, sir, med barnet i sine arme. Kun Vorherre ved, hvor hun er. Hun har fulgt Nordstjernen og ingen kan sige, om vi nogensinde mødes igen i denne verden."

"Er det muligt! Forbløffende! Og hos sådanne venlige mennesker?"

"Selv venlige mennesker kan komme til at skylde penge væk, og ifølge *vort* lands love kan man tage et barn væk fra sin mor og sælge det for at dække gælden," sagde George bittert.

"Javist, javist," mumlede den gamle hædersmand og stak hånden i lommen. "Jeg følger måske ikke mit bedre vidende," sagde han, men tilføjede så pludseligt, "men pokker tage det. Jeg *vil ikke* følge det, jeg selv lige har præket, så tag disse, George!" sagde han og tilbød George et bundt pengesedler, han lige havde taget ud af sin tegnebog.

"Nej tak, min gode, venlige herre!" sagde George. "De har allerede gjort meget for mig, og dette kunne bringe Dem i vanskeligheder. Jeg tror, jeg har penge nok til at komme så langt væk, som jeg har brug for."

"Nej, George, du skal tage dem. Penge er en stor hjælp overalt – man kan aldrig få for mange af dem, hvis de er ærligt tjent. Tag dem – *tag* dem *nu*, min dreng!"

"Kun på den betingelse, sir, at jeg har lov til at betale dem tilbage senere," sagde George og tog imod pengene.

"Og nu, George, hvor længe har du tænkt dig at rejse på denne måde? Ikke så langt, håber jeg. Du er begyndt godt, men det er alt for dristigt. Og hvem er den sorte fyr, der er sammen med dig?"

"En pålidelig ven, som tog til Canada for mere end et år siden. Efter han var kommet til Canada, hørte han, at hans herre var blevet så vred på ham for at rømme, at han havde pisket hans stakkels, gamle mor. Nu er han kommet tilbage for at trøste hende og hjælpe hende med at flygte."

"Har han fået fat i hende?"

"Nej, ikke endnu. Han har holdt øje med stedet, men ikke haft en chance endnu. Imens rejser han med mig til Ohio for at præsentere mig for nogle af de venner, som har hjulpet ham, og så vil han rejse tilbage efter sin mor."

"Det lyder farligt – meget farligt!" sagde den gamle mand.

George rankede sig og smilede trodsigt.

Den gamle herre studerede ham forundret.

"George, du er blevet et nyt menneske. Du holder hovedet højt og taler og bevæger dig som en rigtig mand," sagde mr. Wilson.

"Jeg er blevet et *frit* menneske!" sagde George stolt. "Ja sir, jeg har sagt master for sidste gang til et andet menneske. *Jeg er fri!*"

"Pas nu på! Du er ikke i sikkerhed endnu – du kan stadig blive fanget."

"Alle mennesker er frie og lige *i graven*, hvis det skulle komme til det, mr. Wilson," sagde George.

"Jeg er målløs over dit vovemod!" sagde mr. Wilson. "Tænk, at komme her til den nærmeste kro!"

"Mr. Wilson, det er så frækt, og kroen er så nær, at de aldrig vil lede efter mig her. De vil lede efter mig længere fremme, og selv De kunne næppe genkende mig. Jims master bor ikke i dette område. Han er ikke kendt her på egnen. Desuden har de opgivet at finde ham. Der er ingen, der leder efter ham, og jeg tror ikke, at nogen vil kunne genkende mig ud fra beskrivelsen på efterlysningen."

"Men hvad med mærket i din hånd?"

George trak sin handske af og viste mr. Wilson et ar efter et nyligt lægt sår.

"Det er det sidste bevis på mr. Harris omsorg for mig," sagde han foragteligt. "Den afskedsgave gav han mig for fjorten dage siden, da han troede, jeg snart ville stikke af. En fin gave, ikke sandt?" sagde han og tog handsken på igen.

"Mit blod fryser til is, når jeg tænker på dine omstændigheder og den fare, du udsætter dig for!" sagde mr. Wilson.

"Jeg har også følt det sådan i mange år, mr. Wilson, og lige nu er mit blod på kogepunktet," sagde George.

"Nuvel, min gode herre," fortsatte George efter et øjebliks tavshed. "Jeg så, at De kendte mig, og jeg tænkte, at jeg hellere måtte tage denne snak med Dem, så Deres forundrede blikke ikke skulle røbe mig. Jeg rejser herfra i morgen før daggry, og i morgen aften skulle jeg gerne sove i sikkerhed i Ohio. Jeg rejser om dagen, tager ind på de bedste hoteller og sidder ved spisebordet sammen med dette lands herrer. Så, farvel, sir. Hvis De skulle høre, at jeg er blevet fanget, så kan De være vis på, at jeg er død!"

George stod støt som en klippe og rakte hånden frem med en mine som en prins. Den venlige, gamle mand greb hans hånd og trykkede den hjerteligt. Og efter at være kommet med nogle velmenende advarsler greb han sin paraply og famlede sig ud af værelset.

George stod tankefuldt og kiggede på døren, da den gamle mand lukkede den. Så slog en tanke pludseligt ned i ham. Han gik hurtigt hen til døren og åbnede den.

"Mr. Wilson, lige en enkelt ting mere," kaldte han.

Den ældre herre trådte ind i værelset, og George låste døren efter ham som før. Så stod han et øjeblik og kiggede ubeslutsomt ned i gulvet. Til sidst løftede han hovedet med et ryk. "Mr. Wilson, De har vist Dem som en ægte kristen i Deres behandling af mig. Jeg vil bede Dem om at gøre mig en sidste kristen velgerning."

"Ja, George?"

"De har ret, sir, alt, hvad De har sagt, er sandt. Jeg løber en *forfærdelig* risiko. Der findes ikke en levende sjæl på denne Jord, der bryder sig om jeg lever eller dør," sagde han bevæget. "Man vil slå mig ihjel som en gal hund, og så vil jeg være glemt. *Kun min stakkels hustru vil savne mig!* Stakkels kvinde, hun vil sørge og klage! Mr. Wilson vil De være rar og sende denne lille brystnål til hende. Hun gav den til mig i julegave, stakkels barn! Giv den til hende og fortæl hende, at jeg elskede hende til det sidste. Vil De gøre mig den tjeneste? *Vil* De?" spurgte han vemodigt.

"Ja, helt bestemt – stakkels fyr!" sagde den gamle herre i et bedrøvet tonefald og tog imod brystnålen med tårer i øjnene.

"Men sig hende en ting," sagde George, "det er mit sidste ønske, at hun skal rejse til Canada, hvis hun kan. Og fortæl hende, at uanset hvor god og rar hendes frue er, og uanset hvor meget hun længes efter sit hjem, så må hun aldrig tage tilbage, for slaveri ender altid i elendighed. Bed hende om at opdrage vores søn til et frit menneske, så han ikke kommer til at lide, som jeg har lidt. Vil De sige alt dette til hende, mr. Wilson? Vil De gøre det for mig?"

"Ja, George, det skal jeg nok fortælle hende, men jeg er sikker på, at du ikke vil dø. Fat mod, du er en tapper fyr. Stol på Vorherre, George. Jeg ønsker af hele mit hjerte, at din flugt må lykkes, og du snart må være i sikkerhed."

"*Findes* der da en Gud, man kan stole på?" sagde George i et så fortvivlet tonefald, at den gamle mand tav. "De ting, jeg har oplevet i mit liv, har fået mig til at tvivle på, om der overhovedet findes en Gud. I kristne ved ikke, hvordan tingene ser ud for os. Der er en Gud for jer, men findes der en Gud for os?"

"Åh, min kære dreng, sig ikke det!" sagde den gamle mand med gråd i stemmen. "Du må ikke tænke sådan! Skyer og mørke omgiver ham, men retfærdighed og ret er hans trones grundvold. Der findes en *Gud*, George. Tro det, stol på ham, og jeg er sikker på, at han vil hjælpe dig. Alt skal blive rettet – hvis ikke i dette liv, så i det næste."

Den enfoldige gamle mands oprigtige gudfrygtighed og menneskekærlighed gav ham en midlertidig værdighed og autoritet, mens han talte. George stoppede sin urolige vandren frem og tilbage på gulvet, stod tankefuld et øjeblik og sagde så stilfærdigt: "Mange tak for de ord, min gode ven. *Jeg vil tænke over dem.*"

---

[28] **Bowie-kniv:** En stor, bredbladet jagtkniv opkaldt efter Jim Bowie. James "Jim" Bowie var en amerikansk nybygger, der spillede en ledende rolle under revolutionen mod de mexikanske myndigheder i den dengang mexikanske delstat Texas. Han døde i det berømte slag ved Alamo sammen med den berømte David Crockett.

KAPITEL 12

En uheldig hændelse ved en lovlig handel

"Dette siger Herren: I Rama høres klageråb og bitter gråd; Rakel græder over sine børn, hun lader sig ikke trøste over sine børn, for de er borte."

Mr. Haley og Tom raslede af sted i deres vogn, hver især for en stund optaget af deres egne tanker. Men tankerne hos de to mænd var ret forskellige, selv om de sad side om side på det samme sæde og havde samme slags øjne, ører, hænder og andre organer og oplevede de samme ting passere forbi deres øjne. Alligevel var der himmelvid forskel på, hvad disse to mænd tænkte!

For eksempel tænkte mr. Haley på Toms størrelse, hans højde og bredde, og hvad han kunne sælge ham for, hvis han holdt ham i god stand, til han fik ham på markedet. Han tænkte på, hvordan han skulle sammensætte sit hold af slaver og den sandsynlige markedsværdi af disse hypotetiske mænd, kvinder og børn på dette hold slaver og tænkte desuden på andre ting vedrørende slavebranchen. Dernæst tænkte han på, hvor menneskekærlig han selv var; andre mænd lænkede deres "niggere" på både hænder og fødder, mens han selv kun gav dem fodjern på og lod Tom have hænderne fri, så længe han opførte sig ordentligt. Så sukkede han, da han kom til at tænke på, hvor utaknemmelige folk var. Han var ikke engang sikker på, at Tom overhovedet ville påskønne hans barmhjertighed. Når han tænkte på, hvor ofte han var blevet narret af de "niggere", han havde vist sin velvilje, så forbavsede det ham selv, hvor godhjertet han endnu var!

I Toms tilfælde så sad han og tænkte over nogle ord fra en umoderne, gammel bog. En bestemt sætning blev ved med at løbe igennem hovedet på ham: "For her har vi ikke en by, der består, men vi søger frem til den, der skal komme. Derfor skammer Gud sig ikke ved dem eller ved at kaldes deres Gud. For han har allerede grundlagt en by til dem." Disse ord fra en ældgammel bog hovedsageligt forfattet af "uvidende og uuddannede mennesker" har gennem tiderne udøvet en slags forunderlig magt over enkle og simple mennesker som Tom. De hæver sjælen op fra dets dybder og vækker som med et trompetskrald mod, energi og entusiasme, hvor der før herskede sort fortvivlelse.

Mr. Haley hev et bundt forskellige aviser op af lommen og begyndte at studere annoncerne med stor interesse. Han var ikke specielt dygtig til at læse, så han havde fået den vane at læse halvhøjt på en slags reciterende måde. På denne måde hjalp ørerne ham med at verificere det, som han mente at have opfattet med øjnene. Halvhøjt for sig selv reciterede han således følgende annonce:

"TVANGSAUKTION – NEGRE!
I overensstemmelse med rettens dom afholdes der tirsdag den 20. februar en auktion udenfor retsbygningen i byen Washington, Kentucky, over følgende negre: Hagar 60 år, John 30 år, Ben 21 år, Saul 25 år og Albert 14 år. De sælges til fordel for kreditorer og arvinger efter Jesse Blutchford.
SAMUEL MORRIS, THOMAS FLINT, Eksekutorer."

"Det må jeg tage et kig på," sagde han til Tom i mangel af andre at tale til. "Ser du, jeg vil samle et førsteklasses hold til at tage sydpå sammen med dig, Tom. Det gør det på en måde meget hyggeligere og behageligt med godt selskab, ser du. Vi kører direkte til Washington, og der sætter jeg dig ind i fængslet, mens jeg gør forretninger.

Tom modtog forsagt denne velvillige information og spekulerede blot i sit stille sind på, hvor mange af disse ulykkelige mænd, der havde kone og børn, og om de følte det samme som han ved at forlade dem. I sandhedens interesse bør det også nævnes, at den ligefremme og henkastede information om at han skulle kastes i fængsel på ingen måde gjorde et positivt indtryk på et stakkels menneske, der altid havde rost sig at have ført et ærligt og retlinet liv. Ja, vi må tilstå, at Tom var temmelig stolt af sin ærlighed; stakkels fyr, der var ikke så meget andet, han kunne være stolt af. Hvis han havde tilhørt samfundets højere sociale lag, ville han måske aldrig være endt i denne fortvivlede situation. Men dagen gik sin gang, og da aftenen kom, var både Haley og Tom bekvemt indkvarteret i Washington – den ene på en kro og den anden i et fængsel.

Den næste dag ved ellevetiden havde en broget skare samlet sig ved domhusets trappe – her blev der røget tobak, tygget skrå, spyttet, bandet og snakket, alt efter smag og behag, mens man ventede på, at auktionen skulle begynde. Mændene og kvinderne, der skulle sælges, sad i en gruppe for sig selv og talte lavmælt med hinanden. Kvinden, der var blevet annonceret under navnet Hagar, var en ægte afrikaner i både ansigtstræk og figur. Hun kunne sagtens have været omkring de 60 år, men virkede ældre på grund af sygdom og hårdt arbejde. Hun var delvist blind og forkrøblet af gigt. Ved siden af hende stod hendes sidste tilbageblevne barn, Albert, som var en opvakt lille fyr på fjorten år. Drengen var den sidste overlevende fra en stor familie, der gradvist var blevet solgt væk fra hende til et marked sydpå. Moderen holdt om ham med et par skælvende hænder, mens hun med frygt og bæven betragtede enhver, der kom hen for at undersøge ham.

"Vær ikke bange, tante Hagar," sagde den ældste af mændene. "Jeg talte med massa Thomas om det, og han mente, at det nok ville være muligt at sælge jer begge to sammen."

"De skal ikke sige, at jeg er udslidt," sagde hun og løftede et par rystende hænder. "Jeg kan både lave mad, skrubbe og skure. Jeg er værd at købe endnu, selv om jeg er billig. Fortæl dem det. *Sig* det til dem," bad hun bønligt.

Haley pressede sig igennem mængden og gik hen til den ældre mand, lukkede hans mund op og kiggede ind i den og følte på hans tænder, så fik han ham til at rejse sig, rette sig helt op, bøje ryggen samt gøre forskellige bevægelser for at vise sine muskler. Bagefter gik han hen til drengen, følte ham på armene, rettede hans hænder ud og studerede hans fingre og fik ham til sidst til at hoppe op og ned for at vise sin smidighed.

"Han bliver ikke solgt uden mig!" sagde den gamle kvinde heftigt. "Han og jeg skal sælges sammen. Jeg er endnu meget stærk, massa, og kan arbejde hårdt – meget hårdt arbejde, massa."

"På en plantage?" sagde Haley med et foragteligt blik. "Det tror jeg næppe!" – hvorpå han med en tilfreds mine over sin undersøgelse stillede sig lidt væk fra gruppen med hænderne i lommen, cigar i munden og hatten lidt på skrå. Nu var han klar til auktionen.

"Hvad synes De om dem?" spurgte en mand, der havde fulgt Haleys undersøgelse, som om han ville beslutte sig ud fra det.

"Åh, jo," svarede Haley og spyttede. "Jeg tror, jeg vil byde på de yngre og drengen."

"De vil sælge drengen og den gamle kvinde sammen," sagde manden.

"Det bliver svært, hun er jo ikke andet end en benrad – ikke engang værd at føde på."

"Så De vil ikke tage hende med i købet?" spurgte manden.

"Man skulle være en rar tosse, hvis man gjorde det. Hun er både halvblind, krumbøjet af gigt og desuden ikke rigtig klog."

"Der er andre, som køber disse gamle kræ og finder ud af, at de kan mere, end man skulle tro," sagde manden eftertænksomt.

"Nej, ikke mig," sagde Haley, "jeg vil ikke engang tage hende, selv om jeg fik hende *forærende*. Jeg har set hende."

"Det er lidt synd ikke at købe hende sammen med hendes søn. Hun virker så glad for ham. Man kan sikkert få hende meget billigt."

"Det er vel i orden for dem, som kan smide penge væk på den måde. Jeg vil byde på den dreng, så han kan arbejde i plantagerne. Hende kan jeg ikke bruge til noget, selv om hun var gratis," sagde Haley.

"Hun vil tage det hårdt," sagde manden.

"Ja, naturligvis vil hun det," sagde slavehandleren ligegyldigt.

Her blev deres samtale afbrudt af en ivrig mumlen blandt forsamlingen, da auktionsholderen – en lille, frembrusende vigtigper – masede sig vej gennem mængden. Den gamle kvinde tog en dyb indånding og greb beskyttende fat i sin søn.

"Hold dig tæt til din mor, Albert, så sælger de os sammen," sagde hun.

"Åh, mammy, det er jeg bange for, de ikke gør," sagde drengen.

"Det skal de, min dreng. Jeg kan ikke leve uden dig," sagde den gamle kvinde heftigt.

Auktionsholderens stemme skar igennem larmen, da han råbte, at folk skulle give plads og samtidig meddelte, at auktionen skulle til at begynde. Man trak sig lidt tilbage og begyndte at byde. De forskellige mænd på listen blev hurtigt solgt til gode priser, der viste, at der var god efterspørgsel efter negerslaver. Haley købte to af dem.

"Så op med dig knægt," sagde auktionsholderen og puffede til drengen med sin hammer. "Vis nu, du kan hoppe."

"Åh, kære master, lad os blive solgt sammen," sagde den gamle kvinde og holdt godt fast i sin søn.

"Så, giv nu slip," sagde han barsk og skubbede hendes hænder væk, "du kommer til sidst. Hop nu, din sorte bandit!" Med disse ord skubbede han drengen frem mod en forhøjning af træ, mens hans mor hulkede fortvivlet i baggrunden. Drengen tøvede og vendte sig omkring, men der var ingen tid til at vente, så han tørrede hastigt tårerne væk fra sine store, strålende øjne og trådte op på forhøjningen.

Hans smukke skikkelse, smidige lemmer og opvakte ansigt vækkede øjeblikkeligt købelysten, og et halvt dusin bud ramte auktionsholderens øre samtidigt. Drengen så sig ængsteligt og skræmt omkring, da han fra alle sider blev mødt med larmen fra de konkurrerende bud, lige indtil hammeren faldt. Det blev Haley, som købte ham til sidst. Han blev puffet ned fra forhøjningen mod sin nye herre, men nåede kort at vende sig og kaste et blik på sin stakkels, gamle mor, der skælvende og fortvivlet rakte sine hænder ud mod ham.

"Køb også mig, massa, for Guds skyld! Køb mig, jeg dør, hvis De ikke gør!"

"Nej, hvis jeg køber dig, så dør du helt sikkert – det er problemet," sagde Haley og drejede om på hælen.

Der var ikke mange bud på den gamle dame, så det var hurtigt overstået. Manden, der havde henvendt sig til Haley, og som endnu syntes at have en smule medfølelse tilbage, købte hende for en slik, og så gik folk hver til sit.

De stakkels ofre for salget, som var vokset op på det samme sted i årevis, samlede sig omkring den fortvivlede mor, der led de frygteligste kvaler.

"Kunne de ikke have ladet mig beholde en enkelt? Massa sagde altid, at jeg måtte beholde en – det gjorde han," gentog hun igen og igen tynget af sin dybe sorg.

"Stol på Herren, tante Hagar," sagde den ældste af mændene trist.

"Hvordan skal det hjælpe mig?" hulkede hun voldsomt.

"Mor, mor – hold op! Hold nu op!" sagde drengen. "De siger, du er blevet købt af en god herre."

"Jeg er ligeglad – det betyder ikke noget. Åh, Albert! Du er mit sidste barn. Åh, Gud, hvad skal jeg dog gøre?" sagde hun og greb fat i drengen igen.

"Kom her og fjern hende – en eller anden," sagde Haley tørt. "Det hjælper hende ikke at tage sådan på vej."

Et par af de ældre mænd i flokken greb fat i hende, og ved overtalelser og magt fik de hende endelig til at give slip, og mens de førte hende hen til sin nye herres vogn, prøvede de at trøste hende.

"Kom så!" sagde Haley og sikrede sit indkøb af de tre slaver med et bundt håndjern, som han øvet satte om deres håndled, og som en ekstra sikkerhed førte han en lang jernlænke gennem håndjernene, før han drev dem af sted til fængslet.

Nogle dage senere steg Haley med sine nyerhvervelser om bord på en af Ohiobådene. Det var kun starten på en slaveflok, som skulle forøges flere steder undervejs med varer af samme slags, som han eller hans agent havde samlet sammen langs med sejlruten.

La Belle Riviere – en af de prægtigste og smukkeste hjuldampere, som nogensinde har besejlet floden, den er opkaldt efter – dampede muntert af sted under en strålende himmel med det frie Amerikas "Stars and Stripes" flag vejende og smældende i vinden. Langs rælingen promenerede velklædte damer og herrer, der nød det pragtfulde vejr. Overalt var der munterhed, glæde og livlighed – undtagen hos Haleys lille flok, som var anbragt sammen med fragtgodset på mellemdækket, hvor de sad og talte lavmælt sammen, men tilsyneladende uden at sætte særlig pris på deres forskellige privilegier.

"Gutter," sagde Haley muntert, "Jeg håber, I holder modet oppe og holder jer muntre. Ingen sure miner, ser I, men tag det med godt humør. Opfør jer godt over for mig, så skal jeg tage mig godt af jer."

Hans lille flok svarede ham med det evige "Ja, massa", som i årevis har været det stakkels Afrikas parole, men det skal dertil siges, at de ikke så særlig muntre ud, da de svarede ham; hver og en af dem bar på deres egne sorger på grund af hustruer, mødre, søstre og børn, som de havde set for sidste gang – og selv om "vore plageånder krævede glædessang", ville munterheden ikke rigtigt indfinde sig.

"Jeg har en hustru," sagde den stakkel, der var blevet annonceret som "John 30 år", idet han lagde sin lænkede hånd på Toms knæ – "og hun ved ikke noget om dette endnu, stakkels pige!"

"Hvor bor hun?" spurgte Tom.

"I en kro lidt længere nede ad floden," svarede John. "Jeg ville ønske, at jeg kunne se hende bare en enkelt gang mere i denne verden," tilføjede han.

"Stakkels John! Det *var* et helt naturligt ønske, og mens han talte, faldt hans tårer lige så naturligt, som hvis han havde været en hvid mand. Tom udstødte et dybt hjertesuk, og prøvede så godt han kunne at opmuntre ham.

Og ovenover i salonen sad fædre og mødre, ægtemænd og hustruer, mens glade børn dansede rundt blandt dem som små sommerfugle, og alt var idyl, glæde og hygge.

"Åh, mor," sagde en dreng, som lige var kommet op fra mellemdækket, "der er en slavehandler om bord, og han har fire eller fem slaver dernede."

"De stakkels mennesker!" sagde moderen i et tonefald, der udtrykte sorg og harme.

"Hvad snakker De om?" spurgte en anden dame.

"Nogle stakkels slaver på underste dæk," svarede moderen.

"Og de har jernkæder på," sagde drengen.

"Hvilken skam for vort land at man skal se et sådant syn!" sagde en ung kvinde.

"Åh, men man er nødt til at se sagen fra begge sider," sagde en elegant klædt dame, der sad og syede foran døren til sin kahyt, mens hendes lille pige og dreng legede i nærheden. "Jeg har været i Syden, og jeg må sige, at efter min mening så har negrene det bedre, end hvis de var frie."

"På nogle måder har nogen af dem bedre, det vil jeg indrømme," sagde den unge kvinde. "Det værste ved slaveriet er efter min mening, at alle menneskelige følelser bliver tilsidesat – for eksempel ved man splitter familier."

"Ja, det er virkelig en dårlig ting," sagde den elegant klædte dame og undersøgte omhyggeligt den barnekjole, hun lige var blevet færdig med, "men jeg er sikker på, at det ikke sker særlig tit."

"Jamen, det gør det," sagde den unge kvinde ivrigt. "Jeg har boet mange år i både Kentucky og Virginia, og der har jeg set nok til at blive syg om hjertet. Sæt nu, frue, at Deres to børn blev taget bort fra Dem og solgt?"

"Vi kan ikke sammenligne vores følelser med de følelser, den slags mennesker har," sagde den elegant klædte dame og børstede nogle garnrester af kjolen.

"De kan sandelig ikke vide særlig meget om dem, frue, hvis De virkelig mener dette," sagde den unge kvinde heftigt. "Jeg er født og opvokset blandt dem. Jeg *ved*, at de føler ligeså dybt og inderligt som vi – ja, måske endnu stærkere."

Den elegant klædte dame sagde "Virkelig!", så gabte hun og kiggede ud af kahytsvinduet. Til slut gentog hun den samme bemærkning, som samtalen var begyndt med: "Når alt kommer til alt, så tror jeg, at de har det bedre, end hvis de var frie."

"Det er uden tvivl forsynets hensigt, at den afrikanske race skal være trælle og holdes under åget," sagde en alvorligt udseende sortklædt præst i nærheden. "Forbandet være Kanaan! En træl blandt trælle skal han være, som den hellige skrift siger."

"Men fremmede, er det virkelig det Skriften mener?" spurgte en høj mand i nærheden.

"Utvivlsomt. Af uforklarlige grunde har forsynet dømt denne race til trældom for mange år siden, og vi bør ikke sætte os op imod denne beslutning."

"Godt, så burde vi alle gå i gang med at opkøbe niggere, sagde manden, "hvis det er forsynets vilje, ikke sandt min herre?" sagde han og vendte sig mod Haley, der havde stået ved ovnen med hænderne i lommen og lyttet til samtalen.

"Ja," fortsatte den høje mand, "vi må alle underkaste os forsynets vilje. Niggere skal sælges, handles og holdes nede; det er deres lod i livet. Det er da et ganske opmuntrende syn på sagen, ikke sandt fremmede?" sagde han til Haley.

"Jeg har aldrig tænkt på det sådan," sagde Haley. "Jeg ingen lærd mand, så jeg kunne aldrig have udlagt det sådan. Jeg startede min forretning for at have et levebrød. Hvis jeg har gjort noget forkert, så mener jeg, at jeg kan angre det med tiden, ser De."

"Men nu kan De spare Dem selv for det besvær, ikke sandt?" sagde den høje mand. "Der ser De, hvor godt det er at kende den hellige skrift. Hvis De bare havde studeret Bibelen, som denne herrens tjener, så ville De have vidst det allerede og sparet Dem selv for en masse besvær. De kunne bare have sagt: 'Fordømt være' – hvad var det nu han hed? – og så ville det hele have været i orden." Og den fremmede, som var ingen anden end den ærlige hestehandler, vi mødte i kroen i Kentucky, satte sig ned og begyndte at ryge med et underfundigt smil på sit lange, vindtørre ansigt.

En høj, slank, ung mand med et ansigt, der udtrykte stor følsomhed og intelligens, blandede sig nu i samtalen med ordene: "'Alt, hvad I vil, at mennesker skal gøre mod jer, det skal I også gøre mod dem.' Det er vel også en del af Bibelen lige så meget som 'Forbandet være Kanaan,'" sagde han.

"Ja, det synes meget klart og tydeligt, fremmede," sagde John, hestehandleren, "i hvert fald for ulærde folk som os." Og så dampede han videre som en vulkan.

Den unge så ud, som om han ville sige noget mere, men pludselig stoppede skibet, og der opstod den sædvanlige trængsel, da folk ville se, hvor båden nu lagde til.

"Er begge de fyre præster?" spurgte John en af mændene, der gik i land.

Manden nikkede.

Da skibet havde lagt til, kom en sort kvinde i vildt løb op ad landgangen, trængte sig igennem mængden, løb hen til det sted, hvor slaverne sad, og slog armene omkring den ulykkelige handelsvare, der tidligere var blevet annonceret som "John 30 år". Og under gråd og klage kaldte hun ham for sin ægtemand.

Men hvorfor fortælle den samme historie, som allerede er fortalt alt for ofte – hver evig eneste dag fortælles den – historien om knuste hjerter og følelser – og de svage, der undertrykkes og knuses for de stærkes vinding og bekvemmelighed! Den historie behøver man ikke at fortælle, fordi den gentages hver evig eneste dag. Den fortælles også i øret på Ham, som ikke er døv, selv om han har været tavs længe.

Den unge mand, som havde gjort sig til fortaler for medmenneskelighed og Gud, stod med korslagte arme og betragtede det ulykkelige optrin. Så vendte han sig om mod Haley og sagde dybt bevæget: "Min ven, hvordan kan De, eller rettere hvor vover De at fortsætte med Deres menneskehandel? Se på disse stakler! Her står jeg og glæder mig til at komme hjem til min kone og mit barn, og den samme klokke, som giver signal til, at jeg nærmer mig min familie, skiller samtidigt denne stakkels mand fra hans kone for altid. Vær sikker på, at Gud vil stille Dem til regnskab for dette."

Slavehandleren vendte sig bort uden at svare.

"Det må jeg sige," sagde hestehandleren og rørte ved hans albue, "der er godt nok forskel på præster, ikke sandt? 'Forbandet være Kanaan' synes ikke rigtigt at passe ind her, vel?"

Haley gryntede misfornøjet.

"Og det er ikke det værste," sagde John, "måske det heller ikke rigtigt passer Vorherre, når De skal gøre regnskabet op med ham en dag, som jeg går ud fra, at vi alle skal."

Haley gik i dybe tanker hen i den anden ende af skibet.

"Hvis jeg bare kan gøre nogle heldige handler de næste par gange," tænkte han, "så tror jeg, jeg vil holde op. Det er ved at blive alt for farligt." Han tog en lommebog frem og begyndte at opsummere sit overskud – en beskæftigelse, som mange andre forretningsmænd foruden mr. Haley har fundet at være et effektivt middel mod en dårlig samvittighed.

Båden lagde stolt ud fra bredden og fortsatte sin rejse. Mændene drev omkring, snakkede, læste og røg. Kvinderne syede, og børnene legede, mens skibet sejlede videre ned ad floden. En dag, da skibet lagde til ved en lille by i Kentucky, gik Haley i land for at ordne nogle forretninger.

Tom, der endnu kunne bevæge sig lidt omkring på trods af sine lænker, var gået hen til skibssiden og kiggede sløvt ud over rælingen. Efter et stykke tid så han slavehandleren vende tilbage med raske skridt og i selskab med en farvet kvinde, der holdt et lille barn i armene. Hun var ganske pænt klædt og fulgtes med en farvet mand, der bar en lille kuffert. Kvinden underholdt sig muntert med manden, der bar hendes kuffert, og fortsatte videre op ad landgangen. Klokken ringede, dampfløjten hvislede, motoren stønnede og prustede, og snart fortsatte skibet videre ned ad floden.

Kvinden banede sig vej mellem kasserne og bomuldsballerne på mellemdækket og slog sig til sidst ned med barnet, som hun begyndte at pludre med.

Haley tog en runde på båden, inden han kom hen og satte sig i nærheden af hende. Så tiltalte han hende på en temmelig henkastet måde.

Tom bemærkede, at der kort efter gik en sort sky over hendes ansigt, og hun svarede ham kort og kontant.

"Jeg kan ikke tro det – jeg nægter at tro det!" hørte han hende sige. "De lyver for mig."

"Hvis du ikke tror mig, så se her!" sagde Haley og tog et stykke papir frem. "Her er kvitteringen for salget, og der er din herres underskrift. Jeg har betalt en god sum for dig, kan jeg fortælle dig – sådan er det!"

"Jeg kan ikke tro, at massa vil narre mig på den måde. Det kan ikke være sandt!" sagde kvinden mere og mere oprørt.

"Du kan jo spørge en af de mænd her, som kan læse," sagde han og stoppede en mand, der lige kom forbi. "Hør her, min herre, vil De være så venlig at læse dette højt. Pigen her vil ikke tro mig, når jeg fortæller hende det."

"Det er et salgsbrev underskrevet af John Fosdick," sagde manden, "som overlader pigen Lucy og hendes barn til Dem. Det er helt i orden, så vidt jeg kan se."

Kvindens heftige udbrud samlede snart en hel flok mennesker omkring hende, og slavehandleren forklarede dem kort grunden til hendes ophidselse.

"Han fortalte mig, at jeg skulle rejse til Louisville og udlejes til en stilling som kok i den samme kro, hvor min mand arbejder. Det var det, som massa selv fortalte mig, og jeg kan ikke tro, han har løjet for mig," sagde kvinden.

"Men han har solgt dig, stakkels kvinde, det er der ingen tvivl om," sagde en venligt udseende mand, som også havde undersøgt salgsbrevet. "Der er ingen tvivl om, at han har gjort det."

"Det tjener ikke noget at tale mere om det," sagde kvinden og blev pludselig helt rolig. Hun trykkede barnet tættere ind til sig, satte sig ned på sin kuffert, vendte sig om og stirrede apatisk på floden.

"Hun tager det pænt trods alt!" sagde slavehandleren. "Hun har ben i næsen, kan jeg se."

Kvinden virkede helt rolig, mens båden fortsatte ned ad floden. En skøn, blød sommerbrise kærtegnede hendes hoved som en medfølende ånd, der ikke gør forskel på, om personens pande er lys eller mørk i huden. Og hun betragtede solstrålerne, der glitrede i vandet i gyldne krusninger, og hun hørte glade og muntre stemmer omkring sig, men hendes eget hjerte føltes tungt, som om en stor vægt lå på det. Barnet rakte ud efter hende og rørte ved hendes kinder med sine små, buttede hænder. Derefter hoppede det op og ned, pludrede muntert og snakkede, som om det prøvede at opmuntre hende. Så greb hun pludselig barnet i armene og holdt det fast, mens den ene tåre efter den anden dryppede ned på barnets undrende og uforstående ansigt. Langsomt blev hun mere rolig og fik travlt med at made det og pusle om det.

Barnet, som var en dreng på ti måneder, var usædvanlig stor og stærk af sin alder og bevægede sig meget energisk. Han var ikke rolig et eneste øjeblik, så hans mor havde travlt med at holde ham og vogte over hans bevægelser.

"Det er en prægtig unge!" sagde en mand, der stoppede op og betragtede ham med hænderne i lommen. "Hvor gammel er han?"

"Ti og en halv måned," svarede moderen.

Manden fløjtede til drengen og rakte ham en bid af en sukkerstang, som drengen straks greb fat i og anbragte i et barns sædvanlige opbevaringssted, det vil sige munden.

"Smart fyr!" sagde manden. "Han har styr på det!" Så fløjtede han og gik videre. Da han nåede over til den anden side af skibet, mødte han Haley, som sad på en stak kasser og røg.

Den fremmede tændte en cigar og sagde: "Det er en fin tøs, du har der, fremmede."

"Ja, jeg antager, at hun er rimelig pæn," sagde Haley og blæste en røgsky ud.

"Tager De hende sydpå?" spurgte manden.

Haley nikkede og røg videre.

"Som plantagearbejder?" spurgte manden.

"Sikkert," sagde Haley. "Jeg har fået en bestilling fra en plantage, og jeg tænker, hun skal derhen. Jeg fik at vide, at hun var en god kok, så de kan bruge hende til det eller sætte hende til at plukke bomuld. Hun har stærke og gode fingre til det, det har jeg undersøgt. Hun skal nok sælge godt på den ene eller anden måde," sagde Haley.

"De vil ikke have hendes barn på plantagen," sagde manden.

"Ham vil jeg sælge ved første lejlighed," sagde Haley og tændte en ny cigar.

"Jeg går ud fra, at De vil sælge ham forholdsvist billigt," sagde den fremmede og satte sig på en stak kasser.

"Nå, det vil jeg ikke sige," sagde Haley. "Det er en temmelig kvik lille unge. Velskabt, fed og stærk med gode muskler!"

"Sandt nok, men det er dyrt og besværligt at opfostre sådan et barn."

"Sludder og vrøvl!" sagde Haley. "De bliver opfostret som ethvert andet dyr. De er ikke til mere besvær end en hundehvalp. Om en måned springer den unge rask omkring."

"Jeg har et godt sted, hvor han kan vokse op, og jeg tænkte på at øge min flok," sagde manden. "En af kokkene mistede sin unge i sidste uge. Han druknede i en vaskebalje, mens hun hængte tøj til tørre. Jeg tænker mig, at hun sagtens kunne opfostre den dreng."

Haley og den fremmede røg videre et stykke tid i tavshed. Begge syntes uvillige til at komme ind på det vigtigste spørgsmål.

Til sidst sagde manden: "De har vel ikke tænkt Dem at forlange mere end ti dollars for den fyr, når De nu er *tvunget* til at skille Dem af med ham?"

Haley rystede på hovedet og spyttede langspyt.

"Nej, det kommer ikke på tale," sagde han og røg videre.

"Nå, hvad vil De så forlange?"

"Sagen er," sagde Haley, "at jeg selv kunne *opfostre* ham eller få ham opfostret. Han er usædvanlig sund og rask, og jeg kunne sikkert få hundrede dollars for ham om seks måneder, og om et par år så ville han indbringe tohundrede på det rigtige sted. Her og nu skal jeg mindst have halvtreds for ham."

"Åh, fremmede, det er helt hen i vejret," sagde manden.

"Overhovedet ikke!" sagde Haley med et overbevisende nik.

"De kan få tredive for ham," sagde den fremmede, "og ikke en cent mere."

"Hør her, lad os gør det på denne måde," sagde Haley og spyttede med en bestemt mine. "Vi deler differencen mellem os og siger femogfyrre. Lavere kan jeg ikke gå."

"Ja, jeg slår til!" sagde manden efter en kort pause.

"Så er vi enige!" sagde Haley. "Hvor går De i land?"

"I Luisville," sagde manden.

"Louisville," sagde Haley. "Det passer fint. Det vil være mørkt, når vi kommer dertil. Den lille fyr sover på det tidspunkt, så vi tager ham i al stilhed uden noget skrigeri. Jeg kan bedst lide at gøre det på den måde, så slipper jeg for det meste vrøvl og postyr." Derpå skiftede nogle pengesedler ejermand og blev flyttet fra mandens tegnebog og over i slavehandlerens ditto.

Det var en stille, klar aften, da skibet lagde til kajs i Louisville. Kvinden sad med drengen i sine arme, hvor han nu var faldet trygt i søvn. Da hun hørte navnet Louisville blive råbt op, lagde hun hurtigt barnet fra sig i en lille fordybning mellem kasserne og med sin kåbe som underlag. Så løb hun over til siden af båden i håbet om at få øje på sin mand mellem de forskellige hoteltjenere, der stimlede sammen på kajen. Hun pressede sig fremad i første række og stirrede koncentreret på de mange ansigter i land, mens folk på skibet pressede sig ind mellem hende og hendes barn.

"Så er det nu," sagde Haley, da han tog det sovende barn op og rakte ham til den fremmede. "Pas på han ikke vågner og begynder at græde, for så får vi et farligt spektakel med tøsen." Manden tog forsigtigt imod bylten med den sovende dreng og forsvandt hurtigt i mængden, der gik i land.

Da skibet havde kastet los og bevægede sig prustende og stønnende af sted, vendte kvinden tilbage til sin gamle plads. Slavehandleren sad og ventede på hende, men barnet var væk!

"Hvor... hvor er mit barn?" spurgte hun forvirret og overrasket.

"Lucy," sagde slavehandleren, "dit barn er væk, du kan ligeså godt få det at vide nu. Forstår du, jeg vidste, at du ikke kunne tage ham med sydpå, og så fik jeg en chance til at sælge ham videre til en virkelig god familie, der vil tage sig bedre af ham, end du kan."

Slavehandleren havde opnået et stadie af kristen og politisk fuldkommenhed, som visse prædikanter og politikere i nord priser i høje toner – et stadie, hvor man fuldstændigt har sat sig ud over alle menneskelige svagheder og moralske skrupler. Med den fornødne omhu og rendyrkning kunne dit eget hjerte uden tvivl blive hærdet på samme måde som hans. Kvindens grænseløse fortvivlelse og vilde, desperate blik ville sikkert have påvirket en mindre øvet person, men Haley var ikke uvant med disse situationer. Han havde set det samme blik hundredvis af gange. Også du min ven kan vænne dig til at opleve sådanne ting, og i den seneste tid har man gjort sig store anstrengelser for at vænne vort nordlige samfund til den slags til ære for Unionen. For slavehandleren var de sjælekvaler, som afspejlede sig i kvindens mørke ansigt, hendes krampagtigt knyttede hænder og den besværede vejrtrækning, blot en nødvendig del af jobbet, som ikke kunne undgås. Han studerede kun hendes symptomer for at vurdere, om hun ville give sig til at skrige op og således vække opstandelse og røre på skibet – for som andre tilhængere af vores specielle institution, brød han sig bestemt ikke om vække folks følelser.

Men kvinden skreg ikke op. Hun var blevet truffet så hårdt og direkte i hjertet, at hun ikke magtede at klage eller græde.

Overvældet og bedøvet satte hun sig ned. Hendes slappe hænder faldt livløse ned langs siden. Hun stirrede tomt frem for sig. Larmen ombord og motorens stønnen voksede til en disharmonisk støj i hendes chokerede ører, og hendes stakkels, lamslåede hjerte kunne ikke finde afløb for sin uendelige smerte hverken i gråd eller tårer. Hun var dødstille.

Slavehandleren, som kunne være næsten lige så menneskekærlig som nogle af vores politikere, når han så sin fordel ved det, følte sig kaldet til at trøste hende så godt, han kunne.

"Jeg kan godt forstå, at det kan være lidt hårdt for dig i begyndelsen, Lucy," sagde han, "men en klog, fornuftig pige som dig må ikke tabe modet. Du kan vel se, at det var *nødvendigt* og måtte gøres!"

"Åh, massa, sig det ikke!" sagde kvinden og lød som om, hun var ved at blive kvalt.

"Du er en smart pige, Lucy," fortsatte han. "Jeg vil være god ved dig og skaffe dig en god plads et sted nede ad floden. Så får du snart en anden ægtemand, så køn som du er..."

"Åh, massa, *hvis* De blot ville tie," stønnede hun så alvorligt og forpint, at slavehandleren mærkede, at han her stod overfor et tilfælde, der ikke lod sig behandle på den sædvanlige måde. Han rejste sig, og kvinden begravede ansigtet i sin kåbe.

Haley travede frem og tilbage et stykke tid, men standsede op ind imellem og betragtede hende.

"Hun tager det temmelig tungt," sagde han for sig selv, "men alligevel roligt. Hun skal nok komme over det, når hun har sørget et stykke tid!"

Tom havde set hele optrinnet fra først til sidst, og han var udmærket klar over, hvordan det hele ville ende. Men for denne stakkels, uvidende sorte sjæl, virkede denne handel forfærdelig og grusom, fordi han kun så en ulykkelig mor og ikke havde lært at se det store perspektiv. Hvis bare han havde været bedre informeret af visse kristne præster, ville han ikke have set det som noget dårligt, men som en ganske almindelig og lovlig handel. En handel, som er et vitalt grundlag for slaveriet, og som *"ikke medfører andet ondt, end hvad der nødvendigvis er en del af alle andre forhold i et socialt og hjemligt liv,"* som en amerikansk gejstlig fortæller os.[29] Men Tom, der kun var en stakkels ulærd fyr, hvis studier indskrænkede sig til det Nye Testamente, fandt ikke nogen trøst eller lindring i synspunkter som disse. Han var oprørt i sin sjæls inderste over *misgerningerne* mod den stakkels lidende sjæl, der nu lå som et knækket siv mellem kasserne; denne levende, blødende, følende og dog udødelige *ting*, som amerikansk lov koldt og kynisk anbragte i samme gruppe som de bylter, bomuldsballer og kasser, hun lå iblandt.

Tom nærmede sig og prøvede at indlede en samtale, men hun sukkede bare. Med tårerne trillende ned ad kinderne talte han om et kærligt hjerte i Himlen, en medlidende Jesus og et evigt hjem, men sjælekval havde gjort hende døv, og hendes knuste hjerte følte intet mere.

Natten kom – en herlig stille nat med talløse stjerner, der som engleøjne skuede ned på Jorden, strålende og klare, men tavse. Der var ingen udstrakte, hjælpende hænder, og der lød ingen deltagende stemmer fra denne fjerne himmel. En efter en døde stemmerne på skibet bort, efterhånden som folk faldt i søvn, og snart hørte man kun lyden af bølgeskvulp mod skibsboven. Mens Tom lå på en kasse og prøvede på at falde i søvn, hørte han igen og igen halvkvalt hulken og jamren fra det stakkels, nedbrudte væsen: "Åh! Hvad skal jeg stille op? Åh, Gud! Åh, gode Gud, hjælp mig!" Disse ord blev gentaget igen og igen, indtil de døde bort i en uhørlig mumlen og til sidst blev helt stille.

Ved midnat vågnede Tom med et sæt. En sort skygge gled hurtigt forbi ham og fortsatte hen til skibssiden, og kort efter hørte han et plask i vandet. Ingen andre lagde mærke til noget. Han kiggede sig omkring – kvindens plads var tom! Hurtigt kom han på benene og ledte forgæves efter hende. Hendes stakkels, blødende hjerte havde endelig fundet ro, og floden klukkede og skvulpede roligt af sted, som om den ikke lige havde lukket sig over hende.

Tålmodighed! Tålmodighed! Alle I, hvis hjerter oprøres over disse misgerninger. Hvert eneste lidende hjerteslag og hver eneste tåre fra de undertrykte huskes af "Lidelsernes mand", "Herlighedernes Herre". I sit tålmodige, overbærende hjerte bærer han alverdens smerte og lidelser. Bær det tålmodigt som han og arbejd i kærlighed; for lige så sikkert, som han er Gud, *vil* hans frelse komme.

Slavehandleren vågnede tidligt næste morgen og kom ud for at se til sin slavebeholdning. Nu var det hans tur til at kigge sig forvirret omkring.

"Hvor i alverden er tøsen?" spurgte han Tom.

Tom, som havde lært, at det var klogest at holde sine tanker for sig selv, følte ikke, at han burde meddele sine observationer og mistanke, så han sagde kun, at han ikke vidste det.

"Hun kan umuligt være gået i land i nat ved noget anløbssted, for jeg var vågen og holdt vagt, hver gang skibet stoppede. Jeg betror ikke den slags ting til andre."

Haley henvendte sig til Tom i en fortrolig tone, som om det var noget, der skulle være af særlig interesse for ham. Men Tom sagde ikke noget.

Slavehandleren gennemsøgte nu skibet fra stævn til agter. Han søgte mellem kufferter, kasser, bomuldsballer og tønder, omkring maskinen og ved skorstenene – alt sammen forgæves.

"Hør nu Tom, hjælp mig nu," sagde han til Tom, da han kom tilbage fra sin forgæves eftersøgning. "Du ved noget om dette. Sig ikke nej, for jeg ved bestemt, at du ved noget. Jeg så pigen her omkring klokken ti og igen klokken tolv og senere igen mellem et og to, men klokken fire var hun væk. Du sov her hele tiden, så du må vide noget – du må have set eller hørt noget."

"Ja, massa," sagde Tom, "ud på morgenstunden vågnede jeg ved, at nogen gik forbi mig, og så hørte jeg et stort plask, og da jeg kiggede mig omkring, var pigen væk. Det er alt, hvad jeg ved."

Slavehandleren var ikke rystet eller forundret, for som vi sagde før, så var han vant til mange forskellige ting, som hverken du eller jeg er vant til. Selv ikke Dødens grufulde tilstedeværelse vækkede nogen højtidelige følelser hos ham. Han havde set Døden mange gange – mødt den i sine forretninger og gjort dens bekendtskab. Han betragtede den mere som en hård konkurrent, der blandede sig i hans forretninger på en meget unfair måde. Derfor nøjedes han kun med at bande over, at pigen var en utaknemmelig tøs, og at han havde været pokkers uheldig – for hvis tingene fortsatte på denne måde, så ville han ikke tjene en cent på denne rejse. Kort sagt følte han sig meget uretfærdigt behandlet, men der var ikke noget at gøre ved det, fordi kvinden var flygtet ind i en stat, som *aldrig ville udlevere en flygtning* – selv ikke hvis den glorværdige Union forlangte det. Slavehandleren satte sig derfor mismodigt ned med sin lille regnskabsbog og indførte i *rubrikken for Tab*: "Et styk krop med en tilhørende sjæl."

"Han er virkelig en forfærdelig person, ikke sandt, denne handelsmand? Blottet for enhver menneskelig følelse! Det er virkelig skrækkeligt!"

"Åh, men der er ingen, der bryder sig om disse slavehandlere! De er foragtet af alle, og dannede mennesker vil ikke have noget med dem at gøre."

Men hvem, sir, skaber slavehandleren? Hvem bærer den største skyld? Den oplyste, kultiverede og intelligente person, som understøtter det system, der gør det nødvendigt med en slavehandler, eller den foragtede slavehandler selv? De, min herre, skaber den offentlige mening, som nødvendiggør slavehandlerens håndværk, der korrumperer og fordærver ham, indtil han ikke længere føler skam ved det; så på hvilken måde er De bedre end han?

Er De veluddannet, mens han er uuddannet? Er De højt på strå, mens han er nederst i samfundet? Har De bedre manerer, mens han er grov? Er De velbegavet, mens han er indskrænket?

Når dommens dag kommer, så kan disse betragtninger gøre det mere tåleligt for slavehandleren end for Dem.

Ved afslutningen af dette kapitel om disse små uheld ved lovlig handel, må vi bede verden om at forstå, at amerikanske lovgivere ikke er blottede for menneskelige følelser, som man måske kunne være tilbøjelig til at tro, når man ser de store anstrengelser, som vores nation gør for at beskytte og fortsætte denne form for handel.

Hvem har måske ikke hørt, hvordan vores største mænd overgår sig selv i deres taler rettet mod *udenlandsk* slavehandel? En hel hær af Clarksons og Wilberforces[30] er vokset op, som på opbyggelig vis behandler dette emne. At handle med negre fra Afrika, kære læser, er så rædsomt og afskyeligt! Det er slet ikke til at tænke på! Men at handle med negre fra Kentucky, det er noget ganske andet!

---

[29] **Dr. Joel Parker fra Philadelphia**. [Mrs. Stowe's note.] Presbyteriansk præst (1799-1873) og ven af Beecher-familien. Mrs. Stowe prøvede forgæves at få navnet på denne præst fjernet fra trykpladerne til førsteudgaven.

[30] **Wilberforce, William** (24. augtust 1759 – 29. juli 1833) var en engelsk politiker, der agiterede ivrigt for afskaffelse af handlen med slaver. Gennem hans og **Clarksons** energiske indsats lykkedes det at gennemføre en lov, der gjorde en ende på den britiske handel med slaver den 8. januar 1808.

KAPITEL 13

Kvækersamfundet[31]

Vi har et fredfyldt billede foran os: et stort, rummeligt, smukt malet køkken, hvis gule gulv er blankt og renskuret uden et eneste gran støv; et smukt, velpudset komfur; rækker af skinnende tin, der får én til at tænke på alle mulige lækre retter; blanke grønmalede træstole, gamle og solide; en lille gyngestol med et flettet sæde og en smuk pude med et patchwork af forskellige farvede tøjstykker, samt en større bedstemor gyngestol, hvis brede armlæn og dunpuder udstråler gæstfrihed – en rigtig bekvem, indbydende gammel stol, der byder på mere hjemlig hygge end et dusin af de sædvanlige plys- eller brokadebetrukne dagligstuemøbler. Og i denne gamle, hyggelige gyngestol sidder vores gamle veninde Eliza og gynger roligt frem og tilbage med øjnene fæstnet på et syarbejde. Ja, her sidder hun, blegere og tyndere end i sit tidligere Kentucky-hjem og med sorte rande af undertrykt sorg under skyggen af sine lange øjenvipper og med furer omkring sin blide mund! Det er tydeligt at se, hvor meget ældre og hærdet hendes unge pigehjerte er blevet i sorgens strenge skole, og når hun hvert andet øjeblik hæver blikket og med sine mørke øjne følger sin lille Harry, der i leg flagrer livligt omkring som en tropisk sommerfugl, får hendes ansigt et alvorligt og bestemt udtryk, som man ikke tidligere så hos hende i hendes mere lykkelige dage.

Ved siden af hende sidder en kvinde med et skinnende tinfad i skødet, hvori hun omhyggeligt sorterer nogle tørrede ferskner. Hun er måske omkring 55-60 år gammel, men hendes ansigt er af den slags, som tiden er gået let hen over og har ældet på en smuk måde. Den snehvide kyse af crepe efter kvækernes mønster – det enkle, hvide musselintørklæde, smukt foldet over hendes bryst – det gråbrune sjal og kjolen viser med det samme, hvilket samfund hun tilhører. Hendes ansigt er rundt og rosenrødt med en sund dunet blødhed, der minder om en moden fersken. Hendes hår, delvist sølvsprængt af alderen, er skilt i midten og redt glat tilbage fra hendes høje, glatte pande, der er ubeskrevet af tiden og kun udstråler budskabet "fred på jord og til mennesker med Guds velbehag". Og under denne høje pande stråler et par klare, ærlige og kærlige brune øjne, som man bare skal kigge ind i en enkelt gang for at vide, at der i brystet på hende banker et hjerte, der er så godt og sandt som hos nogen kvinde. Meget er blevet sagt og sunget om smukke, unge kvinder, men hvorfor beskriver ingen skønheden hos ældre kvinder? Hvis nogen ønsker lidt inspiration angående dette, så kan vi henvise dem til vores gode ven Rachel Halliday, som hun sidder der i sin lille gyngestol, der har en tilbøjelighed til at knirke og knage. Måske er den blevet forkølet tidligt i livet, eller også er den blevet astmatisk eller nervesvækket med alderen, men sikkert er det, at dens dæmpede knirken og knagen, mens hun gynger frem og tilbage, ville have været utålelig ved enhver anden stol. Men gamle Simeon Halliday erklærede ofte, at dens knirken var som sød musik i hans ører, og alle børnene bedyrede, at de ikke ville undvære lyden af deres mors stol for alt i verden. Og hvorfor? Ja, i tyve år eller mere var der kun kommet kærlige ord, milde formaninger og en moders kærlige venlighed fra denne stol – utallige hovedpiner og hjertesorger var blevet kureret her – vanskelige åndelige og jordiske problemer var blevet løst her – og alt sammen af en god og kærlig kvinde. Gud velsigne hende!

"Og du tænker stadig på at rejse til Canada, Eliza?" sagde hun, mens hun roligt så op fra sine ferskner.

"Ja, frue," sagde Eliza bestemt. "Jeg må rejse videre. Jeg tør ikke blive her."

"Men hvad vil du bestille, når du kommer til Canada? Det bliver du nødt til at tænke på, min datter."

Ordene "min datter" kom helt naturligt over Rachel Hallidays læber, for hun havde netop det ansigt og udseende, der fik "moder" til at være det mest naturlige ord i verden.

Elizas hænder skælvede, og nogle tårer dryppede ned på hendes håndarbejde, da hun med fast stemme sagde: "Jeg vil arbejde med hvad som helst. Jeg håber, jeg kan finde noget."

"Du ved godt, at du kan blive her så længe, du har lyst," sagde Rachel.

"Jo, mange tak," sagde Eliza, "men jeg tænker hele tiden på Harry. Jeg kan ikke sove om natten eller finde ro. I går nat drømte jeg, at manden kom ind i gården," sagde hun med en kuldegysning.

"Stakkels barn!" sagde Rachel og tørrede sine øjne. "Men du skal ikke være bange. Vorherre har hjulpet os, så ingen flygtning nogensinde er blevet bortført fra vores landsby. Jeg er sikker på, at du ikke vil være den første."

Døren gik op, og en lille buttet kone med et muntert, rødmosset ansigt som et modent æble, trådte ind. Hun var klædt i en gråbrun kjole ligesom Rachel og med et musselintørklæde foldet pænt hen over sit fyldige bryst.

"Ruth Stedman," sagde Rachel og gik hende glad i møde. "Hvordan går det, Ruth?" spurgte hun hjerteligt og greb begge hendes hænder.

"Tak, godt," sagde Ruth, mens hun tog sin lille, gråbrune kyse af og støvede den af med sit tørklæde, inden hun satte den tilbage på hovedet. Hun havde et lille rundt hoved, hvor kvækerhuen nu satte sig til hvile på en temmelig selvrådig måde på trods af alle hendes forsøg på at stryge og rette på den med et par små, tykke hænder. Nogle lokker af krøllet hår havde også forvildet sig ud under kysen og måtte stoppes tilbage på plads. Den nyankomne, der må have været omkring 25 år gammel, vendte sig nu synligt tilfreds bort fra det lille spejl, hun havde brugt til at smukkesere sig foran. De fleste, der så hende, ville også have været tilfredse, da hun var en kærnesund, hjertensgod og munter lille kvinde, der ville have glædet enhver mands hjerte.

"Ruth, det er min ven Eliza Harris, og her er hendes lille dreng, som jeg har fortalt dig om."

"Det glæder mig meget at møde dig, Eliza," sagde Ruth og trykkede Elizas hånd så varmt, som om hun var en gammel ven, hun havde længtes efter. "Og det er den dejlige dreng. Jeg har taget en lille kage med til ham," sagde hun og rakte et stykke hjerteformet kage frem til drengen, der tog imod det efter et sky blik på hende gennem sine krøller.

"Hvor er din baby, Ruth?" spurgte Rachel.

"Åh, han kommer snart, men din Mary snuppede ham, da jeg kom, og bragte ham hen til laden for at vise ham frem til børnene."

I samme øjeblik gik døren op, og Mary, en kæk rødmosset pige med de samme store brune øjne som sin mor, kom ind med babyen.

"Nåda!" sagde Rachel, da hun havde rejst sig op og taget den store, hvide og tykke dreng i sine arme. "Hvor ser han godt ud, og så hurtigt han vokser!"

"Ja, det er helt sikkert," sagde Ruth, idet hun greb fat i barnet og energisk begyndte at klæde ham af. Først den lille blå silkehue og så de yderste og inderste lag af tøj. Efter at have have rettet omhyggeligt på resten af drengens påklædning gav hun ham et kærligt kys og satte ham ned på gulvet, hvor han i ro og fred kunne sidde og tænke over tingene. Den lille dreng virkede helt fortrolig med denne behandling, for han begyndte omgående at sutte på sin tommelfinger (som en helt naturlig ting) og virkede snart helt opslugt af sine egne tanker. Hans mor satte sig derefter til rette og begyndte ivrigt at strikke videre på en lang strømpe med noget blåt og hvidt garn.

"Mary, kan du ikke være rar fylde kedlen?" foreslog hendes mor blidt.

Mary fyldte kedlen ved brønden og satte den på komfuret, hvor den snart begyndte at snurre og dampe lystigt som en slags røgelseskar for gæstfrihed og festlig stemning. Efter en blid og hviskende opfordring fra Rachel anbragte de samme hænder derefter ferskenerne på en pande over ilden.

Rachel tog et snehvidt æltebræt frem, bandt et forklæde om livet og gik i gang med at ælte dej til nogle kiks, så sagde hun til Mary: "Mary, du må hellere bede John om at gøre en kylling klar."

"Hvordan går det med Abigail Peters?" spurgte Rachel, mens hun fortsatte med sine kiks.

"Jo, hun har det bedre," svarede Ruth. "Jeg besøgte hende her til morgen, redte hendes seng og ryddede lidt op i huset. Leah Hills kom i eftermiddags og bagte brød og tærter, så hun har mad til nogle dage. Jeg har også lovet at komme tilbage her til aften og hjælpe hende op."

"Jeg vil gå hen til hende i morgen og gøre rent og stoppe tøj, hvis det er nødvendigt," sagde Rachel.

"Ja, det er godt," sagde Ruth. "Jeg har også hørt, at Hannah Stanwood er syg. John var der i går aftes, og jeg går derhen i morgen."

"John kan komme herhen og spise sine måltider, hvis du har brug for at være der hele dagen," foreslog Rachel.

"Mange tak, Rachel, det finder vi ud af i morgen. Men der kommer Simeon."

Simeon Halliday trådte ind. Han var en høj, rank og muskuløs mand i gråbrunt tøj og med en bredskygget hat på hovedet.

"Hvordan går det, Ruth?" spurgte han venligt og greb med sin brede næve hendes lille hånd. "Og hvordan har John det?"

"Jo, John har det fint, og det har resten af familien også," sagde Ruth muntert.

"Er der noget nyt, far?" spurgte Rachel, mens hun satte sine kiks ind i ovnen.

"Peter Stebbins fortalte, at de ville komme forbi i aften med nogle *venner*," sagde Simeon meget sigende, mens han vaskede sine hænder i en vask på verandaen bag huset.

"Gjorde han det?" sagde Rachel og kiggede tankefuldt på Eliza.

"Sagde du ikke, at du hed Harris?" spurgte Simeon Eliza, da han kom ind fra verandaen.

Rachel så hurtigt hen på sin mand, da Eliza med skælvende stemme svarede: "Jo." Hendes evige og største frygt var, at hun måske var efterlyst.

"Rachel!" sagde Simeon og kaldte Rachel ud på verandaen.

"Hvad er der i vejen?" spurgte Rachel og gik ud til ham, mens hun gned melet af hænderne.

"Barnets far er ankommet til kolonien og kommer her i aften," sagde Simeon.

"Nej, det siger du ikke?" sagde Rachel og strålede af glæde.

"Det er sandt. Peter var nede ved det andet ankomststed med vognen i går, og der fandt han en gammel kvinde og to mænd. Den ene af mændene sagde, at han hed George Harris, og ud fra, hvad han fortalte, er jeg ret sikker på, at det er Elizas mand. Han er osse både klog og venlig."

"Skal vi fortælle hende det nu?" spurgte Simeon.

"Lad os spørge Ruth," sagde Rachel. "Hør, Ruth, kom lige herud."

Ruth lagde sit strikketøj fra sig og gik ud på verandaen.

"Ruth, hvad synes du?" spurgte Rachel. "Simeon siger, at Elizas mand er med på det sidste hold og kommer her i aften."

Et glædesudråb fra den lille kvækerdame afbrød Ruths talestrøm. Hun klappede så energisk i hænderne og hoppede rundt på gulvet, så et par vildfarne lokker faldt ud under hendes kvækerhue og lagde sig til rette på hendes hvide halstørklæde.

"Stille nu, kære!" sagde Rachel blidt. "Tag det roligt, Ruth! Skal vi fortælle hende det nu?

"Ja, lige nu. Lige her og nu. Tænk hvis det var min egen John, hvordan ville jeg så føle mig? Sig det til hende lige med det samme."

"Du har kun brug for dig selv for at lære at elske din næste, Ruth," sagde Simeon og kiggede glad på Ruth.

"Javist, er det ikke det, vi er skabt til? Hvis jeg ikke elskede John og barnet, så ville jeg ikke vide, hvordan jeg skulle føle over for hende. Kom nu, fortæl det til hende – lige nu!" sagde hun og lagde sin hånd overtalende på Rachels arm. "Tag hende med ind i dit soveværelse, så steger jeg kyllingen imens."

Rachel gik ind i køkkenet, hvor Eliza sad og syede og åbnede døren til et lille soveværelse. Så sagde hun blidt: "Kom med herind, min datter, jeg har nyheder til dig."

Blodet skød op i Elizas blege ansigt, nervøst rejste hun sig op og kastede et ængsteligt blik på sin dreng.

"Nej, nej," sagde den lille Ruth, idet hun sprang op og greb hendes hænder: "Du skal ikke være bange, det er gode nyheder, Eliza. Gå bare ind!" Hun skubbede blidt Eliza ind i soveværelset og lukkede døren efter hende. Så vendte hun sig omkring, tog den lille Harry i sine arme og kyssede ham blidt.

"Du skal snart møde din far, lille ven. Forstår du? Din far kommer her," sagde hun igen og igen, mens drengen kiggede forundret på hende.

Bag soveværelsesdøren skete der noget helt andet. Rachel Halliday trak Eliza ind til sig og sagde: "Vorherre har forbarmet sig over dig, min datter. Din mand er sluppet væk fra trældommens hus."

Blodet skød op i Elizas kinder og fik dem til at blusse rødt, derefter løb det lige så hurtigt tilbage til hjertet igen, så hun blev helt bleg. Hun satte sig ned, svimmel og svag.

"Fat mod, mit barn," sagde Rachel og lagde en trøstende hånd på hendes hoved. "Han er blandt venner, som vil bringe ham herhen i aften."

"I aften!" gentog Eliza, "I aften!" Ordene gav ingen mening for hende, hun følte sig omtåget og forvirret. Det hele flød sammen for hende i en tåge.

Da hun vågnede igen, fandt hun sig selv liggende på sengen med et tæppe over sig, mens Ruth gned begge hendes hænder med kamfer. Hun åbnede øjnene og befandt sig i en slags sløv, lykkelig drømmelignende tilstand som en, der pludseligt er blevet befriet for en tung byrde og nu ønsker at hvile sig, fordi den er borte. Den nerveanspændelse, som havde fulgt hende på hvert eneste skridt af hendes flugt, var forsvundet og blevet erstattet af en mærkelig følelse af tryghed og ro. Som i en drøm fulgte hendes store, mørke øjne med i, hvad der foregik omkring hende. Døren ind til det andet værelse stod åben, og hun så spisebordet var dækket med en snehvid dug, hun hørte den dæmpede lyd fra en snurrende tekedel, og hun så Ruth trippe frem og tilbage med kagefade og henkogt frugt. Nu og da stoppede hun op for at stikke en kage i hånden på Harry, klappe ham på hovedet eller sno hans lange krøller omkring sine liljehvide fingre. Hun lagde mærke til Rachels fyldige, moderlige skikkelse, når hun af og til nærmede sig sengen og rettede på tæppet eller puderne for at vise sin hjælpsomhed. Og Eliza kunne ikke undgå at føle Rachels kærlige blik, der som varmt solskin strålede ud af hendes klare, brune øjne og skinnede på Eliza. Ruths mand trådte ind, og hun så Ruth løbe ham i møde og tale med ham i et hviskende tonefald, mens hun af og til pegede udtryksfuldt i retning af soveværelset. Hun så Ruth sætte sig ved tebordet med sit barn i armene, og at den lille Harry var anbragt i sin høje stol under mor Rachels beskyttende vinger. Der var en utydelig mumlen af stemmer, klirren af teskeer, raslen med kopper og underkopper, alt sammen blandet sammen til en vidunderlig, afslappende drøm. Og Eliza sov, som hun ikke havde sovet siden den frygtelige midnatstime, hvor hun havde taget sit barn og var flygtet ud i den iskolde, stjerneklare nat.

Hun drømte om et vidunderligt land – et roligt og fredeligt land med grønne kyster, dejlige øer og et smukt, glitrende vand; og i et hus i dette land, som venlige stemmer fortalte hende var hendes hjem, så hun sin dreng lege som et frit og lykkeligt barn. Hun hørte sin mands fodtrin, han kom hen til hende, omfavnede hende, og hun mærkede hans tårer falde på sit ansigt, og så vågnede hun! Men det var ingen drøm. Dagslyset var for længst forsvundet, hendes dreng lå roligt og sov ved siden af hende, et tællelys brændte svagt på natbordet, og hendes mand græd stille ved hendes pude.

―――――◆―――――

Den næste morgen var der feststemning i kvækerhjemmet. Mor Rachel var tidligt i gang og omgivet af travle piger og drenge, som vi dårligt havde tid til at introducere for vores læsere i går. Alle havde travlt med at forberede morgenmåltidet og arbejdede lydigt til Rachels blide "Du må hellere" eller det endnu blidere "Burde du ikke?", for morgenmåltidet i Indianas pragtfulde dale er en kompliceret og mangeartet affære, der kræver mange forskellige hænder. Så mens John løb til kilden for at hente frisk vand, og Simeon den yngre sigtede mel til majskager, og Mary malede kaffebønner, var Rachel stille og roligt beskæftiget med at bage kiks, tilberede en kylling og sprede en slags strålende solskin over hele foretagendet. Og hvis der var fare for gnidninger eller sammenstød mellem disse tjenstivrige unge mennesker, så var hendes blide "Så, så!" eller "Det ville jeg ikke gøre" helt tilstrækkeligt til at bilægge alle stridigheder.

Skjalde har i generationer digtet om Venus bælte[32], der kunne fordreje hovedet på alle mennesker i verden. For min del ville jeg hellere have haft Rachel Hallidays bælte, som gjorde det modsatte, for i stedet for at fordreje folks hoveder fik hendes bælte alt til at gå harmonisk. Efter min mening er verden af i dag bedre tjent med det sidste.

Mens alle disse forberedelser var på sit højeste, stod Simeon den ældre i skjorteærmer foran et lille spejl i hjørnet stærkt optaget af at barbere sig. Alt åndede fred, ro og idyl i det store køkken – alle virkede glade og tilfredse med det, de gjorde, og der var en atmosfære af gensidig tillid og godt kammeratskab – selv knivene og gaflerne klirrede godmodigt, når de blev lagt på bordet, og kyllingen og skinken sydede muntert på panden, som om det at blive stegt var det bedste, de vidste. Og da George, Eliza og lille Harry kom ud i køkkenet fik de en så hjertelig velkomst, at det hele virkede som en drøm.

Snart sad de alle bænket ved morgenbordet, mens Mary endnu stod ved komfuret og bagte pandekager, der straks blev bragt hen til bordet, efterhånden som de havde opnået den perfekte guldbrune kulør.

Som Rachel sad der som overhoved for enden af bordet, udstrålede hun mild og ægte lykke. Selv måden hun sendte en tallerken pandekager videre på eller skænkede en kop kaffe var så helhjertet moderlig, at det virkede som om den mad og drikke, hun tilbød, også blev påvirket af hendes ånd.

Det var første gang nogensinde, at George sad som en fri mand ved en hvid mands bord, så han følte sig temmelig utilpas og forlegen i starten, men disse følelser døde hurtigt bort og forsvandt som dug for solen, da han blev mødt med overstrømmende venlighed.

Ja, dette var i sandhed et hjem. George havde aldrig kendt betydningen af ordet *hjem*, men fra dette øjeblik begyndte en tro på Gud og tillid til hans forsyn at spire frem i hans sorgfulde hjerte, mens den beskyttelse og tillid han oplevede her bortjog den mørke, menneskefjendske og gudsfornægtende tvivl, der indtil nu havde pint ham. Og hans trodsige fortvivlelse smeltede langsomt bort i lyset af dette levende evangelium, han læste i sine venners ansigt, og som blev forkyndt ved utallige kærlige og venlige gerninger, der som koppen med koldt vand givet i en discipels navn aldrig skal miste deres belønning.

"Far, hvad vil du gøre, hvis du bliver opdaget igen?" spurgte Simeon den yngre, mens han kom smør på sin pandekage.

"Så vil jeg betale min bøde," sagde Simeon stille.

"Men hvad hvis de sætter dig i fængsel?"

"Så kan du og mor vel tage jer af gården?" sagde Simeon med et smil.

"Mor kan gøre næsten alt," sagde drengen. "Men er det ikke forfærdeligt at lave sådanne love?"

"Du må ikke tale dårligt om din øvrighed, Simeon," sagde hans far alvorligt. "Herren giver os kun vores jordiske gods for at vi skal handle retfærdigt og vise barmhjertighed. Hvis vores øvrighed kræver et offer for det, må vi være parate til at betale prisen."

"Jamen, jeg hader disse gamle slaveejere!" sagde drengen, som i dette øjeblik følte sig lige så ukristelig som en moderne reformator.

"Jeg er overrasket over dig, min søn," sagde Simeon. "Det er ikke noget, du har lært af din mor. Jeg ville gøre det samme for slaveholderen som for slaven, hvis Herren bragte ham til min dør, og han var nødlidende."

Simeon den yngre blev blussende rød, men hans mor smilede bare og sagde: "Simeon er en god dreng. Han bliver ældre, og efterhånden vil han blive mere som sin far."

"Jeg håber, min gode herre, at De ikke bliver udsat for ubehageligheder for vores skyld," sagde George ængsteligt.

"Frygt ikke, George, for derfor er vi sendt her til verden. Hvis ikke vi mødte problemer for en god sags skyld, så ville vi ikke være vort navn værdigt.

"Men for *min* skyld," sagde George, "det ville ikke være til at bære."

"Frygt ikke, kære ven, det er ikke for din skyld, men for Gud og mennesker, vi gør det," sagde Simeon. "Og nu må du forholde dig i ro resten af dagen, og i aften klokken ti vil Phineas Fletcher bringe dig videre til det næste ankomststed – dig og resten af dit selskab. Dine forfølgere er lige i hælene på dig, så vi har ingen tid at spilde."

"Hvis de er så tæt på hvorfor så vente til i aften?" spurgte George.

"Du er i sikkerhed her, så længe det er dagslys, for alle her i kolonien hører til Vennernes Religiøse Samfund og holder godt udkig. Desuden er det mere sikkert at rejse om natten."

---

[31] **Kvækerne** (Vennernes Religiøse Samfund): er en kristen bevægelse, der opstod i England omkring 1650. Kvækerne har altid været kendt og respekteret for deres samfundsmæssige engagement. Nogle af de idealer, kvækerne sætter meget højt, er fred, lighed, sandhed og enkelhed.

[32] **Venus' bælte:** Et magisk bælte ejet af Venus, som var romersk gudinde for kærlighed, skønhed og frugtbarhed. Bæltet var udsmykket med alle de ting, som kunne vække elskovssyge hos guder og dødelige. Den, der bar det, blev derfor ganske uimodståelig. Venus lånte blandt andet bæltet ud til Juno, gudinden for ægteskaber, fødsler og frugtbarhed, for at hun kunne forføre sin troløse ægtemand, Jupiter (Venus' far).

KAPITEL 14

Evangeline

"En ung stjerne, der skinnede over livet,
for smukt et billede for en sådan glans,
Et vidunderligt væsen næppe formet eller modelleret.
En rose med alle sine sødmefyldte blade endnu lukkede."
Fra Don Juan af lord Byron[33]

Mississippi! Som med en magisk tryllestav har landskabet ændret sig siden Chateaubriand[34] i sin prosapoetiske skildring af Mississippi beskrev den som en flod af vældig, uberørt ensomhed, der rullede af sted blandt plante- og dyrerigets største undere.

Men indenfor kort tid forandrede denne drømmeagtige og vildt romantiske flod sig til en virkelighed, der ikke var mindre fantasifuld og storslået. Hvilken anden flod i verden bærer på sine bølger et lands rigdom og opfindsomhed helt ud til verdenshavet? – et land, der frembringer allehånde produkter mellem de to poler og troperne! Disse oprørte vandmasser, skummende, rivende og strømmende af sted er et godt billede på den energiske foretagsomhed, der styrter af sted i et kapløb, der er mere intenst og kraftfuldt, end noget andet den gamle verden nogensinde har set. Men i kølvandet på denne foretagsomhed er der også en pris at betale for disse fremskridt. En pris, der betales med tårer fra de undertrykte, suk fra de hjælpeløse og bitre bønner fra arme, uvidende hjerter til en ukendt Gud – ukendt, uset og stille, men som engang vil komme for at frelse alle Jordens stakler!"

Den nedgående sols stråler spiller i flodens udstrakte vandoverflade. Og de vajende sukkerrør og høje cypresser med deres mørke mos gløder i dens gyldne stråler, mens den tungt lastede flodbåd damper videre.

Lastet til randen med sine bomuldsballer fra mange plantager så flodbåden på afstand ligner en stor, grå, firkantet masse, stamper den sig besværligt fremad til den nærmeste handelsplads. Vi må søge længe på de overfyldte dæk, før vi igen finder vores ydmyge ven Tom. Vi finder ham til sidst på det øverste dæk i en lille krog mellem de opstablede bomuldsballer.

Dels på grund af mr. Shelbys tillidsfulde forsikringer og dels på grund af sin bemærkelsesværdigt skikkelige og rolige karakter havde Tom lidt efter lidt vundet endog Haleys tillid.

I begyndelsen havde Haley våget over ham som en høg og konstant holdt ham lænket om natten, men Toms stille væsen og tilsyneladende accept af sin skæbne havde fået ham til at opgive disse begrænsninger i hans frihed, og i et stykke tid havde Tom nydt en slags frihed under æresord, så han havde lov til at færdes frit på hele skibet.

Fordi Tom altid var så rolig og imødekommende og mere end villig til at række mandskabet på skibet en hjælpende hånd i en nødsituation, havde han efterhånden opnået et godt omdømme blandt dem. Og snart tilbragte han mange timer med at hjælpe dem lige så villigt, som da han arbejdede på en vis gård i Kentucky.

Når der ikke syntes at være mere for ham at gøre, klatrede han op til sin krog mellem bomuldsballerne på det øverste dæk og gav sig til at studere sin Bibel – og det er her, vi finder ham nu.

På en strækning af omkring 150 km ovenfor New Orleans ligger floden højere end det omliggende land og vælter sine uhyre vandmasser mellem massive dæmninger af over 6 meters højde. Fra skibets dæk kan den rejsende se milevidt ud over hele landskabet som fra et højt fæstningstårn. Her havde Tom fuldt udsyn over alle plantagerne, der udgjorde en slags kort over det liv, han snart skulle til at leve.

I det fjerne kunne han se slaverne, der var i gang med deres anstrengende arbejde på markerne, og endnu længere borte i plantagerne lå deres hytter i lange rækker godt adskilt fra herremændenes prægtige palæer og parker. Og efterhånden, som landskabet passerede forbi ham, vendte hans stakkels, tossede hjerte tilbage til Kentucky, og for sit indre blik så han gårdens gamle, skyggefulde bøgetræer, hans herres hovedhus med dets store, kølige værelser og lige i nærheden en lille hytte overgroet med en stor mangeblomstret rose og begonia. Han så sine kammeraters velkendte ansigter, som han var vokset op med fra barnsben af, og han så sin flittige kone, der havde travlt med at forberede hans aftensmåltid. Han hørte sine børn le muntert under deres leg og sin lille datters jubel, når hun sad på hans knæ. Så fortonede billedet sig pludseligt, og han så igen sukkerrørene og cypresserne ved plantagerne, der gled forbi, og hørte larmen fra skibets dampmaskine. Alt dette fortalte ham kun alt for tydeligt, at det afsnit af hans liv var forbi for altid.

I sådanne tilfælde ville du skrive til din kone og sende hilsner til dine børn, men Tom kunne ikke skrive. Posten eksisterede ikke for ham, så han kunne ikke bygge bro over adskillelsens brede kløft med et venligt ord eller en hilsen.

Er det da så mærkeligt, at der faldt nogle tårer på siderne i hans Bibel, da han lagde den på bomuldsballen og med en tålmodig finger stavede sig frem ord for ord for at søge trøst? Tom havde først lært at læse sent i livet, så derfor gik det langsomt med læsningen, og møjsommeligt stavede han sig frem fra vers til vers. Godt for ham var det, at netop den bog, han var så opsat på at læse, var en bog, som også helst burde læses langsomt. Hvert ord i den er som et guldkorn, der ofte bør vejes for sig selv, så dets helt specielle værdi har tid til at synke ind. Lad os følge ham et øjeblik, mens han peger på hvert ord og udtaler det halvhøjt: "

Jeres—hjerte—må—ikke—forfærdes.   I—min—faders—hus—er—der—mange—boliger. Jeg—går—bort—for—at— gøre—en—plads—rede—for—jer.

Da Cicero begravede sin elskede og eneste datter, var hans hjerte fyldt med oprigtig sorg ligesom hos den stakkels Tom.[35] Sikkert ikke mere fuldt, for begge var kun mænd – men Cicero ville aldrig have stoppet op over sådanne ophøjede ord om håb og heller ikke set frem til en fremtidig genforening. Og hvis han havde haft mulighed for at læse disse ord, så vil jeg vædde på, at han ikke ville have taget dem for pålydende. Han ville først have været nødt til at fylde sit hoved med tusinde spørgsmål angående ægtheden af dette manuskript og oversættelsens rigtighed. Men den stakkels Tom havde ikke sådanne betænkeligheder; for her stod netop de trøstens ord, han havde brug for. De var så indlysende sande og guddommelige, at han aldrig kunne drømme om at stille spørgsmålstegn ved dem. Det måtte være sandt, for hvis det ikke var sandt, hvordan kunne han så leve?

Selv om Toms Bibel ikke havde nogen anmærkninger eller hjælp i marginen fra lærde kommentatorer, så var den alligevel prydet med visse vejledende mærker og hentydninger, som Tom selv havde fundet på. Disse var ham til langt større nytte, end de mest lærde udlægninger kunne have været. Det var blevet en vane for ham at få Bibelen læst højt af en af hans herres børn og specielt den unge master George. Og efterhånden, som de læste, ville han med pen og blæk tegne særlige mærker eller slå tykke streger ud for de afsnit, som særligt tiltalte ham eller greb ham om hjertet. Hans Bibel var derfor fra ende til anden overtegnet med en mængde forskellige mærker og streger, så han på et øjeblik kunne finde sine yndlingsafsnit uden at skulle stave sig igennem alt det mellemliggende. Og som Bibelen nu lå opslået foran ham, mindede hvert eneste markeret afsnit ham om en glædelig begivenhed fra hans gamle hjem og en svunden tid. Således syntes Bibelen at være det eneste, som var tilbage fra hans gamle liv, samtidig med den gav ham et løfte om et nyt og fremtidigt liv.

Blandt passagererne på skibet var der en ung velhavende mand af god familie, som hed St. Clare og boede i New Orleans. Med sig havde han en datter, der var 5-6 år gammel, og en dame, der virkede til at være i familie med dem, og som havde opsynet med den lille pige.

Tom havde ofte set et glimt af pigen, for hun var en af disse trippende, travle skabninger, der er lige så svære at holde på det samme sted som en solstråle eller en sommerbrise – hun var heller ikke en af den slags, som var let at glemme eller overse.

Hun havde en smuk, velformet barnekrop uden den sædvanlige buttethed eller lidt firkantede omrids. Der var en slags svævende, luftig ynde over hende, som man kan forestille sig et eventyrvæsen ville have. Hendes ansigt var bemærkelsesværdigt, men ikke kun på grund af hendes kønne, regelmæssige ansigtstræk. Det var mere hendes alvorlige, drømmeagtige ansigtsudtryk, der satte kronen på værket hos dem, der så hende, og som gjorde indtryk på selv de mest kedelige og fantasiløse, uden de præcist vidste hvorfor. Hendes hovedform og knejsende nakke var særlig ædel, når hendes lange, gyldenbrune hår flød som en sky omkring hovedet. Den dybe, sjælfulde alvor i hendes violblå øjne, der var omkranset af tunge lokker af gyldenbrunt hår, skilte hende ud fra andre børn, og fik alle til at vende sig om efter hende, når hun bevægede sig omkring på skibet. Men på trods af dette var hun langt fra et alvorligt eller trist barn. Tværtimod havde hun en uskyldig og let legeånd, der synes at flagre som skygger af sommerblade hen over hendes barneansigt og omkring hendes yndefulde figur. Hun var altid i bevægelse, og med et let smil omkring sin rosenrøde mund fløj hun omkring med bølgende og luftige trin nynnende en lille melodi, som om hun befandt sig i en lykkelig drøm. Hendes far og barnepige var konstant på jagt efter hende, men lige så snart det lykkedes for dem at fange hende, smeltede hun bort igen som en sky på en varm sommerdag. Hun blev dog aldrig irettesat eller skældt ud for sine svinkeærinder, så hun fortsatte ufortrødent med sine ture rundt på skibet. Og selv om hun altid var klædt helt i hvidt, fik hun aldrig pletter eller mærker på tøjet, når hun let som en skygge bevægede sig overalt på skibet. Faktisk fandtes der ikke en afkrog oppe eller nede, hun ikke havde betrådt med sine alfeagtige fodtrin og udforsket med sit visionære, gyldne hoved og sine dybblå øjne.

Når fyrbøderen så op fra sit sveddryppende slid, mødte han nogle gange disse øjne, der undrende stirrede ind i ovnens glødende gab for bagefter at stirre på ham med frygtsomme og medlidende øjne, som om hun troede, at han svævede i en forfærdelig fare. En anden gang var det rorgængeren ved roret, der stoppede op med et smil, da et billedskønt hoved dukkede op foran styrehusets vindue for kort efter at forsvinde igen. Utallige gange om dagen velsignede grove stemmer hende, og usædvanligt bløde smil erobrede vejrbidte, barske ansigter, når hun gik forbi.

Og når hun frygtløst trippede hen over særligt farlige steder, dukkede grove, sodsværtede hænder uvilkårligt op for at redde hende og lette hendes vej.

Tom, der havde sin races blide, modtagelige sind og altid følte sig tiltrukket af det jævne og barnlige, iagttog den lille pige med stadigt stigende interesse. Hun syntes næsten at være et guddommeligt væsen, og når hendes gyldne hoved og mørkeblå øjne tittede frem bag en mørk bomuldsballe eller så på ham over en dynge pakker, var han nær ved at tro, at han så en af englene fra Bibelens nye testamente.

Ofte vandrede hun bedrøvet omkring på det sted, hvor Haleys flok af mænd og kvinder sad lænket. Sommetider gled hun ind imellem dem og betragtede dem med en rådvild og vemodig mine. Andre gange løftede hun på deres lænker med sine små barnehænder for derefter at sukke bedrøvet og liste sig bort. Mere end én gang dukkede hun pludseligt op mellem dem med hænderne fulde af slik, nødder og appelsiner, som hun muntert delte ud blandt dem, før hun forsvandt igen.

Tom havde længe holdt øje med den lille frøken, før han vovede at indlede et bekendtskab med hende. Han kendte til mange ting, der kunne interessere og lokke småfolk til, og en dag bestemte han sig for at spille sin rolle på bedste vis. Han kunne skære små fine kurve ud af kirsebærsten, lave groteske ansigter ud af valnøddekerner, eller skære sjove, hoppende figurer ud af marv fra hyldebærtræ, og han var en ren Pan[36] til at fremstille alle mulige slags fløjter. Hans lommer bugnede af mange forskellige spændende ting, som han oprindeligt havde samlet sammen til sin herres børn, og som han nu med prisværdig forsigtighed og tilbageholdenhed tog frem én for én med det formål at indlede et venskab.

Den lille pige var genert trods sin stærke interesse i alt, hvad der foregik omkring hende, så det var ikke nogen let opgave for Tom at vinde hendes venskab. Hun kunne sidde som en lille, sky kanariefugl på en kasse eller pakke i nærheden af Tom, når han udførte sine små kunststykker, og med en slags alvorlig beskedenhed ville hun modtage de små gaver, han tilbød hende. Men til sidst lykkedes det for Tom at komme på fortrolig fod med hende.

"Hvad hedder den lille frøken?" spurgte Tom hende til sidst, da han tænkte, at tiden måtte være moden til at fremsætte sådan en forespørgsel.

"Evangeline St. Clare," sagde den lille pige, "men min far og alle andre kalder mig for Eva. Hvad hedder du?"

"Jeg hedder Tom, men børnene hjemme i Kentucky plejer at kalde mig for onkel Tom."

"Så vil jeg også kalde dig for onkel Tom, for jeg kan godt lide dig," sagde Eva. "Så, onkel Tom, hvor er du på vej hen?"

"Det ved jeg ikke, miss Eva."

"Ved du det ikke?" spurgte Eva forbavset.

"Nej, jeg skal sælges til en eller anden. Jeg ved ikke hvem."

"Min far kan købe dig," sagde Eva med det samme, "og hvis han køber dig, så får du det godt. Jeg vil spørge ham om det i dag."

"Mange tak, min lille frøken," sagde Tom.

Dampskibet lagde ind til et lille anløbssted for at tage brændsel ombord, og Eva, der hørte sin far kalde, skyndte sig væk. Tom gik forud for at hjælpe til med at læsse brændet og var snart travlt optaget.

Eva og hendes far stod sammen ved rælingen for at se skibet lægge ud fra anløbsstedet, men da skovlhjulet begyndte at dreje rundt i vandet, gav det et pludseligt ryk i skibet, så Eva mistede balancen og styrtede ud over skibssiden og ned i vandet. Uden tanke for sit eget liv skulle hendes far lige til at springe ud efter hende, men han blev holdt tilbage af folk, som havde set, at en mere effektiv hjælp allerede var på vej til at redde hende.

Tom havde stået lige under hende på det nederste dæk, da hun faldt. Han så hende ramme vandet og synke, men i ét nu sprang han ud efter hende. For en mand som Tom, der havde en stor brystkasse og stærke arme, var det ingen sag at holde sig flydende i vandet. Og da pigen kort efter dukkede op igen, tog han hende i sine arme og svømmede hen til skibssiden, hvor han rakte den dryppende våde Eva op til de mange ivrige hænder, der strakte sig ud efter hende. Et øjeblik efter bar hendes far hende dyngvåd og bevidstløs ned til damernes kahyt, hvor der hurtigt opstod en velmenende kamp blandt de tilstedeværende kvinder, om hvem der kunne skabe den største forvirring og dermed forhale Evas bedring længst muligt.

———◆———

Det var en lummer, trykkende dag, da dampskibet nærmede sig New Orleans. En forventningsfuld og travl stemning bredte sig gennem skibet, og i kahytterne fik folk travlt med at pakke deres ting sammen og forberede sig til at gå i land. Stewarden og kammerpigen fik travlt med at skure, polere og gøre i orden på det prægtige skib som forberedelse til den store ankomst.

På det nederste dæk sad vores gode ven Tom med korslagte arme og kiggede uroligt op på en gruppe mennesker i den anden side af skibet.

Her stod den kønne Evangeline. Hun så en smule mere bleg ud end dagen før, men bortset fra det så hun ikke ud til at have fået mén fra ulykken. Ved siden af hende stod en elegant, ung mand, der lænede sin ene albue skødesløst mod en balle bomuld, mens en stor tegnebog lå opslået foran ham. Man kunne med et enkelt blik se, at manden var Evas far. De havde begge den samme ædle holdning, de samme store blå øjne og det samme gyldenbrune hår, men udtrykket i øjnene var helt forskelligt. I Evas øjne var der et tåget, drømmeagtigt, udtryk, mens hendes fars øjne var klare, dristige og lysende på en slags overjordisk måde. Hans smukt formede mund havde et stolt og lidt sarkastisk udtryk, mens han i alle sine bevægelser førte sig med en slags utvungen overlegenhed, der ikke var helt uklædelig. Med en godmodig, halvt overbærende, halvt foragtelig mine stod han nu og lyttede på Haley, som i høje toner roste den vare, de var ved at købslå om.

"Kort sagt, alle moralske og kristne dyder indbundet i et sort pragtbind!" sagde han, da Haley var færdig med sin salgstale. "Hør nu, min gode mand, hvor meget skal jeg bløde, som de siger i Kentucky. Kort sagt, hvor meget vil denne handel koste mig? Hvor meget har De tænkt at snyde mig for? Ud med sproget!"

"Ja," sagde Haley, "hvis jeg forlanger trettenhundrede dollars for den fyr, så ville jeg kun lige få dækket mine udgifter. Det forsikrer jeg Dem om."

"Stakkels fyr!" sagde den unge mand og kiggede på Haley med et skarpt, spottende blik. "Men jeg går ud fra, at jeg får lov til at købe ham for det, fordi De vil gøre mig en tjeneste."

"Javist, den unge dame her virker til at være meget glad for ham, og det er jo ret naturligt."

"Åh, selvfølgelig, det er noget, som kalder på Deres næstekærlighed. Hør, når vi nu snakker om kristen velgørenhed, hvor langt ned i pris vil De gå af hensyn til den unge dame, der er så indtaget i ham?"

"Ja, lad mig nu tænke mig om," sagde slavehandleren. "Se hans legemsbygning. Han har en stor, bred brystkasse og er stærk som en hest. Se på hans hoved – en høj pandeskal er et tegn på en klog nigger, der er god til mange ting. Det har jeg selv lagt mærke til. Se, en nigger med en sådan vægt og kropsbygning er mange penge værd, selv om han skulle være dum som en dør. Men i dette tilfælde har vi en smart neger med en god kropsbygning, og det er usædvanligt, så selvfølgelig bliver prisen derefter. Denne fyr her bestyrede hele sin herres gård. Han har et ekstraordinært talent for forretning."

"Det lyder ikke godt. Det er meget dårligt. Han ved allerede alt for meget!" sagde den unge mand med det samme drillende smil om munden. "Det vil aldrig gå hos mig. Disse kloge fyre stikker altid af, stjæler heste og laver en helvedes ballade. Jeg tror, De bliver nødt til at slå et par hundrede af på prisen, fordi han er så klog."

"Der kan være noget om det, hvis det ikke var for hans fine karakter. Men jeg kan vise Dem anbefalinger fra hans herre og andre, der viser, at han er virkelig from. Han er det mest ydmyge, bedende og gudfrygtige væsen, De nogensinde har set. Han bliver faktisk kaldt for prædikant i det område, han kommer fra."

"Så kan jeg måske bruge ham som familiens præst," sagde den unge mand tørt. "Det var da noget af en idé. Det er temmelig småt med religion i vores hus."

"Det må vist være Deres spøg."

"Hvorfor tror De det? Fortalte De mig ikke lige, at han var prædikant? Er han blevet eksamineret af en kirkelig forsamling eller et råd? Lad mig se Deres papirer," sagde den unge mand med et glimt i øjet.

Hvis slavehandleren ikke havde bemærket det drilagtige glimt i mandens store blå øjne, der overbeviste ham om, at handlen til sidst ville gå i orden, havde han sikkert mistet tålmodigheden, men nu tog han i stedet en fedtet tegnebog frem fyldt med papirer og kiggede dem grundigt igennem. Alt imens betragtede den unge mand ham med en sorgløs og skæmtsom mine.

"Papa, køb ham nu! Det er lige meget, hvad han koster," hviskede Eva blidt i hans øre, efter hun var kravlet op på en kasse og lagde en arm omkring halsen på sin far. "Jeg ved, du har penge nok. Jeg vil gerne have ham."

"Til hvad, min skat? Skal du bruge ham til gyngehest eller måske som legekammerat?"

"Jeg vil gøre ham glad."

"Det er helt sikkert en original idé."

Haley rakte nu den unge mand et dokument underskrevet af mr. Shelby, som han tog imod med fingerspidserne og kiggede skødesløst igennem.

"Skrevet af en dannet mand og også velformuleret," sagde han. "Jeg må indrømme, at jeg er lidt betænkelig ved al denne religion," sagde han med sit sædvanlige drillende smil om munden. "Landet er næsten blevet ruineret af fromme, hvide mennesker. Disse fromme og gudfrygtige politikere, som vi ser lige før et valg. Der er så meget fromhed hos både kirke og stat, så man dårligt ved, hvem der snyder én næste gang. Jeg har ikke set i aviserne for nyligt, hvad markedsprisen er for al denne fromhed. Hvor mange hundrede dollars ekstra vil al denne religion koste mig?"

"De laver vist sjov," sagde slavehandleren, "men det kan være en fornuftig ting. Jeg ved, at der er forskel på religion. Nogle er rent forfærdelige. Det er dem med bønnemøder, hvor de synger, brølende fromme. Dem er der ikke noget ved, hverken sorte eller hvide. Men der findes også de virkelig gudfrygtige. Dem kan man finde blandt niggere og andre. De er blide, stille, pålidelige, ærlige kristne, som ingen i hele verden kunne lokke til at gøre noget dårligt. Og De kan se i dette brev fra Toms gamle herre, hvad han skriver om ham."

"Godt," sagde den unge man og åbnede sin tegnebog, "hvis De kan garantere mig, at jeg virkelig kan købe den slags gudfrygtighed, og at det vil blive godskrevet min konto i den store bog oppe hos Sankt Peter[37], så betyder det ikke noget, hvis jeg skal betale lidt ekstra for det. Hvad siger De til det?"

"Nej, det kan jeg virkelig ikke," sagde slavehandleren. "Jeg tror, vi hver især må svare for os selv på det sted."

"Det er ret uretfærdigt, når man betaler ekstra for religion, og man så ikke kan bruge det på det sted, hvor man har mest brug for det, ikke sandt?" sagde den unge mand og tog et bundt pengesedler ud af tegnebogen. "Værsgo' og tæl dem, gamle dreng!" sagde han og rakte slavehandleren pengene.

"All right," sagde Haley med et ansigt, der strålede af tilfredshed. Så tog han et gammelt blækhorn frem og underskrev salgsbrevet, som han kort efter rakte til den unge mand.

"Jeg gad vide, hvad jeg selv ville indbringe, hvis jeg blev takseret på den måde," sagde han, da han studerede salgsbrevet. "Så og så meget for min hovedform, så meget for en høj pande, så meget for mine arme, hænder og ben. Og til sidst et tillæg for min uddannelse, kundskaber, talenter, ærlighed og religiøse overbevisning! Gud forbarme mig! Det sidste ville nok ikke indbringe så meget ekstra, tænker jeg. Kom så her, Eva," sagde han og tog sin datters hånd. Så gik han over til Tom på den modsatte side af skibet, tog ham under hagen og løftede hans hoved: "Kig op Tom, og se hvordan din nye herre ser ud."

Tom så op. Han følte en stor glæde, da han kiggede op på den unge mands muntre, kønne ansigt, og han mærkede nogle tårer presse sig på, da han varmt sagde: "Gud velsigne Dem, master!"

"Ja, det håber jeg sandelig, han vil. Hvad var det, du hed? Tom? Han gør det sikkert lige så gerne på din bøn som på min, regner jeg med. Kan du køre et par heste, Tom?"

"Jeg er vant til at omgås heste," sagde Tom. "Master Shelby opdrættede en masse heste."

"Så tror jeg, jeg vil gøre dig til kusk, men på den betingelse, at du ikke drikker dig fuld mere end én gang om ugen. Bortset fra ved særlige anledninger, selvfølgelig."

Tom så temmelig overrasket og såret ud, da han sagde: "Jeg drikker aldrig, master."

"Jeg har hørt den sang før, Tom, men vi får se. Det vil være særdeles godt for alle parter, hvis du ikke gør det. Men bryd dig ikke mere om det, min dreng," tilføjede han muntert, da han så Tom stadig så alvorlig ud. "Jeg ved, at du vil gøre dit bedste."

"Det gør jeg bestemt, master," sagde Tom.

"Du skal nok få det godt," sagde den lille Eva. "Papa er meget god ved alle, selv om han altid laver sjov med dem."

"Papa er meget taknemmelig for sin fine anbefaling," sagde St. Clare leende, da han drejede om på hælen og gik.

---

[33] **Byron, George Gordon**: senere Lord Byron (22. januar 1788 – 19. april 1824) var en engelsk digter, politiker og ledende skikkelse indenfor romantikken.

[34] **Chateaubriand** (Francois Auguste Rene, Vicomte de Chateaubriand, 1768–1848) fransk statsmand og skribent. Han rejste i Nordamerika i 1789 og skrev en romantisk roman "Atala", hvor han blandt andet beskriver floden Mississippi, som " en flod af vældig, uberørt ensomhed, der rullede af sted blandt plante- og dyrerigets største undere."

[35] Da Cicero begravede sin elskede og eneste datter – I år 45 f.Kr. skrev Marcus Tullius Cicero et værk med titlen Consolatio (Trøst) for at lindre sin sorg efter sin datter Tullias død i februar samme år. *"Smerten er stærkere end trøsten,"* skrev han i sin store sorg. Kun fragmenter af dette værk har overlevet.

Cicero: (Marcus Tullius 106 - 43 f.Kr.) romersk politiker, taler, filosof og forfatter af oplysende skrifter om filosofi og retorik (kommunikation og talekunst).

[36] **Pan:** I græsk mytologi en hyrdegud. Han kendes på sine bukkeben med kraftig, ofte mørk, pels, sine to små horn i panden og sit ofte drilske væsen og ikke mindst sit instrument, panfløjten (et gammelt blæseinstrument bestående af en serie rør sat ved siden af hinanden).

[37] **Sankt Peter:** I Matthæusevangeliet udstyres disciplen Peter med "nøglemagt", det vil sige en fuldmagt til at bestemme, hvem der skal i Gudsriget. I den folkelige tradition findes forestillingen om Sankt Peter, der står ved indgangen til Paradis.

KAPITEL 15

Om Toms nye herre og forskellige andre ting

Eftersom vores ydmyge helts livsskæbne nu var blevet bundet sammen med mere velstående menneskers, er det på sin plads at give en kort beskrivelse af disse mennesker.

Augustin St. Clare var søn af en velhavende plantageejer i Louisiana. Familien stammede oprindeligt fra Canada. I familien var der to brødre, som lignede hinanden meget i temperament og karakter, hvoraf den ene slog sig ned på en blomstrende gård i Vermont, mens den anden blev en overmåde rig plantageejer i Louisiana. Augustins mor var ud af en fransk Huguenot[38] slægt, hvis familie var udvandret til Louisiana som nybyggere. Hun havde kun to børn, Augustin og hans bror. Augustin havde arvet sin mors skrøbelige helbred, og efter lægernes anbefaling blev han sendt til sin onkel i Vermont, hvor han tilbragte flere år af sin ungdom for at styrke og hærde sit helbred i et køligere og mere udfordrende klima.

Under sin opvækst udviklede han en særdeles følsom karakter, som mindede mere om en kvindes blide følelser end hans eget køns sædvanlige hårdhed. Men med tiden blev denne følsomhed dækket af manddommens hårde skal, og det var kun få mennesker, der vidste, at denne følsomhed endnu levede i bedste velgående i hans indre. Han var yderst talentfuld og foretrak at bruge sine evner på æstetiske og perfekte ting, mens han havde en stærk modvilje mod at beskæftige sig med livets mere virkelige ting, som man også kunne forvente det af hans følsomme sind. Kort efter han havde afsluttet sin uddannelse, blev hele hans sjæl optændt af en heftig og lidenskabelig kærlighed. Han blev forelsket over hals og hoved – den ene, sande forelskelse, som man kun oplever én gang i sit liv. Han levede på en lyserød sky – en sky, som så ofte brister og til sidst kun huskes som en utydelig drøm. Og drømmen bristede også for ham. For at sige det uden omsvøb – i Nordstaterne mødte han og vandt en stolt og smuk kvindes hjerte, og de blev forlovede. Han vendte tilbage til Syden for at ordne alt til brylluppet, men ret uventet kom hans breve retur med en besked fra kvindens formynder, om at når han læste denne besked, så ville den kvinde, han elskede så højt, allerede være en andens hustru. Næsten vanvittig af sorg forsøgte han forgæves, som så mange andre før ham, at hele sit knuste hjerte med en ny kærlighed. For stolt til at udbede sig en forklaring eller trygle om kærlighed, kastede han sig ud i selskabslivets vilde adspredelser, og inden der var gået fjorten dage fra den skæbnesvangre besked, var han blevet forlovet med sin hjemegns skønhedsdronning. Og lige så snart brylluppet kunne arrangeres, blev han ægtemand til en smuk skikkelse, et par kønne, mørke øjne og hundredetusinde dollars, og selvfølgelig regnede alle med, at han ville være et lykkeligt menneske.

Det lykkelige par nød deres hvedebrødsdage i en pragtfuld villa nær Pontchartrain søen[39], hvor de var værtspar for en kreds af gode venner. Men en dag modtog Augustin et brev i en *velkendt* håndskrift. Han fik det overrakt, netop som han var midt i en munter og interessant samtale omgivet af sine gæster. Han blev omgående bleg som et lig, da han genkendte håndskriften, men han tabte ikke fatningen og fuldførte i stedet den spøgefulde samtale, som han havde gående med en dame over-

ONKEL TOMS HYTTE · 221

for. Snart efter forlod han selskabet og gik alene ind på sit værelse, hvor han åbnede og læste brevet, der nu var til mere skade end gavn. Det var fra kvinden, han havde givet sit hjerte til, hvor hun forklarede, hvordan hun havde været udsat for pression fra sin formynders familie, der ønskede, at hun giftede sig med deres søn. Hun fortalte også, at hun i lang tid ikke havde modtaget nogle breve fra ham, og hun havde skrevet gang på gang til ham, indtil hun var blevet træt og tvivlrådig. Til sidst var hendes helbred begyndt at svigte hende af bekymring, og derefter fortalte hun, hvordan hun til sidst havde opdaget, at de begge var blevet narret. Sidst i brevet udtrykte hun sit håb og sin taknemmelighed og erklærede ham sin evige kærlighed. For den ulykkelige unge mand var dette en bitter pille, som var værre end døden.

Han skrev omgående tilbage til hende: "Jeg har modtaget dit brev – men for sent. Jeg troede på, hvad jeg blev fortalt. Jeg var desperat. *Jeg er gift nu*, og alt er forbi. Det eneste, vi kan gøre nu, er at glemme."

Og således endte Augustin St. Clares kærlighedshistorie og hans drøm om et perfekt liv. Men *virkeligheden* stod tilbage – som det jævne, nøgne, mudrede dynd, der bliver tilbage, når de azurblå glitrende bølger med hele sit selskab af sejlskibe med hvide vinger samt musikken fra deres årer og det brusende vand er forsvundet. Så er der kun det jævne, nøgne mudder tilbage – overvældende i al sin virkelighed.

I en roman brister folks hjerter, så de dør, og det er slutningen på historien. Og det er en meget bekvem slutning på en historie, men i det virkelige liv dør vi ikke, når vi mister det, som gør os lykkelige i livet. Man skal først igennem en masse travle og vigtige perioder med at spise, drikke, spadsere, besøge, køb, salg, snak, læsning og alt andet, som udgør alt det, man sædvanligvis kalder for at *leve*, og det manglede Augustin endnu. Havde hans kone været en ægte livsledsager, så havde hun måske kunnet gøre noget – som kvinder nu kan – for at samle hans bristede livstråde og væve en ny og lykkelig tilværelse for dem begge. Men Marie St. Clare var ikke engang i stand til at se hans ulykke. Som sagt, så bestod hun kun af en smuk figur, et par smukke øjne og hundredetusinde dollars – men ingen af disse ting er god medicin mod en hjertesorg.

Da hun fandt Augustin liggende på sofaen bleg som et lig, hvor han klagede over en pludselig opstået hovedpine som grunden til sine lidelser, rådede hun ham til at bruge lugtesalt, og da hans bleghed og hovedpiner optrådte igen uge efter uge, sagde hun bare, at hun aldrig havde været klar over, at mr. St. Clare var sygelig. Hun fandt det derimod særdeles uheldigt, at han ikke var interesseret i at følges med hende, og at det virkede meget underligt for hende at gå ud så meget alene, når de lige var blevet gift. Augustin glædede sig i sit stille sind over, at han havde giftet sig med en så tungnem kvinde, men efterhånden som de kærlige ord og glansen, der hører til hvedebrødsdagene, falmede, opdagede han, at den smukke, unge kvinde, som hele sit liv var blevet forkælet og opvartet, kunne være en streng herskerinde i sit hjem. Marie var fra naturens hånd ikke et særlig kærligt eller følsomt væsen, og den smule, der var tilbage, var blevet forvandlet til en stærk og ubevidst egenkærlighed. En egenkærlighed, som var speciel uhelbredelig, fordi hun i al sin indskrænkethed var fuldstændigt uvidende om alle andres behov og kun var opmærksom på sine egne. Lige fra spæd havde hun været omgivet af tjenestefolk, hvis fornemste pligt var at kende hendes mindste luner. Den tanke, at de også havde følelser eller rettigheder, var aldrig faldet hende ind – ikke engang som en fjern tanke. Hun var enebarn, og hendes far havde aldrig nægtet hende noget, der lå indenfor mulighedernes grænse. Da hun senere trådte ind i livet som en smuk, dannet kvinde og arving, fik hun selvfølgelig alle mulige og umulige tilbedere af det modsatte køn til at krybe for sine fødder, og hun var ikke det mindste i tvivl om, at Augustin var en yderst heldig mand, fordi han havde vundet hendes gunst. Man tager meget fejl, hvis man tror, at en hjerteløs kvinde er en fordringsløs kreditor, når det gælder opkrævning af kærlighed. På hele Jorden findes der ikke en mere ubarmhjertig inkassator af andres kærlighed end en gennemført egenkærlig kvinde, og des mere ukærlig, hun bliver, des mere jaloux og hensynsløst opkræver hun kærlighed til sidste penny. Da St. Clare ophørte med sine små opmærksomheder og de søde, kærlige ord, som han vanemæssigt ødslede på hende under sit frieri, opdagede han, at hans sultana[40] ikke havde tænkt sig at opgive sin slave. Det afstedkom en flod af tårer, surmuleri og mindre storme foruden misfornøjelser, sørgmodighed og bebrejdelser. St. Clare var en godmodig mand, der helst ville leve i fred og fordragelighed, så han forsøgte at formilde hende med gaver og smiger. Da Marie senere blev mor til en smuk datter, vækkede det noget i ham, som mindede om ømhed. St. Clares mor havde været en kvinde af en usædvanlig ophøjet og ren karakter, så han opkaldte sit barn efter sin mor, da han forhåbningsfuldt forestillede sig, at hun ville blive en tro kopi af hende. Hans altopslugende interesse for barnet blev mødt med en irritabel jalousi fra Maries side, der betragtede interessen med mistænksomhed og mishag. Al den opmærksomhed, som blev givet til barnet, burde i stedet være givet til hende. Efter hun havde født Evangeline, gik det ned ad bakke med hendes helbred. Et liv i fuldstændig lediggang både legemligt og åndeligt – foruden en konstant følelse af kedsomhed og misfornøjelse i kombination med den sædvanlige svækkelse, der følger efter en graviditet og fødsel – alt dette forvandlede hende i løbet af nogle få år fra en blomstrende, ung skønhed til en falmet og sygelig kvinde, der brugte al sin tid til at klage over en række indbildte sygdomme og på enhver måde betragte sig selv som det mest mishandlede og lidende menneske i hele verden.

Der var ingen ende på hendes forskellige klager, men hendes foretrukne lidelse syntes at være en nervøs hovedpine, der kunne holde hende bundet til sit værelse i tre dage ud af seks. Man kan tænke sig, at St. Clare følte sig alt andet end godt tilpas i dette hjem, hvor alt var overladt til tjenestefolkene. Hans eneste datters helbred var yderst skrøbeligt, og han nærede en frygt for, at hendes liv og helbred ville tage skade på grund af hendes mors uduelighed og manglende evne til at tage sig af hende. Han havde taget hende med sig på en tur til Vermont og overtalt sin kusine, miss Ophelia St. Clare, til at følge med tilbage til hans hjem i syden. De var nu på vej tilbage på det skib, hvor vi introducerede dem for vores læsere.

Og nu, mens de fjerne kupler og tårne i New Orleans dukker frem i horisonten, er der endnu tid til at introducere miss Ophelia.

Alle, der har rejst i New Englands[41] stater, kan sikkert fra en eller anden smuk landsby huske den store landejendom med sin nyfejede, græsgrønne gårdsplads overskygget af sukkerahornens tætte og vældige løvhang, og mindes den atmosfære af orden, stilhed og uforstyrrede ro, der synes at herske overalt. Intet manglede eller var i uorden – der var ingen løse brædder i stakittet og ikke det mindste spor af visne blade på gårdens græstæpper med sine klynger af syrenbuske, der voksede under vinduerne. Indenfor i huset kan man huske de store, rene værelser, hvor tiden synes at stå stille, og alting står på sin bestemte plads, og hvor alle huslige aktiviteter bevæger sig med samme præcision som det gamle ur i hjørnet. I familiens opholdsrum står det respektable, ærværdige gamle bogskab med sine glasdøre, hvor Rollins oldtidshistorie[42], John Miltons: Det tabte paradis[43], Bunyans: En pilgrims vandring[44] og Scotts familiebibel[45] står side om side i sømmelig og værdig orden med en mangfoldighed af andre bøger, der er lige så højtidelige og respektable. Man ser ingen tjenende ånder i huset, men kun fruen med sin snehvide hue og briller, der sidder og syr hver eneste eftermiddag blandt sine døtre, som om intet var gjort eller skulle gøres – hun og hendes piger havde allerede på et længst forglemt og tidligt tidspunkt på dagen *"fået arbejdet fra hånden"*, og når man så dem resten af dagen, var arbejdet allerede *overstået*. Det gamle køkkengulv var uden den mindste plet eller mærke, og bordene, stolene og de forskellige køkkenredskaber stod på deres plads i perfekt orden, selv om der blev serveret tre til fire måltider om dagen, og selv om familiens vask og strygning foregik i det samme køkken, og selv om adskillige pund smør og ost på en eller anden forunderlig og stille vis blev fremstillet der.

På en sådan landejendom i et sådant hus og hos en sådan familie havde miss Ophelia tilbragt en stille tilværelse i omkring femogfyrre år, da hendes fætter inviterede hende til sit palæ i Syden. Selv om hun var den ældste ud af en stor familie, blev hun stadig betragtet som et af "børnene" af sin far og mor, og forslaget om, at hun skulle rejse til *Orleans*, krævede store overvejelser fra familiens side. Den gamle gråhårede far tog Morses Atlas[46] ud af bogskabet for nøje at stedfæste stedets præcise længde- og breddegrad og læste i Flints rejser i syd og vest[47] for at danne sig et indtryk af landets natur.

Hendes gudfrygtige mor spurgte ængsteligt "om Orleans ikke var et frygtelig syndigt sted," og tilføjede "at det mest af alt mindede hende om en rejse til Sandwich Øerne[48] eller et andet hedensk sted."

Både præsten, doktoren og miss Peabody, modehandleren, havde hørt Ophelia St. Clare tale om, at hun skulle rejse til Orleans med sin fætter, og snart spredtes rygtet til hele landsbyen, der hurtigt blev involveret i denne meget vigtige sag og *diskuterede* den vidt og bredt. Præsten, der gik stærkt ind for abolitionisternes sag, mente, at et sådant skridt måske snarere ville opmuntre folk i sydstaterne til at beholde slaveriet, mens doktoren, som var overbevist tilhænger af kolonisering, hældede til den mening, at miss Ophelia burde tage af sted for at vise folkene fra Orleans, at vi, når alt kom til alt, ikke tænkte dårligt om dem. Faktisk var han overbevist om, at folkene i Sydstaterne havde brug for opmuntring. Da det omsider blev almindelig kendt, at hun havde besluttet sig for at rejse, blev hun højtideligt inviteret til te hos alle sine venner og naboer i løbet af de næste fjorten dage, hvor hendes muligheder og planer blev indgående drøftet og gransket. Miss Moseley, som kom til huset for at hjælpe med at sy kjoler, bragte dagligt nye, vigtige meddelelser angående miss Ophelias garderobe, som hun havde medvirket til at sy. En troværdig kilde meddelte, at godsejer Sinclare, som han for nemheds skyld blev kaldt i nabolaget, havde givet miss Ophelia halvtreds dollars og bedt hende købe det tøj, hun havde brug for. Yderligere ville rygtet vide, at der var blevet bestilt to nye silkekjoler og en kyse fra Boston. Meningerne om det sømmelige i disse ekstraordinære udgifter var delte – nogle fastslog, at når man tog alt i betragtning, så var der ikke noget galt i det, mens andre holdt stædigt på, at pengene ville have gjort bedre gavn, hvis de var blevet brugt til at missionere for. Men alle parter kunne enes om, at den parasol, som var blevet sendt fra New York, var enestående, og at hun ejede en særdeles smuk silkekjole, uanset hvad man ellers mente om dens ejer. Der var også troværdige rygter om et lommetørklæde med hulsøm, og man gik endda så vidt som til at påstå, at hun også var indehaver af et lommetørklæde med kniplinger hele vejen rundt – det blev endda påstået, at det også var broderet i hjørnerne. Dette sidste punkt blev dog aldrig fastslået fyldestgørende, så det forbliver den dag i dag et åbent spørgsmål.

Miss Ophelia var en høj, kantet kvinde og klædt i en ret skinnende rejsedragt af brunt hørlærred. Hendes ansigt var magert og med temmelig skarpe træk, og læberne var presset tæt sammen, som hos en person, der plejer at have sin bestemte mening om alt. Hendes mørke øjne var skarpe og konstant søgende, som om hun altid ledte efter noget, der skulle bringes i orden.

Alle hendes bevægelser var præcise, bestemte og energiske, og selv om hun normalt ikke sagde meget, så var hendes ord bemærkelsesværdigt direkte og lige til sagen, når hun endelig talte.

I hele sin levevis var hun et levende eksempel på orden, metode og præcision. Med hensyn til punktlighed og præcision var hun lige så forudsigelig som et ur og lige så utrættelig som et damplokomotiv. Og alt, der ikke levede op til hendes standard, betragtede hun med yderste foragt og afsky.

I hendes øjne kunne synden over alle synder – summen af alle onder – udtrykkes med et vigtigt og hyppigt anvendt ord i hendes ordforråd: *"dovenskab"*. Når hun skulle udtrykke sin yderste og ultimative foragt for noget, udtalte hun ordet "dovenskab" med et stærkt eftertryk, der ikke efterlod nogen tvivl om hendes holdning. Med dette hyppigt brugte ord fra sit ordforråd betegnede hun enhver form for virksomhed, der ikke var en direkte eller uundgåelig del af fuldførelsen af det formål, man havde i sinde. Folk, som ikke foretog sig noget, eller som ikke vidste præcist, hvad de skulle gøre, eller som ikke fulgte den mest direkte vej til at fuldføre det, de havde sat sig for, var ligeledes mål for hendes yderste foragt – en foragt, der sjældent gav sig udtryk i noget, hun sagde, men som oftest blev udtrykt med en slags jernhård, barsk mine, som om hun fandt det under sin værdighed at sige noget om sagen.

Med hensyn til åndelig dannelse så havde hun en klar, skarp og kvik forstand og var veluddannet i historie og de ældre, engelske klassikere, og hun havde desuden dannet sig en urokkelig mening indenfor et vist snævert område. Hendes religiøse grundsætninger var fast formulerede – udtrykt på de mest dogmatiske og ubestridelige måder – og klar til brug som lapperne i hendes sysæt. Der var så og så mange af dem, og der kunne ikke blive tale om flere. Det samme var tilfældet med hendes anskuelser i de fleste spørgsmål vedrørende det praktiske liv som f.eks. med hensyn til husholdning i alle dens facetter og de forskellige politiske forhold i hendes hjemby. Og meget dybere end alt dette, større og bredere, lå det vigtigste princip i hendes væsen – samvittighedsfuldhed. Ingen andre steder er samvittigheden så dominerende og altopslugende som blandt New Englands kvinder. Det er selve grundfjeldet, der understøtter det hele og hæver sig helt op til toppen af de højeste bjerge.

Miss Ophelia var en overbevist slave af *pligten*, og hvad man "burde". Når hun først var blevet overbevist om, at "pligtens vej", som hun sædvanligvis udtrykte det, gik i en bestemt retning, så kunne hverken ild eller vand holde hende væk fra den. Hun ville hoppe på hovedet i en brønd eller stikke hovedet ind i en ladt kanon, hvis hun var helt sikker på, at hun fulgte pligtens vej. Hendes standard for det rigtige var så tårnhøj, koncis og så gennemgribende – og gav så lidt plads for menneskelige svagheder – at selv om hun kæmpede med heltemodig iver for at nå sin egen høje standard, så lykkedes det aldrig for hende at nå den. Så derfor var hun selvfølgelig tynget af en konstant og ofte plagsom følelse af utilstrækkelighed. Hendes religiøsitet fik derfor et anstrøg af noget alvorligt og dystert.

Men hvordan i alverden kunne miss Ophelia enes med Augustin St. Clare, denne muntre, sorgløse, upræcise, upraktiske fritænker – kort sagt, en mand, der ganske uforskammet og ugenert trådte alle hendes højtelskede vaner og meninger under fode?

Ja, når sandheden skal frem, så elskede miss Ophelia ham. Da han var barn, havde det været hendes opgave at lære ham katekismen[49], lappe hans tøj, rede hans hår og sørge for hans opdragelse, og da hendes hjerte også havde en kærlig side, havde Augustin lagt beslag på den største del af den til sig selv, som han altid plejede at gøre det hos alle. Derfor havde det været en let sag for ham at overbevise hende om, at "pligtens vej" gik i retning af New Orleans, hvor hun skulle tage sig af den lille Eva og forhindre, at hjemmet gik helt i opløsning på grund af hans kones hyppige sygdomsanfald. Tanken om et hjem, som ingen passede, ramte miss Ophelia direkte i hjertet, og desuden holdt hun ligesom mange andre meget af den lille, elskelige pige, og selv om hun betragtede Augustin som en vaskeægte hedning, elskede hun ham alligevel. Hun lo ad hans vittigheder og bar over med hans svagheder i en grad, som var utrolig for dem, der kendte ham. Men hvad der ellers kan siges om miss Ophelia, må vi overlade til vores læsere selv at opdage gennem personligt bekendtskab.

Her sidder hun nu i sin kahyt omgivet af en skøn blanding af små og store rejsetasker, æsker og kurve, der hver især indeholder vigtige artikler at tage vare på. Med en meget alvorlig mine er hun travlt beskæftiget med at pakke, binde og fastgøre alle disse ting.

"Hør Eva, har du talt dine ting? Nej, naturligvis har du ikke det. Det gør børn aldrig. Her er den spættede rejsetaske og den lille, blå hatteæske med din bedste kyse. Det er to, og så er der tasken af naturgummi, det er tre, og mit syskrin, det er fire, og min æske med bånd, fem, og min æske med kraver, og den lille hestehårskuffert er syv. Hvor har du gjort af din parasol? Ræk mig den, så jeg kan lægge papir omkring den og binde den sammen med min egen parasol og paraply. Sådan, ja."

"Men tante, hvorfor al det besvær, når vi bare skal hjem?"

"For at holde den pæn, barn. Man skal passe godt på sine ting, hvis man vil beholde dem. Og Eva, har du pakket dit fingerbøl ned?"

"Det kan jeg ikke huske."

"Nå, lige meget. Jeg kigger selv i dit syskrin – fingerbøl, voks, to ruller tråd, saks, opsprættekniv, trækkenål – ja, det hele er her. Læg det ned i kufferten. Hvordan klarede du dig før, barn, da du kun rejste med din far? Jeg kan ikke forstå, at du ikke mistede det hele."

"Jo tante, jeg mistede både det ene og det andet, men når vi stoppede et sted, så købte papa bare, hvad vi manglede."

"Milde moses, barn! Sikken et sløseri!"

"Men tante, vi klarede os fint på den måde," sagde Eva.

"Sikke en forfærdelig dovenskab," sagde tante.

"Men tante, hvad skal vi gøre med kufferten?" spurgte Eva. "Den er så proppet, at man ikke kan lukke den."

"Den *skal* bare lukkes," sagde tanten med en mine som en general, mens hun pressede tingene ned i kufferten og hoppede op på låget. Men selv om hun pressede med al sin vægt, kunne kufferten stadig ikke lukke helt.

"Hop herop, Eva!" sagde miss Ophelia tappert. "Når den har været lukket før, så kan den også lukkes nu. Kufferten *skal både* lukkes og låses – enten den vil det eller ej!"

Og kufferten lod sig øjensynlig skræmme af hendes beslutsomme holdning og gav efter. Låsen klikkede i, og miss Ophelia drejede nøglen rundt og puttede den triumferende i lommen.

"Så er vi klar. Hvor er din papa? Jeg tror, at det er på tide, at bagagen bliver båret ud. Gå ud og se om du kan finde din papa, Eva."

"Åh ja, han sidder i den anden ende af herresalonen og spiser en appelsin."

"Han ved vist ikke, hvor tæt på vi er," sagde tanten, "skulle du ikke løbe hen og fortælle ham det?"

"Papa har aldrig travlt," sagde Eva, "og vi har ikke lagt til endnu. Lad os gå hen til rælingen. Se, tante, der ligger vores hus i den gade!"

Skibet begyndte nu med stønnende lyde som et stort, træt uhyre at forberede sig til at lægge til mellem de mange dampskibe ved anløbsbroen. Eva udpegede glædestrålende de forskellige tårne, kupler og andre velkendte landemærker i sin hjemby for miss Ophelia.

"Ja, ja, min kære, det er smukt," sagde miss Ophelia. "Men hillemænd! Skibet har lagt til nu! Hvor er din far?"

Nu begyndte den sædvanlige travlhed ved en landgang – tjenere, der løb i alle retninger – mænd, der slæbte kufferter, rejsetasker og bokse – kvinder, der ængsteligt kaldte på deres børn – og passagerer, der klumpede sig sammen i en tæt masse ved landgangen.

Miss Ophelia satte sig beslutsomt ned på den nyligt besejrede kuffert, arrangerede alle sine ejendele og sine personlige effekter omkring sig i stram militærisk orden – fast besluttet på at forsvare dem til sidste blodsdråbe.

"Må jeg tage deres kuffert, ma'am?" "Skal jeg tage deres bagage?" "Lad mig hjælpe Dem med bagagen, missis?" "Lad mig hjælpe Dem af med dette, missis." Lød det konstant omkring hende, men hun lod sig ikke påvirke. Hun sad i bister beslutsomhed, rank og strunk som en stoppenål i et bræt og holdt godt fast i sit bundt med de to parasoller og paraplyen. Og hun svarede for sig med en afskrækkende bestemthed, der var stærk nok til at tage modet fra selv en hyrekusk, og fik Eva til at undre sig over "hvad i alverden, der kunne være sket med hendes far, siden han ikke kom. Måske han var faldet over bord eller noget i den retning" – og netop, som hun var ved at blive alvorligt bekymret for ham, dukkede han op på sin sædvanlige skødesløse facon og rakte hende et stykke af den appelsin, som han gumlede lystigt på.

"Nå, kusine Vermont, jeg går ud fra, at alt er klart," var hans eneste kommentar.

"Jeg har været færdig og ventet her i næsten en time," sagde miss Ophelia. "Jeg var begyndt at blive alvorligt bekymret for dig."

"Jeg er en praktisk fyr. Vognen venter allerede på os, og trængslen er overstået, så vi kan komme i land på en ordentlig og anstændige måde uden at blive puffet og skubbet." Han vendte sig mod en drager, der stod bag ham, og sagde: "Bring disse ting ned til vognen."

"Jeg går med og holder øje med, at han lægger dem i vognen," sagde miss Ophelia.

"Åh pyt, kusine, hvad skal det gøre godt for?" sagde St. Clare.

"Under alle omstændigheder vil jeg selv bære denne, denne og denne," sagde miss Ophelia og udvalgte sig tre æsker og en lille rejsetaske.

"Min kære miss Vermont, du må ikke presse Green Mountains[50] sædvaner ned over hovedet på os på den måde. Du bliver nødt til at tillægge dig en smule af sydens sædvaner og ikke opføre dig som et pakæsel. Folk vil bare tro, at du er en simpel tjenestepige. Giv nu dine pakker til fyren der, han skal nok behandle dem som et råddent æg."

Miss Ophelia så fortvivlet til, da hendes fætter tog alle hendes skatte fra hende, og hun slappede først af, da hun til sin store glæde fandt dem uskadte igen i vognen.

"Hvor er Tom?" spurgte Eva.

"Åh, han sidder udenfor på bukken, min skat. Jeg tager ham med til din mor som en erstatning for den drukkenbolt, der væltede med hestevognen."

"Ja, Tom skal nok blive en dygtig kusk, er jeg sikker på," sagde Eva. "Han drikker slet ikke."

Vognen stoppede foran en gammel herregård bygget i den pudsige blanding af spansk og fransk stil, som der findes mange eksempler på i nogle dele af New Orleans. Den var opført i maurisk stil[51] med en firkantet bygning og en gårdsplads i midten, som vognen kørte ind på gennem en porthvælving. Den indre gårdsplads var øjensynligt blevet udformet for at leve op til et pittoresk og overdådigt ideal. De brede søjlegange, der omgav gården på alle fire sider, fik med sine mauriske buer, slanke søjler og arabesker[52] en til at tænke tilbage på dengang orientalsk romantik blomstrede i Spanien. Midt i gården slyngede et springvand en stråle af sølvklart vand højt til vejrs, så det faldt som en endeløs regn i et marmorbassin omgivet af en bred rand af duftende violer. I springvandets krystalklare vand levede talløse guld- og sølvfarvede fisk, der som levende juveler svømmede livligt omkring. Rundt om springvandet var der en mosaikbelagt sti udført i fantasifulde mønstre, og uden om denne var der en græsplæne glat som grønt fløjl og omgivet af en bred kørevej. To store blomstrende appelsintræer kastede en kølig skygge, og i en cirkel på græstæppet var der opstillet marmorvaser med arabesker, som indeholdt udsøgte tropiske blomsterplanter. Store granatæbletræer med glinsende blade og ildrøde blomster, arabiske jasminer med store, mørkegrønne blade og sølvskinnende stjerner, geranier, bugnende rosenbuske tunge af blomster, gyldne jasminer, citronduftende verbena – alle i pragtfulde farver og berusende duft, mens en mystisk, gammel aloe med sine tykke, læderagtige blade stod her og der som en gammel troldmand i overnaturlig pragt blandt sine flygtige omgivelser af blomster og vellugt.

I søjlegangene, der omgav gårdspladsen, hang guirlander lavet af en slags maurisk stof, der kunne trækkes ned og give skygge, når solen blev for stærk. Helhedsindtrykket var, at stedet var både luksuøst og romantisk.

Da vognen kørte ind i gården, var Eva som en fugl, der var klar til at bryde ud af et bur – vild af iver og glæde.

"Åh, er det ikke så smukt og vidunderligt! Mit eget kære, elskede hjem!" sagde hun til miss Ophelia. "Er det ikke bare så smukt?"

"Det er et meget kønt sted," sagde miss Ophelia, da hun steg ud, "selv om jeg synes, det ser temmelig gammelt og hedensk ud."

Tom steg ned fra vognen og så sig om med stille fryd. Man må huske på, at negrene stammer fra et af de mest eksotiske og storslåede lande i verden, og i sit hjerte har en neger en dybfølt lidenskab for alt, der er storslået, rigt og fantasifuldt – en lidenskab, der latterliggøres af den køligere og mere afdæmpede hvide race, hvis den dyrkes på en primitiv og usmagelig vis.

St. Clare, der inderst inde var en svulstig og pompøs romantiker, smilede ved miss Ophelias bemærkning om hans ejendom og vendte sig mod Tom, der strålede af henrykkelse over hele sit sorte ansigt.

"Tom, min dreng, du ser ud til at nyde det."

"Ja, massa, det er det helt rigtige," sagde Tom.

Mens alt dette foregik, baksede man med kufferterne og betalte kusken, og samtidig kom mennesker i mange forskellige aldre og størrelser – mænd, kvinder og børn – løbende gennem søjlegangene for at se deres massa ankomme. I spidsen for dem gik en ret overpyntet, ung mulat, der viftede graciøst med et parfumeret lommetørklæde. Han var øjensynligt en meget *fornem* person, da han var klædt efter den sidste og mest ekstreme mode.

Denne personage brugte en masse kræfter til energisk at jage hele flokken af tjenestefolk over i den modsatte ende af verandaen.

"Tilbage med jer alle sammen! Jeg skammer mig over jer," sagde han med myndig stemme. "Vil I virkelig trænge jer ind på herrens gæster i samme øjeblik, han kommer hjem?"

Alle tjenestefolkene holdt nu en respektfuld afstand og så meget skamfulde ud over hans tilrettevisning, der blev givet med en højtidelig mine. Kun to stærke tjenere trådte frem og begyndte at bære bagagen ind.

Takket være mr. Adolphs effektive forholdsregler forsvandt alle tjenestefolkene ud af syne, så der kun var ham selv tilbage, da St. Clare vendte sig om efter at havde betalt kusken. Mr. Adolph var et syn for guder, da han stilfuldt i sin vest af atlask[53] med guldkæde og hvide bukser elegant bukkede dybt for sin massa.

"Åh, Adolph, er det dig?" sagde St. Clare og rakte ham hånden. "Hvordan har du det, min dreng?" Hvorpå Adolph med stor veltalenhed kastede sig ud i en tilsyneladende improviseret tale, som han dog omhyggeligt havde forberedt de sidste fjorten dage.

"Godt, godt," sagde St. Clare og fortsatte på sin sædvanlige skødesløse og excentriske måde, "det er godt fundet på, Adolph. Sørg nu for at bagagen bliver rigtigt anbragt. Jeg kommer og hilser på folkene om et øjeblik." Og derefter førte han miss Ophelia hen til den store dagligstue, der førte ud til verandaen.

I mellemtiden var Eva som en lille fugl fløjet gennem søjlegangen og dagligstuen hen til et lille værelse, der også vendte ud mod verandaen.

En høj kvinde med gusten hud og mørke øjne rejste sig halvt op fra den sofa, hun havde hvilet sig på.

"Mamma!" udbrød Eva og kastede sig henrykt om halsen på hende og omfavnede hende igen og igen.

"Det er nok nu. Pas på, barn, at jeg ikke får hovedpine," sagde moderen, efter hun havde givet Eva et træt kys.

St. Clare kom nu ind og omfavnede sin kone på den ægte, traditionelle måde for en ægtemand og præsenterede hende derefter for sin kusine. Marie betragtede hans kusine med en vis nysgerrighed, men modtog hende med ligegyldig høflighed. En flok tjenere trængtes ved indgangsdøren, og forrest blandt dem stod en respektabel, midaldrende mulatkvinde, der skælvede af forventning og glæde.

"Åh, der er Mammy!" sagde Eva og fløj tværs hen over gulvet, kastede sig i hendes arme og kyssede hende mange gange.

Mulatkvinden sagde ikke, at Eva gav hende hovedpine, men derimod omfavnede hun hende leende og grædende på én gang, så hun næsten ikke kunne holde op igen. Og da hun til sidst slap Eva fri, fløj Eva fra den ene til den anden, trykkede deres hænder og kyssede dem på en måde, som miss Ophelia bagefter sagde "fik det til at vende sig i hende".

"Nå da!" sagde miss Ophelia, "I børn fra Syden kan gøre noget, *jeg* aldrig kunne gøre."

"Hvad er det?" spurgte St. Clare.

"Jo, jeg ønsker at være venlig mod alle og aldrig såre nogen, men ligefrem at kysse..."

"Niggere," sagde St. Clare, "det kunne du ikke klare, vel?"

"Nej, netop. Hvordan kan hun så?"

St. Clare lo og gik ud i korridoren. "Hallo, er der nogen, der vil have løn her? Her står I alle sammen: Mammy, Jimmy, Polly og Sukey. Er I glade for at se jeres massa?" sagde han, mens han gik omkring og trykkede dem alle i hænderne. "Hovsa, pas på småbørnene!" sagde han, da han næsten faldt over en lille rolling, sort som kul, der kravlede omkring på alle fire. "Hvis jeg træder på nogen, så må de hellere råbe op."

Der var et leben af latter og velsignelser over massa, da St. Clare uddelte en håndfuld småpenge mellem dem.

"Stik nu af alle sammen som gode drenge og piger," sagde han, og hele forsamlingen af mørke og lyse forsvandt ud på den store veranda efterfulgt af Eva, der bar på en stor pose, som hun under deres hjemrejse havde fyldt med æbler, nødder, slik, silkebånd og forskelligt legetøj.

Da St. Clare vendte sig om for at gå ind, faldt hans blik på Tom, som stod uroligt og skiftede vægten fra den ene fod til den anden, mens Adolph skødesløst lænede sig mod rækværket og mønstrede Tom gennem en teaterkikkert med en overlegen mine, der ville have gjort enhver laps ære.

"Puh! din hvalp," sagde hans herre og slog til teaterkikkerten, "er det måske en måde at behandle en kammerat på? Jeg skulle tage meget fejl, Dolph," sagde han og placerede en finger på den elegant syede vest, som Adolph bar så stolt, "hvis det ikke er min vest."

"Men master, vesten er fyldt med vinpletter, og selvfølgelig vil en gentleman som massa aldrig gå med en plettet vest. Jeg troede, jeg gerne måtte tage den. Den er meget passende til en stakkels niggerfyr som mig." Og Adolph gjorde en elegant bevægelse med hovedet og strøg fingrene gennem sit parfumerede hår.

"Nå, så det er på den måde?" sagde St. Clare skødesløst. "Hør her, nu tager jeg Tom med ind til hans frue, og bagefter tager du ham med ned i køkkenet, men lad være med at spille vigtig overfor ham, for han er dobbelt så meget værd som dig, din hvalp."

"Massa forstår at lave sjov," sagde Adolph leende. "Jeg er glad for at se massa i så godt et humør."

"Kom her, Tom," sagde St. Clare og vinkede ad ham.

Tom trådte ind i værelset. Han kiggede med store øjne på fløjlstæpperne og hele den uventede pragt af spejle, malerier, statuer og gardiner, og som i historien om dronningen af Saba og Salome[54] blev han overvældet og tabte vejret. Han var næsten bange for at betræde gulvet.

"Se her, Marie," sagde St. Clare til sin kone, "jeg har endelig købt dig en ny kusk, som du har bedt om. Jeg siger dig, han er lige så sort og ædruelig som en bedemand, og han kan køre lige så langsomt som til en begravelse, hvis du ønsker det. Luk øjnene op og se på ham. Kom så ikke og sig, at jeg ikke tænker på dig, når jeg er væk."

Marie åbnede øjnene og så på Tom uden at rejse sig.

"Jeg ved, at han vil drikke sig fuld," sagde hun.

"Nej, han er et garanteret fromt og ædrueligt eksemplar."

"Nå, jeg håber, at du har ret," sagde Marie, "men jeg forventer det værste."

"Dolph," sagde St. Clare, "vis Tom nedenunder og opfør dig ordentligt. Husk, hvad jeg har sagt."

Adolph trippede elegant af sted, mens Tom fulgte efter med tunge skridt.

"Han er en ren flodhest!" sagde Marie.

"Nej, hør nu, Marie," sagde St. Clare og satte sig på en stol ved siden af hende. "Vær nu sød og sig et par venlige ord til mig."

"Du kom fjorten dage senere hjem, end du havde sagt," sagde hun surmulende.

"Ja, men jeg skrev til dig og forklarede dig hvorfor."

"Det var et meget kort og koldt brev!"

"Ja, men kære! Posten skulle af sted, og der var ikke tid til mere."

"Sådan er det altid," sagde hun, "der kommer altid noget i vejen, som gør dine rejser lange og brevene korte."

"Se nu," sagde han og tog et smukt fløjlsetui op af lommen og åbnede det, "her er en gave, jeg købte til dig i New York."

Det var et daguerreotypi, tydeligt og klart som et stålstik, som viste Eva og hendes far siddende med hinanden i hånden.

Marie kiggede misfornøjet på billedet.

"Hvorfor sidder du dog i sådan en kejtet stilling?" spurgte hun.

"Nå ja, stillingen kan der være delte meninger om, men hvordan synes du, det ligner?"

"Hvis du er ligeglad med min mening om det ene, så er du vel også ligeglad med den om det andet," sagde hun og klappede daguerreotypiet sammen.

"Pokker tage det kvindemenneske!" tænkte St. Clare ved sig selv, men højt sagde han: "Hør nu, Marie, hvordan synes du, det ligner? Vær nu ikke så vanskelig."

"Det er meget ubetænksomt af dig, St. Clare," sagde hun, "at plage mig om at tale og kigge på ting, når du ved, at jeg har ligget syg hele dagen med hovedpine, og der har været sådan et postyr lige siden, du kom. Jeg er mere død end levende."

"Jaså, De lider af migræne, ma'am!" sagde miss Ophelia og rejste sig pludseligt op fra dybet af en stor lænestol, hvor hun indtil nu havde siddet helt stille og lavet en beregning over, hvor meget møblerne måtte have kostet.

"Ja, jeg er meget plaget af det," sagde Marie.

"Enebærte er et godt middel mod migræne," sagde miss Ophelia. "Det plejede Auguste, pastor Abraham Perrys kone at sige, og hun var en dygtig sygeplejerske."

"Jeg skal sørge for, at de første enebær, der bliver modne i haven nede ved søen, bliver plukket til dig med det formål," sagde St. Clare alvorligt og trak i klokkestrengen. "I mellemtiden, kære kusine, kunne du måske tænke dig at trække dig tilbage til dit værelse og friske dig lidt op efter rejsen." Så tilføjede han: "Dolph, sig til Mammy, at hun skal komme."

Den flinke mulatkvinde, som Eva havde omfavnet så begejstret, trådte ind. Hun var pænt klædt med en stor rød og gul turban på hovedet, som Eva lige havde givet hende og placeret på hendes hoved. "Mammy," sagde St. Clare, "jeg overlader denne dame i din varetægt. Hun er træt og har brug for at hvile sig. Tag hende til hendes værelse og sørg for, at hun har alt, hvad hun har brug for."

De to kvinder forsvandt.

---

[38] **Huguenot:** Det navn, som man brugte om medlemmer af den protestantiske kirke i Frankrig i det 16. og 17. århundrede.

[39] **Pontchartrain søen:** En brakvandssø i det sydøstlige Louisiana i USA.

[40] **Sultana:** En islamisk titel og hunkønsformen af ordet sultan. Titlen er blevet brugt om muslimske kvindelige monarker og sultanens gemalinder.

[41] **New England:** Et område i den nordøstlige del af USA. New England omfatter delstaterne: Connecticut, Maine, Massachusetts, New Hampshire, Rhode Island og Vermont og var dengang i høj grad præget af den puritanske religion.

[42] **Rollins:** Oltidshistorien, ti bind (1730-1738), af den franske historieskriver Charles Rollin (1661-1741).

[43] **Det tabte paradis af John Milton:** Værket fra 1667 er et af et af verdenslitteraturens episke hovedværker. I historien bliver Satan og hans sammensvorne smidt ud af himlen efter et mislykket oprør mod Gud.

John Milton: (9. december 1608 – 8. november 1674) Engelsk digter. Han er mest kendt for at have skrevet det episke digt *Paradise Lost* (Det Tabte Paradis) om syndefaldet. Han anses for at være Englands betydeligste digter efter Shakespeare.

[44] **Bunyan, John:** (28. november 1628 - 31. august 1688) En engelsk præst og forfatter, som skrev *The Pilgrim's Progress* (En Pilgrims Vandring) i 1678.

[45] **Scott's familiebibel:** (1788-1792) En Bibel redigeret med kommentarer af den engelske bibelske kommentator Thomas Scott (1747-1821).

[46] **Morses atlas:** Cerografisk Atlas over de Forenede Stater (1842-1845) af Sidney Edwards Morse (1794-1871). Søn af geografen og præsten, Jedidiah Morse, og bror til portrætmaleren og opfinderen af telegrafen, Samuel F. B. Morse.

[47] **Flints rejser:** Bog fra 1826 af Timothy Flint.

Timothy Flint: (1780-1840) forfatter, pioner og presbyteriansk missionær.

[48] **Sandwich Øerne:** En øgruppe på i alt 19 større øer og atoller samt flere småøer, skær og undersøiske rev beliggende i det nordlige Stillehav. Er nu kendt som Hawaii-øerne.

[49] **Katekismen:** En katekisme er en samlet fremstilling av en religiøs lære. Skolebørn og konfirmander skulle i mange år lære katekismen udenad.

[50] **Green Mountains:** En bjergkæde i den amerikanske delstat Vermont. Den er en del af Appalacherne.

[51] **Maurisk stil:** En særlig arabisk arkitektur. Maurere er navnet på de muslimer, der fra 711 erobrede Spanien og først blev endeligt fordrevet i 1614.

[52] **Arebesker:** En ornamenteringsform kendt inden for islamisk kunst, med stiliserede, symmetriske og "uendelige" gengivelser af planters blade.

[53] **Atlask:** Stof, som oftest af silke.

[54] **Dronningen af Saba:** Dronningen af Saba kom ifølge det Gamle Testamente til Jerusalem for at prøve Salomo med gåder.

Salomo: (eller Salomon) Konge i Jerusalem i 900-tallet f.Kr.

KAPITEL 16

Toms frue og hendes meninger

"Og nu Marie," sagde St. Clare, "bliver livet meget lettere for dig. Her har du nu vores praktiske, forretningsmæssige New England kusine, som kan løfte alle husholdningens byrder fra dine skuldre, så du kan komme dig og vokse dig ung og smuk. Ceremonien med overdragelsen af husets nøgler må hellere finde sted hurtigt."

St. Clare fremsatte denne bemærkning ved morgenbordet et par dage efter, at miss Ophelia var ankommet.

"Ja, det er hun meget velkommen til," sagde Marie og støttede træt hovedet mod hånden. "Hun vil nok snart opdage, at vi fruer er de virkelige slaver her på gården."

"Ja, det vil hun uden tvivl opdage foruden en hel masse andre nyttige sandheder," sagde St. Clare.

"Man siger, at vi holder slaver for vores *bekvemmeligheds skyld*," sagde Marie. "Jeg er sikker på, at hvis det var *det*, vi virkelig tænkte på, så ville vi sende dem alle sammen væk omgående."

Evangeline kiggede med et par store og alvorlige øjne på sin mor. Så sagde hun med et forvirret udtryk i ansigtet: "Hvorfor holder du dem så, mamma?"

"Det ved jeg virkelig ikke. Måske for at plage mig. De piner mig til døde. Jeg tror, de er skyld i hovedparten af mit dårlige helbred, og vores slaver er de værste, som nogen nogensinde har været plaget af."

"Åh, hør nu, Marie, du er virkelig i et dårligt humør her til morgen," sagde St. Clare. "Du ved udmærket godt, at det ikke er sandt. Hvad med Mammy for eksempel, den venligste skabning på Jorden. Hvad ville du gøre uden hende?"

"Mammy er den bedste person, jeg kender," sagde Marie, "men hun er også meget selvoptaget – en frygtelig egoist. Det er fejlen ved hele racen."

"Selvoptagethed er en alvorlig fejl," sagde St. Clare alvorligt.

"Ja, lad os tale om Mammy," sagde Marie. "Jeg synes, det er meget egoistisk af hende at sove så tungt om natten, når hun ved, at jeg har brug for en smule pleje næsten hver time, når det er virkelig slemt. Hun er næsten ikke til at vække. Jeg er helt sikker på, at jeg har det meget værre her til morgen, fordi hun var så svær at vække i går nat."

"Men har hun ikke siddet oppe hos dig i mange nætter på det sidste, mamma?" spurgte Eva.

"Hvad ved du om det?" spurgte Marie skarpt. "Jeg går ud fra, at hun har beklaget sig."

"Hun har ikke beklaget sig, hun fortalte mig bare, at du har haft mange dårlige nætter. Rigtig mange efter hinanden."

"Hvorfor lod du ikke Jane eller Rosa tage hendes plads en nat eller to," sagde St. Clare, "så hun kunne hvile sig lidt?"

"Hvordan kan du få dig selv til at foreslå det?" sagde Marie. "St. Clare, du er virkelig hensynsløs. Du ved, at jeg er så nervøs, at selv det mindste vindpust forstyrrer mig. En fremmed hånd i nærheden af mig ville drive mig fuldstændig til vanvid. Hvis Mammy følte det mindste for mig, som hun burde gøre, så ville hun ikke sove så dybt, men vågne lettere. Det er da helt klart. Jeg har hørt om folk, der har de mest hengivne tjenestefolk, men så heldig har jeg aldrig været," sagde Marie og sukkede.

Miss Ophelia havde lyttet til denne samtale på en opmærksom, skarpsindig og alvorlig måde med sine læber tæt presset sammen, som om hun først skulle afgøre sin længde- og breddegrad, før hun blandede sig i samtalen.

"Ja, Mammy er god *på sin måde*," sagde Marie. "Hun er mild og høflig, men hun er ret selvoptaget inderst inde. Hun bekymrer sig altid om sin mand og er nervøs for ham. Ser du, da jeg giftede mig og kom her, var jeg selvfølgelig nødt til at bringe hende med mig, men hendes mand kunne min far ikke undvære. Han er smed, så selvfølgelig er han temmelig uundværlig. Jeg sagde til Mammy dengang, at de hellere måtte skilles og opgive hinanden, da det var meget usandsynligt, at de nogensinde kom til at leve sammen igen. Jeg ønsker nu, at jeg havde insisteret på det og forlangt, at Mammy giftede sig med en anden, men jeg var dum og eftergivende, så jeg insisterede ikke. Jeg sagde også til Mammy på det tidspunkt, at hun ikke skulle forvente at se ham mere end én eller to gange i sit liv, for luften på min fars gård er dårlig for mit helbred, så jeg må holde mig væk. Jeg rådede hende til at vælge sig en anden mand, men nej – hun nægtede pure. Mammy kan være virkelig stædig, når det gælder, det ved ingen bedre end jeg."

"Har hun nogen børn?" spurgte miss Ophelia.

"Ja, hun har to."

"Jeg går ud fra, hun savner dem?"

"Ja, selvfølgelig, men dem kunne jeg ikke tage med. Det var nogle små, beskidte unger. Jeg kunne ikke have dem rendende her, og desuden ville de optage for meget af hendes tid. Jeg tror, at Mammy altid har været gnaven over det. Hun vil ikke gifte sig med nogen anden, og jeg tror, at selv om hun ved, hvor dårligt jeg kan undvære hende, og hvor svageligt mit helbred er, så ville hun rejse tilbage til sin mand den dag i morgen, hvis hun kunne. Det *tror* jeg virkelig. De er bare så egoistiske, selv de bedste af dem," sagde Marie.

"Det er fortvivlende at tænke på," sagde St. Clare tørt.

Miss Ophelia så opmærksomt på ham og bemærkede sarkasmen, der spillede omkring hans læber, og udtrykket af harme og undertrykt irritation i hans ansigt, da han talte.

"Jeg har altid forkælet Mammy," sagde Marie. "Jeg ville ønske, at nogle af jeres tjenere nordpå kunne tage et kig ind i hendes kjoleskab. Hun har både kjoler af silke og musselin og endda en af ægte cambric[55] linned hængende der. Jeg har nogle gange arbejdet i timevis med at bringe hendes huer i orden, når hun skulle til selskab. Hun er aldrig nogensinde blevet mishandlet. Hun er kun blevet pisket en eller to gange i hele sit liv. Hver eneste dag får hun en stærk kop kaffe eller te med hvidt sukker i. Det er helt sikkert oprørende, men St. Clare vil have, at tjenestefolkene lever som overklassen, så de gør lige, hvad de har lyst til. Sagen er, at vores tjenestefolk er forkælede ud over alle grænser. Så det er måske delvist vores egen skyld, at de er så egoistiske og opfører sig som forkælede børn. Men alt det har jeg talt med St. Clare om, indtil jeg blev træt af det."

"Det er jeg også," sagde St. Clare og tog sin morgenavis.

Den smukke Eva havde stået og lyttet til sin mor med en dyb og uudgrundelig alvor, som var usædvanlig for hende. Hun gik stille rundt om sin mors stol og lagde sine arme omkring hendes hals.

"Så, Eva, hvad er det nu?" spurgte Marie.

"Mamma, kan jeg ikke passe dig en nat – bare en enkelt nat? Jeg ved, at jeg ikke vil gøre dig nervøs, og jeg lover, jeg ikke vil falde i søvn. Jeg ligger ofte vågen om natten og tænker…"

"Åh, pjat, barn – sådan noget pjat!" sagde Marie. "Du er sådan et mærkeligt barn!"

"Men må jeg ikke godt, mamma?" spurgte hun forsagt. "Jeg tror ikke, at Mammy har det så godt. Hun fortæller mig, at hun konstant har en hovedpine, der ikke vil gå væk."

"Åh, det er bare en af Mammys sædvanlige luner! Mammy er ligesom resten af dem. De laver et farligt vrøvl over en smule hovedpine eller ondt i en lillefinger. Jeg tager mig aldrig af det – aldrig nogensinde! Det er et af mine principper," sagde hun og henvendte sig til miss Ophelia. "Det vil De også snart se det nødvendige i. Hvis man opmuntrer tjenestefolkene til at give efter for ethvert lille ubehag og beklagelser over en smule sygdom, så kan man få nok at se til. Jeg selv beklager mig aldrig, selv om guderne skal vide, at jeg virkelig lider. Jeg føler bare, at det er min pligt at bære min byrde i stilhed, så det gør jeg."

Miss Ophelias runde øjne udtrykte en utilsløret forbløffelse over denne afsluttende bemærkning, der også forekom St. Clare så komisk, at han brød ud i en høj latter.

"St. Clare ler altid, når jeg kommer med den mindste hentydning til mit dårlige helbred," sagde Marie og lød som en lidende martyr. "Jeg håber bare, at den dag ikke vil komme, hvor han husker på det!" sagde Marie og tørrede øjnene med et lommetørklæde.

Nu fulgte en temmelig pinlig tavshed. Til sidst rejste St. Clare sig op, kiggede på sit ur og sagde, at han havde en aftale i byen. Eva fulgtes med ham, mens miss Ophelia og Marie blev siddende alene tilbage ved bordet.

"Ja, sådan opfører han sig altid!" sagde den sidstnævnte og fjernede sit lommetørklæde med en rask bevægelse, nu hvor misdæderen, det var beregnet på, ikke længere var til stede. "Han har aldrig forstået og vil heller aldrig komme til at forstå, hvordan jeg lider og har lidt i årevis. Hvis jeg var den klagende type, eller hvis jeg nogensinde gjorde noget stort ud af mine lidelser, så ville der måske være en grund til det. Mænd bliver naturligvis trætte af hustruer, der altid beklager sig. Men jeg har altid holdt det for mig selv og båret min byrde, så St. Clare til sidst har fået den opfattelse, at jeg kan udholde alt."

Miss Ophelia vidste ikke rigtigt, hvad Marie forventede, at hun skulle sige.

Mens hun tænkte over, hvad hun skulle sige, tørrede Marie tårerne af sit ansigt og pudsede så at sige sine fjer, som duerne gør, når de skal gøre sig i orden efter en regnskylle. Derefter kastede hun sig ud i en lang husmoderlig snak med miss Ophelia om køkkenskabe, tøjskabe, linnedskabe, forrådskamre og andre ting, som miss Ophelia efter deres fælles enighed skulle overtage tilsynet med. Marie gav hende så mange advarsler, anvisninger og forskrifter, at et mindre systematisk og praktisk hoved end miss Ophelias ville have følt sig fuldstændig omtumlet og forvirret.

"Nu tror jeg, jeg har fortalt Dem alt," sagde Marie til sidst, "så når mit næste sygdomsanfald kommer, vil De være i stand til at udføre det hele uden at skulle spørge mig til råds. Bortset fra når det gælder Eva. Hende skal man passe på."

"Hun virker til at være en meget sød pige," sagde miss Ophelia. "Jeg har ikke set et bedre barn."

"Eva er meget speciel," sagde hendes mor. "Hun er noget helt for sig selv og ligner mig ikke i det mindste," sagde Marie og sukkede, som om det var noget, der virkelig gik hende på.

For sig selv sagde miss Ophelia: "Det håber jeg sandelig heller ikke", men hun var klog nok til ikke at sige det højt.

"Eva har altid haft en tilbøjelighed til at være sammen med tjenestefolkene, og for nogle børn er det måske heller ikke skadeligt. Jeg plejede for eksempel altid at lege med min fars små negerbørn, og det tog jeg ingen skade af. Men Eva gør sig altid lige med ethvert væsen, hun kommer i nærheden af. Det er en ejendommelig ting ved det barn. Det er aldrig lykkedes for mig at vænne hende af med det. Jeg tror endda, at St. Clare opmuntrer hende til det. Faktum er, at St. Clare føjer alle væsener i sit hus bortset fra sin egen kone."

Miss Ophelia sad stadig tavs og lyttede.

"Der er kun én måde at behandle tjenestefolk på," sagde Marie. "Man er nødt til at *sætte dem på plads* og holde dem nede. Lige fra jeg var barn, fandt jeg det helt naturligt. Eva alene kan forkæle og ødelægge en hel husholdning. Jeg gad nok vide, hvad hun vil gøre, når hun selv skal til at holde hus. Jeg er af den opfattelse, at man skal være *venlig* over for tjenestefolkene – og det er jeg altid, men de er nødt til at *kende deres plads*. Eva har ikke den samme opfattelse. Det barn kan overhovedet ikke få ind i hovedet, at tjenestefolk er til for at tjene, og at de skal kende deres plads! De hørte selv, at hun tilbød at tage sig af mig om natten, så Mammy kunne få sin søvn! Det er bare et eksempel på, hvordan det pigebarn ville opføre sig konstant, hvis hun var overladt til sig selv."

"Men De mener da sikkert også, at tjenestefolkene er menneskelige væsener, der kan have brug for hvile, hvis De er trætte og udmattede, ikke sandt?" sagde miss Ophelia ligefremt.

"Jo, naturligvis. Jeg er meget opmærksom på, at de får alt, hvad de har brug for, når det passer ind – alt, som ikke generer en selv for meget, ser De. Mammy kan sagtens indhente sin søvn på et andet tidspunkt, det er der ikke noget problem i. Hun er den søvnigste skabning, jeg nogensinde har set. Hun falder i søvn, både når hun syr, står eller sidder. Hun kan falde i søvn hvor som helst og når som helst, så der er ingen fare for, hun ikke får nok søvn. Men at behandle tjenestefolk som om de var eksotiske, skrøbelige blomster eller kostbare kinesiske vaser er rent ud sagt latterligt," sagde Marie, mens hun træt sank ned i dybet af en magelig sofa fyldt med puder og rakte ud efter en fornemt udseende lugteflaske af krystalglas.

"Ser De," forsatte hun med en hviskende, svag kvindestemme, der mindede om det sidste suk fra en døende arabisk jasmin eller noget lignende æterisk, "ser De, kusine Ophelia, jeg taler næsten aldrig om mig selv. Det er ikke en *vane*, jeg har, og jeg gør det ikke gerne. Faktisk har jeg slet ikke kræfterne til det.

Men på visse punkter har St. Clare og jeg forskellige meninger. St. Clare har aldrig forstået mig eller påskønnet mig. Det tror jeg er roden til mit dårlige helbred. Jeg er nødt til at tro, at St. Clare mener mig det godt, men mænd er af naturen egoistiske og hensynsløse overfor kvinder. Det er i det mindste mit indtryk."

Miss Ophelia, der var indehaver af en stor del ægte New England forsigtighed og nærede en sand rædsel for at blive trukket ind i familiestridigheder, forudså nu, at noget sådant var nært forestående, så hun påtog sig en mine af streng neutralitet og hev en lang, ufærdig strømpe op ad lommen. Dette strikketøj var hendes effektive middel mod det, som Dr. Watts advarede om, at ledige hænder er Djævelens hovedpude. Hun kastede sig nu ud i at strikke energisk på sin strømpe, mens hun kneb læberne sammen på en måde, der tydeligere end ord sagde: "Du skal ikke prøve på at få mig til at tale. Jeg vil ikke have noget at gøre med dine sager" – faktisk så hun lige så deltagende ud som en løve af sten. Men det afskrækkede ikke Marie. Hun havde endelig fået en at tale med, og hun så det som sin pligt at tale, så det var nok for hende. Hun styrkede sig ved at lugte til sin lugteflaske med vinaigrette[56] og fortsatte ufortrødent.

"Ser De, da jeg giftede mig med St. Clare, medbragte jeg min egen formue og mine tjenestefolk i forholdet, og jeg har lovlig ret til at gøre med dem, hvad jeg vil. St. Clare havde sin egen formue og sine tjenestefolk, og jeg er fuldt ud tilfreds med, at han gør med sine tjenestefolk, hvad han vil, men St. Clare blander sig også i mine sager. Han har nogle vilde, utraditionelle ideer om tingene og specielt om, hvordan man behandler sine tjenestefolk. Tit opfører han sig, som om han sætter tjenestefolkene højere end mig og også sig selv, fordi de får lov til at skabe alle mulige problemer for ham, og han løfter aldrig en finger mod dem. Men med nogle ting opfører St. Clare sig ligefrem skræmmende – ja, han gør mig virkelig bange – selv om han i det store hele ser godmodig nok ud. Nu har han med Djævelens vold og magt bestemt, at der ikke må uddeles et eneste slag her i huset, medmindre det er ham eller mig, der slår, og han står så fast på det, at jeg ikke vover at trodse ham. De kan nok se, hvad det vil føre til, for St. Clare ville aldrig hæve hånden, selv om samtlige tjenestefolk trådte på ham, og jeg... De kan nok se, hvor grusomt det ville være at forlange, at jeg skulle foretage afstraffelsen. De ved godt, at disse tjenestefolk ikke er andet end voksne børn."

"Det ved jeg heldigvis ikke noget om, og jeg takker min Gud og skaber for, at jeg ikke ved noget om det," sagde miss Ophelia kort.

"Men det vil dog være nødvendigt for Dem at vide noget om det og vide det for Deres egen skyld, hvis De skal blive her. De kan slet ikke forestille Dem hvilken bande irriterende, dumme, skødesløse, urimelige, barnagtige og utaknemmelige skabninger, de er."

Marie virkede altid vidunderligt styrket, når hun kom ind på dette emne. Hun åbnede nu øjnene og syntes helt at have glemt sin sædvanlige træthed.

"De kender slet ikke og kan selvfølgelig ikke kende til de prøvelser, som en husholderske på alle måder må udholde hver eneste time på dagen. Men det nytter ikke at beklage sig til St. Clare. Han siger de mærkeligste ting. Han siger, at vi har gjort dem til det, de er, og vi bør bære over med dem. Han siger, at alle deres fejl skyldes os, og at det ville være alt for grusomt først at skabe deres fejl og så straffe dem bagefter for dem. Han siger, at vi ikke ville klare os bedre i deres sted – som om man kan sammenligne dem med os, ikke sandt?"

"Tror De ikke, at Herren har skabt dem som vores ligemænd?" spurgte miss Ophelia.

"Nej, det tror jeg virkelig ikke! Det ville være en køn historie! Nej, det er en laverestående race."

"Tror De ikke, at de har en udødelig sjæl?" spurgte miss Ophelia indigneret.

"Åh jo, naturligvis" svarede Marie med et gab, "der er vel ingen, som tvivler på det. Men at sige, at de er jævnbyrdige med os, som om vi kunne sammenlignes, det er umuligt! St. Clare har prøvet at bilde mig ind, at det at skille Mammy fra hendes mand var det samme, som hvis jeg blev skilt fra min. Man kan slet ikke sammenligne de to ting. Mammy har slet ikke de samme følelser, som jeg har. Det er noget helt andet, og alligevel lader St. Clare som om, han ikke kan se det. Det er det samme som at påstå, at Mammy elsker sine små, beskidte unger på samme måde, som jeg elsker Eva! Alligevel forsøgte St. Clare i dybeste alvor at overbevise mig om, at det var min moralske pligt – på trods af mit svage helbred og alle mine lidelser – at sende Mammy tilbage til sin mand og lade en anden træde i hendes sted. Det var lidt for meget selv for *mig* at bære. Jeg viser sjældent mine følelser. Jeg har gjort det til et princip at lide i stilhed, det er en kones hårde lod, og jeg bærer det uden at beklage mig. Men den gang sagde jeg fra så kontant, at han aldrig siden har omtalt det. Men på hans blikke og de små hentydninger, han kommer med, ved jeg, at han ikke har skiftet mening, og det er en prøvelse og meget provokerende!"

Miss Ophelia så ud, som om hun var bange for at komme til at sige noget, men raslede i stedet løs med sine strikkepinde på en meget sigende måde, som Marie desværre ikke forstod.

"Så, der ser De," fortsatte hun, "hvad De skal holde styr på. En husholdning uden regler og orden, hvor tjenestefolkene får deres vilje, gør lige som de har lyst til, og tager lige hvad de har lyst til, bortset fra når jeg med mit skrøbelige helbred har været i stand til at holde igen. Jeg har altid min pisk ved hånden, og nogle gange bruger jeg den, men anstrengelsen er for meget for mig. Hvis St. Clare bare ville gøre, som man gør andre steder..."

"Hvordan er det?"

"Ja, man sender dem til tugthuset eller et andet sted for at blive pisket. Det er den eneste måde. Hvis jeg ikke var sådan et stakkels, svagt menneske, tror jeg, at jeg kunne styre dem dobbelt så energisk som St. Clare."

"Og hvordan bærer St. Clare sig ad med at styre dem?" spurgte miss Ophelia. "De siger, at han aldrig slår dem."

"Mænd har en mere kommanderende måde, ser De. Det er lettere for dem. Der er også noget særligt ved hans øjne. Han har en slags lyn i dem, når han siger noget meget bestemt. Det kan man se, når man kigger ind i dem. Jeg har stor respekt for det, når jeg ser det, og tjenestefolkene ved, at så må de hellere adlyde. Jeg kommer ikke så langt med et tordenvejr af udskældning, som St. Clare kan bare med et skarpt blik. Ja, St. Clare har ingen problemer med at få dem til at lystre, derfor har han ingen medlidenhed med mig. Men nu, hvor De overtager husholdningen, vil De opdage, at man ikke kommer nogen steder uden strenghed. De er så løgnagtige, svigefulde og dovne."

"Ja, det er den samme gamle vise," sagde St. Clare, da han slentrede ind i stuen. "Sikke meget disse forfærdelige væsener kommer til at stå til regnskab for, når regnskabets time er inde. Specielt for deres utilgivelige dovenskab! Ser du, kære kusine," sagde han og strakte sig lige så lang han var på en sofa overfor Marie, "deres dovenskab må være helt utilgivelig set i lyset af det gode eksempel, som Marie og jeg sætter for dem."

"Nej, St. Clare, nu er du alt for slem!" sagde Marie.

"Er jeg virkelig? Og jeg som troede, at jeg altid talte så godt for mig. Jeg prøver bare at give dine bemærkninger yderligere vægt, Marie."

"Du ved godt, at det slet ikke var det, du gjorde, St. Clare," sagde Marie.

"Åh, så må jeg have taget fejl. Tak, kæreste, for at korrigere mig."

"Du gør det bare for at ærgre mig," sagde Marie.

"Åh, lad nu være, Marie. Det er en varm dag, og jeg har lige haft en lang diskussion med Dolph, som helt har udmattet mig, så vær nu rar og lad en mand hvile i lyset af dit smil."

"Hvad er der nu galt med Dolph?" spurgte Marie. "Den fyr er efterhånden blevet så uforskammet, at jeg ikke kan holde ham ud. Jeg ville ønske, at jeg kunne behandle ham, som jeg ville et stykke tid. Så skulle jeg nok få styr på ham!"

"Det, du siger, min kære, er meget skarpsindigt og yderst fornuftigt," sagde St. Clare. "Hvad Dolph angår, så er sagen den, at han i lang tid har været optaget af at imitere min elegance og fuldkomne egenskaber, så han er endt med den vildfarelse, at det er ham, der er herren her i huset. Jeg har derfor været nødt til at give ham en smule forståelse for hans fejltagelse."

"Hvad mener du?" spurgte Marie.

"Jo, jeg var nødt til at gøre ham det begribeligt, at jeg foretrak at beholde *noget* af mit tøj til mit eget personlige brug. Desuden rationerede jeg Hans Herligheds brug af mit kølnervand[57], og jeg var faktisk så grusom ved ham, at jeg kun ville lade ham få et dusin af mine cambric lommetørklæder. Dolph var særdeles knotten over det, så jeg var nødt til at give ham en faderlig dundertale for at få ham til at tage imod fornuft."

"Åh, St. Clare, hvornår lærer du, hvordan du skal behandle dine tjenestefolk? Det er afskyeligt at se, hvordan du føjer dem!" sagde Marie.

"Trods alt er der vel ikke noget galt i, at den stakkels fyr ønsker at være som sin herre. Og hvis jeg ikke har opdraget ham bedre, end at han finder sin største glæde i kølnervand og cambric lommetørklæder, hvorfor skulle jeg så nægte ham dem?"

"Hvorfor har du så ikke opdraget ham bedre?" spurgte miss Ophelia meget ligefremt.

"Alt for besværligt og af ren og skær dovenskab, kære kusine. Dovenskab fordærver flere sjæle, end man aner. Hvis det ikke var for min dovenskab, så ville jeg være en sand engel. Jeg er tilbøjelig til at mene, at dovenskab er det, som den gamle dr. Botherem i Vermont plejede at kalde for 'roden til ondskab'. Ja, det er en skrækkelig tanke."

"Jeg synes, at I slaveholdere har påtaget jer et enormt ansvar," sagde miss Ophelia. "Jeg ville ikke bryde mig om at have det ansvar for alt i verden. I burde uddanne jeres slaver og behandle dem som fornuftsvæsener – for som de udødelige væsener de er, skal I stå sammen med dem foran Guds domstol. Det er nu min mening," sagde den gode dame med en glødende iver, der havde sparet sig op hele morgenen.

"Nej, hør nu," sagde St. Clare og rejste sig hurtigt, "hvad ved du egentlig om os?" Derpå satte han sig ned ved klaveret og klimprede løs på et livligt stykke musik. St. Clare havde et godt musikøre og var meget talentfuld. Hans anslag var perfekt, og hans fingre fløj let og elegant hen over tangenterne på en yndefuld, men alligevel bestemt måde. Han spillede det ene musikstykke efter det andet som en mand, der prøvede at spille sig selv i godt humør. Da han var færdig, rejste han sig op og sagde muntert: "Kære kusine, du har fortalt os din ærlige mening og gjort din pligt, og i det store hele sætter jeg mere pris på dig af den grund. Jeg er ikke i tvivl om, at du har givet mig noget at tænke over med den diamant af sandhed, du kastede i hovedet på mig, selv om den ramte mig så hårdt i hovedet, at jeg først ikke satte pris på den."

"For min del har jeg ingen brug for sådan en snak," sagde Marie. "Jeg er sikker på, at ingen gør mere for deres tjenestefolk end vi, og alligevel er det helt spildt på dem. De bliver bare værre og værre. Og med hensyn til at tale med dem og sådan noget, så har jeg talt mig træt og hæs til dem om deres pligter og så videre. De kan også gå i kirke, når de har lyst, selv om de ikke forstår et ord af præstens prædiken. De forstår ikke mere end en gris, så efter min mening har de ikke meget ud af det, men de går derhen, så de har muligheden for at høre og forstå. Men som jeg sagde før, så tilhører de en laverestående race, og det vil de altid gøre. Det er umuligt at hjælpe dem og forbedre dem, selv om man anstrenger sig nok så meget. Ser De, kusine Ophelia, jeg har prøvet, men det har De ikke. Jeg er født og opvokset blandt dem, så jeg ved det."

Miss Ophelia syntes, at hun havde sagt nok, så hun sagde ikke mere. St. Clare fløjtede en melodi.

"St. Clare, jeg ville ønske, at du holdt op med at fløjte," sagde Marie. "Det gør bare min hovedpine værre."

"Jeg skal nok holde op," sagde St. Clare. "Er der noget andet, jeg kan gøre for dig?"

"Jeg ønsker bare, at du *ville* vise lidt sympati for mine lidelser. Du viser aldrig nogen følelser for mig."

"Min elskede, anklagende engel!" sagde St. Clare.

"Jeg hader, når du taler sådan til mig."

"Hvordan skal jeg så tale til dig? Jeg vil tale til dig lige præcis, som du befaler mig at gøre, bare for at gøre dig tilfreds."

En munter latter nede fra gården trængte ind til dem gennem verandaens silkegardiner. St. Clare trådte ud, løftede gardinet op og begyndte at le.

"Hvad sker der?" spurgte miss Ophelia og trådte hen til rækværket.

Midt i gården sad Tom på en lille mosgroet bænk med hvide gardeniablomster stukket i alle sine knaphuller og blev opvartet af en muntert leende Eva, der var i færd med at lægge en krans af roser omkring halsen på ham. Bagefter satte hun sig på hans skød som en lille, kvidrende spurv.

"Åh Tom, du ser så sjov ud!" sagde hun stadigt leende.

Tom smilede stille og godmodigt, og han syntes på sin rolige måde at være lige så fornøjet over spøgen som sin lille frøken. Da han opdagede St. Clare, så han op på ham med et delvist undskyldende blik.

"Hvordan kan du lade hende gøre det?" spurgte miss Ophelia.

"Hvorfor ikke?" spurgte St. Clare.

"Åh, jeg synes, det er så upassende!"

"Du kan ikke se noget galt i, at et barn kærtegner en stor hund, selv om den er sort, men at lege med et væsen, der både kan tænke og føle, er så umoralsk og upassende, at du væmmes ved det – indrøm det bare, kære kusine. Jeg ved alt for godt, hvordan I folk nordpå tænker og føler. Ikke fordi vi er bedre mennesker sydpå, fordi vi ikke nærer de samme følelser, men skikken hos os gør, hvad kristendommen burde gøre: udsletter personlige fordomme. Under mine rejser nordpå har jeg ofte bemærket, hvor meget stærkere fordommene mod negre er hos jer end hos os. I væmmes ved dem, som I væmmes ved en slange eller tudse, men alligevel er I forargede over den måde, de bliver behandlet på. I vil have, at de skal behandles anstændigt og godt, men I vil helst selv være fri for dem. I ville foretrække at sende dem til Afrika, så I slap for se og lugte dem, og så bagefter sende en missionær eller to ned til dem, så I undgik at opofre jer selv for deres frelse, ikke sandt?"

"Ja, kære fætter," sagde miss Ophelia tankefuldt, "der er meget sandhed i det, du siger."

"Hvad skulle disse arme og elendige gøre uden børn?" spurgte St. Clare, mens han betragtede Eva, der nu dansede af sted, mens hun trak Tom efter sig. "Det lille barn er den eneste ægte demokrat. Tom er nu Evas helt. Hans historier er eventyrlige fortællinger i hendes øjne, hans sange og metodistsalmer bedre end opera og al det flitterstads, han har i lommerne, er som Ali Babas Hule.[58] Hun synes, han er den mest vidunderlige

Tom, der nogensinde har eksisteret med sort hud. Dette er en af de roser fra Edens have, Herren har kastet specielt til disse arme og elendige, som sandelig ikke får for mange roser."

"Det er meget mærkeligt, fætter," sagde miss Ophelia, "når man hører dig tale, skulle man næsten tro, at du var en *bekender*."

"En bekender?" sagde St. Clare.

"Ja, en bekender af kristendommen."

"Slet ikke. Ikke en bekender, som I byfolk vil have det, og hvad værre er, så er jeg bange for, at jeg heller ikke er en *udøver*."

"Hvad får dig så til at tale sådan?"

"Det letteste er at tale," sagde St. Clare. "Jeg tror, at Shakespeare fik en af sine personer til at sige: "Jeg kan lettere lære tyve andre, hvad man bør gøre, end selv at være en af de tyve og følge min egen lære." Jeg går ind for arbejdsfordeling. Min styrke ligger i at tale, og din, kusine, ligger i at handle.

Her og nu havde Tom intet at klage på, hvad hans nuværende stilling angik. Lille Evas forkærlighed for ham – et ædelt og kærligt sinds naturlige taknemmelighed og hengivenhed – havde fået hende til at anmode sin far om, at han måtte være hendes særlige ledsager, når som helst hun havde brug for at blive ledsaget af en tjener på sine udflugter til fods eller til hest. Og Tom havde fået ordre til at lade alt andet ligge, når som helst miss Eva havde brug for ham – en ordre, som vores læsere kan tænke sig var langt fra ubehagelig for ham. Tom var yderst velklædt, for St. Clare var meget nøjeregnende i denne henseende. Hans opgaver i stalden var mere for et syns skyld og bestod udelukkende i et dagligt tilsyn og i at undervise en stalddreng i sine pligter, for Marie St. Clare havde erklæret, at han ikke måtte lugte af stald, når han kom i nærheden af hende. I det hele taget måtte han ikke blive sat til noget beskidt eller lugtende arbejde, der kunne genere hende, da hendes nervesystem var så medtaget, at det ikke kunne tåle nogle af den slags påvirkninger. Den mindste duft af noget ubehageligt ville ifølge hende være nok til at tage livet af hende og omgående gøre en ende på hendes jordiske prøvelser. I sit velbørstede og fornemt vævede tøj, sin glatte bæverskindshat, blankpudsede støvler, pletfri krave og manchetter og sit alvorlige, men godmodige sorte ansigt, så Tom ærværdig nok ud til at være biskop af Kartago[59] – et embede, som mænd af hans kulør beklædte i gamle dage.

Desuden befandt han sig på et smukt sted – en ting, som hans følsomme race satte stor pris på. Udendørs nød han i stilhed fuglene, blomsterne, springvandene, duftene, lyset og skønheden på gårdspladsen, og indendørs beundrede han silkedraperierne, malerierne, lysekronerne, statuerne og forgyldningen – alt det, som gjorde salonerne til en slags Aladdins palads[60] for ham.

Når Afrika engang kan fremvise et ophøjet og uddannet folk – og den tid vil komme – så er det Afrikas tur til at spille sin rolle i det store drama om menneskets udvikling – så vil livet vågne der med en herlighed og pragt, som vores kolde, vestlige stammer dårligt kan forestille sig. I dette fjerne, eventyrlige land af guld og ædelstene, eksotiske krydderier, vajende palmer, underfulde blomster og mirakuløs frodighed vil nye kunstformer og nye former for pragt vise sig, og den negroide race vil, da den ikke længere er undertrykt eller foragtet, fremvise nogle af de nyeste og herligste åbenbaringer på menneskeligt liv og virksomhed. De vil helt sikkert opnå det grundet deres blidhed, deres ydmyge lærevillighed, deres evne til at stole på en overlegen intelligens, evne til at sætte lid til højere magter, deres barnlige hengivenhed og evne til at tilgive. I alt dette vil de udvise den højeste grad af et *kristent liv*, og måske, da Vorherre tugter dem, han elsker, har han netop udvalgt det arme Afrika – lutret i lidelsens ovn – til at blive det største og ædleste land i det rige, han vil oprette, når alle andre riger har været forsøgt og slået fejl. For de første skal blive de sidste, og de sidste skal blive de første.

Var det det, Marie St. Clare tænkte på, da hun en søndag morgen stod smukt påklædt på verandaen i færd med at spænde et diamantarmbånd omkring sit slanke håndled? Det var det sikkert – eller hvis det ikke var det, så var det noget andet, for Marie satte stor pris på smukke ting, og nu stod hun i fuld mundering – diamanter, silke, kniplinger, juveler og meget andet – parat til at køre til en mondæn kirke for at være meget religiøs. Marie gjorde altid et stort nummer ud af at være meget gudfrygtig hver søndag. Slank og elegant stod hun indhyllet i sin mantilla[61], der lå omkring hende som et tågeslør, og let og yndefuld i alle sine bevægelser. Hun så guddommelig ud, og hun følte sig meget elegant og godt tilpas. Miss Ophelia stod ved siden af hende som hendes diametrale modsætning. Ikke sådan at forstå, at miss Ophelias silkekjole, sjal og lommetørklæde ikke var fine og smukke, men hendes stivhed, kantethed og stive holdning gav hende en ubestemmelig, men lige så tydelig fremtoning, som den der velsignede hendes elegant klædte nabo – ikke Guds velsignelse, vel at mærke – det er en helt anden ting!

"Hvor er Eva?" spurgte Marie.

"Barnet stoppede op på trappen for at sige noget til Mammy."

Og hvad var det Eva sagde til Mammy på trappen? Læs videre, kære læser, så får du det at vide. Men Marie hører det ikke.

"Kære Mammy, jeg ved, at du har sådan en forfærdelig hovedpine."

"Gud velsigne dig, miss Eva! Det har været slemt i den sidste tid, men det skal du ikke spekulere på."

"Jeg er glad for, du skal ud i dag," sagde Eva og omfavnede hende. "Her, Mammy, tag min lugteflaske."

"Men miss Eva dog! Sikke en smuk ting af guld og med diamanter. Nej, det går aldrig an."

"Hvorfor ikke? Du har brug for den, det har jeg ikke. Mamma bruger den altid for sin hovedpine. Den vil få dig til at føle dig bedre tilpas. Nej, tag den nu og gør mig glad."

"Hør det kære barn snakke!" sagde Mammy, da Eva lagde flasken i hånden på hende, kyssede hende og løb ned ad trapperne til sin mor.

"Hvorfor stoppede du op?"

"Jeg stoppede bare for at give Mammy min lugteflaske, så hun kunne tage den med i kirke."

"Eva," sagde Marie og stampede utålmodigt med foden. "Du gav din lugteflaske af guld til *Mammy!* Hvornår lærer du, hvad der er *passende?* Gå omgående hen og tag den tilbage igen!"

Eva så nedslået og forurettet ud, men vendte sig langsomt.

"Hør Marie, bryd dig ikke om barnet. Lad hende gøre, som hun har lyst til," sagde St. Clare.

"St. Clare, hvordan skal hun nogensinde klare sig i verden?" sagde Marie.

"Det ved kun Vorherre," sagde St. Clare, "men hun vil klare sig bedre i himlen end både du og jeg."

"Åh, pappa, sig ikke sådan noget," sagde Eva og rørte let ved hans albue, "mor bliver ked af det."

"Nå fætter, er du klar til at gå til mødet?" spurgte Ophelia og vendte sig hurtigt om mod St. Clare.

"Jeg tager ikke med, ellers tak."

"Jeg ville ønske, at St. Clare ville gå med i kirke engang imellem," sagde Marie, "men han er ikke den mindste smule religiøs. Det er virkelig ikke respektabelt."

"Jeg ved det," sagde St. Clare. "Jeg går ud fra, at I kvinder går i kirke for at lære, hvordan I skal klare jer i verden, og jeres fromhed giver os andre en vis respektabilitet. Hvis jeg overhovedet skulle gå i kirke, ville jeg gå i den kirke, som Mammy går i. Der kan man i det mindste holde sig vågen."

"Det mener du ikke! De skrigende metodister! De er forfærdelige!" sagde Marie.

"Alt andet end vores kedelige, respektable kirker, Marie. Det er alt for meget at forlange af et menneske. Eva, kan du lide at gå i kirke? Blev hellere hjemme og leg med mig."

"Tak for tilbuddet far, men jeg vil hellere gå i kirke."

"Er det ikke forfærdelig kedeligt?" spurgte St. Clare.

"Nogle gange er det kedeligt," sagde Eva, "og så bliver jeg meget søvnig, men jeg prøver at holde mig vågen."

"Hvorfor går du så derhen?"

"Ser du, far," sagde hun i et hviskende tonefald, "min kusine har fortalt mig, at Gud ønsker, at vi kommer. Og når han giver os alting, er det vel ikke for meget at gøre til gengæld. Det er trods alt ikke så kedeligt."

"Din lille kære, føjelige sjæl!" sagde St. Clare og kyssede hende. "Stik nu af og bed en bøn for mig, så er du en skat."

"Ja, men det gør jeg da altid," sagde barnet, da hun sprang efter sin mor op i vognen.

St. Clare stod på trappen med tårer i øjnene og sendte fingerkys til hende, da vognen kørte bort.

"Åh, Evangeline, du bærer dit navn med rette," sagde han. "Gud har jo gjort dig til en evangelist for mig."

Således følte han et øjeblik, derefter røg han en cigar og læste sin avis, The Picayune, og snart havde han glemt sit lille evangelium. Var han meget anderledes end andre mennesker?"

"Ser du Evangeline," sagde hendes mor, "der er ikke noget galt i at være venlig over for tjenestefolkene, men det er ikke passende at behandle dem på samme måde som ens egen familie eller folk af ens egen samfundsklasse. Hvis Mammy for eksempel var syg, så ville du vel heller ikke anbringe hende i din egen seng."

"Jo, det ville jeg meget gerne, mamma," sagde Eva, "for så ville det være lettere for mig at tage mig af hende, og desuden er min seng bedre end hendes."

Marie blev aldeles fortvivlet over denne totale mangel på moralsk indsigt, som Evas svar røbede.

"Hvad skal jeg dog gøre for at få barnet til at forstå mig?" spurgte hun.

"Ingenting," sagde miss Ophelia sigende.

Et kort øjeblik så Eva meget trist og forvirret ud, men heldigvis er børn ikke påvirket særlig længe, så i næste øjeblik lo hun muntert ad forskellige ting, hun så fra vognen, mens de kørte af sted.

"Nå, mine damer," sagde St. Clare, da de havde sat sig ved middagsbordet, "hvad stod menuen så på i kirken i dag?"

"Åh, dr. G. holdt en udmærket prædiken," sagde Marie. "Det var lige netop sådan en prædiken, som du burde høre. Den udtrykte præcist alle mine synspunkter."

"Den må have været meget opbyggelig," sagde St. Clare. "Emnet er jo ret omfattende."

"Jeg mener alle mine synspunkter med hensyn til samfundsforhold og sådan noget," sagde Marie. "Teksten var: Han har gjort alting godt og rigtigt til rette tid, og han viste os, at samfundsordenen og alle rangsforskelle kommer direkte fra Gud. Og det var så rigtigt og smukt, ser du, at nogle står højt på rangstigen, mens andre står lavt, fordi nogle er født til at herske, og andre er født til at tjene og sådan. Ser du, han anvendte det så godt på alt det latterlige vrøvl omkring slaveri, og han viste tydeligt, at Bibelen står på vores side og støtter alle vores foranstaltninger. Jeg ville bare ønske, at du havde hørt ham."

"Åh, det behøver jeg ikke," sagde St. Clare. "Sådanne lærdomme kan jeg hente fra aviserne til hver en tid og samtidig ryge en cigar, hvilket jeg ikke kan gøre i en kirke, som du ved."

"Men," sagde miss Ophelia, "er du ikke enig i disse synspunkter?"

"Hvem – mig? Du ved vel, at jeg er sådan en gudløs fyr, at disse religiøse opfattelser af sådanne emner ikke opbygger mig særlig meget. Hvis jeg skulle sige noget om slavespørgsmålet, ville jeg rent ud sige: 'Vi hænger på det, vi har dem, og vi har tænkt os at beholde dem – det er for vores egen bekvemmeligheds skyld og i vores interesse', det er sagen i en nøddeskal. Og i sidste ende er det også hovedhensigten med denne helliggørelse af slavespørgsmålet. Jeg synes, det burde stå klart for enhver, som hører det."

"Augustin, jeg synes virkelig, du er så respektløs!" sagde Marie. "Det er chokerende at høre dig tale."

"Chokerende, ja, men det er sandheden! Al denne religiøse snak om sådanne ting – hvorfor tager de det ikke et skridt videre og viser skønheden i, at en fyr tager sig et glas for meget eller sidder lidt for langt ud på natten over kortene og andre forsynsbestemte arrangementer af den slags, der er almindelige blandt os unge mænd? Vi kunne også tænke os at høre, at disse ting prises som rigtige og gudelige."

"Hvad mener du om slaveriet, er det rigtigt eller forkert?" spurgte miss Ophelia.

"Nej, kære kusine, jeg lader mig ikke lokke af din rædsomme New England ligefremhed," sagde St. Clare muntert. "Hvis jeg lader mig lokke til at besvare det spørgsmål, så ved jeg, at du vil kaste dig over mig med et halvt dusin andre spørgsmål – det ene mere nærgående end det andet. Du får ikke lokket min stilling til dette spørgsmål ud af mig. Jeg er en af den slags mennesker, der kun kaster sten på andres glashuse, men aldrig selv stiller et glashus op, som folk kan kaste sten på."

"Sådan snakker han altid," sagde Marie, "man kan ikke få et fornuftigt svar ud af ham. Jeg tror bare, det skyldes hans ringeagt for religion, at han opfører sig på den måde."

"Religion!" udbrød St. Clare i et tonefald, der fik begge kvinderne til at stirre på ham. "Religion! Er det, du hører i kirken, religion? Er religion måske en ting, som kan drejes og vendes i alle retninger, så den kan bruges til at retfærdiggøre en hvilken som helst fordærvet ting i et selvisk, verdsligt samfund? Kan man kalde det for en religion, når den viser mindre samvittighed, mindre agtelse, mindre retfærdighed og mindre hensyn til mennesket, end jeg med min ugudelige, verdslige og formørkede natur? Nej! Når jeg søger en religion, så søger jeg efter noget, der er større end mig og ikke noget, der er mindre end mig."

"Så du mener ikke, at Bibelen retfærdiggør slaveri?" sagde miss Ophelia.

"Bibelen var min *mors* bog," sagde St. Clare. "Hun levede og døde efter den bog, så det ville gøre mig meget ondt, hvis det var tilfældet. Jeg ville hellere have den til at godtgøre, at min mor kunne drikke brandy, tygge tobak og bande, så det kunne støtte mig i, at det var rigtigt af mig at gøre det samme. Det ville dog ikke gøre mig mere tilfreds med mig selv at kunne gøre disse ting, men i stedet berøve mig glæden over at kunne respektere min mors minde. Og i denne verden er det virkelig en stor glæde og trøst at have noget, man kan respektere. Kort sagt," fortsatte han pludseligt i sit gamle, muntre tonefald, "alt, hvad jeg ønsker, er at forskellige ting bliver holdt i forskellige kasser. Hele samfundets struktur både i Europa og Amerika består af forskellige ting, der ikke kan leve op til en høj moralsk standard. Den generelle opfattelse er, at mennesket ikke stræber efter det moralsk fuldkomne, men kun forsøger at leve op til standarden i resten af verden. Hvis en person nu stiller sig op og rent ud siger, at slaveri er en nødvendighed for os, at vi ikke kan klare os uden det, at vi måtte gribe til tiggerstaven, hvis vi opgav det, og at vi naturligvis af disse grunde vil holde fast ved det – alt sammen sagt på en ærlig og oprigtig måde i et klart og tydeligt sprog – så ville det meste af verden sikkert være enig med ham. Men hvis han i stedet antager en gudfrygtig mine, taler salvelsesfuldt og påberåber sig den hellige skrift, så er jeg tilbøjelig til at tro, at han ikke er meget bedre, end man kunne vente sig af en sådan person."

"Du er meget fordømmende," sagde Marie.

"Lad os sige," sagde St. Clare, "at hvis der skete noget, som fik prisen på bomuld til at gå ned nu og for altid, så bunden gik ud af slavemarkedet, og slaverne blev usælgelige, tror du så ikke, at vi hurtigt ville få en anden udlægning af de hellige skrifter? Et vældigt lysskær ville omgående strømme ind i kirken, og man ville hurtigt opdage, at både Bibelen og fornuften anviste en modsat vej!"

"Det kan godt være," sagde Marie og lænede sig træt tilbage i sofaen. "Jeg er i hvert fald taknemmelig over at være født et sted, hvor der findes slaver. Og jeg tror, at det er rigtigt – ja, jeg føler virkelig, at det er sådan, det skal være. Under alle omstændigheder er jeg helt sikker på, at jeg ikke kunne klare mig uden."

"Hvad mener du, min skat?" spurgte St. Clare Eva, der trådte ind ad døren i samme øjeblik med en blomst i hånden.

"Om hvad, papa?"

"Hvordan vil du helst bo, ligesom hos din onkel i Vermont eller have hele huset fuldt af tjenestefolk, som vi har?"

"Åh, vi har det naturligvis bedst," sagde Eva.

"Hvorfor det?" spurgte St. Clare og strøg hende over håret.

"Jo, ser du, vi har så mange flere omkring os, vi kan elske," sagde Eva og så alvorligt op på sin far.

"Hvor er det typisk for Eva at sige sådan noget sludder" sagde Marie.

"Synes du, det er noget sludder, papa?" hviskede Eva til sin far og satte sig på hans skød.

"Ja, det er det nok, som verden ser ud lige nu, min skat," sagde St. Clare. "Men hvor har min lille Eva været, mens vi spiste til middag?"

"Åh, jeg har været oppe på Toms værelse og hørt ham synge. Tante Dinah gav mig middagsmad."

"Så du har hørt Tom synge?"

"Åh, ja! Han synger sådan nogle kønne sange om det ny Jerusalem, strålende engle og Kanaans land."

"Det må jeg nok sige. Det lyder bedre end opera, ikke sandt?"

"Jo, og han vil lære mig alle sangene."

"Sangundervisning, sådan! Du *bliver* dygtigere og dygtigere."

"Ja, han synger for mig, så læser jeg for ham i min Bibel, og så forklarer han mig, hvad det betyder."

"Helt ærligt," sagde Marie leende, "det er det mest latterlige, jeg nogensinde har hørt."

"Tom er ikke dårlig til at udlægge den hellige skrift, det kan jeg stå inde for," sagde St. Clare. "Han har et naturligt anlæg for religion. Jeg ville ud og ride tidligt i morges, så jeg listede op til Toms værelse over stalden, og der hørte jeg ham holde et bønnemøde med sig selv, og faktisk har jeg ikke i lang tid hørt noget så gribende som Toms bøn. Han bad for mig med en styrke og iver, som havde han været en ægte apostel."

"Måske var han klar over, at du lyttede. Han er ikke den første, der har lavet det nummer."

"Hvis han havde en anelse om det, så var han ikke særlig høflig, for han lagde ikke fingrene imellem, da han fortalte Vorherre sin ærlige mening om mig. Tom mente ret afgjort, at der var en hel del punkter, jeg burde forbedre mig på, og min omvendelse syntes at ligge ham meget på hjerte.

"Jeg håber, at du vil tage hans ord til dig," sagde miss Ophelia.

"Nå, du er af samme mening," sagde St. Clare. "Ja, nu får vi se, ikke sandt, Eva?"

---

[55] **Cambric:** Oprindeligt en fin gennemskinnende lærredssort, der blev fremstillet i Nordfrankrig og Belgien af hørgarn foruden spundet særdeles omhyggelig ved håndkraft.

[56] **Vinaigrette:** En blanding af olie og syre som for eksempel eddike eller citron. Tilsat salt, urter og krydderier bruges det som salatdressing og til marinader.

[57] **Kølnervand:** (fransk: Eau de Cologne) En parfume, der oprindeligt stammer fra Köln, hvor man fandt ud af at udtrække forskellige naturdufte ved hjælp af alkohol. Var på den tid meget kostbar og kun det bedste borgerskab havde råd til at bruge det.

[58] **Ali Babas Hule:** I den klassiske fortælling fra 1001 Nats Eventyr opdager den fattige persiske brændehugger, Ali Baba, ved en tilfældighed en røverbandes hemmelige klippehule, der er fyldt med ufattelige kostbarheder.

[59] **Kartago:** Fønikisk koloni og senere en af de største og vigtigste byer i det vestlige Romerrige. Biskoppen i Kartago var ikke blot leder af den nordafrikanske kirke, han havde også stor indflydelse uden for Afrika.

[60] **Aladdin:** Aladdin er en person i et af eventyrene i 1001 Nats Eventyr. Han er fattig ung mand fra en by i Indien, som af en troldmand bliver bedt om at hente en olielampe i en hule. Da Aladdin gnider på lampen, viser en magtfuld ånd sig, der opfylder alle hans ønsker.

[61] **Mantilla:** Et sjal af silke eller kniplinger, der bæres over hoved og skuldre. I Spanien bæres det ofte over en høj dekorativ kam. I dag er det en del af den religiøse praksis for kvinder i den romersk katolske kirke.

KAPITEL 17

Den frie mands forsvar

Der var travlhed i kvækerhjemmet hen på eftermiddagen. Rachel Halliday gik roligt omkring og samlede de mest nødvendige ting sammen, der ikke tog for meget plads op, for de flygtende skulle videre, når natten faldt på. Lange eftermiddagsskygger strakte sig mod øst, og den runde, røde sol stod i horisonten og lod sine solstråler skinne gult og stilfærdigt ind i det lille sovekammer, hvor George og hans kone befandt sig. Han sad med barnet på skødet og holdt sin kone i hånden. Begge så tankefulde og alvorlige ud, og der var spor af tårer på deres kinder.

"Ja, Eliza," sagde George, "Jeg ved, at alt, hvad du siger, er sandt. Du er en god pige – meget bedre end mig, og jeg vil prøve at gøre, hvad du siger. Jeg vil prøve at handle som en kristen og fri mand bør gøre. Den almægtige Gud ved, at jeg altid har prøvet alt, hvad jeg kunne for at gøre det gode, selv når alt gik mig imod. Nu vil jeg glemme fortiden, lægge alle hårde og bitre følelser bag mig og læse min Bibel, så jeg kan blive et godt menneske.

"Og når vi kommer til Canada," sagde Eliza, "så kan jeg hjælpe dig. Jeg er dygtig til at sy kjoler, og jeg ved, hvordan man skal vaske og stryge fint tøj. Sammen skal vi nok finde noget at leve af."

"Ja, Eliza, det skal nok gå, så længe vi har hinanden og vores dreng. Åh, Eliza, hvis bare disse mennesker kunne forstå, hvilken velsignelse det er for en mand, at han har en kone og et barn, der tilhører *ham*. Jeg har tit undret mig over at se mænd, som *både har* kone og børn, stræbe og bekymre sig om alt muligt andet. Jeg føler mig så rig og stærk, selv om vi intet ejer, men kun har vores bare hænder. Jeg føler ikke, jeg kan bede Vorherre om mere. Jeg har arbejdet hårdt hver eneste dag i femogtyve år, og jeg ejer ikke en cent, har intet tag over hovedet eller et stykke land, jeg kan kalde mit eget, og alligevel vil jeg være tilfreds og taknemmelig, hvis de bare vil lade mig være i fred. Jeg vil arbejde og sende penge til dig og vores dreng. Min gamle herre skylder jeg ikke noget; han har tjent mindst fem gange så meget på mig, som jeg har kostet ham."

"Men vi er ikke helt uden for fare," sagde Eliza. "Vi er ikke i Canada endnu."

"Det er sandt nok," sagde George, "men jeg føler allerede, at jeg kan fornemme frihedens sødme, og det gør mig stærk."

Nu hørte de stemmer, der diskuterede alvorligt i stuen udenfor, og kort efter blev der banket på døren. Eliza rejste sig og åbnede døren.

Udenfor stod Simeon Halliday og en anden kvæker, som han præsenterede som Phineas Fletcher. Phineas var rødhåret, høj og tynd som en bønnestage og havde et vagtsomt blik i øjnene, der vidnede om stor skarpsindighed. Han havde ikke den samme fredsommelige, verdensfjerne og rolige holdning som Simeon Halliday, men var snarere hans modsætning. Han virkede lysvågen og velinformeret som en mand, der er stolt over at vide, hvad han foretager sig, og som altid har øjnene med sig. Alt sammen egenskaber, der passede dårligt til hans bredskyggede kvækerhat og hans formelle måde at udtrykke sig på.

"Vor ven Phineas har opdaget noget, der er af vigtighed for dig og dine, George," sagde Simeon. "Du bør høre det."

"Ja, det er sandt," sagde Phineas, "og det viser fordelen ved at sove med det ene øre halvt åbent på visse steder, som jeg altid har sagt. I går aftes tog jeg ind på en lille, ensomt beliggende kro et stykke vej herfra. Du kan nok huske den kro, Simeon, hvor vi solgte nogle æbler til den tykke kone med de store ørenringe. Nå, jeg var træt efter den lange rejse, så efter aftensmaden lagde jeg mig på en stak sække i hjørnet og trak mit bøffelskind over mig, mens jeg ventede på, at min seng blev gjort klar. Og så faldt jeg omgående i søvn."

"Med det ene øre halvt åbent, Phineas?" spurgte Simeon stille.

"Nej, jeg snorksov og hørte intet i en time eller to, for jeg var ret træt, men da jeg til sidst kom til mig selv igen, opdagede jeg, at der omkring et rundt bord i krostuen sad nogle mænd, som drak og talte sammen. Og så tænkte jeg, at jeg hellere måtte høre, hvad de havde for, inden jeg tog dem nærmere i øjesyn, især fordi jeg hørte en af dem sige noget om kvækerne. En af dem sagde: 'Jeg er ikke i tvivl om, at de gemmer sig oppe hos kvækerne'. Så spærrede jeg begge ører op, og jeg fandt ud af, at de talte om dette selskab. Der lå jeg så og hørte dem afsløre alle deres planer. De sagde, at den unge mand skulle sendes tilbage til Kentucky til sin herre, som ville statuere et eksempel med ham, så hans andre niggere ikke turde løbe væk. Og to af dem ville sejle til New Orleans med hans kone og sælge hende for egen regning og fortjeneste. De sagde, at de regnede med at kunne tjene omkring sekstenhundrede eller attenhundrede dollars på hende, og barnet ville blive afleveret til slavehandleren, som havde købt ham. Og så var der drengen Jim og hans mor, som begge skulle sendes tilbage til deres herre i Kentucky. De sagde også, at der var to politibetjente i en by lidt længere fremme, som skulle være med til at pågribe de flygtende. Den unge kvinde skulle bringes for en dommer, og en af fyrene – en lille, lumsk og overtalende fyr – skulle foran dommeren sværge på, at kvinden tilhørte ham, så han kunne overtage hende og bringe hende sydpå til New Orleans. De har en ret god idé om hvilken vej, vi har tænkt os at tage i nat, så de vil være lige i hælene på os – seks eller otte mand i alt. Så hvad skal vi gøre nu?"

Under Phineas beretning havde gruppen indtaget forskellige stillinger, og nu stod de stivnet i dem, som om de stod klar til at være en del af et maleri. Rachel Halliday, som havde været i færd med rulle dej ud til kiks, stod med hænderne i luften og med et alvorligt udtryk i ansigtet. Simeon virkede hensunket i dybe tanker, mens Eliza havde slået armene om sin mand og så op på ham. George stod med knyttede næver og lynende øjne og lignede en mand, hvis kone skulle sælges på en auktion, og hvis søn skulle udleveres til en slavehandler – alt sammen helt lovligt ifølge et kristent lands love.

"Hvad *skal* vi gøre, George?" spurgte Eliza modløst.

"Jeg ved godt, hvad *jeg* skal gøre," sagde George, idet han trådte ind i deres lille soveværelse og tog sine pistoler frem.

"Ja, ja," sagde Phineas og nikkede til Simeon, "du ser nok, hvor det bærer hen."

"Ja, jeg ser det," sagde Simeon og sukkede. "Jeg vil bede til, at det ikke kommer så vidt."

"Jeg ønsker ikke, at nogen skal få problemer for min skyld," sagde George. "Hvis I blot vil låne mig et køretøj og vise mig vej, så vil jeg køre alene til det næste stop. Jim er en stærk fyr, tapper som nogen og lige så desperat som mig."

"Godt min ven," sagde Phineas, "men I får alligevel brug for en kusk. Jeg overlader gerne selve slåskampen til jer, men jeg ved et og andet om vejen, som I ikke ved."

"Men vi vil ikke involvere Dem i det," sagde George.

"Involvere?" sagde Phineas, med et ejendommeligt, snu udtryk i ansigtet, "Når I involverer mig, så fortæl mig det venligst."

"Phineas er en klog og dygtig mand," sagde Simeon. "Det vil være klogt af dig George at stole på hans dømmekraft – og vær ikke for hurtig til at bruge dine pistoler," tilføjede han og lagde venligt hånden på Georges skulder, "ungt blod kommer hurtigt i kog."

"Jeg har ikke i sinde at angribe nogen," sagde George. "Alt, hvad jeg ønsker af dette land, er at man lader mig være i fred. Så vil jeg også forlade landet fredeligt. Men... " han tøvede, rynkede panden alvorligt og kæmpede med sine følelser et øjeblik, inden han fortsatte. "Men jeg havde en søster, som blev solgt på det marked i New Orleans, så jeg ved, hvad det vil sige. Skulle jeg så bare stå og se til, at de tager min kone og sælger hende, når Gud har givet mig et par stærke arme til at forsvare hende med? Nej, Gud hjælpe mig, jeg vil kæmpe til mit sidste åndedrag for min kone og søn. Kan nogen bebrejde mig det?"

"Intet dødeligt menneske kan bebrejde dig, George. Kød og blod kan ikke gøre andet," sagde Simeon. "Ve verden for det, der fører til forargelse, men ve det menneske, som bliver årsag til forargelsen."

"Ville De ikke gøre det samme i mit sted?"

"Jeg beder til, at jeg ikke bliver fristet," sagde Simeon. "Ånden er rede, men kødet er skrøbeligt."

"Jeg tror, mit kød ville være rimeligt stærkt i et sådant tilfælde," sagde Phineas og strakte et par muskuløse arme ud, der mindede om vingerne på en vindmølle. "Jeg er heller ikke sikker på, min ven George, at jeg ville afvise at holde fast på en fyr for dig, hvis du havde et regnskab at gøre op med ham."

"Hvis mennesker *nogensinde* skulle modstå ondskab," sagde Simeon, "så tror jeg, at George kunne føle at have ret til at gøre det i denne sag, men vores lærere har vist os en bedre vej; for menneskets vrede arbejder ikke for Guds retfærdighed; men buddet er hårdt for menneskets fordærvede vilje, og ingen kan tilegne sig det, bortset fra den det bliver givet til. Lad os bede til Herren, at vi ikke falder i fristelse."

"Det håber *jeg* heller ikke," sagde Phineas, "men hvis vi bliver fristet for meget – så må de hellere passe på. Det er min mening."

"Man kan tydeligt høre, at Phineas ikke er født som en af Vennerne," sagde Simeon smilende, "Den gamle natur er endnu stærk hos dig og følger sine egne veje."

Når sandheden skal frem, så havde Phineas været en fuldblods, råstærk nybygger og en ivrig jæger, der altid ramte sit mål, men efter at have forelsket sig i en smuk kvækerenke, havde han for hendes skyld sluttet sig til kvækersamfundet på egnen. Og selv om han var et ærligt, ædrueligt og virksomt medlem af Vennerne, og intet særligt kunne lægges ham til last, var det tydeligt for de mere åndeligt bevidste blandt dem, at han ikke udviklede sig i den rigtige retning.

"Ven Phineas går altid sine egne veje," sagde Rachel Halliday smilende, "men trods alt mener vi alle sammen, at han har hjertet på rette sted."

"Nuvel," sagde George, "er det ikke bedst, at vi fremskynder vores flugt?"

"Jeg stod op klokken fire og skyndte mig herhen, så hurtigt jeg kunne. Vi har omkring to eller tre timers forspring, hvis de er startet på det tidspunkt, som de havde planlagt. Under alle omstændigheder er det for farligt at starte, før det er mørkt, for der findes nogle slyngler i landsbyerne foruden, der sandsynligvis vil prøve at lægge os hindringer i vejen, hvis de fik øje på vores vogn, og det ville forsinke os endnu mere end at vente her – men om to timer synes jeg, vi skal vove os af sted. Jeg vil gå over til Michael Cross og overtale ham til at ride bagefter os på sin raske, lille hest og holde skarpt udkig med vejen, så han kan advare os, hvis en gruppe mænd nærmer sig bagfra. Michaels hest kan løbe hurtigere end de fleste heste, så han kan hurtigt nå op på siden af os og advare os, hvis der er fare på færde. Jeg går nu ud for at se til hesten og beder Jim og den gamle kone om at holde sig parate. Vi har et ganske godt forspring, så vi har en god chance for at nå stationen, inden de kan nå at indhente os. Bare hold modet oppe, George, det er ikke den første knibe, jeg har reddet dine landsmænd ud af," sagde Phineas og gik ud af døren.

"Phineas er en klog fyr," sagde Simeon. "Han vil gøre alt, hvad han kan for dig, George."

"Det eneste, der bekymrer mig," sagde George, "er den risiko, I løber."

"Jeg vil være dig taknemmelig, ven George, hvis du ikke snakkede mere om det. Vi gør det, som vores samvittighed byder os at gøre. Vi kan ikke gøre andet. Og nu, mor," sagde han og vendte sig mod Rachel, "skynd dig nu med forberedelserne for disse venner, vi kan jo ikke sende dem af sted med tomme maver."

Og mens Rachel og hendes børn havde travlt med at bage majskage, stege skinke og kylling og skynde sig med at fremskaffe det øvrige tilbehør til aftensmåltidet, sad George og hans kone i deres lille værelse med armene omkring hinanden fordybet i den slags samtaler, som mand og kone har, når de ved, at de om nogle få timer måske skal skilles for altid."

"Eliza," sagde George, "mennesker, der har venner, huse, jord og penge og alle den slags ting, *kan ikke* elske hinanden som vi, der kun har hinanden. Før jeg kendte dig, Eliza, var der ingen andre, der elskede mig, bortset fra min stakkels, sønderknuste mor og min søster. Jeg så den stakkels Emily den morgen, hvor slavehandleren førte hende bort. Hun gik hen til den krog, hvor jeg sov, og sagde: 'Stakkels George, nu rejser din sidste ven fra dig. Hvad skal der blive af dig, stakkels dreng?' Jeg sprang op og slog armene omkring hende og græd og hulkede, og hun græd også. Og det var de sidste venlige ord, jeg hørte i ti lange år, og mit hjerte visnede hen og føltes tørt som aske, indtil jeg mødte dig. Og din kærlighed til mig fik mig næsten til at føle, at jeg var genopstået fra de døde! Lige siden dengang har jeg været et nyt menneske! Og nu, Eliza, vil jeg hellere udgyde min sidste blodsdråbe end at lade dem tage dig *væk* fra mig. De bliver nødt til at gå over min døde krop for at få fat i dig."

"Åh Herre, forbarm dig!" sagde Eliza hulkende. "Hvis Han bare vil lade os slippe ud af dette land sammen, det er alt, vi beder om."

"Står Gud på deres side?" sagde George uden at tale direkte til sin kone, men mere for at få luft for sine egne bitre tanker. "Ser han alt, hvad de gør? Hvorfor lader han disse ting ske? De fortæller os, at de har Bibelen på deres side – magten har de i hvert fald. De er rige, raske og lykkelige, de er medlem af en menighed, og de forventer at komme i Himlen. De har det så let i denne verden og får deres vilje, mens de stakkels, ærlige, trofaste kristne – kristne, der er lige så gode eller bedre end dem – ligger i støvet under deres fødder. De køber dem og sælger dem og handler med deres hjerteblod, sved og tårer – og Gud *gør ingenting.*"

"Ven George," sagde Simeon fra køkkenet, "lyt til denne salme, den kan måske gøre dig godt."

George flyttede sig tættere på døren, og Eliza tørrede sine tårer og gik også nærmere for at lytte, mens Simeon læste følgende: (Davids 73. salme vers 2-11).

"Men når det gælder mig, så var jeg nær snublet, mine fødder var nær ved at glide, for jeg harmedes over de overmodige, jeg måtte se de ugudeliges lykke. De lider ingen kvaler, deres krop er sund og fed. De har ingen del i menneskers nød, de bliver ikke ramt som andre mennesker. Derfor er hovmod deres halssmykke, vold er den dragt, de hyller sig i. Deres synd kommer fra deres indre, hjertets tanker trænger sig frem. De håner og taler ondt, fra det høje truer de med undertrykkelse. De vender deres mund mod himlen, deres tunge færdes på jorden. Derfor vender hans folk sig til dem og suger vand i fulde drag. Og de siger: 'Hvordan skulle Gud få det at vide? Mon den Højeste har indsigt?'"

"Er det ikke sådan du føler, George?"

"Jo, det er det sandelig," sagde George, "jeg kunne ikke have skrevet det bedre selv."

"Så hør videre," sagde Simeon: "Jeg tænkte efter for at forstå det, der var en uret i mine øjne, indtil jeg kom til Guds helligdom. Så forstod jeg deres endeligt. Ja, du stiller dem på glatte veje, du lader dem falde i fordærv. Så hurtigt de går til grunde! Som en drøm, når man vågner, Herre, når man står op, ringeagter man dens billede. Men nu er jeg altid hos dig, min højre hånd holder du fast. Du leder mig med dit råd, du fører mig til herlighed. Men at være Gud nær er min lykke, jeg tager min tilflugt til Gud Herren."

Ordene om hellig tillid, udtalt af den venlige, gamle mand, var som manna fra himlen for Georges forpinte og plagede sjæl, og da Simeon tav, sad han med et udtryk af stille hengivenhed på sit smukke ansigt.

"Hvis denne verden var alt, George," sagde Simeon, "så kunne du i sandhed spørge, hvor er Gud? Men det er ofte dem, der ejer mindst i dette liv, som han udvælger til sit rige. Hav tillid til ham, og uanset hvad der sker med dig her, så vil han gøre det godt for dig senere."

Hvis disse ord var blevet udtalt af en af disse dådløse, selvtilfredse prædikanter, som altid strør om sig med fromme og retoriske talemåder, ville de ikke have påvirket George synderligt, men fordi de kom fra en person, som dagligt udsatte sig for bøder og fængsel for Guds og menneskers skyld, gjorde de et stort indtryk, og begge de fortvivlede flygtninge følte, at ordene gav dem den ro og styrke, de havde brug for.

Rachel greb nu kærligt Elizas hånd og førte hende hen til spisebordet. Mens de sad ved bordet, lød der en let banken på døren, og Ruth trådte ind.

"Jeg kommer bare med nogle små strømper til drengen," sagde hun. "Der er tre par dejlige, varme uldstrømper. Der er så koldt oppe i Canada, som I ved. Holder du modet oppe, Eliza?" Så trykkede hun Eliza varmt i hånden og gav Harry en småkage. "Jeg har taget en lille pakke småkager med til ham," sagde hun og hev en pakke op af lommen. "Børn kan altid spise, ikke sandt?"

"Åh, mange tak, De er alt for venlig," sagde Eliza.

"Sæt dig ned og spis med, Ruth," sagde Rachel.

"Nej, jeg må desværre gå igen. John er alene med den lille, og jeg har nogle kiks i ovnen. Hvis jeg bliver her længere, brænder John bare alle kiksene på og lader barnet spise af sukkerskålen. Det kan han godt finde på," sagde den lille kvækerkvinde leende. "Farvel Eliza og farvel George. Må Vorherre give jer en sikker rejse," og med disse ord trippede Ruth ud af huset.

Kort efter de var færdige med aftensmåltidet, rullede en stor, overdækket vogn op foran døren. Det var en stjerneklar aften, og Phineas hoppede hurtigt ned fra bukken for at hjælpe de rejsende. George gik ud af døren med sin dreng i den ene hånd og Eliza i den anden. Han gik fast og bestemt, og hans ansigt var roligt og beslutsomt. Rachel og Simeon fulgte bagefter.

"I må lige stige ud et øjeblik," sagde Phineas til dem, der allerede sad i vognen, "så jeg kan gøre bagsædet klar til kvinderne og drengen."

"Her er to bøffelskind," sagde Rachel. "Gør sæderne så behagelige som muligt. Det bliver en slem køretur hele natten."

Jim steg først ud og hjalp omhyggeligt sin gamle mor, der støttede sig til hans arm og kiggede sig ængsteligt omkring, som om hun forventede at få øje på forfølgerne hvert øjeblik.

"Jim, er dine pistoler parat?" spurgte George med lav, fast stemme.

"Ja, helt sikkert," sagde Jim.

"Og du er ikke i tvivl om, hvad du skal gøre, hvis de kommer?"

"Det skulle jeg ikke mene," sagde Jim og tog en dyb indånding, så hans brede bryst udvidede sig. "Tror du måske, at jeg vil lade dem få fat i min mor igen."

Under denne korte samtale havde Eliza taget afsked med sin kærlige veninde Rachel, og nu blev hun hjulpet op i vognen af Simeon. Her tog hun sammen med sin dreng plads på bagsædet mellem bøffelskindene. Derpå blev den gamle kone hjulpet op og placeret ved siden af Eliza, mens George og Jim anbragte sig på et bræt foran dem, og Phineas satte sig på bukken.

"Farvel, mine venner," sagde Simeon udenfor vognen.

"Gud velsigne dig!" svarede alle indefra vognen.

Så kørte vognen raslende og rystende af sted på den frosne vej.

På grund af den ujævne vej og støjen fra hjulene var det umuligt at føre en samtale, så ingen sagde noget. Køretøjet skramlede af sted gennem vidtstrakte, mørke skove – over brede, øde sletter, op ad bakker og ned i dale – videre og videre kørte de, time efter time. Harry faldt snart i søvn med hovedet i sin mors skød. Den skræmte, gamle dame glemte til sidst sin frygt, og da natten kom, faldt selv Eliza i søvn på trods af sin uro og ængstelse. Phineas var den mest kvikke i selskabet, og for at fordrive tiden fløjtede han melodier, der var meget anderledes end de salmer, som kvækerne plejede at synge.

Men hen imod klokken tre om morgenen hørte George taktfaste hovslag, der hastigt nærmede sig bagfra. Han skubbede til Phineas med albuen, og Phineas trak hestene an og lyttede.

"Det må være Michael," sagde han. "Jeg synes, jeg genkender lyden af hans galop." Han rejste sig op og kiggede ængsteligt bagud.

En mand, der red i fuld galop, viste sig nu utydeligt på toppen af en fjern bakketop.

"Jeg tror bestemt, det er ham!" sagde Phineas. George og Jim sprang begge ned fra vognen uden betænkning. Alle stod helt tavse med ansigtet vendt i retning af den kommende budbringer. Hovslagene lød nu højere, da han nærmede sig. Snart var han nede i en dalsænkning, hvor de ikke kunne se ham, men de kunne hele tiden høre ham nærme sig, og til sidst dukkede han op på toppen af et højdedrag indenfor hørevidde.

"Ja, det er Michael!" sagde Phineas og råbte: "Hallo, Michael!"

"Phineas! Er det dig?"

"Ja, hvad nyt? Kommer de?"

"Ja, de er lige bag mig. Otte eller ti mænd, berusede af brændevin, bandende og frådende som en hel flok ulve."

Og i samme øjeblik førte et vindpust en svag lyd af galopperende ryttere hen mod dem.

"Ind med jer – hurtigt drenge, *hop ind!*" sagde Phineas. "Hvis I skal slås, så skal vi lidt længere frem." Og med disse ord sprang de to mænd ind i vognen, og Phineas piskede på hestene for at få dem til at løbe, mens rytteren holdt sig ved siden af vognen. Vognen skramlede, hoppede og næsten fløj hen over den frosne jord, mens hovslagene fra de forfølgende ryttere lød højere og højere. Kvinderne hørte dem også og kiggede ængsteligt ud, og langt bagude – på toppen af en fjern bakke – kunne de se silhuetten af en gruppe mænd, der aftegnede sig mod den røde morgenhimmel. Efter endnu en bakke havde deres forfølgere øjensynligt opdaget deres vogn, der med sit hvide sejldugstag var synlig selv på afstand, og et højt, brutalt og triumferende hyl fra forfølgerne nåede deres ører. Eliza fik kvalme og trykkede Harry tættere ind til sig. Den gamle kvinde bad og stønnede, og George og Jim holdt desperat deres pistoler i et hårdt greb. Forfølgerne halede hurtigt ind på dem. Vognen drejede skarpt og bragte dem helt hen til en klippeafsats, der hævede sig op som en høj og stejl klippe på et fladt og øde stykke land. Dette klippestykke, der hævede sig sort og massivt op mod den lyse himmel, virkede til at være et godt sted at gå i dækning. Phineas kendte stedet særdeles godt fra sine dage som jæger, og det var netop for at nå frem til dette sted, at han havde pisket på hestene.

"Så er det nu!" råbte han, idet han holdt hestene an og sprang ned på jorden. "Kom ud alle sammen i en lynende fart og følg efter mig op i klipperne. Michael, bind din hest til vognen og kør videre til Amariah og få ham og drengene til at komme herhen og tale alvorligt med disse fyre."

I næste øjeblik var alle ude af vognen.

"Sådan," sagde Phineas og greb Harry, "sørg for kvinderne og løb *nu*, som I aldrig har løbet *før*.

De havde ikke brug for yderligere opmuntring. Hurtigere end man kan læse dette, hoppede de over et hegn og løb for fuld fart hen mod klipperne, mens Michael sprang af hesten, bandt tømmen til vognen og kørte hurtigt videre.

"Videre fremad," råbte Phineas, da de nåede frem til klipperne. Og i det svage lys fra stjernerne og daggryet fik de øje på en ujævn, men ret synlig gangsti, der førte op mellem klipperne. "Det var et af vores gamle tilholdssteder, når vi jagede. Fortsæt videre opad!"

Phineas løb i forvejen og sprang op ad klipperne som en bjergged med drengen i armene. Jim kom lige bagefter med sin skælvende, gamle mor over skulderen, mens George og Eliza udgjorde bagtroppen. Deres forfølgere var i mellemtiden nået frem til hegnet og steget af hestene – bandende og råbende gjorde de sig nu klar til at følge efter dem. Efter at have klatret opad i nogle minutter nåede de flygtende op til toppen af afsatsen. Gangstien førte her igennem et trangt pas, som kun kunne passeres af en enkelt person ad gangen, indtil den mundede ud i en afgrund, der var mere end en meter bred. På alle sider og adskilt fra resten af afsatsen var de omgivet af nogle ti meter høje og stejle klipper, der udgjorde en naturlig fæstning. Phineas sprang let hen over afgrunden og satte drengen ned på et jævnt, fladt klippestykke dækket af hvidt mos.

"Spring over!" råbte han. "Spring nu! Det gælder livet!" og den ene efter den anden sprang i sikkerhed på den anden side af afgrunden. Nogle sten dannede en slags brystværn, der beskyttede og skjulte dem for forfølgerne under dem.

"Så er vi samlet igen," sagde Phineas og kiggede ud over brystværnet for at holde øje med angriberne, der kravlede støjende op ad klipperne. "Lad dem bare prøve at få fat i os, hvis de tør. De bliver nødt til at gå enkeltvis gennem passet, og der er de indenfor skudhold af vores pistoler, ikke sandt drenge?"

"Ja, det ser jeg," sagde George. "Og fordi det gælder vores sag, så lad det være op til os at tage kampen op og udsætte os for faren."

"Du er mere end velkommen til at udkæmpe kampen, George," sagde Phineas, der tyggede på nogle kirsebærblade, mens han talte, "men jeg kan vel more mig med at se på. Jeg kan se fyrene dernede diskutere højlydt og kigge op som høns, der gør sig klar til at flyve op på hønsepinden. Men I må hellere advare dem, før de kommer op. Bare fortæl dem i al venskabelighed, at de bliver skudt, hvis de prøver på noget."

Selskabet under dem, som nu tydeligt kunne ses i morgenlyset, bestod af vores gamle kendinge, Tom Loker og Mark, foruden to betjente og en bande tilfældige slyngler fra den nærmeste kro, der med et par glas brændevin var blevet overtalt til en lille, hyggelig jagt på nogle bortløbne niggere.

"Nå Tom, dine niggere løber ingen steder nu," sagde en af mændene.

"Ja, jeg så dem gå op lige her," sagde Tom, "og her er en gangsti. Jeg tænker, vi går lige på dem. De kan ikke springe hurtigt ned, og det vil ikke tage lang tid at drive dem ud."

"Men Tom, de kan skyde på os bag klipperne," sagde Marks. "Det kan let gå hen og blive farligt, ikke sandt?"

"Vås!" sagde Tom foragteligt. "Du er altid bange for dit skind, Marks! Der er ingen fare på færde! De er alt for skræmte!"

"Hvorfor skulle jeg *ikke* passe på mit skind?" sagde Marks. "Det er det bedste og eneste, jeg har, og nogle gange slås niggere som rene djævle."

Mens de snakkede frem og tilbage, dukkede George op på klippen over dem og sagde roligt med høj stemme: "Mine herrer, hvem er I, og hvad ønsker I?"

"Vi vil have fat i en flok bortløbne niggere," sagde Tom Loker. "George Harris og Eliza Harris og deres søn, og Jim Selden og en gammel kone. Vi har betjente med og en arrestordre på dem. Og vi skal nok også få fat i dem, hører du? Er du ikke George Harris, som tilhører mr. Harris i Shelby county i Kentucky?"

"Jeg er George Harris, og en mr. Harris i Kentucky kaldte mig sin ejendom. Men nu er jeg en fri mand, der står på Guds frie jord, og min kone og mit barn tilhører mig. Jim og hans mor er også her. Vi har våben til at forsvare os med, og vi har tænkt os at bruge dem. I kan komme herop, hvis I vil, men den første, der kommer indenfor skudhold er en død mand, og det er den næste også.

"Nej, hør nu!" sagde en lille, tyk mand og trådte et par skridt fremad, alt mens han pudsede næsen. "Unge mand, det er en meget uvenlig måde at tiltale os på. Ser du, vi er rettens tjenere. Vi har loven på vores side og magten til at udøve den, så I må hellere overgive jer fredeligt. Ser du, I kommer alligevel til at give op til sidst."

"Jeg er fuldkommen klar over, at I har loven og magten på jeres side," sagde George bittert. "I har tænkt jer at tage min hustru fra mig og sælge hende i New Orleans og anbringe min dreng som et stykke kvæg i en slavehandlers bås, foruden I vil sende Jims gamle mor tilbage til det brutale bæst, der piskede og mishandlede hende, fordi han ikke kunne mishandle hendes søn. Desuden vil I sende Jim og mig tilbage, så vi kan blive pisket og pint og knust under hælene på de mennesker, som I kalder vores herrer. Jeres love giver jer *ret* til alt dette – skam få både jer og jeres love! Men I har endnu ikke fået fat i os. Vi vedkender os ikke jeres love, og vi vedkender os ikke jeres land. Vi står her som frie mennesker under Guds himmel ligesom jer, og ved den Gud, som skabte os, vil vi kæmpe for vores frihed, til vi dør."

George stod frit fremme og fuldt synlig på toppen af klippen, da han fremsatte sin uafhængighedserklæring. Hans ansigt glødede i den opgående sol, bitter harme og desperation fik hans øjne til at lyne, og mens han talte, løftede han hånden mod himlen, som om han appellerede til Guds retfærdighed.

Havde det nu været en ung mand fra Ungarn[62], der i et tilflugtssted i bjergene modigt beskyttede nogle flygtninge, der prøvede at flygte fra Østrig til Amerika, ville man have kaldt det for ædelt og heltemodigt, men fordi det var en ung mand af afrikansk afstamning, der beskyttede nogle mennesker, som flygtede gennem Amerika på deres vej til Canada, så er vi naturligvis for godt belært og fædrelandskærlige til at se noget heroisk i det – og hvis nogle af vores læsere alligevel gør det, så er det på deres eget ansvar. Når fortvivlede ungarske flygtninge trodser den lovlige magt, der vil eftersøre og fængsle dem på deres vej til Amerika, så kappes man i pressen og politiske kredse om at hilse dem velkommen med bifald og beundring.

Men når fortvivlede afrikanske flygtninge gør det samme – ja, hvad er det så?

Men uanset ovenstående, så er det sikkert, at talerens holdning, faste blik og stemme og væremåde bragte forfølgerne til tavshed. Dristighed og bestemt optræden kan ofte tøjle selv den mest rå natur. Marks var den eneste, som var fuldstændig uberørt. Han spændte ganske roligt hanen på sin pistol, og i stilheden efter Georges tale fyrede han sin pistol af mod ham.

"Ser I, han er lige så meget værd død som levende i Kentucky," sagde han iskoldt og tørrede pistolen af i frakkeærmet.

George sprang baglæns, og Eliza udstødte et skrig. Kuglen var fløjet tæt forbi hans hoved, havde næsten strejfet Elizas kind og derefter boret sig ind i en træstamme.

"Der skete ikke noget, Eliza," sagde George hurtigt.

"Du må hellere holde dig ude af syne, når du vil holde tale," sagde Phineas. "Det er nogle ondskabsfulde slubberter."

"Hør Jim," sagde George, "sørg for, at dine pistoler er klar til skud, og hold øje med passet sammen med mig. Jeg skyder den første mand, der viser sig, du tager den anden og så videre. Vi har ikke råd til at spilde to skud på hver af dem."

"Men hvad så hvis du ikke rammer?"

"Jeg skal nok *ramme*," sagde George koldblodigt.

"Godt! Der er sandelig krummer i den fyr," mumlede Phineas mellem tænderne.

Efter Marks havde afskudt sin pistol, stod selskabet nedenfor temmelig ubeslutsomt.

"Jeg tror, du har ramt en af dem," sagde den ene af mændene. "Jeg hørte et skrig!"

"Jeg har i hvert faldt tænkt mig at gå lige på dem," sagde Tom Loker. "Jeg har aldrig været bange for niggere, og jeg har ikke tænkt mig at være det nu. Hvem kommer med mig?" sagde han og sprang op på klipperne.

George hørte hvert eneste ord, Tom sagde. Han trak sin pistol, undersøgte den og rettede den så mod det sted i passet, hvor den første mand ville komme til syne.

En af de mest modige mænd i selskabet fulgte lige efter Tom, og med de to i spidsen begyndte hele selskabet på deres tur op langs klipperne – de bagerste skubbede bagpå, så de forreste blev tvunget til at gå hurtigere frem. De nærmede sig hurtigt, og kort efter dukkede Toms kraftige skikkelse op i passet.

George tøvede ikke et øjeblik, men skød omgående. Kuglen ramte Tom i siden, men han stoppede ikke op, selv om han var såret. Med et brøl som en gal tyr sprang han hen over afgrunden og landede mellem de flygtende.

"Min ven," sagde Phineas og skubbede hårdt til ham, så han faldt ud over kanten til afgrunden, "du er ikke velkommen her."

Loker styrtede ned i afgrunden og bragede ned mellem træer, buske, stammer og løse sten, indtil han forslået og jamrende blev liggende ti meter under dem. Faldet kunne have slået ham ihjel, hvis ikke grenene på et stort træ havde grebet fat i hans tøj og bremset hans fald. Men han var alligevel faldet hurtigt og hårdt – så hårdt, at det havde været temmelig ubehageligt.

"Herren hjælpe os, det er de rene djævle!" udbrød Marks, idet han tiltrådte tilbagetoget med langt større iver, end da han steg op. Resten af selskabet fulgte efter ham i en hovedløs flugt – så hurtigt, at den kraftige betjent stønnede og pustede som et lokomotiv.

"Hør her, kammerater," sagde Marks, "mens I går hen og henter Tom, så tager jeg min hest og rider efter hjælp." Og uden af tage sig af de andres vilde protester og hyl, sprang han op på sin hest, satte hælene i siden på den og galopperede væk.

"Føj, for en lusket kujon!" sagde den ene af mændene. "Her kommer han med sine forretninger, og så stikker han bare af og lader os i stikken!"

"Nå, vi må hellere samle den anden fyr op," sagde en anden mand. "selv om det rager mig en høstblomst, om han er død eller levende."

Mændene, der gik efter lyden af Toms jamren og stønnen, trampede støjende hen over træstammer og igennem buske til det sted, hvor helten lå og bandede energisk.

"Du laver en pokkers larm, Tom," sagde en af dem. "Er du hårdt såret?"

"Det ved jeg ikke. Giv mig lige en hånd og hjælp mig op! Pokker tage den forbandede kvæker! Hvis det ikke havde været for ham, så havde jeg fået ram på nogle af dem."

Med stort besvær og under høj stønnen fik mændene den faldne helt på benene igen. Og ved at holde ham oppe under armene fik de slæbt ham hen til hestene.

"Hvis bare I kan slæbe mig tilbage til kroen. Stik mig et lommetørklæde eller sådan noget, så jeg kan stoppe det ind og stoppe den forbandede blødning."

George kiggede ned fra klippen og betragtede deres hjælpeløse forsøg på at hjælpe den korpulente Tom op i sadlen. Efter et par forgæves forsøg gled han fra dem og faldt tungt til jorden.

"Åh, jeg håber ikke, han er død!" sagde Eliza, der også betragtede optrinnet sammen med resten af gruppen.

"Hvorfor ikke?" sagde Phineas, "Han har fortjent det."

"For efter døden kommer dommen," sagde Eliza.

"Ja," sagde den gamle kvinde, der som ægte metodist[63] havde bedt og jamret under hele optrinnet, "det er en forfærdelig ting for det stakkels væsens sjæl."

"Jeg vil vædde på, de efterlader ham," sagde Phineas.

Han fik ret. Efter nogen snak frem og tilbage satte resten af gruppen sig til hest og red bort. Da de var ude af sigte, begyndte Phineas at røre på sig.

"Vi må hellere gå ned og spadsere et stykke vej," sagde han. "Jeg sagde til Michael, at han skulle ride videre og hente hjælp og komme tilbage med vognen, men vi bliver nok nødt til at gå dem i møde. Gud give, at han snart kommer! Det er endnu tidligt på dagen, så der er ikke meget færdsel på vejen, og vi er kun en kilometer fra vores mål. Hvis vejen ikke havde været så ujævn, kunne vi have stukket af fra dem i går aftes."

Da selskabet nærmede sig hegnet, opdagede de vognen, som nærmede sig sammen med nogle mænd på hesteryg.

"Nå, der har vi Michael, Stephen og Amariah," sagde Phineas glad. "Nu er vi i *sikkerhed* – lige så sikre, som hvis vi allerede var fremme."

"Jamen, så lad os stoppe op og gøre noget for den stakkels mand," sagde Eliza. "Han stønner så frygteligt."

"Det ville være en kristen handling," sagde George. "Lad os tage ham op og bære ham."

"Og få ham under kyndig behandling hos kvækerne!" sagde Phineas. "Ja, det ville virkelig være noget! Nå, hvorfor ikke? Lad mig se lidt på ham." Og Phineas, der i sit liv som jæger og nybygger havde fået en smule erfaring i lægekunsten, knælede ned ved siden af den sårede mand og undersøgte ham omhyggeligt.

"Marks," sagde Tom med svag stemme, "er det dig, Marks?"

"Nej, det er det ikke, ven," sagde Phineas. "Marks bekymrede sig mere om sit eget skind end dit. Han stak af for lang tid siden."

"Jeg er bange for, at det er sket med mig," sagde Tom. "Den forbandende, luskede køter, der bare stikker halen mellem benene og lader mig dø helt alene! Min stakkels, gamle mor sagde altid, at det ville ende sådan."

"Herregud! Hør på den stakkels fyr. Han har også en mor," sagde den gamle negerkvinde. "Jeg kan ikke lade være med at have medlidenhed med ham."

"Rolig, rolig. Lig nu stille, ven," sagde Phineas, da Tom krympede sig og skubbede hans hånd væk. "Du har ikke en chance, medmindre jeg kan stoppe blødningen." Phineas fik nu travlt med at lave en foreløbig forbinding af sit eget lommetørklæde, og hvad der ellers kunne samles sammen blandt de andre i selskabet.

"Det var dig, der skubbede mig ned," sagde Tom med svag stemme.

"Ja, hvis jeg ikke havde skubbet dig, så ville du have skubbet os," sagde Phineas, da han bøjede sig ned for at anbringe forbindingen. "Se så, lad mig nu ordne denne forbinding. Vi mener det godt og bærer ikke nag. Vi tager dig med til et hus, hvor de vil passe og pleje dig lige så godt, som din egen mor ville gøre det."

Tom stønnede og lukkede øjnene. Hos mænd som Tom er styrke og beslutsomhed en ren fysisk ting, der siver ud samtidig med, at blodet flyder. Og den vældige skikkelse så snart ret ynkelig ud i al sin hjælpeløshed.

Nu nåede vognen og den anden gruppe frem. Sæderne blev taget ud af vognen. Bøffelskindene blev lagt firedobbelt og placeret langs den ene side. Derefter løftede fire mænd med stort besvær Toms tunge krop op i vognen og anbragte ham på dem. Men før de nåede så langt, besvimede han. Den gamle negerkvinde tog plads ved siden af ham, og med stor medfølelse lagde hun hans hoved i skødet. Eliza, George og Jim anbragte sig, så godt de kunne på den resterende plads, og så drog selskabet videre.

"Hvad er Deres mening om ham?" spurgte George, der sad forrest sammen med Phineas.

"Det ser ud som et dybt kødsår, men turen ned i kløften har gjort det værre. Det har blødt meget og tappet ham både for blod og mod, men han kommer over det, og måske har han lært noget af det.

"Det glæder mig, at du siger det," sagde George. "Det ville være tungt for mig at bære, hvis jeg havde været skyld i hans død, også selv om det var for en retfærdig sag."

"Ja," sagde Phineas, "at tage livet af nogen, enten det er et menneske eller dyr, er en grim ting, uanset hvordan man ser på det. Jeg har engang set en anskudt og døende hjort, der kiggede på en mand med *et blik*, som fik fyren til at føle sig dårlig over at have skudt den. Og når det gælder mennesker, er det en endnu alvorligere ting, da dommen kommer efter døden, som din hustru siger. Så jeg synes ikke, at mit samfunds opfattelser af disse ting er for strenge, og jeg har tilsluttet mig dem helt og holdent, selv om jeg i sin tid blev opdraget meget anderledes."

"Hvad skal vi gøre med den stakkels fyr?" spurgte George.

"Vi tager ham hen til Amariahs. De har gamle bedstemor Stephens der – Dorcas kalder de hende – og hun er en fantastisk sygeplejerske. Hun er den fødte sygeplejer, og hun føler sig bedst til mode, når hun har en syg krop at tage sig af. Vi skal nok regne med at overlade ham til hende en fjorten dages tid."

En times tid senere nåede de frem til en smuk landejendom, hvor de trætte rejsende blev modtaget med et overdådigt morgenmåltid. Tom Loker blev forsigtigt anbragt i en seng, der var betydelig renere og blødere end den, han var vant til at benytte. Hans sår blev omhyggeligt renset og forbundet, og snart lå han som et udmattet barn og glippede med øjnene mod de hvide gardiner og de tavse skikkelser, der bevægede sig omkring i sygeværelset. Og her tager vi nu for denne gang afsked med vores venner.

---

[62] **Havde det nu været en ung mand fra Ungarn...** - Ungarn gjorde oprør mod østrigsk kontrol i 1848-1849, men fejlede i at opnå uafhængighed. Resultatet var at hundredvis af mennesker fra Ungarn flygtede til USA i 1850'erne.

[63] **Metodist:** En person, der følger en protestantisk retning, som lægger vægt på en særlig "metodisk" from levemåde samt på, at medlemmerne bør arbejde på deres personlige helliggørelse ved bøn og studiet af de hellige skrifter.

KAPITEL 18

Miss Ophelias erfaringer og meninger

Når vores ven Tom spekulerede over sit lod i livet, sammenlignede han ofte sig selv med den trældom, som Josef var havnet i, skønt hans eget lod var en del heldigere[64]. Og denne sammenligning blev stærkere som tiden gik, og han udviklede sig mere og mere under sin herres opsyn.

St. Clare var doven af natur og skødesløs i pengesager. Hidtil var alle indkøb blevet gjort af Adolph, som var fuldt ud lige så skødesløs og ødsel som sin herre, og begge havde med stor beredvillighed ødslet penge ud til både højre og venstre. Tom, som i mange år havde vænnet sig til at betragte sin herres ejendom som sit personlige ansvar, så til med en stigende bekymring, som han dårligt kunne skjule, over den ødselhed, der herskede i husholdningen. Og på den sagtmodige og indirekte måde, der passede sig for en mand i hans stilling, kom han nu og da med sine egne forslag.

St. Clare brugte ham i begyndelsen kun lejlighedsvis, men efterhånden som han fik øjnene op for hans sunde fornuft og forretningssans, blev Tom betroet mere og mere, indtil han efterhånden blev betroet alle indkøb og anskaffelser til familien.

"Nej, nej, Adolph," sagde St. Clare en dag, da Adolph klagede over, at magten gled ud af hans hænder, "lad Tom klare det. Du ved kun, hvad du ønsker, men Tom forstår også, hvad tingene koster. Og hvis vi ikke er opmærksomme på det, kan vi efterhånden løbe tør for penge."

Med en ubegrænset tillid fra en skødesløs herre, der stak ham pengesedler uden at se på dem og lagde vekselpengene tilbage i lommen uden at tælle dem, var det nemt og fristende at være uærlig. Og kun Toms urokkeligt enkle natur styrket af hans kristne tro, fik ham til at holde sig på dydens snævre vej. Men for en person som Tom var den ubegrænsede tillid, han nød, den stærkeste opfordring til den mest samvittighedsfulde ærlighed.

Hos Adolph havde det været helt anderledes. Tankeløs og selvoptaget – og givet frie hænder af en herre, der fandt det lettere at være eftergivende end styrende – var Adolph efterhånden blevet dybt forvirret om *meum et tuum*[65] med hensyn til sig selv og sin herre. Dette bekymrede St. Clare en del. Hans sunde fornuft sagde ham, at det både var forkert og farligt at opdrage sine tjenestefolk på denne måde. Derfor bar han rundt på en slags kronisk samvittighedsnag, der dog ikke var stærk nok til at få ham til at ændre sin kurs – og hans anger fik ham så til at blive endnu mere ligegyldig. Han lod derfor de groveste fejl passere uden påtale, idet han sagde til sig selv, at hvis han havde gjort, hvad han burde have gjort, så ville hans underordnede ikke have begået disse fejl.

Tom betragtede sin muntre, letsindige, smukke unge herre med en mærkelig blanding af troskab, ærefrygt og faderlig omsorg. At hans herre aldrig læste Bibelen; aldrig gik i kirke; at han spøgte og med sit vid gjorde sig lystig over alt; at han tilbragte sine søndagsaftener i operaen eller teatret; at han besøgte klubber og deltog i middage eller drikkelag mere end sundt var – var alle ting, som Tom kunne se lige så tydeligt som enhver anden, og det fik ham til at konkludere, at hans "massa ikke var en kristen" – en konklusion, som han imidlertid ville have været meget modvillig til at indrømme overfor andre, men som gav anledning til mange bønner fremført på hans enfoldige måde, når han var alene i sit lille kammer. Det var ikke sådan, at Tom ikke sagde sin mening nu og da. Han havde bare sin egen måde at sige tingene på, og han gjorde det med den takt, som man ofte finder hos personer i hans stilling. St. Clare var for eksempel inviteret ud til et gemytligt selskab hos ligesindede venner dagen efter sabbat og var blevet hjulpet hjem mellem klokken et og to om natten i en tilstand, hvor hans forstand var blevet sløret af hans fysiske tilstand. Tom og Adolph hjalp til med at få ham i seng for natten, og mens Adolph anså det hele for en god spøg og lo højt af Toms provinsielle forfærdelse, så lå Tom vågen det meste af natten og bad for sin unge herre.

"Nå, Tom, hvad venter du på?" spurgte St. Clare den efterfølgende dag, da han sad i sit bibliotek iført slåbrok og tøfler. St. Clare havde netop betroet Tom nogle penge og givet ham forskellige ærinder at udføre. "Er der noget i vejen, Tom?" tilføjede han, da Tom blev stående.

"Jeg er bange for det, master," sagde Tom og så alvorlig ud.

St. Clare lagde avisen fra sig, stillede sin kaffekop ned og kiggede på Tom.

"Hvad er der så i vejen, Tom? Du er lige så alvorlig som en bedemand."

"Jeg har det ikke godt, master. Jeg har altid troet, at master ville behandle alle godt."

"Men Tom, har jeg ikke altid gjort det? Kom nu, sig mig nu, hvad det er? Jeg går ud fra, at der er noget, du ikke har fået, og dette bare er indledningen."

"Master har altid været god ved mig. Jeg har ikke noget at klage over i den retning. Men der er en anden, som master ikke er god ved."

"Men Tom, hvad går der af dig? Spyt nu ud og sig hvad du mener?"

"Det var i går nat mellem klokken et og to, jeg lagde mærke til det. Master er ikke god ved *sig selv.*"

Da Tom sagde dette, stod han med ryggen til sin master og med hånden på dørhåndtaget. St. Clare mærkede, at han omgående blev højrød i hovedet, men gav sig så til at le.

"Nå, er det det hele?" sagde han muntert.

"Ja, det er alt!" sagde Tom, idet han pludseligt vendte sig om og faldt på knæ. "Åh, min kære unge master, jeg er bange for, at det kan blive *enden på alt*, både legeme og sjæl. Den gode bog siger: 'Den bider som en slange og spyr gift som en hugorm' min kære master!"

Tom lød halvkvalt, og tårerne strømmede ned ad kinderne på ham.

"Åh, dit store, dumme fjols!" sagde St. Clare bevæget og med tårer i øjnene. "Rejs dig op, Tom. Jeg er ikke værd at fælde tårer over."

Men Tom rejste sig ikke og så bønfaldende på ham.

"Okay Tom, jeg vil ikke deltage mere i deres forbandede dumheder," sagde St. Clare. "Det lover jeg dig på ære. Jeg ved ikke, hvorfor jeg ikke er holdt op for lang tid siden. Jeg foragter det liv og foragter mig selv for at blive ved med at gøre det – tør nu dine øjne, Tom, og gå dine ærinder." Han tilføjede: "Så, så, ikke flere velsignelser, jeg er ikke så vidunderlig og god." Han skubbede Tom blidt ud af døren. "Jeg giver dig mit æresord på, at du ikke kommer til at se mig sådan igen."

Så gik Tom veltilfreds, mens han tørrede sine øjne.

"Jeg vil også holde mit løfte til ham," sagde St. Clare, da han lukkede døren efter Tom.

Og det gjorde St. Clare, for overdreven sanselighed i enhver form var ikke særlig fristende for ham.

Men hvordan kan vi beskrive alle miss Ophelias mangfoldige prøvelser, efter hun havde påbegyndt sine arbejdsopgaver som husholderske i et sydstatshjem?

Der er himmelvid forskel på tjenestefolkene i disse hjem, afhængigt af karakteren og dygtigheden hos de husfruer, som har opdraget dem.

I Syden såvel som i Norden findes der kvinder, der har specielle anlæg for at styre og lede og finfølelse nok til at uddanne og opdrage. Sådanne kvinder kan med tilsyneladende lethed og uden strenghed få deres vilje igennem og tilvejebringe harmonisk og systematisk orden blandt de forskellige medlemmer i deres lille samfund – ved at tage hensyn til deres særheder og afbalancere dem. Og ved at udjævne mangler hos den ene med det, en anden har i overflod, opnår man et harmonisk og velordnet system.

En sådan husholderske var mrs. Shelby, som vi allerede har beskrevet, og som vores læsere måske kan huske at have hørt om. Hvis de er sjældne i Syden, så er det, fordi de er sjældne i verden. Man kan finde dem i Syden lige så ofte som andre steder, og der hvor de findes i disse små samfund, har de en glimrende anledning til at udvise deres huslige talent.

Marie St. Clare var ikke en sådan husholderske, og hendes mor havde heller ikke været det. Hun var doven og barnagtig, uordentlig og uforstandig, og man kunne derfor heller ikke forvente, at tjenestefolk oplært under hende skulle være stort anderledes. Hendes beskrivelse af den uorden, som miss Ophelia ville finde i husholdningen, var derfor ganske sand, selv om hun ikke havde anført den rigtige årsag til det.

Den første morgen som øverstbefalende i huset var miss Ophelia oppe klokken fire, og efter at have gjort sit eget værelse i stand, som hun til stor forbavselse for stuepigen havde gjort hver dag, siden hun ankom, lagde hun op til et energisk angreb på alle de skabe og forrådskamre i huset, hun havde nøgler til.

Lagerrummet, linnedskabene, porcelænsskabet, køkkenet og kælderen blev den dag mønstret af hendes skarpe øjne. Ting, der havde været skjult i mørket, blev bragt frem i lyset i et omfang, der forfærdede alle de enevældige kræfter i køkken og kamre, og var årsag til megen forundring og mumlen i krogene over "disse damer fra Norden" blandt husets personale.

Gamle Dinah, der var overkokkepige og eneherster over køkkenregionerne, var rasende over, at nogen trængte ind på hendes enemærker. Ingen lensbaron fra *Magna Cartas*[66] dage kunne have været mere harmfuld over et indgreb fra kronens side.

Dinah var en karakterfast person på sin egen måde, og det ville være uretfærdigt mod hendes minde ikke at give læseren en lille idé om hende. I samme grad som tante Chloe var hun en født kok – hos den afrikanske race synes kogekunsten at være en medfødt gave – men hvor Chloe var veluddannet og metodisk udførte sit huslige arbejde på en velordnet måde, så var Dinah et selvlært geni, og som så mange andre genier var hun selvhævdende, påståelig og uberegnelig til det yderste.

Som en vis gruppe moderne filosoffer nærede Dinah en afgjort foragt for logik og fornuft i enhver tænkelig form og påberåbte sig konstant sin intuitive vished, og her var hun totalt uangribelig. Intet større talent eller autoritet eller forklaring kunne overbevise hende om, at der fandtes en måde, der var bedre end hendes, eller at den kurs, hun fulgte i selv de mindste ting, kunne forbedres en smule. Dette var en ting, som hendes gamle frue, Maries mor, og "miss Marie", som Dinah altid kaldte sin unge frue, selv efter hun var blevet gift, havde fundet det lettere at acceptere end at bestride, og derfor regerede Dinah helt uindskrænket. Dette var det nemmeste, da Dinah i høj grad mestrede den diplomatiske kunst at forene den dybeste underdanighed med den mest urokkelige påståelighed.

Dinah var en sand mester i at finde på undskyldninger af enhver art og slags. Faktisk var det en leveregel for hende, at hun som kok umuligt kunne gøre noget forkert, og en kok i et af Sydens køkkener har en overflod af hoveder og skuldre, som man kan vælte enhver synd og fejl over på, så hun selv kunne fremstå fejlfri og uskyldig. Og hvis nogen del af middagen var mislykket, så havde hun straks halvtreds ubestridelige gode grunde til det. Fejlen skyldtes uden tvivl halvtreds andre mennesker, som hun skældte ud med stor nidkærhed.

Men det var meget sjældent, at Dinahs retter var mislykkede. Selv om hendes fremgangsmåde generelt var særdeles planløs og omstændig og uden nogen videre planlægning med hensyn til tid og sted. Og skønt hendes køkken almindeligvis så ud, som om der var gået en orkan igennem det, og skønt hun havde lige så mange opbevaringssteder til sine køkkenredskaber, som der er dage i året, så skulle man blot have tålmodighed til at acceptere hendes tidsskema for at få serveret en helt perfekt middag, tillavet på en måde som selv en ægte gourmet ikke ville finde noget at udsætte på.

Det var nu tidspunktet, hvor Dinah skulle til at begynde på forberedelserne til middagen. Dinah, som havde brug for lange tænkepauser og hvile og var en mester i ikke at anstrenge sig alt for meget, sad på køkkengulvet og røg på en kort, tyk pibe, som hun var temmelig afhængig af. Hun tændte den altid op som en slags røgelseskar, når som helst hun følte, at hun havde brug for inspiration til sine arrangementer. Det var Dinahs måde at påkalde de huslige muser[67].

Rundt om hende sad adskillige små medlemmer af den voksende race, som en husholdning i Syden altid har i overflod – alle optaget af at bælge ærter, skrælle kartofler, plukke fjerkræ og andre forberedende gøremål. Af og til ville Dinah afbryde sine grublerier og uddele et puf eller slå sine unge medhjælpere på hovedet med en grødske, der lå klar ved siden af hende til samme formål. Faktum var, at Dinah regerede over disse unge uldhoveder med en jernnæve, og hun mente i fuldt alvor, at de udelukkende var sat i verden for at "spare på hendes kræfter", som hun så smukt udtrykte det. Det var ånden i det system, hun selv var vokset op i, og hun benyttede sig af det i fuldeste mål.

Efter miss Ophelia havde foretaget sin reformeringstur gennem husholdningens øvrige afdelinger, trådte hun nu ind i køkkenet. Dinah, der fra flere kilder var blevet informeret om, hvad der var i gære, havde bestemt sig for at indtage en defensiv og konservativ holdning – mentalt klar til at imødegå og ignorere ethvert nyt tiltag, men uden at bestride det åbenlyst.

Køkkenet var et stort rum med murstensgulv og et stort gammeldags ildsted, som strakte sig langs hele den ene væg – et arrangement, som St. Clare forgæves havde forsøgt at overtale Dinah til at erstatte med et mere bekvemt, moderne komfur. Men det ville hun ikke høre tale om. Ingen elev af Pusey[68] eller nogen konservativ skole holdt strengere på hævdvundne ubekvemmeligheder end Dinah.

Da St. Clare første gang vendte tilbage fra sit besøg i Norden, var han imponeret over den orden, der herskede i hans onkels køkken. Derfor havde han udstyret sit eget køkken med en række skabe, skuffer og forskellige apparater, idet han gjorde sig optimistiske illusioner om, at det ville hjælpe Dinah til at holde bedre orden. Men han kunne lige så godt have givet alle sine skabe og skuffer til et egern eller en skade. Jo flere skabe og skuffer, der var i køkkenet, des flere gemmesteder havde Dinah til sin samling af gamle klude, kamme, gamle sko, hårbånd, kasserede kunstige blomster og andre værdifulde genstande, der var hendes stolthed og glæde.

Da miss Ophelia trådte ind i køkkenet, blev Dinah siddende og røg videre i ophøjet ro, mens hun opmærksomt fulgte miss Ophelias mindste bevægelser ud gennem øjenkrogen og samtidig lod som om, at hun kun var optaget af arbejdet omkring sig.

Miss Ophelia begyndte at lukke skuffer op.

"Hvad bruger du denne skuffe til, Dinah!" spurgte hun.

"Den bruger jeg til næsten alt muligt, missis," svarede Dinah, og det så den også ud til. Ud af skuffens blandede indhold udvalgte miss Ophelia først en blodplettet damask[69] borddug, der øjensynligt havde været brugt til at pakke råt kød ind i.

"Hvad er dette, Dinah? Du pakker vel ikke kød ind i din frues bedste bordduge?"

"Bevar mig vel, missis, nej, men der var ingen håndklæder, så jeg brugte den. Jeg har lagt den i skuffen, fordi den skal til vask."

"Uduelig og doven!" sagde miss Ophelia for sig selv og gravede dybere ned i skuffen, hvor hun fandt et rivejern, et par muskatnødder, en metodist salmebog, et par snavsede Madras hovedtørklæder[70], noget strikketøj og garn, et kræmmerhus med tobak og en pibe, nogle kiks, et par forgyldte underkopper med noget pomade i, nogle gamle sko, en stump flannel omhyggeligt lukket med nåle og indeholdende nogle små hvide løg, adskillige damask servietter, nogle grove viskestykker, noget stoppegarn og nogle stoppenåle, samt adskillige pakker af avispapir med forskellige krydderurter, der dryssede ud i skuffen.

"Hvor opbevarer du din muskat, Dinah?" spurgte miss Ophelia med behersket stemme, som om hun kæmpede for at bevare tålmodigheden.

"Mange forskellige steder, missis. Der ligger nogle i den revnede tekop deroppe og nogle i skabet derovre."

"Der er også nogle her i rivejernet," sagde miss Ophelia og holdt dem op.

"For søren, ja, jeg lagde dem der i morges. Jeg kan godt lide at have mine ting ved hånden," sagde Dinah. "Hej, Jake, hvad stopper du op for! Jeg skal varme dine ører! Ti stille!" tilføjede hun og slog ud efter misdæderen med sin grødske.

"Hvad er dette?" spurgte miss Ophelia og holdt underkoppen op, der var fyldt med pomade.

"For søren, det er *pomade* til håret. Jeg har lagt den der for at have den ved hånden."

"Bruger du din frues bedste porcelæn til det?"

"Jøsses! Det var kun, fordi jeg havde travlt. Jeg ville have gjort den ren i dag."

"Her er to damask servietter."

"Dem har jeg lagt i skuffen for at få dem vasket en dag."

"Har du da ikke et sted at lægge de ting, der skal vaskes?"

"Jo, massa St. Clare har anskaffet den kiste derhenne til det, men den er så god at blande dej til kiks på og stille ting fra sig på, og så bliver det alt for besværligt at åbne låget."

"Hvorfor blander du ikke din dej på bagebordet der?"

"Jøsses missis, det bliver så hurtigt fyldt med tallerkner og anden opvask, så der overhovedet ikke er plads."

"Men du burde *vaske* dine tallerkner og få dem af vejen."

"Vaske mine tallerkner!" udbrød Dinah i en skinger tone, da hendes vrede var begyndt at få overtaget over hendes sædvanlige respekt for manerer. "Hvad kender fine damer til at arbejde, kunne jeg godt lide at vide? Hvornår ville massa få sin aftensmad, hvis jeg skulle bruge al min tid på at vaske op og stille tallerkner på plads? Det har miss Marie aldrig bedt mig om – ikke på nogen måde."

"Og her har vi løg."

"For søren, ja!" sagde Dinah, "det var der, jeg lagde dem. Jeg kunne ikke huske det. Det er helt specielle løg, jeg har gemt til denne gryderet. Jeg havde glemt, at de lå i den gamle klud."

Miss Ophelia tog nu pakkerne med krydderurter op.

"Jeg ville ønske, at missis ville lade dem ligge. Jeg kan lide at have tingene et sted, hvor jeg ved, hvor de er," sagde Dinah i en meget bestemt tone.

"Men der er jo hul i papiret, så det drysser ud."

"Ja, det gør det lettere at hælde krydderierne ud," sagde Dinah.

"Men kan du ikke se, at det løber ud i skuffen?"

"Jøsses, jo! Hvis missis vender op og ned på tingene, så sker det. Missis har spildt en masse på den måde," sagde Dinah og kom uroligt hen til skufferne. "Hvis missis bare ville gå ovenpå, til jeg har min oprydningstid, så skal jeg nok få alt i orden, men jeg kan ikke lave noget, når damerne går i vejen. Hej, Sam, lad være med at give barnet den sukkerskål! Jeg skal varme dine ører, hvis du ikke hører efter!"

"Jeg vil gennemgå hele køkkenet og bringe alt i orden *en gang for alle*, Dinah, og så forventer jeg, at du selv bliver ved med at holde orden."

"Bevar mig vel, miss Phelia, det er ikke noget arbejde for fine damer. Jeg har aldrig set nogle damer gøre sådan noget, hverken min gamle missis eller miss Marie har gjort det, og jeg kan ikke se, at det skulle være nødvendigt nu," – og Dinah marcherede harmdirrende omkring, mens miss Ophelia sorterede og stablede tallerkner, sorterede stofservietter, borddug og håndklæder, der skulle vaskes, samt vaskede, tørrede og lagde ting på plads med en hastighed, der fuldstændigt forbløffede Dinah.

"Vorherre bevares! Hvis det er det, damerne i Nord gør, så er det slet ikke rigtige damer, overhovedet," sagde hun til en af sine tjenende ånder, da hun var passende langt væk fra miss Ophelia og udenfor hendes hørevidde. "Jeg har lige så meget orden i mine sager som enhver anden, når min oprydningstid kommer, men jeg vil ikke have et fruentimmer, som går omkring og hindrer mig og lægger mine sager, hvor jeg ikke kan finde dem igen."

Retfærdigvis skal det siges, at Dinah med uregelmæssige mellemrum fik et voldsomt anfald af ordenssans og reformiver, som hun kaldte for sin "oprydningstid". Under disse anfald vendte hun med stor entusiasme bunden i vejret på alle skufferne og hev alt ud af skabene, så det hele til sidst lå og flød overalt i en stor uorden. Det eneste resultat var, at den tidligere forvirring i stedet blev mangedoblet. Derpå tændte hun sin pibe og gik roligt omkring og betragtede sit værk, mens hun snakkede med sig selv. De små rødder blev sat til flittigt at skure alle tinting, og selv opretholdt hun standhaftigt denne tilstand af yderste forvirring i adskillige timer og bortforklarede denne tingenes tilstand med, at hun "ryddede op". "Hun kunne jo umuligt lade tingene blive ved med at gå, som de gik, så hun ville tvinge ungerne til at holde bedre orden", for Dinah levede på en eller anden måde i den illusion, at hun selv var et ordensmenneske, og at det kun var *ungerne* og alle andre i huset, der var skyld i den mindste uorden. Da alle tintingene var skuret grundigt, og bordene var skrubbet snehvide, og alt, der kunne støde øjet, var gemt bort i skuffer og skabe, så de var ude af syne, iførte Dinah sig sin bedste kjole, et rent forklæde og en høj, farvestrålende Madras turban, samt pålagde på det strengeste alle "vanartede unger" at holde sig væk fra hendes køkken, da hun nu ville holde det pænt og velordnet. Disse anfald af overdreven rengøringsiver var imidlertid ofte til stor gene for hele husholdningen, da Dinah nu blev overvældet af en så overdreven kærlighed til sit renskurede tin, at hun nu nægtede at bruge det til noget som helst formål – i det mindste indtil gløden fra hendes rengøringsiver var brændt ud.

Miss Ophelia havde på nogle få dage grundigt reformeret alle afdelinger i huset og indført et systematisk mønster, men opdagede snart at hendes velmente anstrengelser endte op i et sisyfos- eller danaidesarbejde[71], da ingen af tjenestefolkene samarbejdede. I sin fortvivlelse henvendte hun sig til St. Clare en dag.

"Det er umuligt at få noget som helst system indført i denne familie!"

"Ja, uden tvivl," sagde St. Clare.

"Og mage til skødesløs husføring, ødselhed og uorden skal man lede længe efter!"

"Du har ganske ret."

"Du ville ikke tage det så roligt, hvis det var dig, der skulle bestyre dette hus."

"Min kære kusine, du må en gang for alle forstå, at vi herrer er delt i to klasser, undertrykkerne og de undertrykte. Når man som vi er godmodige og afskyr strenghed, må vi også være forberedt på en god del ubehageligheder. Hvis vi for vores bekvemmeligheds skyld *vil holde* en hob uopdragne, skødesløse og uskolede mennesker, så må vi også tålmodigt bære følgerne. Jeg har ganske vist i sjældne tilfælde set herrer, der gennem en usædvanlig taktfuld behandling kan opretholde system og orden uden strenghed, men jeg hører ikke til den slags herrer, så for lang tid siden besluttede jeg at lade tingene gå, som de bedst kunne. Jeg ønsker ikke, at disse stakkels djævle bliver piskede og mishandlede, og det ved de – så derfor ved de også, at de har magten i deres hænder.

"Men hverken at bryde sig om tid, sted eller orden – bare lade alt fortsætte på denne skødesløse måde!"

"Min kære Vermont, dine landsmænd deroppe ved Nordpolen lægger alt for meget vægt på tid! Hvilken værdi har tid for en fyr, der har dobbelt så meget af den, som han har brug for? Og med hensyn til orden og system, så gør det ikke så meget, om man får sin morgenmad eller aftensmad en time før eller senere, når man ikke har andet at foretage sig end at ligge på en sofa og læse. Når det gælder Dinah, så fremtryller hun en fremragende middag – suppe, ragout, stegt fugl, dessert, flødeis og så videre – og alt det skaber hun i det kaotiske køkken og på det gamle ildsted. Hun klarer sig virkelig fremragende.

Men Vorherre bevares! Hvis vi gik ned i det køkken og kiggede på den piberygning og sidden på gulvet, og al den flyven og faren forvirret rundt ved forberedelserne, så ville vi helt miste appetitten! Min gode kusine, slå du alt det ud af hovedet! Det er værre end en katolsk bodsøvelse, og den gør ikke stort bedre. Du mister bare dit gode humør og gør bare Dinah endnu mere forvirret. Lad hende gøre det på sin måde."

"Men Augustin, du ved ikke, hvilken uorden det hele er i."

"Nå, det tror du ikke? Jeg ved, at kagerullen ligger under hendes seng, og at rivejernet ligger i hendes lomme sammen med hendes tobak – der er også femogtres sukkerskåle fordelt i hele huset. Jeg ved, at hun tørrer tallerknerne af med stofservietter den ene dag og med et tøjstykke fra en gammel underkjole den næste. Men i sidste ende lykkedes det for hende at stable vidunderlige middage på benene og brygge en fantastisk kaffe. Man må bedømme hende som krigere og politikere bliver bedømt, nemlig ud fra deres *resultater*."

"Men hvad med spildet – udgifterne!"

"Ja, godt! Lås alt det inde, som du kan og behold nøglen. Del ud i små portioner og spørg aldrig, hvor tingene bliver af, det er det bedste!"

"Det bekymrer mig, Augustin. Jeg har en fornemmelse af, at tjenestefolkene ikke er *helt ærlige*. Er du sikker på, at man kan stole på dem?"

Augustin lo ubehersket over det alvorlige og bekymrede ansigt, som miss Ophelia satte op, da hun spurgte.

"Åh, kusine, det er kosteligt – *ærlige* – som om det var noget, man kunne forvente! Ærlige! Selvfølgelig er de ikke det. Hvorfor skulle de være det? Hvad i himlens navn skulle få dem til at være ærlige?"

"Har du da ikke undervist dem i det?"

"Undervist! Sludder og vrøvl! Hvilken undervisning har du tænkt dig, jeg skulle give dem? Ser jeg måske ud som en skolemester! Marie har mod og energi nok til at tage livet af alle på plantagen, hvis jeg lod hende råde, men hun ville aldrig være i stand til at banke uærligheden ud af dem."

"Men er der ikke en eneste ærlig sjæl mellem dem?"

"Åh, jo, der findes nu og da en enkelt, som naturen har gjort så ubehjælpelig enfoldig, sanddru og trofast, at selv den værste indflydelse ikke kan ødelægge det. Men ser du, lige fra moderens bryst så føler og ser det farvede barn, at det kun kan opnå noget på fordækte måder. Det er den eneste måde, de kan komme ud af det med deres forældre, frue og deres unge frøken- og herre-legekammerater. List og kneb bliver nødvendige og uundgåelige vaner. Det er ikke fair at forvente andet af en neger. Han bør ikke straffes for det. Hvad angår ærlighed, så bliver slaven holdt i et afhængighedsforhold som en slags barn, og derfor er der intet, der får ham til at forstå begrebet om ejendomsret eller føle at hans husbonds gods ikke er hans eget, hvis han blot kan få fat i det. Jeg for min del kan ikke se, hvordan de *kan være* ærlige. Men Tom er sådan en fyr, han er et moralsk mirakel!"

"Hvad bliver der så af deres sjæle?" spurgte miss Ophelia.

"Det er ikke min sag, så vidt jeg ved," sagde St. Clare. "Jeg har kun at gøre med det nuværende livs forhold. Sikkert er det imidlertid, at den generelle mening er, at hele racen i denne verden må lades i den ondes vold til vort bedste, siden må det gå, som det kan i den næste!"

"Det er aldeles forfærdeligt!" sagde miss Ophelia. "I burde skamme jer!"

"Det er jeg ikke sikker på, jeg gør," sagde St. Clare. "Hvad det angår, er vi i det mindste i temmelig godt selskab, hvad man næsten altid er, når man følger den brede vej. Hvis du ser på verdens høje og lave klasser, så er det den samme historie: de lavere klasser ødelægges på sjæl og legeme for at tjene de højere klasser. Sådan er det i England og sådan er det overalt, og alligevel står alle de kristne med dydig harme og bebrejder os, fordi vi gør det samme som dem selv, men på en lidt anden måde."

"Sådan foregår det ikke i Vermont."

"Ja, jeg indrømmer, at i New England og i de frie stater[72] er I bedre end os. Men nu hører jeg middagsklokken, så, kære kusine, lad os lægge vores regionale fordomme til side og gå til middag."

Da miss Ophelia senere på eftermiddagen befandt sig i køkkenet, råbte nogle af negerbørnene: "Se, nu kommer Prue prustende og stønnende som sædvanligt."

En høj, mager farvet kvinde trådte ind i køkkenet med en kurvfuld tvebakker og varme rundstykker på hovedet.

"Hej, Prue! Kommer du her nu?" sagde Dinah.

Prue havde et ejendommeligt skulende ansigtsudtryk og en tvær, snerrende stemme. Hun satte kurven ned, anbragte sig på en stol, og mens hun hvilede albuerne på knæene sagde hun: "Åh, Gud, jeg ønsker, jeg var død!"

"Hvorfor ønsker du, du var død?" spurgte miss Ophelia.

"Så ville det være slut med al min elendighed," sagde kvinden hæst og stirrede ned i gulvet.

"Hvorfor drikker du dig så fuld og opfører dig som et fjols, Prue?" sagde en pyntet kvadron stuepige og raslede med et par fine koral ørenringe.

Kvinden kiggede forbitret på hende med et surt blik.

"Måske kommer din tid også en af disse dage. Det kunne jeg tænke mig at se. Så vil du ligesom mig være glad for et få en dråbe til at glemme din elendighed."

"Hør nu, Prue," sagde Dinah, "Lad os se på dine tvebakker. Misses her vil gerne betale for dem."

Miss Ophelia tog et par dusin op af kurven.

"Der ligger nogle billetter i den gamle, revnede krukke på øverste hylde," sagde Dinah. "Hør, Jake, kravl op og hent den ned."

"Billetter – hvad skal de bruges til?" spurgte miss Ophelia.

"Vi køber billetter af hendes massa, og hun giver os brød for dem."

"Og de tæller mine penge og billetter, når jeg kommer hjem, for at se om det stemmer, og hvis det ikke gør det, så slår de mig halvt ihjel."

"Og det har du også fortjent," sagde Jane, den næsvise stuepige, "hvis du tager deres penge og drikker dig fuld for dem. Det er det, hun gør, missis."

"Og det er det, jeg vil gøre. Jeg kan ikke klare det på andre måder – drikke og glemme min elendighed."

"Du er meget slem og meget dum," sagde miss Ophelia, "når du stjæler din herres penge for at gøre dig til et bæst."

"Ja, det er sikkert rigtigt, missis, men jeg vil gøre det – ja, jeg vil. Åh, Gud! Jeg ønsker, jeg var død. Det gør jeg virkelig. Jeg ønsker, jeg var død og ude af min elendighed!" sagde hun og rejste sig langsomt og besværligt op og satte kurven på hovedet igen. Men før hun gik igen, kiggede hun på kvadronpigen, som endnu stod og legede med sine ørenringe.

"Du tror, du er mægtig fin med dem der, du morer dig og knejser med nakken og ser ned på alle andre. Nå, pyt med det – du lever måske til at blive et fattigt, gammelt, mishandlet kræ som mig. Jeg håber, du vil opleve det. Så får vi at se, om du ikke begynder at drikke og drikke – drikke dig selv ned i helvedes kvaler, og det ville være meget velfortjent – ha!" og med et ondskabsfuldt hyl forlod kvinden køkkenet.

"En afskyelig, gammel kælling!" sagde Adolph, som var kommet for at hente sin herres barbervand. "Hvis jeg var hendes herre, så ville jeg tampe hende endnu mere, end hun allerede er blevet."

"Du kan ikke gøre det værre, end det allerede er," sagde Dinah. "Hendes ryg er et sørgeligt syn nu. Hun kan ikke engang få en kjole over den."

"Jeg synes ikke, man bør tillade sådanne usle skabninger at gå omkring til fine familier," sagde miss Jane. "Hvad siger De, mr. St. Clare?" sagde hun og vendte sig koket mod Adolph.

Læg mærke til, at blandt andre ting, som Adolph havde tilegnet sig af sin masters ejendele, så havde han også antaget hans navn og adresse og bevægede sig således omkring i de farvedes cirkler i New Orleans under navnet *Mr. St. Clare.*

"Jeg deler fuldstændigt Deres mening, miss Benoir," sagde Adolph.

Benoir var Marie St. Clares familienavn, og Jane var en af hendes tjenestepiger.

"Må jeg spørge Dem, miss Benoir, om disse ørenringe er til ballet i morgen aften? De er aldeles fortryllende!"

"Jeg undrer mig over, mr. St. Clare, hvor frække I mænd kan være!" sagde Jane og knejsede med nakken, så ørenringene raslede igen. "Jeg vil ikke danse en eneste dans med Dem hele aftenen, hvis De bliver ved med at stille mig spørgsmål."

"Åh, så grusom må De ikke være! Jeg dør af nysgerrighed efter at få at vide, om De har tænkt Dem at bære Deres lyserøde tarlatankjole[73]," sagde Adolph.

"Hvad snakker I om?" spurgte Rosa, en opvakt, køn kvadronpige, som kom springende ned ad trapperne i dette øjeblik.

"Det er mr. St. Clare, der er så pågående!"

"Jeg er helt uskyldig," sagde Adolph. "Bare spørg miss Rosa."

"Jeg ved, han altid er næsvis," sagde Rosa, mens hun balancerede på den ene af sine små fødder og kiggede med et drillende smil på Adolph. "Han får mig altid til at blive så vred på ham."

"Åh, mine damer, mine damer, I vil helt sikkert knuse mit hjerte en dag," sagde Adolph. "En morgen vil man finde mig død i min seng, og det vil være jeres skyld."

"Hør nu det forfærdelige menneske!" sagde begge damer og brast i en høj latter.

"Så, gå nu ud med jer! I står og fylder op i køkkenet," sagde Dinah. "I går bare i vejen og fjoller rundt her."

"Tante Dinah er bare sur, fordi hun ikke kan komme med til ballet," sagde Rosa.

"Jeg vil ikke have noget med jeres lyshudede baller at gøre," sagde Dinah. "I fjoller omkring og bilder jer selv ind, I er hvide mennesker. I er ikke andet end niggere ligesom mig."

"Tante Dinah smører fedt ind i sit uldhår hver dag for at få det til at ligge ned," sagde Jane.

"Men det bliver dog ikke til andet end uld," sagde Rosa og rystede ondskabsfuldt med sine lange, silkebløde lokker.

"Nå, men i Vorherres øjne er uld vel lige så godt som hår, ikke sandt?" sagde Dinah. "Jeg kunne godt tænke mig at høre missis sige, hvem der er mest værd – sådan et par som jer eller sådan en som mig. Skrub nu ud, I pyntefigurer, jeg vil ikke have jer her!"

Her blev deres samtale afbrudt på to forskellige måder. St. Clare råbte fra toppen af trappen, om Adolph havde tænkt sig at lade ham vente hele natten på sit barbervand, og miss Ophelia kom ud fra spisestuen og sagde: "Jane og Rose, hvad står I her og spilder jeres tid for? Gå ind og tag fat på jeres kjoler."

Vores ven Tom, som havde været i køkkenet under hele samtalen med den gamle brødkvinde, havde fulgt hende ud på gaden. Han så, at hun for hvert skridt stønnede lavmælt. Til sidst satte hun sin kurv ned på et trappetrin for at ordne det gamle, falmede sjal, der dækkede hendes skuldre.

"Lad mig bære din kurv et stykke vej," sagde Tom medfølende.

"Hvorfor dog det?" sagde kvinden. "Jeg har ikke brug for hjælp."

"Du ser ud til at være syg, have problemer med helbredet eller sådan noget," sagde Tom.

"Jeg er ikke syg," sagde kvinden kort.

"Jeg ville ønske," sagde Tom og kiggede indtrængende på hende, "jeg ville ønske, at jeg kunne overtale dig til at holde op med at drikke. Ved du ikke, at det vil ødelægge dig både på sjæl og legeme?"

"Jeg ved, jeg havner i Helvede," sagde kvinden tvært. "Du behøver ikke fortælle mig det. Jeg er ond, jeg er syndig – jeg går direkte til pinen. Åh, Gud! Jeg ønsker, jeg allerede var der."

Tom gøs over disse frygtelige ord, der blev udtalt med mørk, lidenskabelig alvor.

"Åh, Herre, hav barmhjertighed med din stakkels skabning. Har du aldrig hørt om Jesus Kristus?"

"Jesus Kristus? Hvem er det?"

"Jamen, han er *Herren*," sagde Tom.

"Jeg tror, jeg har hørt noget om Vorherre, dommen og pinen. Jeg har hørt om det."

"Men er der ingen, der nogensinde har fortalt dig om Jesus, der elskede os stakkels syndere og døde for os?"

"Det ved jeg ikke noget om," sagde kvinden. "Der er ingen, der har elsket mig, siden min mand døde."

"Hvor er du vokset op?" spurgte Tom.

"Oppe i Kentucky. En mand holdt mig der for at føde børn til markedet, og så solgte han dem lige så snart, de blev store nok. Til sidst solgte ham mig til en slavehandler, og min massa fik mig fra ham."

"Og hvorfor begyndte du at drikke?"

"For at glemme min elendighed. Jeg fik et barn, efter jeg kom til ham, og jeg troede, det ville være et barn, der kunne vokse op hos mig, fordi massa ikke var en slavehandler. Det var det smukkeste lille barn, og missis virkede meget glad for det i begyndelsen. Det græd aldrig, og det var en trivelig og tyk unge. Men så blev missis syg, og jeg passede hende, men så fik jeg feber. Mælken forlod mig, og barnet svandt ind til skind og ben, men missis ville ikke købe mælk til det. Hun ville ikke høre på mig, da jeg fortalte hende, at jeg ikke havde nogen mælk mere. Hun sagde, at jeg bare kunne give barnet den samme mad, som alle andre fik, men barnet blev svagere og svagere og græd både dag og nat. Til sidst var det bare skind og ben, og hun blev vred på barnet og sagde, at det bare græd for at genere hende. Hun sagde, at hun ønskede, at det døde, og hun ville ikke lade mig have det hos mig om natten, fordi det holdt mig vågen om natten, så jeg ikke kunne bestille noget om dagen, sagde hun. Jeg blev nødt til at sove i hendes værelse om natten, og jeg måtte lægge barnet op på et lille loftskammer, hvor det græd sig selv til døde en nat. Ja, det gjorde, og så begyndte jeg at drikke for at glemme barnets gråd i mine ører! Ja, det gjorde jeg, og jeg vil blive ved med at drikke! Jeg vil drikke, selv om jeg går til pinen for det! Massa siger, at jeg går til pinen, men jeg fortæller ham, at jeg er der allerede!"

"Åh, din stakkels skabning!" sagde Tom, "Er der aldrig nogen, der har fortalt dig, hvordan Jesus elskede dig og døde for dig? Har man ikke fortalt dig, at han vil hjælpe dig, så du kan komme i Himlen og til sidst finde hvile."

"Ser jeg måske ud, som om jeg er på vej til Himlen, hvor de hvide mennesker går hen?" sagde kvinden, "Tror du, de vil have mig der? Jeg tager hellere til pinen, så jeg ikke møder massa og missis. Ja, det gør jeg hellere," sagde hun, og med sin sædvanlige stønnen satte hun kurven på hovedet og traskede bort.

Tom vendte om og gik sørgmodigt tilbage til huset. På gårdspladsen mødte han lille Eva. Hun havde en krans af tuberoser på hovedet, og hendes øjne strålede af glæde.

"Åh, Tom, der er du. Jeg er glad over at have fundet dig. Far siger, du kan tage de små ponyer ud og køre mig en tur i min lille, nye hestevogn," sagde hun og tog hans hånd. "Men hvad er der galt med dig Tom, du ser så alvorlig ud?"

"Jeg har det ikke så godt, miss Eva," sagde Tom trist. "Men nu skal jeg tage dine heste ud."

"Men fortæl mig dog, hvad der er galt, Tom. Jeg så, du snakkede med gamle Prue."

På sin enkle, alvorlige måde fortalte Tom den stakkels kvindes historie til Eva. Hun udtrykte ingen undren, kommenterede intet og græd heller ikke, som andre børn gør. I stedet blev hun helt bleg, og en dybt alvorlig skygge bredte sig over hendes ansigt. Hun trykkede begge hænder mod hjertet og sukkede dybt.

---

[64] *Når vores ven Tom spekulerede over sit lod i livet, sammenlignede han ofte sig selv med den trældom, som Josef var havnet i, skønt hans eget lod var en del heldigere:* Se Det Gamle Testamente, Første Mosebog 37-50.

[65] **Meum et tuum:** Det, som tilhører mig, og det, som tilhører en anden. *Meum* er latin for "det, som er mit" og *tuum* er latin for "det, som er dit." Hvis man siger, at en mand ikke kender forskel på meum og tuum, så er det en pæn måde at sige, at manden er en tyv.

[66] **Magna Carta:** (latin for "stort brev") er en række engelske frihedsbreve fra 1215, som begrænser magten for engelske monarker (oprindelig Johan uden Land).

[67] **Muser:** I græsk mytologi ni gudinder for inspiration; døtre af Zeus og Mnemosyne. I litteraturen optræder de som beskyttere af musik og digtning og af disse kunstarters udøvere. En muse er også en person som inspirerer en kunstner til at skrive, male eller komponere.

[68] **Pusey, Edward Bouverie:** (1800-1882) En teologiprofessor i Oxford og tilhænger af ortodoksi, der er en streng og stift formuleret udlægning af religionen.

[69] **Damask:** Et fint mønstret stof af silke, uld, bomuld eller hør. Oprindeligt betegnelse på pragtstof fra Damaskus. Benyttes ofte til duge.

[70] **Madras hovedtørklæde:** Et stort og stærkt kulørt hovedtørklæde sædvanligvis af bomuld, der ofte bæres som en turban.

[71] **Sisyfos- eller danaidesarbejde:** Sisyfos og danaiderne er græske mytologiske personer. Sisyfos var en græsk sagnkonge, der som straf for gudsbespottelse til evig tid måtte rulle en klippeblok op ad et bjerg i Hades, hvorfra den uophørligt trillede ned. Ifølge græske sagn skulle kong Danaos' 50 døtre (Danaiderne), som straf for drabet paa deres mænd fylde et bundløst kar i underverdenen. Et Sisyfos- eller danaidesarbejde er derfor et besværligt og langvarigt, men forgæves og håbløst arbejde.

[72] **Frie stater:** I USA's historie er en slavestat en amerikansk stat, hvor slaveri var fuldt lovligt på et særligt tidspunkt, og en fristat var en stat, hvor slaveri var ulovligt eller blevet gjort ulovlig på samme tidspunkt.

[73] **tarlatanskjole:** kjole lavet af billigt, gazeagtigt bomuldstøj.

KAPITEL 19

Mere om Ophelias oplevelser og meninger

"Tom, du behøver ikke hente hestene. Jeg tager alligevel ikke af sted," sagde hun.

"Hvorfor ikke, miss Eva?"

"De ting, du fortalte mig, ramte mig lige i hjertet, Tom," sagde Eva. "De ramte mig dybt i hjertet," gentog hun alvorligt. "Jeg har mistet lysten til at tage af sted," sagde hun, idet hun vendte sig bort fra Tom og gik ind i huset.

Et par dage efter kom der en anden kvinde med tvebakker i stedet for gamle Prue. Miss Ophelia stod i køkkenet.

"Jøsses!" sagde Dinah, "Hvad er der sket med Prue?"

"Prue kommer ikke mere," sagde kvinden gådefuldt.

"Hvorfor ikke?" spurgte Dinah. "Hun er vel ikke død?"

"Vi er ikke helt klar over det. Hun er nede i kælderen," sagde kvinden og kastede et hastigt blik på miss Ophelia.

Efter miss Ophelia havde taget tvebakkerne, fulgte Dinah kvinden hen til døren.

"Hvad *sker* der i virkeligheden med Prue?" spurgte hun.

Kvinden så ud til gerne at ville fortælle det, selv om hun virkede bange og sky, men til sidst sagde hun lavmælt og i et hemmelighedsfuldt tonefald: "Okay, men du må ikke fortælle det til nogen. Prue blev fuld igen, og de bragte hende ned i kælderen og lod hende ligge der hele dagen. Og jeg hørte dem sige, at *fluerne havde taget hende*, og *hun var død."*

Dinah slog hænderne sammen, og da hun vendte sig om, så hun Evangelines åndeagtige skikkelse ved sin side. Hendes store, gådefulde øjne var vidt opspilede af rædsel, og hver en blodsdråbe var forsvundet fra hendes læber og kinder.

"Gudfader bevares! Miss Eva er lige ved at besvime! Vi burde ikke have ladet hende høre sådan noget. Hendes far bliver rasende."

"Jeg besvimer ikke, Dinah," sagde barnet bestemt, "og hvorfor skulle jeg ikke høre det? Det er ikke så slemt for mig at høre det, som for den stakkels Prue at lide under det."

"For Himlens skyld! Det er ikke noget for søde, sarte unge piger som Dem, miss Eva. Sådanne historier kan tage livet af dem."

Eva sukkede igen og gik langsomt og trist op ad trappen.

Miss Ophelia spurgte ivrigt ind til kvindens historie. Dinah gav en meget udførlig og ordrig beretning, og Tom tilføjede nogle enkeltheder, han havde hørt, da han havde talt med kvinden den foregående dag.

"En afskyelig historie – aldeles forfærdelig!" udbrød hun, da hun trådte ind i værelset, hvor St. Clare læste sin avis.

"Men dog, hvilken syndighed er nu kommet for dagen?" spurgte han.

"Hvilken syndighed? Jo, nu har de pisket Prue til døde!" sagde miss Ophelia og gik videre med at fortælle historien i alle dens detaljer, mens hun fremhævede de mest chokerende ting.

"Jeg tænkte nok, at det ville ske til sidst," sagde St. Clare og fortsatte med at læse i sin avis.

"Tænkte det nok, siger du! Har du ikke tænkt dig at *gøre* noget ved det?" spurgte miss Ophelia. "Har I ingen *valgmænd*[74] eller nogen, der kan gribe ind og tage sig af sådanne sager?"

"Almindeligvis antager man, at interessen for at bevare ens *ejendom* er tilstrækkelig beskyttelse i disse sager. Hvis folk vælger at ødelægge deres egen ejendom, så ved jeg ikke, hvad man kan gøre. Det virker, som om den stakkels Prue var både en tyv og en drukkenbolt, så der er ikke meget håb om at vække nogen sympati for hende."

"Men det er jo himmelråbende – det er grufuldt, Augustin! Det vil helt sikkert nedkalde en gengældelse over dit hoved."

"Min kære kusine, det var ikke mig, der gjorde det, og jeg kan ikke gøre noget ved det. Jeg ville, hvis jeg kunne. Hvis usle, brutale bæster følger deres natur, hvad kan jeg så gøre ved det? De er eneherskere og gør, hvad de vil. De er uansvarlige tyranner. Det nytter ikke noget at blande sig, for vi har ingen lov, der forhindrer sådanne overgreb. Det bedste vi kan gøre, er at lukke vores øjne og ører og lade sagen gå sin gang. Det er den eneste mulighed, vi har."

"Hvordan kan du lukke dine øjne og ører? Hvordan kan du lade sådanne ting ske?"

"Mit kære barn, hvad forventer du? Her har vi en hel klasse – fornedrede, analfabeter, dovne og provokerende mennesker – der betingelsesløst og uden mindste forbehold er anbragt i hænderne på en type mennesker, som udgør flertallet af Jordens befolkning. Folk, som er uden selvkontrol og ligeglade med andre. Folk, som ikke engang kan indse, hvad der tjener dem selv bedst. Dette er tilfældet med størstedelen af menneskeheden. Når et samfund er sammensat på denne måde, hvad kan et menneske med værdige og medmenneskelige følelser så gøre andet end at lukke sine øjne så meget som muligt og stålsætte sit hjerte? Jeg kan ikke købe alle de ulykkelige stakler, jeg ser. Jeg kan ikke optræde som en omvandrende ridder og påtage mig at råde bod på enhver uretfærdighed i en by som denne. Det eneste, jeg kan gøre, er at holde mig borte."

Over St. Clares smukke ansigtstræk hvilede et udtryk af sorg og bitterhed, da han talte, men pludselig syntes han at genvinde sin munterhed og fortsatte leende: "Hør nu, kusine, stå ikke der og se ud som en af skæbnegudinderne[75], du har kun fået et lille kik ind gennem gardinet – en forsmag på hvad der foregår i hele verden på den ene eller anden måde. Hvis vi skulle undersøge og stikke næsen i alle livets genvordigheder, ville vi fuldstændigt miste modet. Det vil være som at studere alt i Dinahs køkken alt for nøje," sluttede St. Clare og lagde sig tilbage på sofaen med sin avis.

Miss Ophelia satte sig og tog sit strikketøj frem med en bister og indigneret mine. Hun strikkede løs, men jo mere hun spekulerede, des mere brændte ilden i hende. Til sidst udbrød hun: "Jeg siger dig, Augustin, jeg kan ikke komme over tingene lige så let som dig. Det er afskyeligt af dig at forsvare et sådant system – det er min mening!"

"Hvad nu?" sagde St. Clare og kiggede op. "Skal vi nu til det igen?"

"Jeg siger, det er fuldstændig afskyeligt af dig at forsvare et sådant system!" sagde miss Ophelia harmfuldt.

"Forsvarer *jeg* det, bedste kusine? Hvem siger, jeg forsvarer det?" sagde St. Clare.

"Selvfølgelig forsvarer du det. Det gør I alle sammen – alle jer fra Syden. Hvorfor har du slaver, hvis du ikke forsvarer det?"

"Er du virkelig en så troskyldig skabning, at du for alvor tror, at ingen i hele verden nogensinde gør noget, som de ikke synes er rigtigt? Gør du aldrig selv, eller har du aldrig nogensinde selv gjort noget, som du ikke anser for at være helt rigtigt?"

"Jeg håber, jeg vil angre det, hvis jeg gør det." sagde miss Ophelia og raslede energisk med strikkepindene.

"Det gør jeg også," sagde St. Clare, mens han skrællede en appelsin. "Jeg angrer det hele tiden."

"Hvorfor bliver du så ved med at gøre det?"

"Har du aldrig fortsat med at gøre noget forkert, selv efter du har angret det, min kære kusine?"

"Måske, men kun når jeg har været stærkt fristet," sagde miss Ophelia.

"Nuvel, jeg er stærkt fristet," sagde St. Clare. "Deri ligger mit problem."

"Men jeg bestemmer mig altid for at holde op og forsøger at bryde med det."

"I de sidste ti år har jeg regelmæssigt besluttet, at jeg ville forbedre mig," sagde St. Clare, "men af en eller anden grund er det ikke lykkedes for mig. Har du kunnet befri dig for alle dine synder, kære kusine?"

"Fætter Augustin," sagde miss Ophelia alvorligt og lagde strikketøjet fra sig. "Jeg har sikkert fortjent, at du dadler mig for mine mangler. Det er rigtigt og sandt, hvad du siger, og ingen føler det stærkere end jeg, men alligevel synes jeg, at der er en vis forskel på dig og mig. Jeg har det sådan, at jeg hellere vil skære min højre hånd af fra den ene dag til den anden end at gøre noget, som jeg mener er forkert. Men eftersom min opførsel ikke er i overensstemmelse med det, jeg siger, så forstår jeg godt, at du bebrejder mig."

"Åh, hør nu, kære kusine," sagde Augustin og tog plads på en skammel ved hendes fødder og lagde hovedet i hendes skød, "tag det ikke så frygtelig alvorligt! Du ved selv hvilken fræk og skidt knægt, jeg altid har været. Jeg elsker bare at drille dig og se dig blive alvorlig, det er det hele. Jeg tror helt ærligt, at du er et foruroligende, hjertensgodt menneske. Det piner mig at se, hvor god du er."

"Men det er en alvorlig sag, min dreng," sagde miss Ophelia og lagde en hånd på hans pande.

"Ja, dybt alvorlig," sagde han, "men jeg ønsker ikke at tale alvorligt, når det er så varmt i vejret. Hvordan skal man kunne tage sig sammen til at føre ædle, moralske kampe, når man er plaget af moskitoer og andet kryb?" St. Clare satte sig pludseligt op. "Ja, det er min teori! Jeg forstår nu, hvorfor staterne i Norden altid er mere moralske end dem i Syden – ja, det må sikkert være sådan."

"Åh, Augustin, du er et rigtigt skvadderhoved!"

"Er jeg? Ja, det er jeg måske nok, men for en enkelt gangs skyld vil jeg være alvorlig, men først må du række mig den kurv med appelsiner. Ser du, du er nødt til at 'styrke mig med rosinkager, og forfriske mig med æbler', hvis jeg skal klare denne anstrengelse. Jeg begynder nu: Når det under de menneskelige begivenheders forløb bliver nødvendigt[76] for en fyr at holde to eller tre dusin af sine medskabninger i fangenskab, så kræver et anstændigt hensyn til samfundets mening, at..."

"Jeg kan ikke se, du bliver mere alvorlig," sagde miss Ophelia.

"Vent, jeg kommer til det, du skal nok få det at høre." Hans smukke ansigt antog pludseligt et alvorligt og seriøst udtryk. "Kort sagt, kære kusine, vedrørende dette abstrakte spørgsmål om slaveri, så kan der efter min mening kun være en eneste mening om det. Plantageejeren, der tjener penge ved det – præsterne, der skal tilfredsstille plantageejerne – politikerne, der ønsker at styre ved hjælp af det – alle disse mennesker kan vride og vende sprog og etik i en sådan grad, at det får verden til at spærre øjnene op over deres opfindsomhed. De kan tvinge både natur og Bibelen og alt mulig andet ind i deres tjeneste, men til syvende og sidst så tror hverken de selv eller resten af verden en tøddel på, at de har ret. Slaveriet stammer fra Djævelens værksted, det er sagen i en nøddeskal. Og efter min mening er det en ganske god prøve på, hvad han kan fabrikere indenfor sit håndværk."

Miss Ophelia holdt op med at strikke og så vantro ud. Og St. Clare, der øjensynligt var tilfreds med det indtryk, han havde gjort, fortsatte: "Du ser forbavset ud, men hvis du giver mig en chance for at tale ud, skal jeg gøre rent bord. Denne forbandede menneskehandel, som er fordømt af Gud og mennesker, hvad består den i? Berøv den for alt det, den er blevet smykket med, og søg ned til dens kerne og rod, hvad finder man så? Jo, fordi min sorte bror Quashy[77] er uvidende og svag, og jeg er intelligent og stærk – fordi jeg har viden og magten til at gøre det – derfor har jeg lov til at tage alt, hvad han ejer, beholde det og nøjes med at give ham så meget af det, som jeg finder passende. Alt, hvad der er for anstrengende, beskidt eller ubehageligt for mig, kan jeg sætte Quashy til at gøre. Fordi jeg ikke bryder mig om at arbejde, så skal Quashy arbejde. Fordi solen skolder mig, skal Quashy blive i solen. Quashy skal tjene pengene, så jeg kan bruge dem. Quashy skal smide sig i sølet, så jeg kan gå tørskoet over det. Quashy skal gøre, hvad jeg vil, og ikke hvad han selv vil i resten af sine dage, og når det passer mig, så vil han til sidst få en chance for at komme i Himlen. Det er min udlægning af, hvad slaveri *er*. Jeg vil udfordre enhver her på Jorden til at læse vores slavelove, som de er beskrevet i vores lovbøger, og få noget andet ud af det. Det er at putte blår i øjnene på folk at tale om *misbrug* af slaveriet! *Tingen i sig selv* er i bund og grund et eneste stort misbrug! Og den eneste grund, til at landet ikke går under i et Sodoma og Gomorra[78], er at slavesystemet *anvendes* på en langt mildere måde, end det i virkeligheden er. Af barmhjertighed og skam, og fordi vi er mænd født af kvinder og ikke af vilde bæster, ser vi *hånligt* ned på den ubegrænsede magt, vores barbariske love giver os. Mange af os vil ikke bruge den eller vover det måske ikke. Men den, som går længst eller handler grusomt, han holder sig alligevel indenfor grænserne af den magt, som vore love har givet ham."

St. Clare havde rejst sig op, og som han havde for vane, når han var ophidset, gik han med raske skridt frem og tilbage på gulvet. Hans smukke træk, der var klassiske som en græsk statue, glødede af heftig lidenskab. Hans store blå øjne slog gnister, og han gestikulerede med heftige bevægelser. Miss Ophelia havde aldrig set ham så oprørt, og hun sad stille som en mus.

"Jeg forsikrer dig," sagde han og stoppede pludseligt op foran sin kusine. "(skønt det ikke nytter noget, hvad man siger eller føler om dette emne), men jeg forsikrer dig om, at der har været flere gange, hvor jeg har tænkt, at hvis hele landet skulle gå under og dermed fjerne al denne uretfærdighed og elendighed fra dagens lys, så ville jeg være villig til at gå under sammen med det. Når jeg har rejst frem og tilbage på vores skibe eller været ude på mine forretningsrejser og set, at enhver brutal, afskyelig, ondskabsfuld, tarvelig fyr, jeg mødte, ifølge vores love kunne gøre sig til eneherske over lige så mange mænd, kvinder og børn, som han kunne stjæle eller spille sig til – når jeg har set sådanne mænd, der rent faktisk ejede hjælpeløse børn, unge og gamle kvinder – så har jeg været parat til at forbande mit land og hele den menneskelige race!"

"Augustin! Augustin!" sagde miss Ophelia. "Du har sagt nok. Jeg har aldrig i mit liv hørt sådanne ord, ikke engang i Norden."

"I Norden!" sagde St. Clare med et ændret ansigtsudtryk og næsten i sit sædvanlige skødesløse tonefald. "Puh, I folk i Norden er koldblodige mennesker. I har et afslappet syn på alt! I kan ikke bande og svovle, som vi kan, når vi først kommer i gang."

"Men spørgsmålet er nu..." sagde miss Ophelia.

"Åh ja, *spørgsmålet er* – og det er et pokkers godt spørgsmål! Hvordan er *jeg* endt i denne tilstand af synd og elendighed? Godt, jeg skal besvare det med de gode, gamle ord, som du plejede at lære mig om søndagene. Jeg kom ind i det gennem den almindelige arvefølge. Mine tjenestefolk var min fars tjenestefolk og andre var min mors, og nu er de mine – de og deres efterkommere, som efterhånden er blevet til en del. Min far, ser du, kom først fra New England, og han var bare en almindelig mand som din far – en ægte gammel romer – retskaffen, energisk, ædelmodig og med en jernvilje. Din far slog sig ned i New England for at regere over klipper og sten og aftvinge naturen et udkomme, mens min far bosatte sig i Louisiana for at regere over mænd og kvinder og tvinge et udkomme ud af dem. Min mor," sagde St. Clare, mens han rejste sig og gik hen til et maleri i den anden ende af værelset, hvor han stirrede på det med et ærbødigt ansigt, *"hun var en ren engel!* Se ikke sådan på mig! – du ved, hvad jeg mener! Hun var selvfølgelig et menneske af kød og blod, men så vidt jeg kunne se, fandtes der ikke den mindste menneskelige svaghed eller fejl hos hende. Og alle, som endnu kan mindes hende, slaver eller frie, tjenestefolk, bekendte eller slægtninge, alle siger det samme om hende. Ja, kære kusine, min mor har været det eneste, som stod mellem mig og en fuldstændig mangel på tro. Hun var legemliggørelsen og personificeringen af det Nye Testamente – et levende bevis, som ikke kunne betvivles, men som blev bevist gennem sandheden i det. Åh, mor, mor!" sagde St. Clare og foldede hænderne i en slags taknemmelighed. Så tav han pludseligt og kom tilbage og satte sig på en ottoman, hvorefter han fortsatte:

"Min bror og jeg var tvillinger, og man siger, at tvillinger ofte ligner hinanden, ikke sandt? Men i alle henseender var vi hinandens modsætninger. Min bror havde sorte, ildfulde øjne, kulsort hår, en stærk romersk profil og mørkebrun hudfarve. Jeg havde derimod blå øjne, gyldent hår, en græsk profil og lys hudfarve. Han var energisk og vågen, jeg var doven og en drømmer. Han var ædelmodig over for sine venner og ligesindede, men stolt, dominerende og hoven over for folk under ham og fuldstændig ubarmhjertig mod alle, der vovede at modarbejde ham. Vi var begge sanddru og ærlige, han ud fra stolthed og mod og jeg ud fra en slags abstrakt idealitet. Vi holdt af hinanden på den måde, som drenge nu engang gør – nogle gange mere, nogle gange mindre – han var min fars yndling, og jeg var min mors.

Der var i min natur en slags sygelig overfølsomhed over for alle mulige ting, som hverken min bror eller min far havde nogen forståelse for, og som de ikke havde nogen medfølelse med. Men det havde min mor, så når jeg havde været oppe og skændes med Alfred, og min far kiggede alvorligt på mig, plejede jeg at gå til min mors værelse og sidde hos hende. Jeg husker tydeligt, hvordan hun plejede at se ud med sine blege kinder, milde og alvorlige øjne og hvide dragt – hun var altid klædt i hvidt, og jeg kom altid til at tænke på hende, når jeg læste i Åbenbaringerne om helgenerne, der var klædt i fint, hvidt linned. Hun havde talenter inden for mange ting og især inden for musik, og hun plejede at sidde ved sit orgel og spille gammel, højtidelig musik fra den katolske kirke og synge med en stemme, der mere lød som en engels stemme end en almindelig dødeligs stemme. Jeg plejede så at lægge mig med hovedet i hendes skød, hvor jeg græd og drømte og følte – åh, ubeskrivelige ting – ting, som jeg ikke engang kan sætte ord på!

I disse dage blev spørgsmålet om slaveri ikke drøftet så indgående, som det gør nu. Ingen drømte om, at der var noget ondt i det.

Min far var en ægte aristokrat. Jeg forestiller mig, at han før dette liv må have været omgivet af højere åndelige væsener og have bragt al sin gamle hofstolthed med sig, for denne stolthed var dybt indgroet i ham, selv om han var født fattig og på ingen måde ud af en ædel familie. Min bror var som snydt ud af næsen på ham.

Ingen aristokrater i hele verden, ser du, har sympati for de lavere samfundsklasser. I England er de lavere samfundsklasser en bestemt gruppe, i Burma en anden og i Amerika en helt anden, men aristokraterne i disse lande inddeler folk i disse grupper. Hvad der ville være lidelse, kval og uretfærdighed i ens egen aristokratiske samfundsklasse, ville være en helt normal og naturlig ting i en lavere samfundsklasse. Min far grupperede folk efter hudfarve. *Blandt sine ligemænd* var han både retfærdig og storsindet, mens han betragtede negre i alle kulører som værende det mellemliggende led mellem mennesket og dyrene. Alle hans ideer om retfærdighed og ædelmodighed var baseret på denne hypotese. Jeg tror dog, at hvis nogen havde spurgt ham lige ud, om han troede, at negrene ejede udødelige menneskesjæle, så ville han have tøvet og rømmet sig, men til sidst svaret ja. Men min far bekymrede sig ikke meget om åndelige spørgsmål. Han ejede ingen religiøse følelser udover en vis ærefrygt for Gud, der ubestrideligt var de højere klassers overhoved.

Min far havde omkring femhundrede negre i sin tjeneste. Han var en streng, driftig og nøjeregnende forretningsmand. Alt skulle udføres systematisk og opretholdes med aldrig svigtende nøjagtighed og præcision. Hvis man nu tager i betragtning, at alt dette skulle udføres af en flok dovne, sladrende, uduelige arbejdere, som hele deres liv var vokset op uden den mindste smule lyst til at lære noget, bortset fra hvordan man nemmest pjækkede fra arbejde, så kan man nok forstå, at der på denne plantage skete en masse ting, som var forfærdelige og traumatiserende at se på for et følsomt barn som mig.

Ydermere, så havde han en forvalter – en stor, stærk, høj og ranglet overløber fra Vermont (undskyld mig, kusine) – og man skulle tro, at han havde stået i lære og fået diplom i råhed og brutalitet. Hverken min mor eller jeg kunne udstå ham, men han tog fuldstændig kontrollen over min far og blev hele plantagens skræk og rædsel.

Jeg var ikke særlig gammel dengang, men jeg nærede den samme kærlighed for mennesker, som jeg har den dag i dag – en slags lidenskab for menneskeheden uanset i hvilken form. Man fandt mig ofte i hytter og blandt markarbejderne, hvor jeg var almindelig afholdt. Her blev alle mulige klager og forurettelser hvisket mig i øret, som jeg bagefter fortalte videre til min mor, og vi to udgjorde en slags tribunal, der prøvede at råde bod på alle uretfærdigheder. Vi forhindrede og bekæmpede en stor del grusomhed og glædede os over alt det gode, vi gjorde, indtil jeg en dag gik for langt i min iver. Forvalteren, Stubbs, klagede til min far over, at han ikke kunne styre arbejderne længere, og han blev nødt til at sige op. Min far var en kærlig og overbærende ægtemand, men han var også en mand, der stod urokkeligt fast med hensyn til det, han anså for nødvendigt, så han 'slog i bordet' og stillede sig som en mur mellem os og markarbejderne. Han fortalte min mor meget respektfuldt og ærbødigt, men også meget bestemt, at hun var enehersker over tjenestefolkene i huset, men med hensyn til markarbejderne tålte han ingen indblanding fra hendes side. Han agtede og ærede hende mere end noget andet levende væsen, men han ville have sagt det samme til Jomfru Maria selv, hvis hun var kommet på tværs af hans system.

Nu og da hørte jeg min mor diskutere med ham og forsøge at vække hans medfølelse. I de tilfælde plejede han at møde hendes mest rørende bønner med afvæbnende høflighed og sindsro. 'Spørgsmålet er, ' plejede han at sige, 'skal jeg beholde Stubbs eller afskedige ham? Stubbs er punktlig som få, ærlig og effektiv – en dygtig formand og hverken hårdere eller strengere end flertallet. Vi kan ikke få nogen, der er mere perfekt, og hvis jeg beholder ham, så må jeg også *støtte* ham i hans arbejde, selv om der nu og da forekommer noget, som kunne være anderledes. Al ledelse inkluderer en vis hårdhed. Generelle regler vil ramme hårdt i enkeltsager.' Denne sidste grundsætning syntes min far afgjorde de fleste tilfælde af påstået grusomhed. Efter at have sagt dette plejede han at strække sig på sofaen som en mand, der har afgjort en forretning, og gav sig enten til at læse en avis eller tage sig en lur.

Sikkert er det, at min far havde de samme evner som en statsmand. Han kunne have delt Polen så let som en appelsin eller undertrykt Irland lige så roligt og systematisk som enhver anden. Til sidst gav min mor op i desperation. Først på regnskabets dag vil det blive åbenbaret, hvad ædle og følsomme naturer som hendes må have lidt, når de fuldstændig hjælpeløse blev kastet ud i noget, der for dem var et bundløst dyb af grusomhed og uretfærdighed og uden at have nogen, der delte deres følelser. For sådanne naturer er livet én eneste lang sorg i en verden, der minder om Helvede. Hvad andet kunne hun gøre end at opdrage sine børn i sine egne synspunkter og følelser? Men uanset, hvad man siger om opdragelse, så plejer børnene i alt væsentligt kun at vokse op til det, naturen har *gjort* dem til og intet mere. Lige fra vuggen af var Alfred en aristokrat, og efterhånden som han voksede op, gik alle anskuelser og sympatier instinktivt i denne retning, og alle hans mors tilskyndelser fløj ud af vinduet. Hvad mig selv angik, så sank hendes tilskyndelser dybt ind i mig. Hun modsagde aldrig rent ud, hvad min far sagde, og udtalte aldrig direkte en afvigende mening, men med al kraft i hendes ægte, ærlige natur indprentede hun dybt i min sjæls dyb sin egen forestilling om selv den ringeste menneskesjæls værdighed og værdi. Med højtidelig ærefrygt betragtede jeg hendes ansigt, når hun pegede op på stjernerne om aftenen og sagde til mig: 'Se der, Augustin! Den mest usle, ringe sjæl på vores plantage skal leve, når alle disse stjerner er slukkede for evigt – og den skal leve lige så længe som Gud!'

Hun havde nogle gamle, smukke malerier, hvoraf et forestillede Jesus, der helbreder en blind mand. De var meget smukke, og de plejede at gøre et stort indtryk på mig. 'Se her, Augustin,' plejede hun at sige, 'den blinde mand var en tigger, fattig og frastødende, derfor ville Jesus ikke helbrede ham *på afstand!* Han kaldte ham hen til sig og *lagde hænderne på ham!* Husk det, min dreng.' Hvis jeg havde fået lov til at vokse op under hendes omsorg, så kunne hun have påvirket mig til at blive hvad som helst. Jeg kunne være blevet en helgen, en reformator eller martyr – men ak og ve, jeg rejste væk fra hende, da jeg kun var tretten år gammel, og jeg så hende aldrig mere!"

St. Clare skjulte ansigtet i hænderne og sad tavs en stund. Efter et stykke tid kiggede han op og fortsatte: "Hele denne snak om menneskelig dyd er i virkeligheden noget værdiløst vås! For det meste drejer det sig kun om længde- og breddegrader og geografisk position i kombination med en medfødt karakter. I de allerfleste tilfælde er det hele tilfældigt! Din far slog sig for eksempel ned i Vermont i en by, hvor alle rent faktisk er frie og lige. Han bliver en flittig kirkegænger og hjælpepræst, slutter sig senere til et abolitionistselskab og anser os kun for at være en smule bedre end rene hedninger. Og når alt kommer til alt, så er han i karakter og livsvaner en tro kopi af min far. Jeg kan se den vise sig på halvtreds forskellige måder – den samme stærke, hovne, dominerende ånd. Du ved selv alt for godt, hvor umuligt det er at overbevise indbyggerne i din landsby om, at godsejer Sinclair ikke føler sig hævet over dem. Faktum er, at selv om han er blevet påvirket af de demokratiske tider og har taget den demokratiske idé til sig, så er han lige så stor en aristokrat som min far, der herskede over fem eller sekshundrede slaver."

Miss Ophelia var stærkt uenig i denne sammenligning, Hun lagde strikketøjet fra sig og skulle lige til at komme med nogle indvendinger, da St. Clare stoppede hende.

"Ja, jeg ved godt, hvad du vil sige. Jeg påstår ikke, at de var fuldkommen ens. Den ene af dem endte i nogle forhold, hvor alt gik imod hans naturlige tilbøjeligheder, hvorimod den anden endte i nogle forhold, hvor alt udviklede dem. Og således udviklede den ene af dem sig til en temmelig egenrådig, stædig og selvhævdende gammel demokrat, mens den anden udviklede sig til en egenrådig, stædig gammel despot. Hvis de begge havde ejet plantager i Louisiana, så ville de have været som to alen ud af det samme stykke.

"Hvordan kan du tale så respektløst?" sagde miss Ophelia.

"Det var ikke min hensigt at omtale dem nedsættende," sagde St. Clare. "Du ved godt, at ærefrygt ikke er min stærke side. Men lad mig fortsætte med min historie: Da min far døde, efterlod han hele sin formue til deling mellem os to drenge. På hele Guds grønne jord findes der ikke en mere ædel og gavmild fyr end Alfred, når det drejer sig om hans ligemænd, så vi kom hurtigt overens om formuedelingen og uden den mindste uenighed, som passer sig for to brødre. Vi besluttede os for at drive plantagen sammen, og Alfred, hvis sociale og praktiske evner er dobbelt så gode som mine, blev en meget entusiastisk og succesfuld plantageejer.

Men to års erfaring var tilstrækkeligt til at overbevise mig om, at jeg ikke egnede mig til at være hans kompagnon i plantagedrift. At have en stor flok arbejdere på over syvhundrede mennesker, som jeg ikke personligt kunne lære at kende eller interessere mig for – købt og drevet, indkvarteret, fodret, sat i arbejde som kvæg og underlagt militær præcision. Det evigt tilbagevendende problem var, hvor meget man kunne spare på livets nødvendigheder og stadig holde dem arbejdsduelige. Nødvendigheden af slavepiskere og formænd og den uundværlige pisk, men det mest overbevisende argument var, at det hele var uudholdeligt afskyeligt og modbydeligt for mig, og når jeg tænkte på min mors ord om hver enkelt menneskesjæls værd, blev det endnu mere skræmmende!

Det er noget forbandet sludder at sige, at slaverne *har det godt på nogen måde!* Jeg har aldrig kunnet udholde det ubeskrivelige vrøvl, som nogle mennesker fra Norden har fundet på i deres nedladende iver for at undskylde vores synder. Nej, vi ved bedre. Prøv at overbevise mig om, at noget menneske ønsker at arbejde resten af sit liv fra morgen til aften under konstant opsyn af en slavepisker og uden at kunne foretage sig noget nytteløst af egen fri vilje, men altid være tvunget til det samme triste, monotone og konstante slid, og alt sammen for to par bukser og et par sko om året og lige præcis nok føde og ly til at holde ham arbejdsdygtig! Det menneske, som har den opfattelse, at andre mennesker kan få noget godt ud af at blive behandlet sådan, burde selv prøve det. Jeg vil gerne selv købe det bæst og sætte ham i arbejde med ren samvittighed!"

"Jeg har altid troet," sagde miss Ophelia, "at du og alle andre gik ind for disse ting og anså dem for *rigtige* og i overensstemmelse med den hellige skrift."

"Sludder og vrøvl! Så dybt er vi ikke sunket endnu. Selv Alfred, som er en vaskeægte despot, foregiver ikke engang sådan noget. Nej, han står høj og mægtig på den gode, respektable og hævdvundne grund: *den stærkes ret.* Og han siger ret fornuftigt, synes jeg, at den amerikanske plantageejer kun gør, hvad det engelske aristokrati og kapitalister gør mod de lavere klasser, bare på en anden måde. Det vil sige, at de *tilegner* sig dem med hud og hår, ånd og sjæl, og misbruger dem til deres egen fordel. Han forsvarer begge dele, så han er i det mindste *konsekvent.* Han siger, at en højt udviklet civilisation ikke kan eksistere uden en slavebinding af masserne – enten symbolsk eller virkeligt. Der bliver nødt til at være en lavere klasse, der tager sig af det fysiske slid og fastholdes i deres dyriske natur, samt en højere klasse, som derved opnår fritid og rigdom til at udvikle intelligens og muliggøre fremskridt, så den bedre kan lede den lavere klasse. Det er hans tankegang, fordi han, som jeg sagde, er den fødte aristokrat, mens jeg tænker anderledes, fordi jeg er den fødte demokrat."

"Men hvordan kan man sammenligne disse to ting?" sagde miss Ophelia. "Den engelske arbejder bliver ikke solgt, handlet, adskilt fra sin familie og pisket.

"Han er lige så meget i lommen på sin arbejdsgiver, som hvis han var blevet solgt. Slaveejeren kan piske sin trodsige slave til døde, kapitalisten kan sulte ham ihjel. Med hensyn til familiens ve og vel, så er det svært at sige, hvad der er værst. At se sine børn blive solgt eller se dem sulte ihjel."

"Men det kan aldrig være en undskyldning for slaveriet at bevise, at det ikke er værre end en anden dårlig ting."

"Det var heller ikke ment som en undskyldning. Nej, jeg vil endda sige, at vores overtrædelse af menneskerettigheder er mere organiseret og håndfast. Vi køber faktisk et helt menneske på samme måde som en hest – ser på hans tænder, bøjer hans led, ser ham gå og betaler så for ham – vi har spekulanter, opdrættere, handlende og mæglere for menneskekroppe og sjæle – alt dette gør slaveriet mere håndgribeligt i den civiliserede verdens øjne, selv om det, der sker i den civiliserede verden og her, grundlæggende set er det samme, nemlig at underlægge sig en gruppe medmennesker til sin egen nytte og fordel uden hensyn til, hvad de undertrykte tænker og føler."

"Jeg har aldrig set sagen i det lys," sagde miss Ophelia.

"Nej, men jeg har rejst en del i England, og jeg har læst og set, hvordan de behandler deres lavere klasser, og jeg tror Alfred har ret, når han siger, at hans slaver har det bedre end en stor del af Englands befolkning. Ud fra det, jeg har sagt om ham, må du endelig ikke drage den slutning, at Alfred er en meget streng og krævende herre, for det er han ikke. Men han er despotisk og skånselsløs overfor ulydighed, og han ville skyde en fyr lige så koldblodigt som en hare eller kanin, hvis manden ikke adlød ham. Men generelt sætter han en ære i, at hans slaver får tilstrækkeligt at spise og bor godt.

Da jeg var i kompagniskab med ham, insisterede jeg på, at han skulle gøre noget for at uddanne slaverne, og for at glæde mig fik han fat i en præst, der hver søndag underviste dem i religion, selv om jeg tror, at han inderst inde tænkte, at han ville få lige så meget ud af at lade en præst undervise sine hunde og heste. Og sikkert er det, at når et menneskeligt sind gennem dårlig påvirkning er blevet fordummet og gjort dyrisk lige fra fødslen – og desuden henslæber hver eneste dag i ugen med et monotont, slidsomt arbejde – så kan man ikke udrette meget med et par få timers undervisning en enkelt gang om ugen. Søndagsskolelærere for fabriksarbejdere i England og for plantagearbejdere i vores land kan sikkert nikke genkendende til resultaterne, både *her og der*. Dog findes der nogle bemærkelsesværdige undtagelser hos os, grundet i det faktum at negeren af natur er mere modtagelig for religiøse følelser end den hvide race."

"Men hvordan kan det være, at du opgav livet som plantageejer?" spurgte miss Ophelia.

"Vi var sammen et stykke tid, indtil Alfred tydeligt så, at jeg ikke havde forstand på plantagedrift. Han fandt det urimeligt, at jeg stadig var utilfreds, efter han havde prøvet at føje mig og mine ideer ved at reformere, forbedre og ændre plantagen. Men den virkelige grund var, at jeg hadede selve ideen med at holde slaver – udnyttelsen af disse mænd og kvinder og bevaringen af dette system med al sin uvidenhed, brutalitet og umoral – bare for at tjene penge til mig!

Desuden blandede jeg mig for meget i alle detaljer. Da jeg selv er en af de dovneste mennesker på Jorden, havde jeg også alt for meget sympati for de dovne, og når de uduelige, dovne hunde lagde sten i bunden af deres bomuldskurve for at gøre dem tungere eller fyldte deres sække med jord og et lag bomuld øverst, mindede det mig om, hvad jeg selv ville have gjort, hvis jeg havde været i deres sted, og jeg satte mig imod, at de blev pisket for det. På den måde gik disciplinen på plantagen selvfølgelig fløjten, og Alf og jeg endte det samme sted, som min far og jeg havde gjort det flere år tidligere. Så han fortalte mig, at jeg var en sentimental grædekone, der aldrig ville blive en god forretningsmand. Han rådede mig til at tage vores aktiebeholdning i banken og vores familieejendom i New Orleans og nedsætte mig som forfatter og lade ham drive plantagen alene. Så vi skiltes, og jeg rejste her til New Orleans."

"Men hvorfor satte du ikke dine slaver fri?"

"Jeg følte ikke, jeg var klar til det. Jeg kunne ikke få mig selv til at beholde dem som redskaber, der skulle skaffe mig penge, men at få dem til at hjælpe mig med at bruge mine penge virkede ikke så utiltalende på mig, ser du. Nogle af dem var gamle hustjenere, som jeg følte mig knyttet til, og de unge var børn af de gamle. Alle var tilfredse med at fortsætte som før." Han tav og gik tankefuldt frem og tilbage på gulvet.

"Der var," sagde St. Clare, "et tidspunkt i mit liv, hvor jeg havde planer og håbede at kunne udrette noget mere her i verden end bare at følge med strømmen og drive omkring. Jeg havde en ubestemmelig længsel efter at blive en slags befrier, der skulle befri mit fædreland for denne skamplet. Alle unge mænd har haft sådanne vilde ideer på et eller andet tidspunkt, går jeg ud fra, men så..."

"Hvorfor gav du op?" spurgte miss Ophelia. "Når man først har lagt hånden på ploven, bør man ikke se sig tilbage."

"Åh, tingene gik ikke helt, som jeg forventede, og jeg kom til at hade livet ligesom Salomon gjorde. Jeg formoder, at både han og jeg skulle gennemgå dette for at opnå visdom, men i stedet for at blive en handlekraftig mand og fornyer i samfundet, så blev jeg til et stykke drivtømmer, som lige siden har flydt omkring og hvirvlet med strømmen. Alfred håner mig, hver gang vi mødes, og jeg må indrømme, at han har ret, for han udretter virkelig noget. Hans liv er en logisk følge af hans meninger, mens mit er ynkeligt *non sequitur*[79]."

"Min kære fætter, kan du ikke stille dig tilfreds med den måde at bruge din prøvelsestid på?"

"Stille mig tilfreds! Har jeg ikke lige fortalt dig, at jeg hader den? Men for at komme tilbage til sagen – vi var inde på spørgsmålet om frigivelsen af slaverne. Jeg tror ikke, at jeg står alene med mine følelser om slaveriet. Jeg har mødt mange mænd, som inderst inde føler det samme som jeg. Landet sukker og lider under slaveriet, og selv om det er til skade for slaven, er det om muligt til endnu større skade for hans herre. Man har ikke brug for briller for at se, at en stor skare af lastefulde, tankeløse, nedgjorte mennesker blandt os er til skade både for dem selv og for os. Kapitalisten og aristokraten i England oplever det ikke som os, fordi de blander sig ikke med den samfundsklasse, som de nedgør, på samme måde som os. Slaverne er i vores hjem, de omgås vores børn, og de præger deres sind hurtigere, end vi kan gøre det, for de tilhører en race, som børnene altid vil holde fast ved og blande sig med. Hvis Eva ikke var den usædvanlige engleagtige person, som hun er, ville hun blive ødelagt. Vi kunne lige så godt slippe en smitsom sygdom løs blandt vores børn og håbe på, at børnene ikke ville blive smittet af den, som at lade vore slaver forblive uuddannede og lastefulde og håbe på, at vores børn ikke ville tage skade af det. Og alligevel forbyder vores love udtrykkeligt og fuldstændigt et effektivt uddannelsessystem, og dette er et klogt træk af lovgiverne, for begynder man først omhyggeligt at uddanne en generation, så vil hele slaveinstitutionen vælte som et korthus. Hvis ikke vi gav dem friheden, så ville de selv tage den."

"Og hvad tror du så, det hele vil ende med?" spurgte miss Ophelia.

"Jeg ved det ikke, men én ting er sikkert, og det er, at masserne vil slutte sig sammen verden over, og der kommer en *dies irae*[80] før eller senere. Den samme ting er på vej både i Europa, England og her i landet. Min mor plejede at fortælle mig om et kommende tusindårsrige, hvor Kristus skulle regere, og alle mennesker ville blive frie og lykkelige. Og da jeg var dreng, lærte hun mig at bede 'komme dit rige.' Nogle gange tror jeg, at al den sukken og stønnen og uro blandt masserne er et tegn på det, som hun fortalte mig vil ske. Men hvem kan udholde den dag, Han kommer?"

"Augustin, nogle gange synes jeg, at du ikke er så fjernt fra Guds rige," sagde miss Ophelia, idet hun lagde strikketøjet fra sig og så bekymret på sin fætter.

"Tak for din tillid til mig, men det går frem og tilbage med mig. Op til Himlens port i teorien, men i praksis dybt ned i støvet. Men nu hører jeg teklokken, så lad os nu få en kop te, og sig nu ikke at jeg aldrig nogensinde har snakket dybt alvorligt i mit liv."

Ved bordet nævnte Marie hændelsen med Prue. "Jeg går ud fra, kusine, at du må tro, at vi alle er barbarer."

"Jeg synes, det er en barbarisk ting," sagde miss Ophelia, "men jeg tror ikke, at I alle er barbarer."

"Hør nu," sagde Marie, "jeg ved så meget, at det er umuligt at styre nogle af disse skabninger. De er så usle, at de ikke burde leve. Jeg har ikke den mindste sympati for sådanne tilfælde. Hvis de bare opførte sig ordentligt, så ville den slags ikke ske."

"Men mor," sagde Eva, "det stakkels væsen var ulykkelig, og det fik hende til at drikke."

"Sludder og vrøvl! som om det var nogen undskyldning! Jeg er selv ret tit ulykkelig. Jeg er tilbøjelig til at tro," sagde hun tankefuldt, "at jeg har været udsat for større prøvelser end hende. Det er bare, fordi de er dårlige mennesker. Der er nogle, man ikke kan tæmme til at arbejde, uanset hvor streng man er. Jeg husker, min far havde en slave, der var så doven, at han stak af for at slippe for at arbejde. Han gemte sig i sumpene, hvor han stjal og gjorde alle mulige forfærdelige ting. De fangede ham og piskede ham, men han blev ved med at stikke af, selv om de hver gang fangede ham og piskede ham. Men det hjalp ikke, og den sidste gang han stak af, slæbte han sig af sted og døde i sumpen. Han havde ikke den mindste grund til at gøre, som han gjorde, for min fars folk blev altid behandlet pænt."

"Jeg tæmmede engang selv en slave," sagde St. Clare. "En, som alle forvaltere og slaveejere forgæves havde forsøgt sig på."

"Dig!" sagde Marie. "Jeg kunne godt tænke mig at høre, hvornår du nogensinde har gjort den slags."

"Jo, det var en gigantisk stor og stærk fyr – en indfødt afrikaner, der tilsyneladende havde en usædvanlig stor og medfødt frihedstrang. Han var en ægte afrikansk løve. De kaldte ham for Scipio. Ingen kunne tøjle ham og bruge ham til noget, og han blev solgt fra sted til sted, indtil Alfred til sidst købte ham, fordi han troede, han kunne kue ham. Nå, en dag slog han forvalteren ned og stak ud i sumpene. Jeg var netop på besøg på Alfs plantage, for det var efter vores partnerskab var blevet opløst. Alfred var temmelig rasende, men jeg fortalte ham, at det var hans egen fejl, og jeg væddede med ham, at jeg kunne tæmme fyren. Og til sidst blev vi enige om, at hvis jeg fangede ham, så måtte jeg få lov til at eksperimentere med ham. Så vi samlede en gruppe på seks, syv mand med geværer og hunde til jagten. Ser du, folk kan blive lige så ivrige efter at jage en mand som en hjort, hvis det er i overensstemmelse med skik og brug. Faktisk blev jeg selv grebet af en smule jagtiver, selv om jeg kun var en slags mægler, hvis han blev fanget.

Nå, hundene gøede og hylede, og vi red af sted og støvede omkring, og til sidst fik vi færten af ham. Han løb og sprang af sted som et rådyr og holdt os på lang afstand et stykke tid, men til sidst blev han fanget i et tæt vildnis af sukkerrør. Han var trængt op i en krog, men jeg siger dig, at han kæmpede tappert mod hundene. Han kastede dem til højre og venstre og slog faktisk tre af dem ihjel med sine bare næver, før et skud fra et gevær fik ram på ham, så han faldt såret og blødende omkuld i nærheden af mine fødder. Den stakkels fyr kiggede op på mig med et blik, der røbede både fortvivlelse og mod. Jeg holdt hundene og mændene tilbage, da de kom løbende, og jeg gjorde krav på ham som min fange. Det var med nød og næppe, at jeg forhindrede dem i at skyde ham i deres sejrsrus, men jeg insisterede på vores aftale, og Alfred solgte ham til mig. Så jeg tog ham under min beskyttelse, og i løbet af fjorten dage havde jeg gjort ham så føjelig og medgørlig, som man kunne ønske sig."

"Hvad i alverden gjorde du ved ham?" spurgte Marie.

"Jo, det var ganske enkelt. Jeg tog ham ind i mit værelse, fik stillet en god seng op til ham, rensede og forbandt hans sår og plejede ham, indtil han var på benene igen. Efter et stykke tid fik jeg udfærdiget et frihedsbrev på ham og fortalte ham, at han var fri til at gå, hvorhen han ville."

"Rejste han så?" spurgte miss Ophelia.

"Nej, den tossede fyr rev papiret midt over og nægtede at forlade mig. Jeg har aldrig haft en bedre og modigere fyr – pålidelig og tro som guld. Han gav sig hen til den kristne tro og blev blid som et lam. Han plejede at have opsynet med min ejendom ved søen og gjorde et fortræffeligt job. Jeg mistede ham under den første koleraepidemi[81]. Faktisk ofrede han sit liv for mig. Da jeg selv næsten lå for døden af kolera, og alle andre flygtede i panik, plejede Scipio mig utrætteligt og bragte mig bogstavelig talt tilbage til livet igen. Men den stakkels fyr blev selv angrebet af sygdommen kort efter, og for ham var der ingen redning. Tabet af ham var det største tab, jeg har oplevet."

Eva havde gradvist nærmet sig sin far, da han fortalte sin historie, og nu stod hun tæt ved ham med halvt åben mund og et par opspærrede øjne, der alvorligt og ivrigt havde fulgt med i det hele.

Da han var færdig, slog hun pludseligt armene omkring hans hals, brast i gråd og hulkede krampagtigt.

"Eva, mit kære barn, hvad er der galt?" spurgte St. Clare, mens barnets spæde legeme skælvede under hendes voldsomme følelsesudbrud. "Dette barn," tilføjede han, "burde ikke høre om den slags ting – det gør hende alt for nervøs."

"Nej far, jeg er ikke nervøs," sagde Eva og tog sig pludselig sammen med en styrke, der virkede usædvanligt for et barn. "Jeg er ikke nervøs, men disse ting rammer *mig* lige i hjertet."

"Hvad mener du, Eva?"

"Det kan jeg ikke forklare dig far, jeg får bare så mange tanker. Måske kan jeg fortælle dig det en dag."

"Nå, men tænk alt det, du har lyst, kæreste, men græd ikke sådan, at din far bliver bekymret," sagde St. Clare. "Se denne dejlige fersken, jeg har til dig."

Eva tog frugten og smilte, selv om hun endnu havde nogle nervøse trækninger omkring munden.

"Lad os gå ned og se på guldfiskene," sagde St. Clare, og hånd i hånd gik de ud på verandaen. Lidt senere hørte man deres muntre latter gennem silkegardinerne, da de overdængede hinanden med roser og jog efter hinanden på havegangene.

Det var nær ved, at vi glemte vores beskedne ven Tom blandt alle de fornemmes eventyr og oplevelser, men hvis vores læsere vil følge med os op til hans lille kammer over stalden, kan vi lære lidt mere om hans liv. Hans værelse var rent og pænt med en seng, en stol og et lille, enkelt bord, hvor hans Bibel og salmebog har fået plads. Og her sidder han nu med en tavle foran sig og har travlt med noget, der ser ud til at volde ham en del hovedbrud.

Sagen er, at Toms hjemve var blevet så stærk, at han havde bedt Eva om et stykke papir for at skrive et brev, så godt han kunne med den undervisning, han havde fået af master George. Lige her og nu havde han travlt med at skrive sit første udkast på tavlen, men det voldte ham en del besvær, da han helt havde glemt, hvordan nogle af bogstaverne så ud, og de få, han kunne huske, var han i tvivl om, hvordan han skulle bruge. Men mens han sad og pustede af anstrengelse, dukkede Eva op og hoppede let som en fugl op på stoleryggen bag ham og kiggede ham over skulderen.

"Nej, onkel Tom, sikke nogle sjove figurer, du *tegner* der!"

"Jeg prøver at skrive til min stakkels, gamle kone, miss Eva, og mine små børn," sagde Tom og gned øjnene med bagsiden af hånden, "men jeg er bange for, at det ikke går så godt."

"Jeg ville ønske, jeg kunne hjælpe dig, Tom! Jeg har lært at skrive lidt. Sidste år kunne jeg skrive alle bogstaverne, men jeg er bange for, jeg har glemt dem igen."

Eva lagde sit lyslokkede hoved tæt ind til hans, og snart kastede de sig ud i en alvorlig og ivrig diskussion. Begge var lige engagerede og lige uvidende, men efter grundige overvejelser og rådslagning om udformningen af hvert ord, begyndte det hele at tage form, og snart var begge overbevist om, at det nu lignede en slags skrift.

"Ja, onkel Tom, nu begynder det at se rigtig godt ud," sagde Eva og betragtede fornøjet deres værk. "Hvor bliver din kone og dine børn glade! Åh, det er synd og skam, at du blev nødt til at rejse væk fra dem! Jeg vil bede far om at lade dig rejse hjem til dem engang."

"Min frue sagde, at hun ville sende penge for mig, så snart hun kunne få dem skrabet sammen," sagde Tom. "Det tror jeg helt sikkert, hun vil gøre. Unge massa George sagde, at han ville komme efter mig, og han gav mig denne dollar som bevis på det," sagde Tom og tog sin kostbare mønt frem under sit tøj, hvor han havde gemt den.

"Ja, så vil han helt sikkert komme!" sagde Eva. "Det glæder mig meget!"

"Og nu vil jeg sende dem et brev, ser De, for at fortælle dem, hvor jeg er og fortælle stakkels Chloe, at jeg har det godt, for hun tog det så tungt, stakkels menneske!"

"Hej, Tom!" lød det fra St. Clare, som trådte ind ad døren i dette øjeblik.

Tom og Eva kiggede overrasket op.

"Hvad laver I to?" spurgte han og kiggede på tavlen.

"Åh, det er Toms brev. Jeg hjælper ham med at skrive det," sagde Eva. "Er det ikke flot?"

"Jeg vil nødigt tage modet fra jer," sagde St. Clare, "men jeg tror, at du hellere må få mig til at skrive dit brev for dig, Tom. Jeg skal nok gøre det, så snart jeg kommer hjem fra min ridetur."

"Det er et meget vigtigt brev," sagde Eva, "fordi hans gamle frue vil sende penge hertil for at købe ham fri. Det har han selv fortalt mig, papa."

St. Clare tænkte ved sig selv, at det sikkert var et af disse løfter, som godhjertede slaveejere gav deres tjenestefolk for at gøre dem mindre skrækslagne over at blive solgt, selv om de ikke havde til hensigt at overholde det. Han sagde dog ingenting, men gav blot Tom besked på at gøre hestene klar til en ridetur.

Toms brev blev skrevet i læsevenlig form samme aften og bragt sikkert til posthuset.

Miss Ophelia fortsatte med sine bestræbelser for at bringe orden i husholdningen. Blandt hele personalet – lige fra Dinah og ned til det mindste lille negerbarn – var der dog almindelig enighed om, at miss Ophelia var ret "spessiel" – et udtryk, som tjenestefolk sydpå bruger om deres herskab, når det ikke er helt efter deres smag.

De mest fornemme af tjenestefolkene – nemlig Adolph, Jane og Rosa – var enige om, at miss Ophelia ikke var en rigtig dame. For rigtige damer render ikke rundt og arbejder, som hun gjorde, og der var ingen fornemhed over hende. De undrede sig faktisk over, at hun skulle være i familie med familien St. Clare. Selv Marie sagde åbenlyst, at det var absolut udmattende at se sin kusine Ophelia altid så travlt optaget. Faktisk arbejdede miss Ophelia så flittigt og konstant, at der var et vist grundlag for Maries klage. Hun syede og arbejdede fra morgen til aften med en sådan iver, at man skulle tro, at det var livet om at gøre. Og når skumringen faldt på, og dagens arbejde var lagt væk, kom strikketøjet frem, og så var hænderne igen i fuld aktivitet. Ja, det var virkelig trættende at se på hende.

---

[74] **Valgmænd:** Rådet af valgmænd (Board of selectmen) består sædvanligvis af 3 til 5 medlemmer, der er den styrende magt i New Englands byer i USA. Disse mænd er valgt til at tage sig af de daglige affærer i de store byer. Omsat til danske forhold ville det være et bystyre.

[75] **Skæbnegudinderne:** I græsk mytologi de tre gudinder: Klotho (spindersken), Lachesis (hun, som giver livslodden) og Atropos (den uafvendelige). Disse tre gudinder styrer menneskenes skæbne og liv ved at spinde, udmåle og klippe i deres livstråd.

[76] **Når det under de menneskelige begivenheders forløb bliver nødvendigt** – Indledningsordene til den amerikanske uafhængighedserklæring.

[77] **Quashy:** Et typisk slavenavn. Bruges her om den almindelige slave.

[78] **Sodoma og Gomorra:** To byer omtalt i 1. Mosebog 18-19, der bliver ødelagt af Gud på grund af indbyggernes ondskab, ugudelighed og usædelighed.

[79] **Non sequitur:** (latin: ikke følgerigtigt) Indenfor logikken en bred betegnelse for fejlslutninger, hvor en konklusion ikke følger af præmisserne. Med andre ord siger Augustin her, at hans eget liv ikke er en logisk følge af hans meninger.

[80] **Dies irae** (latin: "Vredens dag") indledningsordene til en berømt latinsk hymne fra middelalderen om dommedag.

[81] **Kolera:** En smitsom bakterieinfektion i tarmen. Kolera medfører kraftig diarré og opkastning, som kan give store væsketab på helt op til en liter i timen. Dette medfører en livstruende udtørring af patienten, der kan dø, hvis han ikke kommer under hurtig behandling.

KAPITEL 20

Topsy

En morgen, da miss Ophelia var travlt beskæftiget med nogle af sine huslige pligter, hørte hun St. Clare kalde på hende fra foden af trappen.

"Kom herned, kusine, jeg har noget, jeg vil vise dig."

"Hvad er det?" spurgte miss Ophelia og kom ned med sit sytøj i hånden.

"Jeg har lavet et indkøb til din afdeling – se her," sagde St. Clare, og med disse ord skubbede han en lille negerpige på omkring otte-ni år hen til hende.

Hun var den mest kulsorte af negerracen, og hendes runde, blanke øjne, der skinnede som glasperler, bevægede sig konstant, mens hun nysgerrigt kiggede sig omkring i værelset. Hendes mund, der stod halvt åben af forundring over alt det herlige, hun så i sin nye herres dagligstue, afslørede en række hvide og strålende tænder. Hendes uldhår var flettet i mange forskellige små fletninger, der strittede ud i alle retninger. Hendes ansigt udtrykte en forunderlig blanding af listighed og snuhed, og over dette udtryk lå som en slags slør et udtryk af sørgmodig alvor og højtidelighed. Pigen var klædt i et beskidt og pjaltet stykke tøj lavet af sækkelærred og stod med hænderne ydmygt foldede foran sig. I det hele taget var der noget mærkværdigt og troldeagtigt over hele hendes fremtræden, og som miss Ophelia senere sagde, så "hedensk" at hun blev helt chokeret.

Hun vendte sig mod St. Clare og sagde: "Augustin, hvorfor i alverden har du taget den ting med hjem?"

"Jo, for at du kan opdrage hende og vise hende den vej, hun bør gå. Jeg tænkte, at hun var et morsomt eksemplar af Jim Crow typen. "Kom, Topsy," sagde han og fløjtede ad hende, som når man kalder på en hund, "lad os høre en sang og vis os, hvordan du danser."

Pigens sorte, blanke øjne skinnede frækt og drilagtigt, og med en klar, skinger stemme begyndte hun at synge en løjerlig gammel negersang, hvortil hun slog takten med hænder og fødder, mens hun snurrede rundt, klappede i hænderne og slog knæene sammen i en vild, fantastisk rytme. Med sin strube frembragte hun alle disse underlige strubelyde, som er en del af hendes races indfødte musik, og til sidst slog hun et par vejrmøller og udstødte en lang hyletone, der lød lige så sælsom og unaturlig som en dampfløjte. Så stoppede hun helt op og stod stille med foldede hænder og et dydigt udtryk i ansigtet, som dog blev modsagt af listige sideblikke fra øjenkrogen.

Miss Ophelia var fuldstændig lamslået af forbløffelse. Som den drillepind han var, så St. Clare ud til at fryde sig over hendes overraskede udtryk i ansigtet.

Så sagde han til barnet: "Topsy, det er din nye frue. Jeg overlader dig til hende, sørg nu for at opføre dig ordentligt."

"Ja, master," sagde Topsy fromt, men det frække glimt i hendes øjne sagde noget helt andet.

"Du skal være en god pige, Topsy, forstår du det," sagde St. Clare.

"Åh ja, master," sagde Topsy med et glimt i øjet og fromt foldede hænder.

"Hør Augustin, hvad skal dette gøre godt for?" spurgte miss Ophelia. "Dit hus er allerede så fyldt med disse små plageånder, at man falder over dem alle vegne. Når jeg står op om morgenen, ligger der en og sover bag døren, et andet sort hoved kigger frem under bordet og en ligger på dørmåtten. De skærer grimasser og griner gennem rækværket og ligger i bunkevis på køkkengulvet! Hvorfor i alverden har du så taget en til med hjem?"

"For at du kan opdrage hende – sagde jeg ikke lige det? Du taler altid så meget om opdragelse. Jeg tænkte, at jeg ville skænke dig et friskfanget eksemplar, som du kan bruge dine evner på og opdrage hende på den rigtige måde."

"*Jeg* vil ikke have hende. Jeg har nok at gøre med dem, vi allerede har."

"Hvor det ligner jer kristne! I stifter missionsforeninger og sender nogle stakkels missionærer ud, der skal tilbringe resten af deres liv blandt sådanne hedninger. Men er der en af jer, der vil tage sådan en i huset og selv gøre sig besvær med hans omvendelse? Nej, kommer det dertil, så hedder det sig, at de er snavsede og frastødende, og det er alt for meget mas og så videre."

"Augustin, du ved godt, at det er ikke sådan, jeg ser på det," sagde miss Ophelia udglattende. "Måske kan det blive et virkeligt missionsarbejde," sagde hun og kiggede med blidere øjne på barnet.

St. Clare havde anslået de rigtige strenge. Miss Ophelias pligtfølelse sov aldrig. "Men," tilføjede hun, "jeg kan virkelig ikke se, at det var nødvendigt at købe en mere, der er mere end nok i huset nu til at holde mig beskæftiget."

"Hør her, kære kusine," sagde St. Clare og trak hende til side, "jeg burde bede dig om forladelse for min overflødige snak. Du er i virkeligheden så godhjertet, at der overhovedet ikke er brug for det. Sagen er, at denne lille stakkel tilhørte et fordrukkent ægtepar, der ejer en ussel restaurant, som jeg går forbi hver dag, og jeg var træt af at høre hende hyle, når de slog og bandede ad hende. Hun ser også kvik og sjov ud, så måske kan man få noget fornuftigt ud af hende. Så jeg købte hende, og nu giver jeg hende til dig. Prøv nu at give hende en god gammeldags New England opdragelse, så ser vi, hvad det kan blive til. Du ved, at jeg ingen evner har i den retning, men jeg ville være glad, hvis du prøvede."

"Godt, jeg vil gøre, hvad jeg kan," sagde miss Ophelia og nærmede sig sin nyerhvervelse på samme måde som en person ville nærme sig en sort edderkop og samtidig havde venlige hensigter overfor den.

"Hun er forfærdelig snavset og halvnøgen," sagde hun.

"Så tag hende med nedenunder og få nogen til at vaske hende og klæde hende på."

Miss Ophelia tog hende med sig ned i køkkenet.

"Jeg kan ikke forstå, hvad master St. Clare skal bruge endnu en nigger til!" sagde Dinah og målte den nyankomne med et alt andet end venligt blik. "Hun skal ikke være *her* og *gå i vejen*, det er sikkert og vist!"

"Puh!" sagde halvblodspigerne Rosa og Jane og rynkede på næsen, "hold hende langt væk fra mig! Jeg begriber ikke, hvad master vil med flere af disse usle niggere!"

"Rend og op! Hun er ikke mere nigger end dig selv, miss Rosa," sagde Dinah, som følte at den sidste bemærkning var møntet på hende selv. "Du mener vel, at du selv hører til de hvide folk. Du er ingen af delene, hverken sort eller hvid. Nej, jeg vil hellere være det ene eller det andet."

Miss Ophelia opdagede snart, at der ikke var nogen, der ville overtage besværet med at vaske og give den nyankomne tøj på, og derfor blev hun tvunget til at gøre det selv med meget uvenlig og modvillig hjælp fra Jane.

Det egner sig ikke for sarte øren at høre de nærmere detaljer om rengøringen af et forsømt og misbrugt barn. Faktisk lever og dør mange mennesker i verden i en tilstand, som deres medmennesker ville blive chokeret over at høre nærmere om. Miss Ophelia var et godt, stærkt og beslutsomt menneske, og med heroisk beslutsomhed arbejdede hun sig igennem alle de afskyelige detaljer, selv om det ikke foregik med en særlig elskværdig mine – for udholdenhed og tålmodighed var det yderste hendes principper kunne strække sig til. Men da hun så mærker efter piskeslag og sår på barnets ryg og skuldre, der vidnede om det ubarmhjertige slavesystem, som pigen hidtil var vokset op under, fyldtes hendes hjerte af dyb medlidenhed for hende.

"Se der!" sagde Jane og pegede på mærkerne, "viser det måske ikke, at hun er en skarnsunge? Hende får vi sikkert meget glæde af. Uh, hvor jeg hader de niggerunger! De er afskyelige! Det er mig en gåde, at master købte hende!"

"Skarnsungen", som Jane havde kaldt hende, overhørte alle kommentarer med den samme forkuede og sørgmodige mine, der syntes at være en del af hendes væsen, men af og til kastede hun et stjålent blik ud af øjenkrogene på de pyntering, Jane bar i ørerne. Da hun til sidst havde fået en hel og anstændig kjole på, og håret klippet helt tæt ind til hovedet, sagde miss Ophelia med en vis tilfredshed, at pigen nu så mere kristen ud end hende selv, og hun begyndte at lægge planer for pigens opdragelse.

Hun satte sig ned foran pigen og begyndte at udspørge hende.

"Hvor gammel er du, Topsy?"

"Det ved jeg ikke, missis," svarede pigen med et stort smil, der viste alle hendes tænder.

"Ved du ikke, hvor gammel du er? Er der slet ingen, der har fortalt dig det? Hvem var din mor?"

"Aldrig haft en!" sagde pigen og smilede bredt igen.

"Aldrig haft en mor? Hvad mener du? Hvor blev du født?"

"Aldrig blevet født!" sagde Topsy med et grin, der virkede så djævelsk, at hvis miss Ophelia havde været nervøst anlagt, ville hun have troet, at hun havde fået fat i en eller anden sortsmudsket trold, men miss Ophelia var ikke nervøs, hun var målrettet og forretningsmæssig, så hun sagde temmelig strengt: "Du må ikke svare mig på den måde, barn. Jeg mener det alvorligt, det her er ikke en leg. Fortæl mig nu, hvor du blev født, og hvem din far og mor var."

"Er ikke født," gentog tøsen mere bestemt. "Har aldrig haft far eller mor eller sådan noget. Jeg voksede op hos en spekulant sammen med en masse andre børn. Gamle tante Sue plejede at tage sig af os."

Barnet fortalte øjensynligt sandheden, og Jane sagde med et hånligt grin: "Jøsses, missis, der er bunker af dem. Spekulanter opkøber dem billigt, når de er små, og passer dem til de kan sælges videre på markedet."

"Hvor lang tid har du boet hos din herre og frue?"

"Ved ikke, missis."

"Er det et år eller mere eller mindre?"

"Ved ikke, missis."

"Jøsses missis, disse uvidende negre kan ikke fortælle noget. De ved ikke noget om tid," sagde Jane. "De ved ikke, hvad et år er – de ved ikke, hvor gamle de er."

"Har du nogensinde hørt om Gud, Topsy?"

Pigen så forvirret ud, men grinte bredt som sædvanligt.

"Ved du ikke, hvem der har skabt dig?"

"Ingen, så vidt jeg ved," sagde pigen med en kort latter.

Tanken så ud til at more hende betydeligt, for hendes øjne strålede, og hun tilføjede: "Jeg går ud fra, jeg voksede op. Jeg tror ikke, at nogen har lavet mig."

"Kan du sy?" spurgte miss Ophelia, som tænkte, at hun hellere måtte spørge pigen om noget mere håndgribeligt.

"Nej, missis."

"Hvad kan du så gøre? Hvad lavede du for din herre og frue?"

"Hentede vand og vaskede tallerkner, pudsede knive og vartede op."

"Behandlede de dig godt?"

"Det tror jeg nok," sagde barnet og kiggede listigt på miss Ophelia.

Miss Ophelia rejste sig for at afslutte sit forhør. St. Clare lænede sig hen over ryggen på hendes stol.

"Du har en jomfruelig mark foran dig, kusine. Plant dine egne ideer i hende – der er ikke mange at udrydde."

Miss Ophelias ideer om opdragelse var ligesom hendes andre ideer meget bestemte og urokkelige. De var af den slags, som var fremherskende i New England for hundrede år siden, og som endnu eksisterer i nogle meget afsides og gammeldags egne, hvor jernbanen endnu ikke er nået til. Disse grundsætninger kan sammenfattes i nogle få ord: at lære børn at høre efter, når de bliver talt til; at lære dem deres katekismus; at lære dem at sy og læse og give dem klø, hvis de lyver. Og selv om disse grundsætninger anses for forældede i vores oplyste tider, er det alligevel ubestrideligt, at vores bedstemødre på denne måde forstod at opdrage nogle rimeligt gode mænd og kvinder med dette enkle system, som mange af os kan huske og bevidne. Det var den eneste opdragelsesmåde, miss Ophelia kendte til, og hun kastede sig derfor ud i opgaven med at opdrage sin lille hedning med den største flid, hun kunne mønstre.

Barnet blev nu optaget i familien som miss Ophelias pige, og da man ikke så på hende med blide øjne i køkkenet, besluttede miss Ophelia sig til at begrænse hendes område for udførelse af pligter og oplæring hovedsageligt til sit eget værelse. Med en selvopofrelse, som flere af vores læsere vil kunne sætte pris på, besluttede miss Ophelia at afstå fra fornøjelsen af at rede sin seng, feje gulvet og støve af i sit værelse – en ting, som hun hidtil selv havde gjort efter foragteligt at have afvist alle tilbud om hjælp fra husets kammerpige. Men som en ægte martyr besluttede hun sig nu for at instruere Topsy i at udføre disse sysler – åh, hvilken ulykkesdag! De af vores læsere, der nogensinde har gjort det samme, vil kunne forstå hvilket offer, det har krævet!

Allerede den første morgen tog Miss Ophelia Topsy ind i sit værelse for højtideligt at begynde sin instruktion i den hemmelighedsfulde kunst at rede en seng.

Her står Topsy nu renvasket og berøvet alle sine små flettede rottehaler, som hun havde været så stolt af, iklædt en ren kjole med et nystivet forklæde og ærbødigt stående foran miss Ophelia med et højtideligt udtryk, som ville passe fint til en begravelse.

"Hør Topsy, nu skal jeg vise dig, hvordan min seng skal redes. Den skal redes på en helt bestemt måde, og du skal lære præcist, hvordan man gør det."

"Ja, ma'am," sagde Topsy med et dybt suk og et sørgmodigt blik.

"Se nu her Topsy, det er sømmen på lagenet – det er retten, og det er vrangen. Kan du huske det?"

"Ja, ma'am," sagde Topsy og sukkede igen.

"Først skal du lægge underlagenet over underdynen sådan og stoppe det godt ned under madrassen, så det ligger pænt og glat, forstår du det?"

"Ja, ma'am," sagde Topsy med dyb koncentration.

"Men overlagenet," sagde miss Ophelia, "skal stoppes jævnt og pænt ned ved fodenden med den smalle søm ved fødderne."

"Ja, ma'am," sagde Topsy igen, men her bør vi nævne, at mens miss Ophelia vendte ryggen til Topsy for ivrigt at demonstrere sengeredningens kunst, så hun ikke, at hendes unge lærling havde set sit snit til at tilegne sig et par handsker og et silkebånd, som hun behændigt stoppede op i ærmerne, hvorefter hun som før stod med hænderne pligtskyldigt foldede.

"Nå Topsy, lad mig nu se *dig* gøre det," sagde miss Ophelia, mens hun tog sengetøjet af igen og satte sig ned.

Med stor alvor og behændighed gik Topsy igennem hele sengeredningen til miss Ophelias store tilfredshed. Hun strakte lagenerne ud, glattede hver en lille fold og under hele processen udviste hun en dyb alvor og værdighed, som gjorde hendes instruktør glad og opløftet. Men netop som hun var ved at være færdig, kom et lille stykke af silkebåndet til syne i hendes ene ærme og fangede omgående miss Ophelias opmærksomhed. Som en høg var hun over Topsy. "Hvad skal det betyde? Dit uartige, slemme barn – du har jo stjålet det!"

Båndet blev trukket ud af Topsys ærme, men hun tog det forbløffende roligt. Hun kiggede kun på det med en forundret og uskyldig mine.

"Jøsses, det er jo miss Feeleys bånd, ikke sandt? Hvordan er det dog kommet op i mit ærme?"

"Topsy, din slemme pige, lyv ikke for mig. Du stjal det silkebånd!"

"Missis, jeg sværger, at jeg ikke har taget det. Jeg har aldrig set det før nu."

"Topsy," sagde miss Ophelia, "ved du ikke, at det er en synd at lyve?"

"Jeg lyver aldrig, miss Feeley," sagde Topsy med den mest dydige mine, "jeg har sagt sandheden og intet andet."

"Topsy, jeg bliver nødt til at slå dig, hvis du lyver."

"Jøsses, missis, selv om De piskede mig hele dagen, kan jeg ikke sige andet," sagde Topsy og begyndte at tude. "Jeg har aldrig set det, det må være blevet fanget i mit ærme. Miss Feeley må have efterladt det på sengen, så det blev fanget i mit tøj og kom ind i ærmet."

Miss Ophelia blev så oprørt over denne skamløse løgn, at hun greb fat i barnet og ruskede hende.

"Fortæl mig ikke sådanne løgne!"

Men rysteturen fik handskerne til at falde ud af det andet ærme og ned på gulvet.

"Se der!" sagde miss Ophelia, "vil du så stadig påstå, at du ikke stjal båndet?"

Topsy tilstod nu, at hun havde taget handskerne, men nægtede stadig at have taget båndet.

"Hør Topsy," sagde miss Ophelia, "hvis du vil tilstå det hele, så skal du slippe for at blive straffet denne gang." Og efter at have fået denne forsikring tilstod Topsy nu at have taget både båndet og handskerne, mens hun ivrigt erklærede, at hun angrede det dybt.

"Sig mig nu sandheden, Topsy. Jeg tænker nu, at du må have taget andre ting i går, da jeg lod dig løbe omkring alene. Fortæl om du har taget noget, så slipper du for pisken."

"Jøsses, missis! Jeg tog den røde ting, som miss Eva bærer rundt om halsen."

"Nå, så det gjorde du, din uartige unge! Hvad tog du ellers?"

"Jeg tog Rosas ørenringe – de røde."

"Gå og hent dem til mig omgående, begge to."

"Jøsses, missis! Det kan jeg ikke – de er brændt!"

"Brændt! Sikke noget sludder! Hent dem omgående eller du får pisk."

Men Topsy erklærede under store protester, gråd og jammer, at hun *ikke* kunne hente dem. "De er brændt helt op – det er de altså virkelig."

"Hvorfor brændte du dem?" spurgte miss Ophelia.

"Fordi jeg er slem – det er jeg. Jeg er virkelig slem. Jeg kan ikke gøre for det."

I samme øjeblik kom Eva tilfældigvis ind i værelset med det omtalte koralrøde halssmykke om halsen.

"Men Eva, hvordan har du fået dit halssmykke igen?" spurgte miss Ophelia.

"Fået det igen? Men jeg har haft det på hele dagen," sagde Eva.

"Havde du det på i går?"

"Ja tante, og det morsomme er, at jeg havde det på hele natten. Jeg glemte at tage det af, da jeg gik i seng."

Miss Ophelia så temmelig forvirret ud og endnu mere forvirret, da Rosa i samme øjeblik trådte ind i værelset med en kurv nystrøget linned balancerende på toppen af hovedet og sine koralrøde ørenringe dinglende i ørerne!

"Jeg ved virkelig ikke, hvad jeg skal stille op med sådan et barn!" sagde hun desperat. "Hvorfor i himlens navn fortalte du mig, at du havde taget disse ting, Topsy?"

"Jo, missis sagde, jeg skulle tilstå, og jeg kunne ikke finde på noget andet at tilstå, " sagde Topsy og gned sine øjne.

"Men jeg mente naturligvis ikke, at du skulle tilstå nogle ting, du ikke har gjort," sagde miss Ophelia. "Det er lige så meget en løgn som det andet."

"Jøsses, er det det?" sagde Topsy med en meget uskyldig mine.

"Der findes ikke et gran af sandhed i den djævleunge," sagde Rosa og kiggede forarget på Topsy. "Hvis jeg var master St. Clare, så ville jeg piske hende til blods. Ja, jeg ville give hende en ordentlig omgang!"

"Nej nej, Rosa," sagde Eva i det bydende tonefald, som hun nogle gange brugte, "du må ikke tale sådan, Rosa. Det gør mig ked af det at høre om sådan noget."

"Herre Jesus! Miss Eva, De er så god, at De slet ikke forstår, hvordan man skal behandle niggere. Det eneste, de forstår, er en god omgang pisk, det er sikkert og vist."

"Rosa! så er det nok! Ikke et ord mere om det!" sagde Eva, mens hendes øjne skød lyn og kinderne antog en mørkerød kulør.

For et kort øjeblik var Rosa kuet.

"Miss Eva har St. Clare blod i sine årer, det er tydeligt. Hun snakker fuldstændigt som sin far," sagde hun, da hun gik ud af værelset.

Eva betragtede Topsy.

Der stod de to børn, som hver især repræsenterede samfundets to yderpunkter. Barnet med lys hud og af fin afstamning med sine gyldne lokker, dybblå øjne, ædle træk og sine fornemme bevægelser stillet overfor sin sorte, listige, løgnagtige, krybende, men skarpsindige nabo. De stod som repræsentanter for hver sin race. Den angelsaksiske race – frugten af århundreders kultur og uddannelse – fysisk og moralsk overlegenhed stillet overfor den afrikanske race – resultatet af mange års undertrykkelse, underkastelse, uvidenhed, slid og umoral!

Måske var det sådanne tanker, Eva tumlede med. Men et barns tanker er ikke afklarede, men mere en slags vage instinkter. Og i Evas ædle natur kæmpede mange af den slags instinkter, som hun ikke formåede at give udtryk for. Da miss Ophelia udbredte sig om Topsys uartige og syndige opførsel, så Eva rådvild og sørgmodig ud, men sagde blidt: "Stakkels Topsy, hvorfor stjæler du? Vi vil tage os godt af dig nu. Jeg vil meget hellere forære dig mine ting, end at du skal stjæle dem."

Det var de første venlige ord, barnet nogensinde havde hørt, og Evas venlige tonefald og handlemåde gjorde et sælsomt indtryk på det vilde, hårde hjerte, og en antydning af tårer glimtede i de vågne, strålende øjne, men blev omgående efterfulgt af en kort latter og Topsys sædvanlige brede grin. Nej, et øre, der aldrig har hørt andet end eder og forbandelser, har ingen tiltro til noget så himmelsk som venlighed, og Topsy fandt kun Evas ord mærkværdige og uforståelige – hun troede rent ud sagt ikke på dem.

Men hvad skulle de stille op med Topsy? Miss Ophelia havde fået en svær nød at knække, for hendes regler for opdragelse syntes at være kommet til kort. Hun besluttede sig for at overveje sagen, og for at vinde tid – og med en forestilling om, at visse udefinerede moralske dyder i særlig grad var forbundet med mørke skabe – låste miss Ophelia Topsy inde i et sådant, indtil hun var kommet til klarhed over, hvad hun skulle gøre.

"Jeg kan ikke se, hvordan jeg skal få sat skik på pigen uden at slå hende," sagde miss Ophelia til St. Clare.

"Så slå hende dog, lige så meget du lyster. Du har min fulde opbakning til at behandle hende, som du vil."

"Man er nødt til at straffe børn," sagde miss Ophelia. "Jeg har aldrig hørt om nogen børn, hvor det ikke var nødvendigt."

"Ja, du har sikkert ret," sagde St. Clare. "Gør som du finder bedst. Jeg vil kun gøre dig opmærksom på én ting: Jeg har set, at man har slået hende med ildragere, skovle, tænger eller andre genstande, som var ved hånden, og eftersom hun er vant til den slags behandling, vil jeg mene, at du skal straffe hende meget eftertrykkeligt, hvis straffen skal have den tilsigtede virkning."

"Hvad skal jeg så gøre med hende?" spurgte miss Ophelia.

"Det er et meget godt spørgsmål," sagde St. Clare. "Jeg ville ønske, du kendte svaret på det. Hvad skal man gøre med et menneskeligt væsen, der kun kan styres med pisken – og de så *ikke længere* har respekt for pisken? Det er noget, vi tit møder hernede!"

"Det ved jeg virkelig ikke. Jeg har aldrig mødt et barn som hende."

"Sådanne børn er meget almindelige blandt os, og det er sådanne mænd og kvinder også. Hvordan skal man styre dem?" spurgte St. Clare.

"Det har jeg ikke den ringeste idé om," sagde miss Ophelia.

"Det har jeg heller ikke," sagde St. Clare. "Disse skrækkelige grusomheder og voldshandlinger, som nu og da finder vej til aviserne – som Prues tilfælde for eksempel – hvordan opstår de? I mange tilfælde sker der en gradvis hærdning på begge sider – slaveejeren bliver mere og mere grusom, efterhånden som hans slave bliver mere og mere hårdhudet. Piskning og mishandling er som opium, man er nødt til at fordoble dosen, efterhånden som man bliver tilvænnet. Jeg lagde mærke til det meget tidligt, da jeg selv blev slaveejer, og jeg besluttede mig til aldrig at begynde, da jeg ikke vidste, hvornår jeg skulle holde op. Og jeg besluttede, at jeg i det mindste ville have en ren samvittighed. Resultatet er, at mine tjenestefolk opfører sig som forkælede børn, men jeg tror på, at det er bedre, end at begge parter bliver afstumpede væsener. Du har talt meget om vores ansvar for uddannelse, kære kusine. Jeg ønskede virkelig, at du fik chancen til at prøve *dine* kræfter på et barn, der repræsenterer de tusinder af børn, der findes blandt os."

"Det er jeres system, der er skyld i sådanne børn," sagde miss Ophelia.

"Jeg giver dig ret, men virkeligheden er, at de *bliver skabt*, og de eksisterer. Spørgsmålet er, hvad skal man gøre med dem?"

"Nu kan jeg ikke sige, at jeg er dig taknemmelig for at deltage i dette eksperiment. Men da det nu er blevet til min pligt, så vil jeg vise udholdenhed og prøve at gøre mit bedste," sagde miss Ophelia og kastede sig over sit nye projekt med prisværdig iver og energi. Hun lagde Topsys arbejde i faste rammer og gik i gang med at lære hende at læse og sy.

Med hensyn til at lære at læse viste Topsy sig at være temmelig kvik. Hun lærte alle bogstaverne på magisk vis, og meget hurtigt var hun i stand til at læse enkle tekster, men med hensyn til at sy, gik det meget dårligere. Tøsen var smidig som en kat og urolig som en hund med lopper, så hun fandt det uudholdeligt at sidde stille med syarbejdet. Hun knækkede sine synåle, smed dem ud af vinduet eller stak dem ind i sprækker i væggen, når hun kunne se sit snit til det. Sytråden filtrede sig sammen, knækkede eller blev beskidt, eller også smed hun i det skjulte hele trådrullen væk. Hendes bevægelser var næsten lige så hurtige og behændige som hos en professionel tryllekunstner, og hun var dygtig til at holde masken og spille uskyldig. Så selv om miss Ophelia havde en stærk mistanke om, at der umuligt kunne ske så mange ulykker lige efter hinanden, så var det ikke muligt for hende at afsløre Topsy uden at bevogte hende så strengt, at hun ikke ville få tid til at foretage sig noget andet.

Topsy blev snart en kendt person i huset. Hun var en uudtømmelig kilde til alle slags spilopper, grimasser og til at abe efter – hun dansede, sprang badutspring, klatrede, sang, fløjtede og imiterede alle lyde, der faldt hende ind. I sine fritimer blev hun altid fulgt af alle husets børn, der kiggede på hende med åbenlys beundring og forundring. Ja, selv miss Eva syntes at være fortryllet af hendes vilde troldomskunster på samme måde som en due nogle gange kan fortrylles af en skinnende slange. Miss Ophelia var bekymret for, at Eva skulle komme til at sætte alt for stor pris på Topsys selskab og bad St. Clare om at forbyde Eva at have omgang med pigen.

"Pyt! Lad Eva gøre, som hun vil," sagde St. Clare. "Topsys selskab vil gøre hende godt."

"Men hun er så fordærvet; er du ikke bange for, at hun vil lære hende nogle af sine skarnsstreger?"

"Hun kan ikke lære Eva nogen skarnsstreger. Måske hun kan lære det til de andre børn, men dårlige ting hænger ikke ved Eva. De glider af hende som dug på et kålblad – ikke den mindste dråbe trænger ind."

"Det skal du ikke være for sikker på," sagde miss Ophelia. "Jeg ved bare, at jeg aldrig ville lade nogle af mine børn lege med Topsy."

"Måske dine børn heller ikke har brug for det," sagde St. Clare, "men det har Eva. Hvis Eva kunne have taget skade af det, så ville det være sket for mange år siden."

Til at begynde med blev Topsy set ned på og behandlet med foragt af hustjenerne, men det varede ikke længe, før de skiftede mening. De opdagede nemlig meget snart, at når nogen behandlede Topsy på en skammelig måde, så blev vedkommende snart efter udsat for en ubehagelig hændelse. Det kunne være et par ørenringe eller et kært smykke, der forsvandt, eller et klædningsstykke, der blev fundet totalt ødelagt. Måske ville personen snuble og uheldigvis lande i en balje varmt vand, eller også ville en styrtsø af møgbeskidt vand på mystisk vis gennembløde personen, når han eller hun stod i sit bedste tøj. Skønt der ved alle disse lejligheder blev iværksat grundige undersøgelser, lykkedes det aldrig at finde en ophavsmand til disse krænkende handlinger. Man mistænkte Topsy, og hun blev stillet for alle husets retsinstanser gang på gang, men med en påtaget dyb alvor og uskyldig mine lykkedes det for hende at klare frisag hver eneste gang. Ingen nærede dog tvivl om, hvem den skyldige var, men man kunne ikke finde skyggen af bevis, der kunne underbygge mistanken. Og uden beviser tillod miss Ophelias retfærdighedssans hende ikke at gå videre med en afstraffelse af pigen.

Misdæderen forstod også at planlægge sin dåd så omhyggeligt, at chancerne var størst for at slippe godt fra det. Således blev hævnen over Rosa og Jane, de to kammerpiger, altid udført på tidspunkter, hvor de begge var faldet i unåde hos deres frue (hvilket skete ret hyppigt). Enhver beklagelse fra deres side ville derfor ikke blive mødt med nogen form for sympati. Kort sagt, så fik Topsy snart hele husholdningen til at forstå, at det var bedst for dem selv at lade hende være i fred – og det rettede alle sig efter.

Topsy viste sig at være dygtig og behændig til alt manuelt arbejde. Hun lærte alt, hvad man viste hende forbløffende hurtigt. Efter nogle få instruktioner havde hun lært at holde miss Ophelias værelse i en sådan orden, at selv denne nøjeregnende dame ikke kunne finde noget at udsætte på hende. Intet dødeligt væsen kunne have lagt sengetæppet glattere, placeret puder mere nøjagtigt eller fejet og støvet af mere perfekt end Topsy, når det passede hende – med det var ikke ofte, det passede hende. Hvis miss Ophelia, efter nøje at have overvåget hende i tre-fire dage, var enfoldig nok til at tro, at Topsy nu opførte sig ordentligt, og derefter forlod hende for at foretage sig noget andet, ville Topsy omgående kaste sig ud i et løssluppent kaos i et par timer. I stedet for at rede sengen kunne hun finde på at trække pudevåret af og stikke sit uldhoved ind mellem puderne, indtil det til tider blev grotesk pyntet med fjer, der strittede ud til alle sider. Hun kunne finde på at klatre helt op til toppen af sengestolperne og hænge med hovedet nedad, svinge rundt med lagenerne og sengetæpperne over hele lejligheden og stoppe puderne ind i miss Ophelias nattøj og opføre forskellige skuespil med det – synge og fløjte og skære ansigter af sig selv i spejlet. Kort sagt, som miss Ophelia almindeligvis udtrykte det, "lave et farligt postyr".

En gang fandt miss Ophelia Topsy med sit allerfineste røde indiske Canton-crepesjal[82] viklet rundt om hovedet som en turban og travlt optaget af sine dramatiske udfoldelser foran spejlet. Miss Ophelia havde nemlig ladet nøglen sidde i sin kommodeskuffe – en skødesløshed, som var ganske uhørt for hende.

"Topsy!" ville hun sige i et meget bestemt tonefald, når hendes tålmodighed var på bristepunktet, "hvorfor opfører du dig på den måde?"

"Det ved jeg ikke, missis – det må være fordi, jeg er så slem!"

"Jeg ved slet ikke, hvad jeg skal stille op med dig, Topsy."

"De bliver nødt til at slå mig, missis. Min gamle missis slog mig hele tiden. Jeg er slet ikke vant til at arbejde uden at få pisk."

"Men Topsy, jeg har slet ikke lyst til at slå dig. Du kan være både flink og god, hvis bare du vil. Hvorfor vil du så ikke opføre dig pænt?"

"Måske fordi jeg er vant til at blive pisket, missis. Jeg tror, jeg har godt af det."

Miss Ophelia prøvede at følge dette råd, men hver gang lavede Topsy et frygteligt spektakel, hvor hun hylede og græd og bad om tilgivelse, og en halv time efter sad hun til offentligt skue på verandaens gelænder, og omgivet af en flok unge beundrere omtalte hun foragteligt de prygl, miss Ophelia havde givet hende.

"Miss Feelys pisk! – hendes pisk kan ikke engang slå en myg ihjel. Nej, det var noget andet med min gamle master, han forstod sig på den slags og kunne slå, så blodet løb."

Topsy gjorde altid et stort nummer ud af sine synder og gale streger. Øjensynligt betragtede hun dem som noget, der udmærkede hende i særlig grad.

"Hør, I niggerunger," kunne hun finde på at sige til sine tilhørere, "er I klar over, at I alle er syndere? Ja, det er I – alle er det. De hvide er også syndere – det siger miss Feeley selv, men jeg tror, at niggerne er de værste, men ser I, ingen af jer er så slemme som mig. Jeg er så forfærdig syndig, at ingen kan gøre noget med mig. Jeg plejede at få min gamle missis til at bande og sværge ad mig det meste af tiden. Jeg tror, jeg er den syndigste skabning i hele verden," og så ville hun slå kraftspring og springe frisk og strålende op på en højere position, hvor hun øjensynligt brystede sig af udmærkelsen.

Hver søndag havde miss Ophelia travlt med at lære Topsy katekismen. Topsy havde usædvanlig let ved at lære udenad, og hun udtrykte sig med en veltalenhed, der opmuntrede hendes lærerinde.

"Hvad godt tror du, det vil gøre hende?" spurgte St. Clare.

"Åh, det har altid gjort børn godt. Det er det børn altid bør lære, forstår du," sagde miss Ophelia.

"Enten de forstår det eller ej," sagde St. Clare.

"Åh, børn forstår det ikke straks, men når de bliver ældre, går det op for dem."

"Det er ikke gået op for mig endnu," sagde St. Clare, "selv om jeg kan stå inde for, at du lærte mig det temmelig grundigt, da jeg var dreng."

"Du var så dygtig til at lære, Augustin. Jeg havde så store forhåbninger til dig," sagde miss Ophelia.

"Har du ikke det mere?" spurgte St. Clare.

"Jeg ville ønske, at du var lige så god nu, som da du var dreng, Augustin."

"Det ønsker jeg også, kusine. Det er sikkert og vist," sagde St. Clare. "Fortsæt du bare med at indoktrinere Topsy. Måske vil det lykkedes for dig med hende."

Topsy, der havde stået som en sort statue med ærbart foldede hænder under denne samtale, fortsatte nu efter et signal fra miss Ophelia: "Vore første forældre, der var blevet overladt til deres egen frie vilje, faldt fra den tilstand*, hvori de blev skabt, ved at synde imod Gud." (*på engelsk: state. Kan betyde både tilstand og stat – se efterfølgende ordspil, hvor Topsy tror, der tales om en stat og ikke en tilstand. o.a.)

Topsy blinkede med øjnene og så spørgende ud.

"Er der noget, du vil spørge om, Topsy?" spurgte miss Ophelia.

"Ja, missis, taler de om staten Kintucky?"

"Hvilken stat, Topsy?"

"Den stat, de faldt fra. Jeg hørte master fortælle, at vi kom ned fra Kintucky."

St. Clare lo.

"Du må hellere forklare hende, hvad der menes, ellers finder hun selv på noget," sagde han. "Det ser ud til, at der er en teori om udvandring der."

"Åh, til stille. Augustin," sagde miss Ophelia, "hvordan kan jeg undervise, når du sidder der og gør nar?"

"Godt, jeg vil ikke forstyrre undervisningen mere, på ære," sagde St. Clare og gik med sin avis ind i stuen, hvor han satte sig, indtil Topsy var færdig med at blive overhørt af miss Ophelia i sin katekismus. Overhøringen gik meget godt, når man ser bort fra, at hun nu og da fik byttet om på nogle vigtige ord og bagefter insisterede på, at hun havde sagt det helt rigtigt på trods af miss Ophelias forsøg på at rette hende. Og selv om St. Clare havde lovet at opføre sig eksemplarisk, morede han sig højlydt over Topsys fejltagelser, og på trods af miss Ophelias protester kaldte han hende hen til sig, så hun kunne gentage de misforståede afsnit for ham.

"Hvordan tror du, jeg kan gøre noget med barnet, hvis du bliver ved på denne måde, Augustin?" sagde hun.

"Puha, jeg er alt for slem – jeg vil ikke gøre det igen, men det morer mig at høre det sjove, lille væsen falde over alle disse store ord!"

"Men du bestyrker hendes fejltagelse på den måde."

"Hvilken forskel gør det? For hende er det ene ord lige så godt som det andet."

"Du bad mig selv om at opdrage hende rigtigt, og du bør huske på, at hun er et fornuftsvæsen, så pas på med at påvirke hende i en gal retning."

"Ja, du har ret! Det burde jeg virkelig, men som Topsy selv siger: 'Jeg er så syndig!'"

Topsys uddannelse fortsatte omtrent på denne måde i et par år. Dag ind og dag ud kæmpede miss Ophelia med Topsy, som om hun var en slags kronisk onde, man lidt efter lidt vænner sig til, ligesom man ofte kan vænne sig til migræne eller andre nervøse lidelser.

St. Clare morede sig over barnet på samme måde, som man kan more sig over de kunster, en papegøje eller dresseret hund gør. Og når Topsys synder bragte hende i unåde hos andre, søgte hun altid tilflugt bag hans stol. Så ville St. Clare på en eller anden måde skabe fred igen for hende. Han gav hende også nu og da en lille mønt, som hun straks omsatte i nødder og slik og gavmildt delte ud til alle børnene i huset. For når ret skal være ret, så var Topsy godhjertet og gavmild – og kun trodsig, når det gjaldt om at forsvare sig selv. Topsy er nu passende introduceret i vores persongalleri, og når hendes tur kommer, vil hun figurere sammen med de andre hovedroller.

---

[82] **Canton-crepesjal:** Et fint kruset silke- eller rayonsjal af crepestof.

KAPITEL 21

Kentucky

Måske vores læsere kunne tænke sig at tage en kort tur tilbage til Onkel Toms hytte på Kentucky plantagen for at se, hvad der er sket med dem, han efterlod sig.

Det var en sommerdag om eftermiddagen, og alle døre og vinduer i den store dagligstue stod vidt åbne for at invitere ethvert vindpust indenfor. Mr. Shelby sad i en stor forstue, der gik igennem hele husets længde og havde en balkon i hver ende. Han sad mageligt tilbagelænet på en stol med benene oppe på en anden stol og nød en cigar efter middagen. Mrs. Shelby sad i døråbningen beskæftiget med noget fint syarbejde. Det så ud, som om hun havde noget på hjerte og kun ventede på en lejlighed til at få det sagt.

"Hør du hørt," sagde hun, " at Chloe har fået brev fra Tom?"

"Nej, har hun det? Så må Tom have fundet nogle gode venner der. Hvordan går det med den gamle dreng?"

"Det ser ud til, at han er blevet købt af en meget fin familie," sagde mrs. Shelby. "De behandler ham godt, og han har ikke alt for meget at lave."

"Åh, det er godt. Det er jeg glad for at høre – meget glad," sagde mr. Shelby oprigtigt. "Så går jeg ud fra, at Tom vil vænne sig til at bo i Syden, så han ikke savner at komme tilbage hertil."

"Tværtimod!", sagde mrs. Shelby, "han spørger meget indtrængende efter, hvornår pengene til at løskøbe ham kommer."

"Det ved jeg *virkelig ikke*," sagde mr. Shelby. "Når det først er begyndt at gå skævt, synes der næsten ikke at være nogen ende på det. Det er som at springe fra et hængedynd til et andet tværs igennem en sump. Man låner af den ene for at betale den anden, og så låner man af den anden for at betale den første – og alle disse forbandede veksler forfalder, inden man har nået at ryge sig en cigar og vende sig omkring – rykkerbreve og rykkerskrivelser – alt sammen i en stor forvirring og stor hastighed."

"Jeg har tænkt meget på, hvad vi kunne gøre for at få styr på tingene. Måske kunne vi sælge alle hestene og en af dine gårde – så kunne vi betale al vores gæld," sagde mrs. Shelby.

"Nej, det er dog en tosset idé, Emily! Du er den klogeste kvinde i Kentucky, men alligevel begriber du ikke, at du ikke har spor forstand på forretninger. Sådanne ting forstår kvinder sig ikke på og kommer heller aldrig til det."

"Men kunne du i det mindste ikke give mig et indblik i dine affærer – bare en liste over hele din gæld og alt, hvad du har til gode. Så kan jeg i det mindste prøve at hjælpe dig med at økonomisere."

"Sniksnak! Lad være med at plage mig, Emily! Jeg kan ikke sige det helt nøjagtigt. Jeg ved sådan omtrent, hvordan sagerne står, men mine affærer kan ikke sammenlignes med at bage en tærte, som Chloe gør. Jeg kan forsikre dig om, at du ikke ved noget overhovedet om forretninger."

Og i mangel af andre argumenter hævede han stemmen – en metode en gentleman bekvemt tyr til, når han skal diskutere forretninger med sin kone på en overbevisende måde.

Mrs. Shelby tav med noget, der lignede et suk. Skønt hun, som hendes mand sagde, var en kvinde, ejede hun et klart blik for det praktiske og havde en karakterstyrke, der på alle måder var hendes mands overlegen, så det ville aldeles ikke være helt umuligt at tiltro hende evnen til at tage sig af forretninger, sådan som mr. Shelby antydede. Hun var fast besluttet på at opfylde sit løfte til Tom og tante Chloe, men kunne ikke lade være med at sukke, da vanskelighederne tårnede sig op.

"Tror du ikke, at vi på en eller anden måde kunne skaffe de penge? Stakkels tante Chloe! Hun savner sin Tom så meget!"

"Det er jeg ked af. Jeg var vist for rask til at love det, nu er jeg ikke så sikker på det mere. Det bedste er nok at fortælle det til Chloe, så hun vænner sig til tanken. Tom får sikkert en ny kone om et år eller to, og så må hun også hellere se sig om efter en anden."

"Mr. Shelby, jeg har lært vores folk, at deres ægteskaber er lige så hellige som vores. Jeg kunne ikke drømme om at råde Chloe på den måde."

"Det er en skam, kone, at du har bebyrdet dem med moralbegreber, der ikke passer sig for deres stilling og udsigter. Det har jeg altid ment."

"Det er de moralbegreber, som Bibelen lærer os, mr. Shelby."

"Det kan godt være, Emily, jeg vil heller ikke blande mig i dine religiøse ideer, jeg synes blot, at de passer meget dårligt til mennesker i deres stilling."

"Ja, det er ganske vist," sagde mrs. Shelby, "og det er derfor, at jeg af hele mit hjerte hader slaveriet. Jeg forsikrer dig for, min ven, at jeg ikke vil bryde de løfter, jeg har givet til disse hjælpeløse skabninger. Hvis jeg ikke kan skaffe pengene på anden måde, kan jeg give musiktimer. Jeg ved, at jeg ikke vil komme til at savne elever, og på den måde kan jeg selv skaffe pengene."

"Vil du virkelig nedværdige dig selv på den måde, Emily? Det vil jeg aldrig tillade."

"Nedværdige mig, siger du! Er det måske ikke mere nedværdigende at bryde mit ord til de hjælpeløse? Det vil det helt sikkert være!"

"Ja, du er altid så højtravende og ophøjet," sagde mr. Shelby, "men jeg tror, at du hellere må tænke dig godt om, før du kaster dig ud i et sådant Don Quijote[83] projekt."

Her blev deres samtale afbrudt af tante Chloe, der dukkede op på verandaen.

"Undskyld, frue," sagde hun.

"Ja, hvad er det, Chloe?" sagde hendes frue og gik hen til hende.

"Kan missis ikke komme og se på dette her flerkræs."

Chloe havde den ejendommelige vane at kalde fjerkræ for flerkræs – en sprogblomst, hun holdt stædigt fast ved på trods af gentagne korrektioner fra husets yngre medlemmer.

"Herregud!" plejede hun at sige, "jeg synes, det ene ord kan være lige så godt som det andet. Flerkræs lyder godt i mine ører," så det blev Chloe ved med at kalde det.

Mrs. Shelby trak på smilebåndet, da hun så en række kyllinger og ænder, som Chloe nu stod og betragtede meget alvorligt.

"Jeg tænkte, om fruen kunne tænke sig at få en kyllingepostej af disse her."

"Åh, det er da lige meget, tante Chloe! Tilbered dem, som du synes."

Chloe stod og pillede tankefuldt ved dem. Det var ret indlysende, at det ikke var kyllingerne, der optog hendes tanker. Til sidst udstødte hun en lille forlegen latter, som folk af hendes race ofte gør, inden de kommer med et tvivlsomt forslag, og sagde: "Herregud, misses, hvorfor skal master og missis bekymre sig om de penge i stedet for at bruge det, som er lige ved hånden?" sagde hun og lo kort igen.

"Jeg forstår ikke, hvad du mener, Chloe," sagde mrs. Shelby, som ud fra Chloes opførsel var blevet klar over, at hun havde overhørt hele den samtale, mrs. Shelby lige havde haft med sin mand.

"Ih jo, missis!" sagde Chloe og lo kort igen, "andre folk lejer deres niggere ud og tjener penge på dem i stedet for at holde sådan en flok, der æder dem ud af hus og hjem."

"Og hvem skulle vi så leje ud, synes du?"

"Gud, det ved jeg da ikke, missis, men Sam sagde, at der var en af disse *kondorer*, som de kalder dem i Louisville, der manglede en dygtig mand til at bage brød og lave kager. Han sagde, at de ville give fire dollars om ugen for en sådan mand."

"Ja, Chloe."

"Jo, frue, så tænkte jeg, missis, at det var på tide, at Sally blev sat til at bestille noget. Sally har nu arbejdet under mig et stykke tid, og hun kan gøre alting næsten lige så godt som mig, og hvis missis bare ville lade mig rejse, så kunne jeg hjælpe med at skaffe de penge. Jeg er ikke bange for at stille mine kager eller tærter ved siden af en af disse *kondorer*."

"De hedder ikke kondorer, men konditorer, Chloe."

"Nå ja, det kan vel komme ud på et. Det er aldrig til at finde ud af alle disse mærkelige ord."

"Jamen, Chloe, ville du rejse fra dine børn?"

"Jøsses, misses, drengene er store nok nu til at lave en dags arbejde, de arbejder rigtig godt. Og Sally, hun kan tage sig af den lille – hun er en nem unge, så hun kræver ikke meget tid at passe."

"Ja, men Louisville ligger et godt stykke vej herfra."

"Bevares vel, hvem er bange for det? Det ligger nede ad floden, og måske endda tættere på min gamle Tom?" sagde Chloe i et spørgende tonefald og kiggede på mrs. Shelby.

"Nej, Chloe, der er stadig mange hundrede kilometer hen til det sted, hvor Tom bor," sagde mrs. Shelby.

Chloe så skuffet ud.

"Men bryd dig ikke om det. I Louisville vil du helt sikkert være tættere på din mand, Chloe. Selvfølgelig får du lov til at rejse, og hver en cent af din løn vil blive lagt til side til at løskøbe Tom for."

Og på samme måde som en solstråle får en mørk sky til at skinne som sølv, klarede Chloes mørke ansigt op omgående – hun strålede nærmest.

"Åh, missis er alt for god, men det er lige, hvad jeg selv tænkte på, for jeg har hverken brug for tøj eller sko eller noget – jeg kunne spare hver eneste cent. Hvor mange uger er der i et år, missis?"

"Tooghalvtreds," sagde mrs. Shelby.

"Virkelig, er der så mange? Og jeg får fire dollars i hver af dem. Hvor meget bliver det til?"

"Tohundrede og otte dollars," sagde mrs. Shelby.

"Ih dog!" sagde Chloe glad overrasket. "Hvor længe vil det så tage mig at tjene alle pengene, missis?"

"Omkring fire, fem år, Chloe, men du behøver ikke skaffe det hele. Jeg skal nok lægge noget til også."

"Jeg vil ikke høre tale om, at missis giver undervisning eller sådan noget. Massa har ret i det, det ville ikke gå an. Jeg håber ikke, at nogen i vores familie bliver nødt til det, så længe jeg kan arbejde."

"Du skal ikke være bekymret, Chloe, jeg skal nok værne om familiens ære," sagde mrs. Shelby med et smil. "Hvornår har du tænkt dig at rejse?"

"Det har jeg ikke tænkt på, men Sam skal ned ad floden med nogle ungheste, og han har sagt, at jeg kunne følges med ham, hvis jeg fik lov, så jeg skal bare pakke nogle ting. Hvis det er i orden med missis, kan jeg tage af sted i morgen tidligt med Sam. Så skal missis bare skrive mig et pas og en anbefaling."

"Godt Chloe, det skal jeg nok sørge for, hvis mr. Shelby ikke har noget at indvende. Jeg må først tale med ham."

Mrs. Shelby gik ovenpå, og tante Chloe gik henrykt til sin hytte for at gøre sig klar til rejsen.

"Tænk Dem, master George, jeg skal rejse til Louisville i morgen!" sagde hun til George, der kom ind i hendes hytte og fandt hende travlt beskæftiget med at rydde op i børnetøjet. "Jeg tænkte, at jeg lige ville gå igennem den lilles ting og rydde op i dem. Men jeg rejser, master George – og jeg får fire dollars om ugen, som missis vil spare op for mig, så jeg kan købe min gamle Tom fri igen!"

"Nej, ser man det!" sagde George, "Det lyder helt sikkert som en god forretning! Hvornår rejser du?"

"I morgen sammen med Sam. Og nu, master George, må De være så venlig at hjælpe mig med at skrive til Tom og fortælle ham det, ikke? Vil De ikke nok?"

"Javist," sagde George. "Onkel Tom bliver meget glad for at høre fra os. Jeg går hjem og henter papir og blæk, og så kan jeg også fortælle ham om de nye ungheste og alt det andet."

"Javist, javist, master George, gå bare, så skal jeg lave lidt kylling eller sådan noget til Dem. Det kommer til at vare lang tid, før De igen får et måltid hos Deres stakkels, gamle tante."

---

[83] **Don Quijote:** Don Quijote er hovedpersonen i spanieren Miguel de Cervantes Saavedras roman *Don Quijote de la Mancha* i to bind (1605 og 1615). Don Quijote drager ud på sit gamle, magre øg, Rosinante, for at udøve ridderbedrifter ved at tage kampen op mod alskens ondskab og trolddom. I bogen bliver han indviklet i en lang række eventyr, hvor hans livlige fantasi løber af med ham, så han inddrages i drabelige kampe mod får, vindmøller og uskyldige forbipasserende – og altid med et for ridderen uheldigt resultat.

KAPITEL 22

"Græsset visner – blomsten falmer"

Og livet gik videre – den ene dag tog den anden for vores ven Tom, indtil der var gået to år. Selv om han var adskilt fra alle sine kære og ofte længtes efter sit gamle hjem, følte han sig aldrig fuldstændig ulykkelig, for strengene på harpen med menneskelig følelser er stemt således, at kun en voldsom hændelse, der får alle strenge til at springe på én gang, kan ødelægge dens harmoni. Og når vi ser tilbage på de tidspunkter i vores liv, vi husker som værende tider med store prøvelser og vanskeligheder, så kan vi også huske, at hver eneste time, der svandt, også medførte en del adspredelse og lindring, så selv om vi ikke var helt lykkelige, var vi heller ikke komplet ulykkelige.

I den eneste bog Tom ejede i sit bibliotek, havde han læst om en mand, der sagde "for jeg har lært at nøjes med, hvad jeg har." Det syntes han var en god og fornuftig lærdom og i fuld overensstemmelse med den rolige og eftertænksomme livsvane, han havde tillagt sig efter at have læst i den samme bog.

Hans brev hjem, som vi omtalte i det foregående kapitel, var blevet besvaret af master George i en så smuk og tydelig skoleskrift, at svaret "næsten kunne læses fra den modsatte ende af værelset", som Tom udtrykte det. Det indeholdt opmuntrende nyheder hjemmefra om ting, som Tom var velkendt med.

Blandt andet, at tante Chloe var blevet lejet ud til en konditor i Louisville, hvor hendes færdigheder indenfor kagebagning, indbragte hende store pengesummer, som skulle spares sammen til at løskøbe ham. Mose og Pete trivedes godt, og den lille sprang rundt i hele huset under Sallys og resten af familiens overvågne øjne.

Toms hytte var lukket for tiden, men George fortalte udførligt om de forskønnelser og forbedringer, der skulle laves på den, når Tom kom tilbage.

I resten af brevet opregnede George de fag, han havde i skolen – og hvert af fagene blev indledt med et smukt tegnet begyndelsesbogstav. Ligeledes nævnte han også navnene på de fire nye ungheste, der var kommet på plantagen siden Toms afrejse, og i samme forbindelse omtalte han, at hans far og mor havde det godt. Stilen i brevet var strengt summarisk og kortfattet, men Tom syntes, at det var det mest vidunderlige eksempel på komposition, som var set i nyere tid. Han blev aldrig træt af at kigge på det, og rådslog endog med miss Eva om muligheden for at få det indrammet og hængt op i sit værelse. Når det alligevel ikke blev til noget, skyldtes det kun, at man ikke kunne få begge sider til at være synlige samtidig.

Efterhånden som Eva blev større, voksede venskabet mellem hende og Tom. Det var ikke let at sige, hvilken plads Eva indtog i sin trofaste tjeners følsomme og modtagelige hjerte. Han elskede hende som et skrøbeligt, jordisk væsen, men tilbad hende næsten også som noget himmelsk og guddommeligt. Han kiggede på hende med samme blanding af ærefrygt og ømhed, som når en italiensk sømand betragter sit billede af Jesusbarnet – og Toms største glæde var at være i stand til at tilfredsstille alle hendes små, søde luner og imødekomme de tusinde forskellige ønsker, der som en mangefarvet regnbue udgør en stor del af barndommen. Når han var på markedet om morgenen, var han konstant på jagt i blomsterboderne efter de mest udsøgte blomster til hende, og de smukkeste ferskner og appelsiner fandt altid vej til hans lommer, så han kunne give dem til Eva, når han kom tilbage. Og det syn, der glædede ham mest, var at se hendes strålende ansigt, som kiggede ud af porten, når han nærmede sig, og hun barnligt spurgte: "Nå, onkel Tom, hvad har du med til mig i dag?"

Eva var heller ikke mindre ivrig, når det gjaldt om at gøre gengæld. Selv om hun kun var et barn, læste hun allerede meget kønt. Hendes fine, musikalske øre, poetiske sind og medfødte forståelse for alt skønt og ædelt gjorde hende til en bibeloplæser, hvis lige Tom aldrig havde mødt. I begyndelsen læste hun kun for at glæde sin ydmyge ven, men snart blev hendes eget alvorlige sind indfanget af denne prægtige bog. Og Eva elskede den, fordi den vækkede mærkelige længsler og stærke, uforklarlige følelser hos hende – sådanne følelser, som lidenskabelige og fantasifulde børn elsker at opleve.

De dele af Bibelen, hun holdt mest af, var Johannes' Åbenbaringen og profetierne – deres dunkle, forunderlige billedsprog og lidenskabelige ordvalg gjorde et stort indtryk på hende, som kun blev forstærket, desto mere hun prøvede at forstå meningen. Og både hun og hendes enfoldige ven, det gamle barn og det unge barn følte det samme. Alt, hvad de vidste, var at der her taltes om en herlighed, som ville blive åbenbaret engang – en forunderlig ting, der ville komme, og som deres sjæle ville fryde sig over, uden at de endnu vidste hvorfor. Og selv om det uforståelige er ubrugeligt i de fysiske videnskaber, så er det ikke helt værdiløst indenfor moralvidenskaben, for det får sjælen til at vågne, så den står som en skælvende fremmed mellem to dunkle evigheder – den evige fortid og den evige fremtid. Der oplyses kun et lille område omkring sjælen, derfor higer den mod det ukendte, og stemmerne og den uvirkelighed, som kommer til hendes sjæl fra den tågede støttepille af inspiration, giver ekko og finder svar i hendes egen ventende natur. Dens gådefulde billedsprog er som talismænd og ædelstene beskrevet med ukendte hieroglyffer – hun trykker dem ind til sit bryst og forventer at kunne læse og forstå dem, når hun træder over dødens tærskel.

På dette tidspunkt i vores historie var hele St. Clares husstand for øjeblikket flyttet til deres villa ved Lake Pontchartrain. Sommervarmen havde fået alle byboere, der var i stand til at forlade den lumre og usunde by, til at søge ud til søens bredder og dens kølige søbriser.

St. Clares villa var opført i ostindisk stil omgivet af lyse, verandaer af bambusfletværk, der på alle sider vendte ud til blomsterhaver og forlystelsesanlæg. Dagligstuen vendte ud mod en stor have, der duftede af alle mulige slags maleriske tropiske planter og blomster. Fra haven snoede en række stier sig ned til søens bredder, hvor solstrålerne fik bølgerne til at stråle som sølv – et udsyn, der time for time skiftede til et endnu prægtigere syn.

Lige nu er det en af disse pragtfulde, gyldne solnedgange, hvor hele horisonten stråler som et hav af guld og spejler sig i vandet, så det ligner en ekstra himmel. Søen flammede i rosenrøde og gyldne striber med hvidvingede fartøjer, der gled hid og did som søgende sjæle. Oven over hele sceneriet hang de gyldne stjerner og spejlede sig i vandoverfladen.

Tom og Eva sad på en mosbegroet bænk i en løvhytte nederst i haven. Det var søndag aften og Evas Bibel lå opslået i skødet på hende. Hun læste: "Og jeg så noget som et glashav, blandet med ild."

"Tom," sagde Eva og stoppede pludseligt op og pegede ud over søen, "der er det."

"Hvilket, miss Eva?"

"Kan du ikke se det – der?" sagde barnet og pegede på det spejlblanke vand, der afspejlede himlens gyldne glans, mens det hævede og sænkede sig. "Det er et hav af glas blandet med ild."

"Ja, det er sandt, miss Eva," sagde Tom og sang:

"Åh, havde jeg morgenens vinger,
da fløj jeg til Kanaans land.
Strålende engle ville bringe mig hjem
til det nye Jerusalem."

Hvor tror du, det nye Jerusalem er, onkel Tom?" spurgte Eva.

"Oppe i skyerne, miss Eva."

"Jeg tror næsten, jeg kan se det," sagde Eva. "Se på de skyer! De ligner store porte af perler og langt, langt bag dem er det hele af guld. Tom, syng om de 'lysende engleskarer.'"

Tom sang en velkendt metodistsang:

"Jeg ser en lysende engleskare,
Som finder behag i herlighederne der.
Alle iklædt pletfrit hvidt,
Og sejrens palmer de bærer."

"Onkel Tom, jeg har set *dem*," sagde Eva.

Tom tvivlede ikke på hende, og han var ikke det mindste overrasket. Hvis Eva havde fortalt ham, at hun havde været i himlen, så ville han have anset det for meget sandsynligt.

"De kommer sommetider til mig i drømme, disse ånder," sagde Eva med drømmende øjne og gav sig til at nynne lavmælt: "Alle iklædt pletfrit hvidt, Og sejrens palmer de bærer."

"Onkel Tom," sagde Eva, "jeg skal derhen."

"Hvorhen, miss Eva?"

Barnet rejste sig og pegede med sin lille hånd mod himlen. Aftensolen skinnede i hendes gyldne hår og fik hendes kinder til at gløde med en overnaturlig glans. Hun så alvorligt op mod himlen.

"Jeg skal *derhen*," sagde hun, "til de lysende engle, Tom, inden så længe."

Tom mærkede et pludseligt stik i sit gamle, trofaste hjerte, og han kom til at tænke på, hvor tit han i løbet af de sidste seks måneder havde lagt mærke til, at Evas små hænder var blevet tyndere, hendes hud mere gennemsigtig og hendes åndedrag kortere. Tidligere havde hun kunnet løbe rundt og lege i haven i timevis, men nu blev hun hurtigt træt og udmattet. Han havde tit hørt miss Ophelia fortælle, at Eva havde en slem hoste, som ingen medicin kunne få bugt med – og lige nu brændte også Evas kinder og hænder af feber. Men Tom havde aldrig tænkt, at det kunne komme så langt, som Eva nu udtrykte det i ord.

Har der nogensinde været børn som Eva? Ja, det har der, men deres navne eksisterer kun på gravstenene, og deres milde smil, guddommelige øjne og specielle ord og væremåder hører til de efterladtes mest værdifulde skatte. I mange familier fortælles det, at den godhed og venlighed, man møder blandt familiens levende medlemmer, er for intet at regne i sammenligning med de specielle egenskaber, som et bortgået familiemedlem *havde*. Det virker, som om Himlen har en særlig engleflok, der bliver sendt herned i et kort stykke tid for at vinde egenrådige menneskehjerter, som de kan bære med sig op, når de alt for hurtigt vender tilbage til deres hjem. Når du ser dette dybsindige, åndelige lys i et barneøje, og når den lille barnesjæl udtrykker sig klogere og mildere end børn sædvanligvis gør, så vær klar over, at der ikke er noget håb om at beholde dette barn, for det bærer himlens segl, og udødelighedens lys stråler ud af dets øjne.

Også du, elskede Eva, din boligs skønne stjerne! Du drager bort, men dem, der elsker dig højest, er ikke klar over det.

Samtalen mellem Tom og Eva blev afbrudt ved, at miss Ophelia kaldte på hende.

"Eva, Eva, du må ikke sidde ude, når duggen falder!"

Eva og Tom skyndte sig ind.

Miss Ophelia var en gammel og erfaren sygeplejerske. Hun var fra New England og kendte alt for godt til de første lumske tegn på den snigende sygdom, som bortriver så mange af de mest elskede og vidunderlige mennesker og uigenkaldeligt besegler deres skæbne, selv om de endnu synes fulde af liv.

Miss Ophelia havde bemærket Evas lette, tørre hoste og hendes kinder, der blev blegere for hver dag. Hun lod sig ikke narre af øjnenes glans og den livlige opstemthed, som var et produkt af feberen.

Hun havde prøvet at indvie St. Clare i sine bange anelser, men han afviste hende med en pirrelighed, der slet ikke lignede hans sædvanlige godmodige sorgløshed.

"Spar mig for dit sortsyn, kusine – jeg hader det!" plejede han at sige. "Kan du ikke se, at barnet vokser? Børn bliver altid trætte, når de vokser hurtigt."

"Men hun har sådan en tør hoste!"

"Åh, vrøvl med den hoste! – det betyder ingenting. Hun er måske blevet lidt forkølet."

"Ja, men det var lige på den samme måde, som Eliza Jane og Ellen og Maria Sanders blev syge."

"Åh, hold nu op med disse rædselshistorier. I gamle sygeplejersker er blevet så kloge, at et barn hverken kan hoste eller nyse, uden I straks maler Fanden på væggen. Pas bare godt på barnet, hold hende væk fra natteluften og lad hende ikke anstrenge sig for meget med leg, så skal hun nok snart blive frisk igen."

Sådan talte St. Clare, men han blev nervøs og urolig. Han vogtede over Eva som en høg hver dag – det kunne man let se ved hans gentagne kommentarer om at "barnet er frisk nok", "hosten betyder ikke noget" og "det er kun et ubetydeligt maveonde, som børn så ofte får". Men han holdt sig tættere ved hende end før, tog hende oftere med ud at ride, og hver anden dag kom han hjem med en eller anden styrkende mikstur. "Det er ikke fordi, barnet *har brug* for den, men det kan jo aldrig skade," plejede han at sige.

Det skal også fortælles, at det, som pinte ham mere end noget andet, var den voksende modenhed i pigens følelser og tale. Selv om hun endnu havde alle et barns lunefulde manerer, så kom hun nu og da helt ubevidst med nogle dybsindige bemærkninger, der indeholdt en sådan forunderlig, åndelig visdom, at de mindede om åbenbaringer. Når dette skete, løb det koldt ned ad ryggen på St. Clare, og han trykkede hende ind til sit bryst, som om han med denne ømme omfavnelse kunne redde hende, og af hele sit hjerte besluttede han sig for at beholde hende og aldrig give slip på hende.

Hele barnets hjerte og sjæl syntes at være opslugt af kærlige og venlige gerninger. Hun havde altid været impulsivt generøs, men nu var der også en rørende og kvindelig betænksomhed hos hende, som alle lagde mærke til. Hun holdt stadig meget af at lege med Topsy og de andre farvede børn, men nu var det mere som en tilskuer til legen fremfor at være en deltager. Hun kunne sidde en halv time ad gangen og le ad Topsys sjove indfald, men så ville en skygge gå over hendes ansigt, hendes øjne ville blive fugtige, og hun ville være langt borte i sine tanker.

"Mamma," sagde hun pludseligt til sin mor en dag, "hvorfor lærer vi ikke vores tjenestefolk at læse?"

"Sikken et spørgsmål, barn! Det er ikke noget, man gør."

"Men hvorfor ikke?" spurgte Eva.

"Fordi de ikke har brug for at læse. Det hjælper dem ikke til at kunne arbejde bedre, og de er ikke skabt til noget andet."

"Men de burde læse Bibelen, mamma, for at lære Guds vilje."

"Alt, hvad de har *brug for* at vide, kan de få læst højt."

"Jeg synes, mamma, at Bibelen er en bog, som man bør kunne læse selv. De har tit brug for den, når der ikke er nogen, der kan læse den højt for dem."

"Eva, du er da et besynderligt barn," sagde hendes mor.

"Miss Ophelia har lært Topsy at læse," blev Eva ved.

"Ja, og der ser du, hvad der er kommet ud af det. Topsy er den værste unge, jeg nogensinde har set!"

"Og så er der den stakkels Mammy," sagde Eva. "Hun elsker Bibelen så højt og ønsker så inderligt, hun kunne læse! Hvad skal hun gøre, når jeg ikke mere kan læse højt for hende?"

Marie havde travlt med at lede efter noget i en skuffe, da hun sagde: "Ja Eva, naturligvis vil du efterhånden få andet at tænke på end at læse Bibelen højt for tjenestefolkene. Det er en smuk tanke, og jeg har også selv gjort det, da jeg havde helbredet til det. Men når du skal til at klæde dig i smukke kjoler og gå ud til selskaber, så vil du ikke mere have tid til det. Se her!" sagde hun og tog et smykkeskrin op af skuffen. "Disse smykker kan du få, når du skal ud til selskaber. Jeg bar dem til mit første bal, og du kan tro, jeg vakte opsigt, Eva."

Eva tog et diamanthalsbånd op af smykkeskrinet. Hun betragtede det tankefuldt med sine store øjne, men det var tydeligt, at hendes tanker var andetsteds.

"Du ser så alvorlig ud, barn!" sagde Marie.

"Er de ikke mange penge værd, mamma?"

"Jo, det er de helt sikkert. Din bedstefar bestilte dem fra Frankrig. De er en hel lille formue værd."

"Jeg ville ønske, de var mine," sagde Eva, "og jeg kunne gøre med dem, som jeg ville!"

"Hvad ville du så gøre med dem?"

"Så ville jeg sælge dem og købe et sted i de frie stater, hvor jeg kunne bringe alle vores tjenestefolk hen. Og så ville jeg ansætte nogle lærere, der kunne lære dem at læse og skrive."

Hendes mor afbrød hende med en latter.

"Oprette en kostskole! Ville du ikke også lære dem at spille på klaver og male på fløjl?"

"Jeg ville lære dem at læse i Bibelen og skrive deres egne breve og læse de breve, de får," sagde Eva uanfægtet. "Jeg ved, mamma, at de tager det meget tungt, at de ikke kan gøre disse ting. Både Tom og Mammy og mange andre har det sådan. Jeg synes, det er forkert."

"Hør nu, Eva, du er kun et barn endnu! Du har ikke forstand på disse ting endnu," sagde Marie, "desuden giver al din snak mig hovedpine."

Maries hovedpine kom altid meget belejligt, når der blev talt om noget, der ikke passede hende.

Eva listede bort, men efter den tid underviste hun flittigt Mammy i at læse.

KAPITEL 23

Henrique

På dette tidspunkt fik St. Clare besøg af sin bror Alfred og hans ældste søn, en dreng på tolv år, som tilbragte et par dage med familien ved søen.

At se disse tvillingebrødre sammen var både et særpræget og smukt syn. I stedet for at skabe ligheder mellem dem, havde naturen gjort dem til hinandens modsætninger i alle henseender, og alligevel syntes et mystisk bånd at forene dem i et mere inderligt venskab, end man ellers finder det mellem brødre.

De plejede at slentre arm i arm frem og tilbage på havens stier og alleer. Augustin havde blå øjne og gyldent hår, en livlig, smidig skikkelse og levende ansigtstræk, mens Alfred havde mørke øjne, en stolt romersk profil, en tæt krop med faste lemmer og en resolut holdning. De angreb altid hinandens meninger og handlemåder, men nød på alle måder hinandens selskab. Det virkede faktisk, som om det var modsætningerne, der forenede dem, ligesom når en magnets modsatte poler tiltrækker hinanden.

Henrique, Alfreds ældste søn, var en prægtig, mørkøjet, ædel dreng, fuld af liv og ånd. Lige fra første øjeblik syntes han at være fuldstændig fortryllet af sin kusine Evangelines spirituelle ynde.

Eva havde en lille, snehvid pony som legedyr. Den var rolig og føjelig og lige så blid som sin unge ejer. Denne pony blev nu ført hen til den bagerste veranda af Tom, mens en lille mulatdreng på omkring tretten år kom med en lille, sort araberhest, som netop var blevet indkøbt for et større beløb til Henrique.

Henrique havde en drengeagtig stolthed over sin nye ejendom, og da han trådte frem og tog tøjlerne ud af hånden på sin lille stalddreng, betragtede han hesten med et kritisk blik.

"Hvad er meningen, Dodo? Din dovne hund, du har ikke striglet min hest her til morgen," sagde han vredt.

"Jo, master," sagde Dodo underdanigt, "den gjorde sig selv støvet igen."

"Hold din mund, din slyngel!" sagde Henrique og hævede rasende sin ridepisk. "Hvor vover du at svare igen?"

Dodo var en køn mulatdreng af samme størrelse som Henrique og med klare øjne og et smukt krøllet hår, der dækkede hans høje, hvælvede pande. Han havde hvidt blod i årerne, og det kunne ses på den måde, hans kinder blussede og gnisten i øjnene, da han ivrigt forsøgte at komme til orde.

"Master Henrique..." begyndte han.

Henrique slog ham i ansigtet med sin ridepisk. Så greb han ham i armen og tvang ham ned på knæ og bankede løs på ham, til han blev helt forpustet.

"Sådan, din uforskammede hund! Nu har du måske lært at lade være med at svare igen, når jeg taler til dig. Tag hesten med tilbage og gør den ordentlig ren. Jeg skal nok lære dig, hvor din plads er!"

"Unge master," sagde Tom, "jeg tror, han prøvede at fortælle Dem, at hesten rullede sig i støvet, da han tog den ud af stalden. Den er så kåd og livlig. Det er den måde, den blev beskidt på. Jeg så selv, at han striglede den."

"Hold din mund til du bliver spurgt!" sagde Henrique og drejede om på hælen. Så gik han op på verandaen for at tale med Eva, som stod og ventede i sin ridedragt.

"Kære kusine, jeg er ked af, at du skal vente på grund af det fjols," sagde han. "Lad os sætte os her på bænken til han kommer tilbage med hestene. Men hvad er der i vejen kusine, du ser så alvorlig ud?"

"Hvordan kan du være så grusom og ond mod den stakkels Dodo?" spurgte Eva.

"Ond og grusom?" udbrød drengen dybt forbavset. "Hvad mener du dog, kære Eva?"

"Du skal ikke sige kære Eva, når du opfører dig sådan," sagde Eva.

"Kære kusine, du kender ikke Dodo. Det er den eneste måde, man kan styre ham på. Han er så fyldt med løgne og undskyldninger, at man er nødt til at stoppe ham med det samme og lukke munden på ham. Det er sådan, far gør."

"Men onkel Tom sagde, at det var et uheld, og han siger aldrig noget, der ikke passer."

"Så må han være en usædvanlig gammel nigger!" sagde Henrique. "Dodo lyver lige så stærkt, en hest kan rende."

"Du skræmmer ham til at fortælle usandheder, når du behandler ham på den måde."

"Men Eva dog, du virker så optaget af Dodo, at jeg bliver helt jaloux."

"Men du slog ham, og han fortjente det ikke."

"Så kan det gå lige op med de gange, han ikke har fået de klø, han fortjente. Han tager ikke skade af nogle få rap – han er en rask dreng, skal jeg sige dig. Men jeg skal nok lade være med at slå ham igen foran dig, hvis det generer dig."

Eva var ikke tilfreds, men hun indså, at hun ikke kunne få sin smukke fætter til at forstå sine følelser.

Kort efter dukkede Dodo op med hestene.

"Godt Dodo, du har gjort det meget godt denne gang," sagde hans unge master mere elskværdigt. "Kom her og hold miss Evas hest, mens jeg hjælper hende i sadlen."

Dodo stillede sig ved siden af Evas hest. Han så trist ud med røde øjne, som om han havde grædt.

Henrique, der så sig selv som en ægte gentleman, fik snart sin smukke kusine anbragt i sadlen, samlede tøjlerne sammen og lagde dem i hænderne på hende.

Men Eva bøjede sig ned på den anden side af hesten, hvor Dodo stod, og da han slap hesten løs, sagde hun: "Tak skal du have, Dodo. Du er en god dreng!"

Dodo så forbavset op i det søde, unge ansigt. Blodet skød op i kinderne, og han fik tårer i øjnene.

"Kom her, Dodo," sagde hans unge master bydende.

Dodo sprang hen og holdt hans hest, mens hans master steg op.

"Her er en mønt til at købe noget slik for," sagde Henrique. "Gå og køb noget."

Henrique satte hesten i kort galop og red efter Eva. Dodo stod og kiggede efter de to børn. Den ene havde givet ham penge, mens den anden havde givet ham det, som han ønskede sig mest af alt: et venligt ord, sagt i venlighed. Dodo havde kun været adskilt fra sin mor i nogle få måneder. Hans master havde købt ham ved en slaveauktion på grund af hans smukke ansigt, der passede fint til hans smukke araberhest, og hans unge master var nu i gang med at dressere ham.

De to St. Clare brødre havde set hele optrinnet fra den modsatte ende af haven.

Augustins kinder blussede af vrede, men han nøjedes med at kigge på sin sædvanlige sarkastiske facon.

"Jeg går ud fra, at det er det, man kan kalde for republikansk opdragelse, Alfred?"

"Der farer en ren djævel i Henrique, når hans blod kommer i kog," sagde Alfred ligegyldigt.

"Jeg antager, at du betragter det som en god øvelse for ham," sagde Augustin tørt.

"Jeg kan ikke gøre noget ved det, selv om jeg ville. Henrique er en lille vildbasse – både hans mor og jeg har opgivet ham for lang tid siden. Men Dodo passer fint til ham, han tager sig ikke af hvor mange klø, han får."

"Og på denne måde lærer Henrique den første sætning i den republikanske katekismus: 'Alle mennesker er født frie og lige!'"

"Pøj!" sagde Alfred, "det er en af Tom Jeffersons[84] indfald af fransk sentimentalitet og humbug. Det er fuldstændig latterligt, at folk siger den slags i dag."

"Ja, det mener jeg også," sagde St. Clare med eftertryk.

"Fordi," sagde Alfred, "vi kan jo tydeligt se, at alle mennesker *ikke* er født frie eller født lige, de er alt mulig andet end det. Jeg for min del tror, at halvdelen af al denne republikanske snak er det rene sludder. Det er de uddannede, de intelligente, de rige og dannede, der bør have lige rettigheder og ikke *pøblen*."

"Hvis bare du kan få *pøblen* til at have den samme mening," sagde Augustin. "I Frankrig rejste pøblen *sig* og tog for sig af retterne[85]."

"Naturligvis må de konstant *holdes nede,* fast og hårdt, som *jeg* gør," sagde Alfred og trampede med foden, som om han trådte på nogen.

"Der bliver et forfærdeligt vrøvl, når de først rejser sig," sagde Augustin. "Det skete for eksempel i Sankt Domingo."

"Puh!" sagde Alfred, "det kommer ikke til at ske her. Vi må sætte os imod al denne snak om uddannelse og opbyggelighed, som er på mode lige nu. De lavere klasser skal ikke uddannes."

"Du kommer for sent med det ønske," sagde Augustin, "de vil blive uddannet, og det eneste, vi kan bestemme, er hvordan. Vores nuværende måde uddanner dem i barbari og brutalitet. Vi sønderriver alle bånd til det humane og menneskelige og gør dem til brutale bæster, og hvis de engang får magten, så vil vi opdage det."

"De skal aldrig få magten!" sagde Alfred.

"Ja, det er den rigtige måde," sagde St. Clare. "Sæt fuld tryk på dampen, luk for sikkerhedsventilen og sæt dig på den. Så vil du snart opdage, hvor du havner."

"Nå, vi *får at se*," sagde Alfred. "Jeg er ikke bange for at sætte mig på sikkerhedsventilen, når bare dampkedlen er stærk nok, og maskineriet arbejder glat."

"Det var det samme adelen på Ludvig den sekstendes tid tænkte, og som Østrig og Pius den niende[86] tænker i dag. Men en skønne dag møder I måske hinanden i luften, *når dampkedlerne eksploderer.*"

"*Dies declarabit,*[87]" sagde Alfred leende.

"Jeg siger dig, Alfred" sagde Augustin, "en dag vil masserne rejse sig, og underklassen vil blive den nye overklasse. Det er lige så sikkert som en naturlov."

"Det er en af jeres ræverøde, republikanske floskler, Augustin! Hvorfor tager du ikke rundt og agiterer – jeg tror, der kunne blive en god politiker ud af dig! Nå, men jeg håber sandelig, at jeg er død og borte, før dit tusindårsrige af primitive masser tager over."

"Uanset om de er primitive eller ej, så vil de *herske* over dig, når deres tid kommer," sagde Augustin. "Og de vil være lige præcis den slags herskere, vi har opdraget dem til. Den franske *adel* valgte at gøre folket til 'sans-culotter[88]', og de fik 'sans-culotte' herskere i lange baner. Folket i Haiti..."

"Åh, nej, Augustin, lad mig ikke høre mere om det afskyelige, usle Haiti! Befolkningen på Haiti var ikke angelsaksere; hvis de havde været det, så havde det været en helt anden historie. Angelsakserne er verdens dominerende race, og det *vil den blive ved med at være.*"

"Husk på, at der er en temmelig stor mængde angelsaksisk blod i årerne på vores slaver nu," sagde Augustin. "Der er mange af dem, der kun har så meget afrikansk blod i sig, som der behøves til at bringe en vis tropisk glød til vores beregnende fasthed og klogskab. Hvis Sankt Domingo timen nogensinde kommer[89], så vil det angelsaksiske blod spille hovedrollen. Sønner af hvide fædre besjælede af vores overlegne holdninger vil ikke blive ved med at finde sig i at blive købt og solgt. De vil rejse sig og rejse sig med deres mødres race."

"Sludder og vrøvl!"

"Måske," sagde Augustin. "Men der er et gammel ord, der siger: 'Som det var i Noas dage, sådan skal det blive igen – de åd, de drak, de plantede, de byggede, og de vidste ikke noget, før syndfloden kom og rev dem alle bort.'"

"Generelt set, så tror jeg du vil egne dig glimrende til at være en omrejsende prædikant, Augustin," sagde Alfred leende. "Du skal ikke bekymre dig om os, vi har alle trumferne på hånden. Vi sidder på magten. Denne underlødige race," sagde han og trampede hårdt i jorden, "er nede og *skal blive* nede! Vi har styrke og kraft nok til at håndtere vort eget krudt."

"Sønner, opdraget som din Henrique, vil blive storartede vogtere af krudtmagasinerne – så kølige og selvbevidste," sagde Augustin. "Der er et ordsprog, der lyder: 'De, som ikke kan styre sig selv, kan ikke styre andre.'"

"Ja, det er et problem," sagde Alfred tankefuldt. "Der er ingen tvivl om, at det er vanskeligt at opdrage børn under vores system. Det giver alt for frit løb for lidenskaberne, og de er allerede stærke nok i dette klima. Jeg er urolig for Henrique. Drengen er ædelmodig og har et varmt hjerte, men når han bliver hidsig, eksploderer han. Jeg tror, at det bliver nødvendigt at uddanne ham i Norden, hvor lydighed er mere almindelig, og der vil han få mere omgang med ligesindede og mindre omgang med underordnede."

"Eftersom opdragelse og uddannelse af børn er menneskeracens vigtigste opgave," sagde Augustin, "så forekommer det mig, at det er en betænkelig sag, at vores system har en brist der."

"Det fungerer ikke i visse henseender," sagde Alfred, "men i andre henseender fungerer det fint. Det gør drengene mandige og modige. Det er lasterne og umoralen blandt en laverestående race, der har tendens til at styrke de modsatte dyder hos vores drenge. Jeg tror for eksempel, at Henrique har fået en stærkere sans for det smukke ved sandheden efter at have set, at løgn og bedrag er slaveriets almindelige kendemærke."

"I sandhed et kristent syn på sagen!" sagde Augustin.

"Det er sandheden – kristent eller ej! Og sikkert lige så kristent som så mange andre ting i verden," sagde Alfred.

"Det kan være," sagde St. Clare.

"Nå, men al den snak fører ingen steder, Augustin. Jeg tror, at vi har vendt og drejet dette emne næsten femhundrede gange. Hvad siger du til et spil backgammon?"

De to brødre gik sammen op ad trappen til verandaen, og snart sad de i et par lette bambusstole med et backgammonbræt foran sig. Mens de stillede brikkerne op, sagde Alfred: "Hvis jeg tænkte lige som dig, Augustin, så ville jeg gøre noget ved det."

"Det tror jeg gerne, du ville. Du er typen, der handler. Men hvad foreslår du?"

"Du kan uddanne og ophøje dine tjenestefolk, så de bliver et eksempel for andre," sagde Alfred med et drillende smil.

"Du kunne lige så godt bede mig om at stille et bjerg ovenpå hovedet af dem og befale dem at stå oprejst, som at bede mig om at uddanne og ophøje mine tjenestefolk, når hele samfundets vægt trykker dem ned. En enkelt mand kan ikke gøre noget mod et helt samfunds samlede modtryk. For overhovedet at have en virkning skal uddannelse være et statsanliggende, eller også må der være nok enighed til, at det kan blive en tendens i samfundet.

"Du slår først," sagde Alfred, og snart var begge brødre fuldt optaget af spillet og hørte ikke mere, før der lød hestetrav nedenfor verandaen.

"Der har vi børnene," sagde Augustin og rejste sig op. "Se engang, Alf! Har du nogensinde set et smukkere syn?" Og det *var* i sandhed et smukt syn. Henrique med sit kække ansigt, blussende kinder og sine mørke, glinsende krøller bøjede sig muntert leende mod sin smukke kusine, mens de kom ridende. Eva var klædt i en blå ridedragt og bar en hat i samme farve. Rideturen havde givet hendes kinder en flot kulør, som forstærkede virkningen af hendes gennemsigtige hud og gyldne hår.

"Hun er sandelig en blændende skønhed!" sagde Alfred. "Hun skal nok komme til at volde nogle hjertesorger en af disse dage, Augustin."

"Ja, helt sikkert – guderne skal vide, at jeg frygter det!" sagde St. Clare i et bittert tonefald og skyndte sig af sted for at hjælpe hende af hesten.

"Eva, min skat! Du er vel ikke alt for træt?" spurgte han, da han slog armene om hende.

"Nej, far," sagde barnet, men hendes korte, hurtige vejrtrækning gjorde ham bekymret.

"Hvorfor rider du så hurtigt, kæreste? Du ved, at det ikke er godt for dig."

"Åh, jeg havde det så godt, papa, og jeg elsker det så meget, at jeg glemte det."

St. Clare bar hende ind i stuen og lagde hende på sofaen.

"Henrique, du må være mere forsigtig med Eva og ikke ride så hurtigt med hende," sagde han.

"Jeg skal nok passe godt på hende," sagde Henrique, idet han satte sig ved sofaen og tog Evas hånd.

Eva følte sig snart meget bedre. Hendes far og onkel genoptog deres afbrudte spil, og børnene blev overladt til sig selv.

"Eva, det er rigtig trist, at papa kun vil være her i to dage, og så går der så lang tid, før jeg ser dig igen! Hvis jeg fik lov til at blive her sammen med dig, så skal jeg nok opføre mig godt og ikke være vred på Dodo. Jeg ønsker ikke at behandle ham dårligt, men jeg bliver så let hidsig. Men jeg er ikke rigtig slem ved ham. Han får lidt småpenge nu og da, og du kan se, han har pænt tøj. I det store hele tror jeg, at Dodo har det temmelig godt."

"Ville du synes, at du havde det temmelig godt, hvis der ikke var en eneste person i hele verden, der holdt af dig?"

"Mig? – nej, selvfølgelig ikke."

"Men du har jo skilt Dodo fra alle hans venner, og nu har han ikke en eneste, der holder af ham – intet menneske kan føle sig lykkelig på den måde."

"Men det kan jeg ikke gøre noget ved. Jeg kan ikke skaffe hans mor tilbage, og jeg kan heller ikke holde af ham – og heller ikke af nogen andre for den sags skyld."

"Hvorfor kan du ikke det?" spurgte Eva.

"*Elske* Dodo! Hør Eva, det mener du vel ikke? Jeg synes *godt nok* om ham, men man kan da ikke *holde af* sine tjenestefolk."

"Jo, det gør jeg."

"Hvor mærkeligt!"

"Siger Bibelen ikke, at vi skal elske alle mennesker?"

"Åh, Bibelen! Der står så mange ting i den, som ingen tænker på at gøre – det ved du da godt, Eva."

Eva sagde ikke noget, men sad tankefuldt og betragtede ham et øjeblik.

"Kære fætter, lov mig i det mindste at holde af den stakkels Dodo og være venlig mod ham for min skyld," sagde hun.

"For din skyld kunne jeg elske alt og alle, kære kusine, for jeg synes, du er den smukkeste pige, jeg nogensinde har set!" Henrique talte med en alvor, der fik hans kinder til at blusse rødt. Eva lyttede roligt på ham, og uden at skifte ansigtsudtryk sagde hun kun: "Jeg er glad for, du synes det, kære Henrique! Jeg håber, du vil huske det."

Klokken ringede ind til middag og afbrød deres samtale.

---

[84] **Tom Jefferson:** Thomas Jefferson (13. april 1743 – 4. juli 1826) var USA's 3. præsident, 1801 – 1809.

[85] **I Frankrig rejste pøblen sig og tog for sig af retterne** – St. Augustine taler om den franske revolution fra 1789 til 1799, der gjorde en ende på det franske enevælde. Revolutionen blev ført under parolen: *"Frihed, Lighed, Broderskab eller døden."*

[86] **Pius den niende:** Pave Pius 9 (1792 – 1878) var pave fra 1846, hvor han blev valgt, frem til sin død i 1878. Han udtalte følgende: *"Slaveri er grundlæggende set ikke i modstrid med naturens og de guddommelige love. Ifølge disse kan en slave blive solgt, købt, byttet eller givet bort".*

[87] **Dies declarabit:** (latin: Dagen, det erklæres). Ordene stammer fra Første Korintherbrev.

[88] **Sans-culotter:** (ordret: uden knæbukser) en gruppe under Den Franske Revolution, der bestod af politisk aktive blandt håndværkere, småhandlende og lønarbejdere. Det var en betegnelse for de fattige, som gik med lange bukser og ikke knæbukser ligesom adelen og bedsteborgerne. Sans-culotterne kom fra den fattige arbejderklasse. De var gerne klædt i lange, snævre bukser, en kort jakke (carmagnole), en rød jakobinerhue og havde træsko på fødderne.

[89] **Hvis Sankt Domingo timen nogensinde kommer** – Saint-Domingue var en fransk koloni på den caraibiske ø Hispaniola fra 1659 til 1804. Som et resultat af den franske revolution rejste de sorte slaver og mulatterne sig i et

blodigt oprør mod de hvide i august 1791. Det er blevet estimeret, at mellem 1791 og 1804, hvor Saint-Domingue blev til det selvstændige land Haiti, omkom der næsten 200.000 sorte, tusindvis af mulatter og cirka 100.000 franske og britiske soldater. "Kejseren" Dessalines, der kom til magten i 1804, massakrerede alle de hvide på øen. Blodbadet på Haiti blev senere fremhævet som et bevis på negerens barbariske natur.

KAPITEL 24

Forvarsler

To dage senere skiltes Alfred St. Clare og Augustin, og Eva, som på grund af sin unge fætters besøg havde overanstrengt sig, begyndte at skrante alvorligt. Modstræbende var St. Clare nu villig til at søge lægelig rådgivning – en ting, han indtil nu havde vægret sig ved, da han følte, det ville være en indrømmelse af en uvelkommen sandhed.

Men Eva havde i et par dage været for syg til at forlade huset, så lægen blev tilkaldt.

Marie St. Clare havde ikke lagt mærke til sit barns svigtende helbred og manglende kræfter, fordi hun for øjeblikket var stærkt optaget af at studere et par nye typer sygdomme, som hun mente, hun havde pådraget sig. Det var Maries faste overbevisning, at der aldrig havde været eller var nogen, der led så meget af sygdom som *hende selv*. Derfor afviste hun altid temmelig indigneret enhver antydning om, at nogen i hendes nærhed kunne være syg. I disse tilfælde var hun helt overbevist om, at de pågældende led af dovenskab eller manglende energi – og at de hurtigt ville opdage forskellen, hvis de havde de lidelser, hun havde.

Miss Ophelia havde adskillige gange prøvet at vække hendes moderlige følelser for Eva, men forgæves.

"Jeg kan da ikke se, at barnet fejler noget, hun løber jo rundt og leger," plejede hun at sige.

"Men hun har sådan en slem hoste."

"Hoste! Tal ikke til *mig* om hoste. Det har jeg haft hele mit liv. Da jeg var på Evas alder, troede man, at jeg havde tuberkulose, og Mammy måtte våge over mig nat efter nat. Nej, Evas hoste betyder ikke noget."

"Men hun bliver svagere og er forpustet."

"Sludder! Sådan har jeg haft det i årevis. Det er bare noget nervøst."

"Men hun sveder også meget om natten!"

"Det har jeg gjort i ti år. Nat efter nat har mit tøj tit været dryppende vådt. Jeg har ikke haft en tør trevl på kroppen, og Mammy har måttet hænge lagner til tørring! Sådan sveder Eva slet ikke."

Miss Ophelia opgav at sige noget et stykke tid. Men nu, hvor Eva klart og tydeligt var svækket, og en læge var tilkaldt, slog Marie helt om.

Hun vidste det, sagde hun. Hun havde altid anet det, og det var hendes skæbne at blive den mest ulykkelige af alle mødre. Her lå hun med sit ødelagte helbred og så sit eneste, elskede barn gå i graven lige foran øjnene på hende. Og Marie vækkede ustandseligt Mammy om natten, og hele dagen lavede hun et forfærdeligt postyr over denne nye store ulykke, der var overgået hende.

"Kære Marie, tal ikke på denne måde!" sagde St. Clare. "Du bør ikke opgive håbet så hurtigt."

"Du kender ikke en mors følelser, St. Clare! Du har aldrig forstået mig – og gør det heller ikke nu!"

"Men tal ikke, som om alt håb er ude!"

"Jeg kan ikke tage tingene så let, som du kan, St. Clare. *Du* kan ikke mærke, når dit eneste barn er alvorligt sygt, men det kan jeg. Det er et alt for hårdt slag for mig med alt det, jeg i forvejen har at bære."

"Det er sandt, at Eva er meget skrøbelig. Det har *jeg* altid vidst," sagde St. Clare. "Hun er også vokset så hurtigt, at det har udmattet hende, og hendes tilstand er alvorlig. Men lige nu er hun kun svækket af det varme vejr og anstrengelserne fra sin fætters besøg. Lægen siger, at der endnu er håb for hende."

"Ja naturligvis, hvis du kan se sagen fra den lyse side, så gør det endelig. Det er en velsignelse, hvis man ikke er for følsom i denne verden. Jeg ville ønske, at jeg ikke var så følsom, som jeg er. Det ødelægger mig fuldstændigt! Bare jeg *kunne* tage det lige så let som I andre!"

Og disse "andre", som hun hentydede til, havde al mulig grund til at komme med det samme hjertesuk, fordi Marie brugte sin nye ulykke som en undskyldning for alle de lidelser og plager, hun påførte sine omgivelser. Hvert eneste udtalt ord og alt, som blev gjort eller ikke gjort et eller andet sted, var bare et nyt bevis på, at hun var omgivet af hårdhjertede, ufølsomme væsener, som ikke tog det ringeste hensyn til hendes særlige sorg. Stakkels Eva overhørte nogle af Maries jeremiader og græd næsten øjnene ud af hovedet af medlidenhed med sin mor og af sorg over, at hun voldte hende så meget smerte.

I løbet af de næste uger indtrådte der en mærkbar bedring – en af disse bedrageriske pauser, hvor den ubønhørlige sygdom giver de ængstelige hjerter et falsk håb, selv om den syge står på gravens rand. Evas trin lød igen i haven og på verandaen. Hun legede og lo igen, og hendes far erklærede henrykt, at hun snart ville være den samme sunde og raske pige. Men miss Ophelia og lægen var de eneste, som ikke lod sig narre af denne forbigående bedring. Og der var en anden, som heller ikke lod sig narre, og det var Evas eget hjerte. Hvad er det, som af og til fortæller sjælen så roligt og klart, at vores dage på Jorden er talte? Er det en hendøende naturs hemmelige instinkt eller sjælens impulsive banken, når evigheden nærmer sig? Hvad det nu end er, så nærede Eva i sit hjerte en stille, mild og profetisk vished om, at Himlen var nær – hendes lille hjerte hvilede i en vished, der var rolig som solnedgangens lys og mild som efterårets strålende stilhed, kun plaget af sorg over dem, der elskede hende så inderligt.

For selv om Eva blev plejet ømt, og selv om livet lå foran hende med al den glans, som kærlighed og rigdom kan give, følte hun ingen personlig sorg over at skulle dø.

I den bog, som hun og hendes enfoldige gamle ven havde læst så flittigt sammen, havde hun set manden, der elskede børnene, og taget det billede til sit unge hjerte. Og jo mere hun tænkte på ham og betragtede ham, jo mere ophørte han at være et mentalt indtryk eller et billede fra en svunden tid og blev til en levende, nærværende virkelighed. Hans kærlighed omfavnede hendes barnehjerte med en ømhed, der var større end nogen menneskelig kærlighed, og det var til ham og hans hjem, som hun sagde, hun skulle rejse til.

Men samtidig følte hun en underlig tristhed i hjertet over alt det, hun blev nødt til at forlade. Det var især hendes far, hun tænkte på. For selv om Eva aldrig havde tænkt nærmere over det, så havde hun en stærk fornemmelse af, at han elskede hende mere end nogen anden. Hun elskede sin mor, fordi hun var et kærligt væsen, og skønt moderens egoisme forvirrede og bedrøvede hende, ejede hun endnu et barns sikre overbevisning om, at éns egen mor aldrig kunne gøre noget forkert. Der var noget ved hende, som Eva ikke kunne blive klog på, men hun skød det altid fra sig, og i stedet sagde hun til sig selv, at det trods alt var hendes mor, og hun elskede hende meget højt.

Hun følte også for de hengivne, tro tjenestefolk, for hvem hun var som dagslyset og solskinnet. Børn drager ikke almindeligvis slutninger, men Eva var et udsædvanligt modent barn, og hun havde lagt mærke til mange af de onder, der følger med slaveriet, og de havde bundfældet sig i hendes tankefulde, spekulative hjerte. Hun følte en ubestemmelig længsel efter at gøre noget for dem – at velsigne og frelse dem, og ikke bare dem, men alle i deres omstændigheder. En længsel, der stod i sørgelig modsætning til skrøbeligheden i hendes lille skikkelse.

"Onkel Tom," sagde hun en dag, hvor hun læste højt for sin ven. "Jeg kan godt forstå, hvorfor Jesus *ville* dø for os."

"Hvorfor, miss Eva?"

"Jo, fordi sådan har jeg det også."

"Hvad mener De, miss Eva? Det forstår jeg ikke."

"Jeg kan ikke forklare dig det, men da jeg så alle de ulykkelige mennesker, der var på båden sammen med dig – nogle af dem havde mistet deres mor og nogle deres ægtemænd, og nogle mødre græd, fordi de savnede deres små børn – og da jeg hørte om stakkels Prue – åh, det var forfærdeligt! – og rigtig mange gange har jeg følt, at jeg ville være glad for at dø, hvis min død kunne gøre en ende på al denne elendighed. Ja Tom, jeg ville *ikke have noget imod* at dø for dem, hvis det ville hjælpe," sagde barnet alvorligt og lagde sin lille spinkle hånd ovenpå hans.

Tom kiggede på barnet med ærefrygt, og da hendes far kaldte på hende, og hun løb ind til ham, tørrede han bevæget sine øjne mange gange, mens han kiggede efter hende.

"Vi får ikke lov til at beholde miss Eva ret længe," sagde han til Mammy, som han mødte lidt senere. "Vorherre har sat sit mærke på hendes pande."

"Ak, ja," sagde Mammy og løftede hænderne, "det har jeg altid sagt. Hun har aldrig lignet andre børn, der får lov til at leve – der har altid været noget dybt i hendes øjne. Jeg har sagt det mange gange til missis. Nu bliver det til virkelighed – det kan vi alle se – det kære lille velsignede lam!"

Eva kom trippende op ad trappen til verandaen til sin far. Det var sent om eftermiddagen, og den nedadgående sols stråler dannede en slags glorie bag hende, da hun kom gående i sin hvide kjole med sit gyldne hår og blussende kinder. Hendes øjne havde en unaturlig glans på grund af den snigende feber, der brændte i hendes årer.

St. Clare havde kaldt på hende for at vise hende en statuette, han havde købt til hende, men synet af hende gjorde et pludseligt og smertefuldt indtryk på ham. Der findes en skønhed, der er inderlig og alligevel så forgængelig, at vi ikke kan få os selv til at se på den. Hendes far tog hende pludseligt i sine arme og glemte næsten det, han ville fortælle hende.

"Kæreste Eva, du har det bedre i disse dage, ikke sandt?"

"Papa," sagde Eva pludseligt meget bestemt, "der er noget, jeg længe har villet fortælle dig. Jeg vil gerne sige det til dig nu, før jeg bliver svagere."

St. Clare skælvede, da Eva satte sig på skødet af ham. Hun lagde hovedet mod hans bryst og sagde: "Det nytter ikke, at jeg holder det for mig selv længere, papa. Det varer ikke længe, før jeg må forlade dig. Jeg rejser bort og kommer aldrig mere tilbage!" Og så græd Eva.

"Åh, hør nu, min kære lille Eva!" sagde St. Clare og skælvede. Han tvang sig selv til at fortsætte i et muntert tonefald. "Du er bare nervøs og nedtrykt. Du må ikke tænke sådanne mørke tanker. Se her, jeg har købt en statuette til dig!"

"Nej papa, du må ikke narre dig selv," sagde Eva og stillede statuetten væk. "Jeg har *ikke* fået det bedre, det ved jeg helt sikkert. Og jeg rejser væk inden længe. Jeg er ikke nervøs eller nedtrykt. Hvis det ikke var, fordi jeg tænker på dig papa og mine venner, så ville jeg være fuldstændig lykkelig. Jeg ønsker at tage af sted – jeg længes efter det!"

"Men kære barn, hvad er det, som har gjort dit stakkels hjerte så bedrøvet? Du har da aldrig manglet noget og fået alt, der skulle gøre dig lykkelig, ikke sandt?"

"Jeg vil hellere være i Himlen, men for mine venners skyld, ville jeg være villig til at leve. Der er mange ting her, som gør mig trist, og mange ting jeg synes er forfærdelige. Jeg vil hellere være der, men jeg ønsker ikke at forlade dig – mit hjerte brister næsten ved tanken!"

"Hvad er det for ting, som gør dig trist og er forfærdelige, Eva?"

"Det er alle de ting, der sker hele tiden. Jeg har så ondt af vores tjenestefolk, de holder så meget af mig og er så gode mod mig. Jeg ville ønske, at de alle sammen var *frie*, papa."

"Men Eva, mit barn, synes du ikke, at de har det temmelig godt nu?"

"Jo, men papa, hvis der skulle ske noget med dig, hvad skal der så blive af dem? Der er ikke mange mennesker som dig, papa. Onkel Alfred er ikke som dig, og mor er heller ikke. Tænk bare på de mennesker, som ejede gamle Prue! Folk kan gøre sådanne rædselsfulde ting, og de har lov til det!" sagde Eva med en gysen.

"Mit kære barn, du er alt for følsom. Jeg er ked af, at jeg har ladet dig høre den slags historier."

"Det er netop det, der går mig på, papa. Du ønsker, at jeg skal være lykkelig og aldrig føle smerte – aldrig lide på nogen måde – ikke engang høre en trist historie, mens andre stakkels mennesker kun oplever smerte og sorg hele deres liv – det virker meget selvisk. Jeg bør kende til sådanne ting, jeg bør føle med dem! Disse ting rammer mig dybt i hjertet, og jeg har tænkt meget over dem. Papa, findes der ikke en måde at sætte alle slaver fri på?"

"Det er et svært spørgsmål, kæreste. Der er ingen tvivl om, at slaveri er en meget dårlig ting. Det er der også mange andre mennesker, der mener. Af hele mit hjerte ville jeg selv ønske, at der ikke fandtes en eneste slave i landet, men jeg ved ikke, hvad man kan gøre ved det!"

"Papa, du er sådan et godt menneske og så ædel og rar, og du har altid en venlig måde at sige tingene på; kunne du så ikke rejse rundt og overtale folk til at gøre den rigtige ting? Når jeg er død, papa, vil du så tænke på mig og gøre det for min skyld? Jeg ville selv gøre det, hvis jeg kunne."

"Når du er død, Eva," sagde St. Clare heftigt. "Åh, mit kære barn, sig dog ikke sådan noget til mig! Du er mit kæreste eje her på Jorden."

"Stakkels gamle Prues barn var hendes kæreste eje, og alligevel måtte hun høre sit barn græde uden at kunne hjælpe det! Papa, disse stakkels mennesker elsker deres børn lige så højt, som du elsker mig. Åh, gør noget for dem! Vores stakkels Mammy elsker også sine børn. Jeg har set hende græde, når hun taler om dem. Og Tom elsker også sine børn. Det er frygteligt, papa, at disse ting sker hele tiden!"

"Så, så, min skat," sagde St. Clare beroligende, "gør dig nu ikke alle disse bekymringer. Hold op med at tale om at dø, så skal jeg nok gøre alt, hvad du ønsker."

"Og lov mig, kære far, at Tom får sin frihed lige så snart..." Eva stoppede op, men fortsatte tøvende, "Når jeg er væk!"

"Ja, mit kære barn, jeg vil gøre alt i verden. Alt, hvad du ønsker af mig."

"Kære papa," sagde barnet og lagde sin brændende kind mod hans, "hvor ville jeg ønske, at vi kunne rejse væk sammen!"

"Hvorhen, min skat?" spurgte St. Clare.

"Til vores Frelsers hjem. Der er så dejligt og fredeligt der – der findes kun kærlighed der!" Eva talte så hjemmevant om det, at man skulle tro, at hun tit havde været der. "Kunne du ikke tænke dig at tage derhen?" spurgte hun.

St. Clare trykkede hende tættere ind til sig, men svarede ikke.

"Du skal nok komme til mig," sagde barnet i det rolige, sikre tonefald, som hun ofte brugte helt ubevidst.

"Ja, jeg skal nok komme til dig. Jeg glemmer dig ikke."

Aftenens mørke skygger opslugte dem langsomt, mens St. Clare sad helt stille og trykkede det lille, skrøbelige legeme ind til sig. Han kunne ikke mere se hendes øjnes dybde, men hendes stemme gjorde et dybt indtryk på ham, som om en ånd havde talt til ham. Og i en slags dommedagssyn så han hele sit liv udspille sig foran sine øjne: han genoplevede sin mors bønner og hymner, sin barndoms længsel og stræben efter det gode og den mellemliggende tid frem til det nuværende øjeblik: årevis med åndelig tørke og skepsis samt alt det, man kalder for et respektabelt liv. I løbet af et kort øjeblik kan *mange tanker* nå at fare igennem éns hoved. St. Clare så og følte mange ting, men han forholdt sig tavs. Og da mørket var faldet på, bar han sit barn til hendes soveværelse og sendte tjenestefolkene væk, da hun var klar til at sove. Så sad han og vuggede hende i sine arme og sang for hende, indtil hun faldt i søvn.

KAPITEL 25

Den lille evangelist

Det var søndag eftermiddag. St. Clare lå udstrakt på en sofa af bambusrør på verandaen og nød en cigar. Marie lå henslængt på en anden sofa foran det vindue, der vendte ud mod verandaen. Hun lå godt beskyttet mod blodtørstige myggeangreb under et solsejl af gennemsigtigt gazestof og med en elegant indbundet bønnebog i hånden. Hun holdt den, fordi det var søndag, samtidig med hun indbildte sig, at hun havde læst i den, selv om hun rent faktisk kun havde blundet med den åbne bog i hånden.

Miss Ophelia, som efter meget besvær havde fået opsporet et lille metodistmøde indenfor rideafstand, var taget af sted til mødet sammen med Eva og med Tom som kusk.

"Hør her, Augustin," sagde Marie efter at have blundet et stykke tid, "jeg bliver nødt til at sende bud efter min gamle doktor Posey. Jeg er sikker på, at der er noget galt med hjertet."

"Man hvorfor sende bud efter ham? Den doktor, som tilser Eva, virker til at være meget dygtig."

"Jeg stoler ikke på ham, når det er noget kritisk," sagde Marie, "og jeg er sikker på, at mit tilfælde er ved at blive meget alvorligt! Jeg har tænkt meget over det de sidste par nætter. Jeg har ulidelige smerter og nogle mærkelige fornemmelser."

"Åh, Marie, du er bare nedtrykt. Jeg tror ikke, der er noget galt med hjertet."

"Nej, det gør *du* sikkert ikke," sagde Marie. "Det overrasker mig ikke, at du siger *det*. Du er dybt bekymret, hvis Eva hoster eller hvis der er det mindste i vejen med hende, men mig tænker du aldrig på."

"Hvis det er specielt vigtigt for dig at have en hjertesygdom, så vil jeg gerne give dig ret i, at du har en," sagde St. Clare. "Jeg vidste ikke, det betød så meget for dig."

"Jeg vil bare håbe, at du ikke kommer til at fortryde dine ord, når det er for sent!" sagde Marie. "Men tro mig eller ej, så er det helt sikkert, at min bekymring for Eva og de anstrengelser, jeg har måttet udholde for det kære barn, har udviklet sig til noget, som jeg længe har mistænkt."

Hvilke *anstrengelser*, Marie hentydede til, var ikke helt indlysende. St. Clare undlod dog at kommentere det og fortsatte i stedet med roligt at ryge sin cigar, som den hårdhjertede og ondskabsfulde mand han var, og lige indtil en vogn kørte frem til verandaen, og Eva og miss Ophelia steg ud.

Miss Ophelia gik direkte til sit værelse for at lægge sin hat og sjal, som hun altid plejede, før hun talte med nogen. Eva gik derimod hen til sin far og satte sig på hans knæ, hvor hun straks begyndte at fortælle ham om den gudstjeneste, de havde overværet.

Kort efter hørte de høje udråb fra miss Ophelias værelse, hvis dør også vendte ud mod verandaen. Miss Ophelia skældte alvorligt ud på en eller anden.

"Hvilke skarnsstreger har Topsy nu bedrevet?" sagde St. Clare. "Det spektakel kan helt sikkert tilskrives hende!"

Og ganske rigtigt kom miss Ophelia kort efter meget indigneret trækkende med forbryderen.

"Kom så herud, nu!" sagde hun. "Jeg *vil* fortælle din master, hvad du har gjort!"

"Hvad er der nu i vejen?" spurgte Augustin.

"Der er det i vejen, at jeg ikke vil trækkes med denne unge mere! Hun er uudholdelig – det kan man ikke byde et menneske! Hør her, jeg låste hende inde og gav hende en salme, hun skulle lære, og hvad gør hun så? Hun går på jagt efter mine nøgler og lukker mine skuffer op og får fat i et hattebånd, som hun klipper i stykker for at lave dukketøj! Jeg har aldrig kendt til magen i hele mit liv!"

"Jeg fortalte dig jo, kusine," sagde Marie, "at du snart ville få at se, at det er umuligt at opdrage de sorte uden strenghed. Hvis det stod til mig," fortsatte hun og kiggede bebrejdende på St. Clare, "så ville jeg sende barnet ud og få hende grundigt afstraffet. Jeg ville lade hende piske, så hun ikke kunne stå på benene."

"Det tvivler jeg ikke på," sagde St. Clare. "Kom ikke og fortæl mig om det vidunderlige ved et kvindestyre! Jeg har ikke mødt ret mange kvinder, som ikke med glæde ville slå en hest eller en slave halvt ihjel, hvis de fik deres vilje! – for slet ikke at snakke om en mand."

"Din tøvende og vaklende holdning er heller ikke til meget gavn, St. Clare!" sagde Marie. "Kusine Ophelia er en forstandig dame, og hun kan nu se det lige så klart som mig."

Miss Ophelia besad netop den evne til indignation, som en vaskeægte husbestyrerinde har, og denne indignation var blevet temmelig aktivt vækket af Topsys spillopper og vandalisme. Faktisk må mange af mine kvindelige læsere sikkert indrømme, at de ville have følt det samme under samme omstændigheder, men Maries ord var for stærke for hende, og hun faldt hurtigt ned igen.

"Jeg vil ikke for alt i verden behandle barnet på den måde," sagde hun, "men jeg må sige, Augustin, at jeg ikke aner mine levende råd. Jeg har opdraget og undervist, til jeg blev træt. Jeg har slået hende og straffet hende på enhver mulig og umulig måde, og det har ikke hjulpet en døjt."

"Kom her, Topsy, din lille abekat!" sagde St. Clare og kaldte barnet til sig.

Topsy nærmede sig tøvende. Hendes runde, sorte øjne funklede og blinkede med en blanding af frygt og deres sædvanlige skælmeri.

"Hvorfor opfører du dig sådan?" spurgte St. Clare, der ikke kunne lade være med at more sig over barnets ansigtsudtryk.

"Det er vist, fordi jeg er rigtig slem," sagde Topsy dydigt. "Det siger miss Feeley selv."

"Kan du da ikke se, hvor meget miss Ophelia har gjort for dig? Hun siger, hun har gjort alt, hvad hun kan for dig."

"Javist, master! Det sagde den gamle missis også. Hun piskede mig meget hårdere og trak mig i håret og slog mit hoved mod døren, men intet af det hjalp! Selv om man trækker hvert eneste hår ud af hovedet på mig, så vil det ikke hjælpe det mindste, tror jeg. Jeg er så ond og slem! Jeg er og bliver jo bare en nigger!"

"Jeg bliver nødt til at opgive hende," sagde miss Ophelia. "Hun driver mig til vanvid."

"Godt, men jeg vil bare spørge dig om en enkelt ting," sagde St. Clare.

"Hvad er det?"

"Hvis dit evangelium ikke er stærkt nok til at frelse et enkelt hedensk barn, som du kan have helt for dig selv herhjemme, hvad er formålet så med at sende en eller to stakkels missionærer ud til tusinder af den slags? Jeg går ud fra, at dette barn er et ganske godt eksempel på, hvordan tusinder af dine hedninger er."

Miss Ophelia vidste ikke, hvad hun skulle svare, og Eva, som indtil nu havde stået tavst og iagttaget optrinnet, gjorde nu tegn til Topsy, om at hun skulle følge med. I et hjørne af verandaen var der et lille værelse med glasvægge og en glasdør, som St. Clare brugte til læseværelse, og det var til dette værelse, Eva bragte Topsy hen.

"Jeg gad vide, hvad Eva nu finder på," sagde St. Clare og listede hen til døren, hvor han løftede gardinet foran døren så meget, at han kunne kigge ind. Så lagde han fingeren på læben og gjorde tegn til miss Ophelia, at hun også skulle komme og se. De to børn sad på gulvet overfor hinanden. Topsy med sin sædvanlige drilagtige og ubekymrede mine, mens Eva sad foran hende med ansigtet blussende af deltagelse og tårer i øjnene.

"Hvorfor er du så slem, Topsy? Hvorfor prøver du ikke at være god? Elsker *du* slet ikke nogen, Topsy?"

"Jeg ved ikke noget om kærlighed, men jeg elsker slik og sådan noget, det er det hele," svarede Topsy.

"Men elsker du ikke din far og mor?"

"Jeg har aldrig haft nogen. Det har jeg fortalt Dem, miss Eva."

"Ja, det er rigtigt," sagde Eva trist, "men har du ikke haft en bror eller søster eller tante eller..."

"Nej, ikke en eneste – jeg har aldrig haft nogen eller noget."

"Men Topsy, hvis du bare ville prøve at være god, så kunne du..."

"Lige meget hvor god jeg var, kunne jeg alligevel aldrig blive til andet end en nigger," sagde Topsy. "Hvis jeg kunne blive flået, så jeg blev hvid, så ville jeg prøve."

"Men folk kan godt holde af dig, selv om du er sort, Topsy. Miss Ophelia ville holde meget af dig, hvis du var god."

Topsy brød ud i en undertrykt, kort latter, som var den måde, hun almindeligvis udtrykte sin vantro på.

"Tror du mig ikke?" sagde Eva.

"Nej, hun kan ikke lide mig, fordi jeg er en nigger – hun ville hellere røre ved en skrubtudse end ved mig! Ingen kan elske en nigger, og niggere kan ikke gøre noget ved det! *Jeg* er også ligeglad," sagde Topsy og begyndte at fløjte.

"Åh, men Topsy, dit stakkels barn, *jeg* elsker dig!" udbrød Eva lidenskabeligt og lagde sin lille, hvide hånd på Topsys skulder. "Jeg elsker dig, fordi du ikke har haft nogen far eller mor eller venner – og fordi du er et stakkels mishandlet barn! Jeg elsker dig, og jeg ønsker, at du skal være god. Jeg er meget syg, Topsy, og jeg tror ikke, at jeg kommer til at leve særlig længe, og det gør mig så bedrøvet, at du er så uartig. Jeg ville ønske, at du prøvede at være god og artig bare for min skyld – jeg har kun så kort tid at blive her hos dig."

Den lille, sorte piges øjne fyldtes med tårer, som trillede i store dråber ned ad hendes kinder og dryppede ned på Evas lille, hvide hånd. Det var, som om en stråle af håb og himmelsk kærlighed var trængt igennem mørket og ind i den lille hednings sjæl! Hun bukkede sig forover med hovedet mellem knæene og hulkede og græd – mens det smukke barn, der trøstende bøjede sig over hende, lignede en strålende engel, som bøjede sig ned for at omvende en synder.

"Stakkels Topsy!" sagde Eva, "ved du da ikke, at Jesus elsker alle lige højt? Han holder lige så meget af dig som af mig. Han elsker dig, ligesom jeg elsker dig – bare højere fordi han er bedre end mig. Han vil hjælpe dig med at blive god, så du til sidst kan komme til Himlen og være en engel for altid, akkurat som hvis du havde været hvid. Tænk dig bare, Topsy! – *du* kan blive en af disse lyse engle, som onkel Tom synger om."

"Åh, kære miss Eva, kære miss Eva!" sagde pigen. "Jeg lover, jeg vil prøve. Jeg vil virkelig prøve. Før var jeg ligeglad med det."

Her lod St. Clare gardinet falde ned igen. "Jeg kommer til at tænke på min mor," sagde han til miss Ophelia. "Det er sandt, hvad hun sagde, at hvis man vil gøre de blinde seende, må vi være villige til at gøre, hvad Kristus gjorde – kalde dem til os og *lægge vores hænder på dem."*

"Jeg har altid haft en modvilje mod negre," sagde miss Ophelia, "og det er sandt, at jeg aldrig har brudt mig om, at barnet rørte ved mig, men jeg troede ikke, hun var klar over det."

"Du kan være vis på, at ethvert barn mærker sådan noget med det samme," sagde St. Clare, "man kan ikke skjule noget for et barn." Men jeg tror, at uanset hvor meget man gør for et barn, så vil det aldrig vække nogen følelse af taknemmelighed, så længe man har en følelse af afsky for barnet i sit hjerte. Det er en mærkelig ting, men sådan er det."

"Jeg ved ikke, hvad jeg skal gøre ved det," sagde miss Ophelia. "Jeg føler *ubehag* ved dem og især dette barn. Hvordan kan jeg overvinde denne følelse?"

"Eva kan åbenbart gøre det."

"Ja, hun er sådan et kærligt barn! Og alligevel er hun kun en almindelig kristen," sagde miss Ophelia. "Jeg ville ønske, jeg kunne være ligesom hende. Hun kan lære mig noget."

"Ja, så ville det ikke være *første gang,* at et lille barn blev brugt til at belære en gammel discipel," sagde St. Clare.

KAPITEL 26

Død

"Græd ikke for dem, som gravens slør har skjult for vores øjne i livets lykkelige morgen." Thomas Moore[90]

Evas soveværelse var et stort, rummeligt værelse, og som husets andre værelser vendte det ud mod den store veranda. På værelsets ene side var der adgang til hendes fars og moders værelse, og til den anden side var der adgang til miss Ophelias værelse. St. Clare havde indrettet hendes værelse efter sin egen smag og i en stil, der passede til den person, som værelset var tiltænkt. Gardinerne foran vinduerne var af rosafarvet og hvidt musselin, på gulvet lå et tæppe, der var blevet fremstillet i Paris efter et mønster, han selv havde tegnet, med en rand af rosenknopper og blade og fuldt udsprungne roser i midten. Sengen, stolene og sofaerne var fremstillet af bambus, der var flettet i et specielt elegant og fantasifuldt mønster. Over sengegavlen hang en lille alabasterhylde[91], hvorpå der stod en smukt formet statue af en engel med sænkede vinger, der holdt en krans af myrteblade i hænderne. Fra denne og udspændt over sengen hang lette gardiner af rosafarvet gaze med indvævede sølvtråde, der gav beskyttelse mod moskitoerne – en absolut nødvendig tilføjelse til alle sengearrangementer i dette klima. Lignende gardiner, der blev båret oppe af smukke statuetter, hang ned over de smagfuldt udformede bambussofaer, som i overflod var forsynet med puder af rosafarvet damask. Et let, fantasifuldt flettet bambusbord stod midt i værelset med en parianvase[92] på, der var udformet som en hvid lilje i knop og altid fyldt med friske blomster. På dette bord lå Evas bøger og smykker samt en smuk skriveplade af alabaster, som hendes far havde købt til hende, da han så hende øve sig i at skrive bedre. Der var også en kamin i værelset, og på kaminhylden af marmor stod der en smukt forarbejdet statue af Jesus med udstrakte hænder, og på hver side af den stod der marmorvaser, som Tom med glæde og stolthed forsynede med friske blomster hver morgen. Et par udsøgte malerier af børn i forskellige stillinger udsmykkede væggen. Uanset hvor man kiggede hen, mødte øjet kort sagt barnlig uskyld, skønhed og fred. Når Eva åbnede sine øjne i morgenlyset, faldt de derfor altid på noget beroligende, der fremkaldte smukke tanker.

Den bedrageriske styrke, som havde holdt Eva oppe en tid, svandt hurtigt væk. Hendes lette fodtrin hørtes efterhånden sjældent på verandaen, og i stedet fandt man hende tilbagelænet på en lille sofa ved det åbenstående vindue med sine store, dybsindige øjne fæstnet på bølgerne, der hævede og sænkede sig ude på søen.

En eftermiddag, da hun lå og slappede af med sin Bibel halvt opslået og sine tynde, hvide fingre liggende ubevægeligt imellem siderne, hørte hun pludseligt sin mors skarpe stemme udenfor verandaen.

"Hvilke utyskestreger har du nu gang i din frække tøs! Du har plukket blomster, ikke sandt?" og så lød der et højt klask.

"Nej, missis, det er til miss Eva," lød Topsys stemme.

"Nå, til miss Eva, ja, det er en god undskyldning! Tror du virkelig, hun bryder sig om *dine* blomster, din uduelige nigger! Skrub af med dig!"

I næste øjeblik var Eva oppe og ude på verandaen.

"Åh nej, mor, lad hende være! Jeg vil gerne have blomsterne. Giv dem til mig!"

"Men Eva, dit værelse er allerede fyldt med blomster."

"Jeg kan ikke få for mange," sagde Eva. "Bare giv dem til mig, Topsy."

Topsy, som indtil nu havde stået mut og med bøjet hoved, gik nu hen til Eva og rakte blomsterne til hende. Hun gjorde det på en tøvende og lidt genert måde, som var helt forskellig fra hendes sædvanlige dristighed og besynderlige frækhed.

"Det er en meget smuk buket!" sagde Eva, mens hun studerede den.

Det var en meget speciel buket – en flammende rød geranium og en enkelt hvid japonica med blanke blade. Buketten var tydeligvis bundet med et godt øje for farvekontrasten, og hvert enkelt blad var blevet omhyggeligt arrangeret.

Topsy så meget tilfreds ud, da Eva sagde: "Topsy, du er rigtig dygtig til at arrangere blomster. I denne vase har jeg ingen blomster. Jeg kunne tænke mig, at du fyldte den hver dag med blomster."

"Det var dog et løjerligt ønske!" sagde Marie. "Hvorfor i alverden skal hun gøre det?"

"Tag dig ikke af det, mamma. Du har vel ikke noget imod, at Topsy gør det, vel?"

"Selvfølgelig ikke. Hvis du virkelig ønsker det, kære! Topsy, du hørte din unge missis. Sørg for, at det bliver gjort."

Topsy nejede kort og kiggede ned. Men da hun vendte sig om, så Eva en tåre trille ned ad hendes mørke kind.

"Ser du, mamma, jeg vidste, at den stakkels Topsy ønskede at gøre noget for mig," sagde Eva til sin mor.

"Sludder og vrøvl! Det er kun, fordi hun elsker at lave ballade. Hun ved, at hun ikke må plukke blomster, og så gør hun det selvfølgelig. Det er det hele. Men hvis det kan glæde dig, at hun plukker dem, så fred være med det."

"Mamma, jeg tror, at Topsy er anderledes nu, end hun var før. Hun prøver at være en god pige."

"Hun skal nok prøve et godt stykke tid, før det lykkedes for *hende* at blive god," sagde Marie med en hånlig latter.

"Men ser du, mamma, den stakkels Topsy har haft alt imod sig."

"Ikke siden hun kom her, er jeg sikker på. Man har talt til hende og formanet hende, og der er blevet gjort alt muligt andet – og alligevel er hun lige så styg, som hun altid har været, og hun ændrer sig sikkert aldrig!"

"Men mamma, der er også stor forskel på at vokse op, som jeg har gjort med så mange venner og så mange ting, der gør mig god og lykkelig, og så på den måde, som Topsy har haft det, før hun kom her!"

"Ja, det kan godt være," sagde Marie og gabte. "Gud fri mig vel, hvor er det varmt!"

"Mamma, tror du ikke, at Topsy kunne blive en engel lige så godt som en af os andre, hvis hun blev en kristen?"

"Topsy! Det var dog en tosset idé! Ingen andre end dig kunne have fået sådan en tanke. Men jo, jeg tror nok, at hun kunne blive det."

"Men mamma, er Gud ikke hendes far, lige så vel som vores? Er Jesus ikke hendes frelser?"

"Jo, det kan godt være. Jeg går ud fra, at Gud har skabt alle," sagde Marie. "Hvor er min lugteflaske henne?"

"Det er sådan en skam – åh, en *rigtig* skam!" sagde Eva halvt for sig selv og stirrede ud på søen i det fjerne.

"Hvad er det, der er en skam?" spurgte Marie.

"Jo, at enhver, der kan blive en lysende engel og leve blandt englene, skal synke dybere og dybere ned, og ingen hjælper dem! Det gør mig så ondt!"

"Det kan vi ikke gøre noget ved, så det er ikke noget at bekymre sig om, Eva! Jeg ved ikke, hvad man kan gøre. Vi bør være glade og taknemmelige for de fordele, vi har."

"Det har jeg svært ved at være glad og taknemmelig for," sagde Eva. "Jeg synes, at det er synd for de stakkels mennesker, som ikke har nogen fordele."

"Det er dog besynderligt," sagde Marie. "Min religion gør mig helt sikkert taknemmelig for de fordele, jeg har."

"Mamma," sagde Eva, "Jeg vil gerne have klippet noget af mit hår af – en god del."

"Hvorfor dog det?" spurgte Marie.

"Mamma, jeg vil gerne give noget af det væk til mine venner, mens jeg endnu selv kan gøre det. Vil du ikke bede tante om at komme og klippe det?"

Marie kaldte på miss Ophelia, som opholdt sig i det andet værelse.

Da miss Ophelia kom, rejste barnet sig halvt op fra sin pude, rystede sine store, gyldne lokker ud og sagde spøgefuldt: "Kom herhen tante og klip lammet!"

"Hvad skal der ske?" spurgte St. Clare, som lige var trådt ind i værelset med noget frugt, han havde plukket til Eva.

"Papa, jeg vil bare have tante til at klippe noget af mit hår. Der er alt for meget af det, og det gør mig varm i hovedet. Og så vil jeg gerne give noget af det bort."

Miss Ophelia nærmede sig med saksen.

"Vær forsigtig, så du ikke ødelægger frisuren," sagde hendes far. "Klip underst, hvor det ikke kan ses. Jeg er så stolt af Evas krøller."

"Åh, papa," sukkede Eva trist.

"Ja, jeg ønsker, at de skal være smukke, når jeg tager dig med til din onkels plantage for at hilse på fætter Henrique," sagde St. Clare i et muntert tonefald.

"Det bliver aldrig til noget, papa. Jeg rejser snart til et bedre sted. Tro mig dog! Kan du ikke se, at jeg bliver svagere og svagere for hver dag, papa?"

"Hvorfor bliver du ved med at insistere på, at jeg skal tro på sådan en grusom ting, Eva?" sagde hendes far.

"Fordi det er *sandt*, papa. Hvis du tror på det nu, så vil du måske føle det samme for det, som jeg gør."

St. Clare kneb læberne sammen og kiggede sørgmodigt på, mens Evas lange, gyldne lokker blev klippet af en for en og lagt i hendes skød. Eva tog dem op, betragtede dem alvorligt, snoede dem om sine tynde fingre og kiggede nu og da ængsteligt op på sin far.

"Jeg vidste, det ville komme!" sagde Marie. "Det er det, der har tæret på mit helbred dag efter dag og bragt mig til gravens rand, selv om ingen tager hensyn til det. Jeg har anet det længe, St. Clare. Du vil snart få at se, at jeg har ret."

"Ja, det vil uden tvivl være en stor trøst for dig!" sagde St. Clare bittert.

Marie lænede sig tilbage i sofaen og dækkede ansigtet med sit cambric lommetørklæde.

Evas klare, blå øjne kiggede alvorligt fra den ene til den anden. Det var det rolige, vidende blik fra en sjæl, som næsten var løst af sine jordiske bånd. Det var indlysende, at hun både så, følte og forstod den forskellighed, der skilte de to.

Hun vinkede sin far hen til sig, og han kom hen og satte sig hos hende.

"Papa, jeg bliver svagere for hver dag, og jeg ved, jeg skal væk. Der er noget, jeg gerne vil sige og gøre – noget, jeg bør gøre. Men du er ikke villig til at lade mig tale om det. Jeg bliver nødt til at sige det – det nytter ikke noget at udskyde det. Vær nu villig til at høre på mig!"

"Mit kære barn, jeg *er* villig til at høre på dig!" sagde St. Clare og holdt den ene hånd for øjnene, mens han greb Evas hånd med den anden.

"Jeg vil gerne samle alle vores folk her. Jeg har noget, jeg *gerne* vil fortælle dem," sagde Eva.

"Det skal ske," sagde St. Clare i et lidende tonefald.

Miss Ophelia sendte bud, og snart var alle tjenestefolkene samlet i værelset.

Eva lå tilbagelænet på puderne med håret hængende løst ned over ansigtet. Hendes blussende kinder stod i skarp kontrast til hendes marmorhvide hudfarve og hendes afmagrede lemmer og ansigt. Hendes store, sjælfulde øjne kiggede alvorligt på hver enkelt af dem.

Tjenestefolkene blev dybt rørt. Barnets sjælfulde ansigt, de lange, afskårne hårlokker, der lå ved siden af hende, hendes fars bortvendte ansigt og moderens dæmpede hulken – alt dette virkede stærkt gribende på denne følsomme og let bevægelige race. Da de kom ind i værelset kiggede de på hinanden, sukkede og rystede på hovedet. Der var så stille som til en begravelse.

Eva satte sig op og kiggede længe og alvorligt rundt i kredsen af ansigter. Alle så bedrøvede og bekymrede ud. Mange af kvinderne skjulte ansigtet i forklædet.

"Jeg har sendt bud efter jer, mine kære venner," sagde Eva, "fordi jeg elsker jer. Jeg elsker jer alle, og jeg har noget at sige til jer, som jeg ønsker, I må huske for altid... Jeg forlader jer snart. Om nogle få uger vil I aldrig mere få mig at se..."

Her blev barnet afbrudt af klageråb, gråd og stønnen fra alle de tilstedeværende, som fuldstændigt overdøvede hendes spinkle stemme. Hun ventede lidt, så fortsatte hun i et tonefald, der fik al klagen og jamren til at ophøre: "Hvis I elsker mig, så må I ikke afbryde mig på denne måde. Hør nu, hvad jeg har at sige. Jeg vil tale til jer om jeres sjæl... Jeg er bange for, at mange af jer er meget skødesløse med den. I tænker blot på denne verden. Jeg ønsker, at I ikke glemmer, at der også findes en smuk verden, hvor Jesus bor. Jeg rejser derhen, og I kan også rejse derhen. Denne verden er for alle, både mig og jer. Men hvis I ønsker at rejse til denne verden, så må I ikke leve et dovent, skødesløst og tankeløst liv. I er nødt til at være kristne. I må huske på, at hver eneste af jer kan blive til en engel og være engle for altid... Hvis I ønsker at blive kristne, så vil Jesus hjælpe jer. I skal bede til ham, og I må læse..."

Eva stoppede pludseligt op, kiggede medlidende på dem og sagde trist: "Åh, det er jo sandt, I kan jo *ikke* læse – stakkels mennesker!" Så begravede hun ansigtet i puden og græd, men en undertrykt hulken af de knælende mennesker på gulvet fik hende i gang igen.

"Nå, bryd jer ikke om det," sagde hun og kiggede på dem med et smil på sit tårevædede ansigt. "Jeg har bedt for jer, og jeg ved, at Jesus vil hjælpe jer, selv om I ikke kan læse. Gør det bedste, I kan, bed hver eneste dag og bed Ham om at hjælpe jer. Få nogen til at læse Bibelen højt for jer så tit som muligt, og så tror jeg, at vi alle kan mødes igen i Himlen."

"Amen," lød det fra Tom og Mammy og nogle af de ældre slaver, som tilhørte metodistkirken. De yngre og mere tankeløse slaver var fuldstændigt overvældede og hulkede med bøjede hoveder.

"Jeg ved, I alle holder af mig," sagde Eva.

"Ja, åh ja! det gør vi virkelig! Herren velsigne hende!" lød det fra alle.

"Ja, det ved jeg, I gør! Der er ikke en af jer, som ikke altid har været god imod mig, og jeg ønsker at give jer noget, som altid vil minde jer om mig, når I ser på det. Jeg vil give jer alle en lok af mit hår, og når I ser på den, skal I huske på, at jeg også holder af jer og er rejst til Himlen, og vi alle skal mødes igen der."

Det er umuligt at beskrive det optrin, der nu fulgte. Med tårer og gråd samledes man rundt om den lille pige og modtog fra hendes hænder det sidste tegn på hendes kærlighed. Slaverne faldt på knæ, hulkede og bad og kyssede sømmen på hendes tøj. De ældre af dem fremkom med kærlige ord blandet med bønner og velsignelser.

En efter en modtog de deres hårlok og forlod værelset på et vink af miss Ophelia, der var urolig for, at alt dette skulle udmatte den lille patient for meget.

Til sidst var der kun Tom og Mammy tilbage.

"Her, onkel Tom, er en smuk lok til dig," sagde Eva. "Åh, jeg er så lykkelig, onkel Tom, når jeg tænker på, at jeg skal se dig igen i Himlen – for det er jeg sikker på, jeg vil. Og Mammy – kære, gode, rare Mammy!" sagde hun og omfavnede ømt sin gamle barnepige. "Jeg ved, at jeg også vil møde dig der."

"Åh, miss Eva, jeg ved ikke, hvordan jeg skal kunne leve uden Dem!" sagde hendes trofaste, gamle barnepige. "Jeg synes, at alt tages fra mig på én gang!" sagde Mammy og gav sin sorg frit løb.

Miss Ophelia puffede blidt hende og Tom ud af værelset i den tro, at alle nu var gået, men da hun vendte sig om, stod Topsy der endnu.

"Hvor kommer du fra?" spurgte hun Topsy.

"Jeg har været her hele tiden," sagde Topsy, mens hun tørrede sine øjne. "Åh, miss Eva, jeg har været en slem pige, men vil De ikke osse give *mig* en?"

"Jo, stakkels Topsy! Det kan du tro, jeg vil. Værsgo! Og hver gang, du ser på den, så tænk på, at jeg holdt af dig og ønskede, du måtte blive en god pige!"

"Åh, miss Eva, jeg *prøver* virkelig!" sagde Topsy alvorligt, "men jøsses, det er så svært at være god! Det er så svært, når man ikke er vant til det!"

"Jesus ved det godt, Topsy. Han synes, det er synd for dig, og han vil hjælpe dig."

Med ansigtet gemt i forklædet blev Topsy stille ført ud af værelset af miss Ophelia. Den kostbare hårlok gemte Topsy omhyggeligt på sit bryst.

Da alle tjenestefolkene nu var gået, lukkede miss Ophelia døren. Den stolte dame havde selv tørret mange tårer væk fra øjnene under hele optrinnet, men lige nu var hun mest bekymret for, hvordan alle disse sindsbevægelser ville påvirke hendes unge patient.

Under hele optrinnet havde St. Clare siddet helt ubevægelig og med hånden for øjnene, og selv da alle var gået, bevægede han sig ikke.

"Papa!" sagde Eva blidt og lagde sin hånd ovenpå hans.

Han fór sammen og skælvede, men sagde ingenting.

"Kære papa!" sagde Eva.

"Nej, nej, jeg *kan ikke* lade det ske!" sagde St. Clare og rejste sig op. "Den almægtige Gud har behandlet mig alt for *uretfærdigt!*" sagde han bittert.

"Augustin, har Gud ikke lov til at gøre, hvad han vil med det, som tilhører ham?" spurgte miss Ophelia.

"Måske, men det gør det ikke lettere for mig at bære," sagde han i en hård, trøstesløs tone og vendte sig væk.

"Papa, du knuser mit hjerte!" sagde Eva, idet hun rejste sig og kastede sig i hans arme. "Du må ikke tage det på denne måde!" – og barnet græd og hulkede med en voldsomhed, der forskrækkede dem alle. Det fik omgående hendes far på andre tanker.

"Så, så, kære Eva! Stille nu! Stille nu! Jeg havde uret. Det var forkert af mig. Jeg skal nok lære at bære det, bare du ikke tager sådan på vej. Græd nu ikke mere. Jeg vil ikke kæmpe imod. Det var forkert af mig at tale sådan."

Eva lå snart som en træt due i sin fars arme. Han bøjede sig over hende og prøvede at trøste hende med alle de kærlige ord, han kunne tænke på.

Marie rejste sig og løb ind på sit eget værelse, hvor hun fik et hysterisk anfald.

"Jeg har ikke fået en lok af dit hår, Eva," sagde hendes far med et bedrøvet smil.

"De er dine alle sammen, papa," sagde Eva med et smil. "Det er dine og mammas, og du må give min kære tante lige så mange, som hun vil have. Jeg gav dem bare selv til vores stakkels tjenestefolk, fordi de måske ville blive glemt, når jeg er borte, og fordi jeg håbede, at det ville hjælpe dem med at mindes... Du er en kristen, ikke sandt, papa?" spurgte Eva tvivlrådigt.

"Hvorfor spørger du mig om det?"

"Det ved jeg ikke. Du er bare så god, så jeg kan ikke se, hvordan du ikke kan være det."

"Hvad vil det sige at være en kristen, Eva?"

"At elske Kristus mere end alt andet," sagde Eva.

"Gør du det, Eva?"

"Ja, det gør jeg helt sikkert."

"Men du har aldrig set ham," sagde St. Clare.

"Det betyder ikke noget. Jeg tror på ham, og jeg skal snart se *ham*," sagde Eva og hendes unge ansigt lyste op og strålede af glæde.

St. Clare tav. Han havde set den samme følelse hos sin mor, men det anslog ingen streng hos ham selv.

Efter denne dag gik det hurtigt ned ad bakke med Evas helbred. Der var ingen tvivl længere, om hvad det ville ende med. Selv det kærligste håb kunne ikke lade sig forblinde længere. Evas smukke værelse var nu udelukkende en sygestue, og miss Ophelia var sygeplejerske på fuld tid både dag og nat – og hendes venner værdsatte hende højt i denne funktion. Med sin kompetente hånd og sikre øje udviste hun en dygtighed og øvelse i enhver kunst, der kunne give trøst og komfort; desuden holdt hun alle ubehageligheder ved sygdommen ude af syne.

Og med sin ordenssans, perfekte tidssans, sit klare hoved og dygtighed til at huske og følge lægens forskrifter nøjagtigt, blev hun ligefrem hans højre hånd. Alle, som før havde gjort sig lystige over hendes små særheder og ordenssans, der var så anderledes fra den skødesløse facon i Syden, måtte nu erkende, at hun var lige præcis den person, man havde brug for.

Onkel Tom opholdt sig meget i Evas værelse. Hun led meget af nervøs rastløshed, og det lindrede hende meget at blive båret omkring. Det var en stor fornøjelse for Tom at bære rundt på hendes lille, skrøbelige skikkelse, der hvilede på en pude i hans stærke arme. Han gik både frem og tilbage med hende i hendes værelse og ud på verandaen. Og når den friske søluft blæste ude fra søen, og Eva følte sig stærkere om morgenen, gik han undertiden med hende under appelsintræerne i haven eller satte sig med hende på en af deres gamle pladser, hvor han sang deres yndlingssalmer for hende.

Hendes far gjorde det samme med hende, men han var ikke så stærk som Tom, så når han blev træt, sagde Eva gerne til ham: "Åh, papa, lad Tom bære mig. Han er så glad for det, og det er det eneste, han kan gøre for mig nu. Han vil så gerne gøre det!"

"Det vil jeg også, Eva!" sagde hendes far.

"Ja, papa, men du gør så mange andre ting for mig. Du læser for mig, og du sidder hos mig om natten. Tom kan kun bære mig og synge for mig. Det er lettere for ham at bære mig, han er så stærk!"

Tom var ikke den eneste, som gerne ville gøre noget for Eva. Hver eneste af tjenestefolkene på gården følte det samme, og på deres egen måde gjorde de, hvad de hver især kunne.

Stakkels Mammy længtes også efter sin yndling, men hun fik hverken nat eller dag nogen lejlighed til at komme i nærheden af hende, da Marie hævdede, at hendes sindstilstand var så elendig, at det var umuligt for hende at finde hvile – så selvfølgelig var det imod hendes principper, at nogen andre skulle hvile sig. Mindst tyve gange hver nat blev Mammy vækket for at gnide hendes fødder, bade hendes hoved, finde hendes lommetørklæde, undersøge støj fra Evas værelse, rulle et gardin ned, fordi det var for lyst, eller rulle det op, fordi det var for mørkt. Og om dagen, når Mammy længtes efter at passe Eva, var Marie usædvanlig opfindsom med at holde hende travlt beskæftiget i hele huset eller med Marie selv, så det kun kunne blive til nogle få stjålne besøg i sygeværelset og korte glimt af Eva.

"Jeg føler det som min pligt at være særlig forsigtig og påpasselig med mig selv nu. Jeg er jo så svag, og hele byrden med at passe og pleje det kære barn hviler også på mig," plejede Marie at sige.

"Virkelig, min kære," sagde St. Clare. "Jeg troede, at din kusine lettede den byrde for dig."

"Du taler som en mand, St. Clare. Som om en mor *kunne* aflastes for sin omsorg for et barn i den tilstand, men det er som sædvanligt: ingen forstår virkelig, hvad jeg må gå igennem! Jeg kan ikke tage tingene så let, som du kan."

St. Clare trak på smilebåndet. Vi må tilgive ham, for han kunne ikke lade være. For endnu kunne St. Clare smile. Så lys og fredfyldt var den lille ånds afsked med livet, og det var så søde og milde vindpust, der førte det lille fartøj mod de himmelske strande, at det var tæt på umuligt at forestille sig, at døden nærmede sig. Eva havde ingen smerter – kun en rolig, blid træthed, der øgedes umærkeligt dag for dag, og hun var så smuk, så kærlig, så tillidsfuld og lykkelig, at man ikke kunne undgå at blive påvirket af den rolige og fredfyldte atmosfære, der omgav hende. Der var faldet en mærkelig ro over St. Clare. Det var ikke håb, for det var umuligt at håbe. Det var heller ikke resignation, det var bare en ro ved at hvile i nuet, der forekom ham så skøn, at han ikke ønskede at tænke på fremtiden. Det var den rolige, stille atmosfære, vi føler i en lys, mild efterårsskov, når bladene skifter farve til hektisk rød, og blomsterne ved bækken er på det sidste. Og vi nyder synet så meget mere, fordi det snart vil være forbi.

Den ven, som kendte bedst til Evas tanker og anelser, var hendes trofaste bærer, Tom. Ham betroede hun det, hun ikke nænnede at bekymre sin far med. Hun delagtiggjorde ham i de mærkelige indre følelser, som sjælen oplever, når sølvsnoren begynder at briste, og inden sjælen for stedse forlader sit ler.

Tom ville til sidst ikke mere sove i sit kammer, men lå hver nat udenfor på verandaen, parat til at stå op, når der blev kaldt.

"Onkel Tom, hvorfor i alverden er du begyndt at sove overalt ligesom en hund?" sagde miss Ophelia. "Jeg troede, du var et ordentligt menneske, der holdt af at ligge i en seng på en kristen måde."

"Det gør jeg også, miss Feeley," sagde Tom gådefuldt. "Det gør jeg, men…"

"Men, hvad?"

"Vi må ikke tale så højt, massa St. Clare ønsker ikke at høre det, men miss Feeley, De ved nok, at der skal være nogen, der holder øje med brudgommen."

"Hvad mener du, Tom?"

"De ved, at der står i Bibelen, 'Men ved midnat lød råbet: Brudgommen kommer.' Det er det, jeg venter på hver nat, miss Feeley, og jeg kan umuligt sove et sted, hvor jeg ikke kan høre det."

"Men onkel Tom, Hvad får dig til at tro det?"

"Miss Eva og det, hun fortæller mig. Herren sender sit sendebud til sjælen. Jeg må være der, miss Feeley, for når det velsignede barn går ind i det himmelske rige, åbner de døren vidt, så vi alle kan se Hans herlighed, miss Feeley."

"Onkel Tom, har miss Eva sagt noget om, at hun følte sig sløjere end sædvanligt her til aften?"

"Nej, men hun fortalte mig her til morgen, at hun var kommet nærmere. Det er englene, der fortæller hende det, miss Feeley. 'Det er lyden af trompeten, før dagen bryder frem,'" sagde Tom, idet han citerede en strofe fra en af sine kære sange.

Denne samtale mellem miss Ophelia og Tom fandt sted mellem klokken ti og elleve en aften, efter miss Ophelia havde gjort alt klar til natten og fandt Tom liggende udstrakt på den yderste veranda, da hun skulle til at låse yderdøren.

Hun var ikke nervøs eller let at påvirke, men Toms højtidelige og varmhjertede opførsel gjorde et dybt indtryk på hende. Eva havde været usædvanlig glad og munter den eftermiddag. Hun havde siddet oprejst i sengen og betragtet alle sine små smykker og kostbarheder, og hun havde afgjort hvem af hendes venner, der skulle have hvad. Hendes opførsel havde været livligere og stemmen mere naturlig, end de havde set i ugevis. Hendes far havde samme aften været inde hos hende, og han sagde, at Eva nu lignede sit tidligere jeg, mere end hun havde gjort siden sin sygdom. Og da han kyssede hende godnat, sagde han til miss Ophelia: "Kære kusine, vi får nok lov til at beholde hende hos os alligevel. Hun har afgjort fået det bedre." Og med disse ord forlod han værelset lettere om hjertet, end han havde været i lang tid.

Men ved midnat – denne underlige, mystiske time, hvor grænsen mellem den forgængelige nutid og den evige fremtid udviskes – kom budbringeren!

Stilheden i sygeværelset blev afbrudt af hurtige trin. Det var miss Ophelia, der havde besluttet sig for at sidde oppe hele natten og våge over sin lille patient, og her ved midnatstimen blev hun opmærksom på det, som erfarne sygeplejersker meget betegnende kalder for "en forandring". Hun åbnede døren til verandaen, og Tom, som holdt vagt udenfor, var hurtigt oppe.

"Skynd dig og hent doktoren, Tom! Så hurtigt, du kan," sagde miss Ophelia, hvorefter hun gik tværs gennem værelset og bankede på St. Clares dør.

"Kære fætter, vær rar og kom herind," sagde hun.

Hendes ord ramte hans hjerte som jordklumper på en ligkiste. Hvorfor gjorde de det? Han var hurtigt oppe, og snart bøjede han sig over Eva, som endnu sov.

Hvad var det han så, som fik hans hjerte til næsten at gå i stå? Hvorfor blev der ikke vekslet et ord mellem de to? Du, som har set det samme udtryk i din kæres ansigt, kan svare på det – dette ubeskrivelige, håbløse og tydelige udtryk, der fortæller dig, at din elskede ikke længere tilhører dig.

Men der var ikke noget uhyggeligt eller grufuldt udtryk i Evas ansigt – hendes ansigt havde et ophøjet og næsten sublimt udtryk – tilstedeværelsen af en overvældende åndelig kraft og vækning af udødeligt liv i hendes barnesjæl.

De stod så stille og betragtede hende, at selv urets tikken lød alt for højt i stilheden. Nogle få øjeblikke senere kom Tom med doktoren. Han trådte ind, kastede et blik på Eva og stod så tavs sammen med de andre.

"Hvornår indtrådte denne forandring?" hviskede han til miss Ophelia.

"Lige omkring midnat," svarede hun.

Marie, som var blevet vækket ved doktorens ankomst, trådte hurtigt ind fra værelset ved siden af.

"Augustin! Kusine! – Åh! – Hvad?" begyndte hun.

"Stille!" sagde St. Clare hæst. *"Hun er ved at dø!"*

Mammy hørte hans ord og løb af sted for at vække tjenestefolkene. Snart var alle på benene – lys blev tændt, fodtrin hørtes overalt, bekymrede ansigter fyldte verandaen og kiggede med tårevædede øjne gennem glasdørene, men St. Clare hørte og så intet – han så kun det lille sovende barns *ansigtsudtryk*.

"Åh, hvis bare hun ville vågne og tale endnu en gang!" sagde han og bøjede sig over hende. "Eva, min skat!" hviskede han i øret på hende.

Hun åbnede sine store, blå øjne – et smil gled over hendes ansigt, og hun prøvede at løfte hovedet og tale.

"Kender du mig, Eva?"

"Kære far," sagde barnet med en sidste anstrengelse og slog armene omkring hans hals, men kort efter faldt de slapt ned igen. Og da St. Clare løftede hovedet, så han en trækning af smerte på hendes ansigt. Hun snappede efter vejret og strakte sine små hænder i vejret.

"Åh Gud, det er forfærdeligt!" sagde han og vendte sig fortvivlet bort. Han greb ubevidst Toms hånd og knugede den hårdt. "Åh Tom, min dreng, det tager livet af mig!"

Tom holdt sin herres hænder mellem sine egne, og med tårerne strømmende ned over sine mørke kinder, søgte han efter trøst der, hvor han altid havde været vant til at finde den.

"Bed til Gud, at det snart må være forbi!" sagde St. Clare. "Det knuser mit hjerte."

"Gud være lovet, det er forbi! Det er forbi, kære herre!" sagde Tom. "Se på hende."

Barnet lå gispende på puderne, som om hun var fuldstændig udmattet – hendes store, klare øjne var vidt åbne og stirrende. Åh, hvad ville de sige, disse øjne, der nu var vendt mod Himlen! Jorden og al jordisk smerte var borte, men så højtidelig og gådefuld var den strålende klarhed i hendes ansigt, at den standsede selv de sørgendes gråd. I åndeløs stilhed stod de omkring hende.

"Eva," kaldte St. Clare blidt.

Hun hørte ham ikke.

"Åh Eva, fortæl os, hvad du ser! Hvad er det?" spurgte hendes far.

Et strålende, frydefuldt smil gled hen over hendes ansigt, og hun sagde med brudt stemme: "Åh, kærlighed! – glæde – fred!" Så udstødte hun sit sidste suk og gik videre fra døden og til livet!

"Farvel, mit elskede barn! Evighedens strålende porte har lukket sig bag dig, og vi skal aldrig mere se dit kære ansigt. Ve dem, som har været vidne til din gang ind i Himlen, når de siden vågner op i en trist, grå hverdag, hvor du er borte for altid!"

---

[90] **Moore, Thomas:** (28. maj 1779 - 26. februar 1852) var en irsk-engelsk digter, sanger sangskriver og entertainer.

[91] **Alabast:** Alabast er et mineral eller en sten (gipssten), der er så blød, at den kan bruges til skulpturer, parfume-beholdere, vaser og religiøse genstande. Alabast er et finkornet, gennemskinneligt og hvidt eller marmoreret materiale.

[92] **Parian:** En slags uglaseret, hårdtbrændt porcelæn, der skal imitere udskåret marmor.

KAPITEL 27

"Farvel til verden"[93]

Statuetterne og billederne i Evas rum blev svøbt i hvidt, og man hørte kun stille hvisken og sagte fodtrin. Skodderne var lukket i, så lyset kun delvist oplyste det dunkle værelse.

Sengen var draperet i hvidt, og under englen med de sænkede vinger lå den lille, sovende pige – sovende i en søvn, hun aldrig mere skulle vågne fra!

Der lå hun klædt i en af de enkle, hvide kjoler, som hun så ofte havde båret, mens hun levede. Det rosafarvede lys fra gardinerne kastede en varm glød over dødens kolde træk. Evas lange øjenvipper hvilede blødt på hendes hvide kind, hovedet var drejet lidt til den ene side som under en naturlig søvn, men over hendes ansigtstræk var et himmelsk udtryk – en blanding af salighed og fred – der afslørede, at hun ikke sov nogen jordisk søvn, men var gået til den evige hvile, som "Han skænker sine kære".

"Der findes ingen død for sådanne som dig, kære Eva! Hverken mørke eller dødens skygge, men blot et strålende lys, der er blevet dæmpet, som når morgenstjernen blegner i den gyldne solopgang. Sejren er din uden strid – kronen er din uden kamp."

Sådan tænkte St. Clare måske, da han stod med korslagte arme og betragtede sin lille datter. Men hvem kan sige, hvad han virkelig tænkte, for lige fra det øjeblik da man i hendes sygeværelse havde fortalt ham, at hun var død, havde alt været en mørk tåge – et tungt mørke af pine og kval. Han havde hørt stemmerne omkring sig og hørt spørgsmålene, man stillede ham, og han havde besvaret dem. De havde spurgt ham om, hvornår begravelsen skulle finde sted, og hvor hun skulle begraves, og han havde svaret dem utålmodigt, at intet betød noget for ham mere.

Adolph og Rosa havde ordnet værelset, og selv om de almindeligvis var sorgløse, upålidelige og barnlige væsener, så var de også varmhjertede og betænksomme. Så selv om det var miss Ophelia, der stod for de overordnede retningslinjer vedrørende orden og skønhed, så var det deres hænder, der havde tilføjet arrangementet de smukke, poetiske detaljer, som fjernede det barske og uhyggelige præg, der alt for ofte kendetegner en New England begravelse.

Der stod endnu blomster på hylderne – allesammen hvide, friske og velduftende med smukke, hængende blade. På Evas lille bord, der var dækket med hvidt, stod hendes yndlingsvase med en enkelt knop fra en hvid mosrose. Folderne i sengeforhænget og faldet i gardinerne var blevet arrangeret og omarrangeret af Adolph og Rosa med det skarpe blik, som er karakteristisk for deres race. Selv nu, mens St. Clare stod i værelset i dybe tanker, kom Rosa listende ind med en kurvfuld hvide blomster. Hun stoppede respektfuldt op, da hun fik øje på ham, men da hun opdagede, at han ikke lagde mærke til hende, trådte hun frem for at anbringe blomsterne omkring den afdøde. Som i drømme så St. Clare hende anbringe en yndig, hvid gardenia i pigens små hænder og med beundringsværdig smag anbringe de øvrige blomster omkring lejet.

Døren gik op igen, og Topsy kom ind med øjne, der var opsvulmede af gråd. Hun gemte noget under sit forklæde. Rosa gjorde en hurtig afvisende bevægelse, men Topsy tog alligevel et skridt ind i værelset.

"Gå din vej," hviskede Rosa skarpt, "*du* har ikke noget at gøre her!"

"Åh, lad mig komme ind, jeg har taget en blomst med – en meget smuk blomst!" sagde Topsy og holdt en halvt udsprunget terose frem. "Giv mig bare lov til at lægge den her."

"Forsvind!" sagde Rosa endnu mere bestemt.

"Lad hende blive!" sagde St. Clare og stampede i gulvet. "Hun må gerne komme ind."

Rosa trak sig hurtigt tilbage, og Topsy gik hen og lagde sin gave ved Evas fødder. Men pludselig kastede hun sig ned på gulvet foran sengen med et vildt skrig af sjælekval og græd og jamrede højlydt.

Miss Ophelia kom løbende ind i værelset og forsøgte at rejse hende op og berolige hende, men forgæves.

"Åh, miss Eva! Åh, miss Eva! Jeg ønsker, jeg også var død – ja, jeg gør!"

Hendes skrig var så vildt og gennemtrængende, at blodet skød op i St. Clares marmorhvide ansigt, og han fik tårer i øjnene – de første tårer, han havde udgydt, siden Eva døde.

"Rejs dig op, barn," sagde miss Ophelia mildt. "Græd ikke sådan. Miss Eva er gået til Himlen. Hun er en engel nu."

"Men jeg kan ikke se hende!" sagde Topsy. "Jeg får hende aldrig at se igen," sagde hun og græd igen.

De stod alle stille et øjeblik.

"*Hun sagde, hun holdt af mig,*" sagde Topsy. "Ja, det gjorde hun. Ak, ak, nu har jeg ingen mere – *ingen overhovedet!*"

"Det er sandt nok," sagde St. Clare. "Men," fortsatte han til miss Ophelia, "se om du ikke kan trøste den stakkels pige."

"Jeg ville bare ønske, at jeg aldrig var blevet født," sagde Topsy. "Nej, jeg har aldrig ønsket at blive født. Det tjener ikke noget formål."

Miss Ophelia rejste hende blidt men bestemt op og førte hende ud af værelset; men idet hun gjorde det, løb tårerne ned af hendes kinder.

"Topsy, dit stakkels barn," sagde hun, da hun tog hende ind i sit værelse. "Du må ikke give op! *Jeg* kan også holde af dig, selv om jeg ikke er som det kære lille barn. Jeg tror, jeg har lært noget af hende om Kristus kærlighed. Jeg kan holde af dig, og jeg vil hjælpe dig med at vokse op og blive en god kristen pige."

Miss Ophelias stemme udrettede mere end hendes ord, og endnu mere udrettede de ærlige tårer, som løb ned ad hendes kinder. Fra det øjeblik fik hun en indflydelse over det arme barns sjæl – en indflydelse, hun aldrig mistede igen.

"Åh, min Eva," tænkte St. Clare, "du har udrettet så meget godt i din korte tid her på Jorden. Hvad har jeg selv udrettet i mine mange, lange år?"

Og for en stund hørte man nu sagte hvisken og fodtrin i værelset, da den ene efter den anden listede sig ind for at kaste et blik på den afdøde. Og siden kom den lille kiste, og derpå begravelsen. Vogne kørte op foran døren, og fremmede kom ind. Og der var hvide skærf og bånd og sørgende mennesker med sort sørgeflor. Der blev læst i Bibelen og bedt, men St. Clare opførte sig som en, der har opbrugt alle sine tårer – alt, hvad han så, var Evas gyldne hår i kisten. Derpå så han ligklædet blive bredt ud over kisten, og låget blive lagt på. St. Clare indtog sin plads blandt de andre, og de gik ned til et sted nederst i haven, og her ved den lille mosgroede bænk, hvor Eva og Tom havde siddet og snakket og sunget og læst så ofte, var den lille grav. St. Clare stod ved siden af den og stirrede ned i den med et tomt blik. Han så dem sænke den lille kiste, og han hørte svagt de højtidelige ord: "Jeg er opstandelsen og livet; den, der tror på mig, skal leve, om han end dør", men da jorden var kastet på og havde fyldt den lille grav, kunne han stadig ikke fatte, at det var hans lille Eva, som de skjulte for hans øjne.

Det var det heller ikke! Det var ikke Eva, men kun det skrøbelige frø til den strålende, udødelige skikkelse, hun skal fremtræde i på dagen for Herren Jesus' genkomst!

De fremmede tog bort, og de sørgende gik tilbage til det sted, hvor hun nu ikke var mere. Maries værelse blev mørkelagt, og hun lå hulkende og jamrende på sengen i en fortvivlet sorg og kaldte hvert øjeblik på tjenestefolkene, så de ikke fik et øjebliks ro til at græde og sørge – hvorfor skulle de også det? Det var jo *hendes* sorg, og hun var helt overbevist om, at ingen andre i hele verden følte en sorg som hendes eller ville være i stand til det.

"St. Clare fældede ikke en eneste tåre," sagde hun. "Han havde ingen medfølelse med hende. Hvor må han dog være hårdhjertet og følelsesløs, når han ved, hvor meget hun led."

Og så meget stoler folk på deres øjne og ører, at mange af tjenestefolkene for alvor begyndte at tro, at deres missis var den person, der sørgede mest, især fordi Marie begyndte at få hysteriske krampeanfald og sendte bud efter doktoren, idet hun påstod, at hun var døden nær. Og alt det efterfølgende postyr og løben omkring efter varmedunke og opvarmning af sengetøj var en stor adspredelse.

Men Toms hjerte drog ham nærmere til sin herre. Han fulgte ham overalt, hvor han gik, tankefuld og bedrøvet. Og når han så ham sidde bleg og stille i Evas værelse med hendes lille Bibel åben foran sig, selv om han ikke så et ord i den, så vidste Tom, at der var en dybere sorg i St. Clares ubevægelige, tåreløse øjne end i al Maries suk og klagen.

Få dage efter flyttede St. Clare familien tilbage til byen. Augustin, der var rastløs af sorg, længtes efter andre omgivelser for at aflede sine tanker. Så de forlod huset og haven med dens lille grav og kom tilbage til New Orleans, hvor St. Clare travede rundt i gaderne og prøvede at fylde tomheden i sit hjerte med travlhed og nye omgivelser. Folk, der så ham på gaden eller mødte ham i cafeerne, kendte kun til hans sorg på grund af sørgebåndet omkring hans hat. For hvor han end var, så smilte han og snakkede, læste aviser, drøftede politik og tog sig af forretningsanliggender – så hvem kunne ane, at dette smilende ydre kun var en hul skal omkring et hjerte, der var mørkt og øde som en grav.

"Mr. St. Clare er et underligt menneske," sagde Marie klagende til miss Ophelia. "Jeg har altid troet, at hvis der var noget i verden, han virkelig elskede, så var det vores kære, lille Eva, men det virker, som om han hurtigt har glemt hende. Jeg kan aldrig få ham til at snakke om hende. Jeg troede virkelig, han ville vise flere følelser!"

"Det stille vand har den dybe grund, plejer man at sige," sagde miss Ophelia profetisk.

"Åh, jeg tror ikke på den snak, det er kun noget, man siger. Hvis folk har følelser i livet, så vil de vise det – de kan ikke andet. Men det er en stor ulykke at have stærke følelser. Jeg ville meget hellere være skabt som St. Clare. Mine følelser æder mig op indvendigt!"

"Det er rigtigt, missis, master St. Clare er snart en skygge af sig selv. De siger, han aldrig spiser noget," sagde Mammy. "Jeg ved, at han ikke har glemt miss Eva. Ingen kan glemme hende – det kære, lille, velsignede væsen!" tilføjede hun og tørrede øjnene.

"Måske nok, men han tager i hvert fald ingen hensyn til mig," sagde Marie. "Han har ikke sagt et eneste medfølende ord til mig, selv om han må vide, at en mors sorg er meget dybere end en mands."

"Hjertet kender sin egen elendighed, andre blander sig ikke i dets glæde," sagde miss Ophelia alvorligt.

"Ja, det er også det, jeg mener. Jeg ved, hvad jeg føler – ingen andre synes at forstå det. Eva forstod mig, men nu er hun borte!" Og Marie kastede sig tilbage på sofaen og hulkede utrøsteligt.

Marie var en af disse uheldigt sammensatte dødelige, som var af den opfattelse, at alt, hvad man har mistet og tabt, nu har opnået en værdi, som det aldrig havde, dengang man ejede det. Alt, hvad der endnu var i hendes besiddelse, betragtede hun blot for at finde fejl og mangler ved det, men når det så var helt borte, så var der ingen ende på, hvor højt hun værdsatte det.

Mens denne samtale fandt sted i dagligstuen, fandt en anden samtale sted i St. Clares bibliotek.

Tom, som altid fulgte sin master overalt med uro, havde set ham gå ind i sit bibliotek nogle timer tidligere og efter forgæves at have ventet på, at han skulle komme ud igen, besluttede han sig for at gå derind og se efter ham. Han trådte stille derind. St. Clare lå på en sofa i den fjerneste ende af lokalet. Han lå på maven med Evas Bibel åben foran sig. Tom gik hen til sofaen. Han stoppede tøvende op, og mens han stod stille, rejste St. Clare sig pludseligt op. Toms ærlige ansigt var så sørgmodigt og havde et så indtrængende udtryk af hengivenhed og medfølelse, at hans herre blev grebet af det. Han lagde sin hånd ovenpå Toms og hvilede panden på den.

"Åh Tom, min dreng, hvor er verden dog blevet tom og indholdsløs."

"Jeg ved det, master – jeg ved det," sagde Tom. "Men hvis bare master ville se op – derop, hvor vores lille miss Eva er – oppe hos den kære Herre Jesus!"

"Åh Tom! Jeg kigger skam op, men jeg ser ikke noget, når jeg gør det. Jeg ville ønske, jeg kunne se noget."

Tom sukkede tungt.

"Det virker, som om det kun er børn og fattige, ærlige sjæle som dig, der ser det, som vi ikke kan," sagde St. Clare. "Hvordan kan det være?"

"Du har skjult dette for vise og forstandige og åbenbaret det for umyndige," mumlede Tom, "for således var det din vilje."

"Tom, jeg tror ikke – jeg kan ikke tro – jeg er for vant til at tvivle," sagde St. Clare. "Jeg vil så gerne tro denne Bibel, men jeg kan ikke."

"Kære master, bed til den gode Gud. 'Herre, jeg tror. Hjælp min vantro.'"

"Hvem ved i virkeligheden noget om noget?" sagde St. Clare med et flakkende drømmeagtigt blik, mens han talte til sig selv. "Var al den skønne kærlighed og troen blot en af de konstant skiftende faser i menneskelige følelser, som ikke havde noget virkeligt at bygge på og derfor forsvandt med det lille åndepust? Så i virkeligheden findes der ingen Eva mere – ingen Himmel – ingen Kristus – intet?"

"Åh jo, kære master, det findes! Jeg ved det! Jeg er sikker på det," sagde Tom og faldt på knæ. "De må tro det, kære master. Tro på det!"

"Hvordan ved du, at Kristus findes, Tom? Du har aldrig set ham."

"Jeg føler ham i min sjæl, master – Kristi kærlighed, som overgår al erkendelse! Åh master, da jeg blev solgt fra min kone og mine børn, var jeg næsten helt knust. Jeg følte det, som om jeg havde mistet alt, men den gode Gud stod ved min side, og han sagde: 'Frygt ikke, Tom', og han bringer lys og glæde til min arme sjæl – gør det hele så fredfyldt, og jeg er så lykkelig og elsker alle. Jeg føler mig villig til at høre Herren til og gøre hans vilje og at blive sat der, hvor Herren ønsker at sætte mig. Jeg ved, at dette ikke kommer fra mig selv, fordi jeg er en stakkels, klagende skabning. Det kommer fra Herren, og jeg ved, at han vil gøre det samme for min master."

Mens Tom talte, løb tårerne ham ned ad kinderne. St. Clare støttede sit hoved mod hans skulder og knugede hans grove, trofaste, sorte hånd.

"Tom, du holder af mig," sagde han.

"Jeg ville give mit liv denne velsignede dag for at se master som kristen."

"Stakkels, enfoldige dreng!" sagde St. Clare og rejste sig. "Jeg er ikke værdig til dit gode og ærlige hjertes kærlighed."

"Åh master, der er flere end jeg, som elsker Dem – den velsignede Herre Jesus elsker Dem."

"Hvordan ved du det, Tom?" spurgte St. Clare.

"Jeg føler det i mit hjerte. Åh master, Kristi kærlighed, som overgår al forstand."

"Mærkværdigt," sagde St. Clare og vendte sig bort, "at historien om et menneske, der levede og døde for 1800 år siden, endnu kan påvirke folk i den grad. Men han var ikke et almindeligt menneske," tilføjede han pludseligt. "Intet menneske har nogensinde haft en sådan langvarig og levende kraft! Åh, bare jeg kunne tro det, min mor lærte mig, og bede som jeg bad, da jeg var barn!"

"Måske master ville være så venlig," sagde Tom. "Miss Eva plejede at læse dette her så smukt. Det ville glæde mig, hvis master ville være så god at læse det. Jeg får ikke rigtigt læst noget, nu da miss Eva er væk."

Tom viste St. Clare det 11. kapitel i Johannesevangeliet – den rørende fortælling om Lazarus' opvækkelse. St. Clare læste kapitlet højt, men måtte ofte standse for at kæmpe med de følelser, som fortællingen vakte hos ham. Tom lå på knæ foran ham med foldede hænder og med et inderligt udtryk af kærlighed, tillid og tilbedelse i sit rolige ansigt.

"Tom," sagde hans master, "alt dette er *virkeligt* for dig!"

"Ja, jeg kan *tydeligt* se det for mig, master," sagde Tom.

"Jeg ville ønske, jeg havde dine øjne, Tom."

"Jeg beder til den gode Gud, at master må få det!"

"Men Tom, du ved, at jeg har en hel del mere viden end dig. Hvad hvis jeg nu fortæller dig, at jeg ikke tror på denne Bibel?"

"Åh master!" sagde Tom og løftede hænderne i en afværgende gestus.

"Ville det så ikke rokke en smule ved din tro, Tom?"

"Ikke det mindste," sagde Tom.

"Hvorfor ikke Tom, du må vel være klar over, at jeg ved det meste?"

"Åh master, har De ikke lige læst, hvordan han skjuler det for vise og forstandige og åbenbarer det for umyndige? Men master mente ikke det, De lige sagde, vel?" spurgte Tom ængsteligt.

"Nej Tom, jeg mente det ikke. Det er ikke fordi, jeg ikke vil tro. Jeg tror, der er en grund til at tro, og alligevel kan jeg ikke gøre det. Det er en besværlig og dårlig vane jeg har, Tom."

"Hvis master blot ville bede!"

"Hvordan kan du vide, at jeg ikke gør det, Tom?"

"Gør master da det?"

"Jeg ville gerne, Tom, hvis der var nogen der, når jeg beder, men det føles, som om jeg taler lige ud i luften, når jeg gør det. Men Tom, bed nu og vis mig, hvordan jeg skal gøre."

Toms hjerte var fuldt, og han tømte det ud i bøn. Det strømmede ud som en flod, der alt for længe havde været dæmmet op. Og en ting var sikker: Tom troede fuldt og fast på, at der var nogen der, som lyttede til ham – enten det nu var sandt eller ej. St. Clare følte, at han blev båret af sted på troens og bønnens vinger og ført næsten til portene til den Himmel, som Tom så tydeligt syntes at opleve. Det var, som om det bragte St. Clare nærmere til Eva.

"Mange tak, min dreng," sagde St. Clare, da Tom rejste sig op. "Det gjorde mig godt at høre dig, Tom, men gå nu og lad mig være alene. Vi kan tale mere en anden gang."

Tom forlod stille værelset.

---

[93] **Farvel til verden! Jeg er tilfreds:** Dette var John Quincy Adams sidste ord. Han var USA's 6. præsident og levede fra 1767-1848. Han var søn af John Adams og Abigail Adams, og den første amerikanske præsidentsøn, der selv blev præsident.

KAPITEL 28

Genforening

Den ene uge efter den anden gik i St. Clares hus, og lidt efter lidt udjævnede livets urolige bølger sig og blev igen til den sædvanlige rolige strøm, hvor det lille skib var gået ned. For fuldstændig despotisk og uden hensyntagen til ens følelser bevæger livets daglige realiteter sig videre på deres hårde, kolde og ligegyldige kurs! Vi skal stadig spise, drikke og sove og vågne igen – stadig handle, købe, sælge, spørge og besvare spørgsmål – kort sagt jage efter tusinde skygger, selv om vi har mistet al interesse for dem. Den kolde, mekaniske måde at leve livet på står tilbage, selv efter at lysten til livet er forsvundet.

Alle St. Clares tanker og forhåbninger havde ubevidst drejet sig om hans Eva. Det var for Evas skyld, han havde taget sig af sin ejendom. Han havde givet hende al sin tid, og han havde gjort dette og hint for hende – købt, forbedret, ændret og ordnet eller kasseret ting for hende. Han havde gjort det i så lang tid, at det var blevet en vane, og nu, hvor hun var borte, virkede hans liv så tomt. Der var intet mere at tænke på og intet mere at gøre.

Sandt nok var der et andet liv – et liv, som, når man tror på det, står som en højtidelig og betydelig form foran tidens ellers meningsløse tal. En signifikant form, der forandrer dem til rækker af mystisk, uvurderlig værdi. Det vidste St. Clare alt for godt, og tit, når han var træt og modløs, hørte han den spæde barnestemme, der opfordrede ham til at kigge opad, og han så den lille hånd vise ham livets vej, men sorgens dødlignende apati havde fået en sådan magt over ham, at han ikke formåede at rejse sig mere. Han var en af den slags mennesker, som forstod religionens sandheder ud fra sine egne fornemmelser og indtryk. Og han forstod dem bedre og tydeligere end mange af de jordbundne og praktiske kristne. Evnen til at påskønne værdien af moralske ting synes ofte at være en egenskab hos dem, der hele livet udviser en skødesløs ligegyldighed over for dem. Derfor ser man ofte, at Moore, Byron og Goethe[94] bruger ord, der mere klogt beskriver den sande religiøse opfattelse end mange andre, hvis hele liv er styret af den. Hos sådanne mennesker er foragt for religionen et frygteligt forræderi – en virkelig dødssynd.

St. Clare havde aldrig foregivet, at han lod sig lede ud fra nogen religiøse krav, og en medfødt skarpsindighed fik ham instinktivt til at forudse de store krav, kristendommen stillede, så han veg tilbage fra det, han forudså, hans samvittighed ville fordre af ham, hvis han skulle bestemme sig for at følge disse religiøse krav. For så inkonsekvent er menneskets natur og især med hensyn til idealer, at det er bedre at lade være med at indlade sig på en ting end at begynde på en ting og så ikke gennemføre den.

Og dog var St. Clare i mange henseender blevet et andet menneske. Han læste sin lille Evas Bibel oprigtigt og alvorligt, og han tænkte mere nøgternt og alvorligt over sit eget forhold til sine tjenestefolk – nok til at gøre ham meget utilfreds med både sit tidligere og nuværende liv. En af de første ting, han gav sig i kast med efter at være kommet hjem til New Orleans, var at påbegynde de nødvendige juridiske skridt for Toms frigivelse – en proces, der ville blive til virkelighed, så snart de nødvendige formaliteter var på plads. I mellemtiden knyttede han sig for hver dag mere og mere til Tom. I hele den vide verden var der intet andet, der mindede ham så meget om Eva. Han insisterede derfor på, at Tom altid var i nærheden, og selv om St. Clare almindeligvis var lukket og utilnærmelig med hensyn til sine dybere følelser, så tænkte han næsten højt i Toms selskab. Og ingen, som havde set Toms inderlige hengivenhed for sin master, ville have fundet noget underligt i St. Clares uforbeholdne tillid til Tom.

"Hør Tom," sagde St. Clare dagen efter, at han havde påbegyndt de juridiske skridt for hans frigivelse. "Jeg vil gøre dig til en fri mand, så vær klar til at pakke din kuffert og rejse hjem til Kentucky."

Den pludselige glæde i Toms ansigt, da han løftede sine hænder mod Himlen og udbrød: "Priset være Herren!" rystede St. Clare en del, da han ikke havde forventet, at Tom ville være så parat til at forlade ham.

"Du har da ikke haft det så dårligt her, at du behøver at være så begejstret, Tom," sagde han tørt.

"Nej, nej, master, det er ikke derfor – det er, fordi jeg bliver en *fri mand!* Det er det, som gør mig så glad."

"Men Tom, tror du ikke, at du har haft det bedre her, end hvis du havde været fri?"

"*Nej, bestemt ikke*, master St. Clare," sagde Tom med eftertryk. "Bestemt ikke!"

"Men Tom, ved dit arbejde kunne du da umuligt have tjent til sådanne klæder og et sådant liv, som jeg har givet dig."

"Nej, master St. Clare, De har været god mod mig. Men jeg vil hellere have dårligt tøj, en dårlig bolig og alt andet dårligt, når det blot er *mit eget* end have det bedste, når det tilhører en anden – sådan føler jeg, master. Jeg tror, at det er menneskets natur, master."

"Ja sikkert, Tom, og så rejser du væk og forlader mig om en måneds tid," sagde han temmelig utilfreds. "Det kan enhver da godt forstå," tilføjede han i et mere muntert tonefald, idet han rejste sig op og begyndte at gå frem og tilbage i værelset.

"Nej, ikke så længe master er bekymret," sagde Tom. "Jeg bliver hos master lige så længe, han ønsker det – så længe jeg kan være til nytte."

"Så længe jeg er bekymret, Tom?" sagde St. Clare og kiggede trist ud af vinduet. "Og hvornår vil *jeg* holde op med at være bekymret?"

"Når master St. Clare bliver en kristen," sagde Tom.

"Og du har virkelig tænkt dig at blive hos mig, til den dag kommer?" sagde St. Clare, idet han vendte sig bort fra vinduet med et skævt smil og lagde en hånd på Toms skulder. "Åh, Tom, din hjertensgode, dumme dreng! Jeg vil ikke holde på dig til den dag. Rejs hjem til din kone og dine børn og hils dem alle fra mig."

"Jeg tror, den dag snart vil komme," sagde Tom alvorligt og med tårer i øjnene. "Herren har et job for master."

"Et job, siger du?" sagde St. Clare. "Fortæl mig, hvad tror du det er for en slags arbejde?

"Det ved jeg ikke, men selv en stakkels fyr som mig har arbejde at gøre for Herren, og master St. Clare, som er så lærd, rig og har venner – hvor meget kunne han ikke gøre for Herren!"

"Tom, du ser ud til at mene, at Herren har brug for meget hjælp," sagde St. Clare med et smil.

"Vi gør Herrens arbejde, når vi arbejder for hans skabninger," sagde Tom.

"Det er god teologi, Tom, og jeg vil sværge på, at den er bedre end den dr. B. prædiker," sagde St. Clare.

Her blev deres samtale afbrudt, da nogle besøgende meldte deres ankomst.

Marie St. Clare følte tabet af Eva så dybt, som hun var i stand til at føle noget, og eftersom hun var en kvinde, der havde en særlig evne til at gøre alle andre ulykkelige, når hun selv var det, havde hendes nærmeste tjenere endnu større grund til at begræde tabet af deres unge frøken, hvis vindende væsen og milde bønner så ofte havde beskyttet dem mod hendes mors tyranniske og selviske krav. Særlig sønderknust var den stakkels, gamle Mammy, hvis hjerte havde trøstet sig med denne smukke skabning – afskåret som hun var fra sin familie. Hun græd både dag og nat og var så medtaget af sorg, at hun var langsommere og mindre dygtig til at passe sin frue end sædvanligt. Dette nedkaldte selvfølgelig en konstant byge af skældsord over hendes forsvarsløse hoved.

Miss Ophelia følte også tabet, men i hendes gode og ærlige hjerte bar sorgen frugt for et evigt liv. Den gjorde hende mere blid og mild, og selv om hun stadig var lige ihærdig med sine pligter, var det på en fredfyldt og rolig måde, som en der rådførte sig med sit hjerte. Hun underviste Topsy endnu flittigere end før – underviste hende især i Bibelen – følte ikke længere nogen undertrykt afsky for hende og veg ikke mere tilbage for berøring. Hun betragtede Topsy i et mildere lys, som Eva havde lært hende, og hun betragtede hende som en udødelig skabning, som Gud havde sendt, for at hun skulle lede hende ind på dydens og salighedens vej. Topsy blev ikke nogen engel fra den ene dag til den anden, men Evas liv og død havde skabt en stor forandring i hende. Den følelseskolde ligegyldighed var væk, og i stedet var der nu ægte følelser, håb, længsel og en stræben efter det gode – en uregelmæssig stræben, der ofte blev afbrudt og indstillet, men snart fornyet igen.

En dag, da miss Ophelia havde sendt bud efter hende, kom hun løbende, men skjulte i det samme noget i blusen.

"Hvad gemmer du der, din tyv? Jeg er sikker på, du lige har stjålet noget," sagde den hovmodige lille Rosa, som var blevet sendt af sted for at hente hende og greb hende hårdt i armen.

"Lad mig være, miss Rosa!" sagde Topsy og rev sig løs. "Det kommer ikke dig ved!"

"Hvad gør det ikke!" sagde Rosa. "Jeg så, du gemte noget – jeg kender dine små tricks." Rosa greb hende i armen og prøvede at stikke hånden ind under hendes bluse, mens en rasende Topsy sparkede og kæmpede bravt imod. Støjen fra kampen tiltrak både Ophelia og St. Clare.

"Hun har stjålet!" sagde Rosa.

"Det passer ikke!" råbte Topsy og hulkede voldsomt.

"Giv mig det og lad mig se, hvad det er!" sagde miss Ophelia bestemt.

Topsy tøvede, men da miss Ophelia gentog sin ordre, tog hun en lille pakke frem, som var viklet ind i en af Topsys gamle strømper.

Miss Ophelia åbnede pakken. Det var en lille bog, som Eva havde givet til Topsy med et enkelt bibelvers for hver dag i året. Og i et stykke papir lå den hårlok, som Eva havde givet hende den mindeværdige dag, hvor hun havde taget afsked med tjenestefolkene.

St. Clare blev dybt rørt ved synet af den. Den lille bog var viklet ind i et langt stykke sort stof, som var taget fra Evas begravelse.

"Hvorfor har du viklet bogen ind i *dette*?" spurgte St. Clare, idet han viste stoffet frem.

"Fordi – fordi, det var miss Evas. Åh, vær rar, tag det ikke fra mig!" sagde hun, og siddende på gulvet tog hun forklædet op over hovedet og græd utrøsteligt.

Det var på en gang gribende og grotesk at se den lille udslidte strømpe, det sorte sørgebind, bogen med bibelvers, den smukke, bløde hårlok og Topsys store fortvivlelse.

St. Clare smilede, men der var tårer i hans øjne, da han sagde: "Så, så, græd nu ikke mere. Du skal nok få lov til at beholde det hele!" Han pakkede tingene sammen igen og kastede dem ned i skødet på Topsy. Så tog han miss Ophelia med sig ind i dagligstuen.

"Jeg tror virkelig, at du kan få noget godt ud af hende," sagde han og pegede tilbage over skulderen med tommelfingeren. "Et sind, som er i stand til at vise *virkelig sorg* har også mulighed for at blive godt. Du må prøve at udrette noget med hende."

"Ja, pigen har forbedret sig meget," sagde miss Ophelia. "Jeg har store håb for hende, men Augustin," sagde hun og lagde hånden på hans arm, "jeg har ét spørgsmål: hvem skal barnet tilhøre? Dig eller mig?"

"Dig selvfølgelig, jeg gav hende jo til *dig*," sagde Augustin.

"Men ikke rent juridisk – jeg vil gerne have, at hun tilhører mig ifølge loven," sagde miss Ophelia.

"Men kusine dog!" sagde Augustin. "Hvad vil foreningen til slavernes frigivelse dog sige? De bliver nødt til at indføre en faste- og bededag for sådan et tilbageskridt, hvis du bliver slaveejer!"

"Åh, sludder og vrøvl! Jeg ønsker, at hun bliver min, så jeg har lov til at tage hende til de frie stater og sætte hende fri, så alt mit arbejde med hende ikke er spildt."

"Åh, kusine, det er dog en forfærdelig ting, at 'gøre det onde, for at det gode kan komme'! Det kan jeg ikke støtte."

"Jeg beder dig om at lade være med at spøge med det, men tage sagen alvorligt," sagde miss Ophelia. "Det nytter ikke noget, at jeg forsøger at gøre dette barn til et kristent barn, hvis jeg ikke kan redde hende fra alle slaveriets farer og tilfældigheder. Hvis du virkelig er villig til at lade mig få hende, så vil jeg bede dig om et gavebrev eller et juridisk dokument på hende."

"Godt, godt," sagde St. Clare, "det skal du nok få." Hvorefter han satte sig ned og begyndte at læse i en avis.

"Men du skal give mig det nu," sagde miss Ophelia.

"Hvorfor har du sådan et hastværk?"

"Fordi her og nu er det eneste tidspunkt, hvor vi skal gøre, hvad vi bør gøre," sagde miss Ophelia. "Se, her er papir, pen og blæk, skriv nu det stykke papir."

St. Clare var den type menneske, der helst ville opsætte tingene til en anden dag, så han hadede af et godt hjerte at blive presset til at skulle gøre noget her og nu. Derfor var han temmelig misfornøjet med miss Ophelias ligefremhed.

"Jamen, hvorfor dog?" sagde han. "Er mit ord ikke nok? Man skulle tro, at du havde stået i lære hos jøderne, når du kaster dig over mig på den måde!"

"Jeg vil bare have sikkerhed," sagde miss Ophelia. "Du kan gå hen og dø eller gå fallit, og så bliver Topsy slæbt af sted på auktion på trods af alle mine protester."

"Du er sandelig meget forudseende. Men eftersom jeg er havnet i hænderne på en yankee[95], så er der vel ikke andet at gøre end at føje dig." Derefter skrev St. Clare hurtigt et gavebrev, hvilket faldt ham let, da han var godt inde i lovens bogstav, underskrev det med flotte slyngede versaler og sluttede af med nogle fine kruseduller og sving.

"Så, nu har du det sort på hvidt. Er De så tilfreds, miss Vermont?" sagde han, idet han rakte det til hende.

"God dreng," sagde miss Ophelia med et smil. "Men skal det ikke bevidnes?"

"Åh jo, al det besvær!" Han åbnede døren ind til Maries lejlighed. "Her Marie, kusine Ophelia vil gerne have din autograf. Bare sæt dit navn der."

"Hvad er dog dette?" sagde Marie, da hun læste papiret. "Latterligt! Jeg troede kusine Ophelia var alt for gudfrygtig til sådanne rædsomme ting," tilføjede hun, mens hun skødesløst underskrev papiret. "Men hvis hun virkelig sætter pris på den tøs så for min skyld gerne."

"Værsgo', nu ejer du hende med hud og hår," sagde St. Clare og rakte hende papiret.

"Hun tilhører mig ikke mere nu, end hun gjorde før," sagde miss Ophelia. "Ingen andre end Gud har retten til at give hende til mig, men jeg kan beskytte hende nu."

"Nå, men så tilhører hun dig som opdigtet af loven," sagde St. Clare, da han gik tilbage til dagligstuen og fortsatte med sin avislæsning.

Miss Ophelia, som sjældent opholdt sig i Maries selskab, fulgte efter ham til dagligstuen, efter hun først havde lagt papiret på et sikkert sted.

"Augustin," sagde hun pludseligt, mens hun sad med sit strikketøj, "har du taget nogen forholdsregler for dine tjenestefolk i tilfælde af, at du skulle dø?"

"Nej," sagde St. Clare og læste videre.

"Så kan al din overbærenhed mod dem måske vise sig at være en stor grusomhed senere."

St. Clare havde ofte selv tænkt det samme, men han svarede henkastet: "Jeg har tænkt mig at bringe det i orden snart."

"Hvornår?" spurgte miss Ophelia.

"Åh, en af dagene."

"Hvad nu hvis du dør inden?"

"Kære kusine, hvad er der galt?" spurgte St. Clare og lagde avisen fra sig. "Synes du, jeg har symptomer på gul feber[96] eller kolera, siden du presser på med post mortem[97] arrangementer med en sådan iver?"

"'Midt i livet er vi i døden,'" sagde miss Ophelia.

St. Clare smed skødesløst avisen fra sig, rejste sig op og gik hen til den åbne dør ud til verandaen for at gøre en ende på denne ubehagelige samtale. Han gentog mekanisk miss Ophelias sidste ord – *"Døden!"* – og mens han lænede sig mod

rækværket og betragtede det sprudlende springvand, og i en sløret og svimmel tåge så på blomsterne og træerne i gårdhaven gentog han igen det gådefulde ord, som falder så naturligt på alles læber, men har en sådan forunderlig kraft – "DØDEN!"
"Det er mærkeligt med sådan et ord og en sådan ting, og at vi altid glemmer det" sagde han. "At man den ene dag kan leve trygt og godt, fuld af håb og ønsker og være borte den næste – fuldstændig borte for altid."

Det var en varm, gylden aften, og da St. Clare fortsatte til den modsatte ende af verandaen, fik han øje på Tom, der ivrigt studerede sin Bibel. Med en finger pegede han på hvert eneste ord og hviskede dem til sig selv med en alvorlig mine.

"Skal jeg læse op for dig, Tom?" spurgte St. Clare og satte sig ned ved siden af ham.

"Hvis master vil være så venlig," sagde Tom taknemligt. "Master gør det så meget tydeligere."

St. Clare tog imod bogen, og efter et kort kig på siden begyndte han at læse et af de afsnit, som Tom havde afmærket med en tyk streg rundt omkring. Det lød således: "Når Menneskesønnen kommer i sin herlighed og alle englene med ham, da skal han tage sæde på sin herligheds trone. Og alle folkeslagene skal samles foran ham, og han skal skille dem, som en hyrde skiller fårene fra bukkene." St. Clare læste på en let og levende måde, indtil han nåede til det sidste vers.

"Da skal kongen sige til dem ved sin venstre side: Gå bort fra mig, I forbandede, til den evige ild. For jeg var sulten, og I gav mig ikke noget at spise, jeg var tørstig, og I gav mig ikke noget at drikke, jeg var fremmed, og I tog ikke imod mig, jeg var nøgen, og I gav mig ikke tøj, jeg var syg og i fængsel, og I så ikke til mig. Da skal de sige til ham: Herre, hvornår så vi dig sulten eller tørstig eller fremmed eller nøgen eller syg eller i fængsel, uden at vi hjalp dig? Da skal han svare dem: Sandelig siger jeg jer: Alt, hvad I ikke har gjort mod en af disse mindste, det har I heller ikke gjort mod mig!"

St. Clare virkede truffet af dette sidste vers, for han læste det to gange og meget langsomt den sidste gang, som om han grundede over hvert et ord.

"Tom," sagde han, "disse mennesker, som bliver dømt så hårdt, har tilsyneladende gjort det samme, som jeg har gjort – levet gode, bekvemme og respektable liv uden at bekymre sig om, hvor mange af deres brødre sultede og tørstede, var syge eller i fængsel."

Tom var tavs.

St. Clare rejste sig og gik i dybe tanker frem og tilbage på verandaen, som om han havde glemt alt omkring sig. Så fordybet i sine egne tanker var han, at Tom to gange måtte minde ham om, at klokken havde ringet ind til te, førend han hørte ham.

Og ved tebordet var han hele tiden åndsfraværende og tankefuld. Efter teen satte han, Marie og miss Ophelia sig ind i dagligstuen, hvor ingen af dem mælede et ord.

Marie lagde sig på sofaen under et moskitonet af silke, hvor hun snart faldt i en dyb søvn. Miss Ophelia sad stille og beskæftigede sig med sit strikketøj. St. Clare satte sig hen til klaveret og gav sig til at spille et blidt og melankolsk musikstykke i mol[98]. Han sad som hensunket i drømme og talte med sig selv gennem musikken. Efter en stund åbnede han en skuffe, tog en gammel nodebog med gulnede sider frem og gav sig til at bladre i den.

"Se," sagde han til miss Ophelia, "denne bog har tilhørt min mor, og her er hendes håndskrift – kom herhen og se. Hun har kopieret og arrangeret det efter Mozarts Requiem[99]." Miss Ophelia gik hen til ham.

"Hun sang den så tit, at jeg næsten kan høre den for mig endnu," sagde St. Clare.

Han anslog et par højtidelige akkorder og begyndte at synge den storslåede, gamle latinske salme: "Dies irae".

Tom, som stod og lyttede ude på verandaen, blev draget hen til døren af lyden, hvor han stod alvorligt og lyttede. Han forstod naturligvis ikke ordene, men musikken og måden, St. Clare sang på, syntes at gøre et stort indtryk på ham – i særdeleshed da St. Clare sang de mest højtidelige og triste steder. Tom ville have været endnu mere grebet, hvis han havde kendt betydningen af de smukke ord:

> "Kom i hu, fromme Jesus,
> at for min skyld gik du smertens vej,
> lad mig ikke fortabes hin dag.
> Søgende efter mig har du sat dig træt,
> du har genløst mig ved korsets død,
> lad ikke så megen møje være forgæves!"

St. Clare udtrykte alle sine dybeste følelser i disse ord, for det var som om årenes skyggeagtige slør var trukket bort, og som om han hørte sin mors stemme synge med. Det var som både stemme og instrument var levende og forenede sig med de toner, som den æteriske Mozart engang skabte til sit eget requiem.

Da St. Clare havde sunget sangen til ende, blev han siddende et øjeblik med hånden under hovedet. Så rejste han sig og begyndte at gå op og ned ad gulvet.

"Hvilken enestående opfattelse af den yderste dag!" sagde han. "Århundreders uret bliver rettet! Alle moralske problemer bliver løst med en uimodsigelig visdom! Det er i sandhed et vidunderligt billede."

"Men et skræmmende billede for os," sagde miss Ophelia.

"Det burde være det for mig, tænker jeg," sagde St. Clare tankefuldt. "Her i eftermiddags læste jeg for Tom det kapitel af

Matthæus, som netop beskriver dommedag, og det har gjort et stort indtryk på mig. Man kunne have forventet at høre, at alle de, der udelukkes fra Himlen, er anklaget for de forfærdeligste uhyrligheder som grunden til deres straf, men nej – de dømmes for *ikke* at have gjort noget virkelig godt, som om dette i sig selv indebar alle slags fortræd."

"Måske," sagde miss Ophelia, "er det umuligt for en person, som ikke gør noget godt, at lade være med at gøre fortræd."

"Og hvad," sagde St. Clare og talte abstrakt, men med stærke følelser, "hvad skal man sige om en person, der har svigtet sine ædle formål, selv om hans eget hjerte, hans uddannelse og samfundets behov har opfordret ham til det? En person, der i stedet har drevet af sted som en drømmende, uengageret tilskuer til sine medmenneskers kampe, sorger og uretfærdigheder, når han skulle have deltaget aktivt."

"Jeg ville sige," sagde miss Ophelia, "at han burde angre det og tage fat med det samme."

"Som altid er du praktisk og går lige til sagen!" sagde St. Clare med et stort smil. "Du giver mig aldrig tid til at overveje tingene i almindelighed, kære kusine. Du bringer mig frem til virkeligheden lige her og nu. Du tænker konstant i en slags *evigt nu*."

"*Nu* er den eneste tid, jeg har noget at gøre med," sagde miss Ophelia.

"Kære, lille Eva – stakkels barn!" sagde St. Clare. "Hele hendes lille, oprigtige hjerte var så opsat på, at jeg skulle gøre noget godt."

Det var første gang siden Evas død, at han havde snakket om dette, og det var tydeligt, at han anstrengte sig for at bekæmpe nogle stærke følelser.

"Min opfattelse af kristendommen er," tilføjede han, "at intet menneske ærligt kan bekende sig til den, hvis han ikke af al magt går imod dette skrækkelige system af uretfærdighed, som hele vort samfund hviler på, og om nødvendigt ofrer sig selv i kampen. Min mening er, at jeg ikke ville være i stand til at være en kristen på nogen anden måde, selv om jeg ganske vist har kendt mange oplyste og kristne mennesker, der aldrig har handlet på denne måde. Og jeg må tilstå, at de religiøses apati på dette område og deres manglende evne til at se de uretfærdigheder, der fyldte mig med rædsel, har mere end noget andet vakt min skepsis."

"Men hvis du ved alt dette," sagde miss Ophelia, "hvorfor gjorde du så ikke noget ved det?"

"Åh, fordi min menneskekærlighed kun strakte sig til at ligge på en sofa og forbande kirken og præsteskabet for ikke at være martyrer og bekendere. Man kan let se, hvordan andre burde være martyrer, forstår du."

"Har du nu tænkt dig at handle anderledes?" spurgte miss Ophelia.

"Kun Gud kender fremtiden," sagde St. Clare. "Jeg er mere modig end før, fordi jeg har mistet alt. Og han, som intet mere har at miste, kan tage større chancer."

"Så hvad vil du gøre?"

"Min pligt, håber jeg, over for de fattige og de undertrykte, når jeg har fundet ud af, hvad den består i," sagde St. Clare. "Jeg kan begynde med mine egne hustjenere, som jeg hidtil ikke har gjort noget for, og måske engang i fremtiden kan jeg gøre noget for en hel samfundsklasse – noget, der kan redde mit land fra den falske og vanærende stilling, som vi indtager i alle civiliserede landes øjne."

"Tror du, det er muligt, at et helt land frivilligt vil give afkald på sine slaver?" spurgte miss Ophelia.

"Jeg ved det ikke," svarede St. Clare. "Det er tiden til store gerninger. Heltemod og opofrelse dukker op her og der i verden. Ungarns adelige har sat millioner af livegne fri med et stort økonomisk tab til følge[100]. Og måske kan man også blandt os finde storsindede mennesker, der ikke mener, at ære og retfærdighed skal vurderes i dollars og cent."

"Det tror jeg næppe," sagde miss Ophelia.

"Men lad os sige, at vi gav slaverne fri i morgen, hvem skulle så uddanne disse millioner af mennesker og lære dem, hvordan de skulle bruge deres frihed? De ville ikke kunne hævde sig særlig godt blandt os. Sagen er, at vi i Syden er for dovne og upraktiske til at give dem en idé om den flid og energi, som kræves for at blive til mænd og kvinder. De ville blive nødt til at rejse til Norden, hvor det er almindeligt at arbejde – den almindeligt udbredte skik. Og fortæl mig nu om der i Nordstaterne eksisterer nok kristen filantropi til at tage sig af processen med deres uddannelse og ophøjelse? I sender tusindvis af dollars til udenlandske missioner, men kunne I også udholde at få hedningene sendt til jeres byer og landsbyer, og ville I give jeres tid, tanker og penge til at hæve dem op til en kristen standard. Det ville jeg gerne vide. Hvis vi frigiver slaverne, er I så villige til at uddanne dem? Hvor mange familier i din by ville tage imod en negerkvinde eller mand og undervise dem, have tålmodighed med dem og gøre dem til kristne? Hvor mange købmænd ville tage imod Adolph, hvis jeg ønskede at uddanne ham til kontorist eller mekaniker, så han kunne lære et håndværk? Hvis jeg ønskede at sende Jane eller Rosa i skole, hvor mange skoler findes der så i Nordstaterne, som ville tage imod dem? Hvor mange familier ville give dem kost og logi, selv om de er lige så hvide som mange kvinder i Nord eller Syd. Ser du, kære kusine, jeg ønsker, vi bliver retfærdigt behandlet. Vi står i en vanskelig situation. Vi er negernes *indlysende* undertrykkere, men de ukristelige fordomme mod negre i Norden repræsenterer en næsten lige så alvorlig undertrykkelse."

"Ja, kære fætter, det ved jeg," sagde miss Ophelia. "Jeg ved, at jeg havde det på den måde, indtil jeg indså, at det var min pligt at overvinde det. Men jeg tror på, at jeg nu har overvundet det, og jeg ved, at der findes mange gode mennesker i Norden, som bare skal *lære*, hvad deres pligt er, så de kan udføre den. Det vil helt sikkert kræve en større selvopofrelse at modtage hedningene blandt os end at sende missionærer ud til dem, men jeg tror, vi kan gøre det."

"Ja, jeg ved, at *du* ville gøre det," sagde St. Clare. "Jeg kunne godt tænke mig at se noget, du ikke ville gøre, hvis du troede, at det var din pligt!"

"Nåh, jeg er ikke et usædvanligt godt menneske," sagde miss Ophelia. "Der findes mange andre, der ville gøre det, hvis de så tingene, som jeg ser dem. Jeg har tænkt mig at tage Topsy med mig hjem, når jeg rejser. Mange vil sikkert undre sig i begyndelsen, men jeg tror, at de efterhånden vil se sagen, ligesom jeg gør. Desuden ved jeg, at der er mange mennesker i Norden, som vil handle præcist, som du har sagt."

"Ja, men de er stadig i mindretal, og hvis vi begyndte at frigive vores slaver i stor stil, skulle vi snart høre fra jer."

Miss Ophelia tav. Der blev et øjebliks stilhed, og St. Clare så frem for sig med et bedrøvet, drømmende udtryk i ansigtet.

"Jeg ved ikke, hvad det er, der får mig til at tænke så meget på min mor i aften," sagde han. "Jeg har en mærkelig følelse af, at hun er tæt på mig. Jeg kan ikke lade være med at tænke på alle de ting, hun plejede at sige. Det er underligt, at sådanne fjerne ting nogle gange vender så levende tilbage til os!"

St. Clare gik frem og tilbage i værelset et par minutter og sagde så: "Jeg tror, jeg vil gå mig en tur i byen for at høre, om der er sket noget nyt her til aften."

Han tog sin hat og gik ud.

Tom fulgte ham over gården til porten og spurgte, om han skulle gå med.

"Nej, min dreng," sagde St. Clare. "Jeg kommer tilbage om en time."

Tom satte sig på verandaen. Det var en smuk, månelys aften, og han sad og betragtede det sprudlende vand i springvandet og lyttede til dets rislen. Han tænkte på sit hjem, og at han snart ville være en fri mand, der kunne rejse hjem, når han ville. Han tænkte på, hvordan han skulle arbejde for at købe sin kone og børn fri. Han følte musklerne i sine stærke arme med en vis glæde, da han tænkte på, at de snart ville tilhøre ham selv, og hvor meget de kunne gøre for at sikre hans families frihed. Så tænkte han på sin ædle, unge herre og dernæst bad han, som han altid gjorde, en bøn for ham. Så gik hans tanker videre til den smukke Eva, som han nu forestillede sig blandt englene i Himlen, og han tænkte så længe på hende, at han til sidst mente, at han kunne se hendes gyldne lokker og strålende ansigt smile til ham gennem vandstrålerne i springvandet. Og således hensunket i tanker faldt han i søvn og drømte, at han så hende komme springende hen imod sig, som hun plejede at gøre, med en krans af jasminer i håret, blussende kinder og et par glædestrålende øjne. Men mens han betragtede hende, syntes hun at stige op fra jorden – hendes kinder blev blegere, øjnene fik en dyb, himmelsk glans og en gylden glorie syntes at omgive hendes hoved. Hun forsvandt så for hans øjne, og Tom vågnede ved lyden af en høj banken på porten og lyden af mange stemmer fra gaden.

Han skyndte sig at åbne porten og adskillige mænd med tunge skridt og dæmpede stemmer trådte indenfor. På en vinduesskodde bar de en mand indhyllet i en kappe. Da lyset fra lygten faldt på mandens ansigt, udstødte Tom et fortvivlet skrig, der genlød over hele gården. Mændene fortsatte med deres byrde til den åbne stuedør, hvor miss Ophelia sad og strikkede.

St. Clare var gået ind i en café for at læse en aftenavis. Mens han læste var to berusede herrer i lokalet kommet i klammeri med hinanden. St. Clare og et par andre i cafeen var trådt til for at skille dem ad, men da St. Clare forsøgte at vriste en bowie-kniv fra den ene af slagsbrødrene, blev han stukket livsfarligt i siden.

Huset fyldtes med råb og jammer, skrig og skrål, tjenestefolkene rev sig i håret, kastede sig på gulvet eller løb forvirrede omkring, mens de jamrede fortvivlet. Tom og miss Ophelia syntes at være de eneste, der bevarede fatningen, men Marie fik et stærkt hysterisk anfald. På miss Ophelias ordre blev en af dagligstuens sofaer hurtigt redt op og den blødende mand blev lagt på den. St. Clare var besvimet af smerter og blodtabet, men da miss Ophelia gav ham et styrkende middel, kom han til sig selv, åbnede øjnene og kiggede stift på dem. Så gled hans blik alvorligt omkring i stuen og betragtede længselsfuldt hver eneste genstand, indtil han til sidst fæstnede blikket på sin mors billede.

I mellemtiden var lægen kommet og begyndte at undersøge ham. Ud fra udtrykket i hans ansigt var det tydeligt, at der ikke var noget håb, men han gav sig til at forbinde såret. Miss Ophelia og Tom hjalp ham roligt med dette arbejde, mens de opskræmte tjenestefolk jamrende og grædende flokkedes foran verandaens vinduer og døre.

"Hør," sagde lægen, "vi må sende alle disse mennesker væk. Han må have fuldstændig ro, hvis han skal have en chance."

St. Clare åbnede øjnene og stirrede på de ulykkelige mennesker, som miss Ophelia og lægen prøvede at sende ud af stuen. "Stakkels mennesker!" sagde han og et udtryk af bitter selvbebrejdelse viste sig på hans ansigt. Adolph nægtede totalt at gå. Skræk og rædsel havde berøvet ham al fornuft. Han kastede sig ned på gulvet, og det var umuligt at overtale ham til at rejse sig. Men resten af tjenestefolkene gav efter for miss Ophelias bydende udsagn om, at deres herres helbredelse afhang af, at de var stille og adlød.

St. Clare kunne ikke sige meget. Han lå med lukkede øjne, men det var tydeligt, at han kæmpede med bitre tanker. Tom knælede ned ved siden af ham. Efter et stykke tid lagde han sin hånd ovenpå Toms hånd og sagde: "Tom! Stakkels fyr!"

"Hvad, master?" spurgte Tom alvorligt.

"Jeg dør!" sagde St. Clare og trykkede hans hånd. "Bed for mig!"

"Måske De ønsker en præst.." sagde lægen.

St. Clare rystede på hovedet og sagde endnu mere indtrængende til Tom: "Bed for mig!"

Og Tom bad af hele sit hjerte for denne sjæl, som nu skulle rejse herfra – denne sjæl, som med sine store sørgmodige, blå øjne virkede fattet og vemodig. Det blev bogstavelig talt en bøn fremført under gråd og tårer.

Da Tom holdt inde, rakte St. Clare ud og tog hans hånd. Han kiggede alvorligt på ham, men sagde ikke noget. Så lukkede han øjnene igen, men slap ikke hånden, for ved evighedens porte er der ingen forskel på sorte og hvide hænder. Han mumlede stille og usammenhængende for sig selv:

"Recordare Jesu pie—
...
Ne me perdas—illa die
Quaerens me—sedisti lassus."

Det var tydeligt, at de ord, han havde sunget samme aften, nu igen løb gennem hovedet på ham – bønfaldende ord henvendt til den uendelige barmhjertighed. Hans læber skælvede nu og da, når salmen kom stødvist fra dem.

"Hans tanker strejfer omkring," sagde lægen.

"Nej! de er endelig kommet HJEM!" sagde St. Clare heftigt. "Endelig! Endelig!"

Anstrengelsen ved at tale udmattede ham. Dødens bleghed sænkede sig over ham, men samtidig bredte der sig et smukt og fredfyldt udtryk over hans ansigt, som hvis en medlidende ånd havde forårsaget det med sine vinger. Han lignede et træt barn, der var faldet i søvn.

Således lå han en stund. De så, at den mægtige hånd var over ham. Og lige før ånden forlod ham, åbnede han øjnene med et pludseligt lys af glæde og genkendelse og sagde *"Mor!"*. Så var han væk!

---

[94] **Goethe, Johann Wolfgang von** – (28. august 1749 - 22. marts 1832) var en tysk forfatter, videnskabsmand, diplomat og filosof.

[95] **Yankee:** En indfødt eller indbygger i New England, især af engelsk afstamning.

[96] **Gul feber:** En alvorlig virusinfektion, som overføres til mennesker via myg. Patienten udvikler blodmangel og leverbetændelse, der farver patientens hud gul, hvilket har givet sygdommen dens navn.

[97] **Post mortem:** (latin: efter døden) et udtryk, der blandt andet anvendes om en undersøgelse, efterforskning eller handling, der fortages efter døden. En hædersbevisning kan for eksempel tildeles post mortem.

[98] **Mol:** En toneart og skala inden for musikken, der lyder mere dyster og trist end for eksempel en dur-skala, der lyder mere "glad".

[99] **Mozart, Wolfgang Amadeus:** Joannes Chrysostomus Wolfgangus Theophilus Mozart (27. januar 1756 - 5. december 1791). Mozart og hans søster Maria Anna Mozart var vidunderbørn. Mozart spillede cembalo fra han var tre år og begyndte at komponere som femårig. Han var en yderst produktiv komponist, og i sin korte levetid nåede han at færdiggøre 626 musikværker og påbegynde cirka 200, der ikke blev fuldendt. Hans evner strakte sig over operaer, kirkemusik, sange, symfonier, koncerter, kammermusik, strygekvartetter, klavermusik osv. I 1791 påbegyndte Mozart sit requiem i d-mol, men nåede ikke at fuldende værket før sin død.

[100] **Ungarns adelige har sat millioner af livegne fri med et stort økonomisk tab til følge** – Den 11. april 1848 blev livegenskabet i Ungarn ophævet med kompensation fra staten til godsejerne.

KAPITEL 29

De værgeløse

Vi hører ofte om negertjenernes fortvivlelse, når de mister en venlig herre, og det er der god grund til, da intet væsen på Guds grønne jord bliver efterladt så totalt blottet og værgeløs som en slave i disse omstændigheder.

Barnet, som har mistet sin far, bliver stadig beskyttet af venner og af loven. Det har sine anerkendte rettigheder og krav, men slaven har ingenting. I alle henseender betragter loven ham eller hende lige så retsløs som en balle bomuld. Den eneste erkendelse af de ønsker og behov, han har som et menneske og udødeligt væsen, bliver nådigt tildelt ham gennem hans herres suveræne og ansvarsfrie forgodtbefindende. Og når den herre falder væk, falder slavens privilegier også væk, og der er intet tilbage.

Antallet af mennesker, der forstår at bruge deres ansvarsfrie magt menneskekærligt og storsindet, er ganske ringe. Det er noget alle ved, og slaven ved det bedst af alle, så han har den opfattelse, at chancen er 1 til 10 for at finde en betænksom og venlig herre fremfor en grusom og tyrannisk. Det er derfor en slaves jammer og klage over en venlig herre kan være så højlydt og langvarig.

Da St. Clare trak sit sidste åndedrag, blev hele husholdningen grebet af rædsel og bestyrtelse. Hans død var kommet så pludseligt og midt i hans ungdoms blomst og styrke! Hvert eneste værelse og galleri i huset genlød af hulken og fortvivlet jammer.

Marie, hvis nervesystem var blevet svækket gennem årevis af konstant selvmedlidenhed, havde ingen styrke tilbage, der kunne modvirke chokket, så da hendes mand udstødte sit sidste suk, fik hun det ene besvimelsesanfald efter det andet, så den mand, hun var blevet forenet med i ægteskabets bånd, skiltes fra hende for altid uden at kunne sige hende et eneste afskedsord.

Miss Ophelia var med sin karakteristiske styrke og selvkontrol forblevet hos sin slægtning til det sidste. Med øjne og ører overalt og den største opmærksomhed gjorde hun det lidt, som kunne gøres, og med et kærligt hjerte havde hun deltaget i de inderlige og lidenskabelige bønner, som den stakkels slave havde opsendt for sin døende herres sjæl.

Da de gjorde St. Clare i stand til den sidste hvile, fandt de på hans bryst en lille, enkel medaljon, der kunne åbnes med et tryk på en fjederlås. Den indeholdt et miniaturebillede af et kvindeansigt med ædle og skønne træk, og på bagsiden under et krystalglas lå en mørk hårlok – hans mors. De lagde medaljonen tilbage på St. Clares livløse bryst – fra støv til støv – vemodige minder om tidlige drømme, som engang fik det kolde hjerte til at banke så varmt.

Toms sjæl var opfyldt af tanker om evigheden, og mens han tog sig af den livløse krop, faldt det ham ikke et øjeblik ind, at det pludselige slag havde efterladt ham i håbløst slaveri. Han følte sig i fred med sin herre, for i den stund, hvor han havde opsendt sine bønner til sin himmelske Fader, havde han i sit indre fundet et svar, der bragte ham ro og vished. Dybt i hans egen hengivne natur var han i stand til at fornemme noget af den guddommelige kærligheds fuldkommenhed, for som en gammel profet har skrevet: "Den, der bliver i kærligheden, bliver i Gud, og Gud bliver i ham." Tom havde håb og fortrøstning, og derfor var han i fred med sig selv.

Begravelsen blev overstået med hele sit optog af sørgeslør, bønner og højtidelige ansigter, den grå hverdag vendte tilbage, og det evige spørgsmål dukkede op: "Hvad skal der nu ske?"

Spørgsmålet dukkede op hos Marie, mens hun sad i sin store lænestol iført en løs morgenkåbe omgivet af ængstelige tjenestefolk og inspicerede prøver på sørgeflor og bombasin. Det dukkede op hos miss Ophelia, som begyndte at tænke på sit hjem i Norden. I stille rædsel dukkede det også op hos tjenestefolkene, som nu var overladt i deres frues hænder og kun alt for godt kendte til hendes ufølsomme, tyranniske natur. De vidste alle, at den mildhed og overbærenhed, som hidtil var blevet dem tilstået, ikke stammede fra deres frue, men fra deres afdøde herre, og at der ikke mere ville være noget til at skærme dem mod alle de tyranniske straffe, som et sind hjemsøgt af sorg kunne finde på.

Omtrent fjorten dage efter begravelsen sad miss Ophelia travlt beskæftiget i sin lejlighed, da hun hørte en svag banken på døren. Hun lukkede op og udenfor stod Rosa – den kønne, unge kvadronpige, som vi har nævnt flere gange. Håret var i uorden, og øjnene var opsvulmede af gråd.

"Åh, miss Feeley," sagde hun, idet hun faldt på knæ og greb fat i hendes kjole, "*vil De ikke nok* gå til miss Marie og gå i forbøn for mig! Hun har sendt mig af sted for at blive pisket – se her!" Hun rakte miss Ophelia et stykke papir.

Det var en ordre skrevet med Maries fine, sirlige håndskrift til forstanderen for en straffeanstalt om, at han skulle sørge for, at overbringeren af dette brev blev straffet med femten piskeslag.

"Hvad har du da gjort?" spurte miss Ophelia.

"Åh, miss Feeley, De ved, at jeg er så forfærdeligt opfarende. Jeg kan ikke styre mig. Jeg prøvede en af miss Maries kjoler, og så gav hun mig en lussing. Og før jeg tænkte over det, var jeg næsvis overfor hende. Hun sagde så, at hun én gang for alle skulle lære mig, at jeg ikke skulle være så kæphøj. Og så skrev hun det her og sagde, at jeg skulle gå hen med det. Hun måtte hellere have slået mig ihjel med det samme."

Miss Ophelia stod tankefuld med papiret i hånden.

"Ser De, miss Feeley," sagde Rosa. "Jeg har ikke så meget imod at blive pisket, hvis miss Marie eller De gjorde det, men at det skal gøres af *en mand* og oven i købet af sådan en forfærdelig en. Det er skammen ved det, miss Feeley!"

Miss Ophelia var godt klar over, at det var en almindelig skik at sende kvinder og unge piger til straffeanstalter for at blive pisket af de mest usle mænd – mænd, der var både ondskabsfulde og nederdrægtige nok til at gøre dette til deres profession – for at blive underkastet en brutal og skændig afstraffelse. Hun havde hørt om det *før*, men indtil nu havde hun aldrig rigtig indset, hvor forfærdeligt det var, før hun så Rosas slanke skikkelse næsten i kramper af fortvivlelse. Al kvindekønnets hæderlige blod, det stærke blod fra New Englands frihed, skød op i hendes kinder, og hendes hjerte bankede af bitterhed og harme. Men med sin sædvanlige klogskab og selvbeherskelse beherskede hun sig og med papiret knuget fast i hånden, sagde hun til Rosa: "Sæt dig ned, mit barn, mens jeg går hen og taler med din frue."

"Skammeligt! Afskyeligt! Skandaløst!" mumlede hun for sig selv, da hun gik gennem stuen.

Hun fandt Marie siddende i sin lænestol, hvor Mammy var i færd med at rede hendes hår. Jane sad på gulvet foran hende og havde travlt med at massere hendes fødder.

"Hvordan har du det i dag?" spurgte miss Ophelia.

Først svarede Marie blot med et dybt suk og lukkede øjnene, så sagde hun: "Åh, jeg ved det ikke rigtigt, kusine. Jeg har det nok så godt, som jeg nogensinde kan få det!" Så tørrede hun sine øjne med et lommetørklæde af kammerdug, der havde en tommebred sort kant.

"Jeg er kommet," sagde miss Ophelia og rømmede sig, som man sædvanligvis gør, inden man nærmer sig et vanskeligt emne. "Jeg kom for at tale med dig om den stakkels Rosa."

Marie sad med vidt åbne øjne nu, og en rødmen bredt sig over hendes gustne kinder, da hun skarpt sagde: "Nå, hvad er det med hende?"

"Hun er meget ked af det, hun har gjort."

"Nå virkelig, er hun det? Hun vil blive endnu mere ked af det, før jeg er færdig med hende! Jeg har fundet mig længe nok i den piges uforskammetheder. Nu er det nok – hun skal komme til at krybe for mine fødder!"

"Men kan du ikke straffe hende på en anden måde – en måde, som er mindre nedværdigende?"

"Jeg har tænkt mig at nedværdige hende. Det er lige det, jeg vil. Hele sit liv har hun spillet på sin finhed, sit gode udseende og fornemme manerer, så hun fuldstændig har glemt, hvem hun er, men nu har jeg tænkt mig at kurere hende for det, én gang for alle!"

"Men kusine, tænk på, at hvis du ødelægger finheden og skamfølelsen hos en ung pige, bliver hun hurtigt fordærvet."

"Finhed!" sagde Marie med en hånlig latter. "Det er vel nok et flot ord for sådan en tøs! Jeg skal lære hende med alle hendes fine manerer, at hun ikke er en smule bedre end den mest usle, sorte tøjte, der trækker på gaden! Jeg har fået nok af hende og hendes fine manerer!"

"Du kommer til at stå til regnskab for Gud for sådan en grusomhed!" sagde miss Ophelia oprørt.

"Grusomhed! Jeg gad vide, hvad grusomt der er i det! Jeg har kun bedt dem om at give hende femten slag, og jeg har oven i købet skrevet, at det skal være lette slag. Der er ingen grusomhed i det, er jeg sikker på!"

"Ingen grusomhed?" sagde miss Ophelia. "Jeg er sikker på, at enhver pige hellere ville dø end at blive pisket!"

"Sådan kan det måske se ud for en med dine følelser, men disse skabninger er vant til det. Det er den eneste måde, man kan styre dem på. Så snart man tillader dem at have ideer om finhed og den slags, så opfører de sig bare, akkurat som mine tjenestefolk altid har gjort det. Men nu har jeg sat mig for, at de skal sættes på plads, og at de alle skal få at vide, at jeg vil sende dem af sted én efter én for at blive pisket, hvis de ikke opfører sig ordentligt!" sagde Marie og så sig omkring med et strengt blik.

Jane dukkede hovedet og krøb sammen, da hun var bange for, at det var specielt møntet på hende. Miss Ophelia sad stille et øjeblik og lignede en, der havde indtaget en eksplosiv blanding og var lige ved at sprænges. Men hun beherskede sig endnu en gang, da hun indså det nytteløse i at fortsætte diskussionen med en person som Marie. Hun kneb læberne fast sammen, rejste sig og forlod værelset.

Det var hårdt for hende at gå tilbage til Rosa og fortælle hende, at hun ikke havde kunnet gøre noget for hende. Kort efter kom en af de mandlige tjenestefolk og sagde, at fruen havde givet ham ordre til at bringe Rosa hen til straffeanstalten. Der blev hun så sendt hen på trods af alle hendes tårer og indtrængende bønner.

Nogle dage senere stod Tom i sine egne tanker på verandaen, da Adolph kom hen til ham. Adolph havde efter sin herres død været modløs og utrøstelig. Han vidste, at fruen altid havde haft et horn i siden på ham, men mens St. Clare levede, havde han ikke taget det særlig alvorligt. Men nu, hvor hans beskytter var væk, havde han levet i konstant frygt og bæven for, hvad der ville ske med ham. Marie havde flere gange rådført sig med sin advokat, og efter en samtale med St. Clares bror havde hun besluttet sig for at sælge ejendommen og alle slaverne med undtagelse af dem, der var hendes egen personlige ejendom, og som hun ville tage med sig, når hun rejste tilbage til sin fars plantage.

"Har du hørt Tom, at vi skal sælges alle sammen?" sagde Adolph.

"Hvor har du hørt det?" spurgte Tom.

"Jeg gemte mig bag gardinerne, mens fruen talte med sagføreren. Om nogle dage bliver vi sendt på auktion, Tom."

"Guds vilje ske!" sagde Tom, lagde armene over kors og sukkede dybt.

"Vi får aldrig sådan en master igen," sagde Adolph bedrøvet, "men jeg vil hellere sælges end at tage nogen chancer med fruen."

Tom vendte sig bort; hans hjerte var tungt. Håbet om frihed og tanken om hans kone og børn, der var langt væk, stod foran hans tålmodige sjæl, som synet af hjembyens kirketårn og hustage står foran den skibbrudne sømand, som næsten nåede sin trygge havn, men i stedet må vinke farvel til det hele, mens de sorte bølger lukker sig over ham. Han trykkede armene hårdt mod brystet, holdt nogle bitre tårer tilbage og forsøgte at bede en bøn. Den kære, gamle sjæl havde en sådan mærkelig og uforklarlig trang til frihed, at det skar ham i hjertet, og jo mere han sagde: "Din vilje ske", des værre følte han sig.

Han opsøgte miss Ophelia, som lige siden Evas død havde behandlet ham med agtelse og stor venlighed.

"Miss Feeley," sagde han, "master St. Clare har lovet mig min frihed. Han fortalte mig, at han havde taget skridt til at give den til mig, så jeg ville være taknemmelig, hvis miss Feeley kunne være så venlig at tage det op med fruen, så hun måske kunne gå videre med det, da det var master St. Clares ønske."

"Jeg vil tale din sag Tom og gøre mit bedste," sagde miss Ophelia, "men hvis det afhænger af mrs. St. Clare, så nærer jeg ikke noget større håb for dig, men jeg lover dig, at jeg vil prøve."

Denne samtale fandt sted nogle få dage efter historien med Rosa, og mens miss Ophelia havde travlt med sine forberedelser til at rejse tilbage nordpå.

Da hun alvorligt overvejede, hvordan hun skulle gribe sagen an, kom hun frem til den konklusion, at hun måske havde været for fremfusende i sin sidste samtale med Marie, og hun besluttede, at hun denne gang ville lægge bånd på sig selv og være så forsonligt stemt som muligt. Den gode sjæl samlede sig sammen og tog sit strikketøj fast besluttet på at gå ind i Maries værelse med en velvillig indstilling og tale Toms sag med alle de diplomatiske evner, hun mestrede.

Hun fandt Marie liggende udstrakt på en sofa med den ene albue støttet på en række puder, mens Jane stod foran hende og viste hende en række prøver på tynde, sorte stoffer, hun havde hentet i byen.

"Det stof ser fint ud," sagde Marie, da hun valgte et, "men jeg er ikke sikker på, at det passer sig til sørgetøj."

"Ih jo, frue," sagde Jane rapt, "Det er netop den slags kjolestof, som mrs. general Derbennon gik med sidste sommer, da generalen var død. Det bliver en smuk kjole!"

"Hvad synes du?" spurgte Marie miss Ophelia.

"Det er et spørgsmål om skik og brug, vil jeg tro," sagde miss Ophelia. "Du kan sikkert bedømme det bedre end jeg."

"Sagen er, at jeg ikke har en eneste kjole, jeg kan vise mig i, og når jeg nu skal afvikle husholdningen og rejse herfra i næste uge, bliver jeg nødt til at bestemme mig for noget."

"Rejser du så hurtigt?"

"Ja. St. Clares bror har skrevet, at han og advokaten synes, at det er bedst, at hustjenerne og møblerne sælges på auktion, og ejendommen overlades til vores advokat."

"Der er en ting, som jeg gerne vil tale med dig om," sagde miss Ophelia. "Augustin lovede Tom sin frihed og var allerede i gang med at udfylde de nødvendige juridiske formularer. Jeg håber, at du vil bruge din indflydelse til at færdiggøre sagen."

"Nej, det vil jeg sandelig ikke!" sagde Marie skarpt. "Tom er en af de mest værdifulde hustjenere på stedet – det har jeg slet ikke råd til. Hvad skal han forresten med sin frihed? Han har det jo meget bedre, som det er."

"Men han ønsker det så inderligt, og hans herre lovede ham det," sagde miss Ophelia.

"Ja, det tror jeg gerne," sagde Marie, "det ønsker de alle sammen, fordi det er en utilfreds flok, der hele tiden vil have noget andet end det, de har. Men jeg er af princip imod at give nogen slave sin frihed. Hvis en neger har en herre, der tager sig af ham, så klarer han sig bedre og opfører sig ordentligt, men hvis man sætter ham fri, bliver han doven og vil ikke arbejde. Han begynder at drikke og ender som en uduelig, værdiløs person. Jeg har set hundredvis af eksempler på det. Man gør dem ingen tjeneste ved at sætte dem fri."

"Men Tom er så stabil, flittig og gudfrygtig."

"Ja tak, det behøver du ikke fortælle mig! Jeg har set hundredvis af hans slags. Han klarer sig godt, så længe nogen tager sig af ham – sådan er det."

"Men tænk på, at han måske risikerer at få en dårlig master, når du sender ham på auktion," sagde miss Ophelia.

"Åh, sådan noget snak!" sagde Marie. "Det sker ikke én gang ud af hundrede, at en god fyr får en dårlig master. De fleste slaveejere er gode nok på trods af al den dårlige snak om dem. Jeg er vokset op her i Sydstaterne, og jeg har endnu aldrig truffet en master, der ikke behandlede sine slaver godt – i det mindste så godt, som de fortjener. Jeg nærer ingen bekymringer i den retning."

"Hør," sagde miss Ophelia heftigt, "jeg ved, det var din mands sidste ønske, at Tom skulle have sin frihed, og det var et af løfterne, som han gav til kære, lille Eva på hendes dødsleje, så jeg synes ikke, du kan tillade dig at se bort fra hans ønske."

Efter denne udtalelse dækkede Marie hovedet med sit lommetørklæde, brast i gråd og brugte flittigt sin lugteflaske.

"Alle er imod mig!" sagde hun grådkvalt. "Alle er så hensynsløse! Jeg havde ikke ventet, at *du* ville få mig til at tænke på alle mine sorger – det er så tankeløst! Men ingen har endnu forstået, hvor store mine prøvelser har været. Det var hårdt, at min eneste datter skulle tages fra mig! – og at den mand, som passede så fint til mig – og jeg er svær at gøre tilpas – også skulle tages fra mig! Og det virker, som om du ingen medfølelse har for mig, når du ganske ubetænksomt minder mig om det – når du nu ved, hvor forfærdeligt det er for mig! Du mener det sikkert godt, men det er meget ubetænksomt og hensynsløst!" Og Marie hulkede og gispede efter vejret og råbte til Mammy, at hun skulle åbne vinduet og hente kamferdråberne og bade hendes hoved og hægte hendes kjole op. Og i den almindelige forvirring, der fulgte, flygtede miss Ophelia ind på sit eget værelse.

Miss Ophelia indså nu, at det ville være nytteløst at sige mere, da Marie havde en enestående evne til at fremkalde et hysterisk anfald. Og hvis nogen senere hentydede til hendes mands eller Evas ønsker med hensyn til tjenestefolkene, fandt hun det bekvemt at iværksætte et af sine hysteriske anfald. Miss Ophelia gjorde derfor det næstbedste, hun kunne gøre for Tom – hun skrev et brev for ham til mrs. Shelby, hvori hun fortalte om hans besværligheder og indtrængende bad hende om at sende penge til at løskøbe ham.

Næste dag blev Tom og Adolph og en fem-seks andre tjenestefolk sendt hen til et slavemagasin, hvor de skulle vente, indtil slavehandleren havde samlet slaver nok sammen til en auktion.

KAPITEL 30

Slavemagasinet

Et slavemagasin! Måske nogle af mine læsere vil fremmane uhyggelige billeder af et sådant sted. De indbilder sig en mørk, stinkende hule, et uhyggeligt Tartaros[101] "*informis, ingens, cui lumen ademptum*[102]". Men nej, min uvidende ven, i vore dage har man lært den kunst at synde dygtigt og dannet, så man ikke støder det respektable samfunds øjne og sanser. Menneskevarer står højt i kurs, og de bliver derfor fodret godt, vasket, plejet og taget sig af, så de på auktionen fremstår velnærede, stærke og skinnende. Et slavemagasin i New Orleans er et pænt velholdt hus, der i det ydre ligner de fleste andre, og hvor man hver dag kan se rækker af mænd og kvinder opstillet i en slags skur udenfor som en reklame for de varer, der sælges indenfor.

Derefter bliver man høfligt bedt om at besøge huset og undersøge varerne. Indenfor finder man så en overflod af ægtemænd, hustruer, brødre, søstre, fædre, mødre og små børn, som "sælges individuelt eller i passende partier alt efter køberens ønske". Og den udødelige sjæl, som engang blev købt med blod og lidelse af Guds søn, hvor jorden skælvede, klipperne revnede og gravene åbnede sig, kan sælges, lejes ud, pantsættes eller byttes væk for købmandsvarer og tekstiler alt efter markedets stilling eller køberens ønske.

Det var et par dage efter samtalen mellem Marie og miss Ophelia, at Tom, Adolph og omkring et halvt dusin andre fra St. Clare ejendommen blev overleveret til mr. Skeggs venlige omsorg – indehaveren af et slavemagasin på ..... gade – for at afvente den næste dags auktion.

Tom havde medbragt en stor kuffert fuld af tøj, og det havde de fleste andre også. De blev vist ind i et stort rum for natten, hvor mange andre mænd i alle aldre, størrelser og hudfarver var samlet, og hvorfra der lød latterbrøl og tankeløs munterhed.

"Åh ja! sådan. Ind med jer, drenge!" sagde opsynsmanden mr. Skeggs. "Mine gutter er altid i så godt humør! Godt, Sambo!" sagde han anerkendende til en kraftigt bygget neger, der med sine simple klovnerier fremkaldte den munterhed, Tom havde hørt.

Som man sikkert kan tænke sig, så var Tom ikke i humør til at deltage i disse løjer, han stillede derfor sin kuffert så langt væk fra den støjende gruppe som muligt, satte sig ned på den og lænede hovedet mod væggen.

De handelsmænd, der handler med menneskevarer, søger på alle mulige måder at vække støjende munterhed blandt varerne i et forsøg på at overdøve deres triste tanker og få dem til at glemme deres situation. Hele formålet med den systematiske træning, som negeren gennemgår lige fra det øjeblik, han bliver købt på markedet nordpå, og til han ankommer sydpå, går udelukkende ud på at hærde ham og dermed gøre ham følelseskold, tanketom og rå. Slavehandleren samler sin gruppe af slaver i Virginia eller Kentucky og fører dem hen til et passende, sundt sted – ofte et vandingssted – for at fede dem op. Her får de store, daglige måltider, og fordi nogle af dem har tendenser til hjemve, spilles der ofte på violin blandt dem, som de tvinges til at danse efter hver eneste dag. Hvis en slave vægrer sig ved at være munter, fordi tankerne om kone, barn eller hjem er for stærke, til at han kan føle glæde, bliver han betegnet som trodsig og farlig og udsat for alle former for mishandling, som et fuldstændig uansvarligt og forhærdet menneske kan udtænke og påføre ham. Slaverne føler sig konstant tvunget til at være hurtige, livlige og muntre, både fordi de på denne måde håber at få sig en god master, men også fordi de frygter, hvad slavehandleren vil gøre ved dem, hvis det viser sig, at de ikke kan sælges.

"Hvad laver den nigger her?" sagde Sambo til Tom efter mr. Skeggs havde forladt værelset. Sambo var sort som kul, kæmpestor, ret livlig, snakkesalig, fuld af kunster og god til grimasser.

"Hvad laver du her?" sagde Sambo til Tom, gik hen til ham og prikkede ham spøgefuldt i siden. "Sidder her og tænker, hva'?"

"Jeg skal sælges på auktionen i morgen!" sagde Tom stille.

"Sælges på auktion – ha! ha! Drenge, er det ikke sjovt? Jeg ville ønske, det var mig! Tænk, hvor jeg skulle få dem til at le. Men hvordan er det, skal hele denne flok sælges i morgen?" spurgte Sambo og lagde frimodigt sin hånd på Adolphs skulder.

"Vær så god at lade mig være i fred!" sagde Adolph heftigt og rettede sig op med et udtryk af inderlig væmmelse.

"Hør, drenge! Det er en af disse hvide niggere – en af de lyshudede, ser I, og parfumeret!" sagde han og snusede til Adolph. "Åh, du store! Han passer fint til en tobaksforretning. De kunne bruge ham til at parfumere deres snus! Min gud, han kunne parfumere hele butikken, tror jeg!"

"Lad mig nu være i fred, hører du?" sagde Adolph rasende.

"Uha, vi er vel nok sarte – vi hvide niggere! Se bare på os!" sagde Sambo og efterabede Adolphs manerer på en komisk måde. "Vi har meget fine manerer. Vi har været i en god familie, går jeg ud fra."

"Ja," sagde Adolph, "jeg havde en master, der kunne have købt jer alle sammen for sit brugte tøj!"

"Nåda, der kan man bare se," sagde Sambo. "Vi er ellers nogle meget fine herrer!"

"Jeg tilhørte St. Clare familien," sagde Adolph stolt.

"Nåda, gjorde du det! De er sikkert glade for at slippe af med dig. Du bliver sikkert byttet for et parti revnede tekander eller sådan noget!" sagde Sambo med et provokerende grin.

Hånet på denne måde kastede Adolph sig rasende og bandende over sin modstander med vilde slag. De andre lo og råbte op, så spektaklet fik opsynsmanden til at vise sig i døren.

"Hvad nu, drenge? Stille, stille!" sagde han og kom ind svingende med en stor pisk.

Folk flygtede i alle retninger bortset fra Sambo, som benyttede sig af den velvilje opsynsmanden viste ham som stedets officielle spøgefugl. Han flyttede sig ikke ud af stedet, men nøjedes med smilende at dukke sig, hver gang opsynsmanden slog ud efter ham.

"Men master, det er ikke os – vi er altid rolige og skikkelige – det er de nye folk. De er nogle rigtige balladernagere. De hakker hele tiden på os!"

Da opsynsmanden hørte dette, vendte han sig om mod Tom og Adolph og tildelte dem uden yderligere spørgsmål nogle slag og spark, hvorefter han beordrede dem alle sammen til at opføre sig ordentligt og lægge sig til at sove. Så forlod han lokalet igen.

Mens dette foregik i mændenes sovesal, er læseren måske nysgerrig efter at tage et kig ind i det tilstødende lokale, hvor kvinderne opholdt sig. Liggende udstrakt på gulvet i forskellige stillinger kan man her se talløse sovende kvinder af enhver hudfarve fra den mørkeste ibenholt og til hvid og alle aldersgrupper fra små børn og til gamle kvinder. Her ligger en smuk, lys pige på ti år, hvis mor blev solgt i går, og hun græd sig selv i søvn, da ingen kiggede på hende. Her finder vi også en udslidt gammel negerkvinde, hvis magre arme og barkede hænder vidner om hårdt slid. Hun skal på auktion i morgen som en kasseret vare, der sælges til spotpris. Rundt omkring dem ligger 40-50 andre med hovedet pakket ind i tæpper eller tøjstykker. Men i en krog et stykke fra de andre sidder to kvinder af et mere ualmindeligt udseende. Den ene af dem er en velklædt mulatkvinde mellem 40 og 50 år med blide øjne og et mildt og venligt ansigtsudtryk. På hovedet har hun en højt opsat turban lavet af et strålende rødt Madras hovedtørklæde, og hendes kjole er fint syet og af en god kvalitet, som viser, man har taget sig godt af hende. Tæt op ad hende sidder en ung pige på femten år. Det er hendes datter. Hun er en kvadronpige og ligner sin mor, selv om hendes hud er meget lysere. Hun har de samme blide, mørke øjne med lange øjenvipper, og hendes krøllede hår har en smuk, brun farve. Hun er også velklædt og hendes hvide, sarte hænder røber et manglende kendskab til anstrengende slavearbejde. Disse to kvinder skal også sælges i morgen sammen med St. Clare tjenestefolkene, og deres master, som vil modtage pengene fra salget, er medlem af en kristen kirke i New York. Uden at tænke mere over sagen vil han senere gå til sin kirke og modtage det hellige sakramente fra sin og deres Gud.

Begge kvinderne, som vi vil kalde for Susan og Emmeline, havde været kammerjomfruer hos en elskelig og gudfrygtig dame i New Orleans, der havde givet dem en omhyggelig og gudfrygtig oplæring og opdragelse. Begge havde lært at læse og skrive, var grundigt blevet undervist i religionens sandheder, og deres tilværelse havde været så lykkelig, som den kunne være, når man tager deres omstændigheder i betragtning. Men deres beskytters eneste søn bestyrede ejendommen, og han havde ved letsindighed og ødselhed stiftet en så stor gæld, at det hele gik over styr. En af de største kreditorer var det agtværdige firma B & Co. i New York. B & Co. skrev til deres advokat i New Orleans, som foretog udlæg i ejendommen (disse to kvinder og en mængde plantagearbejdere udgjorde den mest værdifulde del), og dette meddelte han til firmaet i New York. Broder B., som vi omtalte tidligere, var en kristen mand og indbygger i en fri stat, så han følte sig lidt ubehageligt tilpas over denne sag. Han brød sig selvfølgelig ikke om at handle med slaver og menneskesjæle, men sagen var, at der stod 30.000 dollars på spil, og det var en temmelig stor sum at miste bare for et princips skyld. Så efter moden overvejelse og rådgivning fra personer, som han vidste ville give ham de råd, han ønskede, skrev bror B. til sin advokat og bad ham om at ordne forretningerne på den måde, han fandt bedst, og remittere provenuet[103].

Dagen efter dette brev ankom til New Orleans, blev både Susan og Emmeline afhentet og sendt til slavemagasinet for at afvente den almindelige auktion næste morgen. Vi lytter her til deres samtale, mens de sidder sparsomt oplyst af måneskinnet, der stjæler sig gennem det tilgitrede vindue. Begge græder, men ganske stille så de ikke skal høre hinanden.

"Mor, læg dit hoved i mit skød og prøv at sove lidt," siger pigen og prøver at virke rolig.

"Jeg kan ikke få over mit hjerte at sove, Em. Det kan jeg ikke. Måske er det vores sidste nat sammen!"

"Åh mor, sig det ikke! Måske bliver vi solgt sammen – hvem ved?"

"Hvis det drejede sig om nogle andre, ville jeg sige det samme, Em," sagde kvinden, "men jeg er så bange for at miste dig, at faren er det eneste, jeg ser."

"Men mor, manden sagde, at vi begge så lovende ud og ville indbringe godt."

Susan huskede mandens blik og ord. Dødelig syg i hjertet huskede hun, hvordan han havde kigget på Emmelines hænder, løftet op i hendes krøllede hår og erklæret hende for en prima vare. Susan var blevet opdraget som en kristen, havde læst dagligt i Bibelen og nærede samme skræk for at hendes barn ville blive solgt til et liv i skam, som enhver anden kristen mor ville have gjort, men hun havde intet håb – ingen beskyttelse.

"Mor, jeg tror, vi kunne klare os virkelig godt, hvis du kunne få plads som kok, og jeg som kammerpige eller syerske i en familie. Det er jeg sikker på, vi kunne. Lad os begge se så opvakte og livlige ud, som vi kan, og fortælle om alt hvad vi kan gøre, så vil det måske lykkes," sagde Emmeline.

"I morgen skal du børste håret helt glat og stryge det bagover," sagde Susan.

"Hvorfor mor? På den måde ser jeg ikke nær så godt ud."

"Nej, men du sælger bedre på den måde."

"Jeg forstår ikke hvorfor!" sagde pigen.

"Jo, respektable familier vil være mere tilbøjelige til at købe dig, hvis de ser, at du ser almindelig og ærbar ud, end hvis du prøver på at se smuk ud. Jeg ved bedre end dig, hvordan de tænker," sagde Susan.

"Godt mor, jeg skal gøre, som du siger."

"Og Emmeline, hvis vi aldrig kommer til at se hinanden igen efter i morgen – hvis jeg bliver solgt et sted langt borte og du til et andet sted, så husk altid hvordan du er blevet opdraget og alt, hvad missis har lært dig. Tag din Bibel og salmebog med dig, og hvis du forbliver trofast mod Herren, vil han også være trofast mod dig."

Således snakkede den stakkels sjæl i sin store fortvivlelse, for hun vidste, at i morgen kunne en hvilken som helst mand, uanset hvor nederdrægtig, brutal, gudløs og ubarmhjertig han end måtte være, blive ejer af hendes datters krop og sjæl, hvis bare han havde penge nok. Hvordan skulle barnet så kunne forblive tro mod Gud? Hun tænkte på alt dette, mens hun holdt sin datter i sine arme og ønskede, at hun ikke var så smuk og indtagende. Når hun tænker på, hvor rent og fromt og bedre end mange andre Emmeline var blevet opdraget, gjorde det næsten mere ondt på hende. Men hun kunne ikke gøre andet end at *bede*, og mange af den slags bønner er steget op til Vorherre fra mange andre ordentlige, velordnede og respektable slavefængsler – bønner, som Vorherre ikke har glemt, hvilket fremtiden vil vise. For det står skrevet: "Men den, der forbryder sig mod en af disse små, var bedre tjent med at få en møllesten hængt om halsen og blive sænket i havets dyb."

Det bløde, intense, stille månelys skinner skarpt ind gennem det tilgitrede vindue og kaster skyggen fra gitteret på de udstrakte, sovende skikkelser. Moderen og datteren synger en vemodig og melankolsk klagesang, der bruges som en begravelsessang hos slaverne:

> "Åh, hvor er den grædende Mary?
> Åh, hvor er den grædende Mary?
> Kommet til det gode land.
> Hun er død og taget til Himlen;
> Hun er død og taget til Himlen;
> Kommet til det gode land."

Disse ord, som blev sunget af ejendommeligt milde og melankolske stemmer på en måde, der lød som et fortvivlet jordisk suk efter et himmelsk håb, flød gennem de mørke fængselsværelser med en gribende kort pause efter hvert vers var døet ud:

> "Åh, hvor er Paul og Silas?
> Åh, hvor er Paul og Silas?
> Taget til det gode land.
> De er døde og taget til Himlen;
> De er døde og taget til Himlen;
> Kommet til det gode land."

Syng videre I stakkels sjæle! Natten er kort, og morgenen vil skille jer for altid!

Men nu er det morgen, og alle er på benene. Den ærværdige mr. Skeggs har travlt og er glad og fornøjet, for han har masser af varer, der skal gøres klar til auktionen. Han holder skarpt øje med den personlige hygiejne, og der bliver udstedt formaninger om, at alle skal være livlige og smilende. Til sidst bliver alle stillet op i en cirkel til et sidste eftersyn, før de bliver eskorteret hen til børsen.

Mr. Skeggs går omkring med sin flettede palmehat på hovedet og en cigar i munden og sætter sit sidste præg på sine varer. "Hvad skal det betyde?" siger han og stiller sig foran Susan og Emmeline. "Hvor er dine krøller, pige?"

Pigen kigger nervøst på sin mor, der med stor snarrådighed, som er almindelig for hendes race, svarer: "I går aftes gav jeg hende besked på at rede sit hår helt glat og pænt. Det ser mere ærbart ud."

"Vrøvl!" siger manden og vender sig bydende mod pigen: "Gå nu i gang og sæt dine krøller pænt igen!" Derpå tilføjer han, mens han slår et smæld med den palmestok, han har i hånden: "Og lad det gå lidt villigt!"

"Du kan hjælpe hende med det," siger han til hendes mor. "De krøller kan give en fortjeneste på hundrede dollars mere for hende."

―――――◆―――――

Under en prægtig kuppel bevæger mænd af alle mulige folkeslag sig frem og tilbage over marmorgulvet. På hver side af det runde område er der små platforme eller pladser til brug for udråberne eller auktionsholderne. To af disse platforme på hver sin side af området er allerede optaget af to smukt klædte og veltalende gentlemen, der på en blanding af engelsk og fransk ivrigt tvinger de bud op, som connoisseur'erne har afgivet på de forskellige varer. En tredje platform på den anden side er endnu ikke optaget, men omringet af en gruppe mennesker, der venter på, at salget skal begynde. Og her finder vi St. Clares tjenestefolk – Tom, Adolph og de andre. Desuden er der også Susan og Emmeline, der uroligt og modløse afventer deres tur. Forskellige tilskuere, der har til hensigt at købe eller måske ikke købe, undersøger og kommenterer slavernes forskellige egenskaber og ansigter med samme åbenhjertighed, som en flok stalddrenge ville diskutere en hests værdi.

"Hallo Alf, hvad bringer dig hid?" siger en ung laps, idet han slår en anden elegant klædt ung mand på skulderen, der undersøger Adolph gennem sin lorgnet.

"Jo, jeg har brug for en kammertjener, og jeg hørte at St. Clares parti skulle sælges. Og så tænkte jeg, at jeg ville kigge lidt på hans..."

"Du kan tro, jeg kan nære mig for at købe nogen af St. Clares folk! Det er forvænte niggere alle til hobe. Uforskammede som bare pokker!" siger den anden.

"Det generer mig ikke!" siger den første. "Hvis jeg køber nogen af dem, så skal piben snart få en anden lyd. De vil hurtigt finde ud af, at de har fået en anden master at bide skeer med end monsieur St. Clare. Tro mig, jeg vil købe den fyr. Jeg kan lide hans udseende."

"Du vil snart opdage, at han er temmelig dyr i drift. Han er vildt ødsel!"

"Ja, men den fine herre *vil* snart finde ud af, at han ikke kan være ødsel hos *mig*. Efter et par gange til kachotten og en god gang prygl, så kan jeg fortælle dig, at han hurtigt skifter mening! Jeg skal nok reformere ham på alle mulige måder, kan du være vis på. Jeg køber ham, det er sikkert og vist!"

Tom havde længselsfuldt stået og mønstret mængden af ansigter, der trængtes omkring ham, for at finde en, han kunne tænke sig at kalde sin master. Og hvis du, kære læser, nogensinde skulle befinde dig i den situation at være tvunget til at udvælge ét menneske ud af tohundrede, som skulle være enerådende over dit liv og din velfærd, så ville du sikkert indse ligesom Tom, at det i virkeligheden er meget få mennesker, som du ville være tryg ved at overlade din videre skæbne til. Tom så en overflod af mænd – nogle var store, grove og højrøstede, andre var små, vindtørre mænd med pibende stemmer, andre igen var lange, magre og hårde mænd. Alle sammen helt ordinære mennesker, der samler deres medmennesker op som træflis og lige så ubekymret kaster dem i ilden eller i en kurv alt efter forgodtbefindende – men Tom så ingen, der mindede om St. Clare.

Kort før salget begyndte, banede en kort, firskåren og muskuløs mand iført en ternet, åbentstående skjorte og et par slidte, beskidte bukser sig vej gennem mængden. Han gik energisk hen til gruppen af slaver, som om han havde travlt med at få gjort en handel og undersøgte dem systematisk. Fra det øjeblik Tom så ham nærme sig, følte han en omgående og stærk afsky for ham, som blev stærkere, da manden kom nærmere. Selv om manden var lille af vækst, havde han øjensynligt mange kræfter. Hans kuglerunde hoved, store lysegrå øjne med buskede, rødblonde øjenbryn og et stridt, strittende, solbleget hår gjorde heller ikke indtrykket af ham bedre. Mandens store, brede mund var desuden udspilet af skrå og tobakssovs, som han nu og da spyttede ud med stor præcision og eksplosiv kraft. Hans hænder var usædvanligt store, hårede, solbrændte, fregnede og beskidte, og desuden prydet af nogle lange, grimme negle. Denne mand begyndte nu ganske ugenert at undersøge alle slaverne. Han greb Tom ved hagen og tvang hans mund åben for at inspicere hans tænder, fik ham til at rulle ærmerne op, så han kunne prøve hans muskler, vendte og drejede ham omkring og fik ham til at hoppe op og ned, så han kunne se, hvad han duede til.

"Hvor er du vokset op?" spurgte han efter sine undersøgelser.

"I Kentucky, master," sagde Tom og kiggede sig omkring som efter frelse.

"Hvad har du bestilt?"

"Ført opsyn med min masters gård," sagde Tom.

"Ja, den er god med dig!" sagde manden og gik videre. Han stoppede op et øjeblik foran Dolph, spyttede en ladning tobakssovs ud over hans velpudsede støvler, snøftede foragteligt og gik så videre. Så stoppede han op foran Susan og Emmeline. Han lagde sine grove, beskidte hænder på pigen og trak hende hen til sig, lod hænderne løbe ned over hendes hals og bryst, følte hende på armene, undersøgte hendes tænder og puffede hende så tilbage til hendes mor, hvis tålmodige ansigt afspejlede den lidelse, hun havde følt ved at se den afskyelige fremmedes berøring af hendes datter.

Pigen var skræmt og begyndte at græde.

"Hold op med det, din tøjte!" sagde sælgeren. "Hold op med dit tuderi, salget starter nu." Og derefter begyndte auktionen.

Adolph blev solgt for en god pris til den unge gentleman, som tidligere havde erklæret, at han ville købe ham, og de andre tjenestefolk fra St. Clare gik til forskellige købere.

"Så er det din tur, op med dig, knægt! Hører du!" sagde auktionsholderen til Tom.

Tom trådte op på træblokken og kiggede sig ængsteligt omkring. Lydene i lokalet smeltede sammen til en stærk, summende støj – sælgeren, der plaprede hans kvalifikationer ud på fransk og engelsk, de franske og engelske bud, der hurtigt svirrede gennem luften og næsten umiddelbart efter det afgørende slag med hammeren, og derefter den tydelige klang af den sidste stavelse i ordet *"dollars"*, da auktionsholderen bekendtgjorde det beløb, som Tom var blevet solgt for. Han havde fået sig en ny master.

Han blev hevet ned fra træblokken – den lille mand med det runde hoved greb ham hårdt i skulderen og skubbede ham til side, idet han i en barsk tone sagde: "Bliv stående *der!*"

Tom havde knapt nok fattet, hvad der var sket. Men auktionen fortsatte – larmende og plaprende først på engelsk og så på fransk. Hammeren falder igen – Susan er solgt! Hun træder ned fra træblokken, stopper op, kigger sig uroligt omkring – hendes datter strækker hænderne ud efter hende. Hun ser fortvivlet på den mand, som har købt hende – en agtværdig, midaldrende mand med et venligt ansigt.

"Åh master, vær barmhjertig og køb min datter!"

"Jeg ville gerne, men jeg er bange for, at jeg ikke har råd til det!" sagde den ældre gentleman, idet han med et smertefuldt blik så den unge pige træde op på træblokken og kigge sig omkring med et skræmt og frygtsomt blik.

Blodet skyder smertefuldt op i hendes før så blege kinder, hendes øjne har en feberagtig glans, og hendes mor sukker tungt, da hun ser, at hendes datter ser smukkere ud end nogensinde før. Auktionsholderen ser hurtigt sin fordel og udbreder sig veltalende om det på en blanding af fransk og engelsk, og buddene skyder hurtig i vejret.

"Jeg vil gøre alt, hvad jeg kan indenfor rimelighedens grænse," sagde den venligt udseende gentleman, idet han trængte sig frem og begyndte at byde på pigen. Men efter nogle få bud var summen højere, end han havde råd til. Han tier, auktionsholderen taler sig varm, men der bliver færre købere. Kampen står nu kun mellem en aristokratisk udseende gammel herre og vores bekendtskab med det kuglerunde hoved. Den gamle herre byder et par gange mere, idet han foragteligt vurderer sin modstander, men kuglehovedet har overtaget både i kraft af sin stædighed og sin dybe pung, så fejden varer kun et øjeblik.

Hammeren falder, han ejer nu pigen med krop og sjæl, medmindre Gud hjælper hende!

Hendes nye master er nu mr. Legree, som ejer en bomuldsplantage ved Red River. Hun bliver anbragt sammen med Tom og to andre mænd og drager grædende bort.

Den venlige gentleman er bedrøvet, men lignende ting sker jo hver dag! Man ser *konstant* piger og mødre græde ved disse auktioner! Det kan ikke undgås og så videre, og han går bort med sin nyanskaffelse i en anden retning.

To dage efter sender advokaten for det kristne firma B. & Co i New York salgssummen til dem. På bagsiden af den bankanvisning, de har modtaget, kan de meget passende skrive disse ord fra den store kassemester, som en dag vil kræve dem til regnskab og gøre deres konto op: *"For han, der hævner mord, husker dem, han glemmer ikke de hjælpeløses skrig."*

---

[101] **Tartorus:** Er i græsk mytologi det dybeste, dunkleste sted i underverdenen, Hades, og ligger lige så langt under jorden som himlen ligger over den. Det skulle efter sigende tage en ambolt ni dage at falde ned til bunden.

[102] **Informis, ingens, cui lumen ademptum:** (latin: *hæsligt, enormt og berøvet lyset.*) Ordene stammer fra Æneiden forfattet af Vergil (70 f.Kr. – 19 f.Kr.). I digtet fortæller Vergil om, hvordan Odysseus (Ulysses) og hans mænd bliver fanget af en kyklop. Odysseus stikker et træspyd i kyklopens eneste øje og gør ham blind, så de kan undslippe. I det latinske digt siger Virgil, at den blindede kyklop famler sig vej frem: *"informis, ingens, cui lumen ademptum"*. Fortællingen stammer oprindeligt fra Homers oldgræske heltedigt, Odysseen.

[103] **Remittere provenuet:** tilbagesende overskuddet (juridisk sprogbrug.)

KAPITEL 31

Overfarten

"Du, hvis øjne er for rene til at se på ondskaben,
du, som ikke kan se på uretfærdighed,
hvordan kan du se på dem, der handler troløst,
og tie når de ugudelige tilintetgør det menneske,
der er mere retskaffent end dem?"

På det nederste dæk i en lille, ussel båd på Red River sad Tom med tunge lænker om hænder og fødder og en endnu tungere byrde om hjertet. Hans himmel var nu visket tom for både måne og stjerner – alt var gledet bort fra ham, akkurat som træerne og flodbredderne i dette øjeblik gled bort for hans øjne for aldrig mere at vise sig. Alt var væk: hans Kentucky hjem med hans kone og børn og de venlige ejere, St. Clare hjemmet med al sin glans og herlighed, Evas guldlokkede hoved med sine engleøjne og den stolte, muntre, smukke, tilsyneladende skødesløse og alligevel altid venlige St. Clare, hans hviletimer og det lette arbejde – alt var borte! Og til at erstatte det, *hvad* var der nu i vente?

Et af de værste aspekter ved slaveriet er, at negeren – som af natur er et indlevende og godmodigt menneske – kan risikere at ende i trældom som slave hos den mest afstumpede, rå og brutale person, efter han har tilegnet sig den gode smag og de følelser, som var en del af atmosfæren hos hans første fine og dannede familie. Således er han ligesom den stol eller det bord, der engang har prydet et smukt værelse, og til sidst, ramponeret og mishandlet, havner i skænkestuen i et elendigt værtshus eller i et usselt tilholdssted for vulgære udskejelser. Den store forskel er, at bordet og stolen ikke har følelser, mens mennesket *har*. For selv om det ifølge loven er vedtaget, at han "skal antages for og erklæres at være en personlig ejendel", så kan man ikke udslette hans sjæl med dens egen lille private verden af minder, håb, kærlighed, frygt og ønsker.

Mr. Simon Legree, Toms nye master, havde i alt købt otte slaver her og der i New Orleans, og efter at have lænket dem sammen to og to havde han bragt dem ned til det gode dampskib, Piraten, som nu lå klar ved anløbsbroen til en rejse op ad Red River.

Da han havde fået dem godt om bord, og dampskibet havde kastet los, gik han omkring med den mine af effektivitet, som kendetegnede ham, for at kigge nærmere på sin ejendom. Han stoppede op foran Tom, som var klædt på til auktionen i sit bedste sæt tøj med stivet skjorte og skinnende støvler og befalede ham kort og godt: "Rejs dig op."

Tom rejste sig.

"Tag det halsbind af!" Og da Tom besværet af sine lænker gik i gang med det, trådte han til og flåede brutalt halsbindet af og puttede det i lommen.

Legree gik nu hen til Toms kuffert, som han tidligere havde undersøgt omhyggeligt, og tog et par gamle bukser og en udslidt jakke op, som Tom havde brugt, når han arbejdede i stalden. Han tog håndjernene af Tom og pegede på en krog mellem nogle kasser: "Gå derind og tag de her på."

Tom adlød og kom kort efter tilbage.

"Tag dine støvler af," sagde mr. Legree.

Tom gjorde, som han sagde.

"Her, tag dem på," sagde Legree og kastede et par grove, klodsede træsko hen til ham af den slags, som slaverne almindeligvis bruger.

Selv om Tom havde skiftet tøj hurtigt, havde han ikke glemt at flytte sin elskede Bibel fra det pæne sæt tøj og over i sit arbejdstøj. Og det var godt, at han havde gjort det, for efter mr. Legree havde sat håndjernene på Tom igen, gik han i gang med at undersøge indholdet i lommerne på Toms pæne sæt tøj. Han fandt først et silkelommetørklæde, som han straks puttede i sin egen lomme. Derefter fandt han nogle småting, som Tom havde gemt som minde om Eva, men dem kiggede han kun foragteligt på, inden han smed dem over skulderen og ud i floden.

Så fandt han Toms metodist salmebog, som Tom havde glemt i skyndingen.

"Jaså, du er altså hellig. Så, hvad hedder du – du hører til en kirke, ikke sandt?"

"Ja, master," sagde Tom fast.

"Nå, det skal vi snart få *pillet ud* af dig. Jeg vil ikke have nogen skrålende, bedende og syngende niggere på min gård, husk det. Tag dig i agt," sagde han, idet han stampede hårdt med foden og kiggede skarpt på Tom med sine grå øjne. "*Jeg* er din kirke nu! Forstår du det – du har at gøre, som jeg befaler."

Der var noget inde i den tavse, sorte mand, der sagde "nej!" Og som gentaget af en usynlig stemme kom nogle ord til ham fra de gamle profetiske bøger, som Eva så ofte havde læst for ham: "Frygt ikke, for jeg har løskøbt dig, jeg kalder dig ved navn, du er MIN!"

Men Simon Legree hørte ikke stemmen. Det var en stemme, han aldrig ville komme til at høre. Han stirrede et kort øjeblik på Toms nedslåede ansigt, inden han gik. Han tog Toms kuffert, der indeholdt en meget smuk og rigelig garderobe, hen til lukafet, hvor han snart blev omringet af skibets besætning. Under megen morskab og vittigheder om niggere, der prøvede at spille gentlemen, blev tøjet hurtigt solgt til de forskellige købere, og til sidst blev den tomme kuffert sat på auktion. Det var en rigtig god spøg, tænkte alle, og specielt morsomt var det at se, hvordan Tom kiggede langt efter alle sine ting, der blev solgt til snart den ene og snart den anden. Men det mest morsomme var selve auktionen over hans kuffert og de mange vittige bemærkninger.

Da det hele var overstået, slentrede Simon tilbage til sin ejendom.

"Så Tom, nu har jeg befriet dig for din overflødige bagage. Pas nu rigtig godt på det tøj, du har på. Det kommer til at vare lang tid, før du får noget nyt. Jeg lærer mine niggere at passe på deres ting. Hos mig skal et sæt tøj holde et helt år."

Så gik han hen til det sted, hvor Emmeline sad lænket til en anden kvinde.

"Så, så, min ven," sagde han og dikkede hende under hagen, "op med humøret."

Pigen sendte ham uvilkårligt et blik af skræk, frygt og modvilje, som han ikke kunne undgå at se. Han rynkede bistert brynene.

"Pas på dine manerer, tøs! Du har bare at se glad ud, når jeg taler til dig – hører du? Og dig, din gamle, sure agurk!" sagde han og puffede til mulatkvinden, som Emmeline var lænket sammen med. "Lad være med at stille sådan et fjæs op! Se lidt mere munter ud, siger jeg dig!"

"Hør så her alle sammen," sagde han og gik et par skridt baglæns, "se på mig – se på mig – se mig lige i øjnene – *lige nu!*" fortsatte han og stampede med foden efter hvert ophold.

Som tryllebundne rettede alle deres øjne mod Simons stikkende grøngrå øjne.

"Hør her," sagde han og knyttede sin store, tunge næve til noget, der mindede om en grovsmeds hammer, "har I set denne hånd? Mærk den!" sagde han og lagde den tungt på Toms hånd. "Læg mærke til disse knogler! Jeg siger jer, at denne knytnæve er blevet hård som jern *af at slå niggere til jorden*. Jeg har ikke set en nigger endnu, som jeg ikke kunne slå ned med et enkelt slag," sagde han og anbragte sin næve så tæt på Toms ansigt, at han blinkede med øjnene og veg tilbage. "Jeg har ingen fordømte opsynsmænd. Jeg klarer det *selv*, og det er mig, der fortæller jer, hvad I skal gøre. Og når jeg fortæller jer, hvad I skal gøre, så skal I gøre det hurtigt – lige med det samme, når jeg siger det. Det er sådan, I holder jer på god fod med mig. Jeg er ikke blødsøden, så pas godt på, for jeg viser ingen nåde!"

Kvinderne gispede uvilkårligt efter vejret, og hele flokken sad med nedslåede, modløse ansigter. Simon drejede om på hælen og gik hen til skibets bar for at få en dram.

"Det er min måde at starte mine niggere på," sagde han til en nobelt udseende herre, der havde stået ved siden af ham, mens han talte. "Det er min metode at lægge stærkt ud, så de ved, hvad de kan vente sig af mig."

"Virkelig!" sagde den fremmede og studerede ham nysgerrigt, som når en naturforsker studerer et usædvanligt eksemplar.

"Ja, virkelig. Jeg er ikke en af disse meget fornemme plantageherrer med kvindehænder, som lader sig tage ved næsen og bliver narret af et eller andet gammelt fjols af en opsynsmand! Her, føl mine knoer og se på den næve. Jeg siger Dem hr., den er blevet hård som sten af at banke løs på niggere – bare føl den."

Den fremmede følte med fingrene på den omtalte genstand og sagde: "Ja, den er virkelig hård, og jeg går ud fra, at Deres hjerte efterhånden er blevet lige så hårdt."

"Ja, det kan man godt sige," sagde Simon med en hjertelig latter. "Jeg går ud fra, at jeg er lige så hård som enhver anden, men ingen skal finde et svagt punkt hos mig! Der er ingen niggere, som kan løbe om hjørner med mig, hverken med smiger eller skrig og skrål – det er sikkert og vist."

"Det er en fin samling, De har her."

"Helt sikkert," sagde Simon. "Jeg har ham Tom, som de fortalte mig var noget særligt. Jeg betalte lidt ekstra for ham, da jeg vil bruge ham som kusk og en slags forvalter. Når jeg først får pillet nogle tossede ideer ud af ham, som han har fået ved at blive behandlet, som en nigger aldrig bør behandles, bliver han førsteklasses! Den gule kvinde var et fejlkøb. Jeg tror faktisk, at hun er sygelig, men jeg skal nok få det ud af hende, som jeg har givet. Hun holder vel et år eller to. Jeg går ikke ind for at skåne mine negre. Hellere slide dem op og købe nogle flere, det er min måde. Det giver meget mindre besvær, og jeg er sikker på, at det i længden betaler sig bedre," sagde Simon og nippede til sit glas.

"Og hvor længe kan de almindeligvis holde?" spurgte den fremmede.

"Det er meget forskelligt. Det kommer an på, hvor stærke de er fra starten. Store, stærke fyre holder i omkring seks til syv år. De svagelige bliver slidt op på to til tre år. I begyndelsen gjorde jeg mig et stort besvær med at få dem til at holde ud – plejede dem, når de var syge, gav dem tøj og tæpper og alt muligt for at holde dem pæne og veltilpasse. Man det var spild af tid og penge. Jeg satte penge til, og det var et pokkers besvær. Nu får de bare lov til at arbejde, uanset om de er syge eller raske. Når en neger dør, køber jeg bare en ny. Det er både billigere og nemmere."

Den fremmede gik og satte sig ved siden af en herre, der havde lyttet til deres samtale med stigende ubehag.

"De må ikke tro, at den fyr er typisk for en plantageejer i Syden," sagde han.

"Det håber jeg sandelig heller ikke," sagde den unge gentleman med eftertryk.

"Han er en ondskabsfuld, ussel og brutal fyr!" sagde den anden.

"Og alligevel tillader jeres love ham at holde et ubegrænset antal menneskelige skabninger, der er underkastet hans uindskrænkede vilje, uden de har et minimum af beskyttelse, og selv om han er ussel, så kan De dog ikke nægte, at der findes mange som ham."

"Måske," sagde den anden, "men der findes også mange hensynsfulde og humane mennesker blandt plantageejerne."

"Indrømmet," sagde den unge mand, "men efter min mening, så er det de hensynsfulde, humane mennesker, der har det største ansvar for al den brutalitet og vold, som disse uslinge udøver. Hvis slavesystemet ikke havde deres billigelse og indflydelse, så ville det hele bryde sammen omgående. Hvis der ikke fandtes andre plantageejere end dette eksemplar," sagde han og pegede på Legree, som stod med ryggen til dem, "så ville det hele synke til bunds som en møllesten i en dam. Det er deres respektabilitet og humanitet, der godkender og beskytter denne brutalitet."

"De har sandelig høje tanker om mig og min gode vilje," sagde plantageejeren smilende, "men jeg vil råde Dem til at tale mere dæmpet, da der er mennesker ombord på skibet, som måske ikke er helt så tolerante, som jeg. De må hellere vente, til vi kommer hen til min plantage. Her kan De så rakke os ned, ligeså meget som De har lyst til."

Den unge gentleman rødmede og smilede, og snart var begge stærkt optaget af et spil backgammon. I mellemtiden var der en anden samtale i gang på skibets nederste dæk mellem Emmeline og mulatkvinden, som hun var lænket sammen med. Som naturligt er, udvekslede de begge oplevelser fra deres tidligere liv.

"Hvem tilhørte du?" spurgte Emmeline.

"Min master hed mr. Ellis og boede på Levee Street. Måske kender du huset."

"Behandlede han dig godt?" spurgte Emmeline.

"For det meste, indtil han blev syg. Han har ligget meget syg i mere end seks måneder og været forfærdelig urolig. Det virkede, som om han ikke undte andre fred eller ro, hverken nat eller dag. Han blev så sær, at ingen kunne stille ham tilfreds. Det virkede, som om han blev mere og mere vranten for hver dag. Han holdt mig oppe om natten, indtil jeg blev helt udmattet og ikke kunne holde mig vågen. Og fordi jeg faldt i søvn en enkelt nat, talte han grimt til mig og sagde, at han ville sælge mig til den værste master, han kunne finde. Og han havde endda lovet mig min frihed, når han døde."

"Har du nogen venner?" sagde Emmeline.

"Ja, min mand – han er grovsmed. Master plejede at leje ham ud. De førte mig væk så hurtigt, at jeg ikke engang fik sagt farvel til ham, og vi har endda fire børn. Åh, stakkels mig!" sagde kvinden og skjulte ansigtet i hænderne.

Når man hører om sorg og elendighed, er det en naturlig ting hos alle, at man ønsker at sige noget, der kan være til trøst og lindring. Emmeline ønskede at sige nogle trøstende ord, men hun kunne ikke finde nogen. Hvad kan man sige i en sådan situation? Og som efter en fælles aftale undgik de begge af frygt og rædsel at omtale det forfærdelige menneske, som nu var deres master.

Det er sandt, at man selv i den mørkeste stund kan sætte sin lid til religionen. Mulatkvinden var medlem af metodistkirken og havde en uoplyst, men meget oprigtig gudsfrygt. Emmeline var blevet uddannet mere grundigt – hun havde lært at læse og skrive og var blevet flittigt undervist i Bibelen af en tro og gudfrygtig frue. Men selv den stærkeste kristne tro ville sikkert blive sat på en hård prøve, når man øjensynligt fandt sig forladt af Gud og fuldstændigt prisgivet hensynsløs vold. Hvor rystet i troen ville Kristus stakkels små så ikke blive, når deres kundskaber var svage, og de var unge af år?

Skibet sejlede videre – lastet med sin tunge, sorgfulde vægt – op ad den røde, mudrede, plumrede strøm og gennem de bratte, snoede bugtninger på Red River, mens triste øjne træt betragtede de stejle skrænter af rødler, der gled forbi i trist monotoni. Endelig lagde dampskibet til ved en lille by, og Legree gik i land med sin lille gruppe slaver.

KAPITEL 32

Mørke steder

"Jordens mørke steder er fulde af boliger med grusomheder."

Med trætte skridt ad en ujævn vej slæbte Tom og hans fæller sig af sted efter en grov arbejdsvogn. Simon Legree kørte vognen, og bag ham sad de to lænkede kvinder sammen med bagagen. Hele selskabet var på vej til Legrees plantage, der lå et godt stykke væk.

Det var en vildsom, forsømt vej, der snart slyngede sig gennem mørke strækninger med fyrretræer, hvor vinden hviskede sørgmodigt, snart gennem store cypres-sumpe, hvor de sørgmodige træer hævede sig op af den slimede, svampede jord, behængt med lange kranse af sort, begravelsesagtigt mos. Og af og til kunne man se en modbydelig mokkasinslange glide rundt mellem træstubbene og de knækkede grene, der flød omkring i det rådne vand.

Denne tur var trøstesløs nok for den fremmede, der med godt fyldte lommer og en veludstyret hest rider af sted på den ensomme vej i forretninger, men langt vildere og trist er den for den slavebundne, der med hvert eneste udmattet skridt fjerner sig længere og længere bort fra alt, som et menneske elsker og higer efter.

Sådanne tanker ville uvilkårligt have rørt sig hos enhver, der havde set det nedtrykte og triste udtryk i disse mørke ansigter og det alvorlige, lidende blik, hvormed de betragtede enhver genstand, de mødte på deres sørgelige vandring.

Simon red af sted og tilsyneladende i et højt humør, mens han af og til drak af en flaske sprut, han havde i lommen.

"Halløj, *I der!*" sagde han, idet han vendte sig om og kastede et blik på de forknytte ansigter bag ham. "Lad os høre en sang, drenge – kom nu!"

Mændene kiggede på hinanden, og Simon gentog sit *"kom nu"* ledsaget af et smæld med pisken, han holdt i hånden. Tom kastede sig ud i en metodistsang:

> "Jerusalem, mit kære hjem,
> til dig al min længsel står,
> hvor ingen sorg skal være mer',
> men evig fryd…"

"Hold kæft, din sorte abekat!" råbte Legree, "tror du virkelig, jeg vil høre dit forbandede gamle metodistvrøvl? Lad os nu høre noget med fut og fart – og lad det gå lidt villigt!"

En af de øvrige slaver stemte i med en af disse vrøvlesange, der er så almindelige mellem slaverne.

> "Massa så mig fange en kat,
> Hej, drenge, hej!
> Det lo han af den hele nat,
> Ha! ha! ha! drenge, ha!
> Ha! ha! hi, hi! åh!"

Den syngende opfandt tilsyneladende sangen på stående fod og fandt almindeligvis på et tilfældigt eller meningsløst rim, mens resten af selskabet stemte i med omkvædet.

"Ha! ha! ha! drenge, ha!
Hej h-o-o! Hej h-o-o!"

Koret sang højt og støjende og med påtaget lystighed, men intet fortvivlet råb eller lidenskabelig bøn kunne have udtrykt slavernes dybe smerte bedre, end når koret sang sit larmende og højrøstede omkvæd. Det var som om de stakkels undertrykte, truede og stumme hjerter tog tilflugt i musikkens uartikulerede fristed og der fandt et sprog, hvormed de kunne udtrykke deres bøn til Gud! Der var en bøn i den, som Simon ikke kunne høre. Han kunne kun høre drengene synge støjende, og det gjorde ham tilfreds. Han fik dem til at "holde humøret oppe".

Han vendte sig om og lagde hånden på Emmelines skulder: "Nå, min smukke tøs, nu er vi snart hjemme!"

Emmeline var rædselsslagen, når Legree skældte og rasede, men når han rørte ved hende og talte til hende på denne måde, ønskede hun næsten, at han hellere ville slå hende. Udtrykket i hans øjne gjorde hende syg i sjælen og fik hende til at gyse. Uvilkårligt rykkede hun tættere på mulatkvinden og klyngede sig til hende, som om hun havde været hendes mor.

"Har du aldrig gået med ørenringe," sagde Legree og greb fat i hendes fine, lille øre med sine grove fingre.

"Nej, master!" sagde Emmeline skælvende og slog øjnene ned.

"Hvis du er en god pige, så skal jeg give dig et par, når vi kommer hjem. Du skal ikke være så skræmt. Jeg vil ikke lade dig arbejde særlig hårdt. Du skal nok få det godt hos mig og leve som en fin dame – hvis bare du er en god pige."

Legree havde drukket så meget, at han var blevet helt elskværdig. På dette tidspunkt begyndte plantagens indhegning at komme til syne. Ejendommen havde tidligere tilhørt en velstående gentleman med god smag, som havde brugt meget tid og mange penge på at forskønne plantagen. Senere gik han fallit og døde, hvorefter ejendommen blev købt for en slik af Legree, der kun udnyttede den som et redskab til at tjene penge. Stedet havde nu fået det nedslidte, forsømte udseende, som altid er et tegn på, at den tidligere ejers omhyggelige pasning var blevet overladt til fuldstændigt forfald.

Det, der engang havde været en velplejet græsplæne foran huset med spredte prydbuske, var nu en sammengroet masse af filtret græs. Her og der, hvor Legree havde placeret nogle hestebomme, var græstørven slidt helt væk, og jorden var oversået med ødelagte spande, majskolber og andre sjuskede efterladenskaber. Hist og her hang en skimlet og tjavset jasmin eller kaprifolium ned fra en dekorativ støtte, der stod helt skævt, fordi den var blevet brugt som hestebom. Hvad der engang havde været en vidtstrakt have var nu en tilgroet ukrudtsmark, hvorfra en ensom eksotisk blomst her og der rejste sit forsømte hoved. Den gamle vinterhave havde mistet sine vinduesruder, og på dens hensmuldrende hylder stod nogle indtørrede, forladte blomsterpotter med tørre stængler og visnede blade, som røbede, at de engang havde været planter.

Arbejdsvognen trillede op ad en ukrudtsbevokset grusvej under en smuk allé af paternostertræer, hvis graciøse former og stedsegrønne løvhang syntes at være det eneste, som den almindelige vanrøgt ikke kunne få bugt med eller ændre. De var som ædle sjæle, der var så dybt rodfæstede i godheden, at de blomstrede og voksede sig stærkere blandt modløshed og forfald.

Hovedhuset havde engang været stort og smukt. Det var bygget i Sydens almindelige stil med en bred veranda i to etager, der omkransede hele huset, og hvortil der var udgang fra alle værelser. Den nederste etage blev understøttet af murstenssøjler.

Men hele stedet virkede øde og trist. Nogle af vinduerne var sømmet til med brædder, i andre var ruderne itu, og nogle af skodderne hang og dinglede på et enkelt hængsel. Alt på stedet vidnede om grov vanrøgt og elendighed.

Bræddestumper, halm og gamle ødelagte tønder og kasser prydede grunden overalt. Tre-fire glubske hunde, der var blevet vækket ved lyden af vognhjulene, kom farende for at kaste sig over Tom og hans kammerater, og kun under stort besvær blev de holdt tilbage af to pjaltede slaver, som kom løbende efter dem.

"Her kan I se, hvad der venter jer!" sagde Legree, idet han klappede hundene med en tilfreds grimasse. Så vendte han sig om mod Tom og hans kammerater. "Her kan I se, hvad der venter jer, hvis I prøver på at stikke af. Disse hunde er oplært til at spore niggere, og de vil lige så gerne sætte tænderne i jer som i deres aftensmad. Så tag jer i agt!"

"Hallo, Sambo," sagde han til en pjaltet fyr med en hat uden hatteskygge, som udviste stor iver og tjenstvillighed. "Hvordan står det til?"

"Fint-fint, master."

"Quimbo," sagde Legree til en anden, som ivrigt forsøgte at tiltrække sig hans opmærksomhed, "har du husket, hvad jeg fortalte dig?"

"Det tror jeg da nok, jeg har gjort, ikke sandt?"

Disse to farvede mænd var de ledende kræfter på plantagen. Legree havde systematisk oplært dem til at være lige så rå og brutale som sine blodhunde, og gennem lang tids øvelse i hårdhed og grusomhed havde han bragt deres medfødte natur ned til samme lave niveau. Man siger almindeligvis – selv om denne tanke synes at være i modstrid med negerracens almindelige karakter – at negerformanden altid er mere tyrannisk og grusom end sit hvide modstykke. Man kan også sige, at negerens sind er blevet mere ødelagt og fordærvet end den hvides sind. Men det er ikke mere sandt for denne race end for nogen anden undertrykt race i verden. Slaven er altid en tyran, hvis man giver ham muligheden for at være det.

Legree regerede sin plantage med en slags del og hersk metode ligesom andre af historiens despoter. Sambo og Quimbo hadede hinanden af et godt hjerte, og samtlige plantagearbejdere hadede Sambo og Quimbo. Ved således at spille dem ud mod hinanden var han temmelig sikker på, at han nok skulle få at vide, hvad der var i gære på stedet gennem en af de tre parter.

Intet menneske kan leve fuldstændig uden socialt samkvem, og Legree opmuntrede sine to sorte følgesvende til at dele en slags grov fortrolighed med ham – en fortrolighed, som imidlertid når som helst kunne bringe den ene eller den anden af dem i vanskeligheder. For ved den mindste anledning og på et vink fra Legree stod enhver af dem altid parat til at være et hævnens redskab mod den anden.

Som de nu stod her overfor Legree, var de et levende billede på, at brutale mennesker er mere laverestående end dyr. Deres grove, mørke, truende ansigtstræk; de store øjne hvormed de misundeligt målte hinanden; deres barbariske, næsten dyriske strubelyde; deres forsømte tøj, som flagrede for vinden – alt stod i forunderlig samklang med hele stedets frastødende og usunde karakter.

"Hør Sambo," sagde Legree, "bring disse fyre ned til deres logi. Og her er den tøs, jeg har med til *dig*," fortsatte han, idet han løste mulatkvinden fra Emmeline og puffede hende hen til ham. "Jeg lovede at skaffe dig en, husker du nok."

Det gav et sæt i kvinden. Hun trak sig tilbage og sagde omgående: "Åh, nej, master! Jeg har en mand i New Orleans."

"Og hvad så, din... Vil du ikke have en her? Hold din mund og afsted med dig!" sagde Legree og hævede sin pisk.

"Kom her, lille frøken," sagde han til Emmeline, "du går herind med mig."

Et mørkt, vildt ansigt viste sig kortvarigt i et af husets vinduer, og da Legree åbnede døren, hørte man en kvindestemme sige noget i et rask og bydende tonefald. Tom lagde mærke til det, da han kiggede med ængstelig interesse efter Emmeline, da hun gik ind, og han hørte Legree give et vredt svar: "Klap i! Jeg gør, som det passer mig med jer allesammen!"

Tom nåede ikke at høre mere, da han måtte følge med Sambo til sit logi. Hans logi bestod af en række elendige skure, der lå langt fra hovedhuset og langs en lille vej. Skurene så usle, rå og forsømte ud. Toms mod sank, da han så dem. Han havde trøstet sig ved tanken om en utvivlsomt primitiv hytte, som han kunne gøre pæn og hyggelig med en hylde til sin Bibel, og hvor han kunne være alene i sine frie stunder. Han kiggede ind i flere af skurene, men de bestod kun af nøgne vægge uden spor af møbler og kun med en dynge muggent, beskidt halm strøet tilfældigt ud over et jordgulv, der var stampet hårdt af utallige fødder.

"Hvilken af hytterne er min?" spurgte han forsagt Sambo.

"Ved ikke! Du kan vel sove her, går jeg ud fra," sagde Sambo. "Der er vel plads til en mere. Der er en masse niggere i dem alle nu. Jeg ved snart ikke, hvad jeg skal stille op med flere."

Det var sent om aftenen, da de trætte beboere af hytterne kom hjem – mænd og kvinder i beskidt og pjaltet tøj, gnavne og tvære og ikke i humør til at se med venlige øjne på de nyankomne. Den lille landsby summede af liv, men der var ingen rare, sympatiske lyde; kun hæse, grove stemmer, der skændtes om håndkværnene, hvor deres lille ration af hård majs skulle males til mel, så de kunne bage den majskage, der udgjorde hele deres aftensmåltid. Lige fra det tidlige daggry havde de været ude i markerne, drevet til arbejde af opsynsmændenes svingende pisk, for nu var det den travleste årstid, og intet middel blev sparet for at presse hver eneste af dem til det yderste af deres formåen. "Men," siger den sorgløse dovendidrik, "at plukke bomuld er ikke noget hårdt arbejde." Er det ikke? Det er heller ikke særlig ubehageligt at mærke en enkelt dråbe vand, der falder på ens hoved, men alligevel var det en af inkvisitionens[104] værste torturmidler at lade vanddråbe efter vanddråbe falde med regelmæssige mellemrum på det samme sted. Og arbejdet i sig selv er ikke strengt, men det bliver det, når man bliver presset til det time efter time med ubarmhjertig ensformighed, og når man ikke engang har bevidstheden om sin frie vilje, der kan mindske kedsommeligheden ved det. Tom søgte forgæves efter et eneste venligt ansigt blandt slaverne. Men alt, hvad han så, var gnavne, skulende, brutaliserede mænd og svage, modløse kvinder eller kvinder, som ikke længere var kvinder – de stærke, som skubbede de svage væk – den grove, uhæmmede, dyriske egoisme fra mennesker, som ikke forventede at få noget godt eller ønsket. Mennesker, der på alle måder var blevet behandlet som dyr og derfor var sunket lige så langt ned til dyrenes niveau, som menneskeligt muligt. Lyden af håndkværnene fortsatte til langt ud på natten, da der var alt for få af dem i forhold til antallet af slaver, og de svage og trætte blev jaget væk af de stærke, så de måtte vente til sidst.

"Halløj, du der!" sagde Sambo og smed en pose majs foran mulatkvinden. "Hvad pokker hedder du?"

"Lucy," sagde kvinden.

"Nå Lucy, du er min kvinde nu. Få nu malet disse majs og lav min aftensmad, hører du?"

"Jeg er ikke din kvinde, og det bliver jeg heller aldrig!" sagde kvinden pludseligt med fortvivlelsens mod. "Gå din vej!"

"Så sparker jeg dig!" sagde Sambo og løftede truende sin ene fod.

"Du kan slå mig ihjel, hvis du vil – jo før, jo bedre! Jeg ville ønske, jeg var død!" sagde hun.

"Hør Sambo, du ødelægger arbejderne. Jeg fortæller det til master," sagde Quimbo, der havde travlt med håndkværnen, som han brutalt havde taget fra to-tre trætte kvinder, der ventede på at få malet deres korn.

"Så fortæller jeg ham, at du ikke vil lade kvinderne bruge kværnen, din gamle nigger!" sagde Sambo. "Bare pas dig selv."

Tom var sulten efter sin lange dagsrejse og var nær ved at besvime af sult.

"Her du!" sagde Quimbo og smed en grov pose med en halv skæppe majs hen til ham. "Grib nigger, og pas godt på den. Du får ikke mere i denne uge."

Tom måtte vente til meget sent, før han kom til ved en af kværnene. Og bevæget ved synet af to udmattede kvinder, der kæmpede med at male deres korn, hjalp han dem med at male færdigt og fik den hendøende ild, hvor så mange havde bagt deres brød, til at blusse op igen, og først da gik han i gang med sin egen aftensmad. Denne hjælpsomhed var noget helt nyt på stedet – en barmhjertighedsgerning, som måske ikke var stor, men som vækkede genklang i kvindernes hjerter – deres hårde ansigter fik et venligt udseende. Kvinderne blandede hans majsbrød for ham og bagte det; og Tom satte sig ned ved lyset fra bålet og tog sin Bibel frem. Han havde brug for trøst.

"Hvad er det?" spurgte den ene af kvinderne.

"En Bibel," sagde Tom.

"Gode Gud! Jeg har ikke set sådan en, siden jeg var i Kentuck."

"Voksede du op i Kentuck?" spurgte Tom interesseret.

"Ja, og jeg blev godt opdraget. Jeg havde aldrig troet, det ville ende sådan!" sagde kvinden og sukkede.

"Jamen, hvad er det for en bog?" spurgte den anden kvinde.

"Det er jo Bibelen."

"Jøsses! Hvad er det for en bog?" spurgte kvinden.

"Sig ikke, at du aldrig har hørt om den!" sagde den anden kvinde. "Den læste min frue nogle gange for mig i Kentuck, men Gud hjælpe os, her hører vi ikke andet end banden og sværgen."

"Læs lidt i den!" sagde den første kvinde nysgerrigt, da hun så Tom ivrigt bøje sig over den.

Tom læste: "Kom til mig, alle I, som slider jer trætte og bærer tunge byrder, og jeg vil give jer hvile."

"Det er vel nok dejlige ord," sagde kvinden. "Hvem siger det?"

"Herren," sagde Tom.

"Bare jeg vidste, hvor jeg kunne finde ham, så ville jeg opsøge ham," sagde kvinden. "Jeg er træt til døden. Min krop gør ondt, og jeg ryster over det hele hver eneste dag, og Sambo er altid på nakken af mig, fordi jeg ikke plukker hurtigere. Om natten bliver det omkring midnat, før jeg får noget at spise, og det er, som om jeg lige har lagt mig og lukket øjnene, når jeg hører hornet blæse og må stå op igen om morgenen. Hvis jeg vidste, hvor Herren er, så ville jeg fortælle ham det."

"Han er her og alle vegne," sagde Tom.

"Jøsses, det kan du ikke bilde mig ind! Jeg ved, at Herren ikke er her," sagde kvinden. "Men det nytter ikke noget at tale mere om det. Jeg vil lægge mig til at sove, mens jeg kan."

Kvinderne gik til deres hytter, og Tom sad alene tilbage ved den hendøende ild, som oplyste hans ansigt med et rødligt skær.

Den sølvfarvede, blege måne steg højere op på den purpurfarvede himmel og kiggede stille og tyst som Gud selv ned på denne skueplads for elendighed og undertrykkelse. Den skinnede blegt ned på den ensomme, sorte mand, som han sad der med armene over kors og Bibelen på skødet.

"Er Gud virkelig HER?" Åh, hvordan er det muligt for et uvidende hjerte at holde urokkeligt fast ved sin tro, stillet over for grov vanrøgt og åbenlys, blodig uret? I Toms enfoldige hjerte blev der udkæmpet en hård kamp: den knusende følelse af uret, udsigten til et helt liv i fremtidig elendighed, tilintetgørelsen af alle hans tidligere håb, der blev slynget hid og did for hans indre blik, som konens, børnenes og vennernes døde kroppe på vej op fra den sorte bølge, inden den rammer den halvdruknede sømand! Åh, var det let i denne *situation* at tro og holde fast ved den kristne tros store løsen "at Gud FINDES og LØNNER dem, som flittigt søger ham?"

Tom rejste sig mismodigt og tumlede ind i den hytte, han havde fået tildelt. Gulvet var allerede dækket af trætte sovende, og den forpestede luft i hytten havde nær drevet ham ud igen. Men nattens tunge dug var kølig, og hans lemmer værkede af træthed, så han svøbte sig i det pjaltede tæppe, der var hans eneste sengetøj, og faldt i søvn i halmen.

I drømme lød en blid stemme for hans øre. Han sad på den mosgroede bænk i haven ved Lake Pontchartrain, og Eva sad med sine alvorlige øjne fæstnet på Bibelen og læste op for ham. Og han hørte hende læse: "Går du gennem vand, er jeg med dig, og floderne vil ikke skylle sammen over dig; går du gennem ild, bliver du ikke forbrændt, og flammen vil heller ikke brænde dig. For jeg er Herren din Gud, Israels Hellige er din frelser."

Ordene syntes langsomt at svinde og dø bort som i en himmelsk musik. Barnet kiggede op med sine dybsindige øjne og fæstnede dem kærligt på ham, og stråler af varme og trøst syntes at udgå fra dem og til hans hjerte. Og som båret af musikken løftede hun sig på skinnende vinger, der dryssede en gylden stjerneregn ned, og så var hun væk.

Tom vågnede. Var det en drøm? Måske det var en drøm. Men hvem kan vel påstå, at Gud nu havde forbudt denne søde, unge ånd, som i sit jordiske liv var så ivrig efter at trøste og hjælpe de lidende, at udøve samme tjenester efter døden?

> "Det er skønt at kunne tro,
> at ånder, saligt hedengangne,
> omsvæve os, som endnu bo
> i stridens verden her som fangne."[105]

---

[104] **Inkvisitionen:** Pavelig domstol oprettet 1231 til bekæmpelse af kættere og udbredt i det meste af det katolske Europa. Ordet inkvisition kommer af det latinske *inquisitio* og betegner enkelt udtrykt en efterforskning eller et forhør. I tiden mellem forhørene blev tortur eller trusler om tortur ofte anvendt, hvis inkvisitorerne ikke fik de svar, de ønskede.

[105] Første og andet vers af digtet "Spirits of the Dead" af J. H. Perkins

KAPITEL 33

Cassy

"Og se de undertryktes tårer, de havde ingen trøstermand; og på deres undertrykkeres side var der magt, men de havde ingen trøstermand."[106]

Det tog ikke lang tid for Tom at gøre sig fortrolig med det, han havde at håbe og frygte i sit nye liv. Han var en erfaren og dygtig arbejder i alt, han blev pålagt, og af vane og princip var han hurtig og trofast. Stille og fredelig, som han altid var, håbede han ved utrættelig flid at kunne undgå i det mindste en del af onderne, hans stilling medførte. Han så tilstrækkelig med mishandling og elendighed til at gøre ham syg og træt, men han besluttede sig for at arbejde ufortrødent og tålmodigt videre og i øvrigt overgive sig til Ham, som dømmer retfærdigt, men ikke uden det håb, at der engang ville vise sig en eller anden udvej for ham.

Legree bemærkede sig i stilhed Toms dygtighed. Han anså ham som en førsteklasses arbejder, og dog følte han en hemmelig modvilje mod ham – det ondes medfødte modvilje mod det gode. Han så tydeligt, at når han voldeligt og brutalt overfaldt de stakkels værgeløse – som han så ofte gjorde – så tog Tom notits af det. For selv en tavs persons mening kan påvirke andre, og derfor kan selv en slaves mening ærgre hans herre. På mange måder viste Tom også ømme følelser og medlidenhed for sine lidelsesfæller, der opfattede dette som noget nyt og mærkeligt. Alt dette bemærkede Legree med stigende skinsyge. Han havde købt Tom med den tanke at gøre ham til en slags opsynsmand, som han kunne betro sine forretninger til, når han selv var på mindre rejser. Men til dette job var det ifølge hans mening ubetinget nødvendigt, at man var streng og hårdhjertet. Legree besluttede derfor, at det ville blive nødvendigt at *hærde* Toms hjerte, da han var alt for blødsøden. Og da Tom havde været på plantagen i nogle uger, bestemte han sig for at gå i gang med opgaven.

En morgen, da arbejderne blev mønstret for at gå i marken, lagde Tom overrasket mærke til en nyankommen, hvis udseende vækkede hans opmærksomhed. Det var en høj og slank kvinde med bemærkelsesværdigt små, fine hænder og fødder og klædt i pænt og anstændigt tøj. Efter hendes udseende at dømme var hun omkring 35-40 år gammel og med at ansigt, man ikke så let glemte igen – et ansigt, som med et enkelt blik ville give os en forestilling om et barsk og eventyrligt liv fyldt med sorg og lidelse. Hendes pande var høj, og hendes øjenbryn markante og smukke. Hendes lige, velformede næse, fint skårne mund og det yndefulde omrids af hendes hoved og hals viste, at hun en gang måtte have været en skønhed. Men nu var hendes ansigt stærkt furet og rynket af smerte og af stolt og forbitret udholdenhed. Huden var gusten og usund, hendes kinder indfaldne, ansigtstrækkene skarpskårne og hele hendes skikkelse udtæret. Men øjnene var det mest fremtrædende træk ved hende – de var guddommeligt store og sorte, næsten skjult af et par lange og lige så sorte øjenvipper. I disse øjne kunne man læse en vild, sørgmodig fortvivlelse. Der var en barsk stolthed og trods i hver eneste linje i hendes ansigt, i hver kurve ved den smidige mund og i hver af kroppens bevægelser, men i hendes øjne var der en dyb, indgroet sjælekval – et udtryk så håbløst og uforanderligt, at det stod i stærk kontrast til den foragt og stolthed, som hele hendes holdning udtrykte.

Tom vidste hverken, hvor hun kom fra, eller hvem hun var. Han lagde ikke mærke til hende, før hun rank og stolt spadserede ved siden af ham i morgengryets grå tåge. Men de andre slaver lod til at kende hende, for de vendte og drejede sig om for at kigge på hende, og en dæmpet, men alligevel hørbar skadefryd bredte sig mellem disse elendige, pjaltede og forsultne mennesker, der omgav hende.

"Så er det endelig blevet hendes tur – det glæder mig!" var der en, der sagde.

"Ha! ha! ha! Nu får du snart at se, hvor rart det er, missis!" sagde en anden.

"Nu skal vi se hende arbejde!"

"Måske hun også får en omgang tæv om natten, ligesom os andre!"

"Det skal glæde mig at se hende få en omgang med pisken!" sagde en anden.

Kvinden lod sig ikke gå på af deres spottende bemærkninger, men travede videre med det samme udtryk af vred foragt, som om hun intet havde hørt. Tom, der altid havde boet blandt fine og dannede mennesker følte intuitivt ud fra hendes opførsel og holdning, at hun var vokset op i det højere samfundslag, men hvorfor og hvordan hun var havnet i disse usle omstændigheder, var et mysterium for ham. Kvinden hverken så på ham eller talte til ham, skønt hun holdt sig tæt til ham hele vejen ud til marken.

Tom var snart travlt beskæftiget med sit arbejde, men da kvinden holdt sig i nærheden af ham, kunne han ofte kaste et blik på hende, mens hun arbejdede. Han så ved første øjekast, at hendes medfødte smidighed og fingerfærdighed gjorde arbejdet lettere for hende, end det var for mange andre. Hun plukkede meget hurtigt og rent med en hånlig mine, som om hun foragtede både arbejdet og ydmygelsen ved de omstændigheder, hun var havnet i.

Dagen igennem arbejdede Tom også nær ved mulatkvinden, som var blevet bragt til gården samtidig med ham selv. Øjensynligt led hun meget, og Tom hørte hende tit opsende en bøn, når hun rystede og vaklede, så hun var nær ved at falde omkuld. Tom nærmede sig hende, og tavst tog han adskillige håndfulde bomuld fra sin egen sæk og lagde ned i hendes.

"Åh, nej, gør det ikke!" sagde kvinden forbavset. "Du kommer bare i vanskeligheder."

I det samme dukkede Sambo op. Han syntes at have et særligt had til denne kvinde, og svingende med sin pisk sagde han med en rå, hæs stemme: "Hvad er det for dumheder, du har gang i, Lucy?" og i det samme sparkede han til hende med sine tunge lædersko og slog Tom tværs over ansigtet med sin pisk.

Tom genoptog tavst sit arbejde, mens kvinden, der var på randen af udmattelse, besvimede.

"Jeg skal nok få hende på benene igen!" sagde Sambo med et ondskabsfuldt grin. "Hun skal få noget meget bedre end kamfer!" sagde han og tog en nål fra sit ærme og jog den så dybt, han kunne, ind i hende. Kvinden stønnede og kæmpede for at komme på benene igen. "Rejs dig op, dit bæst, og arbejd, ellers skal jeg vise dig en ting eller to!"

Kvindens kræfter syntes kort efter at vende tilbage med overnaturlig styrke, og med desperat iver kastede hun sig over arbejdet.

"Se til, at du bliver ved sådan, ellers vil du komme til at ønske dig død i aften. Det kan du lige bande på!" sagde Sambo.

"Det ønsker jeg allerede!" hørte Tom hende sige, og derpå hørte han hende stønne: "Åh, Herre, hvor længe endnu! Åh, Herre, hvorfor hjælper du os ikke?"

Uden tanke på hvad han udsatte sig for, gik Tom på ny hen til hende og lagde al sin bomuld over i kvindens kurv.

"Nej, det må du ikke! Du ved ikke, hvad de vil gøre ved dig!" sagde kvinden.

"Jeg kan klare det bedre end dig," sagde Tom og gik tilbage til sin plads. Det hele var overstået på et øjeblik.

Pludselig kom den fremmede kvinde, som vi allerede har omtalt, hen til ham. Mens hun arbejdede, havde hun været tæt nok på Tom til at høre hans sidste ord. Nu kiggede hun intenst på ham et øjeblik med sine triste, mørke øjne, inden hun greb en dynge bomuld fra sin egen kurv og lagde den over i hans.

"Du kender intet til dette sted," sagde hun, "ellers ville du aldrig have gjort sådan. Når du har været her en måned, så er du kureret for at hjælpe nogen. Det vil være svært nok for dig at hytte dit eget skind!"

"Gud forbyde det, missis!" sagde Tom, idet han uvilkårligt tiltalte sin kollega i marken på samme høflige måde, som han altid havde gjort over for sit herskab."

"Gud kommer aldrig her," sagde kvinden bittert og fortsatte rask med sit arbejde, mens et hånligt smil krusede hendes læber.

Men Sambo havde set hendes handling, og svingende med pisken kom han hen til hende.

"Hvad! Hvad var det!" sagde han triumferende til hende. "Gør du dumheder? Se så at bestille noget! Her er det mig, der bestemmer. Pas dig selv, eller jeg skal give dig en omgang!"

Hendes sorte øjne skød lyn, da hun vendte sig om mod ham med dirrende læber og opspærrede næsebor. Hun rettede sig op og så på ham med et blik fuldt af flammende raseri og foragt.

"Din hund!" hvæsede hun, "rør mig, hvis du *tør!* Jeg har endnu tilstrækkelig magt til at få dig kastet for hundene, levende brændt eller skåret i småstykker! Jeg behøver kun sige et ord!"

"Hvad fanden laver du så her?" sagde manden tydeligt nervøs og trak sig langsomt et par skridt tilbage. "Jeg mente det ikke så slemt, missis Cassy!"

"Så hold dig væk!" sagde kvinden, og Sambo fik pludselig meget travlt med noget i den anden ende af marken.

Kvinden vendte hurtigt tilbage til sit arbejde, hvor hun arbejdede med et hastværk, som fuldstændig forbløffede Tom. Det virkede helt magisk. Før dagen var omme, var hendes kurv fyldt med top på, selv om hun flere gange havde fyldt i Toms kurv. Længe efter mørkets frembrud drog hele skaren af trætte slaver med deres kurve på hovedet op til den bygning, hvor bomulden blev vejet og opbevaret. Legree var der allerede og stod i ivrig samtale med sine to håndlangere.

"Ham Tom, er en meget besværlig fyr. Han bliver ved med at lægge i Lucys kurv. Han er en af dem, der sætter ondt mellem niggerne, hvis massa ikke passer på ham!" sagde Sambo.

"Jaså! den sorte satan!" sagde Legree. "Det bliver vi vist nødt til at gøre noget ved, ikke sandt, drenge?"

Begge negre slog en modbydelig latter op ved denne bemærkning.

"Javel, ja! Massa Legree forstår sig på de ting! Den onde selv kunne ikke gøre det bedre!"

"Vel, drenge, den bedste måde er at lade ham svinge pisken, indtil han får de griller ud af hovedet. Sådan skal han dresseres!"

"Himmel, massa får sin sag for med ham!"

"Jeg skal nok få det banket ud af ham til sidst!" sagde Legree og vendte sin skråtobak i munden.

"Tag nu denne hersens Lucy – hun er da den mest irriterende, grimmeste heks på stedet!" fortsatte Sambo.

"Tag dig i agt, Sam. Jeg begynder at tro, at du har dine egne grunde til at være rasende på Lucy."

"Ja, massa ved nok, at hun satte sig op imod massa og ikke ville have mig, selv om massa havde sagt det."

"Jeg ville have pisket hende til det," sagde Legree og spyttede, "men der er så meget arbejde lige nu, at det ikke kan betale sig at tæve løs på hende. Hun er en sart pige, og disse sarte piger vil lade sig slå halvt ihjel bare for at få deres vilje!"

"Lucy var virkelig irriterende og doven. Hun surmulede bare og ville ikke lave noget – og ham Tom lavede hendes arbejde for hende."

"Nå, så det gjorde han! Godt, så skal Tom også få fornøjelsen af at piske hende. Det vil være en god øvelse for ham, og så banker han vel heller ikke så voldsomt løs på tøsen som jer djævle."

"Ha, ha, ho, ho, ho!" lo begge de sorte slyngler, og deres djævelske latter syntes virkelig at retfærdiggøre den sataniske betegnelse, som Legree hæftede på dem.

"Men massa, Tom og missis Cassy hjalp hinanden med at fylde Lucys kurv. Den vejer sikkert godt til, massa!"

"Det er noget, jeg afgør. *Det er mig, der vejer den!*" sagde Legree med eftertryk.

Begge Legrees håndlangere lo igen deres djævelske latter.

"Så missis Cassy gjorde sin dags arbejde," tilføjede han.

"Hun plukker som Djævelen selv og alle hans engle!"

"Ja, hun har dem alle sammen i sig, tror jeg på!" sagde Legree, og med en grov ed på læben gik han ind til vægten.

Langsomt snoede rækken af trætte, modløse skabninger sig ind i rummet, hvor de bøjede sig ned og nølende satte kurvene fra sig, så de kunne blive vejet.

På en tavle på væggen noterede Legree vægten ud for deres navn.

Toms kurv blev vejet og fundet i orden, og med et uroligt blik kiggede han efter, hvordan det gik med den kvinde, han havde hjulpet.

Vaklende af udmattelse trådte Lucy frem og afleverede sin kurv. Den havde også sin fulde vægt, som Legree også mærkede, men med påtaget vrede sagde han: "Hvad skal det sige, din dovne tøs! For lidt igen! Stil dig til side, du skal snart få, hvad du fortjener!"

Kvinden stønnede fortvivlet og satte sig ned.

Personen, som blev kaldt for missis Cassy, trådte nu frem og afleverede sin kurv med en ligegyldig, overlegen mine. Da hun afleverede den, kiggede Legree hende lige i øjnene på en spottende, men samtidig spørgende måde.

Hun stirrede fast på ham med sine sorte øjne, hendes læber bevægede sig svagt, og hun sagde noget på fransk. Ingen forstod, hvad hun sagde, men Legrees ansigt antog et fuldstændigt djævelsk udtryk, mens hun talte. Han løftede hånden, som om han ville slå hende – en bevægelse, som hun mødte med stolt foragt, hvorefter hun vendte sig om og gik sin vej.

"Kom herhen Tom," sagde Legree. "Du husker nok, jeg fortalte dig, at jeg ikke havde købt dig til almindeligt arbejde. Jeg har tænkt mig at forfremme dig og gøre dig til opsynsmand. Og du kan lige så godt begynde at vænne dig til arbejdet i aften. Tag nu denne tøs og pisk hende. Du har set nok til at vide, hvordan man gør det."

"Jeg be'r master undskylde" sagde Tom, "men jeg håber ikke, at master vil sætte mig til det. Jeg har aldrig gjort det før, og jeg kan ikke gøre det. Det er helt umuligt."

"Du kommer til at lære ganske mange ting, som du aldrig har gjort før, inden jeg er færdig med dig!" sagde Legree, idet han greb en læderpisk og lod en byge af slag regne ned over Tom.

"Nå!" sagde han og stoppede forpustet. "Vil du stadig fortælle mig, at du ikke kan gøre det?"

"Ja, master," sagde Tom og tørrede blodet væk, der løb ned af hans ansigt. "Jeg er villig til at arbejde nat og dag og arbejde, lige til jeg styrter, men jeg føler ikke, at denne ting er rigtig at gøre – og master, jeg vil *aldrig* gøre det – *aldrig nogensinde!*"

Tom havde en usædvanlig mild og blød stemme, og hans sædvanlige høflige manerer havde givet Legree det indtryk, at han var en kujon, der ville blive let at kue. Da Tom sagde de sidste ord, lød der en forbavset mumlen fra flokken. Den stakkels kvinde vred sine hænder og sagde: "Gode Gud!" og alle så ufrivilligt på hinanden og gispede efter vejret som for at forberede sig på den storm, der nu måtte bryde løs.

Legree virkede lamslået og forvirret, men til sidst udbrød han: "Hvad siger du, dit fordømte sorte møgdyr! Skal du fortælle *mig*, at det er *forkert*, hvad jeg giver dig besked på? Hvad vedkommer det jer usle kreaturer at tænke, hvad der er rigtigt? Det skal jeg nok sætte en stopper for! Hvem tror du egentlig, du er? Måske tror du, at du er en rigtig gentleman, der kan fortælle sin master, hvad der er rigtigt og forkert! Så du påstår, at det er forkert at piske den tøs!"

"Ja, det synes jeg, master," sagde Tom, "den stakkels pige er syg og svag. Det ville være direkte grusomt, og det er noget, jeg aldrig vil gøre eller hjælpe med til. Master, hvis De vil slå mig ihjel, så gør det, men jeg vil aldrig hæve min hånd mod nogen her. Jeg vil hellere dø end at gøre det!"

Tom talte stille og roligt, men med en fasthed, der ikke var til at tage fejl af. Legree skælvede af raseri, hans grønne øjne antog et vildt udtryk, og selv hans kindskæg syntes at slå krøller af ophidselse. Men som et rovdyr, der leger med sit offer, inden det æder det, betvang han sin lyst til øjeblikkelig voldsom afstraffelse og udbrød spottende: "Nå, endelig er en gudfrygtig hund steget ned til os syndere! En helgen og gentleman og intet mindre, der er kommet for at fortælle os syndere om vores synder! Han må vel nok være hellig! Når du nu er så from, din slyngel, ved du så ikke, at der står i Bibelen, 'Slaver, adlyd jeres herrer'? Er jeg måske ikke din herre? Betalte jeg ikke tolvhundrede dollars kontant for alt, hvad der findes i dit forbandede, usle, sorte skind? Er du måske ikke min nu med både krop og sjæl?" sagde han og sparkede hårdt til Tom med sin tunge støvle. "'Så, svar mig!'"

Skønt han var nedbøjet af fysisk smerte og brutal undertrykkelse, gik der et glimt af glæde og stolthed gennem Toms sjæl ved dette spørgsmål. Han rettede sig pludseligt op, rettede blikket mod himlen, og mens en blanding af tårer og blod strømmede ned over hans ansigt, udbrød han: "Nej, nej, nej! Min sjæl tilhører ikke Dem, master! De har ikke købt den – den kan De aldrig købe! Den er købt og betalt af én, der også er mægtig nok til at beholde den. Gør med mig hvad De vil. De kan ikke gøre mig nogen fortræd!"

"Nå, så det kan jeg ikke!" sagde Legree snerrende. "Det skal vi nok få et se! Vi får se! Kom her Sambo og Quimbo, giv denne hund en omgang, som han ikke vil komme sig over den første måned!"

De to kæmpestore negre, der nu greb fat i Tom med djævelsk fryd i ansigterne, kunne sagtens have tjent som et perfekt billede på mørkets magter. Den arme kvinde skreg af rædsel, og alle slaver rejste sig uvilkårligt, da de slæbte af med Tom, uden han gjorde modstand.

---

[106] **Trøstermand:** Et andet ord for Gud.

KAPITEL 34

Kvadronens historie

"Og se de undertryktes tårer, de havde ingen trøstermand; og på deres undertrykkeres side var der magt. Da priste jeg de døde, fordi de allerede er døde, mere end de levende, som endnu er levende."

Det var sent på natten, og Tom lå stønnende og blødende i et gammelt, forladt rum i det hus, hvor man rensede bomulden. Han lå mellem rester af ødelagt maskineri, dynger af kasseret bomuld og andet gammelt skrammel, som var smidt der.

Natten var fugtig og lummer, og i den beklumrede luft sværmede utallige myg, som forstærkede den ulidelige pine fra hans sår. Men en brændende tørst – som plagede ham langt mere – var topmålet af fysisk lidelse.

"Åh, gode Gud! Se ned til mig – lad mig vinde! – lad mig overvinde alt dette!" bad den stakkels Tom i sin pine og kval.

Bag sig hørte han fodtrin, der kom ind i rummet, og en lygte skinnede ham i øjnene.

"Hvem er det? Åh, for Guds skyld, giv mig lidt vand!"

Det var Cassy. Hun satte lygten fra sig og hældte vand i en kop fra en vandflaske. Så løftede hun hans hoved og lod ham drikke den ene kop vand efter den anden, som han sank med feberagtig iver.

"Drik så meget, du vil," sagde hun. "Jeg ved, hvordan det er. Det er ikke første gang, jeg har været ude om natten og bragt vand til sådanne som dig."

"Mange tak, missis," sagde Tom, da han havde slukket sin tørst.

"Du skal ikke kalde mig missis! Jeg er en ussel slave som dig selv – ja, endda mere fornedret end du nogensinde kan blive!" sagde hun bittert. "Men se her," sagde hun, idet hun gik hen til døren efter en lille halmmadras, som hun havde dækket med linnedklude dyppet i koldt vand, "prøv nu, min stakkels ven, at rulle dig op på denne madras."

Tom, der var helt stiv af sår og skrammer, var længe om at gennemføre denne opgave, men da det endelig lykkedes, mærkede han en betydelig lindring fra de kølige klude.

Cassy, som gennem lang tids erfaring med mishandlede ofre havde fået kendskab til mange helbredende metoder, fortsatte med at behandle Toms sår på mange forskellige måder, der efterhånden lindrede hans smerter en del.

"Sådan," sagde hun, idet hun løftede hans hoved op på en kasseret rulle bomuld, der skulle tjene til hovedpude, "nu har jeg gjort alt, hvad jeg kan gøre for dig."

Tom takkede hende, og Cassy, som sad på gulvet, trak knæene op under hagen, lagde armene rundt om dem og stirrede frem for sig med et bittert, lidende udtryk i ansigtet. Hendes kyse gled af, og langt, sort hår vældede ned over hendes ejendommeligt triste ansigt.

"Det er ingen nytte til, stakkels fyr!" udbrød hun til sidst. "Det er nytteløst at gøre det, du prøver at gøre. Du var en modig fyr – du havde retten på din side, men det var en forgæves kamp. Du er i hænderne på en djævel – han er den stærkeste, så du er nødt til at give op!"

Opgive kampen! Var det ikke det, som hans menneskelige svaghed og legemlige lidelser havde hvisket til ham for lidt siden? Det gav et sæt i ham, for denne forbitrede kvinde med sine vilde øjne og sorgfulde stemme syntes at være legemliggørelsen af den fristelse, han havde kæmpet imod.

"Åh, min Gud! Åh, min Gud!" stønnede han, "hvordan kan jeg give op nu?"

"Det nytter ikke noget at påkalde Gud – han hører dig ikke," sagde kvinden roligt. "Jeg tror ikke, der findes nogen Gud, og hvis der findes en, så har han taget de andres side. Alt går os imod, både Himmel og Jord. Alt skubber os ned i Helvede. Så hvorfor skulle vi ikke tage derhen?"

Tom lukkede sine øjne og skælvede ved disse mørke, gudløse ord.

"Ser du," sagde Cassy, "*du* ved ikke noget om dette sted, men det gør jeg. Jeg har været her i fem år i denne mands vold med krop og sjæl, og jeg hader ham lige så meget som Djævelen selv! Her er du på en ensomt beliggende plantage midt i sumpene med næsten tyve kilometer til den nærmeste nabo. Der er ikke en eneste hvid person her, som vil være vidne til, om du er blevet brændt levende, skoldet ihjel, skåret i småstykker, kastet for hundene eller hængt op og pisket til døde. Der findes ingen love her, hverken Guds eller menneskers, som kan hjælpe dig eller nogen af os, og der findes intet i verden, som han holder sig for god til at gøre. Jeg kunne få håret til at rejse sig på hovedet af hvem som helst og få deres tænder til at klapre i munden, hvis jeg fortalte om alt det, jeg har set og fået at vide her – og det nytter ikke at kæmpe imod! *Ønskede* jeg måske at leve med ham? Var jeg måske ikke en kvinde, der havde fået en fin opdragelse, og – Gud i Himlen – hvad var og er han? Og dog har jeg boet sammen med ham i fem år og forbandet hvert eneste øjeblik af mit liv, både nat og dag! Og nu har han fået sig en ny – en ung pige på bare femten år, og hun siger, hun er opdraget gudfrygtigt. Hendes gode frue lærte hende at læse Bibelen, og hun tog sin Bibel med hertil – til helvede med hende!" – og kvinden slog en vild og sørgmodig latter op, der klang mærkeligt overnaturligt gennem det gamle forfaldne skur.

Tom foldede sine hænder. Alt var uhygge og rædsel. "Åh, Jesus! Herre Jesus! Har du fuldstændig glemt os arme stakler?" udbrød han til sidst. "Hjælp, Herre, jeg går til grunde!"

Cassy fortsatte ubarmhjertigt: "Og hvorfor lider du for de elendige dyr, du arbejder sammen med? Enhver af dem vil vende sig imod dig ved den første lejlighed. De er så usle og grusomme imod hinanden, som de overhovedet kan være. Det nytter ikke, at du lider for at beskytte dem."

"De stakler!" sagde Tom. "Hvad mon har gjort dem så grusomme? Hvis jeg giver efter, vænner jeg mig til det, og så bliver jeg lidt efter lidt ligesom dem! Nej, nej, missis! Jeg har mistet alt – min hustru, mine børn, mit hjem og min venlige master, som ville have givet mig fri, hvis bare han havde levet en uge længere. Jeg har mistet alt i *denne verden*, og det er alt sammen borte for altid – men jeg *kan ikke* også miste Himlen. Nej, jeg kan ikke også overgive mig til den syndige ondskab, foruden alt det andet!"

"Men det er vel ikke muligt, at Gud vil lægge synden til vores regnskab," sagde Cassy. "Han vil vel ikke straffe os for det, når vi er tvunget til det. Han vil i stedet straffe dem, der drev os til det."

"Ja, sikkert," sagde Tom, "men det vil ikke forhindre os i at blive syndigt onde. Hvis jeg bliver lige så hårdhjertet som Sambo og lige så syndig, vil det ikke gøre nogen forskel for mig, hvordan jeg blev sådan. Det er det at *blive sådan* – det er det, jeg frygter."

Cassy kiggede overrasket og forfærdet på Tom, som om en ny tanke lige var faldet hende ind, og idet hun sukkede dybt, sagde hun: "Åh, Gud, vis barmhjertighed! Ja, det er rigtigt, hvad du siger! Åh, åh, åh, stønnede hun og faldt som knust ned på gulvet, hvor hun vred og vendte sig i den yderste sjælekval.

Der blev et øjebliks stilhed, hvor man kunne høre begge parters tunge åndedræt. Til sidst sagde Tom stille: "Åh, missis!"

Cassy rejste sig hurtigt op; hendes ansigt havde nu atter antaget sit sædvanlige hårde og sørgmodige udtryk.

"Åh, missis, jeg så mændene kaste min frakke derhen i krogen, og min Bibel ligger i lommen. Vil De ikke være rar og hente den til mig?"

Cassy hentede Bibelen. Tom slog med det samme op på et godt slidt afsnit, der var markeret med en tyk streg. Afsnittet handlede om de sidste timer i det menneskes liv, som helede os alle gennem de piskeslag, han modtog.

"Hvis missis vil være rar at læse dette afsnit højt – det er mere helende end vand."

Cassy tog imod bogen med en afmålt, stolt mine og kiggede på afsnittet. Så begyndte hun med blød og udtryksfuld stemme at læse denne gribende beretning om lidelse og herlighed. Mens hun læste, rystede stemmen ofte, og nogle gange svigtede den hende fuldstændigt – og når det skete, stoppede hun helt op, indtil hun havde genvundet fatningen. Da hun kom til de gribende ord: "Fader, tilgiv dem, for de ved ikke, hvad de gør," kastede hun bogen fra sig, skjulte ansigtet i sit tykke hår og faldt i en heftig krampegråd.

Tom græd også og kom nu og da med et halvkvalt udbrud.

"Hvis vi bare kunne leve op til dette!" sagde Tom. "Det virker, som om det var så naturligt for ham, og vi er nødt til at kæmpe så hårdt for det! Åh, Herre, hjælp os! Åh, velsignede Herre Jesus, hjælp os dog!"

"Missis," sagde Tom lidt efter. "Jeg kan se, at De står over mig i alt, men der er måske en ting, som missis kan lære af selv stakkels Tom. De sagde, at Gud er imod os, fordi han tillader, at vi bliver mishandlet og slået, men ser De hvad der skete med hans egen søn, herlighedens herre? Var han måske ikke altid fattig? Og gik det ham ikke værre, end det er gået for nogen af os? Gud har ikke glemt os – det er jeg helt sikker på. Hvis vi lider med ham, skal vi også herske, siger den hellige skrift, men hvis vi fornægter ham, vil han også fornægte os. Måtte de ikke alle lide? – både Herren selv og alle, der var med ham? Skriften fortæller os, hvordan de blev stenet og savet i stykker og måtte vandre omkring i fåre- og gedeskind og var ludfattige, plagede og forpinte. At lide er ikke noget bevis på, at Gud har vendt sig mod os, men snarere det modsatte. Vi skal bare holde fast ved ham og ikke overgive os til synden."

"Men hvorfor anbringer han os på et sted, hvor vi ikke kan lade være med at synde?" sagde Cassy.

"Det tror jeg godt, *vi kan*," sagde Tom.

"Det skal du nok få at se," sagde Cassy. "Hvad vil du gøre? I morgen vil de være over dig igen. Jeg kender dem, jeg ved, hvad de er i stand til. Jeg kan ikke holde ud at tænke på alt det, de vil gøre ved dig. Og til sidst skal de nok få dig knækket!"

"Herre Jesus!" sagde Tom. "Vil du *passe på* min sjæl? Åh, Herre, gør det! Lad mig ikke give efter!"

"Åh, nej!" sagde Cassy, "jeg har hørt så mange græde og bede før, og alligevel er de alle blevet knækket og kuet. Emmeline prøver at holde ud, og du prøver, men til hvilken nytte? Du bliver nødt til at give op eller blive dræbt lidt efter lidt."

"Ja, så lad mig da *dø!*" sagde Tom. "Lad dem trække det ud, så længe de kan, de kan ikke forhindre, at jeg dør før eller senere. Når det er sket, så kan de ikke røre mig mere. Jeg er beredt og rede! Jeg *ved*, Herren vil hjælpe mig igennem det."

Cassy svarede ikke, men sad og stirrede stift ned i gulvet.

"Måske det er den rette måde," mumlede hun for sig selv, "men der er intet håb for dem, der *har* givet efter – intet! Vi lever i skidt og bliver modbydelige, indtil vi væmmes ved os selv! Og vi længes efter at dø, men vi har ikke modet til at dræbe os selv! Intet håb! Intet håb! Intet håb? Se Emmeline, den pige er lige så gammel, som jeg var!"

"Og se mig nu," sagde hun og talte meget hurtigt til Tom, "se hvad jeg er blevet til! Jeg voksede op i luksus. Det første, jeg kan huske fra min barndom, var at jeg legede i pragtfulde stuer. Jeg var klædt ud som en lille dukke, og familien og deres gæster plejede at beundre mig. Fra salonen var der en dør ud til haven, hvor jeg plejede at lege skjul under appelsintræerne med mine brødre og søstre. Jeg gik i klosterskole, hvor jeg fik undervisning i musik, fransk og håndarbejde og meget andet. Men da jeg var fjorten år gammel, vendte jeg hjem igen for at deltage i min fars begravelse. Han døde meget pludseligt, og da boet skulle gøres op, viste det sig, at der næppe var nok til at dække gælden. Så da kreditorerne lavede en opgørelse over boet, blev jeg opført som et aktiv. Min mor var slavinde, og min far havde altid haft til hensigt at sætte mig fri, men han havde ikke gjort det, så jeg kom med på listen. Jeg har altid vidst, at min mor var en slave, men aldrig tænkt så meget over det. Der er ingen, der forventer, at en stærk, sund mand pludseligt dør. Min far var frisk og rask bare fire timer, før han døde. Han var et af de første tilfælde af kolera i New Orleans. Dagen efter begravelsen tog min fars kone sine børn med sig og rejste til sin fars plantage. Jeg syntes, de behandlede mig underligt, men vidste ikke hvad der foregik. De havde en ung advokat, som skulle ordne sagerne. Han kom hver eneste dag og gik omkring i huset og talte meget venligt til mig. En dag kom han med en ung mand, som var den flotteste mand, jeg nogensinde havde set. Jeg vil aldrig glemme den aften. Jeg spadserede med ham i haven. Jeg følte mig så ensom og sørgmodig, og han var så venlig og rar ved mig. Han fortalte mig, at han havde set mig før, inden jeg rejste til klosterskolen, og han havde været forelsket i mig i lang tid, og at han nu ville være min ven og beskytter. Men han fortalte mig ikke, at han havde betalt totusinde dollars for mig, og jeg nu var hans ejendom. Kort sagt blev jeg villigt hans, fordi jeg elskede ham. Elskede!" sagde hun og tav et øjeblik. "Åh, hvor jeg *elskede* den mand! Hvor jeg elsker ham endnu og altid vil, så længe jeg lever og ånder! Han var så smuk, så fornem og så ædel! Han anbragte mig i et pragtfuldt hus med tjenere, heste, vogne, møbler og kjoler. Han gav mig alt det, penge kunne købe, men det var ikke det, jeg satte pris på. Det eneste, jeg brød mig om, var ham. Jeg elskede ham højere end min Gud og min egen sjæl, og selv om jeg havde villet, kunne jeg ikke have handlet anderledes, end det han ønskede, jeg skulle gøre.

Det eneste, jeg ønskede, var, at han skulle gifte sig med mig. Jeg tænkte, at hvis han elskede mig så højt, som han sagde, han gjorde, og jeg var den person, som han anså mig for, så ville han være villig til at gifte sig med mig og sætte mig fri. Men han overbeviste mig om, at det var umuligt, og han fortalte mig, at hvis vi bare var trofaste mod hinanden, så var det et ægteskab for Gud. Hvis det var sandt, var jeg så ikke den mands hustru? Var jeg ikke trofast? I syv år gav jeg nøje agt på hvert et blik og enhver bevægelse hos ham og levede og åndede kun for at gøre ham tilpas? Han fik den gule feber, og i tyve dage og nætter sad jeg hos ham helt alene. Jeg gav ham al hans medicin og gjorde alt for ham. Han kaldte mig sin gode engel og sagde, at jeg havde reddet hans liv. Vi fik to smukke børn. Den første var en dreng, vi kaldte for Henry, og senere en pige vi kaldte for Elise. Drengen var sin far op ad dage med to smukke øjne, en høj pande og et smukt krøllet hår. Han havde også sin fars livfuldhed og begavelse. Min elskede sagde, den lille Elise lignede mig. Han plejede også at fortælle mig, at jeg var den smukkeste kvinde i Louisiana, og han var så stolt af mig og børnene. Han elskede, at jeg klædte dem pænt på, og så tog han både mig og dem ud at køre i åben vogn for at høre de kommentarer, folk kom med om os. Og han fyldte konstant mine ører med de søde bemærkninger, som folk kom med om mig og børnene. Åh, det var en lykkelig tid! Jeg tænkte, at jeg var så lykkelig, som et menneske kunne blive, men så kom de onde tider. Han inviterede en fætter til at besøge os i New Orleans. Han var en meget god ven af ham, og han satte stor pris på ham, men fra første øjeblik, jeg så ham, frygtede jeg ham, for jeg var sikker på, han ville bringe ulykke over os. Han fik Henry til at gå ud sammen med ham, og ofte kom Henry ikke hjem før to eller tre om morgenen. Jeg vovede aldrig at sige et ord, for Henry var så opfarende, at jeg var bange for at gøre ham vred. Han tog Henry med på spillebuler, og Henry havde det sådan, at når han først kom i gang, så fik spillelidenskaben tag i ham. Siden introducerede han Henry for en anden kvinde, og jeg opdagede snart, at jeg havde mistet hans hjerte. Han sagde det aldrig til mig, men jeg så det og følte det dag efter dag. Mit hjerte bristede, men jeg kunne ikke sige et ord! Til sidst tilbød hans skurkagtige fætter at købe mig og Henrys børn, så købesummen kunne indfri den spillegæld, der stod i vejen for det ægteskab, han ønskede at indgå – og så *solgte han os*. En dag fortalte Henry mig, at han skulle rejse bort i forretninger nogle dage. Han talte venligere end sædvanligt og lovede at komme tilbage, men han narrede mig ikke. Jeg vidste, tiden var kommet. Jeg var blevet som sten, jeg kunne hverken tale eller fælde en tåre. Han kyssede mig og børnene mange gange og gik ud. Jeg så ham stige til hest, og jeg fulgte ham med øjnene, til han var ude af syne, og så besvimede jeg.

Og så kom *han*, den forbandede skurk! Han kom for at hente sin ejendom. Han fortalte mig, at han havde købt mig og mine børn og viste mig papirerne. Jeg forbandede ham, og sagde jeg hellere ville dø end at tilhøre ham.

'Gør som du vil,' sagde han, 'men hvis du ikke opfører dig fornuftigt, så sælger jeg begge børnene, og du kommer aldrig til at se dem igen.' Han fortalte mig, at han altid havde ønsket at eje mig fra første øjeblik, han så mig, og at han havde lokket

Henry med sig og fået ham i gæld med den hensigt at gøre ham villig til at sælge mig. Dernæst havde han forført Henry til at forelske sig i en anden kvinde, og jeg måtte forstå, at efter alt det så ville han ikke opgive mig på grund af nogle få nykker og tårer og den slags ting.

Jeg gav op, for mine hænder var bundet. Han havde mine børn i sin magt, og når som helst jeg forsøgte at sætte mig op imod ham, truede han med at sælge dem, og snart fik han mig gjort så underdanig, som han ønskede. Åh, hvilket forfærdeligt liv! Et liv med et hjerte, der blev knust dag efter dag – at blive ved med at elske, når alt var elendighed, og at være bundet på krop og sjæl til et menneske jeg hadede. Jeg plejede at elske at læse for Henry, at spille og synge for ham og danse vals med ham, men alt, hvad jeg gjorde for denne mand, var en ulidelig gerning – alligevel vovede jeg ikke at nægte ham noget. Han var meget herskesyg og hård ved børnene. Elise var en lille forskræmt pige, mens Henry var fremmelig og opfarende som sin far og aldrig ville bøje sig for nogen. Han fandt konstant fejl hos Henry og skændtes med ham, og jeg levede i daglig frygt og rædsel. Jeg prøvede at lære drengen lydighed, og jeg forsøgte at holde dem fra hinanden, for jeg hægede om mine børn, men intet hjalp. *Han solgte begge børnene.* Han tog mig med ud at køre en dag, og da jeg kom hjem, var børnene væk! Han fortalte mig, at han havde solgt dem og viste mig pengene – prisen for deres blod. Det virkede, som om jeg havde mistet alt godt i dette øjeblik. Jeg rasede og forbandede – forbandede både Gud og mennesker, og for en stund tror jeg næsten, at han virkelig var bange for mig. Men så let gav han sig ikke. Han sagde, at mine børn var solgt, men at det var op til ham, om jeg nogensinde ville få deres ansigter at se igen, og hvis jeg ikke var rolig, så ville de komme til at lide for det. Ja, man kan gøre alt, hvad man vil med en kvinde, når man har hendes børn i sin magt. Han fik mig til at underkaste mig, gjorde mig fredsommelig og gav mig et falsk håb om, at han måske ville købe dem tilbage. Og sådan gik det i et par uger. En dag, da jeg gik en tur, kom jeg forbi fængslet. Jeg så en folkemængde ved porten og hørte en barnestemme – og pludselig sled min Henry sig løs fra to-tre mænd, der holdt ham, og løb skrigende hen til mig og greb fat i min kjole. Mændene kom hen til ham, mens de bandede og sværgede, og en af mændene, hvis ansigt jeg aldrig vil glemme, fortalte ham, at han ikke kunne slippe på denne måde, og at han ville tage ham ind i fængslet, hvor han skulle få en omgang, han aldrig ville glemme. Jeg tryglede og bad for min søn, men de lo kun af mig. Den stakkels dreng skreg, kiggede mig i øjnene og holdt godt fast i mig, indtil de hev ham væk fra mig, så min nederdel gik i stykker. Og så slæbte de af med ham, mens han skreg: 'Mor! Mor! Mor!' I nærheden stod en mand, der så ud til at have medlidenhed med mig. Jeg tilbød ham alle de penge, jeg havde, hvis han ville gribe ind. Men han rystede på hovedet og sagde, at drengen havde været fræk og ulydig lige siden, han havde købt ham, og nu skulle han tæmmes en gang for alle. Jeg vendte om og løb hjem, og for hvert skridt syntes jeg, at jeg kunne høre ham skrige. Da jeg kom hjem, løb jeg forpustet ind i dagligstuen, hvor jeg fandt Butler. Jeg fortalte ham, hvad der var sket, og jeg tryglede ham om at gå hen og gribe ind. Han lo kun og sagde, at drengen fik, hvad han havde fortjent. Han skulle tæmmes – og jo før, des bedre. 'Hvad havde du forventet?' sagde han bare.

Det var, som om noget slog klik for mig i dette øjeblik. Jeg følte mig på en gang ør og afsindig. Jeg husker, jeg så en skarp bowiekniv på bordet, og jeg kan huske noget om, at jeg tog den op og kastede mig over ham. Så blev alting mørkt, og jeg mistede forstanden i mange, mange dage.

Da jeg atter kom til mig selv, lå jeg i et pænt værelse, men ikke mit eget. En gammel, sort dame tog sig af mig, og en doktor kom og tilså mig, og man plejede mig ganske godt. Efter et stykke tid fandt jeg ud af, at Butler var rejst bort og havde efterladt mig i huset for at blive solgt. Det var grunden til, man havde plejet mig så omhyggeligt.

Jeg havde ikke lyst til at blive rask, og jeg håbede ikke det ville lykkes, men på trods af dette aftog feberen, og jeg blev frisk igen og kunne til sidst komme op igen. Hver dag blev jeg så klædt pænt på, og gentlemen kom ind og kiggede på mig, mens de røg på deres cigarer. De stillede spørgsmål og forhørte sig om prisen på mig. Jeg var så nedtrykt og tavs, at ingen ville købe mig. De truede mig med pisk, hvis jeg ikke virkede gladere og anstrengte mig for at være mere indbydende. Endelig en dag kom der en gentleman ved navn Stuart, som så ud til at have lidt medfølelse med mig. Han så, at noget forfærdeligt trykkede mig, og han kom alene mange gange for at besøge mig. Til sidst fik han mig overtalt til at fortælle min livshistorie. Han købte mig og lovede, at han ville gøre alt, han kunne for at finde og købe mine børn tilbage. Han gik hen til det hotel, hvor min søn Henry var, men de fortalte ham, at han nu var blevet solgt til en plantageejer ved Pearl River, og det var det sidste, jeg hørte om ham. Bagefter fandt han ud af, hvor min datter var. En gammel dame havde hende. Han tilbød en stor sum penge for hende, men hun ville ikke sælge hende. Butler havde fået vide, at det var for min skyld, at Stuart ville købe hende, så han sendte mig den besked, at jeg aldrig ville få hende igen. Kaptajn Stuart var meget venlig mod mig, og han havde en smuk plantage, hvor han bragte mig hen. Omkring et år senere fødte jeg en søn. Åh, som jeg elskede det barn! Han lignede næsten min stakkes Henry på en prik! Men jeg havde truffet min beslutning – ja, jeg havde. Jeg ville aldrig mere lade et barn leve og vokse op! Jeg tog den lille fyr i mine arme, da han var to uger gammel, kyssede ham og græd over ham, og så gav jeg ham opium og holdt ham tæt mod mit bryst, indtil han sov ind i døden. Jeg sørgede og græd bitterligt over mit tab, og ingen ville nogensinde tro andet, end det var en fejltagelse, at jeg havde givet ham opium. Men det er en af de få ting, som jeg er glad for nu. Selv i dag fortryder jeg det ikke – han er i det mindste forskånet for lidelser. Det bedste jeg kunne give det stakkels barn var en god død! Senere kom koleraen, og kaptajn Stuart døde. Alle dem, der ønskede at leve, døde, men selv om jeg ønskede at dø og stod ved døren til døden, så *overlevede* jeg. Jeg blev solgt og gik fra hånd til hånd, indtil jeg blev gammel og rynket og fik feber. Og til sidst købte denne slyngel mig og bragte mig herhen – og her er jeg så!"

Kvinden tav. Hun havde fortalt sin historie i stor hast og på en vild og lidenskabelig måde. Nogle gange henvendte hun sig direkte til Tom, men andre gange lød det mere som en slags enetale. Så stærk og overvældende var den kraft, hun talte med, at Tom for en tid glemte smerten i sine sår. Han rejste sig op på sin ene albue og fulgte hende med øjnene, mens hun rastløs travede frem og tilbage med sit lange, sorte hår bølgende omkring sig ved hver bevægelse.

"Du siger," sagde hun efter en kort pause, "at der findes en Gud – en Gud, der kigger ned og ser alt dette. Måske er det rigtigt. Søstrene i klosteret plejede at fortælle mig om dommedag, hvor alt bliver åbenbaret – og hvor det hele bliver gengældt!

De tror, at det intet betyder, at vi lider – og det betyder intet, at vores børn lider! Det er en ubetydelig ting, siger de. Men jeg har vandret omkring i gaderne med et hjerte så fyldt med sorg og elendighed, at jeg næsten var ved at segne under byrden. Jeg ønskede, at husene ville styrte sammen over mig, eller jorden ville forsvinde under mig. Ja, på dommedag vil jeg stå frem for Gud og vidne mod dem, der ødelagde mig og mine børn på sjæl og legeme!

Da jeg var barn, troede jeg, at jeg var gudfrygtig. Jeg elskede Gud og bad gerne. Nu er jeg en fortabt sjæl, forfulgt af onde ånder, som plager mig nat og dag. De frister mig ustandseligt, og en skønne dag gør jeg det!" sagde hun og knyttede hænderne, mens vanviddet flammede i hendes dybe, sorte øjne. "Jeg vil sende ham hen, hvor han hører hjemme – det er ikke nogen lang vej for ham – det sker en af disse nætter, selv om de brænder mig levende for det!" En lang, vanvittig latter genlød i det tomme skur og endte i en hysterisk hulken. Så faldt hun omkuld på gulvet i et anfald af krampegråd.

Kort efter virkede anfaldet til at være gået over. Hun rejste sig langsomt og tog sig sammen.

"Er der mere jeg kan gøre for dig, min stakkes ven?" sagde hun helt roligt og gik hen til Tom. "Skal jeg give dig lidt mere vand?"

Den mildhed og ømhed, der var i hendes stemme og manerer, da hun sagde det, stod i stærk kontrast til hendes tidligere vildskab.

Tom drak vandet og så alvorligt og medlidende på hende.

"Åh, missis, jeg ville ønske, De ville gå til ham, der kan give Dem det levende vand!"

"Gå til ham! Hvor er han? Hvem er han?" spurgte Cassy.

"Ham, De læste om for mig – Jesus."

"Jeg plejede at se billedet af ham over alteret, da jeg var ung," sagde Cassy, og hendes mørke øjne antog et drømmende og sørgmodigt udtryk, *"men han er ikke her!* Der findes intet andet her end synd og uendelig fortvivlelse! Åh!" Hun trykkede sin hånd mod brystet og trak vejret dybt som for at løfte en tung byrde.

Tom så ud, som om han skulle til at sige noget igen, men hun afbrød ham med en bevægelse.

"Tal ikke mere, min stakkels ven. Prøv at sove, hvis du kan." Og efter at have anbragt vandet, så han kunne nå det, og gjort hans leje lidt mere mageligt for ham, forlod hun skuret.

KAPITEL 35

Minderne

"Og således kan det være små ting, der bringer
den tunge vægt tilbage til hjertet, som det helst ville
kaste til siden for altid; det kan være en lyd,
en blomst, vinden eller havet, som sårer os –
Rammer den elektrificerende lænke, som skjult binder os."
Fra Junker Harolds pilgrimsfærd af Lord Byron.[107]

Dagligstuen i Legrees hus var et stort, aflangt rum med et stort ildsted. Engang havde et kostbart og prangende tapet været en pryd for dagligstuen, men nu hang det laset, mørnet og misfarvet på de fugtige vægge. Stedet havde den specielle, kvalmende lugt – en usund blanding af fugt, skidt og forfald – som man ofte møder i gamle, indelukkede huse. Tapetet var her og der plettet af øl og vin eller dekoreret med notater i kridt og lange sammenlagte talrækker, som om en eller anden havde øvet sig i regnekunsten. I ildstedet stod et fyrfad fyldt med brændende trækul, for skønt det var lunt i vejret, så føltes det altid fugtigt og køligt i det store værelse om aftenen; desuden havde Legree altid brug for ild til at tænde sine cigarer og varme vand til sin punch. Det røde lysskær fra trækullet afslørede, hvor rodet og ildevarslende rummet var:

sadler, bidsler, forskelligt seletøj, ridepiske, overfrakker og diverse klædningsstykker lå spredt omkring i værelset i et stort virvar. Og hundene, som vi før har omtalt, havde slået sig ned her og indrettet sig efter deres egen smag og bekvemmelighed.

Legree var netop i færd med at blande sig et glas punch, og mens han hældte varmt vand fra en skåret kande med ødelagt tud over i glasset, brummede han irriteret: "Gid pokker havde Sambo, der laver sådan et postyr mellem mig og de nye arbejdere! Fyren vil ikke være i stand til at arbejde en hel uge nu – og så lige midt i den travleste tid!"

"Hvor det ligner dig," lød en stemme bag hans stol. Det var kvinden, Cassy, som havde listet sig ind midt i hans enetale.

"Ha! Din hun-djævel! Så du er kommet tilbage, hva'?"

"Ja, det er jeg," sagde hun roligt. "Jeg er kommet for at få min vilje!"

"Du lyver, din mær! Det bliver, som jeg har sagt. Enten opfører du dig ordentligt, eller også bliver du nede i hytterne og lever og arbejder sammen med de andre."

"Jeg vil tusinde gange hellere bo i det mest beskidte hul i hytterne end at danse efter din pibe!"

"Men du kan slet ikke undgå at *danse efter* min pibe," sagde han og vendte sig mod hende med et djævelsk grin, "det er da en trøst. Så sæt dig ned på mine knæ, kæreste, og vær fornuftig," sagde han og greb hende om håndleddet.

"Simon Legree, tag dig i agt!" sagde hun med øjne, der lynede, og et blik, der var så vildt og vanvittigt, at det næsten rystede ham. "Du er bange for mig, Simon," sagde hun langsomt og velovervejet, "og det har du god grund til! Pas godt på, for jeg er besat af den onde selv!" – De sidste ord hviskede hun i et hvislende tonefald tæt ved hans øre.

"Skrub af! Jeg tror sandelig, du har ret!" sagde Legree og skubbede hende væk, idet han kiggede uroligt på hende. "Hvorfor kan du ikke være min ven ligesom før, Cassy?"

"Ligesom før!" udbrød hun bittert. Hun stoppede op – et liv med rædselsfulde minder vældede op i hende og fik ordene til at sidde fast i halsen.

Cassy havde altid haft den slags indflydelse over Legree, som en stærk og lidenskabelig kvinde altid kan få over selv den mest brutale mand, men på det sidste var hun blevet mere og mere urolig og rastløs under sit forfærdelige trældomsåg, og hendes uro brød ofte ud i det rene vanvid. Denne tilbøjelighed ved hende skræmte Legree, der led af den overtroiske frygt for sindssyge personer, som man så ofte finder hos simple og dårligt oplyste mennesker. Da Legree bragte Emmeline hjem til huset, pustede han liv i alle de kvindelige følelser, som endnu glødede under asken i Cassys udbrændte hjerte, og hun tog parti for pigen, hvilket resulterede i et voldsomt skænderi mellem hende og Legree. Rasende havde Legree svoret på, at hun ville blive sendt ud og arbejde i markerne, hvis hun ikke faldt til ro. Cassy havde svaret ham med stolt foragt og erklæret, at hun selv *ville* gå ud i marken. Og som vi allerede har hørt, så arbejdede hun i marken en hel dag for at vise ham, hvor meget hun ringeagtede hans trusler.

Legree følte sig uroligt tilpas hele dagen, for Cassy havde en sær magt over ham, som han ikke formåede at frigøre sig fra. Da hun kom hen til vægten med sin kurv, havde han håbet, at hun ville være mere medgørlig, og han havde talt til hende i et delvist forsonende og delvist spottende tonefald, men hun havde svaret ham med bitter foragt.

Den brutale behandling af den stakkels Tom havde oprørt hende endnu mere, og hun havde kun fulgt efter Legree for at bebrejde ham hans grusomhed.

"Jeg ønsker, du ville opføre dig ordentligt, Cassy," sagde Legree.

"*Du* taler om at opføre sig ordentligt! Hvad har du måske selv gjort? Du, som ikke engang har tilstrækkeligt omløb i hovedet til at passe bedre på en af dine bedste arbejdere og i stedet ødelægger ham i den mest travle tid bare på grund af dit djævelske temperament!"

"Ja, det var dumt af mig at lade et sådant skænderi gå så langt," sagde Legree, men når fyren nu sætter sig op imod mig, så bliver jeg nødt til at tæmme ham."

"Jeg tror ikke, du kan *tæmme* ham!"

"Kan jeg ikke?" sagde Legree og rejste sig i vrede. "Det skal vi nok få at se. Så ville han da være den første nigger, som har vundet over mig! Jeg *skal* nok få ham til at give op, om jeg så skal brække hver eneste knogle i kroppen på ham."

I det samme gik døren op, og Sambo trådte ind. Han bukkede og rakte noget frem, der var pakket ind i papir.

"Hvad er det, din hund?" spurgte Legree.

"Det er noget trolddom, master!"

"Noget hvad for noget?"

"Noget, niggerne får af heksene, så de ikke kan mærke, når de bliver pisket. Han havde den bundet omkring halsen med en sort snor."

Som de fleste gudløse og grusomme mænd var Legree stærkt overtroisk. Han tog papiret og åbnede det uroligt.

Ud af papiret faldt en sølvdollar og en lang hårlok af lyst, skinnende hår – en hårlok, der ganske som en levende ting snoede sig omkring Legrees fingre.

"Fordømt også!" råbte han i et pludseligt anfald af raseri, stampede i gulvet og hev hysterisk i hårlokken, som om den brændte ham. "Hvor er den kommet fra? Tag den væk – brænd den! – brænd den!" skreg han, idet han hev hårlokken af og kastede den ind i ilden. "Hvorfor bragte du den herhen til mig?"

Sambo stirrede på ham med åben mund, både forfærdet og undrende, og Cassy, som var lige ved at forlade værelset, stoppede op og stirrede fuldkommen forbløffet på ham.

"Kom aldrig her igen med flere af dine djævelskaber!" sagde han og truede med en knyttet næve ad Sambo, som skyndte sig hen mod døren. Derpå tog Legree sølvdollaren og kastede den af al kraft gennem vinduet og ud i mørket.

Sambo var kun glad for at slippe væk. Da han var gået, virkede Legree lidt flov over sin voldsomme reaktion. Han satte sig misfornøjet ned i sin stol og begyndte med en ærgerlig mine at nippe til sin punch.

Cassy ville også helst forlade værelset, og uset af Legree listede hun sig bort for at hjælpe den stakkels Tom, som vi allerede har fortalt.

Men hvad var der gået af Legree? Og hvad var det ved en almindelig lys hårlok, der kunne sætte en sådan skræk i et brutalt menneske, der var fortrolig med al slags grusomhed? For at besvare dette må vi føre læseren et stykke tilbage i hans historie. Selv om denne gudløse mand nu virkede både grusom og fordærvet, så havde også han engang hvilet ved en mors barm. Han var blevet vugget i søvn under bønner og fromme sange, og hans nu furede og hårde pande var engang blevet vædet af dåbens hellige vand. I hans tidlige barndom havde en lyshåret kvinde ledsaget ham til gudstjeneste og bøn, når kirkeklokkerne ringede om søndagen. Langt borte i New England havde denne mor opdraget sin eneste søn med utrættelig kærlighed og under tålmodig bøn. Som søn af en hårdhjertet godsejer, som denne blide kvinde havde ødslet en hel verden af ugengældt kærlighed på, var Legree gået i sin fars fodspor. Vild, ustyrlig og tyrannisk af natur foragtede han alle sin mors råd og ville ikke vide af hendes formaninger, og allerede i en ung alder brød han forbindelsen med hende for at søge sin lykke til søs. Kun en enkelt gang efter dette kom han hjem, og ved den lejlighed klyngede hun sig til ham med hele sit kærlighedshungrende hjerte, der kun havde denne ene søn at elske. Og hun forsøgte med lidenskabelige bønner og overtalelser at vende ham fra et liv i synd og i stedet søge sin sjæls frelse.

Dette var nådens dag for Legree. De gode engle kaldte på ham, han blev næsten omvendt og barmhjertigheden førte ham ved hånden. Hans hjerte blev blødt, og der opstod en kamp i hans indre, men synden gik af med sejren, og hele hans rå natur rejste sig mod sin samvittigheds overbevisning. Han drak og svirede og blev vildere og voldsommere end nogensinde. Og en aften, da hans mor i den største angst og fortvivlelse faldt på knæ foran hans fødder, sparkede han hende fra sig, så hun faldt bevidstløs omkuld på gulvet, og han flygtede under vilde forbandelser til sit skib. Næste gang Legree hørte noget om sin mor, var da han en aften fik stukket et brev i hånden, mens han sad og svirede med nogle kammerater. Han åbnede det, og en lang hårlok faldt ud og snoede sig om hans fingre. I brevet stod der, at hans mor var død, og at hun på sit dødsleje havde tilgivet og velsignet ham.

Ondskab besidder en frygtelig og fordærvet troldomskunst, som forvandler de bedste og helligste ting til frygtelige og skrækkelige spøgelser. Den blege, elskende mor og hendes bønner og tilgivende kærlighed på dødslejet, blev i hans dæmoniske og syndefulde hjerte til en fordømmende dom, der fremkaldte en frygt for dom og flammende vrede. Legree brændte både håret og brevet, og da han så dem syde og knitre i flammerne, rystede han indvendigt, da han kom til at tænke på den evige ild. Han forsøgte at drikke, svire og bande mindet væk, men i nattens mørke, når dens højtidelige stilhed fanger den syndige sjæl og tvinger den til samkvem med sig selv, så han ofte sin blege mor stå ved sengen og følte berøringen af hendes hårlok, der snoede sig rundt om hans fingre, indtil den kolde sved strømmede ned over hans ansigt, og han sprang ud af sengen i forfærdelse. De, som i det samme evangelium, har undret sig over at høre, at "Gud er kærlighed", og at "Gud er en fortærende ild", ser I da ikke, at for den sjæl, der har vendt sig mod ondskaben, er den fuldkomne kærlighed den værste pinsel og plage – den endelige besegling og dom af den dybeste fortvivlelse?

"Gid pokker havde det!" sagde Legree til sig selv og tog en slurk af glasset. "Hvor fik han det fra? Det lignede fuldstændigt – åh! Jeg troede ellers, jeg havde glemt alt om det nu. Forbandet også, hvis man tror, at man nogensinde kan glemme noget. Pokker ta' det! Jeg føler mig ensom! Jeg tror, jeg vil kalde på Em. Hun hader mig, den abekat! Jeg er ligeglad. Jeg *skal* nok få hende til at komme!"

Legree gik ud i en stor entré, hvorfra en tidligere smuk vindeltrappe førte op til øverste etage, men korridoren var nu beskidt og uhyggelig, fyldt med kasser og al slags ragelse. Trappen, som havde mistet sit tæppe, slyngede sig op i mørket, men hvor den førte hen, kunne man ikke se. Det blege månelys faldt ind gennem et lille, ødelagt vindue over døren. Luften i entréen føltes indelukket og kølig som i en kælder.

Legree standsede ved foden af trappen, hvor han hørte lyden af sang. Den forekom ham forunderlig og spøgelsesagtig i dette triste, gamle hus – måske på grund af hans allerede tyndslidte nerver. Hør, hvad var det?

En oprørt, klagende stemme sang en sang, som er almindelig blandt slaverne:

"Åh, der vil blive jammer, jammer, jammer,
Åh, der vil blive jammer ved Kristus dommersæde!"

"Pokker ta' den tøs!" sagde Legree. "Jeg kvæler hende – Em! Em!" kaldte han skarpt, men kun et spottende ekko fra væggene svarede ham. Den blide stemme sang videre:

"Forældre og børn skal skilles der!
Forældre og børn skal skilles der!
For aldrig mer' at mødes!"

Og højt og klart brusede omkvædet gennem de tomme værelser:

"Åh, der vil blive jammer, jammer, jammer,
Åh, der vil blive jammer ved Kristus dommersæde!"

Legree stoppede op. Han skammede sig ved at tilstå det for sig selv, men store sveddråber sprang frem på hans pande, og hans hjerte slog stærkt og heftigt af frygt. Han syntes endda, at han så noget hvidt glimte og stige op foran sig i mørket, og han gøs ved tanken om, at hans mor pludseligt ville vise sig for ham.

"Et ved jeg," sagde han til sig selv, idet han vaklede tilbage til dagligstuen og satte sig ned. "Jeg bliver nødt til at lade den fyr være i fred efter dette! Hvad ville jeg også med hans forbandede papir? Jeg tror sandelig, jeg er blevet forhekset! Jeg har svedt og rystet lige siden! Hvor har han fået fat i den hårlok? Det kan umuligt have været min *mors*! Den har jeg *brændt*. Det er jeg helt sikker på! Det ville være en grotesk spøg, hvis hår kunne genopstå fra de døde!"

Åh, Legree! Denne gyldne hårlok var *fortryllet*. Hvert eneste hårstrå indeholdt troldomskraft nok til at vække skræk og samvittighedskval hos dig, og nu blev den brugt af en højere magt til at hindre dine grusomme hænder i at volde endnu værre ondskab mod de hjælpeløse!

"Op med jer," sagde Legree, trampede i gulvet og fløjtede på hundene, "vågn op og hold mig med selskab!" men hundene åbnede kun det ene øje på klem og så søvnigt på ham, derefter lagde de sig til at sove igen.

"Jeg må få fat i Sambo og Quimbo, så de kan synge og danse en af deres helvedesdanse og jage alle disse rædselsfulde tanker væk," sagde Legree, idet han greb sin hat og gik ud på verandaen for at blæse i det horn, han normalt brugte til at tilkalde sine to sorte medhjælpere.

Når Legree var i sit elskværdige hjørne, plejede han ofte at invitere disse to hædersmænd ind i sin dagligstue, og efter at have varmet dem op med whisky morede han sig med at få dem til at synge, danse eller slås, som det nu faldt ham ind.

Klokken var mellem et og to om morgenen, da Cassy vendte tilbage efter at have hjulpet den stakkels Tom og hørte lyden af vilde skrig, skrål, hujen og sang blandet med hundeglam og andre tegn på fest og ballade.

Hun trådte op på verandaen og kiggede ind. Legree og begge hans håndlangere var kanonfulde, og de sang, hujede, væltede stole og lavede groteske og rædsomme ansigter til hinanden.

Cassy støttede sin lille, slanke hånd mod vinduesrammen og betragtede dem ufravendt. Hendes sorte øjne var fyldt med lidelse, foragt og stærk bitterhed. "Ville det være en synd at befri verden for sådan en slyngel?" sagde hun for sig selv.

Hun vendte sig hastigt bort og gik om til bagdøren. Så listede hun sig op ad trapperne og bankede forsigtigt på Emmelines dør.

---

[107] **Junker Harolds pilgrimsfærd** er et langstrakt, fortællende digt i fire dele skrevet af Lord Byron. Det blev udgivet mellem 1812 og 1818. Digtet handler om en verdenstræt og desillusioneret ung mand, hans tanker og hans rejser til fremmede lande. Junker betyder ordret, en ung mand. Oprindeligt blev titlen brugt om en søn af en hertug eller greve. I dette digt er det betegnelsen for en kandidat til ridderskabet.

KAPITEL 36

Emmeline og Cassy

Cassy trådte ind i værelset, hvor hun fandt Emmeline siddende i værelsets fjerneste krog helt bleg af rædsel. Da hun kom ind, fór pigen forskrækket sammen, men da hun så, hvem det var, løb hun hen til hende og greb hende i armen. "Åh, Cassy, er det dig? Jeg er så glad for, at du er kommet! Jeg var så bange for, at det var... Åh, du ved slet ikke, hvilket forfærdeligt spektakel de har lavet dernede hele natten!"

"Det tror jeg nok, jeg gør" sagde Cassy tørt. "Jeg har hørt det tilstrækkelig mange gange før."

"Åh, Cassy! Sig mig engang, kan vi ikke slippe bort fra dette sted? Jeg er ligeglad med hvorhen, selv ud i sumpen mellem slangerne eller hvor som helst! *Kan vi ikke slippe væk til et andet sted?"*

"Nej, ingen steder, kun til vores grave," sagde Cassy.

"Har du nogensinde prøvet?"

"Jeg har set nok mennesker prøve og resultatet af det," sagde Cassy.

"Jeg ville ikke have noget imod at bo i sumpene og leve af bark fra træerne. Jeg er ikke bange for slanger! Jeg vil hellere have en slange nær mig end ham," sagde Emmeline ivrigt.

"Der har været mange andre, som har tænkt det samme som dig," sagde Cassy, "men du kan ikke bo i sumpene, hundene vil finde dig og bringe dig tilbage og så... så..."

"Hvad vil han så gøre?" spurgte pigen og stirrede med åndeløs spænding på Cassy.

"*Spørg hellere*, hvad han ikke vil gøre," sagde Cassy. "Han har lært sit håndværk godt mellem pirater i Vestindien. Du ville ikke få meget søvn i øjnene, hvis jeg fortalte dig, hvad jeg har set og hørt – og hvad han selv nu og da fortæller for sjov. Jeg har hørt fortvivlede skrig, der har lydt i mine ører i ugevis. Nede bag hytterne er der et afsvedet træ, hvor jorden er dækket med sort aske. Spørg hvem som helst om, hvad der er sket der, og se om de tør fortælle det."

"Åh, hvad mener du dog?"

"Jeg vil ikke sige det. Jeg hader at tænke på det. Og Gud må vide, hvad vi får at se i morgen, hvis den stakkels fyr bliver ved, som han er begyndt."

"Åh, hvor rædsomt!" sagde Emmeline og blev ligbleg. "Åh, Cassy, sig mig, hvad jeg skal gøre!"

"Det samme som mig. Gør det bedste du kan. Gør hvad du må gøre og betal ham tilbage med had og forbandelser."

"Han forsøgte at få mig til at drikke noget at hans ækle brændevin," sagde Emmeline, "og jeg synes, det er modbydeligt."

"Du må hellere drikke det," sagde Cassy. "Jeg syntes også, det var ækelt, men nu kan jeg ikke leve uden det. Man er nødt til at have noget – alt virker mindre forfærdeligt, når man drikker det."

"Min mor formanede mig, at jeg aldrig skulle røre den slags ting," sagde Emmeline.

"*Din mor* formanede dig!" sagde Cassy med stærkt eftertryk på ordet "mor". "Hvilken nytte gør det, at mødre formaner deres børn? De bliver alle købt og betalt, og deres sjæl tilhører den person, der køber dem. Det er sådan, tingene er. Jeg siger, drik din spiritus – drik alt, hvad du kan, så bliver alt meget lettere."

"Åh, Cassy, hav dog medlidenhed med mig!"

"Medlidenhed med dig! Har jeg måske ikke det? Har jeg måske ikke selv haft en datter engang? Herren alene ved, hvor hun er nu, og hvem hun tilhører. Hun følger vel den samme vej, som hendes mor fulgte før hende, og jeg tænker, at hendes børn skal følge den samme vej efter hende! Der er ingen ende på denne forbandelse – aldrig!"

"Jeg ville ønske, jeg aldrig var født!" sagde Emmeline og vred sine hænder.

"Det har jeg ønsket længe," sagde Cassy. "Jeg ønsker det konstant. Jeg ville dø, hvis jeg turde," sagde hun og stirrede ud i mørket med det rolige, stivnede ansigtsudtryk af fortvivlelse, som altid var der, når hendes ansigt var i ro.

"Det er en synd at dræbe sig selv," sagde Emmeline. "Jeg ved ikke hvorfor. Det er ikke en større synd end den måde, vi lever på, og de ting vi gør dag efter dag. Men søstrene i klosteret fortalte mig ting, der gjorde mig bange for at dø. Hvis det bare ville være helt slut og overstået med os, så..."

Emmeline vendte sig bort og gemte ansigtet i hænderne.

Mens denne samtale fandt sted mellem pigerne, var Legree efter sit drikkegilde faldet i en dyb søvn i værelset nedenunder. Legree var ikke en dranker i ordets forstand. Hans rå, stærke natur behøvede og tålte en konstant påvirkning, der fuldstændigt ville have ødelagt og forstyrret et mere følsomt menneske. Men en dyb, underliggende forsigtighed afholdt ham fra fuldstændigt at give sig hen til sine drifter, så han mistede kontrollen over sig selv.

Men denne nat lod han stå til i et febrilsk forsøg på at forjage de frygtelige elementer af sorg og anger, som var blevet vækket i ham. Så efter at have sendt sine to sorte hjælpere væk, sank han næsten bevidstløs om på en bænk i værelset og faldt i en tung søvn.

Åh, hvordan tør den onde sjæl dog rejse ind i søvnens skyggeagtige verden? – det land, hvis tågede omrids ligger så skræmmende nær ved gengældelsens gådefulde sted! Legree drømte. I hans tunge, feberagtige søvn stod en tilsløret skikkelse ved siden af ham og lagde en kold, blød hånd på ham. Selv om ansigtet var skjult, mente han at vide, hvem det var, og han blev gennemrystet af en snigende rædsel. Derefter mærkede han *hår sno* sig omkring hans fingre for senere at bevæge sig opad og sno sig omkring hans hals, hvor det strammede og strammede, til han ikke kunne få vejret. Han indbildte sig nu at høre stemmer, der *hviskede* til ham – en hvisken, der fyldte ham med rædsel. Siden syntes han, at han stod på randen af en frygtelig afgrund og klyngede sig fast i dødelig rædsel for at falde, samtidig med at sorte hænder rakte op for at trække ham ned, og Cassy kom leende bagfra og skubbede ham. Derpå rejste den højtidelige, tilslørede skikkelse sig og trak sløret til side. Det var hans mor, og hun vendte sig bort fra ham, og han faldt og faldt, og rundt omkring ham hørte han en forvirret støj af skrig, stønnen og dæmonisk latter. Så vågnede han.

Morgengryet skinnede rosenrødt ind i værelset. Morgenstjernen stod med sit højtidelige, lysende øje og kiggede ned på det syndefulde menneske fra sin plads på den lysende himmel. Åh, sikken en friskhed, højtidelighed og skønhed hver ny dag fødes med, som om den ville sige til alle uforstandige mennesker: "Se her! Du har fået en chance mere! *Stræb* efter udødelig glans og herlighed!" Der findes ingen tale eller sprog, hvor denne røst ikke kan høres, men det skamløse, syndefulde menneske hørte den ikke. Han vågnede med en ed og en forbandelse. Hvad betød morgenrødens guld og purpur for ham – morgenstundens daglige mirakel! Hvad betød den hellige morgenstjerne, som Guds søn har helliggjort som sit eget symbol? Som et menneskedyr så han uden at lægge mærke til og forstå. Han vaklede hen til bordet, fyldte et glas med brændevin og drak halvdelen af det.

"Det har været en helvedes nat!" sagde han til Cassy, der netop trådte ind gennem døren.

"Dem vil du efterhånden få flere og flere af," sagde hun tørt.

"Hvad mener du med det, din flabede tøs?"

"Det finder du selv ud af en af disse dage," svarede Cassy i samme tonefald. "Hør, Simon, jeg vil give dig et godt råd."

"Du vil fanden, vil du!"

"Mit råd er," sagde Cassy roligt og begyndte at rydde op i værelset, "at du lader Tom være i fred."

"Hvad kommer det dig ved?"

"Nej, det ved jeg heller ikke rigtigt. Jeg kan jo være ligeglad med, at du betaler tolvhundrede for en fyr og så slår ham fordærvet midt i den travleste tid bare for at hævne dig på ham. Jeg har i hvert fald gjort, hvad jeg kunne for ham."

"Nå, så det har du? Hvilken ret har du til at blande dig i mine affærer?"

"Ingen overhovedet. Jeg har sparet dig for tusindvis af dollars, når jeg har taget mig af dine arbejdere ved forskellige lejligheder, og det er den tak, jeg får. Hvis din høst på markedet bliver mindre end de andres, taber du så ikke dit væddemål? Og så vil Tompkins hovere over dig, ikke sandt? Og så vil du måske bare betale dem alle sammen uden noget brokkeri, ikke sandt? Ja, det kunne jeg godt tænke mig at se!"

Som mange andre plantageejere havde Legree en bestemt ærgerrighed: at få det største udbytte i sæsonen. Og han havde adskillige væddemål for denne sæson kørende i den nærmeste by. Med ægte kvindelist nævnte Cassy derfor den eneste ting, der betød noget for ham.

"Nuvel, så vil jeg lade ham slippe for denne gang," sagde Legree, "men han skal bede mig om forladelse og love, han vil opføre sig bedre i fremtiden."

"Det gør han aldrig," sagde Cassy.

"Nå, så det gør han ikke, hva'?"

"Nej, det gør han ikke," sagde Cassy.

"Og hvorfor gør han så ikke det, min *kloge* frøken?" sagde Legree i et spottende tonefald.

"Fordi han har handlet rigtigt, og han ved det, og så vil han ikke sige, at han har handlet forkert."

"Det rager mig en fjer, hvad han ved eller ikke ved. Den nigger skal sige det, som jeg ønsker han skal sige, ellers…"

"Ja, og så mister du dine væddemål på bomuldshøsten ved at holde ham væk fra marken, når du har allermest brug for ham."

"Men han vil selvfølgelig *give sig* – selvfølgelig vil han det. Som om jeg ikke kendte niggerne! Han vil krybe for mig som en hund her til morgen."

"Han gør det ikke, Simon. Du kender ikke hans slags. Du kan slå ham ihjel bid for bid, men du får ikke en stavelse af en indrømmelse ud af ham."

"Det skal vi nok få at se. Hvor er han?" sagde Legree og gik ud.

"I affaldsrummet i bomuldsrenseriet," sagde Cassy.

Selv om Legree havde udtalt sig så skråsikkert til Cassy, var han mere betænkelig end normalt, da han forlod huset. Hans natlige drømme blandet med Cassys advarende råd, havde givet ham adskilligt at tænke på. Han besluttede derfor, at der ikke skulle være vidner til hans møde med Tom. Han besluttede også, at hvis han ikke kunne kue Tom med brutalitet og trusler, så ville han udskyde sin hævn til et mere passende tidspunkt.

Morgensolens højtidelige lys – morgenstjernens hellige pragt – havde kigget ind gennem det beskidte vindue i skuret, hvor Tom lå. Og som båret på morgenstjernens stråler kom disse højtidelige ord til ham: "Jeg er af Davids rod og stamme og lyset og morgenstjernen." I stedet for at afskrække hans sjæl havde Cassys gådefulde advarsler og antydninger til slut vækket den med et guddommeligt kald. Han vidste ikke andet, end at hans dødsdag nærmede sig og viste sig på himlen, og hans hjerte bankede af glæde og længsel, da han tænkte på, at alt dette *forunderlige* og *vidunderlige*, som han så ofte havde forestillet sig – den store, hvide trone med sin altid strålende regnbue, den store skare i sine hvide klæder med røster som vældige vandmasser, kronerne, palmerne og harperne – skulle vise sig for hans øjne, før solen gik ned igen. Og derfor hørte han uden frygt eller bæven lyden af sin undertrykkers stemme, da denne nærmede sig.

"Nå, min dreng," sagde Legree hånligt og sparkede til ham, "hvordan har du det? Sagde jeg ikke, at jeg nok skulle lære dig et og andet? Hvad synes du om det, hva'? Hvad synes du om den læsterlige omgang klø, du fik, Tom? Du er nok ikke så kæphøj nu, som du var i går aftes? Du er nok ikke i stand til at give en stakkels synder en prædiken nu, vel?"

Tom svarede ikke.

"Op med dig, dit kryb!" sagde Legree og sparkede ham igen.

Det var ikke nogen let sag for en person, som var så forslået og svag at rejse sig op, og mens Tom kæmpede for at komme op og stå, slog Legree en rå latter op.

"Du virker ikke så frisk her til morgen, Tom? Du er måske blevet lidt forkølet i nat."

Tom var nu endelig kommet på benene og så sin herre i øjnene med et fast og roligt blik.

"Nå, for pokker, du kan jo stå på benene endnu!" sagde Legree og mønstrede Tom. "Jeg tror ikke, du har fået nok endnu. Fald nu ned på knæ, Tom, og bed om forladelse for din dårlige opførsel i går aftes."

Tom rørte sig ikke.

"Ned med dig, din hund!" råbte Legree og slog ham med sin ridepisk.

"Master Legree," sagde Tom, "jeg kan ikke gøre det. Jeg har kun gjort det, jeg synes er ret og rigtigt. Jeg vil gøre det samme igen, hvis der bliver en næste gang. Jeg vil aldrig gøre en grusom ting, uanset hvad der sker."

"Ja, ja, men du ved ikke, hvad der kan ske, mister Tom. Du tror måske, at dette her er slemt. Jeg kan fortælle dig, at det her er ingenting – slet ingenting. Hvad ville du sige til at blive bundet til et træ og blive brændt af en langsom ild – det ville ikke være så rart, vel Tom?"

"Master, jeg ved, at De kan gøre de frygteligste ting," sagde Tom, idet han rettede sig op og foldede hænderne, "men når De har slået min krop ihjel, kan De ikke gøre mere. Og efter det kommer hele EVIGHEDEN!"

EVIGHEDEN – ordet gennemtrængte den sorte mands sjæl og fyldte den med lys og kraft, mens han talte. Ordet gennemtrængte også synderens sjæl som et stik fra en skorpion. Legree skar tænder af raseri, men vreden gjorde ham tavs. Som et menneske, der endelig var blevet frigjort, talte Tom til ham på en klar og frejdig måde.

"Master Legree, eftersom De har købt mig, vil jeg tjene Dem ærligt og trofast. Jeg vil give Dem alt mit arbejde, al min tid og al min styrke, men jeg giver ikke min sjæl væk til noget dødeligt menneske. Jeg vil holde fast ved Herren og sætte hans bud før alt andet – død eller levende. Det kan De være sikker på, master Legree. Jeg er ikke bange for at dø. Jeg vil lige så gerne dø som leve. De kan piske mig, sulte mig eller brænde mig – det vil kun få mig hurtigere derhen, hvor jeg ønsker at komme."

"Jeg skal nok få dig til at give op, før jeg er færdig med dig!" sagde Legree rasende.

"Jeg vil få *hjælp*," sagde Tom. "Det skal aldrig lykkes for Dem."

"Hvem pokker skulle hjælpe dig?" sagde Legree hånligt.

"Den almægtige Gud," sagde Tom.

"Gid fanden havde dig!" sagde Legree og slog Tom til jorden med et knytnæveslag.

I det samme rørte en kold, blød hånd ved Legrees. Han vendte sig om og så, at hånden tilhørte Cassy, men hendes kolde, bløde berøring mindede ham om nattens drøm, og alle de frygtelige billeder fór igen gennem hovedet på ham og fyldte ham med den samme rædsel, som de havde vakt dengang.

"Vær dog ikke sådan et fjols!" sagde Cassy på fransk. "Lad ham være! Overlad ham til mig, så skal jeg få ham klar til at arbejde i marken igen. Gik det ikke sådan, som jeg havde fortalt dig?"

Man siger, at selv om både alligatoren og flodhesten har et skudsikkert panser, så har de også et punkt, hvor de er sårbare. Og hos voldelige, hensynsløse og gudløse forbrydere findes dette punkt ofte i deres overtroiske rædsel.

Legree vendte sig bort besluttet på at lade sagen falde for nu.

"Nuvel, gør som du vil," sagde han sammenbidt til Cassy.

"Hør her, Tom!" sagde han. "Nu slipper du for denne gang, fordi vi har meget at gøre, og jeg har brug for alle mine arbejdere, men jeg glemmer dig *ikke*. Du har en gæld at betale til mig, og en dag vil jeg kræve den ind i dit gamle, sorte skind – husk på det!"

Legree vendte sig om og gik ud.

"Ja, gå du bare," sagde Cassy og kiggede efter ham med mørke øjne, "dit regnskab skal også gøres op en dag! Hvordan har du det, min stakkels ven?"

"Den gode Gud har sendt sin engel og lukket løvens mund for denne gang," sagde Tom.

"For denne gang, ja," sagde Cassy, "men du har pådraget dig hans fjendskab, og det vil forfølge dig dag ind og dag ud ligesom en hund, der har sat tænderne i struben på dig, hvor den suger livet ud af dig, dråbe for dråbe. Jeg kender ham alt for godt."

KAPITEL 37

Frihed

"Uanset med hvilke højtideligheder han kan være bundet til slaveriets alter, så synker alteret og guden i grus i samme øjeblik, han rører ved Englands hellige jord, og han står udfriet, genfødt og befriet gennem den mægtige universelle frigørelses ånd." John Philpot Curran.[108]

For en stund forlader vi Tom, mens han endnu er i hænderne på sine undertrykkere og vender blikket mod George og hans kone, som vi efterlod hos venlige mennesker på en landejendom ved vejsiden.

Tom Loker efterlod vi stønnende og bandende i en ulastelig ren seng hos kvækerne, hvor tante Dorcas tog sig moderligt af ham, selv om hun fandt ham lige så besværlig som en syg bison.

Forestil Dem en høj, ærværdig og gudfrygtig kvinde med en snehvid hue af musselin placeret på bølger af sølvhvidt hår og en glat, bred pande, som hvælver sig over et par tankefulde grå øjne. Et snehvidt tørklæde er foldet smukt over barmen og hendes skinnende, brune silkekjole rasler fredeligt, mens hun glider frem og tilbage i værelset.

"Fandens også!" sagde Tom Loker og sparkede energisk til sengetøjet.

"Thomas, jeg må bede dig om ikke at bruge et sådant sprog," sagde tante Dorcas, idet hun roligt ordnede sengen igen.

"Ja, det skal jeg nok, bedste, hvis jeg kan undgå det," sagde Tom, "men det er så forbandet varmt, at man fristes til at bande!"

Dorcas fjernede et sengetæppe, ordnede sengen igen og pakkede det hele sammen om Tom, indtil han lignede en slags puppe. Mens hun gjorde det, sagde hun: "Jeg ønsker, ven, at du ville holde op med din banden og sværgen og tænke mere på dit liv og dine veje."

"Hvorfor i helvede, skal jeg tænke på *dét*?" sagde Tom. "Det er det mindste, *jeg* har lyst til at tænke på lige nu – til helvede med det hele!" Og Tom kastede sig uroligt omkring og rodede sengetøjet til, så det igen så rent forfærdeligt ud.

"Den fyr og pigen er her endnu, går jeg ud fra ," sagde han mut efter et stykke tid.

"Ja, det er de," sagde Dorcas.

"De må hellere tage videre til søen," sagde Tom. "Jo før, des bedre."

"Det gør de sikkert også," sagde tante Dorcas og strikkede fredeligt videre.

"Og hør her," sagde Tom, "vi har skrevet til folk i Sandusky, der holder øje med bådene for os. Jeg har ikke noget imod at fortælle det nu. Jeg *håber*, de slipper væk, bare for at irritere Marks – den forbandede hvalp! Pokker ta' ham!"

"Thomas!" sagde Dorcas.

"Jeg siger dig, bedste, hvis du lægger for mange bånd på mig, så eksploderer jeg. Men med hensyn til pigen, så sig til dem, at de skal klæde hende ud, så man ikke kan genkende hende. De har en god beskrivelse af hende i Sandusky."

"Ja, det skal vi nok tage os af," sagde Dorcas med sin sædvanlige ro.

På dette sted i bogen, hvor vi tager afsked med Tom Loker, kan vi fortælle, at efter at have opholdt sig 3 uger hos kvækerne, hvor han blandt andet lå syg med gigtfeber, rejste Tom sig fra sit sygeleje som en betydelig klogere og mere alvorlig mand. Og i stedet for at fortsætte med at fange slaver, slog han sig ned i et nybyggersamfund, hvor han blev kendt for sin evne til at fange bjørne, ulve og andre af skovens dyr. Han talte altid godt om kvækerne. "Flinke mennesker," plejede han at sige. "De ville gerne omvende mig, men det lykkedes ikke. Men jeg kan sige dig, fremmede, at de er førsteklasses sygepassere – tag ikke fejl af det. De laver også den bedste kødsuppe og det smukkeste husflid."

Eftersom Tom havde fortalt dem, at man ville holde udkig efter deres lille selskab i Sandusky, fandt man det mest fornuftigt at dele sig op i to grupper. Jim og hans gamle mor blev sendt i forvejen for sig selv, og et par nætter senere blev George og Eliza med deres barn kørt til Sandusky i al hemmelighed og indlogeret hos nogle gæstfrie mennesker, mens de forberedte sig på den sidste del af rejsen over søen.

Natten var næsten forbi, og frihedens morgenstjerne hævede sig smukt og klart foran dem! Frihed – hvilket herligt ord! Hvad er frihed? Er det noget mere end et tomt ord – en overdreven talemåde? Hvis det er tilfældet, mænd og kvinder i Amerika, hvorfor skælver jeres hjerteblod så over dette ord, som jeres fædre blødte for, og jeres endnu mere tapre mødre ofrede deres kæreste og bedste i døden?

Findes der noget prægtigt og dyrebart for et folk, som ikke også er prægtigt og dyrebart for et menneske? Hvad er vel frihed for et folk andet end frihed for det enkelte individ? Hvad er frihed for en ung mand, der sidder der med sine arme foldede over sit brede bryst med en nuance af afrikansk blod i kinderne og dets mørke ild i øjnene – hvad er frihed for George Harris? For dine fædre var frihed et folks ret til at være et folk. For ham er frihed et menneskes ret til at være et menneske og ikke et dyr. Retten til at kalde sit hjertes udkårne for sin hustru og beskytte hende mod lovløs mishandling. Retten til at beskytte og opfostre sit eget barn. Retten til at have sit eget hjem, sin egen religion og sin personlighed, der ikke er underlagt en andens vilje. Alle disse tanker rumsterede i Georges bryst, da han tankefuldt betragtede sin kone, mens hun skjulte sin slanke og smukke skikkelse i herretøj, fordi man anså dette for at være det sikreste at flygte i.

"Så kommer vi til dette her," sagde hun, da hun stod foran spejlet og løsnede sin silkebløde overflod af sort krøllet hår. "Det er næsten synd og skam, ikke George," sagde hun, og holdt noget af det spøgefuldt op. "Synd og skam at det hele skal væk, ikke?"

George smilte trist, men sagde ikke noget.

Eliza vendte sig mod spejlet, og saksen glimtede hver gang en af hendes lange lokker blev klippet af.

"Så, nu må det være godt," sagde hun og tog en hårbørste. "Nu skal det bare sættes fint."

"Sådan, er jeg ikke en smuk ung fyr?" sagde hun og vendte sig mod sin mand, leende og rødmende på en gang.

"Du vil altid være smuk, uanset hvad du gør," sagde George.

"Hvorfor er du så alvorlig?" sagde Eliza, idet hun knælede ned og lagde sin hånd på hans. "Vi er kun fireogtyve timers rejse fra Canada, siger de. Kun en dag og en nat på søen, og så... åh, og så..."

"Åh, Eliza!" sagde George og trak hende ind til sig, "det er netop derfor! Hele min skæbne afhænger nu af denne ene ting. At komme så nær og næsten kunne mærke friheden, og så miste alt. Det ville jeg aldrig kunne klare, Eliza."

"Frygt ikke," sagde Eliza opmuntrende. "Den gode Gud ville ikke have ladet os komme så langt, hvis det ikke var hans mening, at vi skulle nå vel frem. Jeg synes, jeg kan mærke, at han er med os, George."

"Du er en velsignet kvinde, Eliza!" sagde George og trykkede hende hårdt ind til sig. "Men sig mig, kan denne store barmhjertighed virkelig være for os? Er dette virkelig slutningen på disse mange år i elendighed? Skal vi virkelig leve i frihed?"

"Det er jeg sikker på, George," sagde Eliza og kiggede op, mens tårer af håb og begejstring glinsede på hendes lange, mørke øjenvipper. "Jeg føler virkelig indvendigt, at denne dag vil Gud føre os ud af trældommen."

"Jeg tror dig, Eliza," sagde han og rejste sig pludselig op. "Jeg vil tro det. Kom, lad os drage af sted. Jo, det må jeg sige," sagde han og betragtede hende beundrende på afstand, "du er en virkelig smuk lille fyr. Dine små, korte lokker klæder dig rigtig godt. Tag huen på. Sæt den lidt på skrå. Jeg har aldrig set dig så smuk. Vognen må snart være her. Mon mrs. Smyth har fået Harry klædt ud?"

Døren gik op, og en pæn midaldrende kvinde trådte ind med den lille Harry klædt i pigetøj.

"Han er vel nok blevet en køn pige," sagde Eliza og drejede ham omkring. "Skal vi ikke kalde ham Harriet? Er det ikke et godt navn til ham?"

Alvorlig og i dyb tavshed betragtede drengen sin mor i hendes nye og mærkelige påklædning, sukkede lidt og kiggede på hende gennem sine mørke krøller.

"Kender Harry ikke sin mor igen?" sagde Eliza og strakte hænderne ud imod drengen.

Harry klyngede sig genert til kvinden, der havde fulgt ham ind.

"Men Eliza, hvorfor prøver du at lokke ham hen til dig, når du ved, at han skal holdes borte fra dig?"

"Ja, jeg ved godt, det er dumt," sagde Eliza, "men jeg kan ikke holde ud, at han vender sig bort fra mig. Men hvor er nu min kappe? Nå, her er den. Hvordan er det nu, mænd bærer deres kappe, George?"

"Du skal bære den sådan," sagde hendes mand og kastede kappen over sine skuldre.

"Sådan," sagde Eliza og efterlignede hans bevægelser, "og så skal jeg trampe med fødderne, tage lange skridt og prøve at se hoven ud."

"Overdriv nu ikke," sagde George, "nu og da kan man finde en beskeden ung mand, og jeg tror, det vil være lettere for dig at spille den type."

"Og disse handsker! Gud hjælpe mig," sagde Eliza. "Mine hænder forsvinder jo helt i dem."

"Jeg vil råde dig til at beholde dem på hele tiden," sagde George. "Din slanke pote kan afsløre os alle. Hør, mrs. Smyth, De skal være sammen med os og forestille at være vores tante – husk det."

"Jeg har hørt," sagde mrs. Smyth, "at der har været folk nede ved havnen og advaret alle kaptajner på postbådene om en mand og en kvinde med en lille dreng."

"Nå, så det har de!" sagde George. "Nå, men hvis vi møder den slags mennesker, så kan vi fortælle dem om det."

En hyrevogn kørte frem til døren, og den venlige familie, som havde modtaget de flygtende, samlede sig omkring dem for at sige farvel og ønske dem held og lykke.

De forklædninger, som selskabet bar, var lavet efter Tom Lokers råd. Den venlige mrs. Smyth stammede fra den nybyggerkoloni i Canada, som de flygtende var på vej til, og ved et lykketræf var hun netop på vej hjem igen. Hun var gået ind på at optræde som tante til lille Harry, og for at han kunne knytte sig til hende, havde hun i de sidste to dage passet ham helt alene. Mange ekstra kærtegn i tillæg til en endeløs strøm af kager havde gjort sit til at cementere den unge mands forhold til hende.

Vognen kørte ned til kajen. De to unge mænd, som det tilsyneladende var, gik ombord på båden. Eliza bød galant mrs. Smyth armen, og George tog sig af deres bagage.

George stod i kaptajnens kontor og betalte for overfarten, da han overhørte en samtale mellem to mænd i nærheden.

"Jeg har holdt øje med hver eneste person, der gik ombord," sagde den ene, "og jeg er sikker på, at de ikke er med dette skib."

Stemmen tilhørte skibets kontorist. Personen, han talte med, var vores gamle ven Marks, der med sin sædvanlige prisværdige udholdenhed var kommet til Sandusky for at finde noget, der kunne stille hans grådighed.

"Kvinden kan næsten gå for en hvid kvinde," sagde Marks. "Manden er meget lys mulat og brændemærket på den ene hånd."

Hånden, som George modtog billetterne og byttepengene med, rystede lidt, men han vendte sig helt roligt om og kastede et ligegyldigt blik på den talende. Så gik han i ro og mag hen til den anden side at skibet, hvor Eliza stod og ventede på ham.

Mrs. Smyth og lille Harry trak sig tilbage til damernes kahyt, hvor den tilsyneladende lille piges mørke skønhed fremkaldte mange smigrende bemærkninger fra passagererne.

Da klokken ringede til afgang, så George til sin glæde Marks forsvinde ned ad landgangen til kajen, og da båden havde lagt en sikker afstand mellem dem, drog han et dybt suk af lettelse.

Det var en særlig smuk dag. Eriesøens blå bølger dansede og glimtede i sollyset. En frisk brise blæste fra land, og det prægtige skib banede sig tappert vej gennem bølgerne.

Åh, hvor mange ufortalte ting findes der ikke i et menneskes hjerte! Hvem vidste, hvad der brændte i Georges bryst, mens han roligt gik frem og tilbage på dampskibets dæk med sin sky følgesvend ved sin side? Det mægtige gode, der syntes at nærme sig, virkede alt for godt og for nær på til at være virkelighed, og hvert øjeblik følte han en nagende frygt for at noget ville dukke op og snappe det ud af hænderne på ham.

Men båden gled videre. Timerne fløj af sted, og endelig dukkede den velsignede engelske kyst frem, klar og høj. En kyst fortryllet af en stærk troldomsformular – med en eneste berøring kunne den ophæve enhver besværgelse om slaveri uanset sproget, den var blevet udtalt på eller hvilken statsmagt, der havde stadfæstet den.

George og hans kone stod arm i arm, da båden nærmede sig den lille by Amherstberg i Canada. George trak vejret kort og tungt, og en tåge samlede sig foran hans øjne, mens han tavst trykkede den lille, skælvende hånd, der lå på hans arm. Klokken ringede, og båden lagde til. Uden rigtigt at se, hvad han gjorde, fandt han bagagen frem og samlede sin lille skare. Snart stod hele selskabet på bredden. De stod helt stille, indtil båden lagde fra igen. Så omfavnede de grædende hinanden, og mens den lille Harry så undrende til, faldt de på knæ og takkede Gud af hele deres hjerte!

"Det var, som om de gik fra død til liv;
fra gravens ligklæde til Himlens klædebon;
fra syndens rige, og al dens splid og kiv,
til en tilgivet sjæls rene frihed;
hvor alle dødens og helvedes bånd er revet over,
og dødelige bliver udødelige,
når barmhjertighedens hånd har drejet den gyldne nøgle,
og barmhjertighedens stemme har sagt: Glæd dig, din sjæl er fri."
John G. C. Brainard.[109]

Kort efter førte mrs. Smyth det lille selskab hen til en venlig missionærs gæstfrie hjem. Barmhjertige kristne havde anbragt ham her som en hyrde for de udstødte og hjemløse, der konstant søgte et fristed på denne kyst.

Hvem kan beskrive den lyksalighed, de følte på den første dag af deres frihed? Er følelsen af frihed ikke større og skønnere end nogen af de andre fem sanser? Tænk bare at kunne bevæge sig, tale og trække vejret – gå ud og komme ind helt uden opsyn og fri for frygt og fare! Hvem kan beskrive velsignelsen ved den hvile, som den frie mand nyder under love, der sikrer ham de rettigheder, som Gud har givet til mennesket? Hvor skønt og dyrebart var det ikke for denne mor at se sit sovende barns ansigt, som var blevet endnu mere kært ved tanken om de tusinde overståede farer! Hvor umuligt var det ikke at sove, når man var overvældet af denne følelse af velsignelse! Og alligevel ejede disse to mennesker ikke så meget som en stump jord eller en hytte, de kunne kalde deres egen. De havde brugt alt, hvad de ejede og havde indtil den sidste dollar. De ejede lige så lidt som fuglene i luften og blomsterne på marken – og alligevel kunne de ikke sove af bar glæde. "Åh, I som berøver mennesker deres frihed, hvordan skal I kunne forsvare det for Gud?"

---

[108] **Uanset med hvilke højtideligheder han kan være bundet til slaveriets alter** – Fra Currans forsvarstale for A. H. Rowan.

John Philpot Curran (1750-1817), Irsk taler og dommer, som arbejdede for katolsk frigørelse.

[109] **John Gardner Calkins Brainard** var redaktør af ugeavisen "Connecticut Mirror", hvor han begyndte at offentliggøre sine digte. I 1825 udgav han en bog med sine digte.

KAPITEL 38

Sejren

"Takket være Gud, som giver os sejren."

Har mange ikke af og til følt i livets tunge stunder, hvor meget lettere det ville være at dø end at leve videre? Selv når martyren stilles overfor en skrækkelig død under frygtelige pinsler, finder han i selve skrækken om sit endeligt en stærk stimulans og et tonikum. Der opstår en stærk opstemthed, en slags berusende glød, der kan bære ham igennem de største lidelser – dette er fødselsstunden for den evige herlighed og hvile.

Men at leve videre – slide dag efter dag i et ondt, usselt, bittert og forpint slavearbejde, hvor hver eneste nerve sløves og trykkes ned, og hver eneste menneskelige følelse gradvist bliver kvalt – dette lange og tærende martyrium, som langsomt, dråbe for dråbe og time for time lader det indre liv forbløde – dette er den virkelige ildprøve på, hvad en mand eller kvinde indeholder.

Da Tom stod ansigt til ansigt med sin plageånd og hørte hans trusler og helt ind i sin sjæl troede, at hans sidste time var kommet, svulmede hans hjerte af mod, og han syntes, at han kunne udholde tortur og ild, ja, hvad som helst, da han forestillede sig, at Jesus og Himlen kun lå et enkelt skridt væk. Men da Legree var gået og øjeblikkets opstemthed var forsvundet, vendte smerten i hans forslåede og trætte lemmer tilbage sammen med følelsen af hans fuldstændige fornedrede, håbløse, elendige tilstand, og dagen slæbte sig trist af sted.

Længe før hans sår var lægte, forlangte Legree, at han skulle sættes til almindeligt markarbejde igen, og dagene gik med smerter og træthed, forstærket af alle de uretfærdigheder og ydmygende behandlinger, som et ondskabsfuldt og hadefuldt sind er i stand til at udtænke. Enhver af os, som har oplevet smerter – selv med alle de afhjælpende midler, der sædvanligvis står til vores disposition – kender sikkert til den irritation, der følger med. Tom undrede sig ikke mere over sine kammeraters sædvanlige tværhed, nej, han bemærkede, at det blide, gode humør, som havde fulgt ham hele livet, blev nedbrudt og stærkt påvirket af den samme ting. Han havde bildt sig ind, at han kunne læse sin Bibel i sine ledige stunder, men her fandtes der ingen ledige stunder. I højsæsonen betænkte Legree sig ikke for at presse alle sine arbejdere til at arbejde alle ugens dage og søndage. Og hvorfor skulle han ikke gøre det? – på denne måde fik han mere bomuld og vandt sit væddemål. Og hvis han sled et par slaver mere op på grund af det, så kunne han altid købe sig nogle andre og bedre. I begyndelsen havde Tom gjort det til en vane at læse et par vers i sin Bibel ved bålets flakkende skær, når han vendte hjem fra dagens slid, men efter den grusomme behandling, han havde fået, plejede han at vende hjem så udmattet, at hans hoved værkede, og øjnene svigtede ham, når han prøvede at læse. Denne overvældende træthed tvang ham til at hvile sig ligesom de andre.

Er det mærkeligt, at den religiøse ro og fortrøstning, der hidtil havde holdt ham oppe, skulle vige for sjælekvaler og mørk fortvivlelse? Det mest dystre problem i dette gådefulde liv stod vedvarende foran hans øjne – sjæle, der blev knust og ødelagt, det ondes sejr og en tavs Gud. I ugevis og månedsvis udkæmpede Tom en hård sjælekamp i mørke og sorg. Han tænkte på miss Ophelias brev til hans venner i Kentucky og bad fra dybet af sit hjerte, at Gud ville sende ham befrielse. Og dag efter dag ventede han i et vagt håb om at se nogen, der var kommet for at befri ham. Og når han havde ventet forgæves, blev sjælen igen fyldt med bitre tanker – at det ikke nyttede at tjene Gud, og at Gud havde glemt ham. Nu og da så han Cassy, og undertiden fik han også et glimt af Emmelines nedbøjede skikkelse, når han blev kaldt til hovedbygningen, men han havde meget lidt med dem at gøre – faktisk havde han slet ikke tid til at være sammen med nogen.

En aften sad han fuldstændig modløs og nedslået ved de sidste ulmende gløder, hvor hans usle aftensmåltid var ved at blive tilberedt. Han lagde lidt kvas på ilden og ragede op i ilden for at få lidt mere lys, derefter tog han sin slidte Bibel op af lommen. Den var fyldt med understregede afsnit, der så ofte havde opildnet hans sjæl – ord fra patriarker og profeter, digtere og vismænd, som i umindelige tider havde sat mod i mennesket – stemmer fra den store sky af vidner, som altid omgiver os i livets maratonløb. Havde ordet mistet sin magt, eller formåede hans svigtende syn og udmattede sanser ikke længere at reagere på deres mægtige inspiration? Med et dybt suk lagde han sin Bibel tilbage i lommen. En rå latter fik ham til at kigge op – Legree stod lige foran ham.

"Nå, gamle dreng," sagde han, "det ser ud til, du endelig har indset, at din religion ikke virker! Jeg tænkte nok, at jeg skulle få det banket det ind i dit uldhoved til sidst!"

Legrees onde hån ramte Tom hårdere end sult, kulde og nøgenhed. Tom tav.

"Du har været et fjols," sagde Legree, "for jeg havde tænkt mig at behandle dig godt, da jeg købte dig. Du kunne have haft det endnu bedre end både Sambo og Quimbo med let arbejde, og i stedet for at blive slået og pisket hver og hver anden dag kunne du have haft din frihed til at spille herre og slå løs på de andre niggere. Nu og da kunne du endda have varmet dig på en god whisky punch. Hør Tom, synes du ikke snart, at det er på tide at blive fornuftig? Smid det gamle skidt i ilden og gå over til min religion!"

"Gud forbyde det!" sagde Tom inderligt.

"Men du ser jo, at din Gud ikke hjælper dig. Hvis han havde været virkelig, så ville han ikke have ladet mig *få fat* i dig! Din religion er ikke andet end en bunke løgnagtigt sludder, Tom. Det ved jeg alt om. Du må hellere holde dig til mig, jeg er virkelig, og jeg kan gøre noget for dig!"

"Nej, master," sagde Tom, "jeg giver ikke op. Enten Herren hjælper mig eller ej, vil jeg holde fast ved ham og tro på ham til mit sidste åndedrag!"

"Desto større fjols er du!" sagde Legree, spyttede hånligt på ham og sparkede til ham med foden. "Nå, skidt med det. Jeg vil være lige i hælene på dig og kue dig, det skal du få at se!" Og med disse ord gik Legree sin vej.

Når en tung byrde trykker sjælen ned til den yderste grad af det, der er udholdeligt, så forenes både det fysiske og moralske mod i en øjeblikkelig og desperat anstrengelse for at kaste byrden af sig, og derfor efterfølges den værste sjælekval ofte af en tilstrømning af glæde og nyt mod. Således skete det nu med Tom. Hans grusomme herres gudløse spot trykkede hans allerede nedslåede sjæl ned til sit laveste niveau, og selv om troens hånd endnu holdt fast ved den evige klippe[110], så var det et følelsesløst og fortvivlet greb. Tom sad som forstenet ved ilden. Pludselig syntes alt omkring ham at forsvinde, og i et syn steg den tornekronede mishandlet og blødende op foran ham. Tom stirrede med ærefrygt og forundring på det tålmodige, majestætiske ansigt. De klare øjne talte til ham og trængte dybt ind i hans inderste sjæl. I hans sjæl vågnede en mægtig følelse, og han strakte hænderne ud og faldt på knæ. Gradvist forandrede synet sig: tornekronen blev til en stråleglorie, og i en ufattelig glans og herlighed så han det samme ansigt bøje sig medfølende ned mod ham, og en røst sagde: "Den, der sejrer, vil jeg give sæde hos mig på min trone, ligesom jeg har sejret og har taget sæde hos min fader på hans trone."

Hvor længe Tom lå der, vidste han ikke. Da han kom til sig selv igen, var ilden gået ud, og hans tøj var gennemblødt af den kolde og våde dug. Men den frygtelige sjælekamp var overstået og i den glæde, som nu fyldte ham, følte han ikke mere sult, kulde, nedværdigelse, bitterhed eller elendighed. Fra dybet af sin sjæl og i den skæbnetime frigjorde han sig fra og opgav ethvert håb i dette liv og tilbød sin egen frie vilje som et betingelsesløst offer til det Uendelige. Tom så op på de tavse, evige stjerner – disse sindsbilleder på engleskarerne, som altid ser ned på menneskene. Og ud i den stille nat klang en salme om sejr, som han ofte havde sunget i lykkeligere dage, men aldrig med en sådan følelse som nu.

"En gang forsvinde skal vor Jord,
og solens lys dø ud;
min Gud har kaldt mig med sit ord,
og jeg skal bo hos Gud.

Når jeg fra denne verden gå,
og lægger korset ned,
jeg bag om graven nyde få
et liv af fryd og fred.

Og når jeg så i tusind år
har lyst som solen klar,
så er det som om først i går
min sang begyndt jeg har.[111]

De, som er fortrolige med slavebefolkningens religiøse fortællinger, ved at den slags oplevelser, som vi her har fortalt om, er meget almindelige blandt dem. Vi har fra slavernes egen mund hørt beretninger, som er både rørende og gribende. Inden for psykologien taler man om en tilstand, hvor sindets følelser og forestillinger bliver så dominerende og overvældende, at de overtager en persons fantasi. Men hvem kan vel afgøre, hvad en altgennemtrængende ånd kan gøre ved vores dødeligheds evner eller de måder, hvorpå Han kan opmuntre de forladtes og svigtedes fortvivlede sjæl? Hvis den stakkels, glemte slave er overbevist om, at Jesus har vist sig for ham og talt til ham, hvem kan da modsige ham? Har Herren ikke selv sagt, at hans opgave til alle tider var at hele de sønderknuste og sætte de undertrykte i frihed?

Da det grå morgenlys vækkede de sovende til den næste dags arbejde i marken, var der blandt disse pjaltede og skælvende stakler en, som gik med jubel i hjertet og stolte skridt, for fastere end den jord, han trådte på, var hans stærke tro på den almægtiges evige kærlighed. Åh, Legree, prøv du bare kræfter med det nu! De største lidelser, kvaler, nedværdigelser, mangler og tabet af alt vil bare fremskynde den proces, som til sidst vil gøre ham til en konge og præst for Gud!

Fra dette øjeblik omgav en hellig og ukrænkelig sfære af fred den undertryktes ydmyge hjerte – en bestandigt nærværende frelser helligede det som et tempel. Forbi var følelsen af jordiske sorger, forbi var det bølgende skift mellem håb, frygt og ønsker – den menneskelige vilje, nedbøjet og blødende efter sin lange kamp, var nu helt overgivet til Guds vilje. Så kort virkede den sidste del af livets rejse – så nær, så lyslevende virkede den evige lyksalighed – at livets værste pinsler og plager prellede af uden at skade ham.

Alle lagde mærke til forandringen hos Tom. Hans gode humør og årvågenhed syntes at være vendt tilbage, og en ro, som ingen hån eller fortræd kunne forstyrre, syntes at have besat ham.

"Er der faret en djævel i Tom?" spurgte Legree Sambo. "Før gik han og hang med hovedet, og nu er han glad som en lærke."

"Jeg ved det ikke master. Måske han tænker på at stikke af."

"Det gad jeg nok se ham prøve på," sagde Legree med et ondskabsfuldt smil, "ikke sandt, Sambo?"

"Ja, det gad vi nok! Ha! Ha! Ho!" sagde den sortsmudskede gnom og lo underdanigt. "Sikken en morskab at se ham hænge fast i mudderet eller kæmpe sig gennem buskene med hundene lige i hælene! Jeg lo, så jeg var lige ved at revne, da vi fangede Molly. Jeg troede, hundene ville flå hende i stykker, inden jeg kunne nå at jage dem væk. Hun har mærker efter det den dag i dag."

"Ja, hun kommer sikkert til at tage dem med sig i graven," sagde Legree. "Men hør nu Sambo, hav øjnene med dig. Hvis den nigger har sådan noget for, så stop ham."

"Ja, master, bare lad mig om det," sagde Sambo. "Jeg skal nok jage den sorte vaskebjørn op i et træ. Ha, ha, ha!"

Denne samtale fandt sted, mens Legree var i færd med at stige på sin hest for at ride til den nærmeste by. Om aftenen, da han vendte tilbage, besluttede han sig for at ride rundt omkring negernes hytter for at se, om alt var i orden.

Det var en storslået månelys nat, og skyggerne fra de graciøse paternostertræer aftegnede sig skarpt på græsset nedenunder, og der var den lette stilhed i luften, som det næsten ville være en helligbrøde at forstyrre. De Legree nærmede sig negernes kvarter, hørte han en stemme, der sang. Det var ikke en almindelig lyd, og han gjorde holdt for at lytte. En melodisk tenorstemme sang:

"Min Gud mig kaldte og jeg ved,
at jeg til himlen går,
jeg lever ved hans kærlighed
og ejer barnekår.

Når Jord og afgrund træder mod
min sjæl med vold og larm,
da ser jeg til min frelser god
og trodser verdens harm.

Om prøvelser foruden tal
mig møder overalt,
mit hjem jeg endda finde skal,
min Gud, min trøst, mit alt!"
Isaac Watts.[112]

"Nå, sådan!" sagde Legree til sig selv. "Så det er det, han tænker på! Hvor jeg hader disse fordømte metodistsalmer! Halløj, din nigger," sagde han og red hurtigt hen mod Tom med hævet ridepisk, "hvor vover du at lave sådan et postyr, når du burde være i seng? Luk din gamle, sorte kæft og kom så af sted!"

"Ja, master," sagde Tom omgående og rejste sig glædestrålende op for at gå.

Legree følte sig provokeret ud over alle grænser af Toms åbenlyse glæde, så han red helt hen til ham og lod slagene regne ned over hans hoved og skuldre.

"Sådan, din køter!" råbte han. "Lad os så se, om du stadig føler dig godt tilpas!"

Men hans slag faldt kun på det ydre menneske og ikke som før på Toms hjerte. Tom stod helt underdanigt og gjorde ingen modstand, men alligevel kunne Legree ikke mere skjule for sig selv, at hans magt over hans træl på en eller anden måde var blevet brudt. Og da Tom forsvandt ind i sin hytte, og Legree rev sin hest omkring, fór der et glimt af samvittighedsnag gennem hans sorte og onde sjæl. Han forstod fuldstændigt, at det var GUD, der stod mellem ham og hans offer, og han forbandede ham. Den ydmyge og stille mand, som hverken hån, trusler, piskeslag eller grusomheder kunne bringe ud af ligevægt, vækkede en stemme i ham – sådan en stemme, som Jesus engang vækkede i den besattes sjæl, der sagde: "Hvad har vi dog med dig at gøre, Jesus fra Nazaret! Er du kommet for at plage os før tiden?"

Toms sjæl var fuld af medfølelse og sympati for de ulykkelige stakler, der omgav ham. For ham syntes alle livets sorger at være forbi, og nu længtes han efter at videregive noget fra det forunderlige skatkammer af fred og glæde – som var blevet skænket ham fra oven – og som kunne lindre hans medmenneskers lidelser. Ganske vist var hans muligheder begrænsede, men på vejen til og fra markerne og i arbejdstimerne, havde han af og til mulighed for at give en hjælpende hånd til de trætte, modløse og fortvivlede sjæle. De arme, nedbrudte og mishandlede mennesker kunne i begyndelsen næppe forstå dette, men da det fortsatte uge efter uge og måned efter måned, begyndte det omsider at vække gamle og længst forglemte følelser i deres stivnede hjerter. Lidt efter lidt og ganske umærkeligt fik denne stille og tålmodige mand en mærkelig magt over dem. Denne mand, som altid var rede til at bære andres byrder uden at søge nogens hjælp til sig selv – denne mand, som stod til side for alle og kom sidst og fordrede mindst, og som alligevel var den første til at dele med dem, der trængte – denne mand, som i kolde nætter gerne lånte sit pjaltede tæppe ud til en kvinde, der rystede af sygdom, og som fyldte de svages kurve på marken uden at bekymre sig om, at hans egen kurv så ville være halvtom – denne mand, som selv om han blev efterstræbt med ubarmhjertig grusomhed af deres fælles tyran aldrig deltog i deres forbandelser eller nedsættende tale. Og da den travleste tid var forbi, og de igen fik lov til at bruge søndagene til sig selv, flokkedes mange af dem omkring ham for at høre om Jesus. De mødtes gerne et eller andet sted for at lytte, bede og synge sammen, men det ville Legree ikke tillade, og mere end én gang stoppede han disse forsøg med eder og rå forbandelser, så det velsignede ord måtte gå fra mund til mund. Men hvem kan beskrive den barnlige glæde disse arme udstødte følte på deres glædesløse rejse til et mørkt og ukendt land, når de hørte om en barmhjertig frelser og et himmelsk hjem? Missionærer har berettet, at blandt alle Jordens menneskeracer har ingen modtaget evangeliet med større iver og lærevillighed end den afrikanske. Læren om tillid til Gud og urokkelig tro, som er kristendommens fundament, finder en mere naturlig tilgang hos denne race end hos nogen anden, og man har ofte set, at et vildfarent frø af sandhed, der rent tilfældigt har truffet hjertet hos en uvidende sjæl, er vokset frem og har båret så rige frugter, at det har beskæmmet en mere udviklet og dygtig kultur.

Den stakkels mulatkvinde, hvis enfoldige tro næsten var blevet knust og besejret af den overvældende mængde grusomheder og uretfærdigheder, hun var blevet udsat for, følte sin sjæl opløftet af de salmer og skriftsteder fra den hellige skrift, som denne beskedne missionær hviskede hende i øret, når de gik til eller fra arbejde; ja selv Cassys halvgale og ustadige sind var blevet beroliget og trøstet af hans jævne og stilfærdige påvirkning.

Drevet til galskab og fortvivlelse af et liv fyldt med lidelser havde Cassy ofte overvejet en gengældelsens time, hvor hendes hånd skulle hævne al den uret og grusomhed, som hun havde været vidne til eller selv havde lidt.

En nat, da alle i Toms hytte var faldet i søvn, vågnede han pludseligt og så hende kigge ind gennem det hul i tømmervæggen, der gjorde det ud for et vindue. Hun gjorde tegn til ham om at komme ud.

Tom gik ud til hende. Klokken var mellem et og to om natten, og det var en klar, stille og lys måneskinsnat. Da månelyset faldt på Cassys store, mørke øjne, kunne Tom se, at de havde en vild og sælsom glans, der var helt forskellig fra deres sædvanlige stivnede fortvivlelse.

"Kom med, fader Tom," sagde hun og lagde sin smalle hånd på hans arm. Hun trak ham med sig med en kraft, som var hendes hånd af stål. "Kom med, jeg har nyheder til dig."

"Hvad da, missis Cassy?" spurgte Tom uroligt.

"Tom, vil du ikke gerne have din frihed?"

"Jeg skal nok få den, når Gud vil," sagde Tom.

"Ja, men du kan få den allerede i nat," sagde Cassy energisk. "Kom med."

Tom tøvede.

"Kom!" hviskede hun og rettede sine mørke øjne mod ham. "Kom med! Han sover tungt. Jeg kom noget i hans brandy for at få ham til at sove dybt. Jeg ville ønske, at jeg havde haft noget mere, så havde jeg ikke haft brug for din hjælp. Men kom nu, bagdøren er ulåst, og der står en økse der. Jeg har selv stillet den der – døren til hans værelse er åben. Jeg skal nok vise dig vej. Jeg ville have gjort det selv, men mine arme er alt for svage. Kom nu!"

"Ikke for alle rigdomme i ti tusinde riger, missis!" sagde Tom bestemt, idet han stoppede og holdt hende tilbage, da hun ville skynde sig bort.

"Men tænk på alle disse stakkels skabninger," sagde Cassy. "Vi kunne sætte dem alle fri og drage ud i sumpene eller finde en ø, hvor vi kunne bo for os selv. Det har jeg hørt om før. Et hvilket som helst liv er bedre end dette."

"Nej!" sagde Tom bestemt. "Nej, der kommer ikke noget godt ud af noget ondt. Jeg ville hellere hugge min højre hånd af!"

"Så vil *jeg selv* gøre det," sagde Cassy og vendte ryggen til ham.

"Åh, missis Cassy!" sagde Tom og kastede sig ned foran hende. "For vor kære frelsers skyld, som døde for Dem, sælg ikke Deres dyrebare sjæl til Djævelen på denne måde! Der kommer ikke andet end ondt ud af det. Herren har ikke opfordret os til vrede og hævn. Vi må lide og vente, til Herrens time slår."

"Vente!" sagde Cassy. "Har jeg måske ikke ventet – ventet til jeg blev helt rundtosset og mit hjerte blødte? Har han måske ikke ladet mig og hundreder af andre stakler lide? Klemmer han ikke livsblodet ud af dig? Jeg er kaldet. Man råber på mig! Hans time er kommet, og jeg vil se hans hjerteblod!"

"Nej, nej, nej!" sagde Tom og greb hendes små hænder, der var krampagtigt knyttede. "Nej, stakkels vildfarne sjæl, dette må De ikke gøre. Vores kære, velsignede Herre har aldrig udgydt andet blod end sit eget, og det udgød han for os, da vi var hans fjender. Herre, hjælp os at vandre i dine fodspor og elske vore fjender."

"Elske!" sagde Cassy med et vildt blik. "Elske *sådanne* fjender! Det magter kød og blod ikke."

Nej, missis, det er rigtigt," sagde Tom og så op, "men *Han* giver os styrken til det, og det er *sejren*. Når vi kan elske og bede over alle og gennem alt, da er slaget forbi, og sejren vundet – æret være Gud!" Og med øjnene fulde af tårer, og stemmen skælvende af bevægelse, så den sorte mand op mod himlen.

Og dette, åh Afrika! Du sidst kaldte af Jordens lande – kaldt til tornekronen, svøben, den blodige sved og lidelsens kors – dette skal blive din *sejr*, og derved skal du regere med Kristus, når hans rige kommer til Jorden.

Den dybe inderlighed i Toms følelsesudbrud, hans milde stemme og hans tårer – alt faldt som dug på den arme kvindes vilde, forvirrede sind. Ilden i hendes øjne slukkedes og fik i stedet et mildt udtryk. Hun sænkede blikket, og Tom kunne mærke, at hendes muskler i hånden slappedes, da hun sagde: "Sagde jeg måske ikke til dig, at jeg blev forfulgt af onde ånder? Åh, fader Tom, jeg kan ikke bede – jeg ønsker, jeg kunne. Jeg har ikke bedt, siden mine børn blev solgt! Det, du fortæller mig, må være rigtigt – jeg ved, det må være sådan, men når jeg prøver at bede, kan jeg kun hade og forbande. Jeg kan ikke bede!"

"Stakkels sjæl!" sagde Tom medfølende. "Satan begærer dig for at sigte dig som hvede. Jeg beder til Herren for dig. Åh, missis Cassy, vend Dem til den kære herre Jesus. Han kom for at hele de sønderknuste og trøste de sørgende."

Cassy stod tavs, mens store, tunge tårer faldt fra hendes sænkede øjne.

"Missis Cassy," sagde Tom tøvende, efter at have betragtet hende i stilhed, "Hvis De bare kunne komme væk herfra – hvis det var muligt – så ville jeg råde Dem og Emmeline til at gøre det – hvis det altså kunne gøres uden blodsudgydelse – ellers ikke."

"Ville du forsøge det sammen med os, fader Tom?"

"Nej," sagde Tom, "der var engang, hvor jeg ville have gjort det, men Herren har givet mig et arbejde mellem disse stakkels sjæle, og jeg vil blive hos dem og bære mit kors med dem, til slutningen kommer. Det er anderledes med Dem – det er en fælde for Dem, og mere end De kan udholde. De må hellere flygte, hvis De kan."

"Jeg kender ingen anden udvej end graven," sagde Cassy. "Der findes ingen dyr og ingen fugl, som ikke kan finde et hjem et eller andet sted. Selv slangerne og alligatorerne har deres steder, hvor de kan slå sig ned og være i fred, men der findes ikke noget sted for os. Selv langt borte i de mørkeste sumpe vil deres hunde jage os og finde os. Alle og alt er imod os, selv de vilde dyr er imod os – så hvor kan vi flygte hen?"

Tom stod længe tavs, så sagde han: "Han, der reddede Daniel i løvekulen[113] og reddede børnene fra den brændende ovn. Han, der gik på vandet og bød vinden at lægge sig[114]. Han lever endnu, og jeg har tiltro til, at han kan udfri Dem. Prøv det, og jeg vil bede alt, hvad jeg formår for Dem.

Sindet fungerer ofte på en sælsom måde – hvordan kan det være, at en idé, der længe har været kasseret og trådt under fode som en ubrugelig sten, pludseligt stråler i et nyt lys som en nyfunden diamant?

Cassy havde ofte i timevis overvejet alle mulige og sandsynlige flugtplaner, men forkastet dem alle som håbløse og uigennemførlige, men i dette øjeblik øjnede hun pludselig en plan, der var så enkel og gennemførlig på alle måder, at den straks vakte hendes håb.

"Fader Tom, jeg vil forsøge!" sagde hun pludseligt.

"Amen!" sagde Tom. "Gud være med Dem!"

---

[110] **Evige Klippe:** Jesus Kristus.

[111] 5 og 6 salmevers fra **Amazing Grace** skrevet af John Newton i 1773.

John Newton (1725-1807) var en engelsk søkaptajn, der sejlede med slaver. I 1748 led han skibbrud, men blev reddet efter at have bedt Gud om nåde. Dette omvendte ham til kristendommen. Han opgav sin slavesejlads nogle år senere og blev præst.

[112] **Isaac Watts:** (17. juli 1674 – 25. november 1748) var en engelsk, kristen præst, salmedigter, teolog og logiker.

[113] **Daniel i løvekuglen:** Profeten Daniel (Beltshassar) fra Jerusalem føres i fangenskab til Babylon. Han bliver på grund af sine strålende evner som drømmetyder rådgiver for kongen. Hans fjender narrer senere kongen til at kaste Daniel levende for løverne, men til kongens store glæde og overraskel-

se lader løverne Daniel være i fred, fordi Gud har beskyttet ham og lukket deres gab.

[114] **Han, der gik på vandet og bød vinden lægge sig:** I Matthæusevangeliet fortælles det, at Jesus gik på vandet, og at han fik stormen til at lægge sig.

KAPITEL 39

Krigslisten

"De uretfærdiges vej er som det sorteste mørke, hvor de ikke ved, hvad der får dem til at snuble."

Loftskammeret i Legrees hus var som i de fleste huse et stort, trist og støvet rum med spindelvæv over det hele og fyldt med gammelt skrammel. Den velhavende familie, som havde beboet huset i dets velmagtsdage, havde importeret en hel del pragtfulde møbler. Nogle havde de taget med sig, da de rejste, mens andre var blevet stående tilbage i forfaldne, ubeboede værelser eller stuvet væk på loftet. Ude ved loftets sider stod der også et par kæmpestore trækasser, som møblerne oprindeligt var blevet transporteret i. Der var også et lille vindue med nogle beskidte, støvede ruder, der lod et sparsomt lys falde ind på nogle store højryggede stole og støvede borde, der engang havde set bedre dage. I det hele taget var det et underligt, spøgelsesagtigt sted, og der blev fortalt mange spøgelseshistorier om det blandt de overtroiske negre, så det blev endnu mere uhyggeligt. Nogle år tidligere var en negerkvinde, som havde vakt Legrees mishag, blevet indespærret på loftet i flere uger. Hvad der skete med hende deroppe, ved vi ikke, og negerne plejede at hviske indbyrdes om det – men man vidste dog, at den ulykkelige kvindes afsjælede legeme en dag blev hentet ned fra loftet og begravet. Siden den dag fortalte man, at det gamle loftskammer genlød af eder og forbandelser og lyden af voldsomme slag, blandet med jamren og fortvivlet stønnen. Engang da Legree tilfældigvis hørte nogen tale om det, var han blevet aldeles rasende og havde svoret, at den næste, der fortalte historier om loftskammeret, selv skulle få chancen for at finde ud af, hvad der fandtes på loftet, da han ville lænke vedkommende deroppe i en hel uge. Denne bemærkning var nok til at standse sladderen, selv om den selvfølgelig ikke ændrede ved tiltroen til historien.

Efterhånden undgik alle i huset trappen op til loftskammeret, ja selv gangen hen til trappen undgik man, fordi alle var bange for at tale om det, og til sidst gik spøgelseshistorien i glemmebogen. Det var nu pludseligt faldet Cassy ind at benytte sig af Legrees letpåvirkelige overtro og rædsel for spøgelser til at skaffe sig selv og sin ulykkelige medskabning friheden.

Cassys soveværelse lå lige under loftskammeret. Uden at rådføre sig med Legree begyndte hun pludseligt en dag under megen larm og ballade at flytte alle sine møbler og personlige sager til et andet værelse, der lå et godt stykke borte. De tjenere, som hun havde sat til at gennemføre denne flytning, løb ivrigt frem og tilbage i én stor forvirring, da Legree kom tilbage fra en ridetur.

"Hallo! Du Cass!" sagde Legree. "Hvad er der på færde?"

"Ikke noget, jeg ville bare skifte værelse," sagde Cassy sammenbidt.

"Og hvorfor, om jeg må spørge?" spurgte Legree.

"Fordi, jeg vil," sagde Cassy.

"Pokker heller! Hvorfor vil du det?"

"Jeg vil gerne kunne sove nu og da."

"Sove! Men hvad forhindrer dig i at sove?"

"Det kunne jeg sikkert fortælle, hvis du absolut vil høre det," sagde Cassy tørt.

"Ud med sproget, din næsvise tøs!" sagde Legree.

"Åh, det er nok ingenting. Jeg tror næppe, det ville forstyrre *dig*. Det er bare en stønnen og larmen af folk, der slås og ruller rundt på gulvet i loftsværelset det halve af natten fra klokken tolv til morgenstunden!"

"Folk oppe på loftsværelset!" sagde Legree uroligt, men med en tvungen latter. "Hvad er det for folk, Cassy?"

Cassy hævede sine skarpe, mørke øjne og så på Legree med et udtryk, som fik det til at risle koldt ned ad ryggen på ham: "Ja, hvem er det, Simon? Det ville jeg gerne have, at du fortalte mig. Men du ved det måske ikke?"

Med en ed langede Legree ud efter hende med sin ridepisk, men hun undgik den og løb hen mod døren, hvor hun vendte sig om og sagde: "Hvis du prøver at sove i det værelse, finder du nok ud af det. Måske burde du prøve det!" Så løb hun ud af døren, smækkede den i og låste den.

Legree svor og bandede højlydt og truede med at slå døren ind, men så syntes han at komme på bedre tanker og gik uroligt ind i dagligstuen. Cassy fornemmede, at hendes ord havde ramt plet, og fra det øjeblik fortsatte hun konstant med at skræmme ham på de mest raffinerede måder.

I et åbent knasthul på loftet anbragte hun en flaskehals fra en gammel flaske på en sådan måde, at den mindste vind frembragte nogle sørgmodige og bedrøvelige klagelyde, der ved en stærkere vind blev til gennemtrængende skrig. Disse lyde kunne i godtroende og overtroiske ører let blive antaget for skrig af rædsel og fortvivlelse.

Disse lyde kunne nu og da høres af tjenestefolkene og gav nyt liv til de gamle spøgelseshistorier. En snigende overtroisk rædsel syntes at fylde huset, og selv om ingen vovede at sige noget til Legree, syntes han snart selv, at der lå noget uheldsvangert i luften.

Intet menneske er så fyldt med overtro som den gudløse. En kristen føler sig rolig ved troen på en vis og almægtig Fader, der med sit nærvær fylder det ukendte tomrum med lys og orden. Men for det menneske, der har detroniseret Gud, er åndelandet i sandhed med en hebraisk digters ord: "Et land af mørke og dødens skygge", hvor der ikke råder nogen orden, og hvor lyset er som mørket. Livet og døden er for ham hjemsøgte steder fyldt med groteske figurer af ubestemt og uvirkelig gru.

Legrees slumrende samvittighed var blevet vækket ved hans møde med Tom – vækket, men kun for at blive modarbejdet af ondskabens målrettede kraft. Men alligevel frembragte hvert eneste ord, bøn eller salme en skælven og uro i hans mørke, indre verden, der fik ham til at reagere i overtroisk skræk.

Cassy havde en ejendommelig og sjælden magt over ham. Han var hendes hersker, hendes tyran og plageånd. Hun var, som han godt vidste, fuldstændig i hans vold uden nogen mulighed for hjælp eller oprejsning. Og alligevel er det sådan, at selv den mest brutale mand ikke kan leve i et vedvarende forhold med en stærk kvindelig indflydelse uden at blive kontrolleret af den. Da han købte hende, var hun, som hun selv sagde, en fint opdraget kvinde, og så knuste han hende hensynsløst med sin brutalitet. Men efterhånden som den nedværdigende behandling og hendes fortvivlelse havde hærdet kvindeligheden hos hende og vækket stærkere lidenskaber, var hun til en vis grad blevet hans elskerinde, og han vekslede mellem at tyrannisere hende eller frygte hende.

Denne indflydelse var blevet endnu mere plagsom og udpræget, efter en delvis sindssyge havde sat et sælsomt og uhyggeligt præg på hendes sprog og optræden.

En aftenstund efter dette sad Legree i den gamle dagligstue foran en flakkende kaminild, der spredte et uroligt lys i værelset. Det var en stormfuld, blæsende nat af den slags, som fremkalder utallige ubestemmelige lyde i gamle, forfaldne huse. Vinduesruder klirrede, vinduesskodder smækkede, og vindstødene buldrede og tudede ned gennem skorstenen, hvor de nu og da pustede røg og aske ud, som om en hel hær af ånder fulgte med. Legree havde lavet sit regnskab og læst aviser i et par timer, mens Cassy sad i en krog og stirrede mørkt ind i ilden. Nu lagde han avisen væk og tog en bog op fra bordet, som han havde set Cassy læse i tidligere på aftenen, og begyndte at bladre i den. Det var en af disse bøger med en række fortællinger om blodige mord, spøgelseshistorier og overnaturlige hændelser, der på en sælsom måde tiltrækker dem, som begynder at læse dem, selv om de er både simpelt udformet og primitivt illustreret.

Legree sagde både fy og føj, men fortsatte med at læse side efter side et stykke tid, indtil han til sidst kastede bogen fra sig med en ed.

"Du tror da ikke på spøgelser, vel Cass?" sagde han, idet han tog ildtangen og rodede op i ilden. "Jeg ville tro, du har mere forstand end at lade dig skræmme af enhver lyd."

"Kan det ikke være ligegyldigt, hvad jeg tror?" sagde Cassy gnavent.

"Der var nogle fyre, der prøvede at skræmme mig med deres skrøner, da jeg sejlede," sagde Legree. "Men det lykkedes ikke for dem. Jeg er for tykhudet til at lade mig påvirke af den slags sludder, kan jeg fortælle dig."

Cassy stirrede intenst på ham fra sin mørke krog. Hendes øjne lyste på den mærkværdige måde, som altid gjorde Legree urolig.

"De lyde stammer kun fra rotterne og vinden," sagde Legree. "Rotter laver altid et helvedes spektakel. Jeg hørte dem også nu og da rumstere rundt i lastrummet på skibet. Og vinden, for pokker, der er ingen grænser for, hvad man kan få ud af vinden."

Cassy vidste, at hendes blik gjorde Legree urolig, og derfor sagde hun ikke noget, men vedblev med at stirre stift på ham med sit underlige, overnaturlige blik.

"Hører du ikke, hvad jeg siger? Så sig dog noget kvindemenneske – hvad mener du om det?" sagde Legree.

"Kan rotter gå ned ad trapper og vandre gennem entreen og åbne en dør, selv om du har låst den og stillet en stol foran?" sagde Cassy. "Og kan de komme listende skridt for skridt frem til din seng og række hænderne frem – sådan?"

Mens Cassy talte, stirrede hun skarpt på Legree med sine skinnende øjne, og han stirrede tilbage på hende som en mand, der har mareridt. Og da hun til sidst lagde sin iskolde hånd ovenpå hans, sprang han op med en ed.

"Kvindemenneske! Hvad er det, du siger? Det mener du ikke?"

"Åh, nej – selvfølgelig ikke – har jeg måske sagt, at de har gjort det?" sagde Cassy med et koldt, spottende smil.

"Men – hvad – hvad har du virkelig set? – Fortæl, Cass, hvad der er sket – ud med sproget!"

"Du kan selv sove i det værelse, hvis du gerne vil vide det," sagde Cassy.

"Kom det oppe fra loftet, Cassy?"

"*Det* – hvad mener du?" spurgte Cassy.

"Ja det, du fortalte om…"

"Jeg har ikke fortalt dig om noget," sagde Cassy tværtog indesluttet.

Legree gik uroligt frem og tilbage i værelset.

"Jeg vil have syn for sagen. Jeg vil undersøge det allerede i nat. Jeg tager mine pistoler…"

"Ja, gør det," sagde Cassy. "Sov i det værelse. Det ville jeg gerne se. Skyd endelig løs med dine pistoler!

Legree stampede i gulvet og bandede som en afsindig.

"Lad være med at bande," sagde Cassy, "man ved aldrig, hvem der hører dig. Hør! Hvad var det?"

"Hvad?" sagde Legree forskrækket.

Et stort, gammelt hollandsk ur, der stod i et hjørne af værelset, begyndt langsomt at slå tolv.

Af en eller anden grund stod Legree helt tavs og ubevægelig. En ubestemmelig rædsel havde grebet ham. Cassy stirrede på ham med et skarpt, hånligt udtryk i øjnene og talte timeslagene højt.

"Klokken er tolv. Nu skal vi få at se," sagde hun, idet hun vendte sig om og åbnede døren til trappegangen og stod, som om hun lyttede.

"Hør! Hvad var det?" sagde hun og løftede en finger.

"Det er bare vinden," sagde Legree. "Kan du ikke høre, at det blæser helt forbandet?"

"Kom, Simon," hviskede Cassy, lagde sin hånd på hans og førte ham hen til foden af trappen, "hvad tror du, *det* er? Hør!"

Et vildt skrig rungede ned ad trappen. Det kom fra loftsværelset. Legrees knæ skælvede, og han blev hvid som et lagen af rædsel.

"Skulle du ikke hellere tage dine pistoler?" sagde Cassy med en snerren, der fik Legrees blod til at fryse til is. "Det er på tide at undersøge sagen, forstår du. Du må hellere gå derop, nu *hvor de er i gang.*"

"Jeg går ikke derop!" sagde Legree og bandede.

"Hvorfor ikke? Du tror jo ikke på spøgelser, vel? Kom!" sagde hun og smuttede leende op ad vindeltrappen og så sig tilbage efter ham. "Kom nu!"

"Jeg *tror*, du er i ledtog med Djævelen selv!" sagde Legree. "Kom tilbage din heks – kom tilbage, Cass! Gå ikke derop!"

Men Cassy lo en sindssyg latter og løb videre op ad trappen. Legree hørte hende åbne døren ind til loftsværelset. Et stærkt vindpust fejede ned ad trappen og slukkede lyset, han holdt i hånden, og i det samme hørte han atter de frygtindgydende, overjordiske skrig, der næsten skreg ind i øret på ham.

Han flygtede skrækslagen tilbage til dagligstuen. Kort efter kom Cassy tilbage, hun var bleg, rolig og kold som en hævnende ånd, og hun havde det samme skræmmende glimt i øjet.

"Nå, er du så overbevist?" sagde hun.

"Fordømte kvindemenneske!" sagde Legree.

"Hvorfor?" sagde Cassy. "Jeg gik bare op og lukkede dørene. *Hvad tror du, der foregår på det loftsværelse,* Simon?"

"Det kommer ikke dig ved!" sagde Legree.

"Nå, så det gør det ikke?" sagde Cassy. "Jeg er i hvert fald glad for, at *jeg* ikke skal sove i værelset under det."

Cassy, som havde forudset, at det ville blive meget blæsende om aftenen, var tidligere gået op og havde åbnet vinduet i loftsværelset. Da hun så åbnede døren til loftsværelset, susede vinden selvfølgelig ned ad trappen og pustede lyset ud.

Dette var et eksempel på den leg, som Cassy blev ved med at lege med Legree, indtil han kom til det punkt, hvor han hellere ville stikke hovedet i gabet på en løve end at udforske loftsværelset. I mellemtiden gik hun selv derop, når alle andre sov og samlede omhyggeligt et forråd af levnedsmidler deroppe, der kunne vare i nogen tid, ligesom hun stykke for stykke bar det meste af sin egen og Emmelines garderobe derop. Da alt var i orden, ventede de kun på en passende lejlighed til at bringe deres plan til udførelse.

Ved at tale godt for Legree og benytte sig af de tidspunkter, hvor han var i et godt humør, havde Cassy fået ham overtalt til at tage hende med til den nærmeste by, som lå lige ud til Red River. Med en hukommelse skærpet til en næsten overnaturlig skarphed, huskede hun hvert eneste sving på vejen og lavede i hovedet en beregning over, hvor lang tid det ville tage at tilbagelægge vejen til fods.

Da tiden var moden til handling, kunne vores læsere måske tænke sig et kig bag scenen og se det endelige *coup d'état*[115].

Det var næsten aften, og Legree var taget bort på en ridetur til en nabogård. I flere dage havde Cassy vist sig usædvanlig elskværdig og imødekommende, og Legree og hun stod tilsyneladende på god fod med hinanden. Lige nu befinder Cassy sig sammen med Emmeline i hendes værelse, hvor de har travlt med at ordne to små bylter.

"Sådan, nu er de store nok," sagde Cassy. "Tag din kyse på og lad os komme afsted. Det er det helt rigtige tidspunkt."

"Men det er ikke så mørkt endnu. De kan jo stadig se os," sagde Emmeline.

"Det er også meningen," sagde Cassy roligt. "Ser du ikke, at vi må give dem en anledning til at starte en jagt på os? Det kommer til at ske på denne måde: Vi sniger os ud af bagdøren og løber forbi negerkvarteret. Sambo eller Quimbo vil helt sikkert få øje på os. De vil løbe efter os, og vi løber ud i sumpen, hvor de ikke længere kan forfølge os, før de har slået alarm og sluppet hundene løs. Mens de løber forvirrede omkring og falder over hinanden, som de altid gør, lister du og jeg os hen til bækken, der løber bag huset, og vader igennem den indtil vi er lige ud for bagdøren igen. Hundene vil tabe sporet, fordi de ikke kan lugte noget i vandet. Snart vil alle i huset løbe ud for at lede efter os, og så stikker vi ind ad bagdøren og op på loftet, hvor vi har lavet en dejlig seng af en af de store kasser. Vi bliver nødt til at blive deroppe i et godt stykke tid, for jeg siger dig, at han vil sætte himmel og jord i bevægelse for at fange os. Han vil indkalde mange af de gamle opsynsmænd fra de andre plantager og sætte en stor jagt i værk, og de vil undersøge hver eneste plet jord i den sump. Han roser sig nemlig af, at ingen endnu har kunnet undslippe ham. Så lad ham bare jage løs, til han bliver blå i hovedet."

"Cassy, sikken en god plan!" sagde Emmeline. "Hvem andre end dig kunne have udtænkt den?"

Der var hverken glæde eller henrykkelse i Cassys øjne – kun en fortvivlet beslutsomhed.

"Kom nu," sagde hun og rakte Emmeline hånden.

De to flygtninge smuttede lydløst ud af huset, og mens tusmørket faldt på, løb de ned forbi arbejdernes hytter. Den tiltagende måne, der stod som et sølvsegl på himlen i vest, forhalede nattens komme for en stund. Da de nærmede sig sumpene i udkanten af plantagen, hørte de, som Cassy ganske rigtigt havde forudset, en stemme, der befalede dem at stoppe. Det var imidlertid ikke Sambo, men Legree, der forfulgte dem under en strøm af de værste eder og forbandelser. Ved lyden af Legrees stemme, gav Emmelines svagere sjæl efter, og hun greb Cassy i armen og sagde: "Åh, Cassy, jeg tror, jeg besvimer!"

"Hvis du gør det, slår jeg dig ihjel!" sagde Cassy og trak en lille, skinnende stilet[116] frem og viftede med den foran pigens øjne.

Afledningsmanøvren virkede, og Emmeline besvimede ikke, men løb sammen med Cassy ud i en del af sumpens labyrint, der var så dyb og mørk, at det var fuldstændig håbløst for Legree at tænke på videre forfølgelse uden yderligere hjælp.

"Godt," sagde han og lo en brutal latter, "nu har de i det mindste fanget sig selv – de møgtøser! Der sidder de sikkert og godt. De skal komme til at lide for det!"

"Halløj! Sambo! Quimbo! Alle mand!" råbte Legree, da han nåede frem til arbejdernes hytter, netop som mændene og kvinderne vendte tilbage fra arbejdet. "Der er to bortløbne i sumpene. Jeg giver fem dollars til den første nigger, der fanger dem. Slip hundene løs! Slip Tiger, Fury og alle hundene løs!"

Der blev omgående et mægtigt røre. Mange af mændene sprang overivrigt frem for at tilbyde deres hjælp, enten i håb om en belønning eller på grund af den krybende servilitet, der er en af de værste resultater af slaveriet. De løb hid og did i alle retninger. Nogle gik for at hente fakler af fyrretræ, og andre slap hundene løs, hvis hæse, rasende gøen i høj grad bidrog til at gøre optrinnet endnu livligere.

"Master, skal vi skyde dem, hvis vi ikke kan fange dem?" spurgte Sambo, da hans herre gav ham et gevær.

"Du må gerne skyde på Cassy, hvis du vil. Det er på tide, at hun ryger ned i Helvede, hvor hun hører hjemme, men skyd ikke på pigen," sagde Legree. "Og nu drenge, vær lidt kvikke og raske. Fem dollars til den første, der får fat i dem. Og brændevin til jer alle sammen, uanset hvordan det går."

I skæret fra de flammende fakler og under hujen og råben og vilde brøl fra mennesker og dyr, drog hele flokken ned til sumpene fulgt på afstand af alle husets tjenestefolk. Huset var derfor helt forladt, da Cassy og Emmeline smuttede ind gennem bagdøren. Råbene og skrigene fra deres forfølgere genlød endnu i luften, og fra stuevinduerne kunne Cassy og Emmeline se hele flokken med faklerne sprede sig ud langs grænsen til sumpen.

"Se der!" sagde Emmeline til Cassy og pegede, "jagten er begyndt! Se hvordan lysene danser omkring! Hør hundene! Kan du høre det? Hvis vi havde været *der*, så ville vores liv ikke have været en sur sild værd. Åh, for Guds skyld, lad os gemme os omgående!"

"Vi behøver ikke skynde os," sagde Cassy roligt, "alle mand er ude og jage – det er aftenens underholdning! Vi går op lige om lidt." Hun tog en nøgle fra lommen på en frakke, som Legree havde kastet fra sig i skyndingen og fortsatte: "I mellemtiden har jeg tænkt mig at tage noget, som kan betale for vores rejse."

Hun låste en skrivebordsskuffe op og tog en rulle pengesedler frem, som hun talte hurtigt.

"Åh, nej, gør det ikke!" sagde Emmeline.

"Hvorfor ikke? Vil du hellere have, at vi sulter ihjel i sumpene, eller skal vi tage noget, som kan betale vores rejse til de frie stater? Penge kan udrette mirakler, min pige," sagde hun og gemte pengene på brystet.

"Det er tyveri," hviskede Emmeline ængsteligt.

"Tyveri!" sagde Cassy og lo hånligt. "Den, som stjæler kroppe og sjæle, er ikke et hak bedre. Hver eneste af disse sedler er stjålet – stjålet fra stakkels, sultende, udmarvede sjæle, som ryger i Helvede til sidst for at gøre ham rig. Lad *ham* tale om at stjæle! Men kom nu, vi må hellere gå op på loftet. Jeg har et forråd af lys og nogle bøger, som vi kan fordrive tiden med. Du kan være helt sikker på, at de ikke kommer *derop* for at lede efter os. Og hvis de kommer, skal jeg nok spille spøgelse for dem."

Da Emmeline kom op på loftet, fik hun øje på en kæmpestor kasse, der engang havde været brugt til at transportere store møbler. Den var væltet om på siden, så åbningen vendte opad. Cassy tændte en lille lampe, og de krøb ind i kassen. Kassen var foret med nogle små madrasser og nogle puder, og en anden kasse ved siden af var godt fyldt med lys, madvarer og alt det nødvendige tøj til deres flugt, som Cassy havde arrangeret til et par forbavsende små bylter.

"Så," sagde Cassy, da hun hængte lampen på en lille krog, som hun havde slået ind i siden på kassen til det samme, "det bliver nu vores hjem for et stykke tid. Hvad synes du om det?"

"Er du sikker på, at de ikke vil gennemsøge loftet?"

"Det gad jeg nok se Simon Legree gøre," sagde Cassy. "Nej, han skal nok holde sig væk. Og tjenestefolkene vil hellere skydes end at vise deres fjæs her."

Nogenlunde beroliget lagde Emmeline sig ned på sin pude.

"Hvad mente du med, at du ville dræbe mig, Cassy?" spurgte hun ligeud.

"Jeg ville bare stoppe dig fra at besvime," sagde Cassy, "og det virkede. Og jeg vil sige dig, Emmeline, du må beslutte dig til aldrig at besvime, uanset hvad der sker. Det hjælper dig ikke. Hvis jeg ikke havde stoppet dig, så ville det udyr have fået fingrene i dig."

Emmeline skælvede af frygt.

De sad tavse et stykke tid. Cassy begyndte at læse i en fransk bog, og den udmattede Emmeline blundede og faldt i søvn. Hun blev vækket af høje råb, larm, hestetramp og hundeglam. Hun fór op med et svagt skrig.

"Det er bare jagtselskabet som vender hjem," sagde Cassy roligt. "Du skal ikke være bange. Kig ud af dette knasthul. Kan du se dem alle sammen dernede? Simon har opgivet jagten for i nat. Se hvor beskidt hans hest er blevet af at trampe rundt i sumpen, og hundene ser også temmelig slukørede ud. Åh, min gode mand, du må ud på jagt igen og igen – byttet er sluppet væk."

"Åh, snak dog ikke sådan!" sagde Emmeline. "Hvad hvis de kan høre dig?"

"Selv om de hører noget, så vil det kun hjælpe med til at holde dem borte," sagde Cassy. "Der er ingen fare, vi kan lave lige så meget støj, som vi vil. Det vil kun forhøje virkningen."

Til sidst sænkede nattens stilhed sig over huset. Legree forbandede sit uheld, svor at tage en dyr hævn dagen efter og gik i seng.

---

[115] **Coup d'état:** (fransk) En pludselig magtovertagelse sædvanligvis gennem anvendelse af magt; et statskup.

[116] **Stilet:** En smal daggert med et tyndt, spidst knivsblad eller et lille, spidst instrument til at lave huller i tøj osv. (Cassys stilet kan være begge dele, men det mest sandsynlige er nok den sidste definition).

KAPITEL 40

Martyren

"Deem not the just by Heaven forgot!"
Though life its common gifts deny, —
Though, with a crushed and bleeding heart,
And spurned of man, he goes to die!
For God hath marked each sorrowing day,
And numbered every bitter tear,
And heaven's long years of bliss shall pay
For all his children suffer here."
Bryant[117]

Selv den længste vej får en ende, og selv den mest dystre og mørke nat bevæger sig frem til en morgenstund. Et evigt, ubønhørligt forløb af øjeblikke fremskynder altid den uretfærdiges dag til evig nat og gør den retfærdiges nat til evig dag. Vi har fulgt vores ydmyge ven så langt i slaveriets trældom – først gennem de blomstrende marker af ubekymrethed og overbærenhed og så gennem en hjerteskærende adskillelse fra alt et menneske har kært. Derefter har vi ventet med ham på en solbeskinnet ø, hvor ædelmodige hænder dækkede hans lænker med blomster, og til sidst har vi fulgt ham, da det sidste glimt af håb i denne verden blev opslugt af natten, og vi har set, hvordan det ukendtes stjernehimmel har strålet med stjerner af en ny og betydelig glans midt under det dybeste jordiske mørke.

Morgenstjernen står nu over bjergtoppene, og overjordiske vinde og storme viser, at dagens porte åbner sig op.

Cassys og Emmelines flugt ophidsede i høj grad Legree og gjorde hans allerede dårlige humør værre, og som man kunne forvente, lod han sit raseri gå ud over den forsvarsløse Tom. Da han i al hast fortalte sine slavearbejdere om flugten, kunne han ikke undgå at se det pludselige lys i Toms øjne og hans opløftede hænder. Han bemærkede også, at Tom ikke tilbød at deltage i forfølgelsen. Han tænkte et øjeblik på at tvinge ham til det, men da han af erfaring vidste, hvor urokkelig Tom kunne være, når han blev kommanderet til at tage del i grusomme handlinger, ville han ikke på grund af sit hastværk involvere sig i en ny strid med ham.

Tom blev således ladt tilbage med nogle få andre, som han havde lært at bede, og de opsendte nu i fællesskab bønner om, at flugten måtte lykkes.

Da Legree forvirret og misfornøjet kom tilbage fra sin forgæves jagt, begyndte det had, han længe havde næret mod sin slave at antage en desperat og dødelig trussel mod Tom. Havde denne mand ikke trodset ham konstant, viljestærkt og uimodståeligt lige siden han havde købt ham? Var slaven måske ikke besjælet af en ånd, der stille og tavst brændte ham som fordømmelsens flammer?

"Jeg *hader* ham!" sagde Legree, da han denne nat satte sig op i sengen. "Jeg *hader* ham! Tilhører han måske ikke MIG? Kan jeg måske ikke gøre med ham, hvad jeg vil? Hvem skulle måske stoppe mig i det?" Og Legree knyttede næven og rystede den, som om han havde noget i hænderne, han ville rive i stykker.

Men på den anden side, så var Tom også en trofast og værdifuld slave, og selv om Legree hadede ham endnu mere af den grund, så lagde tanken om dette en vis dæmper på ham.

Den næste morgen havde Legree besluttet sig for at lade som ingenting. Han ville samle et jagtselskab med hunde og geværer fra de omliggende plantager, omringe sumpen og gå systematisk til værks med eftersøgningen. Hvis han havde heldet med sig, var det godt, og hvis ikke ville han kalde Tom til sig – han skar tænder af raseri, og hans blod kogte – og *så* ville han knække fyren én gang for alle, eller også... – der var en uhyggelig, hviskende stemme i hans indre, som hans sjæl havde samtykket i.

Man siger, at slaveejerens egen fordel af sin slave er en *tilstrækkelig* beskyttelse for slaven. Men når et menneske i sin afsindige trang til at få sin vilje helt bevidst og med åbne øjne er villig til at sælge sin egen sjæl til Djævelen for at opnå sit mål, hvorfor skulle det så være mere forsigtig med sin næstes krop?

"Godt," sagde Cassy den næste dag, da hun fra loftet holdt udkig gennem knasthullet, "jagten fortsætter igen i dag!"

Tre, fire ryttere red ivrigt omkring på gårdspladsen foran huset, og et kobbel fremmede hunde trak utålmodigt i de negre, der holdt dem, mens de bjæffede og gøede ad hinanden.

To af mændene var opsynsmænd fra nogle nærliggende plantager, og de andre var nogle af Legrees drukvenner fra værtshuset i den nærmeste by, som udelukkende var kommet for sportens skyld. En mere rå og uskøn forsamling kan man vanskeligt forestille sig. Legree sørgede gavmildt for brændevin til dem alle og til de negre, som var blevet afgivet fra de forskellige plantager til denne opgave. Formålet var at gøre den slags arbejde så festlig for negrene som muligt.

Cassy lagde øret til knasthullet, og da morgenvinden bar direkte mod huset, kunne hun høre det meste af deres samtaler. Et alvorligt og hånligt smil bredte sig over hendes mørke, alvorlige ansigtstræk, mens hun lyttede og hørte dem fordele jagtområdet, diskutere hundenes forskellige fortrin, ordrer om skydning og behandlingen af de undslupne, hvis de blev fanget.

Cassy trak sig tilbage, foldede hænderne, så opad og sagde: "Åh, store, almægtige Gud! Vi er *alle* syndere, men hvad har *vi* gjort værre end alle andre, at vi skal behandles på den måde?"

Der var en ægte oprigtighed i hendes stemme og ansigt, da hun sagde disse ord.

"Hvis det ikke var for *dig*, barn," sagde hun og så på Emmeline, "så ville jeg gå ud til dem, og jeg ville takke den person, som *ville* skyde mig ned, for hvad hjælper friheden mig? Den kan ikke give mig mine børn tilbage eller give mig mit liv igen."

I sin barnlige troskyldighed var Emmeline skræmt af Cassys tungsind. Hun kiggede helt perpleks på Cassy, men sagde ikke noget. I stedet greb hun hendes hånd på en blid, kærtegnende måde.

"Nej, lad være!" sagde Cassy og prøvede at trække hånden til sig, "du får mig bare til at holde af dig, og jeg har lovet mig selv aldrig at holde af nogen igen!"

"Stakkels Cassy!" sagde Emmeline, "det må du ikke sige! Hvis Herren skænker os friheden, giver han dig måske også din datter tilbage. Under alle omstændigheder vil jeg være som en datter for dig. Jeg ved, at jeg aldrig vil få min stakkels gamle mor at se igen! Men jeg vil holde af dig, Cassy, uanset om du holder af mig eller ej!"

Hendes blide, barnlige ånd sejrede. Cassy satte sig ned ved siden af hende, lagde armen omkring hendes hals og strøg hende over hendes bløde, brune hår, og Emmeline undrede sig over, hvor kønne hendes tårefyldte øjne var.

"Åh, Em!" sagde Cassy, "jeg har hungret og tørstet efter mine børn, og mit syn svigter af længsel efter dem! Her! Her!" sagde hun og slog sig for brystet, "her er helt tomt og øde! Hvis Gud gav mig mine børn tilbage, ville jeg kunne bede."

"Du må have tillid til ham, Cassy," sagde Emmeline. "Han er vores Fader!"

"Guds vrede er over os," sagde Cassy. "Han har vendt sig bort i vrede."

"Nej, Cassy! Han vil være god mod os! Lad os sætte vores lid til ham," sagde Emmeline. "Jeg har aldrig mistet håbet."

Jagten var lang, livlig og effektiv, men naturligvis resultatløs, og Cassy så med dyster, ironisk henrykkelse ned på Legree, da han træt og modløs steg af hesten.

"Hør, Quimbo," sagde Legree, da han satte sig ned i dagligstuen og strakte sig, "hent ham Tom til mig med det samme! Den forbandede slyngel står sikkert bag det hele, og jeg skal nok få sandheden trukket ud af hans gamle, sorte skind eller finde ud af, hvad der ligger bag!"

Selv om Sambo og Quimbo hadede hinanden, var de begge forenede i et fælles, men ikke mindre had til Tom. Legree havde i begyndelsen fortalt dem, at han havde købt Tom for at gøre ham til formand under sit fravær, og dette satte ondt blod mellem dem og Tom. Deres modvilje mod Tom var vokset i deres krybende og underdanige natur, da de så ham blive oprørsk til deres herres store misfornøjelse. Quimbo gik derfor glad af sted for at udføre sin herres ordre.

Da Tom fik beskeden, anede han omgående uråd, fordi han kendte til hele flugtplanen, og desuden vidste han, hvor flygtningene holdt sig skjult. Han var heller ikke ukendt med, hvor dødsensfarlig Legree kunne være og hans despotiske magt. Men han følte sig styrket af Gud til at møde døden fremfor at forråde de hjælpeløse.

Han satte kurven fra sig på marken, kiggede op og sagde: "I dine hænder betror jeg min ånd. Du har udfriet mig, Herre, du trofaste Gud!" og så overgav han sig villigt til Quimbos grove hænder.

"Ja, ja!" sagde kæmpen, mens han slæbte ham af sted, "nu står du til en ordentlig omgang! Massa er *virkelig* vred! Du slipper ikke denne gang! Jeg siger dig, du skal nok få det at mærke, det er helt sikkert! Så kan du se, hvad der sker, når man hjælper massas niggere med at løbe væk! Det får du snart at se!"

Tom hørte ikke Quimbos brutale trusler – i stedet hørte han en højere stemme, der sagde: "Frygt ikke dem, der dræber kroppen og ikke kan gøre mere efter dette." Hver eneste nerve og knogle i den stakkels mands krop skælvede ved disse ord, som om de var berørt af Guds finger, og han følte styrken fra tusinde sjæle i sig. Mens han gik af sted, syntes træerne, buskene, slavehytterne og hele hans elendige slavetilværelse at hvirvle hurtigt forbi ham på samme måde, som landskabet farer forbi en hurtigkørende vogn. Hans sjæl skælvede – hans hjem var i sigte – og befrielsens time var nær.

"Nå, Tom!" sagde Legree, idet han rejste sig op og greb Tom hårdt i frakkekraven, "ved du, at jeg har i sinde at DRÆBE DIG?" sagde han sammenbidt i et voldsomt raserianfald.

"Det skulle ikke undre mig, master," sagde Tom roligt.

"Jeg har tænkt mig," sagde Legree på en uhyggelig, rolig måde, "*at gøre – lige præcis – den ting*, Tom, medmindre du fortæller mig alt, hvad du ved om de to piger!"

Tom stod helt tavs.

"Hører du mig ikke?" brølede Legree som en rasende løve og stampede i gulvet. "Sig noget!"

"Jeg har intet at sige, master," sagde Tom på en langsom, fast og bevidst måde.

"Vover du at fortælle mig, din sorte, skinhellige rad, at du *ikke* ved noget?" sagde Legree.

Tom forholdt sig tavs.

"Sig noget!" tordnede Legree og slog ham rasende. "Ved du noget?"

"Ja, det gør jeg, master, men jeg kan ikke fortælle noget. *Jeg kan kun dø!*"

Legree trak vejret dybt. Han undertrykte sit raseri, greb Tom i armen og stak ansigtet næsten helt hen til Toms og sagde med en uhyggelig stemme: "Hør Tom, du tror måske ikke, at jeg mener, hvad jeg siger, og jeg vil lade dig slippe som før. Men denne gang *har jeg taget min beslutning*, uanset hvad det koster mig. Du har altid trodset mig, men denne gang vil jeg *besejre dig eller slå dig ihjel!* – en af delene. Jeg vil udgyde dit blod og tælle hver eneste dråbe, indtil du giver op!"

Tom så op på sin herre og svarede: "Master, hvis De var syg, havde problemer eller var døende, så ville jeg give mit livsblod, hvis det kunne redde Dem. Og hvis De ved at tage hver eneste blodsdråbe i denne stakkels, gamle krop kunne redde Deres dyrebare sjæl, så ville jeg gladeligt give det, ligesom Herren ofrede sit blod for mig. Åh, master, bring ikke denne store synd over Deres sjæl! Det vil skade Dem meget mere end mig! Gør det værste De kan ved mig, mine trængsler vil snart være forbi, men hvis De ikke angrer, så vil Deres *aldrig* få en ende!"

Som et sælsomt stykke himmelsk musik hørt i stilheden før stormen forårsagede Toms følelsesudbrud en kort pause. Legree stod som himmelfalden og stirrede på Tom, og der var så stille i værelset, at man kunne høre det gamle ur, der tikkede af sted og udmålte de sidste øjeblikke for nåde og benådning af dette forhærdede hjerte.

Men det var kun et øjeblik. Der var en nølende pause – en vankelmodig, eftergivende skælven – så vendte den onde ånd tilbage med syvfoldig voldsomhed, og Legree slog sit offer til jorden, skummende af raseri.

Optrin med blod og grusomheder er chokerende for vores ører og hjerte. Hvad mennesket evner at gøre, evner mennesket ikke at høre. Hvad vores medmennesker og medkristne må lide kan ikke fortælles, end ikke i vores hemmelige kammer, da det sønderriver sjælen! Og alligevel, mit stakkels fædreland, så finder sådanne ugerninger sted med lovens billigelse! Åh, Kristus! Din kirke ved det og ser næsten stiltiende til!

Men engang levede der en mand, hvis lidelser forandrede et instrument, der var beregnet til at pine, nedværdige og vanære sine ofre, til et symbol på himmelsk herlighed, ære og udødelighed, og hvor Hans ånd råder, kan hverken nedværdigelse, piskeslag, blod eller forhånelser gøre den kristnes sidste kamp mindre glorværdig.

Var han alene i den lange nat – denne mand, hvis heltemodige, kærlige ånd udholdt slag og brutale pisk i det gamle skjul?

Nej, uset af andre og kun set af ham selv, stod der er EN – "en, der lignede Guds søn."

Fristeren stod også ved siden af ham – forblindet af sin rasende, despotiske vilje pressede han hvert øjeblik Tom til at undgå sine lidelser ved at forråde de uskyldige. Men det modige, trofaste hjerte var urokkeligt som den Evige Klippe. Som sin herre og mester vidste han, at hvis han frelste andre, kunne han ikke frelse sig selv, ej heller kunne de værste smerter afpresse ham andre ord end bønner og lid til Gud.

"Nu er det næsten forbi med ham, master," sagde Sambo, der mod sin vilje var rørt over sit offers tålmodighed.

"Bliv ved, indtil han giver sig! Slå løs på ham! Slå ham!" skreg Legree. Jeg vil have hver eneste blodsdråbe i hans krop, hvis han ikke tilstår!"

Tom åbnede øjnene og så på sin herre.

"I stakkels, elendige skabninger! Der er ikke mere, I kan gøre! Jeg tilgiver jer af hele mit hjerte!" sagde han og besvimede.

"Jeg tror minsandten, han endelig har fået nok," sagde Legree og trådte frem for at kigge nærmere på Tom. "Ja, det har han! Nu har jeg endelig fået lukket munden på ham – det er da en trøst!"

Ja, Legree, men hvem vil bringe stemmen i din sjæl til tavshed? Denne sjæl, hvor hverken anger eller bøn mere kan hjælpe, og alt håb er ude. Denne sjæl, hvor en evigt brændende ild allerede er antændt!

Men Tom var ikke død endnu. Hans forunderlige ord og fromme bønner havde gjort et stort indtryk på hans bestialske, sorte bødler, der havde været deres herres brutale redskab, og i samme øjeblik Legree trak sig tilbage, løftede de ham og forsøgte i al deres uvidenhed at kalde ham tilbage til livet – som om *det* ville være at gøre ham en tjeneste.

"Jeg er sikker på, vi har gjort en skrækkelig ond ting!" sagde Sambo. "Jeg håber, det bliver master, som skal stå til regnskab for det og ikke os.

De vaskede hans sår og lavede et simpelt leje af bomuldsaffald, som han kunne ligge på, og den ene af dem listede op til huset og tiggede lidt brandy af Legree under foregivende af, at han var træt og havde brug for det. Han kom tilbage med det, og hældte det i munden på Tom.

"Åh, Tom, vi har været så onde mod dig," sagde Quimbo.

"Jeg tilgiver jer af hele mit hjerte!" hviskede Tom svagt.

"Sig os Tom, hvem er *Jesus*, egentlig?" spurgte Sambo. "Jesus har stået ved din side hele denne nat! Hvem er han?"

Spørgsmålet vækkede Toms svindende ånd. Han lod nogle få kraftfulde ord strømme ud om denne forunderlige Eneste – hans liv, hans død, hans evige tilstedeværelse og hans magt til at frelse.

Begge de to brutale mænd græd.

"Hvorfor har jeg aldrig hørt om dette før?" sagde Sambo. "Men nu tror jeg på det! – Jeg kan ikke andet! Herre Jesus, forbarm dig over os!"

"I stakler!" sagde Tom. "Jeg er villig til at udholde alt dette, hvis det bringer jer nærmere til Kristus! Åh Herre, jeg beder dig, giv mig disse to sjæle!"

Og hans bøn blev hørt.

---

[117] **Bryant:** William Cullen Bryant (1794–1878), amerikansk digter og journalist. *"Dette digt er ikke en del af William Cullen Bryants samlede værker eller fra hans broder, John Howard Bryants digtsamlinger. Det blev sandsynligvis kopieret fra en avis eller et magasin."* [Mrs. Stowes bemærkning.]

KAPITEL 41

Den unge herre

To dage efter dette kørte en let vogn gennem alleen med paternostertræer. Vognen stoppede op, og en ung mand kastede tømmerne over hestens ryg, sprang ud og spurgte efter stedets ejer.

Det var George Shelby, men for at vise, hvordan han fandt vej hertil, skal vi gå lidt tilbage i vores historie.

Miss Ophelias brev til mrs. Shelby var grundet uheldige omstændigheder blevet forsinket i et par måneder på et afsides postkontor, før det nåede frem til sit bestemmelsessted. I den mellemliggende tid var Tom derfor allerede forsvundet ud af syne til de fjerne sumpområder ved Red River.

Mrs. Shelby læste beskeden med største bekymring, men det var ikke muligt for hende at reagere omgående på den. Hendes mand lå dødssyg med høj feber, og hun var optaget af at passe ham. Unge master George Shelby, som siden sidst var vokset op til en høj, ung mand, var hendes bedste og mest trofaste hjælper, og den eneste hun kunne stole på til at varetage faderens forretninger. Men Miss Ophelia havde heldigvis været så forudseende at oplyse dem om navnet på den sagfører, der varetog St. Clares affærer, og det eneste, som kunne gøres under de nuværende omstændigheder, var at skrive til ham for at få de nødvendige oplysninger. Mr. Shelbys pludselige dødsfald et par dage senere medførte selvfølgelig, at alle andre interesser måtte træde i baggrunden for et stykke tid.

Mr. Shelby havde vist stor tiltro til sin hustrus evner og udpeget hende til eneste eksekutor for sin ejendom, og således blev hun omgående viklet ind i store og indviklede forretninger.

Med sin sædvanlige energi kastede mrs. Shelby sig ud i arbejdet med at få styr på det indviklede net af forretninger, og et godt stykke tid var hun og George beskæftiget med at indsamle og studere regnskaber, sælge ejendom og betale gæld, for mrs. Shelby var fast besluttet på, at alt skulle bringes i en klar og overskuelig orden uanset konsekvenserne. I mellemtiden modtog de et brev fra den sagfører, som miss Ophelia havde henvist dem til. Sagføreren skrev, at det eneste han vidste, var at Tom var blevet solgt ved en offentlig auktion, og udover at have modtaget betalingen for ham kendte han ikke mere til sagen.

Hverken George eller mrs. Shelby var tilfredse med dette resultat, og da George seks måneder senere skulle på en forretningsrejse for sin mor ned ad floden, var han fast besluttet på at tage til New Orleans og foretage yderligere forespørgsler i håbet om at finde ud af, hvor Tom opholdt sig og købe ham fri.

Efter nogle måneders forgæves søgen mødte George rent tilfældigt en mand i New Orleans, som havde den ønskede information, og med penge på lommen tog vores helt dampskibet til Red River, fast besluttet på at finde og købe sin gamle ven tilbage.

Han blev vist ind i huset, hvor han traf Legree i dagligstuen.

Legree modtog den fremmede med en tvær mine.

"Jeg har hørt," sagde den unge mand, "at De har købt en slave ved navn Tom i New Orleans. Han har engang været på min fars gård, og jeg kommer for at høre, om jeg kan købe ham tilbage."

Legree rynkede vredt panden og udbrød så heftigt: "Ja, det har jeg, og det var en helvedes dårlig handel! Det er den mest stædige, næsvise og uforskammede hund, man kan tænke sig! Han har hjulpet mine niggere med at stikke af – to piger til næsten tusinde dollars hver er sluppet væk. Han indrømmede at have gjort det, og da jeg forlangte, at han skulle fortælle, hvor de var, sagde han med det samme, at han godt vidste det, men ikke ville fortælle det. Og det holdt han fast ved, selv om jeg gennempiskede ham værre, end jeg nogensinde har pisket en neger før. Jeg tror, han prøver at dø, men jeg er ikke sikker på, om det vil lykkes for ham."

"Hvor er han?" sagde George bydende: "Lad mig se ham." Den unge mand var blodrød i ansigtet, og hans øjne skød lyn, men fornuftigt nok sagde han ikke mere.

"Han ligger henne i det skur," sagde en lille knægt, der stod og holdt Georges hest.

Legree sparkede til drengen og bandede ad ham, men George vendte om uden et ord og gik hen til skuret.

Tom havde ligget i skuret i to dage siden den skæbnesvangre aften. Han led ikke meget, fordi hver eneste nerve i ham, som kunne føle smerte, var ødelagt og bedøvet. Det meste af tiden lå han sløvt hen i en bedøvet tilstand, fordi hans stærke og solidt byggede skikkelse endnu ikke var villig til at give slip på hans indespærrede ånd. På bekostning af deres knapt tilmålte hviletid havde nogle af hans stakkels, ulykkelige medskabninger listet sig ind til ham i ly af mørket i et forsøg på at gengælde nogle af de kærlighedsgerninger, han i så rigt mål havde ydet dem. Sandt at sige, så havde disse stakkels disciple kun lidt at give – kun en kop koldt vand, men den blev givet af et taknemligt hjerte.

Salte tårer var faldet på hans ærlige, bevidstløse ansigt – tårer af forsinket anger hos de arme, uvidende hedninge, som var vækket til anger og omvendelse af den døendes kærlighed og tålmodighed. Og bønner om barmhjertighed var blevet opsendt for ham til deres nyfundne Frelser – en person, som de stort set kun kendte af navn, men som et længselsfuldt, uvidende hjerte aldrig bønfalder forgæves om hjælp.

Cassy havde også været hos ham den foregående aften. På trods af faren for at blive opdaget, havde hun sneget sig ud af sit skjulested, og ved at lytte i skjul havde hun hørt om det offer, som Tom havde bragt for hende og Emmeline. De sidste få ord, som den kærlige sjæl endnu havde kræfter til at sige, fik de mange års is omkring hendes hjerte til at smelte, og den mørke, fortvivlede kvinde havde grædt og bedt. Hendes lange fortvivlede vinter var ovre.

Da George trådte ind i skuret, følte han sig ør og syg om hjertet.

"Er det muligt – er det muligt?" sagde han og knælede ned ved siden af Tom. "Onkel Tom, min stakkels, stakkels gamle ven!"

Der var noget i hans stemme, der forekom den døende bekendt. Han bevægede hovedet svagt, smilte og sagde:

"Jesus kan få den døendes seng
til at føles så blød som dunpuder."

Tårer, der gjorde hans mandige hjerte ære, faldt fra den unge mands øjne, da han bøjede sig over sin stakkels, gamle ven.

"Åh, kære onkel Tom, vågn op! Sig noget til mig! Se op! Det er master George – din egen lille master George. Kan du ikke kende mig?"

"Master George!" sagde Tom svagt og slog øjnene op. "Master George!" gentog han og så forvirret ud.

Langsomt syntes tanken at synke ind, det tomme blik forsvandt, og der kom liv i hans øjne. Hele ansigtet lyste op, han foldede de barkede hænder, og tårerne løb ham ned ad kinderne.

"Herren være lovet! Det er – det er – det er alt, hvad jeg kunne ønske mig! De har ikke glemt mig. Det varmer min sjæl, det gør mit hjerte så godt. Nu kan jeg dø tilfreds! Velsignet være Herren!"

"Nej, du skal ikke dø! Du *må ikke* dø eller bare tænke på det! Jeg er kommet for at købe dig fri og tage dig med hjem," sagde George med ungdommelig iver.

"Åh, master George, det er for sent. Herren har købt mig og tager mig hjem – og jeg længes efter at rejse herfra. Himlen er bedre end Kintuck."

"Åh, nej, du må ikke dø! Det vil tage livet af mig – det knuser mit hjerte at tænke på, hvordan du har lidt – og så at du skal ligge i dette gamle skur! Stakkels, stakkels fyr!"

"Kald mig ikke en stakkels fyr!" sagde Tom højtideligt. "Jeg *har* været en stakkels fyr, men det er alt sammen forbi og overstået. Jeg står lige foran porten nu og går ind til herligheden! Åh, master George! *Himlen er nær!* Jeg har endelig sejret! – Herren Jesus har skænket mig den! Æret være hans navn!"

George lyttede med ærefrygt til den kraft, lidenskab og styrke som disse ord blev udtrykt med. Han sad og stirrede på Tom uden et ord.

Tom greb hans hånd og fortsatte: "Men De må ikke fortælle Chloe, den stakkels sjæl, hvordan De fandt mig – det vil være alt for forfærdeligt for hende. Fortæl hende kun, at de fandt mig på vej til herligheden, og at jeg ikke kunne vente på nogen. Og fortæl hende, at Herren var hos mig overalt og altid og gjorde alt lyst og let for mig. Og åh, de stakkels børn og den lille baby – mit gamle hjerte har været knust mange gange ved tanken om dem! Bed dem alle om at følge mig – følge mig! Hils master og min kære gode missis fra mig og alle derhjemme! De forstår det ikke! Det er, som om jeg elsker dem alle! Jeg elsker alle Guds skabninger – hver eneste af dem! Der findes intet andet end kærlighed! Åh, master George! Hvor herligt det er at være en kristen!"

I samme øjeblik kom Legree slentrende hen til døren, kiggede ind med en tvær mine, og med påtaget ligegyldighed gik han igen.

"Den gamle satan!" sagde George vredt. "Det er en trøst at tænke på, at Djævelen en dag vil lade ham betale for dette."

"Nej, det må De ikke sige!" sagde Tom og greb hans hånd. "Han er en ulykkelig stakkel! Det er forfærdeligt at tænke på! Hvis bare han ville angre, så ville Herren straks tilgive ham, men jeg er bange for, at han aldrig vil gøre det!"

"Jeg håber heller ikke, han gør det!" sagde George. "Jeg ønsker ikke at møde ham i Himlen!"

"Stille, master George! De må ikke tage det på den måde! Han har jo ikke gjort mig nogen virkelig skade – han har kun åbnet himmerigets port for mig, det er det hele!"

I samme øjeblik ebbede kræfterne ud hos den døende mand. Den midlertidige styrke, der var blusset op ved glæden over at gense sin unge master, var nu brugt op. En pludselig afmagt kom over ham, og han lukkede sine øjne. Hans ansigt undergik denne mystiske og ophøjede forvandling, som viste, at han var tæt på at overskride dødens tærskel til en anden verden.

Hans åndedræt blev tungt og dybt, og hans brede bryst hævede og sænkede sig langsomt. Hans ansigtstræk lignede en sejrherres.

"Hvem – hvem kan skille os fra Kristi kærlighed?" sagde han med en stemme, der kæmpede for at overvinde hans menneskelige svaghed, og med et smil på læberne sov han ind.

George sad hensunken i tavs ærefrygt. Han følte, han befandt sig på et helligt sted, og idet han lukkede de livløse øjne og rejste sig op fra den døde, havde han kun én tanke i hovedet

– den tanke, som hans fordringsløse, gamle ven havde udtalt: "Hvor er det herligt at være en kristen!"

Han vendte sig om. Legree stod tvær og sur bag ham.

Hele sceneriet ved dødslejet havde lagt bånd på hans ungdommelige heftighed. Legrees nærværelse vækkede nu kun væmmelse hos George, og han følte kun en trang til at slippe væk fra manden med så få ord som muligt.

Han kiggede skarpt på Legree og sagde, idet han pegede på den døde: "De har nu taget alt fra ham, som De kunne. Hvor meget skal jeg betale for hans krop? Jeg vil tage den med mig og give ham en anstændig begravelse."

"Jeg sælger ikke døde niggere," sagde Legree surt. "De er velkommen til at begrave ham, hvor og hvornår De vil."

"Hør, I tre," sagde George bydende til nogle negre, der stod og kiggede på den døde Tom, "hjælp mig med at bære ham hen til min vogn og giv mig en spade."

Den ene af dem løb afsted for at hente en spade, mens de to andre hjalp George med at bære kroppen hen til vognen.

George ignorerede Legree, som stod og fløjtede med en påtaget ligegyldig mine uden at blande sig i hans ordrer. Med en tvær mine fulgtes Legree med dem hen til vognen, der holdt udenfor døren.

George bredte sin kappe ud i vognen, og efter at have flyttet sædet, så der var bedre plads, lagde de Tom varsomt i den. Så vendte George sig om mod Legree, kiggede stift på ham og sagde med tilkæmpet ro: "Jeg har endnu ikke sagt Dem, hvad jeg mener om denne skændige gerning – det er ikke tiden og stedet til det. Men sir, dette uskyldige blod skal have oprejsning og retfærdighed. Jeg betragter dette som overlagt mord, og jeg vil kontakte den nærmeste øvrighedsperson og anklage Dem for mord."

"Ja, gør endelig det!" sagde Legree og knipsede hånligt med fingrene. "Det kunne jeg godt tænke mig at se. Hvor vil De få vidner fra? – Hvordan vil De bevise det? – Fortæl mig lige det!"

George så med det samme styrken i Legrees argumenter. Der var ikke en eneste hvid mand på stedet, og ved alle sydens domstole er en farvet persons vidnesbyrd intet værd. I dette øjeblik følte han, at han kunne have flænget Himlen med sit hjertes forargede råb på retfærdighed, men det ville have været forgæves.

"Hvorfor al det postyr over en død nigger?" sagde Legree.

Hans ord virkede som en gnist i en krudttønde. Eftertænksomhed og forsigtighed havde aldrig været en af denne Kentucky drengs kardinaldyder. Opfyldt af retfærdig harme vendte han sig om og tildelte uden videre Legree et hårdt slag, der omgående sendte ham i jorden, og som han nu stod over ham blussende af vrede og trods, var han en glimrende personificering af sin berømte navnebror, St. George[118], da han vandt over dragen.

Nogle mennesker har virkelig godt af at blive slået ned. Hvis en modstander lægger dem fladt ned i støvet, synes de at få en større respekt for ham, og Legree var en af den slags mennesker. Så da han havde rejst sig op og børstet støvet af tøjet, kiggede han tavst efter den langsomt bortkørende vogn med tydelig respekt og åbnede ikke munden, før den var ude af syne.

Et stykke udenfor plantagens område, havde George fundet en tør sandhøj, der var overskygget af nogle træer. På dette sted gravede de Toms grav.

"Skal vi tage kappen af, master?" spurgte negerne, da graven stod klar.

"Nej, nej – begrav ham i den! Det er alt, hvad jeg kan give dig nu, stakkels Tom. Den tilhører dig."

De sænkede ham i graven, og mændene skovlede jord på i stilhed. Ovenpå graven anlagde de en lille høj og lagde græstørv på.

"Så må I gerne gå, gutter," sagde George og trykkede femogtyve cent i hånden på hver af dem, men de blev bare stående.

"Vil den unge master ikke være så venlig at købe os..." sagde en af dem.

"Vi vil tjene ham trofast!" sagde en anden.

"Det er et hårdt liv her, master!" sagde den første. "Åh, kære master, køb os!"

"Det kan jeg ikke – jeg kan ikke!" sagde George med en klump i halsen og viftede dem væk. "Det er umuligt!"

De stakkels mænd så fortabte ud og vandrede bort i tavshed.

"Jeg tager dig til vidne, evige Gud," sagde George og faldt på knæ ved sin stakkels vens grav, "jeg tager dig til vidne på, at jeg fra dette øjeblik vil gøre alt, hvad et menneske formår for at fjerne slaveriets forbandelse fra mit land!"

Der står intet gravmæle på vores vens sidste hvilested. Han har heller ikke brug for et! Hans Herre ved, hvor han ligger og vil lade ham genopstå i al udødelighed, så han kan vise sig sammen med Herren på den yderste dag[119], når Herren viser sig i al sin herlighed.

Ynk ham ikke! Et sådant liv og en sådan død skal ikke ynkes! Guds herlighed viser sig ikke størst i hans almægtige undere, men i den selvfornægtende, lidende kærlighed. Og velsignede er de, som han kalder til at følge ham og bære sit kors med tålmodighed. Om sådanne står der skrevet: "Velsignede er de, som sørger, for de skal finde trøst."

[118] **St. George:** Sankt Jørgen på dansk. En legende fra middelalderen fortæller, at St. George kæmpede mod en drage i Libyen, som han overvandt med korsets tegn. Hele egnen, inklusive kongen, omvendte sig herefter til kristendommen.

[119] **Den yderste dag:** Dommedag, som er denne verdens afslutning. Jesus taler i evangelierne om en fremtidig endetid, hvor mennesker skal dømmes, og denne verden vil forgå.

KAPITEL 42

En ægte spøgelseshistorie

Historier om spøgelser var på dette tidspunkt meget almindelige blandt tjenestefolkene i Legrees hus.
Hviskende blev det hævdet, at man midt om natten havde hørt fodtrin fra nogen, der bevægede sig ned ad loftstrappen og gik rundt i huset. Man havde forgæves låst dørene til den øverste indgang, men enten havde spøgelset en reservenøgle i lommen, eller også benyttede det sig af sine urgamle rettigheder til at gå gennem nøglehullet, og vandringerne fortsatte ganske uhindret og på en alarmerende måde.

På grund af en udbredt vane blandt negrene var autoriteterne ret uenige med hensyn til åndens ydre udseende – og så vidt vi ved, har hvide den samme vane – nemlig den vane at lukke øjnene og skjule hovedet under tæpper, skørter eller hvad som helst andet, der kunne bruges som tilflugtssted ved disse lejligheder. Når de legemlige øjne således er sat ude af spillet, så er de åndelige øjne, som alle ved, selvfølgelig usædvanligt levende og skarpsynede, og derfor fandtes der en overflod af portrætter af spøgelset i helfigur, der alle til overmål var sværget til og bevidnet. Men som det så ofte er tilfældet med portrætter, havde de ikke stor lighed med hinanden, bortset fra det helt specielle særtræk ved spøgelsesfamilien – at de alle var indhyllede i et *hvidt lagen*. De stakkels sjæle var ikke kyndige i klassisk historie, og de vidste heller ikke, at selveste Shakespeare havde bekræftet ægtheden af dette kostume ved at fortælle, hvordan "Dødninger i *ligskrud* skreg og peb i Romas gader[120]."

Og da de således alle er enige om, at dette er et enestående faktum i pneumatologien[121], henleder vi hermed alle spirituelle mediers opmærksomhed på det.

Hvordan det nu end forholder sig, så har vi vores egne private grunde til at vide, at en høj skikkelse klædt i et hvidt lagen spadserede omkring i Legrees hus i de mest anerkendte spøgelsestimer. Skikkelsen gik ud gennem dørene, sneg sig omkring i huset, forsvandt nu og da for atter at vise sig, vandrede op ad trappen og forsvandt ind på det skæbnesvangre loftsværelse. Og alligevel var alle døre lukkede og låste om morgenen lige så sikkert som altid.

Legree kunne ikke undgå at høre negernes hvisken og tisken, og jo mere man gjorde for at skjule det for ham, des mere urolig blev han. Han drak mere brandy end før, holdt hovedet højt og bandede værre end nogensinde om dagen, og om natten havde han onde drømme, og de syner, som viste sig for ham ved hans seng, var alt andet end behagelige. Aftenen efter Toms døde legeme var blevet båret væk, red han til den nærmeste by på en sviretur og blev godt lakket til. Han kom sent hjem og følte sig træt, låste sin dør, tog nøglen ud og gik i seng.

Men uanset hvor meget et menneske gør for at dysse den ned, så er en menneskesjæl en sådan skrækkelig åndelig og foruroligende ejendel for et ondt menneske. Hvem kender dens grænser og mål? Hvem kender alle dens skælvende anelser og rædsler, som den har lige så svært ved at undertrykke som at udholde tanken om sin egen uendelighed? Kun en tåbe ville låse sin dør for at holde ånder ude, når han i sit eget bryst huser en ånd, han ikke tør møde alene – og hvis stemme, skønt dysset ned og skjult under et bjerg af verdslighed, alligevel lader sig høre som en dommedagsbasun!

Men Legree låste sin dør og satte en stol for den, stillede en natlampe på et bord ved sengens hovedgærde og lagde også sine pistoler der. Han undersøgte omhyggeligt alle vindueskroge og beslag og svor så på, at han "ville blæse Djævelen og alle hans engle et langt stykke," og lagde sig så til at sove.

Han faldt hurtigt i søvn, og da han var udmattet, sov han snart tungt. Men snart faldt der en skygge over hans søvn – en fornemmelse af noget forfærdeligt og rædselsvækkende kom til ham. Han syntes, det var hans mors ligklæde, men det var Cassy, som holdt det oppe og viste det til ham. Han hørte en forvirret støj af jammer og klage, og han kæmpede for at vågne, da han vidste, han drømte. Han var halvt vågen og hørte tydeligt, at nogen kom ind i værelset. Han vidste, at døren blev åbnet, men han kunne ikke røre en hånd eller fod. Til sidst vendte han sig om med et sæt: døren stod åben, og han så en hånd, der slukkede lyset.

I det disede månelys så han det! Noget hvidt, som gled hen imod ham! Han hørte en stille raslen fra spøgelsets dragt. Det standsede ved hans seng, en kold hånd rørte ved hans, og en stemme sagde med en stille, uhyggelig hvisken: "Kom! Kom! Kom!" Og mens han svedte angstens sved, forsvandt tingen igen, uden han vidste hvornår eller hvordan. Han sprang ud af sengen og ruskede i døren – den var lukket og låst. Legree faldt afmægtig om på gulvet.

Efter den nat drak Legree værre end før. Han drak ikke længere forsigtigt og med måde, men ubetænksomt og sanseløst.

Snart forlød det i omegnen, at han var syg og lå for døden. Gennem sine stadige udskejelser havde han pådraget sig denne frygtelige sygdom, der synes at kaste de truende skygger af en kommende gengældelse ind i det nærværende liv. Ingen kunne udholde rædslerne i dette sygeværelse, når han råbte og fantaserede og talte om syner, der næsten fik blodet til at stivne hos dem, der hørte ham. Og ved hans dødsleje stod en streng, ubarmhjertig, hvid skikkelse, der sagde: "Kom! Kom! Kom!"

Den samme nat, hvor dette syn havde åbenbaret sig for Legree, stod hoveddøren ved et mærkeligt sammentræf åben om morgenen, og nogle af negrene havde set to hvide skikkelser glide ned ad alleen mod landevejen.

Det var nær ved solopgang, da Cassy og Emmeline for en kort stund stoppede op i en lille lund i nærheden af byen.

Cassy var klædt helt i sort som en fornem spansk kreolerinde[122]. En lille, sort hat med et tæt broderet slør skjulte hendes ansigt. De var blevet enige om, at hun under deres flugt skulle udgive sig for at være en kreolerinde, og Emmeline skulle spille rollen som hendes kammerjomfru.

Da Cassy lige fra tidligt i livet var opvokset i de højeste samfundslag, var hendes sprog, bevægelser og hele optræden i fuld overensstemmelse med denne idé. Og hun havde endnu nok tilbage af sin engang pragtfulde garderobe og smykker til at fuldende billedet på bedste vis.

Hun stoppede op i udkanten af byen, hvor hun havde set kufferter til salg og købte en smuk rejsekuffert, som hun bad om at få bragt til hotellet. Og som en dame af betydning kunne hun nu standsmæssig holde sit indtog på hotellet med Emmeline, der bar hendes vadsæk og diverse pakker, foruden en dreng, der bar hendes kuffert.

Den første person, som tiltrak sig hendes opmærksomhed, var George Shelby, som også boede på hotellet, hvor han afventede det første skib.

Cassy havde set den unge mand fra sit kighul i loftskammeret, og hun havde set ham fjerne Toms døde krop og havde med fryd bemærket hans sammenstød med Legree. Ud fra de samtaler, hun havde overhørt mellem negrene, da hun listede sig omkring om natten forklædt som spøgelse, havde hun efterfølgende fundet ud af, hvem han var, og hvilken forbindelse han havde til Tom. Hun følte derfor en umiddelbar og voksende tillid til ham, da hun fandt ud af, at han ligesom hun ventede på det første skib.

Hele Cassys væsen, holdning og manerer samt hendes rigelige pengebeholdning afværgede på forhånd enhver mistanke på hotellet. Man kommer aldrig med nærgående spørgsmål til personer, der har råd til at betale godt – noget, som Cassy havde forudset, dengang hun forsynede sig med Legrees penge.

Henimod aften hørte man skibet ankomme, og George Shelby fulgte Cassy ombord med den høflighed, som er naturlig for enhver person fra Kentucky, og gjorde alt, hvad han kunne, for at skaffe hende en god kahyt.

På hele turen ned ad Red River opholdt Cassy sig i sin kahyt under foregivende af at være syg, og her blev hun opvartet med underdanig hengivenhed af sin ledsagerske.

Da de nåede Mississippi floden, og de begge skulle nordpå, foreslog George at skaffe hende en kahyt på det samme skib, han selv skulle med, ud fra venlig deltagelse for hendes svagelige helbred og et ønske om at gøre, hvad han kunne for at hjælpe hende.

Snart var hele selskabet derfor sikkert ombord på det gode dampskib Cincinnati og godt på vej op ad floden for fuld damp.

Cassys helbred var nu blevet meget bedre. Hun sad på agterdækket, kom til spisebordet og blev omtalt på skibet som en kvinde, der engang måtte have været meget smuk.

Allerede første gang George fik et glimt af hendes ansigt, havde han en ubestemt fornemmelse af, at hun lignede en, han havde set før – noget, som vel næsten enhver har oplevet og været forvirret over. Han kunne ikke tage sine øjne fra hende og betragtede hende konstant. Både ved spisebordet og når hun sad udenfor sin kahyt, kunne hun mærke den unge mands blik på sig, og når hun med sit ansigtsudtryk viste, at hans stirren gjorde hende forlegen, trak han høfligt blikket til sig.

Cassy blev urolig. Hun begyndte at tro, at han havde fattet mistanke til hende, og til sidst besluttede hun sig til at overgive sig fuldstændigt til hans ædelmod og betroede ham hele sin historie.

George kunne ikke andet end at sympatisere med en, der var sluppet bort fra Legrees plantage – et sted, som han ikke kunne tænke på eller tale om uden at føle harme – og med et mod og en sorgløshed, som var karakteristisk for hans alder og holdning, forsikrede han hende om, at han ville gøre alt i sin magt for at beskytte og hjælpe dem til et sikkert sted.

I kahytten ved siden af Cassy boede der en fransk dame ved navn De Thoux. Hun havde en smuk, lille datter med sig på tolv år.

Efter hun ud fra sine samtaler med George havde forstået, at han var fra Kentucky, virkede hun ivrig efter at gøre hans bekendtskab. Og i denne plan blev hun bakket op af sin lille pige, der var den mest fortryllende lille skabning, som nogensinde har fordrevet kedsomheden ved en fjorten dages rejse på et dampskib.

George sad ofte ved døren til hendes kahyt, og Cassy kunne høre deres samtale, når hun sad på agterdækket.

Madame de Thoux udspurgte ham meget detaljeret om Kentucky, hvor hun sagde, at hun havde boet på et tidligere tidspunkt i livet. George opdagede nu til sin overraskelse, at hun måtte have opholdt sig i hans eget nabolag, da hendes nysgerrige spørgsmål afslørede et kendskab til personer og ting på hans hjemegn, som fuldstændigt overraskede ham.

"Kender De en mand i Deres nabolag, der hedder Harris?" spurgte madame de Thoux ham en dag.

"Der findes en gammel fyr med det navn, der bor i nærheden af min fars ejendom," sagde George.

"Han er en stor slaveejer, ikke sandt?" sagde madame de Thoux i et tonefald, der røbede en større interesse, end hun havde lyst til at vise.

"Jo, det er han," sagde George og virkede temmelig forbavset over hendes interesse.

"Ved De, om han havde... Måske De har hørt, om han ejede en mulatdreng ved navn George?"

"Javist – George Harris – jeg kender ham særdeles godt. Han giftede sig med en af min mors tjenestefolk, men nu er han flygtet til Canada."

"Virkelig?" sagde madame de Thoux ivrigt. "Gud være lovet!"

George så forundret og spørgende på hende, men sagde intet.

Madame de Thoux støttede hovedet mod hånden og brast i gråd.

"Han er min bror," sagde hun.

"Hvad siger De?" udbrød George dybt overrasket.

"Ja, mr. Shelby," sagde madame Thoux, idet hun stolt løftede hovedet og tørrede sine tårer, "George Harris er min bror!"

"De overrasker mig virkelig," sagde George, mens han skubbede sin stol en smule tilbage og kiggede indgående på madame de Thoux.

"Jeg blev solgt til Syden, da han var en ung dreng," sagde hun. "Jeg blev købt af en god og venlig mand. Han tog mig med til Vestindien, skænkede mig friheden og giftede sig med mig. Han døde for nyligt, og min plan var nu at tage til Kentucky for at finde og løskøbe min bror."

"Jeg har hørt ham nævne en søster ved navn Emily, der blev solgt til Syden," sagde George.

"Ja, det er rigtigt. Det var mig!" sagde madame de Thoux. "Men sig mig, hvad slags mand..."

"En prægtig ung mand," sagde George, "til trods for at slaveriets forbandelse hvilede over ham. Han opretholdt en førsteklasses karakter både hvad angår intelligens og principper. Jeg ved det, ser De, fordi han giftede sig ind i vores familie."

"Hvordan er pigen, han giftede sig med?" spurgte madame de Thoux ivrigt.

"En virkelig skat," sagde George. "Smuk, intelligent og elskelig pige. Meget gudfrygtig. Min mor opdragede og uddannede hende omhyggeligt – næsten som en datter. Hun kan både læse og skrive, hun broderer og syr smukt, og hun synger henrivende."

"Blev hun født i Deres hus?" spurgte madame de Thoux.

"Nej, min far købte hende på en af sine rejser til New Orleans og forærede hende til min mor som en gave. Hun var omkring otte eller ni år gammel på det tidspunkt. Far ville aldrig fortælle min mor, hvad han betalte for hende, men en dag da vi gennemgik hans efterladte papirer, fandt vi salgsdokumentet. Han betalte en uhørt høj sum for hende, det er sikkert og vist. Jeg går ud fra, at det var på grund af hendes usædvanlige skønhed."

George sad med ryggen til Cassy, og derfor så han ikke hendes udtryk af spændt opmærksomhed, da han nævnte disse detaljer.

På dette sted i historien rørte hun ved hans arm, og ligbleg af spænding spurgte hun: "Kender de navnene på de personer, der solgte hende til ham?"

"Jeg mener, at det var en mand ved navn Simmons, der var hovedmanden ved salget. Det er i hvert fald det navn, som jeg husker stod på salgsdokumentet."

"Åh, min Gud!" sagde Cassy og faldt besvimet om på gulvet i kahytten.

Både George og madame de Thoux sprang op med det samme. Skønt ingen af dem havde nogen anelse om, hvorfor Cassy besvimede, deltog de i alt det postyr, som hører sig til i sådanne tilfælde: George væltede en vandkaraffel og slog to glas i stykker i sin iver for at hjælpe, og en flok kvinder i salonen, der hørte, at nogen var besvimet, trængtes ved døren til kahytten, så de spærrede af for så meget frisk luft som muligt. Så i det store hele blev der gjort alt, hvad man kunne forvente.

Stakkels Cassy! Da hun atter kom til bevidsthed, vendte hun ansigtet mod væggen og hulkede som et barn. Måske kan du, som selv er en mor, sige hvad hun følte! Eller måske kan du ikke. Men hun følte sig i denne stund overbevist om, at Gud havde forbarmet sig over hende, og at hun ville få mulighed for at se sin datter igen. Og flere måneder senere skete dette da også – men vi foregriber begivenhedernes gang.

---

[120] **Dødninger i ligskrud skreg og peb i Romas gader** – Citat fra William Shakespeares Hamlet.

[121] **Pneumatologi:** (græsk) læren om ånder.

[122] **Kreolerinde:** Kreoler er oprindeligt en betegnelse for personer, der var født i de spanske kolonier i Amerika af spanske forældre. Ordet er desuden blevet brugt om efterkommere af frigivne slaver af blandet fransk og afroamerikansk herkomst.

KAPITEL 43

Resultater

Resten af vores historie er hurtigt fortalt. George Shelby, hvis interesse og medmenneskelige følelser var blevet vakt ved det eventyrlige ved historien, sørgede omhyggeligt for at sende Cassy salgsdokumentet, hvorpå både dato og navn stemte nøje overens med, hvad hun selv vidste om sagen. Hun følte sig derfor ikke det mindste i tvivl om, at Eliza virkelig var hendes barn. Nu skulle hun bare finde den vej, de flygtende havde taget.

Madame de Thoux og Cassy, der gennem dette ejendommelige sammentræf af skæbnen var blevet knyttet til hinanden, fortsatte videre til Canada og begyndte at spørge sig for i alle de byer ved grænsen, hvor mange af de bortrømte slaver plejede at slå sig ned. I Amherstberg fandt de den missionær, som George og Eliza havde søgt ly hos, da de kom over Eriesøen til Canada, og ved hans hjælp lykkedes det dem at spore familien til Montreal.

George og Eliza havde nu været frie i fem år. George havde fået fast arbejde hos en hæderlig maskinfabrikant, hvor han tjente tilstrækkeligt til at forsørge sin familie, der i mellemtiden var blevet forøget med en lille pige.

Lille Harry – en opvakt og dygtig dreng – var blevet sat i en god skole og gjorde hurtige fremskridt.

Den ærværdige præst ved stationen i Amherstberg, hvor George først var gået i land, var så interesseret i madame de Thoux's og Cassys historie, at han lod sig overtale af den førstnævnte til at ledsage dem til Montreal for at hjælpe dem med deres eftersøgning. Madame de Thoux betalte alle omkostninger ved denne rejse.

Skuepladsen henlægges nu til en lille, hyggelig lejlighed i udkanten af Montreal. Det er aften, og en munter ild brænder i kaminen. Et tebord med en snehvid dug står dækket til aftensmåltidet. I et hjørne af værelset står et andet bord dækket med en grøn dug, og på det står en opslået skrivepult med penne og papir. På væggen over bordet hænger en hylde med særligt udvalgte bøger.

Dette var Georges studerekammer. Den samme iver for lærdom, der i hans ungdom drev ham til at lære de meget attråværdige kunstarter: læsning og skrivning – på trods af hans hårde arbejde og mange skuffelser – drev ham endnu til at benytte alle sine ledige timer til at uddanne sig.

I dette øjeblik sidder han ved bordet og tager notater fra en bog i familiebiblioteket, som han læser i.

"Kom George," siger Eliza, "Du har været væk hele dagen. Læg nu den bog fra dig og lad os snakke sammen, mens jeg skænker teen – kom nu."

Og den lille Eliza støtter sin mors opfordring ved at stavre hen til sin far og prøve på at tage bogen ud af hans hånd, mens hun samtidig gør forsøg på at kravle op på hans knæ.

"Åh, din lille bandit!" siger George og giver efter, som man nu gør i den slags tilfælde.

"Ja, det er rigtigt," siger Eliza og begynder at skære skiver af brødet. Hun ser lidt ældre ud, figuren er noget fyldigere, og hun opfører sig mere husmoderlig. Men hun ser tydeligvis tilfreds og lykkelig ud.

"Harry, min dreng, hvordan gik det med dine regnestykker i dag?" spurgte George og lagde hånden på sønnens hoved.

Harry har ikke mere sine lange krøller, men hans smukke øjne og lange øjenvipper mister han aldrig og heller ikke sin smukke, ædle pande, der stråler af stolthed, da han svarer: "Jeg lavede dem alle sammen *selv*, far, hver eneste af dem. Der var *ingen*, der hjalp mig!"

"Det var godt," sagde hans far. "Stol kun på dig selv, min søn. Du har mange flere chancer her i livet, end din stakkels far har haft."

I dette øjeblik lød der en banken på døren, og Eliza gik ud og lukkede op. Hendes henrykte: "Ih, er det Dem?" kaldte også George til døren, og den gode præst fra Amherstberg bliver budt velkommen. Han er ledsaget af to kvinder, der også inviteres indenfor.

Når sandheden skal frem, så havde den ærværdige præst planlagt en bestemt gradvis fremgangsmåde, hvordan det hele skulle udvikle sig, og på vejen derhen havde de med stor omtanke og meget omhyggeligt formanet hinanden om at overholde denne fremgangsmåde og ikke uforsigtigt buse ud med noget.

Man kan derfor godt forstå den gode mands bestyrtelse, da de lige havde sat sig, og han skulle til at begynde på sin omhyggeligt forberedte tale efter at have tørret sig om munden med sit lommetørklæde, og madame de Thoux så væltede hele planen ved at slå armene om Georges hals og buse ud med det hele omgående ved at sige: "Åh, George! Kender du mig ikke igen? Jeg er din søster Emily."

Cassy var mere rolig og fattet, og hun ville have spillet sin rolle meget godt, hvis ikke den lille Eliza pludselig stod foran hende. I bygning og udseende og med hver eneste kurve og krølle var hun det udtrykte billede af hendes egen datter, da hun så hende for sidste gang. Den lille pige så op på hende, og

Cassy tog hende i sine arme, trykkede hende til sit bryst og sagde det, som hun i dette øjeblik virkelig troede: "Kæreste, jeg er din mor!"

Faktisk var det mere end vanskeligt at få tingene til at foregå i den rigtige orden, men det lykkedes til sidst for den gode præst at komme til orde, så han kunne holde den indledende tale, som han oprindeligt havde tænkt sig. Det gjorde han så godt, at alle tilhørerne hulkede omkring ham på en måde, der burde have tilfredsstillet enhver taler i oldtiden eller i vore dage.

Derefter knælede de ned, og den fromme mand bad en bøn – for der findes følelser, der er så oprørte og voldsomme, at de kun kan bringes til ro ved at betro dem til den almægtige kærlighed. Så rejste den genfundne familie sig og omfavnede hinanden med en hellig tillid til Ham, som gennem farer og lidelser havde ført dem sammen igen ad ukendte veje.

Enhver missionær blandt flygtninge i Canada kan fortælle virkelige historier, der overgår enhver fantasi. Og hvordan kan det være anderledes, når der eksisterer et system, som splitter familierne og spreder dem for alle vinde ligesom bladene om efteråret? Ligesom på himmerigets evige kyst forener disse frie kyster i lykkeligt fællesskab tit de hjerter, der i mange år har sørget over tabet af nære venner og familie. Og rørende over al beskrivelse er den inderlighed, som enhver nyankommen bliver mødt med. Måske han bringer nyheder om en mor, søster, barn eller ægtefælle, som endnu er forsvundet i trældommens mørke.

Heltegerninger større end dem i romanerne finder sted, når flygtningen frivilligt trodser alle farer og selv døden på sin vej tilbage til rædslerne og faren i det dystre land for om muligt at redde sin søster, mor eller hustru.

En missionær har fortalt os om en ung mand, der efter at være blevet fanget to gange og skamfuldt pisket for sit heltemod, endnu en gang var undsluppet. Og i et brev til sine venner fortæller han, at han agter at vende tilbage for tredje gang for at redde sin søster. Min bedste herre, er denne mand en helt eller en forbryder? Kan man måske bebrejde ham for det?

Men for at vende tilbage til vores venner, som vi forlod, mens de tørrede deres øjne og prøvede at komme sig over en for stor og pludselig glæde. De sidder nu omkring tebordet og kommer godt ud af det med hinanden. Cassy har den lille Eliza på skødet, som morer sig med at stoppe kage i munden på Cassy, indtil hun protesterer og siger, at hun nu har noget, der er meget bedre end kage. Og så trykker hun den lille Eliza så hårdt ind til sig, at pigen bliver helt forbavset.

Og i løbet af de næste par dage foregik der en så stor forandring med Cassy, at vores læsere næppe ville kunne genkende hende. Det fortvivlede, hærgede udtryk i hendes ansigt var nu afløst af en stille fortrøstning. Hun tog familien til sig med det samme, og de små børn vandt helt og holdent hendes hjerte. Det var, som om det var noget, hun havde ventet på længe. Ganske vist virkede det, som om hendes kærlighed flød mere naturligt til den lille Eliza end til hendes egen datter, fordi hun var det udtrykte billede af det barn, hun engang havde mistet. Men den lille pige var et blomstrende bånd mellem mor og datter, og gennem hende voksede kærlighed og bekendtskab frem mellem de to. Elizas urokkelige og vedvarende gudsfrygt, der blev næret ved konstant læsning af den hellige skrift, gjorde hende særdeles egnet til at bringe moderens trætte og urolige ånd den fred, hun så længe havde savnet. Og Cassy overgav sig med det samme og af hele sit hjerte til enhver god indflydelse og blev snart en from og kærlig kristen.

Nogle dage senere fortalte madame de Thoux sin bror mere om sin økonomiske situation. Ved sin mands død havde hun arvet en stor formue, som hun gavmildt tilbød at dele med familien. Da hun spurgte George, hvordan hun bedst kunne hjælpe ham, svarede han: "Giv mig en uddannelse, Emily. Det har altid været mit højeste ønske. Så kan jeg selv klare resten."

Efter moden overvejelse blev det besluttet at hele familien skulle rejse til Frankrig og opholde sig der i nogle år, og da de sejlede af sted, rejste Emmeline med dem.

Emmelines smukke udseende vandt førstestyrmandens hjerte, og kort efter at skibet havde lagt til kaj, giftede de sig.

George studerede fire år på et fransk universitet, og med en utrættelig iver opnåede han en solid uddannelse.

Politiske uroligheder i Frankrig førte til sidst til, at hele familien søgte tilflugt i Amerika.

Georges følelser og synspunkter som en veluddannet mand kommer sikkert bedst til udtryk i det brev, han skrev til en af sine venner:

"Jeg er noget i vildrede med hensyn til min fremtidige kurs. Det er sandt, som du allerede har sagt, at jeg har en mulighed for at komme ind i de hvides cirkler her i landet, da min hudfarve er meget lys ligesom min hustrus og mine børns. Tja, måske kunne jeg således blive tålt og tolereret. Men sandt at sige, har jeg ingen lyst til det.

Jeg har ingen sympati for min fars race, men kun min mors. For min far betød jeg ikke mere end en fin hund eller hest, men for min stakkels sønderknuste mor var jeg et *barn*, og selv om jeg aldrig så hende igen efter det grusomme salg, der adskilte os, ved jeg, at hun *altid* elskede mig højt. Det fortæller mit hjerte mig. Når jeg tænker på, hvor meget hun led og mine egne lidelser i min ungdom, og på min heltemodige kones kvaler og kampe og min søster, som blev solgt på et slavemarked i New Orleans – jeg håber ikke, jeg giver udtryk for at nære nogle ukristelige følelser, selv om jeg siger, at jeg ikke nærer noget ønske om at blive regnet for at være en amerikaner eller for at identificere mig selv med dem.

Det er med den undertrykte, slavebundne afrikanske race jeg deler min skæbne, og skulle jeg ønske noget, ville jeg ønske, at jeg var to farvetoner mørkere frem for en farvetone lysere.

Hvad min sjæl ønsker og længes efter, er en afrikansk *nationalitet*. Jeg ønsker et folk, der har sin egen håndgribelige, separate eksistens; men hvor kan jeg finde den? Ikke på Haiti, for på Haiti har de ikke noget grundlag at bygge på. En flod kan ikke hæve sig over sit udspring. Racen, som dannede folkekarakteren på Haiti, var udslidt og kraftesløs, så selvfølgelig vil det tage århundreder for den undertvungne race at hæve sig op og blive til noget.

Hvor skal jeg da søge? På Afrikas kyst ser jeg en republik – en republik skabt af udvalgte mænd, der ved sjælsstyrke har formået at uddanne sig selv og i mange tilfælde har hævet sig hver især over en tilstand af slaveri. Efter at have gået igennem en indledende svækket periode er denne republik omsider blevet anerkendt som en selvstændig stat af både Frankrig og England. Det er her, jeg ønsker at rejse hen og finde mit folk.

Jeg er nu klar over, at jeg vil have jer alle imod mig, men hør mig færdig, før du dømmer mig. Under mit ophold i Frankrig har jeg med stor interesse fulgt mit folks skæbne i Amerika. Jeg har fulgt med i striden mellem dem, der kæmper for slaveriets ophævelse, og dem, der går ind for, at negrene vender tilbage til Afrika, og ved at se forholdene på afstand har jeg fået nogle indtryk, som jeg aldrig ville have fået, hvis jeg havde været involveret.

Jeg medgiver, at dette Liberia måske har tjent mange forskellige interesser ved at blive brugt imod os af vores undertrykkere. Uden tvivl kunne planen på en uberettiget måde blive brugt til at forhale vores frigørelse. Men jeg spørger: Findes der måske ikke en Gud, der står over alle menneskets planer? Kunne han måske ikke have krydset deres planer og grundlagt en nation for os gennem dem?

I disse dage kan en nation fødes på en enkelt dag. En nation i dag ser dagens lys med en færdig løsning på alle de store problemer med civilisation og et liv som republik – den skal ikke først opfinde en løsning, men bare anvende den. Lad os derfor forene vores kræfter og se, hvad vi kan gøre med dette nye foretagende, og så vil hele det prægtige, afrikanske kontinent ligge åbent for os og vores børn. *Vores nation* skal lede civilisationens og kristendommens tidevand til Afrikas kyster og dér anlægge mægtige republikker, der vil vokse med tropiske væksters fart og bestå i tiderne, der kommer.

Måske vil du sige, at jeg lader mine slavebundne brødre i stikken. Det synes jeg ikke. Må Gud rent forglemme mig, hvis bare jeg glemte dem for en enkelt time eller et kort øjeblik af mit liv! Men hvad kan jeg gøre for dem her? Kan jeg bryde deres lænker? Nej, ikke som en enkelt person, men lad mig tage af sted og blive en del af en nation, som vil få en stemme i en forsamling af nationer og blive hørt. En nation har retten til at argumentere, protestere, appellere og fremføre sin races sag, det har den enkelte ikke.

Hvis Europa nogensinde bliver et storslået råd af frie nationer – som jeg er sikker på, det bliver – og hvis al livegenskab og alle uretfærdige, undertrykkende, sociale uligheder bliver afskaffet der, og hvis de, ligesom Frankrig og England har gjort, anerkender vores selvstændighed – så vil vi i forsamlingen af nationer appellere og føre vores sag for vores slavebundne og lidende race. Det frie og oplyste Amerika vil så være nødt til at bortviske denne skamplet, som vanærer det blandt andre nationer. Dette er både en forbandelse for landet selv og for de slavebundne.

Måske du så vil fortælle mig, at vores race har samme rettighed til at gøre sig gældende i den amerikanske republik som irlændere, tyskere og svenskere. Det har du ret i, vi har. Vi *burde* være frie til at møde op og gøre os gældende – at hævde os efter vort personlige værd og uden hensyn til klasse eller farve, og dem, som ville nægte os denne ret, er utro mod deres egne erklærede principper om ligestilling mellem mennesker. Vi burde i særdeleshed *her* have en sådan rettighed. Vi har mere ret til dette end mennesker i almindelighed – vi har en forurettet races krav på oprejsning. Men for min del, *så ønsker jeg det ikke,* jeg ønsker et land, en nation, som jeg kan kalde mit eget. Jeg tror, at den afrikanske race har særlige egenskaber, som endnu venter på at blive udviklet i kristendommens og civilisations lys, og selv om de egenskaber måske ikke er de samme som hos angelsakserne, kan de måske vise sig at være moralsk set højere.

Den angelsaksiske race er blevet betroet verdens skæbne i dens banebrydende stadium med kamp og konflikt. Til denne opgave var dens strenge og handlekraftige egenskaber meget velegnede, men som en kristen ser jeg en anden æra dukke frem. Jeg tror, vi står ved grænsen til denne æra, og jeg håber, at de kramper, som nu gennemryster nationerne, kun er fødselsveer for en tid med universel fred og broderskab.

Jeg er vis på, at Afrikas udvikling i det store hele vil stå i kristendommens tegn. Selv om den afrikanske folkestamme ikke er en dominerende og herskende race, så er den i det mindste en kærlig, ædelmodig og tilgivende race. Efter at have været udsat for uretfærdighed og undertrykkelse har den et behov for at knytte kærlighedens og tilgivelsens ædle doktrin tættere til hjertet – og alene ved disse vil de vinde. Deres mission vil være at sprede dette over hele det afrikanske kontinent.

Jeg selv må erkende min svaghed her – mere end halvdelen af blodet i mine årer er den hede og heftige angelsaksiske slags, men jeg har en veltalende forkynder af evangeliet ved min side i skikkelse af min smukke hustru. Når jeg kommer på afveje, leder hendes blidere ånd mig altid tilbage igen og sørger for, at jeg ikke glemmer vores races kristne kald og mission. Som en overbevist kristen og lærer i kristendom, rejser jeg til *mit* land – mit udvalgte, herlige Afrika! Og i mit hjerte bruger jeg af og til disse prægtige, profetiske ord på mit land: "Mens du før var forladt, forhadt og mennesketom, gør *jeg* dig nu til evig stolthed og til fryd i slægt efter slægt."

Du vil måske kalde mig en sværmer og fortælle mig, at jeg ikke har overvejet grundigt nok, hvad jeg kaster mig ud i. Men jeg har gennemtænkt det grundigt og vejet for og imod. Jeg begiver mig ikke til *Liberia* ud fra en forestilling om et romantisk paradis, men for at udføre *et stykke arbejde*. Jeg regner med at få hænderne fulde af arbejde og arbejde *hårdt*. Jeg forventer at møde alle mulige slags problemer og skuffelser og at arbejde, til jeg dør. Det er det, som jeg forventer at gå ind til, og med hensyn til dette er jeg sikker på, at jeg ikke vil blive skuffet.

Så uanset, hvad du tænker om min beslutning, så mist ikke tiltroen til mig, og tænk på, at uanset, hvad jeg gør, så gør jeg det af hele mit hjerte for mit folks skyld.

GEORGE HARRIS."

Nogle uger senere sejlede George til Afrika sammen med sin kone, børn, søster og mor. Og hvis vi ikke skulle tage meget fejl, så vil verden snart høre nyt fra ham der.

Angående vores øvrige personer har vi ikke noget yderligere at fortælle bortset fra et par ord om miss Ophelia og Topsy og et afskedskapitel, som vi vil tilegne til George Shelby.

Miss Ophelia tog Topsy med sig hjem til Vermont til stor overraskelse for den alvorligt tænkende gruppe, som en person fra New England kender som *"Vores familie"*. "Vores familie" syntes i begyndelsen, at det var en mærkværdig og unødvendig tilføjelse til deres velfungerende, hjemlige husholdning, men miss Ophelia påtog sig opgaven med at uddanne sin elev så flittigt og succesfuldt, at barnet snart vandt familiens og nabolagets gunst og velvilje. I en voksen alder blev hun efter eget ønske døbt og medlem af den kristne forsamling på stedet. Her udviste hun så stor begavelse, arbejdslyst og iver til at gøre godt i verden, at hun til sidst blev anbefalet og antaget som missionær til en station i Afrika. Og vi har hørt, at den samme livlighed og opfindsomhed, som gjorde hende så alsidig og rastløs i sin udvikling som barn, nu bliver anvendt på en bedre og nyttigere måde gennem undervisning af børn i hendes hjemland.

Efterskrift. Det bør glæde en eller anden moder at høre, at de forespørgsler, som madame de Thoux iværksatte angående Cassys søn, nu har ført til, at han er blevet fundet. Fordi han var en energisk, ung mand, var han flygtet nordpå allerede nogle år før sin mor. Her var han blevet vel modtaget og uddannet af slavernes venner i Norden. Også han vil snart følge efter sin familie til Afrika.

KAPITEL 44

Befrieren

George Shelby havde blot skrevet et par linjer til sin mor for at meddele hende, hvornår hun kunne vente ham hjem. Han havde ikke kunnet få over sit hjerte at fortælle hende om onkel Toms død, selv om han havde prøvet flere gange, men hver gang var det endt med, at han halvkvalt af gråd havde revet brevet i stykker og var flygtet bort for at falde til ro.

Der var travlhed og glæde overalt i familien Shelbys hus den dag, hvor man ventede den unge massa George.

Mrs. Shelby havde slået sig ned i sin hyggelige dagligstue, hvor en lystig kaminild spredte sin varme i den kølige efterårsaften. Aftensbordet var dækket med det fineste blankpudsede sølvtøj og krystalglas, og ganske som før stod vores gamle veninde Chloe i spidsen for det hele.

Iført en ny bomuldskjole med et rent, hvidt forklæde og en høj, velstivet turban på hovedet og med sit glinsende sorte ansigt strålende af tilfredshed, nussede hun med overdreven pertentlighed med borddækningen, blot for at få anledning til at tale med sin frue.

"Se så, ja, nu tror jeg, han vil synes om det," sagde hun. "Sådan, nu har jeg stillet hans tallerken lige ved kaminilden, som han synes om. Massa George har altid godt kunnet lide at sidde varmt. Åh, hold dog op! Hvorfor har Sally ikke taget den bedste tekande frem – den lille nye, som massa George gav missis til jul? Nu skal jeg tage den frem! Missis har altså hørt fra massa George?" sagde hun i et spørgende tonefald.

"Ja, Chloe, men kun et par linjer bare for at fortælle mig, at han ville komme her til aften, hvis han kunne. Det var det hele."

"Han sagde vel ikke noget om min gamle Tom, vel?" sagde Chloe, mens hun flyttede rundt på tekopperne.

"Nej, det gjorde han ikke. Han nævnte ikke andet, Chloe. Han sagde, han hellere ville fortælle det hele, når han kom hjem."

"Ja, det ligner massa George – han vil helst fortælle det hele selv. Jeg husker, at sådan er massa George. For min del kan jeg heller ikke forstå, hvordan hvide mennesker kan holde ud at skrive så meget, som de gør. Skrivning er et så langsomt og besværligt arbejde. Det er meget hurtigere at sige det."

Mrs. Shelby trak på smilebåndet.

"Jeg tvivler på, at min gamle Tom kan kende drengene og babyen igen. Jøsses, hun er sådan en stor pige nu. Ja, Polly er både god og livlig. Hun er hjemme nu og ser efter majskagen. Jeg lavede den netop efter min gamle Toms smag, ligesom den jeg bagte til ham den morgen, han blev hentet. Herren velsigne os, hvor tung den morgen var!"

Mrs. Shelby sukkede og følte et stik i hjertet ved denne hentydning. Hun havde følt sig urolig, lige siden hun modtog sin søns brev. Hun frygtede, at der skjulte sig noget bag hans slør af tavshed.

"Missis har jo pengesedlerne?" sagde Chloe ængsteligt.

"Ja, Chloe."

"Jo, ser De, jeg ville gerne vise min gamle Tom de pengesedler, kondoren gav mig for mit arbejde. 'Hør Chloe, jeg ville ønske, du kunne blive lidt længere,' sagde han til mig. 'Mange tak, master,' sagde jeg, 'jeg ville gerne, men min mand kommer hjem, og missis kan ikke undvære mig længere.' Det var lige, hvad jeg sagde til ham. En meget flink mand, den master Jones var."

Chloe havde hårdnakket insisteret på, at de selvsamme sedler, som konditoren i Louisville havde betalt hende for hendes arbejde, skulle gemmes, så hun kunne vise sin mand, hvor dygtig hun havde været. Og mrs. Shelby havde beredvilligt efterkommet hendes ønske.

"Han vil ikke kunne kende Polly igen – det vil han ikke, min gamle Tom. Herregud, det er jo fem år siden, de tog ham! Hun var en ren baby dengang – hun kunne ikke gå endnu og næsten ikke stå oprejst. Jeg husker endnu, hvor morsomt han syntes, det var, fordi hun blev ved med at falde, når hun prøvede at gå. Ja, det var sjovt!"

Man hørte en raslende lyd af vognhjul.

"Master George!" sagde Tante Chloe og styrtede hen til vinduet.

Mrs. Shelby ilede ud til hoveddøren, hvor hendes søn omfavnede hende. Tante Chloe stod og stirrede ængsteligt ud i mørket.

"Åh, *stakkels* Tante Chloe!" sagde George deltagende og tog hendes grove, sorte hånd mellem begge sine. "Jeg ville have givet alt, hvad jeg ejer, for kunne bringe ham med hjem, men han er gået bort til et bedre land."

"Åh, nej!" udbrød Mrs. Shelby lidenskabeligt, men Tante Chloe stod helt tavs.

De gik alle ind i spisestuen. Pengesedlerne, som Chloe havde været så stolt af, lå endnu på bordet.

"Tag dem," sagde hun, idet hun tog dem op og rakte dem til sin frue med skælvende hænder. "Jeg vil aldrig se eller høre tale om dem mere. Det gik netop, som jeg frygtede – solgt og myrdet på en af disse elendige plantager!"

Chloe vendte stolt omkring og begyndte at gå ud af værelset. Mrs. Shelby gik stille efter hende, tog hende i hånden og førte hende hen til en stol og satte sig ned ved siden af hende.

"Min stakkels, gode Chloe!" sagde hun.

Chloe lænede hovedet mod sin frues skulder og sagde hulkende: "Åh, missis! Tilgiv mig, mit hjerte er knust – det er det hele!"

"Ja, det ved jeg, det er," sagde mrs. Shelby, mens tårerne trillede ned ad kinderne på hende, "og *jeg* kan ikke hele det, men Jesus kan. Han læger dem, hvis hjerte er knust, og forbinder deres sår."

Der blev et øjebliks tavshed, hvor alle græd. Til sidst satte George sig ned ved siden af den sørgende, tog hendes hånd og med dyb medfølelse gentog han Toms gribende ord, og hvorledes han triumferende gik bort fra dette liv efter sit sidste kærlighedsbudskab.

Omtrent en måned efter dette var alle tjenestefolkene på Shelbys ejendom samlet en morgen i den brede korridor, der gik gennem hele huset, for at høre, hvad deres unge master havde at fortælle dem.

Til alles store overraskelse dukkede han op med et bundt papirer i hånden. Papirerne viste sig at være frihedsbreve for alle slaver på ejendommen, og de blev oplæst ét for ét og overrakt til de tilstedeværende under deres tårer, hulken og udråb.

Mange af dem pressede sig imidlertid ind på ham og bad indtrængende om, at de ikke blev sendt bort. Med ængstelige miner bad de ham om at tage deres frihedsbrev tilbage.

"Vi ønsker ikke mere frihed, end vi allerede har. Vi har altid fået alt det, vi har brug for. Vi ønsker ikke at rejse fra vores gamle sted, massa og missis og alle de andre her!"

"Mine gode venner," sagde George, så snart han kunne skaffe sig ørenlyd, "I behøver slet ikke rejse bort. Stedet her har brug for lige så mange folk som før. Vi har også brug for det samme antal medarbejdere i huset som hidtil. Men I er nu frie mænd og frie kvinder. Jeg vil betale jer den løn for jeres arbejde, som vi kan blive enige om. Fordelen ved dette er, at hvis jeg skulle komme i gæld eller dø – disse ting kan ske – så kan I ikke tages bort eller sælges. Jeg har tænkt mig at fortsætte med at drive ejendommen og samtidig lære jer, hvordan I kan anvende de rettigheder, jeg nu har givet jer som frie mænd og kvinder. Noget, som måske kommer til at tage et stykke tid at lære. Jeg forventer, at I opfører jer godt og er villige til at lære, og jeg sætter min lid til Gud, at jeg trofast må kunne gøre min pligt. Og nu, mine venner, se op og tak Gud for frihedens velsignelse."

En gammel, ærværdig neger, der var blevet grå og blind på ejendommen, rejste sig nu, løftede sin skælvende hånd og sagde: "Lad os takke Herren!". Alle som én knælede nu ned, og et mere rørende og dybfølt *Te Deum*[123] har aldrig før nået Himlen. Det kom lige fra et ærligt, gammelt hjerte og havde hverken brug for orgelbrus, klokkeklang eller kanonskud.

Da man rejste sig, istemte en anden neger en metodistsalme, hvis omkvæd lød således:

> "The year of Jubilee is come, —
> Return, ye ransomed sinners, home."
> Charles Wesley.[124]

"Endnu en ting," sagde George og afbrød mængdens taksigelser, "I husker vel alle vores gode, gamle Onkel Tom?"

George fortalte kort om Toms død og hans kærlige hilsen til alle på stedet og tilføjede:

"Det var ved hans grav, mine venner, at jeg lovede Gud, at jeg aldrig mere ville eje nogen slave, hvis det stod i min magt at sætte ham fri, og at ingen nogensinde på grund af mig skulle risikere at blive skilt fra hjem og venner og dø langt væk på en ensom plantage, som han gjorde. Og når I nu glæder jer over jeres frihed, så husk på, at I har den gode, gamle sjæl at takke for den og gengæld det med venlighed mod hans hustru og børn. Og tænk på jeres frihed hver gang, I ser ONKEL TOMS HYTTE; og lad den være en påmindelse til jer om at følge i hans fodspor og blive lige så hæderlige og trofaste kristne, som han var."

---

[123] **Te Deum:** (også kendt som Tedeum eller ambrosiansk lovsang) er en tidlig kristen lovsang. Ved fyrstehyldester og kroningsmesser blev denne hymne altid sunget, og derfra stammer det, at "Te Deum" i tidens løb er blevet kædet sammen med store kor, klokkeklang, orgel, trompeter, pauker og kanonskud.

[124] **Charles Wesley:** (18. december 1707 – 29. marts 1788) var en kendt engelsk teolog og salmedigter, der sammen med broderen John Wesley regnes som grundlæggere af den metodistiske bevægelse. I løbet af sin kariere, udgav Charles Wesley teksten til mere en 5.500 salmer og sange, og skrev teksten til yderligere over 2.000.

KAPITEL 45

Afsluttende bemærkninger

Fra brevskrivere i forskellige dele af landet er forfatterinden ofte blevet spurgt, om dette er en sand beretning, og som svar på disse spørgsmål giver hun her et generelt svar.

De enkelte hændelser, som udgør denne fortælling, er for en stor del virkelige hændelser, som forfatterinden eller hendes personlige venner har været vidne til. Hun eller hendes venner har kendt de personligheder, der er benyttet som forbilleder til næsten alle personer i bogen, og mange af de beskrevne samtaler er nedskrevet ord for ord nøjagtigt som forfatterinden eller hendes venner har hørt dem.

Elizas personlige fremtoning og den karakter, hun har fået, er skitser taget fra livet. Onkel Toms ufravigelige troskab, gudsfrygt og ærlighed er træk, som hun har oplevet hos mere end én person. Nogle af de mest forfærdelige og dybt tragiske hændelser har foruden de mere romantiske også sine paralleller i virkeligheden. Hændelsen med moderen, der krydser Ohio floden over isen er en velkendt historie. Historien om "gamle Prue" i andet bind (19. kapitel) var en hændelse, som forfatterindens bror selv oplevede, da han var pengeopkræver for et stort købmandshus i New Orleans. Fra samme kilde stammer plantageejeren Legrees personlighed. Efter forfatterindens bror havde besøgt ham på hans plantage på en opkrævningstur, skrev han: "Han fik mig rent faktisk til at røre ved hans knytnæve, der føltes hård som en grovsmeds hammer eller klump jern. Han fortalte mig derefter, at 'den var blevet hærdet af at slå niggere ned.' Da jeg forlod plantagen, trak jeg lettet vejret, da jeg følte det, som om jeg var undsluppet et uhyres hule."

Toms tragiske skæbne er desværre alt for almindelig, og der er mange levende vidner i vort land, som kan bekræfte dette. Husk på, at lovgivningen i Sydstaterne ikke tillader en person af farvet herkomst at vidne i en retssag mod en hvid person. Derfor er det let at se, at der kan opstå en situation, hvor en slaveejers lidenskaber er stærkere end hans finansielle interesser, når hans slave har mandsmod nok eller er principfast nok til at trodse hans vilje. Der findes i virkeligheden intet, der beskytter en slaves liv, andet end hans herres *karakter*. Chokerende eksempler på dette kommer nu og da til offentlighedens kendskab, og den kommentar, man ofte hører i den forbindelse, er mere chokerende end selve hændelsen. Man siger: "Det er nok ikke usandsynligt, at den slags ting sker nu og da, men det er en undtagelse og ikke almindelig praksis." Hvis New Englands love var udformet således, at en håndværksmester *nu og da* kunne mishandle sin lærling til døde, ville man så tage det lige så roligt? Ville man så sige: "Det sker kun i sjældne tilfælde og er ikke et eksempel på almindelig praksis?" Nej, denne uretfærdighed er *uløseligt* forbundet med slavesystemet – det kan ikke eksistere uden det.

Det skamløse offentlige salg af smukke mulat- og kvadronpiger er blevet berygtet på grund af de begivenheder, der fandt sted efter opbringelsen af skonnerten Pearl[125]. Vi bringer følgende uddrag fra en tale af det ærede kongresmedlem Horace Mann, som var en af forsvarerne for de tiltalte i sagen. Han sagde: "Blandt de 76 personer, som i 1848 forsøgte at undslippe fra Distriktet Columbia i skonnerten Pearl, og hvis officerer jeg hjalp med til at forsvare, var der adskillige unge og sunde piger, der ejede disse specielt tiltrækkende skikkelser og udseende, som kendere sætter så stor pris på. Elizabeth Russel var en af dem. Hun faldt omgående i slavehandlernes kløer og var dømt til at ende på markedet i New Orleans. Folk, som så hende, blev rørt over hendes skæbne. De tilbød 1.800 for at løskøbe hende, og nogle af dem, som tilbød at bidrage, ville ikke have mange penge til overs bagefter, men den djævelske slavehandler var ubønhørlig. Hun blev sendt til New Orleans, men da hun var kommet omtrent halvvejs, forbarmede Gud sig over hende og udfriede hende ved at lade hende dø. Der var også to piger ved navn Edmundson i samme selskab. Da de skulle sendes til det samme marked, gik en ældre søster til slavebasaren for i Guds navn at bede den usling, der ejede dem, om at skåne sine ofre. Han spottede hende og talte i stedet om de smukke kjoler og fine møbler, de ville få. 'Ja,' sagde søsteren, 'sådanne ting kan være meget godt i dette liv, men hvad vil der blive af dem i det næste?' Begge blev sendt til New Orleans, men bagefter løskøbt for en enorm løsesum og bragt tilbage." Viser dette ikke meget tydeligt, at historierne om Emmeline og Cassy kan have mange sidestykker i virkeligheden?

Men retfærdighed forpligter også forfatterinden til at fastslå, at det retfærdige sind og det storsind, som er tillagt St. Clare, også har sine sidestykker i det virkelige liv, som følgende anekdote vil vise. For nogle år siden var en ung gentleman fra Sydstaterne i Cincinnati med sin yndlingstjener, der havde været hans personlige opvarter lige fra drengeårene. Slaven benyttede sig af denne mulighed til at sikre sig sin frihed og søgte beskyttelse hos en kvæker, der var kendt for at hjælpe i sådanne tilfælde. Ejeren var meget opbragt over dette. Han havde altid behandlet sin slave med overbærenhed, og han var så overbevist om hans hengivenhed, at han troede, at slaven var blevet lokket til at gøre oprør mod ham. Vildt rasende opsøgte han kvækeren, men da han var en usædvanlig retsindig og ædelmodig mand, faldt han hurtigt til ro ved kvækerens argumenter og fremstilling af sagen. Han fortalte slaveejeren en side af sagen, han aldrig havde hørt før og aldrig tænkt på; og han lovede omgående kvækeren, at hvis hans slave fortalte ham rent ud, at han ønskede at være fri, så ville han skænke ham friheden. Et møde mellem ejeren og slaven blev sat i stand, og Nathan blev spurgt af sin unge herre, om han havde det mindste at indvende mod den behandling, han havde modtaget.

"Nej, master," sagde Nathan, "De har altid behandlet mig godt."

"Hvorfor ønsker du så at forlade mig?"

"Måske dør De, master, og hvad vil der så ske med mig? – Jeg vil hellere være et frit menneske."

Efter lidt overvejelse sagde den unge master: "Nathan, hvis jeg var i dit sted, så ville jeg sikkert føle det samme. Jeg sætter dig fri."

Den unge mand udfærdigede omgående et fribrev og gav kvækeren en sum penge, der fornuftigt anvendt skulle hjælpe Nathan til en ny start i livet. Desuden skrev han et meget fornuftigt og venligt brev med gode råd til den nu frie unge mand. Dette brev har for en tid været i forfatterindens hænder.

Forfatterinden håber, at hun har ydet retfærdighed til det storsind, den venlighed og medmenneskelighed, som i mange tilfælde udmærker enkeltpersoner i Syden. Sådanne eksempler redder os fra fuldstændig fortvivlelse over vores art. Men, spørger hun enhver person, der kender verden, er sådanne karaktertræk *almindelige* overalt?

I mange år af sit liv undgik forfatterinden at beskæftige sig med slavespørgsmålet, da hun betragtede det som et alt for pinligt emne at berøre, og fordi problemet sikkert ville dø bort med den voksende civilisation og en bedre oplysning. Men da hun efter vedtagelsen af loven fra 1850 vedrørende bortløbne slaver til sin store overraskelse og bestyrtelse hørte, at overbeviste kristne og humane mennesker i fuldt alvor anbefalede udleveringen af bortløbne slaver til slaveejerne som en pligt, der påhviler enhver retskaffen borger – og da hun fra alle sider hørte, at selv gode, venlige, medfølende og agtværdige mennesker i de frie stater i nord begyndte at indse det som deres kristne pligt – så var hendes første tanke, at disse kristne mænd og kvinder umuligt kunne vide, hvad slaveriet i virkeligheden er. Hvis de havde vidst det, ville de end ikke have begyndt at overveje at udlevere nogen til slaveri. Det var det, som vækkede hendes ønske om at fremstille slaveriet som en *levende og dramatisk skildring* af virkeligheden. Hun har bestræbt sig for at beskrive slavetilværelsen så sandfærdigt som muligt med både de mørke og lyse sider. Hvad de lyse sider angår, har hun måske været succesfuld, men, ak, hvem er i stand til at berette om alt, hvad der foregår i dødskyggernes dal på den mørke side.

Forfatterindens indtrængende bøn går til Sydens ædle og storsindede mænd og kvinder – de mennesker, hvis retskaffenhed, ædelmodighed og rene karakter er endnu større, da de har oplevet de værste prøvelser. Har I ikke i dybet af jeres hjerter og i jeres egne private betragtninger følt, at der i dette afskyelige system findes grusomheder og lidelser, der ligger langt over, hvad der er beskrevet her, eller som kan beskrives? Kan det være anderledes? Er *mennesket* en skabning, man kan betro en fuldstændig uansvarlig magt? Og når slavesystemet nægter slaven al lovlig ret til at vidne, gør det så ikke hver enkelt slaveejer til en uansvarlig tyran? Kan nogen være i tvivl om, hvad det faktiske resultat bliver? Findes der, som vi antager, en fælles enighed blandt retfærdige, ærefulde og humane mennesker, er det så ikke logisk at antage, at der findes en anden slags fælles enighed blandt bøller, voldsmænd og slyngler? Og må slyngerne, voldsmændene og bøllerne ifølge slaveloven ikke eje lige så mange slaver som de bedste og ædleste? Og udgør de retfærdige, ædle og medfølende mennesker flertallet her i verden?

Ifølge amerikansk lov bliver slavehandel nu betragtet som piratvirksomhed. Men en slavehandel, der udføres lige så systematisk som den, der blev udført på Afrikas kyster, er en uundgåelig følge og resultat af amerikansk slaveri. Og kan man beskrive de lidelser og grusomheder, der følger med den?

Forfatterinden har kun givet en vag skygge og svagt billede af den lidelse og fortvivlelse, som i dette øjeblik sønderriver tusindvis af hjerter, splitter tusindvis af familier og driver en hjælpeløs og følsom race til vanvid og fortvivlelse. Der findes mennesker, der kender mødre, som på grund af afskyelig handel med mennesker er blevet drevet til at myrde deres egne børn og selv har søgt ly i døden fra lidelser, som de frygter mere end døden selv. Intet mere tragisk kan nedskrives, fortælles eller udtænkes, der kan måle sig med den skrækkelige virkelighed, der hver eneste time og dag udspiller sig ved vores kyster i skyggen af amerikansk lov og i skyggen af Jesu Kristi kors.

Sig mig, amerikanske mænd og kvinder, er dette noget, som skal bagatelliseres, undskyldes og forbigås i tavshed? Farmere i Massachusetts, New Hampshire, Vermont, Connecticut, der læser denne bog ved lyset fra kaminilden i vinteraftenerne – djærve, storsindede sømænd og skibsredere i Maine – er dette noget, I ønsker at understøtte og opmuntre? Brave og ædle mænd fra New York, farmere i det rige og frydefulde Ohio og I på de vidtstrakte prærier – svar mig, er dette noget, I ønsker at understøtte og opmuntre? Og I, Amerikas mødre, som ved jeres barns vugge har lært at elske og have medfølelse for hele menneskeheden gennem det hellige kærlighedsbånd, I har til jeres barn; gennem jeres glæde over dets smukke, barnlige uskyld; gennem jeres moderlige omsorg og ømhed under dets opvækst; gennem ængstelserne under dets oplæring; gennem de bønner I opsender for at bevare deres evige sjæls godhed – jeg bønfalder jer, hav medlidenhed med de mødre, der nærer de samme følelser som jer selv, men som ikke har nogen lovlig ret til at beskytte, vejlede eller opdrage det barn, der engang lå trygt ved hendes bryst! Ved dit barns sygeseng; ved de døende øjne, som du aldrig kan glemme; ved de sidste klageskrig, som knuste dit hjerte, da du hverken kunne hjælpe eller frelse; ved den fortvivlelse, du følte ved at se den tomme vugge i det nu stille barneværelse – jeg bønfalder dig om at forbarme dig over de mødre, der konstant berøves deres børn på grund af den amerikanske slavehandel! Sig mig, amerikanske mødre, er det noget, man skal understøtte, vise forståelse for og forbigå i tavshed?

Måske vil du svare mig, at befolkningen i de frie stater ikke har nogen andel i det og ikke kan gøre noget ved det. Gud give, at det var sandt! Men det er ikke sandt. Befolkningen i de frie stater har forsvaret, opmuntret og deltaget i det, og de er i Guds øjne mere skyldige i det end befolkningen i Syden, som kan undskylde sig med, at det er skik og brug, og at de er vokset op med det.

Hvis mødrene i de frie stater i svundne tider alle havde tænkt og følt, som de burde, ville de frie staters sønner ikke have været slaveejere, og som det er almindelig kendt, ikke været de værste slaveejere. Sønnerne i de frie stater ville ikke have set gennem fingre med udvidelsen af slaveriet på amerikansk jord; sønnerne i de frie stater ville ikke, som de gør nu, betragte menneskekroppe og sjæle som handelsvarer, der har en pengemæssig værdi. Købmænd i Nordstaterne har også en mængde slaver, som de køber og sælger for profit. Er det da rigtigt at sige, at det er Sydstaterne, der må bære hele skylden og skammen over slaveriet.

I mænd, mødre og kristne fra Nordstaterne har mere og andet at gøre end at fordømme jeres brødre i Syden. I er nødt til at udrydde ondet hos jer selv.

Men hvad kan den enkelte gøre? Det kan man bedst selv bedømme. Men der findes en ting, som alle kan gøre – man kan sørge for, man *føler rigtigt*. En atmosfære af sympatisk indflydelse omgiver ethvert menneske, og en mand eller kvinde, der *føler* stærkt, sundt og retfærdigt i menneskehedens store spørgsmål, er en velgører for menneskeheden. Se derfor, hvor dine sympatier er i denne sag! Er de i overensstemmelse med Kristi ånd, eller er de fordrejet og fordærvet af verdenspolitikkens besnærende argumenter?

Kristne mænd og kvinder fra Norden! I har endda en anden magt, I kan *bede!* Tror I på bønnens magt, eller er den blevet til en kraftløs, kristen tradition? I beder jo for hedningene i fremmede lande, hvad med at bede for hedningene i jeres hjemland? Og bed også for disse ulykkelige kristne, hvis eneste mulighed for åndelig udvikling beror på tilfældigheder i køb og salg. For disse mennesker vil det i mange tilfælde være umuligt at følge kristendommens moralregler, medmindre de fra oven modtager martyriets nådegave og mod.

Og endnu mere. Ved de frie staters kyster ser man de ynkelige rester af ødelagte familier dukke op – mænd, kvinder og børn, der ved et mirakuløst og nådigt forsyn er undsluppet slaveriets malstrøm – svage i kundskaber og i mange tilfælde også med en svækket moralsk natur, der skyldes et system, der forvansker og vender op og ned på enhver morallære og alle kristne grundprincipper. De kommer for at søge tilflugt hos jer; de kommer for at søge uddannelse, viden og kristendom.

Hvad skylder I kristne disse stakkels ulykkelige? Har hver eneste amerikansk kristen ikke en pligt til at afhjælpe nogle af de uretfærdigheder, som det amerikanske folk har påført den afrikanske race? Skal kirker og skoler være lukkede for dem?

Skal stater rejse sig og jage dem ud? Skal Kristi kirke tavst overhøre den hån og spot, de udsættes for, og undvige den hjælpeløse hånd, som rækkes frem. Og skal kirken gennem sin tavshed opmuntre til den grusomhed, der vil jage dem bort fra vores grænser? Hvis det sker, så bliver det en sorgens dag. Hvis det sker, så vil vort land have al mulig grund til at skælve ved tanken om, at folkets skæbne ligger i hænderne på en Gud, som er meget barmhjertig, og hvis hjerte banker for de lidende.

Måske siger I: "Vi vil ikke have dem her, lad dem rejse til Afrika?"

At Gud i sin visdom har sørget for et tilflugtssted i Afrika er en stor og bemærkelsesværdig sandhed, men det retfærdiggør ikke, at Kristi kirke kan fralægge sig det ansvar, som den har for denne udstødte race i kraft af sin trosbekendelse.

At fylde Liberia med en uvidende, uerfaren og delvist barbarisk race, der netop har kastet slaveriets lænker af sig, ville blot i mange år forlænge den strid og de konflikter, der altid følger med i starten af nye foretagender. Lad derfor kirken i Nordstaterne modtage disse arme stakler i Kristi ånd og tilbyde dem fordelene ved den uddannelse, som et kristent republikansk samfund og skoler kan give dem, indtil de har opnået en vis moralsk og intellektuel modenhed, og derefter give dem den nødvendige hjælp til at komme over til disse kyster, hvor de i praksis kan anvende den lærdom, de har fået i Amerika.

Der findes en forholdsvis lille gruppe af mennesker i Nordstaterne, som har beskæftiget sig med dette, og som et resultat af dette har vort land allerede set eksempler på tidligere slaver, der hurtigt har erhvervet sig formue, omdømme og uddannelse. De har udviklet færdigheder, som i betragtning af omstændighederne, er særdeles bemærkelsesværdige, og hvad moralske egenskaber angår som f.eks. ærlighed, godhed og ømme følelser – og heltemodige anstrengelser og selvopofrelse, når det gjaldt om at rejse løsesummer til at frikøbe søskende og venner, der endnu var slaver – har de udmærket sig på en måde, der må betegnes som yderst overraskende, når man betænker de omstændigheder, de er vokset op under.

Forfatterinden har i mange år levet på grænsen til slavestater og har haft mange muligheder for at iagttage tidligere slaver. De har været i hendes familie som tjenestefolk, og i mangel på en skole, der ville modtage dem og undervise dem, har hun selv i mange tilfælde sørget for hjemmeundervisning af dem sammen med sine egne børn. Hun har også modtaget vidnesbyrd fra missionærer blandt flygtningene i Canada, der bekræfter hendes egne observationer. Og de slutninger, hun har kunnet drage med hensyn til racens evner, er i høj grad opmuntrende.

Det første, den nyligt frigivne slave tragter efter, er almindeligvis *undervisning*. De er villige til at give og gøre alt for at deres børn skal modtage undervisning, og ifølge det som forfatterinden selv har observeret eller hørt fra lærere blandt dem, så er de bemærkelsesværdigt intelligente og hurtige til at lære. De skoler, som er oprettet til dem af godgørende enkeltpersoner i Cincinnati, bekræfter dette til fulde.

Forfatterinden gengiver følgende kendsgerninger vedrørende frigivne slaver for at vise racens evner til at klare sig, selv uden at modtage nogen særlig hjælp eller opmuntring. Disse er bekræftet af professor C. E. Stowe, tidligere ansat ved Lane seminariet, Ohio, men nu bosat i Cincinnati.

Kun forbogstavet i deres navn angives. De er alle bosat i Cincinnati.

"B. Møbelsnedker; har boet 20 år i byen; formue: 10.000 dollars, som han selv har tjent; baptist.

C. Helt sort; bortført fra Afrika; solgt i New Orleans; fri mand i 15 år; betalte selv 600 dollars for sin frihed; farmer; ejer adskillige gårde i Indiana; presbyterianer; formue: omkring 15-20.000 dollars, som han selv har tjent.

K. Helt sort; ejendomshandler; formue: 30.000 dollars; omkring 40 år gammel; fri mand i 6 år; betalte 1.800 dollars for sin familie; medlem af baptistkirken; modtog fra sin herre en arv, som han har passet godt på og forøget.

G. Helt sort; kulhandler; omkring 30 år gammel; formue: 18.000 dollars; betalte selv to gange for sin frihed, fordi han første gang blev franarret 1.600 dollars; tjente alle sine penge ved eget arbejde – en stor del tjente han, mens han var slave, hvor han betalte sin master for den tid, han brugte på sine egne forretninger; en virkelig gentleman.

W. Trekvart sort; barber og tjener; fra Kentucky; fri mand i 19 år; købte sin egen og sin families frihed med over 3.000 dollars; formue over 20.000 dollars, som han selv har tjent; Deacon (hjælpepræst) i baptistkirken.

G. D. Trekvart sort; kalker af huse; fra Kentucky; fri mand i 9 år; købte sin egen og sin families frihed for 1.500 dollars; døde i en alder af 60 år; formue: 6.000 dollars.

Professor Stowe tilføjer: "Alle de ovennævnte med undtagelse af G. har jeg kendt personligt i flere år, så mine erklæringer bygger på et personligt bekendtskab.

Forfatterinden husker tydeligt en gammel farvet kvinde, der var ansat som vaskekone i hendes fars hus. Denne kvindes datter giftede sig med en slave. Hun var en særdeles aktiv og dygtig ung kvinde, og ved flid og ihærdig selvopofrelse lykkedes det for hende at spare 900 dollars, som hun betalte til hans master, efterhånden som hun tjente dem. Hun manglede endnu at betale 100 dollars af prisen, da hendes mand døde. Hun fik aldrig refunderet beløbet.

Dette er blot nogle af de få eksempler blandt mange, som kan fremføres for at vise den selvopofrelse, energi, tålmodighed og ærlighed, slaver lægger for dagen som frie mennesker.

Og lad os heller ikke glemme, at det er lykkedes for disse mennesker ved mod og ihærdighed at opnå en betydelig velstand og position i samfundet, på trods af ugunstige omstændigheder og modgang. En farvet har ifølge loven i Ohio ingen stemmeret og var indtil for få år siden nægtet retten til at vidne i en retssag mod en hvid. Eksempler som disse er ikke begrænset til staten Ohio. I alle Unionens stater findes der selvuddannede mennesker, som efter at have smidt slaveriets lænker har hævet sig op til yderst respektable positioner i samfundet med en beundringsværdig beslutsomhed. Pennington[126], der blev præst, og Douglas[127] og Ward[128], der begge var redaktører, er velkendte eksempler.

Hvis denne forfulgte race på trods af modgang og ugunstige omstændigheder har kunnet udrette så meget, hvor meget mere kunne de så opnå, hvis den kristne kirke ville behandle dem, som den kristne ånd byder!

Vi lever i en tidsalder, hvor nationer skælver af krampetrækninger. En mægtig kraft vækker verden og får den til at ryste i sin grundvold som ved et jordskælv. Og er Amerika udenfor fare? Ethvert land, der har store og usonede uretfærdigheder på sin samvittighed, bærer i sig frøet til disse krampetrækninger.

For hvad er denne mægtige kraft, der går igennem alle nationer og alle tungemål og vækker hos dem disse suk og støn, som ikke kan ytres for alle menneskers frihed og lighed?

Åh, Kristi kirke, se dog tidernes tegn! Er denne kraft ikke Hans ånd? Han, hvis rige skal komme, og hvis vilje skal ske på Jorden som i Himlen?

Hvem kan udholde den dag, han kommer? for den dag skal være som ilden i en smelteovn: og han viser sig parat til at vidne mod dem, der unddrager daglejeren hans løn, og dem, der afviser enken og den faderløse, og som *krænker den fremmedes ret:* og han skal straffe undertrykkeren."

Er det ikke frygtindgydende ord for et folk, hvis samvittighed er tynget af skrækkelige uretfærdigheder? Kristne! hver gang I beder til, at Kristi rige må komme, så husk, at profetien i skrækkelig samhørighed nævner *hævnens dag* sammen med forløsningens år?[129]

En nådens dag rækkes frem til os. Både Nord- og Sydstater har været skyldige for Gud, og den *kristne kirke* har meget på samvittigheden. Unionen kan ikke reddes, ved at man enes om at beskytte uretfærdigheden og grusomheden, så det bliver til en fælles pulje af synd – men den kan reddes gennem anger, retfærdighed og barmhjertighed, for lige så sikkert som en møllesten ikke kan flyde, men synker til bunds, lige så sikkert er det, at uretfærdighed og grusomhed vil nedkalde den almægtige Guds vrede over de skyldige!

---

[125] **Skonnerten Pearl:** Den 15. april 1848 forsøgte 77 slaver at flygte fra Washington D.C. ved at sejle bort på en skonnert ved navn *Pearl*. Slaverne blev dog indhentet i Chesapeake bugten af deres bevæbnede forfølgere, og som straf blev de fleste af dem solgt til plantager i Syden. Hændelsen siges at have inspireret Harriet Beecher Stowe til at skrive Onkel Toms Hytte.

[126] **Pennington:** James William Charles Pennington (1807–1870) var en afro-amerikansk taler, præst, skribent og abolitionst. I en alder af 19 år undslap han slaveri i Maryland og kom til New York.

[127] **Douglas:** Frederick Douglass (født: Frederick Augustus Washington Bailey) (1818-1895) var en afro-amerikansk borgerrettighedsforkæmper, abolitionist, forfatter, taler og statsmand. Han blev født som slave i Maryland, men flygtede.

[128] **Ward:** Samuel Ringgold Ward (1817 – 1866) var en afro-amerikaner der blev født som slave i Maryland, men flygtede med sine forældre til New York i 1826. Hans dygtige talegaver bragte ham ind i politik.

[129] **Forløsningens år:** Det år, hvor Kristi rige kommer, og mennesket bliver frelst fra syndens og dødens magt, så det ikke længere skal leve i evig adskillelse fra Gud.

BIOGRAFI

Harriet Beecher Stowe

De unge år

Harriet Beecher Stowe arbejdede hele sit voksne liv for sociale reformer både som forfatter og ivrig fortaler for abolitionistbevægelsen, og der er ingen tvivl om, at hendes energiske indsats var en stærkt medvirkende årsag til, at tendenserne og retningen i amerikansk politik blev ændret for altid. I sin roman *Old Town Folks*, skrev hun: *"Giv aldrig op, for dette er tiden og stedet, hvor strømmen vender."* Utrætteligt og med en ukuelig vilje arbejdede hun på at ændre samfundets moralske holdning til slavespørgsmålet både gennem sine mange bøger og som deltager i abolitionistbevægelsen.

Hun blev født i 1811 i Litchfield, Connecticut som datter af Lyman Beecher og Roxana Beecher. Som presbyteriansk præst og samfundsreformator involverede Lyman Beecher sig ivrigt i mange samfundsproblemer, og som overhoved for sin familie vækkede han den samme interesse for samfundet hos sine børn. Selv om Harriet mistede sin mor allerede i en alder af fem år, oplevede hun et nært og kærligt familieliv med sine søskende og gennem hyppige besøg hos sin bedstemor. Familiemiddagene var altid præget af livlige diskussioner, og her lærte Harriet i en tidlig alder, hvordan hun skulle argumentere overbevisende for sin sag. Dette skulle senere vise sig at være en fordel for hende i hendes profession som forfatter, samfundsrevser og urokkelig abolitionist.

Når man læser hendes optegnelser og breve, er det tydeligt at se, at Harriet var overbevist om, at hendes mission i livet var at være forfatter. Hendes talent for at skrive viste sig allerede i en tidlig alder og blev opmuntret af hendes far, og da den unge Harriet vandt en stilekonkurrence i en alder af syv år, roste han hende i høje toner. I hendes litterære karriere, der strakte sig over 51 år, nåede hun at udgive mere end 30 bøger, digte, artikler og salmer. Drivkraften bag hendes forfattervirksomhed var et stort socialt engagement i et samfund, der desperat havde brug for ændringer.

I forordet til Onkel Toms Hytte skriver Sir Winston Churchill: "Slaveriets lange fangarme spredte sig gennem Nordens 'frie' stater både af politiske årsager og i forretningsanliggender. Det må sandelig have set ud som en formidabel opgave i 1851 for en kvinde at udfordre livsstilen i en stærk, velhavende, stolt og modstræbende konføderation... Men Mrs. Harriet Beecheer Stowe kendte ikke til frygt." Lige fra barnsben havde hun en usædvanlig stærk karakter, der holdt sig igennem hele livet. Som hendes barnebarn senere sagde om hende: *"Min bedstemor havde en lidenskabelig trang til at involvere sig og ikke holde sin mening for sig selv."*

Foruden at være en kærlig og omsorgsfuld mor til syv børn, supplerede hun familiens beskedne indkomst med indtægter for sine bøger, der i tilfældet med bogen om Onkel Toms Hytte blev solgt i et millionoplag og oversat til over 60 sprog. Men hendes involvering i samfundsforhold begrænsede sig ikke til kun at skrive om problemerne. Hun involverede sig også rent praktisk og deltog aktivt i den underjordiske jernbane, hvor hun og hendes mand trodsede lovens bogstav og hjalp slaver på flugt fra deres despotiske og grusomme ejere. I en tid hvor selv kirken ikke satte spørgsmålstegn ved at gøre folk til slaver, men ligefrem støttede det aktivt, skulle der en god portion mod til at gå imod den generelle holdning i samfundet – og især for en kvinde, da en kvinde hverken havde stemmeret eller en selvstændig mening i mændenes øjne dengang.

En aktiv abolitionist

I 1836 giftede Harriet sig med Calvin Ellis Stowe, som var professor ved hendes fars teologiske seminarium i Cincinnati, Ohio, hvor han underviste i bibelsk litteratur. Harriet fortæller om sin mand, at han havde *"rige evner inden for græsk, hebraisk, latin og arabisk, men desværre ikke inden for meget andet."* Derfor blev det Harriets lod at supplere familiens trængte økonomi med sine skriverier. Samme år, som hun blev gift, blev hun mor til to tvillingepiger, Eliza og Harriet (Hattie).

Calvin Stowe var efter den tids forhold en meget fordomsfri mand, der støttede sin kone i hendes litterære karriere fremfor at binde hende til hjem og børn. *"Det står skrevet i stjernerne, at du skal beskæftige dig med litteratur,"* sagde han i begyndelsen af deres ægteskab.

I løbet af de næste fjorten år, fik Harriet fem børn mere – i alt syv børn, fire drenge og tre piger. Samtidig med at være husmor og mor for sine syv børn, skrev hun en del artikler, og i 1843 udgav hun sin første bog, Mayflower, der var en samling af noveller.

Både Harriet og Calvin delte den samme holdning til slavespørgsmålet, og de var begge enige om at gøre alt, hvad de kunne for at hjælpe de slaver, der var stukket af til Ohio fra slavestaterne Kentucky og Virginia. I deres arbejde for abolitionistbevægelsen arbejdede de med den underjordiske jernbane og her hørte de fra slavernes egen mund om den grusomme behandling, de havde været udsat for. Foruden at huse bortløbne slaver hjalp de også en eftersøgt slavepige på flugt ved at Calvin Stowe og hans svoger Henry Ward Beecher en månelys nat kørte hende ad øde landeveje til friheden i en overdækket vogn.

Men i 1850 blev Harriet ramt af en stor sorg, da hendes sjette barn, Samuel Charles "Charley" Stowe, døde af kolera i en alder af atten måneder. Og denne store sorg, som det er at miste at barn, fik Harriet til at indse, hvor meget en mor, enten hun er sort eller hvid, lider ved at miste sit barn. "Efter at have oplevet at miste en person så tæt på mig, føler jeg med de stakkels, magtesløse slaver på de uretfærdige auktioner. Du vil altid være i mit hjerte, Samuel Charles Stowe," skrev hun. Før denne oplevelse havde hun allerede ment, at det var hendes kristne pligt at gøre noget ved negernes utålelige forhold, men sønnens dødsfald og et citat fra Bibelen vækkede noget i hende: *"Sandelig siger jeg jer: Alt, hvad I har gjort mod en af disse mine mindste brødre, det har I gjort mod mig".*

Og efter kongressens vedtagelse af Fugetive Slave Law i 1850, der gjorde det strafbart for folk i de frie stater at hjælpe flygtende slaver, begyndte hun i 1851 at skrive sin historie om den venlige slave Tom, der må gå så meget ondt igennem. I første omgang udkom historien som en føljeton i en avis ved navn National Era, og selv om personerne i bogen og handlingen var fiktion, så var alle hændelserne og personskildringerne i bogen taget fra det virkelige liv. For inden Harriet gav sig til at skrive sin fortælling, havde hun både været på slaveauktioner, besøgt slaveplantager og talt med tidligere slaver, der bekræftede alle de forhold, hun skrev om. Da folk i Sydstaterne senere protesterede over bogens indhold og erklærede, at bogen var det rene opspind, skrev hun en anden bog, *A Key to Uncle Tom's Cabin*, hvori hun dokumenterede hver eneste hændelse i Onkel Toms Hytte som værende 100 % ægte. Selve historien om Onkel Tom var baseret på den tidligere slave Josiah Hensons liv.

Folk tog hendes fortælling om slaverne til sig, og føljetonerne blev udgivet som en bog i 1851, der blev trykt i 5.000 eksemplarer. Og på mindre end et år slog bogen alle salgsrekorder med et salg på over 300.000 eksemplarer. Harriets mål om at uddanne folk i Norden om slavernes forfærdelige liv i Syden var blevet opnået. Hendes andet mål, at få folk i Syden til at behandle deres slaver bedre, var et mål, som det ville tage længere tid at opnå. Efter folk havde læst bogen, fik abolitionist bevægelsen vind i sejlene, og overalt i USA krævede man nu, at slaveriet skulle afskaffes over hele USA og ikke kun i Nordstaterne.

De senere år

Harriet levede ikke et let liv, men et liv med store sorger og bekymringer. Ud af hendes syv børn, var der kun tre, der overlevede hende: hendes førstefødte, tvillingerne Hattie og Eliza, og hendes yngste søn Charles Edward. Hattie og Eliza var som deres mor og far politisk aktive og populære skribenter. De tog sig af deres forældre i deres alderdom. Charles Edward, der var hendes yngste søn, blev ordineret præst og skrev en biografi om sin mor i 1889 sammen med sin søn Lyman for at ære hende.

I 1857 blev Harriet ramt af sorgen over at miste sin søn Henry Ellis i en alder af 19, da han under en svømmetur i Connecticut floden druknede ved en ulykke. Hendes urokkelige tro på Gud blev udfordret, og hun skrev romanen *The Minister's Wooing*.

Hendes søn, Frederick William, er forbilledet for karakteren, Tom Bolton, i *My Wife and I and We and Our Neigbors* i hendes næste bog, hvor hun beskriver alkoholisme som værende en sygdom og ikke som et resultat af en svag moral, som var den generelle opfattelse dengang. Frederick, som før krigen havde studeret ved Harvard Medical School og Phillips Andover Academy, havde kæmpet med et stigende alkoholmisbrug efter sin deltagelse i borgerkrigen, og i 1870 rejste han til Californien, hvor han forsvandt.

I 1896 blev familien ramt af en ny tragedie, da Harriets yngste datter, Georgiana May Stowe Allen, døde efter et længere morfinmisbrug. Hun var blevet afhængig af morfin, efter hun var blevet ordineret det som smertestillende middel efter en fødsel.

Da Harriet Beecher Stowe den 1. juli 1896 forlod denne verden i en alder af 85 år, havde hun levet et fuldt liv. Hun havde kæmpet for negernes frihed og vundet, og hun ville i årene fremover stå som et lysende eksempel på, hvad en kvinde kan opnå i en mands verden. En i sandhed bemærkelsesværdig kvinde, som efterlod sig et eftermæle, der vil blive husket i mange år.

www.ingramcontent.com/pod-product-compliance
Lightning Source LLC
Chambersburg PA
CBHW021712300426
44114CB00009B/110